U0710562

國家社科基金
GUOJIA SHEKE JIJIN HOUQI ZIZHU DANGMU
後期資助項目

宋前道經疑難字詞考釋

Explanations on the Knotty Words in Taoist Scriptures before the Song Dynasty

謝　明　著

中華書局
ZHONGHUA BOOK COMPANY

圖書在版編目（CIP）數據

宋前道經疑難字詞考釋/謝明著. —北京：中華書局，2022.10
（國家社科基金後期資助項目）
ISBN 978-7-101-15874-8

Ⅰ.宋…　Ⅱ.謝…　Ⅲ.①道教-宗教經典-古詞語-研究
②道教-宗教經典-古文字-研究　Ⅳ.①B95②H121③H131

中國版本圖書館 CIP 數據核字（2022）第 160844 號

書　　　名　宋前道經疑難字詞考釋
著　　　者　謝　明
叢　書　名　國家社科基金後期資助項目
責任編輯　白愛虎
責任印製　管　斌
出版發行　中華書局
　　　　　　（北京市豐臺區太平橋西里 38 號　100073）
　　　　　　http://www.zhbc.com.cn
　　　　　　E-mail:zhbc@ zhbc.com.cn
印　　　刷　三河市宏盛印務有限公司
版　　　次　2022 年 10 月第 1 版
　　　　　　2022 年 10 月第 1 次印刷
規　　　格　開本/710×1000 毫米　1/16
　　　　　　印張 31½　插頁 2　字數 480 千字
國際書號　ISBN 978-7-101-15874-8
定　　　價　146.00 元

國家社科基金後期資助項目出版説明

後期資助項目是國家社科基金設立的一類重要項目，旨在鼓勵廣大社科研究者潛心治學，支持基礎研究多出優秀成果。它是經過嚴格評審，從接近完成的科研成果中遴選立項的。爲擴大後期資助項目的影響，更好地推動學術發展，促進成果轉化，全國哲學社會科學工作辦公室按照"統一設計、統一標識、統一版式、形成系列"的總體要求，組織出版國家社科基金後期資助項目成果。

全國哲學社會科學工作辦公室

目　録

序

許建平

謝明的博士論文要在中華書局出版了，八年的辛勤耕耘，終於收穫飽滿的果實，值得慶賀！

十年前的 2012 年，謝明進入古籍研究所，從我研學。記得當時跟他商談今後的研究方向時，他說喜歡做訓詁。而我一直做文獻研究，訓詁學是我的弱項，於學界之研究現狀頗爲隔膜，一時想不出符合碩士論文體量的選題。問及今後的發展規劃，知其欲繼續攻讀博士學位。因思當時訓詁學界比較注重佛經語言的研究，而於道經語言的研究成果相對較少，故建議他研究道經語言。要做出高品質的研究成果，首先就要全面占有基礎資料。研究道經語言，就必須通讀三十六巨册約四千萬言的《道藏》（1988 年文物出版社等據涵芬樓影印的明代正統《道藏》與萬曆《續道藏》影印出版），摘録未釋詞目。雖然工程浩大，但謝明不畏艱難，一頭扎在浩瀚的道教文獻中爬羅剔抉。只是要讀完如此巨量的文獻，非一朝一夕之功。那時古籍所古典文獻學專業碩士的修學年限只有兩年，這兩年時間即使僅僅讀完三十六册《道藏》也是不敷所用的。當時《國家圖書館藏敦煌遺書》全部出版不久，杭州市圖書館購藏了一套，我曾前往閱覽，拍攝了其中四部書部分的內容，於是建議謝明整理國圖所藏的敦煌道教文獻作爲碩士論文選題，而把道經訓詁作爲博士論文的選題。這樣一方面可以按計劃完成碩士學位的修讀，另一方面可以借此訓練文獻研究能力，爲撰寫博士學位論文打好基礎。於是謝明一方面整理國圖所藏敦煌道經寫本，另一方面閱讀《道藏》。到 2013 年時，我還讓他參與我的教育部人文社會科學重點研究基地重大項目"今訓匯纂（隋唐五代卷）"，收集相關資料。就這樣，謝明一身而三用，開始了他的學術生涯。

辛勤耕耘，就能收穫累累果實。經過一年多的努力，2014 年 3 月、9 月、10 月，《國圖敦煌道經校釋札記》《從敦煌寫卷看〈中華道藏〉校録失誤》《國圖藏敦煌道經校正三則及相關問題考釋》三篇論文的初稿展示在了我的電腦屏幕上。後來，分別發表於《敦煌研究》《宗教學研究》等重要期刊。同時，二十二萬字的碩士學位論文《國圖敦煌道經文獻校錄研究》也在 2014 年上半年完成，2015 年獲得中國敦煌石窟保護研究基金會“敦煌獎學金”一等獎的榮譽。2014 年 9 月，謝明繼續從我研學，攻讀博士學位，以道經詞語考釋作爲研究方向。2016 年，在《漢語史學報》《漢語史研究集刊》等重要的漢語史刊物上發表三篇道經詞語訓詁的論文，2017 年以《宋前道書疑難字詞考釋》一文申請博士學位，獲得評審專家與答辯專家的一致好評。2020 年，博士論文以“宋前道經疑難字詞考釋”爲題獲批國家社科基金後期資助項目，經過兩年修訂，將於中華書局出版。

　　該書突出的特點就是書名中的“疑難字詞”四字。“凡例”中對“疑難字詞”有界定，即“通過檢索各類辭書、故訓及簡單排比歸納例證後，不易知其義的字詞”，那些僅有詞彙學、辭書學價值的易釋詞語，或辭書雖無、一望即知其意的詞語皆不在收錄範圍。考釋的對象都是真正的難字難詞，這對作者的知識結構及學術功底就有很高的要求。書中第三章歸納了本書的六種研究方法：校正字形、破除音變、諧聲求義、尋求典源、系聯同源、排比異文。其中校正字形，與文字學相關；破除音變、諧聲求義、系聯同源這三種方法與音韻學相關；至於尋求典源，則涉及作者對古代典籍，尤其是先秦兩漢典籍的熟習程度。一部好的訓詁學著作，一位好的訓詁學者，文字、音韻知識及文獻熟習程度是其基本素養，有清以來諸多成就卓著的訓詁名家，無不具有這三種知識的豐富儲備。本書的字詞考釋，體現出作者豐富的知識儲備和嚴密的邏輯思維。如第 29 頁“悵恨”條，《道基吐納經》有“支節悵恨”句，“悵恨”一詞，在《顯道經》中作“梁張”，在《服氣精義論》中作“酸疼”。作者以異文“梁張”爲綫索，順藤摸瓜，把“梁張”訛變至“悵恨”的過程揭示出來，“梁張”音變而成“悢張”，再類化而成“悢悢”，再逆序而成“悢悵”，再形近而訛爲“悵恨”，中間涉及校正字形、破除音變、排比異文三種研究方法。作者認爲，“梁張”有酸麻、酸軟義，所以《服氣精義論》作“酸疼”，即爲文本演變過程中的同義替換現象。至此，這條材料中的三個異文產生之由來全部解釋清楚。但作者並不以此爲滿足，又進一步以系聯同源的方法，研究“梁張”何以會有酸麻、酸軟義。“踉蹌”有行步歪斜義,是因爲神經受損或醉酒而導致腿脚酸軟,故“梁張”與“踉蹌”是同源詞,實即同一聯綿詞的不同變體。

又如第 155 頁“慘然”條,《無上秘要》有“其中諸天星辰日月、璿璣北斗慘然俱下”句,辭書對“慘然”的釋義施於此並不合。作者從“某然俱下／至”的句式入手,發現在道經中多有“森然俱至”、“森然俱下”、“僉然俱至”的用語,與“慘然俱下”句式相同。而森然、僉然都是衆多之意,自然“慘然”亦應有衆多之義,但辭書中“慘”並無此義。作者又發現《道藏》中的《太上洞玄靈寶三元品戒功德輕重經》“莫不慘然俱至”句中的“慘然”,在《大道通玄要》卷七所引《太上洞玄靈寶三元品戒功德輕重經》中作“森然”,而“傪”有衆多義,與“慘”同音,可知“慘”應讀作“傪”。文獻中又有“參然”、“參如”二詞,可釋爲繁盛、衆多,因“參”本從三日作“曑”,表衆星,故從“參”之詞亦有衆多義。這條考證涉及破除音變、諧聲求義、排比異文三種研究方法,而作者對道教文獻的精熟是能對“慘然”一詞作出圓滿解釋的最主要原因。

又如第 220 頁“郯瞞”條,樂朋龜《四川青羊宫碑銘》有“郯瞞丹水,屢陳諴告之功”句,“郯瞞”不辭。《左傳·文公十一年》有“鄋瞞”,作者因據《龍龕手鏡》“叟”有“炎”之別體,而以“郯”爲“鄋”之誤字,遂使“郯瞞”一詞得其塙解。這條考證涉及校正字形、尋求典源兩種研究方法。

精彩考證,在處可見,舉此三例,可窺全豹。本書的考釋,着眼於不易索解的難字難詞,立足於作者的文字、音韻及文獻學方面的扎實功底,每條考釋都有詳盡的材料,考證方法多元,考證過程邏輯嚴密,考證結論使人信服。我認爲,本書的出版,對推進道書文獻的整理以及道教詞典的編纂,對中古、近代漢語的更深入研究,都會發揮它的作用。

一個學者的成長,首先是在個別領域裏深耕細作,以取得進入學術界的敲門磚。但只有在寬廣的地基上,才能建起高樓大厦。因而,在適當的時候,擴大研究範圍,進入更爲寬廣的研究領域,方能撰寫出博觀宏通的作品。謝明在三年前就已考慮,從道經訓詁橫跨一步,研究《莊子》文本。《莊子》既是先秦諸子的代表作品,也是道家的經典著作,在中國文化史上有着舉足輕重的地位。研究這樣一部經典著作,對於一名學者的成長，肯定會有巨大的推動作用。謝明不負所望，很快就在《莊子》研究方面發表了數篇學術論文，如《論高山寺〈莊子〉鈔本的價值》、《〈莊子闕誤〉所載〈莊子〉八種版本考》、《〈南華真經義海纂微〉版本及相關問題考》等，相信謝明將會在《莊子》研究領域發表更多的學術成果。但我想，費時兩年遍閱《道藏》，收集的材料不會僅僅是本書發表的二百餘條詞語，必定還有大量的詞語需要考釋，道經文獻學方面也有不少可以研究的内容，如已經發表的《道教佚經〈玄母八門經〉輯考》，就是一次很好的嘗試。隨着《莊子》研究的推進，定會與道經研究相輔而相成，相得而益彰，在不久的將來，會有更多更好的成果呈獻給大家。謝明其勉之！

2022 年 9 月 6 日於浙江大學古籍研究所

凡　例

1. 一般認爲道教産生於東漢末年,故本書所謂"宋前"是指漢末至五代這一段時間;所謂"道經"是指《道藏》和敦煌道教文獻中除去《老子》《莊子》等道家典籍及注疏、醫藥文獻之後的宗教著作,而以"道教文獻"統指道家經典和道經。

2. 本書所謂"字詞"實際上包含詞組(短語)在内,爲稱述方便,不擬名爲"字詞語考釋"。

3. 本書所謂"疑難字詞"是指通過檢索各類辭書、故訓及簡單排比歸納例證後,不易知其義的字詞。所以僅有詞彙學、辭書學價值而易知其義的新詞新義,不在本書考釋之列。

4. 本書徵引次數較多的文獻目而使用簡稱者:

《中華字海》,簡稱《字海》,中華書局、中國友誼出版公司 1994 年;

《漢語大詞典》,簡稱《大詞典》,上海辭書出版社、漢語大詞典出版社 1986—1993 年;

《漢語大字典》(第 2 版),簡稱《大字典》,崇文書局、四川辭書出版社 2010 年;

許慎《説文解字》,簡稱《説文》,中華書局 1963 年;

段玉裁《説文解字注》(第 2 版),簡稱段注本《説文》,其注釋簡稱"段注",上海古籍出版社 1988 年;

玄應《一切經音義》,簡稱《玄應音義》;慧琳《一切經音義》,簡稱《慧琳音義》:所據版本皆爲徐時儀《一切經音義三種校本合刊》(修訂版),上海古籍出版社 2012 年;

釋行均《龍龕手鏡》(高麗本),簡稱《龍龕》,中華書局 1985 年;

韓孝彦、韓道昭《改併五音類聚四聲篇海》,簡稱《四聲篇海》,《續修四庫全書》第 229 册,上海古籍出版社 2002 年;

其他使用簡稱者,陸德明《經典釋文》簡稱《釋文》,《四庫全書》簡稱《四庫》。

5. 本書所引敦煌、吐魯番等文獻如有殘缺情況，處理如下：缺字、殘字分別用□、⊠表示，缺、殘幾個字，則用幾個□、⊠；上部殘損用▢，中部殘損用▢，下部殘損用▢。

6. 本書所引道經絕大多數據三家本《道藏》，文物出版社、上海書店、天津古籍出版社 1988 年。句例之後的括號內附注册數及頁碼，頁分上、中、下三欄，分別用 a、b、c 表示。如 18/176c，表示三家本《道藏》第 18 册第 176 頁下欄。引用中有訛誤者，出注説明。所引《中華道藏》（華夏出版社 2004 年）格式同上。

7. 少數所引道經未據《道藏》本者，則據質量較好的點校本、校注本，其出處皆於脚注中説明。如中華書局"道教典籍選刊"叢書本，簡稱"選刊"本。引用中有訛誤者，本書徑改，不再一一做出説明。

8. 行文中與考釋無關的俗體、別體，本書一律改爲通行的繁體字，異體字及道教中的特殊用字則保留其原文寫法。涉及新舊字形的，採用新字形。

9. 爲求行文簡潔、稱述方便，本書在稱引前賢時彦觀點時，姓名之後皆不贅"先生"字樣，不恭之處敬請諒解！

緒　論

一、選題緣起

關於道教的地位和道教研究的意義，卿希泰概括得很簡潔、很全面，茲轉引如下：

> 道教是中華民族固有的傳統宗教，從它產生以來已有1800多年的歷史。若從它的前身方仙道、黃老道算起，時間就更長了。它在長期的發展過程中，對我國封建社會的政治、經濟、哲學、文學、藝術、音樂、化學、醫學、藥物學、養生學、氣功學、天文學及社會習俗、民族心理、民族性格、民族關係和民族凝聚力等各個方面，都產生過深刻影響。它所積存下來的大量經籍文獻以及宮觀建築、雕塑、石刻等，是我國文化遺產的重要組成部分。它和儒、釋一起構成了我國傳統文化的三大支柱。不對中國道教進行研究，便不可能全面地了解我國的歷史，更不可能全面地了解我國的哲學思想和科學、文化的發展、演變及其規律。[①]

魏晉以降，一直到明代前期，道教總體上比較興盛，在六朝、唐代、北宋曾出現幾個發展高峰。這些時期道徒數量巨大，高道輩出，道觀遍布全國各地，涌現了大量的經卷文本。但從明中期開始，道教逐漸衰落。尤其至清代，道教受到統治者多方限制、排斥，不復前代之興盛。自晚清西學涌進、新文化運動之後，傳統文化受到強烈衝擊，道教的研究更是無人問津，幾乎處於空白。葛兆光把道教不受重視的原因歸納爲三點：

> 第一，從近現代以來，中國文化階層就越來越看不起道教，覺得佛教理論高深、生活高雅，而道教則屬於迷信，比較粗淺。文化階層對道教的輕視態度影響了研究者對古代社會生活中道教的地位的

---

① 卿希泰主編《中國道教史·前言》（修訂本），成都：巴蜀書社，1996年。

判斷,誤認爲古代也和現代一樣,道教影響很小。其實這是不對的,只要看一看古代,尤其是唐代道教的興盛情況和唐代文人對道教的熱情就可以明白這一點。但是近現代文化階層却以他們的印象代替了古代的事實,所以在中國(大陸)的學術界,對道教的興趣遠遠比不上對佛教的興趣,研究成果與水平也相對不如佛教研究。

第二,道教經典的時代、内容、語言十分複雜,時代不清、作者不明、隱語很多;道教的理論常常隱藏在它的法術、神譜、儀式背後,很難清理它的思想系統;尤其是它和道家思想、佛教思想有很多彼此交叉之處,要説某種文學樣式、文學現象、文學作品裏有道教的影響,就要首先分辨它不是道家思想、不是佛教思想,的的確確是道教的思想。可是,這種系統的資料整理、思想清理工作還没有做好,换句話説,就是道教研究還没有給深入的文學研究作好準備。

第三,還有一個很直接的原因,那就是道教辭典的編纂還不够細緻,至今中國還没有一部非常廣博、非常細緻、非常準確的道教大辭典,可是道教偏偏詞彙又非常隱晦、深奥,隱語極多,這使得很多研究者很難深入這一領域,所以道教和文學的研究至今還不是很成功。①

文獻是道教研究的基礎,1400 多種道經是道教思想文化最重要的載體。語言研究尤其是文字、訓詁研究,又是道教文獻整理的基礎。然而這方面的研究不盡如人意,主要表現在以下兩點:一是道教語言研究未引起足够重視。自學界前輩呼籲加强俗語詞研究開始,中古及近代漢語研究取得了長足進步。其研究遍及各個領域,成果斐然。其中,佛教的語言研究也逐漸成爲學界研究的熱點,勢頭有增無減。與其他方面的研究相比,道教語言研究十分冷清,已然大大落後。

二是現有的道教文獻整理,需要完善之處頗多。現存最早的,也是唯一的一部道藏是分别在明正統、萬曆年間編成的《正統道藏》和《續道藏》。②二十世紀九十年代以後,爲加强道教文獻整理,推進道教研究,學界集全國著名高道大德、道教研究的專家學者,以明《道藏》爲基礎,

---

① 葛兆光《道教與唐代詩歌語言》,《清華大學學報》(哲學社會科學版)1995 年第 4 期。
② 自唐代以下,歷代統治者都注意編修道藏,如唐代的《一切道經》,宋代的《大宋天宮寶藏》、《萬壽道藏》,金代的《大金玄都寶藏》。但這些道藏都因戰火、禁毁等,没有留傳於世。明《道藏》之後近四百年間,官方及道門均未再修新的道藏,直至 2004 年《中華道藏》出版。

補其闕佚，糾其訛謬，標點斷句，分類重編，編成《中華道藏》，共得經書
1526 種，字數 5000 萬左右。但由於道經卷帙浩繁，加之書成衆手，點校
者水平、態度不一，雖"歷時七載，校對五過"，該書錯誤之處仍然不少。①
其中一個重要原因就是沒有語言文字學界學者的共同參與。因字形辨
識、詞語理解不當，而導致錄文、標點、校釋方面出現許多不應有的失誤。
尤其是俗字較多的敦煌寫卷部分，點校者若非專門的敦煌語言研究者，
極易造成失誤。

　　因此，加强道教語言研究，尤其是辨識字形、考釋疑難詞語意義，對
推進道經的文獻整理具有重要意義；對道教語言辭典編纂和其他辭書修
訂，促進中古近代漢語研究，也具有重要的意義。

二、宋前道經範圍

　　本書所謂的"宋前道經"是指漢末至五代這一時期内，《道藏》和敦
煌道教文獻中除去子部道家及其注疏、純粹的醫藥文獻之後的道教典
籍。道家文獻與道教緊密相關，甚至被奉爲經典，但它們并不是由道士
寫成，而是後世道士"追認"的。道家文獻是哲學思想的發揮，與宗教色
彩濃厚的道教著作差别是比較明顯的。有些著作如葛洪《肘後備急方》、
孫思邈《千金翼方》等，儘管與道教典籍有一些關聯，但將它們劃爲醫學
典籍似乎更妥當。

　　敦煌道教文獻中有 800 多號／件抄本，共約 170 種道經，其中佚經
（包括全部佚失和部分佚失）超過一半以上。② 這些出土的異本和佚經能
爲道教語言研究提供不少異文和材料，加上敦煌寫卷起於六朝，迄於宋
初，正好與本書要研究的時間段相吻合，故而把敦煌道經整體納入到本
書的研究範圍之内。

　　另外，《雲笈七籤》、《太平御覽》作爲編成於宋初的類書，所收道經

①可參忻麗麗《〈中華道藏〉訛誤例析》（《中國城市經濟》2012 年第 2 期）；劉祖國《〈中華道
　藏〉校點商榷》（《四川圖書館學報》2013 年第 5 期）、《〈中華道藏〉疏誤例釋》（《中南大學學
　報》〔社會科學版〕2014 年第 3 期）、《〈中華道藏〉訂誤》（《新疆大學學報》〔人文社會科學
　版〕2015 年第 3 期）；牛尚鵬《〈中華道藏〉錄敦煌本道經獻疑——以〈太上洞淵神咒經〉敦
　煌本爲例》（上、下）（《上海高校圖書情報工作研究》2014 年第 3 期、第 4 期）等文章。
②以上統計，根據王卡《敦煌道教文獻研究——綜述·目録·索引》，北京：中國社會科學出版
　社，2004 年，第 26 頁。

基本屬於宋前,因此二書可以作爲研究宋前道經的材料,本書亦將其作爲研究對象。

三、宋前道經斷代

因爲多數道經無題名,時代不明;有題名者部分又有僞託,可信度不高:所以本書研究的前提是鑒別哪些道經屬於宋前,或者説要先剔除那些不屬於宋前的道經。本書結合學界的相關研究成果,擬採用以下幾個方法進行判定:

1. 對比敦煌寫卷

敦煌寫卷上起六朝,下至宋初,絕大多數屬於宋前文獻。[①] 在一百六七十種道經中,可與《道藏》對勘的占半數左右。凡收於《道藏》又見於敦煌寫卷中的道經,經過對勘,二者文字差別不大的,可基本確定爲宋前道經。若二者存在明顯的差異,則屬於異本,需要再藉助其他方法進行判定。

2. 對比道教類書

類書多引用前代經籍,是校勘、輯佚的重要研究對象。除此之外,還可以用來判定引書的時代。一般來説,類書所引用文獻的時代肯定是早於類書的。道教中的類書數量不少,如北周武帝時編定的《無上秘要》,該書達 100 卷之多(今本存 58 卷),引用六朝古經很多;再如唐代王懸河的《三洞珠囊》《上清道類事相》、朱法滿的《要修科儀戒律鈔》,也都引用了不少唐前道經。

而與本書關係最密切的是《雲笈七籤》。北宋天禧三年(1019),時任著作佐郎的張君房編成《大宋天宮寶藏》後,又擇其精要萬餘條,於天聖三年至七年(1025—1029)間輯成《雲笈七籤》,進獻仁宗皇帝。因《雲笈七籤》是在《大宋天宮寶藏》基礎之上而成,此時距離宋王朝建國不過六十多年,所採集的道經應該絕大多數屬於宋前。此書有兩個特點,一是採集道經數量多而覆蓋面廣,故而號稱"小道藏";二是體例上對所引用之道經,有删節而無增衍、改動。所以無論是編纂時間,還是編纂特點,都十分有利於道經時代的判定。具體的判定方法和對比敦煌寫

---

① 敦煌寫卷中有明確紀年的寫本,最晚的爲北宋咸平五年(1002)。

卷相同。除了斷代之外，本書亦將其作爲重要的考釋對象。

3. 參考道經提要

一種思想的産生和發展，必有一定的社會歷史背景，也有一定的嬗變規律。分析這些條件，再與已知的道教流派、思想、人物等相對比，亦大體能判斷出部分道經的産生時間。故而本書參考了數種提要類的研究書目，其中主要的參考書目有：張繼禹主編《中華道藏》（華夏出版社2004年），施舟人、傅飛嵐《道藏通考》（芝加哥大學出版社2005年），任繼愈主編《道藏提要》（第三次修訂本，中國社會科學出版社2005年），丁培仁《增注新修道藏目録》（巴蜀書社2008年），蕭登福《正統道藏總目提要》（文津出版社2011年）。除此之外，也參考了朱越利《道藏分類解題》（華夏出版社1996年）和潘雨廷《道藏書目提要》（上海古籍出版社2003年）。

需要説明的是，這些提要類的著作並不是僅僅從思想或宗教的角度出發判定道經年代的，而是結合史實、地理、避諱、類書引用等各個方面綜合分析的結果。

4. 分析道經韻部

語音具有時代性，通過分析韻部可以大體判定一個作品産生的時間範圍。而道經一個顯著的特點就是韻文較多，尤其是魏晉南北朝時期。以時代可靠的道經爲材料歸納其韻部，再以此爲基準，去對照那些時代可疑的道經，亦不失爲道經斷代一個比較可行的辦法。這一方面，用力最勤、成果最多的是夏先忠。其博士論文《六朝道教典籍（上清、靈寶經）用韻研究》（四川大學2009年）及後來在此基礎上出版的《六朝上清經用韻研究》（西南交通大學出版社2010年），都對道經的韻部作了分析、歸納，並試着對某些道經的時代進行了判定。其具體情況是：

任繼愈主編的《道藏提要》中，未作時代判定的幾部上清經，夏先忠認爲它們時代大致都在劉宋或以前。而注明時代的道經，與夏先忠用韻研究的結果基本一致，絕大多數屬於晉代或劉宋，齊梁以後的作品極少。① 這一方面爲道經斷代提供了新的角度，另一方面也大體驗證了《道藏提要》斷代的可靠性。

---

① 夏先忠《六朝上清經用韻研究》，成都：西南交通大學出版社，2010年，第188—211、217—218頁。

第一章　宋前道經字詞研究綜述

關於宋前道經字詞的研究綜述，本書將分爲幾個部分：一是對《太平經》的研究。《太平經》本身卷數較多、時代確定、口語性較强，且處於上古漢語向中古漢語轉變的過渡階段，加上其宗教、思想價值比較高，因此備受學界關注，其研究成果比較豐富，故而單獨列出，以突出其地位，亦便於研究。二是對敦煌道經的研究。在敦煌出土的 170 種左右的道經中，有近一半不見於傳世《道藏》，且敦煌道經俗寫程度較高，多有佚經複出，也時有異本、異文，加上整個敦煌學較爲獨立等原因，本書亦將敦煌道經的研究成果單列。三是除《太平經》、敦煌道經以外，其他道經的研究。

第一節　《太平經》研究

本節分爲兩部分，一部分是學界對《太平經》語言研究的綜述情況，另一部分是對《太平經》語言研究情況新的回顧。具體情況如下：

最早對《太平經》語言研究進行回顧的文章，應該是劉祖國《〈太平經〉研究述評》（《漢語史研究集刊》第 8 輯，巴蜀書社 2005 年）。此文將 2005 年以前《太平經》語言文獻方面的研究文章、著作搜羅殆盡，從校勘、詞彙、語法三個方面作了評述，並且總結了當時《太平經》研究的不足，展望了研究前景。劉氏基本上對每一篇文章、著作都作了介紹和評價，重要的文章、著作作了重點論述。總體上看，這是一篇搜羅比較全面、脈絡比較清晰的文章，是《太平經》研究的重要參考之作。其碩士論文《〈太平經〉複音詞研究與〈漢語大詞典〉》（華東師範大學 2006 年）中第一節第一小節"論文選題緣起"中亦有回顧，但相比之下則簡略得多，僅有羅列，没有論述，且限於詞彙方面。後來其博士論文《〈太平經〉詞彙研究》（華東師範大學 2009 年）第一章第三節"《太平經》語言研究回顧"基本上採用的是 2005 年成果，没有太多改動。但此後的幾年又産生了一些新的研究成果，應當補入，具體可參下文論述。

劉曉然《〈太平經〉的詞彙研究》（《社會科學家》2006 年第 1 期）①從詞語考釋、特殊語彙、同素異序、同義複詞等四個方面，對《太平經》的詞彙研究作了比較細緻的分析和相對全面的回顧。其博士論文《雙音短語的詞彙化——以〈太平經〉爲例》（四川大學 2007 年）緒論第二節第二小節"《太平經》"亦有簡短總結、回顧，遠不及此文詳細、全面。這可能與劉祖國情況一樣，受限於博士碩士學位論文規定。

曹静《〈太平經〉中的同義連文》（四川大學 2006 年碩士學位論文）在第一章第一節"《太平經》和關於《太平經》的研究"中，對《太平經》的一些注釋、校正本作了簡單説明，又羅列了 19 篇語言研究（主要是詞彙研究）的文章，並作了簡單歸類。

李振東《八十年來道教典籍〈太平經〉研究的歷史與現狀》（《華夏論壇》第 8 輯，吉林文史出版社 2012 年）一文，從校勘、辨僞、訓詁、音韻、語法、詞彙、文獻比較等多個角度，全面地回顧了學界對《太平經》語言和文獻的研究。該文收集資料比較全，遺漏相對較少，論述、總結也大體精當。該文後來又被收入《〈太平經〉與東漢佛典複音詞比較研究》（吉林大學 2016 年博士學位論文），内容基本一致，没有大的變動。

一、2000 年以前的《太平經》研究

無論從哪方面研究《太平經》，王明的《太平經合校》（中華書局1960 年）都不能繞過。文獻整理自然以語言文字爲基礎，故而《太平經》的校勘中也涉及了字形、字義的辨析。當然王明並非語言研究者，該書也不是從語言文字角度出發，而是以校勘爲目的，故而校語比較簡單，多是羅列異文。但此書確實爲《太平經》語言研究提供了一個比較可靠、方便的文本，一直受到學界的重視。此後的許多文章、著作也都是在此書基礎之上進行的，如陳增岳《〈太平經合校〉補記》（《文獻》1994 年第4 期）、《〈太平經合校〉拾遺》（《中國道教》1994 年第 4 期）在補正的同時，涉及到了詞語的訓釋。

---

①《社會科學家》在排印時，將"劉曉然"誤作"劉曉"。

從九十年代中期,俞理明開始關注《太平經》,先後撰寫了一系列的文章,對此書中的誤字、通假、熟語、語法以及佛道語言相互影響等各個方面,作了全面、細緻的研究。文章有:《從〈太平經〉看道教稱謂對佛教稱謂的影響》(《四川大學學報》〔哲學社會科學版〕1994 年第 2 期)、《〈太平經〉文字校讀》(《古籍研究》1996 年第 1 期)、《道教典籍〈太平經〉中的漢代字例和字義》(《宗教學研究》1997 年第 1 期)、《〈太平經〉通用字研究》(《宗教學研究》1998 年第 1 期)、《〈太平經〉中的形近字正誤》(《宗教學研究》1999 年第 4 期)、《〈太平經〉文字勘定偶拾》(《古籍整理研究學刊》2000 年第 5 期)等。

其他人的研究,如王雲路《〈太平經〉語詞詮釋》(《語言研究》1995 年第 1 期)、《〈太平經〉釋詞》(《古漢語研究》1995 年第 1 期),連登崗《〈太平經〉語詞別義辨釋》(《慶陽師專學報》1997 年第 2 期)、《釋〈太平經〉之"賢儒"、"善儒"、"乙密"》(《中國語文》1998 年第 3 期)、《〈太平經〉詞語別義辨釋》(《西北師範大學學報》1998 年第 12 期)、《〈太平經〉生詞試釋》(《蘭州大學學報》1998 年第 3 期)、《〈太平經〉詞義辨析》(三)(《甘肅高師學報》2000 年第 1 期)等文章都對《太平經》中部分疑難字詞、新詞新義作了解釋,是中古漢語研究的早期拓荒之作。

黃建寧《〈太平經〉複音詞初探》(四川師範大學 1997 年碩士學位論文)從語法、語音構詞兩個方面對《太平經》中的複音詞作了研究,是早期道經詞彙研究之作。高明《簡論〈太平經〉在中古漢語詞彙研究中的價值》(《古漢語研究》2000 年第 1 期)一文從《太平經》對斷代詞彙研究作用、疊音詞、同素異序詞、同義複合詞等幾個方面,分析了《太平經》詞彙研究的價值。黃平之《〈太平經〉——東漢語言研究的重要典籍》(《文史知識》2000 年第 3 期)一文則從同素異序詞、虛詞的角度簡要分析了《太平經》的語料價值。

二、2001—2010 年間的《太平經》研究

這十年間《太平經》的研究持續深入,研究隊伍也不斷擴大,情況如下:俞理明又發表《〈太平經〉中的漢代熟語》(《西南民族學院學報·哲

學社會科學版》2001 年專輯）①。在前期研究的基礎之上，俞理明撰成
《〈太平經〉正讀》（巴蜀書社 2001 年）一書。該書從文字、音韻、語法、
語義等各個方面，對《太平經》作了系統的整理與研究，其中也涉及了
不少字詞的解釋。此書是繼王明《太平經合校》之後，《太平經》文本整
理的最重要成果，且後出轉精，是研治《太平經》的必備之作。此後，俞
理明又發表《東漢佛道文獻詞彙研究的構想》（《漢語史研究集刊》第 8
輯，巴蜀書社 2005 年），提出了東漢佛道文獻詞彙研究的一些設想。

　　連登崗的研究亦不曾中斷，相繼發表了不少論文：《〈太平經〉語詞
再釋》（《南通師範學院學報》〔哲學社會科學版〕2004 年第 1 期）、《釋
〈太平經〉之“賢柔”、“賢渘”、“大渘”、“大渘師”》（《宗教學研究》2005
年第 2 期），連登崗、張秀峰《釋〈太平經〉之“貞男”、“貞”、“貞人”、
“壯”、“大壯”》（《青海師專學報》〔教育科學〕2007 年第 3 期），《釋〈太
平經〉“平言”、“平道”、“行言”、“行道”、“平行”——兼與王雲路、俞理
明先生商榷》（《青海師專學報》〔教育科學〕2008 年第 4 期）等。

　　其他人的研究，如王敏紅《〈太平經〉補釋》（《紹興文理學院學報》
2001 年第 4 期）、《〈太平經〉詞語拾零》（《語言研究》2002 年第 1 期）、
《從〈太平經〉看三字連文》（《寧夏大學學報》〔人文社會科學版〕2004
年第 1 期），黃建寧《〈太平經〉中的同素異序詞》（《四川師範大學學報》
〔社會科學版〕2001 年第 1 期），楊寄林《〈太平經合校〉識誤》（《語文
研究》2003 年第 3 期），林金強《〈太平經〉雙音詞研究》（華南師範大學
2003 年碩士學位論文），夏雨晴《〈太平經〉中的三音節同義並列複用現
象研究》（《樂山師範學院學報》2003 年第 5 期），葛佳才《漢代典籍中副
詞刊訂校注例》（《古漢語研究》2005 年第 3 期）、《〈太平經〉副詞拾詁》
（《北方論叢》2006 年第 2 期），曹靜《〈太平經〉中的同義連文》（四川
大學 2006 年碩士學位論文），王柯《〈太平經〉語詞選釋》（《中國語文》
2007 年第 2 期），劉曉然《雙音短語的詞彙化——以〈太平經〉爲例》（四
川大學 2007 年博士學位論文），劉湘濤《〈太平經〉新生程度副詞補苴
〈漢語大詞典〉六則》（《時代文學》2009 年第 15 期），真大成《再釋“乙

---

① 除了文字、訓詁的文章之外，俞理明還有標點、語法等方面的文章涉及《太平經》，因與本書主
　題不相關，故而不再列入。

密"》(《漢語史研究集刊》第 13 輯,巴蜀書社 2010 年)。

　　這一時期,除了俞理明、連登崗以外,研究成果最多的是劉祖國,其文章涉及《太平經》的詞彙研究、詞語考釋、《太平經》與社會文化的關係、文本校勘與整理等各個方面,數量較多。如《〈太平經〉複音詞研究與〈漢語大詞典〉》(華東師範大學 2006 年碩士學位論文)、《從幾个道教術語看〈太平經〉語言研究的價值》(《中國文字研究》2007 年第 2 輯)、《〈太平經〉詞語拾詁》(《中文自學指導》2008 年第 3 期)、《論〈太平經〉的詞典學價值》(《山東青年管理幹部學院學報》2008 年第 6 期)、《〈太平經〉疑難語詞例釋》(《中南大學學報》〔社會科學版〕2008 年第 5 期)、《〈太平經〉所見東漢時期的新詞新義》(《商丘師範學院學報》2008 年第 8 期)、《論〈太平經〉的詞典學價值》(《大理學院學報》2008 年第 11 期)、《〈太平經〉語詞札記》(《漢語史研究集刊》第 12 輯,巴蜀書社 2009 年)、《〈太平經〉詞彙研究》(華東師範大學 2009 年博士學位論文)、《〈太平經〉校注箋疑》(《漢字文化》2010 年第 3 期)、《〈太平經〉語詞釋讀獻疑》(《宗教學研究》2010 年第 1 期)、《〈太平經〉與漢代社會文化》(《蘭州學刊》2010 年第 6 期)、《〈太平經〉注釋指瑕》(《圖書館理論與實踐》2010 年第 12 期)、《〈太平經〉校注辨正》(《中南大學學報》〔社會科學版〕2010 年第 4 期),劉祖國、李翠《道教典籍〈太平經〉語言的再解讀》(《唐都學刊》2010 年第 6 期)等。

　　《〈太平經〉複音詞研究與〈漢語大詞典〉》第三節"補充《漢語大詞典》失收詞條或義項"、第四節"糾正《漢語大詞典》釋義錯訛",對《太平經》中的部分新詞新義,作了分析和考釋,但相對比較簡單。在碩士論文的基礎上深化擴展完成的博士論文《〈太平經〉詞彙研究》,與考釋相關的是該文第五章"《太平經》中的新詞新義"、第七章"《太平經》校注獻疑"、第八章"《太平經》語詞例釋"。這幾章對《太平經》詞義的考釋,不論是範圍,還是深度,與碩士論文相比,都有擴展和增加。

　　另外,姜守誠有《"命樹"考》(《哲學動態》2007 年第 1 期)、《試論〈太平經〉的解除術》(《魯東大學學報》2008 年第 4 期)等文章,也涉及了道教中某些詞語。姜氏研究方向爲道教,故而能從宗教、文化的角度對道教中的一些宗教色彩比較濃厚的詞語作出解釋。這是道教詞語考釋中一個比較好的角度,如果能將二者結合,考釋的可信度必能大大提高。

三、2010 年以後的《太平經》研究

2010 年以後《太平經》校正和詞語考釋最重要的成果,當屬蕭旭《〈太平經〉校補》(《群書校補》,廣陵書局 2011 年)。該書以《太平經合校》和《〈太平經〉正讀》爲基礎,糾正、補充二書在點校、注釋方面的失誤與不足達 233 條。其中很多條目涉及到疑難詞語的校釋,且不乏精彩之處。此書當是繼《太平經合校》、《〈太平經〉正讀》之後,研究、利用《太平經》最重要的參考文獻。

俞理明及其指導的研究生研究成果依然比較豐富,包括:顧滿林、俞理明《東漢佛道文獻詞彙新質的概貌》(《漢語史研究集刊》第 14 輯,巴蜀書社 2011 年),俞理明、顧滿林《東漢佛道文獻詞彙新質的表義分析》(《漢語史研究集刊》第 15 輯,巴蜀書社 2012 年),俞理明《〈太平經〉中的"平"和"行"——答連登崗教授》(《青海民族大學學報》〔教育科學版〕2011 年第 2 期),俞理明、顧滿林《東漢佛道文獻新質研究》(商務印書館 2013 年)。該書對佛教道教文獻中出現的新詞新義進行描寫,以類排比,舉例釋義。因爲出發點是詞彙研究,故而考釋相對簡單。

劉祖國成果也比較多:劉祖國、李翠《〈太平經〉注釋辨誤》(《西南交通大學學報》〔哲學社會科學版〕2011 年第 1 期),《〈太平經〉注釋商兌一則》(《江海學刊》2011 年第 2 期)、《早期道經詞彙在佛典初譯中的橋梁作用——以〈太平經〉爲例》(《鄭州師範教育》2013 年第 1 期)、《〈太平經〉校點辨正》(《古籍研究》2013 年第 1 期)等。

其他人的研究:史光輝《"乙密"補釋》(《貴州文史叢刊》2011 年第 4 期),姜守誠《漢晉道經中所見"玉女"考》(《湖南科技學院學報》2012 年第 10 期),張元治《〈太平經〉單音節同義詞研究》(湖南師範大學 2013 年碩士學位論文),王用源《道經〈太平經〉"向"、"嚮"、"鄉"字研究》(《蘭州教育學院學報》2013 年第 10 期),張文冠《〈太平經〉字詞校釋四則》(《漢語史研究集刊》第 20 輯,巴蜀書社 2015 年),李振東《〈太平經〉與東漢佛典複音詞比較研究》(吉林大學 2016 年博士學位論文)。李文最後兩章對《太平經》中的新詞新義和《大詞典》部分詞義問題作了分析。因爲出發點是詞彙學,故而偏重詞彙、辭書方面的研究,而非訓

詁,所以字詞考釋並不那麼深入。

　　總的來看,學界對《太平經》的關注比較多,研究也比較充分。就詞語考釋的難度和深度來講,當以俞理明《〈太平經〉正讀》、蕭旭《〈太平經〉校補》爲最。略顯美中不足的是,因體例所限,《〈太平經〉正讀》對許多詞語的考釋僅有結論,不能展開論證,也就不可避免地有猜測之處。相比之下,其他學人的研究主要集中於詞彙學和辭書學,對《太平經》疑難詞語的考釋貢獻要遜色不少。因此,該書的疑難詞語考釋尚有可挖掘的餘地。

第二節　敦煌道經研究

　　葉貴良《敦煌道經詞彙研究》第一章第二節"敦煌道經的研究概況"回顧了敦煌道經的研究狀況,由於當時的研究極少,回顧自然比較簡略。

　　劉泓文《百年敦煌道教研究論著目録》(2014 年《敦煌學國際聯絡委員會通訊》)搜集了敦煌寫卷發現以來各個方向的研究論著和文章,其中也包括敦煌道經語言方面的研究。該文羅列比較全面,不過因體例爲"目録",所以只是羅列和簡單分類,並不涉及對文章、論著的論述和評價。

　　敦煌道經的語言研究開始於 2000 年以後,馮利華、葉貴良是拓荒者。在 21 世紀的前十年裏,馮利華發表文章《兩件敦煌道經補校——〈洞淵神咒經斬鬼品第七〉和〈太上靈寶洞玄滅度五鍊生尸經〉爲例》(《西域研究》2002 年第 4 期)、《敦煌寫本道經〈金真玉光八景飛經〉校讀》(《西域研究》2003 年第 2 期)等。雖然這些文章重在校勘,但其中也涉及了個別詞語的訓釋。

　　葉貴良撰有《英藏敦煌社會歷史文獻釋録斯 63 號〈太上洞玄靈寶無量度人上品妙經〉校正》(《敦煌學輯刊》2002 年第 2 期)、《敦煌道經詞彙研究》(浙江大學 2004 年博士學位論文,後出版爲《敦煌道經寫本與詞彙研究》,巴蜀書社 2007 年)、《"殊"字考辨》(《語言研究》2004 年第 3 期)、《説"真"》(《古漢語研究》2008 年第 4 期)、《敦煌道經形誤字例釋》(《敦煌研究》2009 年第 3 期)、《敦煌道經詞語考釋》(巴蜀書社

2009年）。二書對敦煌道經中的俗字、誤字、新詞新義、疑難語詞，作了全面、系統的考釋和整理，是敦煌道經語言研究的重要參考文獻。當然，任何研究都不可能做到完美無瑕，葉氏之書也存在一些不足。如敦煌道經中的一些俗訛字、疑難詞還有不少遺漏，未加考釋；已考釋的條目中，也存在一些錯誤；還有不少條目比較簡單，考釋價值不大。牛尚鵬的一些文章對此有分析和補充，可參下文。

這一期間，還有周作明《敦煌道經語詞札記》（《懷化學院學報》2006年第12期），楊静《敦煌本〈太上業報因緣經〉佛源詞例釋》（《現代語文》〔語言研究版〕2009年第9期），何青《敦煌寫本〈本際經〉異文舉隅》（《文教資料》2010年11月中旬刊）等文。

從2011年開始，敦煌道經的語言研究隊伍有所擴大，主要有以下論文：劉吉寧《敦煌本〈太上洞玄靈寶無量度人上品妙經〉文字研究》（廣西大學2011年碩士學位論文），劉彩虹《敦煌本〈太上洞淵神咒經〉卷一一字多形現象》（《語言藝術》2011年8月刊），龔元華《〈英藏敦煌社會歷史文獻釋録〉語言文字研究》（廣西大學2012年碩士學位論文），楊静《敦煌本〈太上業報因緣經〉文字與詞彙研究》（浙江財經學院2012年碩士學位論文），田啓濤《敦煌道經詞語例釋》（《敦煌研究》2013年第5期），唐武嘉《敦煌寫本〈老子化胡經〉俗字輯考》（《現代交際》2013年2月刊）、《敦煌道經佛源詞研究》（浙江財經大學2013年碩士學位論文）等。

牛尚鵬的研究主要集中在《太上洞淵神咒經》的考釋上，發表數篇文章：牛尚鵬、聶中慶《〈中華道藏〉録敦煌本道經獻疑——以〈太上洞淵神咒經〉敦煌本爲例》（上、下）（《上海高校圖書情報工作研究》2014年第3期、第4期），牛尚鵬、楊緑穎《〈太上洞淵神咒經〉敦煌本訛誤辨正》（《晉中學院學報》2015年第2期），《〈太上洞淵神咒經〉異文考辨》（《長江師範學院學報》2016年第1期）等文章。

第三節　宋前其他道經研究

對道教語言文字研究的綜述已經不少，論述已比較全面，重要的著作和文章都已經關注到了，而且也已經指出了當前道教語言研究存在的問題和以後要努力的方向，具體參下文。但這些回顧也存在一些問題，主要表現在兩個方面：一是除了劉祖國之外，大多數綜述羅列文章、著作不全面，有的遺漏較多；二是論述比較宏闊，不細緻，或多收少論，或存而不論，評價不足。本書力求在這些研究的基礎上，作出更爲全面、清晰的論述。另外，自 2013 年至 2016 年這短短數年的時間，道經文字、訓詁與詞彙研究的成果蜂出，也需要一併補入、總結。

需要說明的是：一、因爲涉及文章、論著較多，不可能一一分析、評價，所以本書只對涉及考釋的專著及少數文章，作比較詳細的分析、評價。二、本書研究的對象是疑難字詞，所以純粹詞彙學的研究，本書或略而不論或作比較簡單的概括。三、本書研究亦涉及了《抱朴子》，但因爲相關研究文章不多，尤其是涉及訓詁的，且鄭琳《〈抱朴子〉語言研究綜述》（《柳州職業技術學院學報》2016 年第 1 期）已有論述，故本書不再進行綜述。

一、學界對道教語言研究的回顧

較早對道教語言研究進行回顧的是馮利華《中古道書語言研究》（浙江大學 2003 年博士學位論文，後由巴蜀書社 2010 年出版）。其第二章第一節 “中古道書詞語總體研究概況”，將以往學界對道經詞語的考釋作了簡單的回顧和總結。因當時道教語言研究的文章、著作很少，回顧自然比較簡略。

周作明《東晉南朝道教上清派經典詞彙新詞新義研究》（四川大學 2004 年碩士學位論文）第一章第二節 “道經語言研究的現狀及上清派經典詞彙研究的價值” 對道教語言研究的回顧亦有所涉及。在附注中，作者對《抱朴子》、《太平經》的研究著作、文章以及汪維輝、馮利華的文章，作了簡單羅列，但未作評騭，還有一些其他的研究成果也有遺漏。在該文基礎上完成的博士學位論文《東晉南朝道教上清派經典行爲詞新質研究》（四川大學 2007 年，後出版爲《中古上清經行爲詞新質研究》，中國社會科學出版社 2013 年）第一章第二節 “上清經（道經）語言的研究現狀” 從語音、語法、詞彙三個方面，對道教語言研究作了十分簡略的回顧和總結。對一些重要的研究著作如馮利華、葉貴良的博士論文，作了簡要的評價①。

　　葉貴良《敦煌道經詞彙研究》第一章第三節“道經詞彙研究的回顧”，以清代爲分界，對各家的訓釋、詞彙研究以簡單羅列的形式作了回顧，其中重點論述了陳國符的研究。②

　　張婷、曾昭聰、曹小雲《十年來道教典籍詞彙研究》(《滁州學院學報》2005 年第 4 期)一文羅列了 1994 年至 2004 年部分道教文獻詞彙研究的著作、文章，分析了當前道教詞彙研究的不足，並對將來道教語言研究的方向提出了幾點看法，如提高對道教語言研究重要性的認識，加強語料的搜集與整理，以科學方法加強專書、專題研究，加快道教辭典編纂等。這些認識切中肯綮，十分富有前瞻性。

　　羅業愷《近二十年道教語言研究綜述(1998—2008)》(《宗教學研究》2009 年第 3 期)，此文以所有的道教典籍(包含《老子》、《莊子》等道家典籍在內)爲對象，回顧了文字、語音、詞彙、語法等各個方面的研究。但收集文章著作多有遺漏，且亦以羅列爲主，對其中重要的文章、專著也僅是一筆帶過，未作評價。

　　牛尚鵬《淺析道法諸經詞彙研究現狀及其語料價值》(《中國城市經濟》2011 年第 18 期)，該文與其博士學位論文《道法類經書疑難詞語考釋》(南開大學 2012 年)第一章第二節“道經詞彙研究現狀”大致相應。二文皆以非常簡短的篇幅，對道教語言研究的現狀作了概要式的說明。其中對馮利華、葉貴良、周作明等人的碩士、博士論文及專著的論述相對詳細，評價也比較中肯。當然，該文以道法類經書爲研究對象，相關的研究文章、著作自然很少；但作者既以“道經詞彙研究”爲題，所列所論不免太過簡略。

　　忻麗麗《中古靈寶經詞語考釋》(南開大學 2012 年博士學位論文)第一章第一節“道經語言研究概況”，從語音、文字、詞彙與訓詁、校勘等四個方面作了論述。該文已注意到古人對道經語言方面的研究，這是其他各家研究綜述所未留意的。另外，該文對涉及道教語言研究的辭典和

---

①稍作説明的是：馮利華博士論文完成於 2003 年，巴蜀書社 2010 年出版，周氏分別誤爲 2004 年、2009 年；葉貴良博士論文完成於 2004 年，周氏誤爲 2005 年。
②此文後來出版爲《敦煌道經寫本與詞彙研究》(成都：巴蜀書社，2007 年)，對道經詞彙研究的綜述基本没作改動。

近年來的國家、省部各個課題,亦有提及。該文亦以"道經語言研究"爲題,却未涉及語音、語法研究,標題、内容似不相應。在收録研究文章、著作時,也並不全面。

周學峰《道教科儀經籍疑難語詞考釋》(南開大學 2013 年博士學位論文)第一章第一節第二小節"道經詞彙研究概況"亦有對道經詞彙研究的簡單回顧。

蕭紅、袁媛《百年中國道教文獻語言研究綜述》(《武漢大學學報》〔人文科學版〕2013 年第 4 期)以 1900 年爲起點,總結了一百多年道教文獻語言研究的情况。該文將道教語言研究劃分爲文獻語言學研究、語言本體研究、語言應用研究等三個方面進行論述。其特點是不注重具體論著、文章的羅列,而更注重梳理和總結。

劉祖國《漢語學界道經語言研究的回顧與展望》(《漢學研究通訊》2013 年第 3 期)一文以清代黄生《義府·冥通記》爲起點,訖於當年最新的研究成果。該文對道經語言、文獻的研究,作了全面的搜集和細緻的論述,是研究道經語言的重要參考文獻。該文收集了一些純粹屬於文獻整理的文章,略游離於語言研究這個主題之外。

二、2000 年以前的道經字詞研究

依現存資料,六朝、唐代就已經有人對道經進行注疏、闡釋。北宋陳景元所編《元始無量度人上品妙經四注》即收録了南朝齊嚴東,唐代薛幽棲、李少微、成玄英等四人對《度人經》所作的注解。其中就有關於字詞方面的訓釋,如卷一"無鞅"條薛幽棲注云:"鞅者,央也。古字少,以鞅爲央。央,盡也,已也。"(2/189c)卷二"渺渺劫刃"條薛幽棲注云:"刃者,仞也。古之字少,以刃爲仞。"(2/203b)除此之外,現存《道藏》中還有不少對《大洞真經》等道經的注疏,也都或多或少涉及到了字詞訓釋。但總體來看,這些著作以疏證爲目的,"多爲申講大意闡發義理,稱不上真正的詞彙研究"[1]。這些字詞注釋比較零星,不成系統。

最早從字詞角度對道經進行系統考釋的,是明末清初黄生的《義府·冥通記》。該書對南朝梁陶弘景《周氏冥通記》中的 27 個詞語進

---

①周學鋒《道教科儀經籍疑難語詞考釋》,南開大學 2013 年博士學位論文,第 2 頁。

行了考釋,個別條目還作了簡單的分析。其考釋比較精當,結論也大多可信,多爲後來研究者及辭書採信。在具體的訓釋中,黄生基本上能堅持實事求是的研究原則,這很可貴。如"忥忥"條:"字書無忥字,疑當音哄,胡孔切,夢魘鼻中作聲也。""撧"字條:"此似是脱屐之意,用撧字不知何義。恐是二屐交搭,故爲聚意也。"① 但該書也存在一些不足之處:一是個別條目解釋並不準確,本書已有數條補正,具體參書中相應之例。二是大部分條目只釋其然,而不釋其所以然。這就讓人不知道他訓釋時的根據所在,無法作出比較準確的判斷。如"約尺"條:"厭書尺也。""戴屋"條:"蓋屋也。"② 但總體上來説,黄生的功績是比較大的。他是道經語言研究的開創者,也是中古漢語研究的先驅③。該書考釋中所貫徹的方法、原則爲乾嘉後學繼承和發揚,是清代學術的發端之作。

在黄生之後的三百年間,道教繼續衰落,地位不斷下降;乾嘉考據學多集中於經學、史學及部分重要的子學著作,其他方面的研究備受冷落;而近代以來到建國後文革時期,各種文化、政治運動不斷興起,傳統文化研究受到不斷的衝擊、干擾:除了極個別的零星考釋之外④,再也没有系統考釋道經字詞的文章、專著。

直到二十世紀七十年代,陳國符在原來研究道教文獻的基礎之上,開始致力於道教煉丹術語的考證。⑤ 至1980年,陳氏寫定《中國外丹黄白法詞誼考録》一文(後收入《道藏源流續考》,明文書局1983年),共收録與煉丹相關的術語約650個。在此基礎上,陳氏又不斷修改,終成《中國外丹黄白法考》一書(上海古籍出版社1997年)。該書共收録各類術語319條,每條各有詞語若干,共計800多個詞語。這是近代以來從語言研究的角度,對道經進行考釋的開山之作,以其精審而受到中外學者的高度贊揚。陳氏治學有幾個方面的特點:一、以現代科學知識,尤其是化學知識,詳細解釋古代道教煉丹所用器械、材料及過程中所涉及到的

---

① 分別見［清］黄生撰,黄承吉合按《字詁義府合按》,北京:中華書局,1984年,第253、254頁。
② ［清］黄生撰,黄承吉合按《字詁義府合按》,第253、255頁。
③ 《周氏冥通記》爲六朝之書,口語性較强。
④ 這些零星的考釋,劉祖國《漢語學界道經語言研究的回顧與展望》一文中已提到,可參。
⑤ 陳氏著有《道藏源流考》,中華書局1949年初版,1963年又增訂出版。陳氏對煉丹術語的考證,緣起於1973年受《化學通報》編輯部函託,對道教外丹黄白術進行研究。1974年9月,陳氏開始研究工作。具體可參《道藏源流續考·自序》。

各類術語、隱語，並標明化學反應方程，繪製丹竈等器物圖表。陳氏出身於化學學科，治學嚴謹細密，且通讀《道藏》，加上他文獻功底比較扎實，所以能夠取得巨大成就。二、陳氏並不僅僅滿足於單個詞語的解釋，在解釋詞語的同時，他還摸索、探究研治道教字詞（主要是煉丹術語、隱語）的方法、途徑。他吸取傳統語言學尤其是乾嘉學派考據的方法，結合自己的經驗與現代科學知識，總結了一套行之有效的考釋方法。三、將語言研究與道經斷代相結合。語言研究與文獻研究關係密切，陳氏從語言學的角度爲道經斷代，這是道經斷代的一個重要途徑，其角度和成就都值得稱道。

陳國符之後，道教語言研究又沉寂了十多年。直到九十年代，得益於政治氛圍的寬鬆、文化環境的改善，傳統文化研究包括道教研究，又慢慢恢復、熱烈起來。語言學界首先關注的是東漢末年出世的《太平經》[①]，截止到 2000 年這十年間，對其他道經的研究爲數極少。

葛兆光《道教與唐代詩歌語言》（《清華大學學報》〔哲學社會科學版〕1995 年第 4 期）分析了道教語言文獻不受重視的原因、道教語言的風格、特點以及對唐代詩歌語言的影響。[②] 葛氏雖不治語言學，也不是專門的道教學者，但他的分析比較精到，對道教語言的把握比較準確，此文爲後來研治道教語言、文獻者屢屢引用。顧久《道教典籍詞語三則》（《辭書研究》1996 年第 6 期）一文中有對《參同契》"歷藏" 的考釋，該文是這一時期極少見的詞語考釋之作。

三、2001—2010 年間的道經字詞研究

從 2000 年開始，道教語言研究出現了可喜的變化：一是研究方向不斷擴展，二是研究隊伍不斷充實，三是逐漸有專題研究的趨勢。其研究情況如下：

汪維輝《〈周氏冥通記〉詞匯研究》[③]（《中古近代漢語研究》第 1 輯，上海教育出版社 2000 年）對《周氏冥通記》中的常用語詞作了分析，也

①具體參前文。
②據該文附記，此文曾作爲演講稿在日本演講，其日文譯文以《道教與唐代文學》爲題發表在《關西大學東西學術研究所所報》1995 年 5 月第 60 號上。
③"詞匯" 之 "匯" 當作 "彙"，當是排印之誤。以下引用該文獻者，不再一一注明。

對其中的疑難語詞、新詞新義作了簡單考釋。在此基礎上,汪維輝後來又撰成《六世紀漢語詞彙的南北差異——以〈齊民要術〉與〈周氏冥通記〉爲例》(《中國語文》2007年第2期)一文,對《周氏冥通記》中可能具有方言色彩的語詞作了詳細的考釋。

王敏紅有一系列的文章對《雲笈七籤》中的部分詞語作了簡要的考釋,如《〈雲笈七籤〉"臨目"釋義》(《四川師範大學學報》〔社會科學版〕2001年第5期)、《〈雲笈七籤〉詞語零札》(《杭州教育學院學報》2002年第2期)、《〈雲笈七籤〉詞語零札》(《古籍整理研究學刊》2002年第3期)、《〈雲笈七籤〉"養"、"迫"釋義》(《四川師範大學學報》〔社會科學版〕2002年第4期)。

馮利華撰寫《〈真誥〉詞語校釋三則》(《中國道教》2002年第3期)、《〈真誥〉詞語輯釋》(《古漢語研究》2002年第4期)、《陶弘景〈真誥〉的語料價值》(《中國典籍與文化》2003年第3期)、《中古道書語言研究》(浙江大學2003年博士論文,後由巴蜀書社2010年出版)等文章、著作。

其博士論文以整部《道藏》的道教典籍爲研究對象,對道教典籍的語言風格、俗字、詞彙及特點作了整體上的概括,又選取了陶弘景《真誥》、《周氏冥通記》兩部書作了專題探討。綜觀馮利華的研究,她對道經語言的概括、疑難語詞與新詞新義的考釋、道經俗字、道教語言的價值都作了拓荒式的研究,功不可没。尤爲學界稱道的是,該書最後專門設有"道教隱語研究"一章,在陳國符研究的基礎上,對道教的隱語作了更進一步的研究。她分析闡述了隱語的定義與類型、起源與發展、生成原因與表達功能、存在狀況與蘊涵文化。所論比較全面,大體恰當。但該書也存在一些不足和瑕疵,該書以"語言研究"爲名,但其中基本不涉及語音、語法,與題目不相吻合①。就具體的文字、訓詁考釋來看,該書所考釋的部分俗字較爲簡單,個別僅有微小的筆畫差異,並無多少考釋價值。在詞語考釋部分,個別詞條考釋不盡準確,如"不授"、"牧攝"等②。還有一些考釋,現在看來稍顯簡單。當然,該文/書畢竟寫成於十多年前,受

---

① 方一新在該書的序言中已談及,可參。
② 具體參本書相應條目。

限於當時的各種條件，且每個時期的學術潮流、趨向也不相同，不應苛責。馮氏對道經語言的整體概括，對道教隱語的分析，至今還有重要的參考價值。

除此之外，馮氏還發表《六朝道經詞語發微——以古上清經爲中心》（《唐都學刊》2006 年第 3 期）、《道經隱語芻議》（《中國文化研究》2006 年夏之卷）、《道教文獻詞義札記》（《宗教學研究》2006 年第 4 期）、《道經音注的語料價值》（《古籍整理研究學刊》2007 年第 5 期）、《道經俗字與〈漢語大字典〉補訂》（《古漢語研究》2008 年第 2 期）、《中古道書詞語輯釋》（《宗教學研究》2010 年第 2 期）等文章。

大體同時，周作明也開始關注道經語言，撰寫多篇文章，如《東晉南朝上清經中的幾個道教用詞》（《漢語史研究集刊》第 6 輯，巴蜀書社 2003 年）、《東晉南朝道教上清派經典詞彙新詞新義研究》（四川大學 2004 年碩士學位論文）、《東晉南朝上清經中的“兆”》（《宗教學研究》2004 年第 4 期）、《道典中一段札文的兩个語詞解讀》（《宗教學研究》2005 年第 2 期）、《點校本〈雲笈七箋〉商補三則》（《圖書館雜志》2005 年第 10 期）①、《點校本〈雲笈七箋〉商補續——兼論道教典籍的整理》（《圖書館雜志》2007 年第 2 期）、《東晉南朝道教上清派經典行爲詞新質研究》（四川大學 2007 年博士學位論文，後出版爲《中古上清經行爲詞新質研究》，中國社會科學出版社 2013 年）、《東晉南朝道典中的“脆”》（《懷化學院學報》2009 年第 3 期）、《從概念場看文獻中新舊詞語的語用地位》（《西南民族大學學報》〔人文社科版〕2009 年第 9 期）、《〈真誥校註〉補闕》（《圖書館雜志》2010 年第 6 期）等。

《東晉南朝道教上清派經典詞彙新詞新義研究》、《東晉南朝道教上清派經典行爲詞新質研究》（《中古上清經行爲詞新質研究》）二文／書研究思路、方法大體一致，或以中古時期上清派經典中的名物詞，或以行爲詞（後者只有行爲詞）爲研究對象，詳細描寫詞彙面貌，分析其構成成分，探討詞語意義及地位。二文對詞彙的描寫十分詳盡，對新詞新義的考釋、道經語言辭典的編纂，都十分有益。因爲研究方向是描寫詞彙學，而不是訓詁學，體例所限，所以“在疑難語詞的考釋方面未給與過多的重

---

① 按：《雲笈七籤》之名，繁體作“籤”，簡體作“签”，皆非“笺”。周氏此文及下篇續文皆有小誤。

視且個別詞語的釋義有不妥之處”①。

　　周作明與俞理明、夏先忠、雷漢卿亦有不少合作發表的文章。俞理明、周作明《論道教典籍語料在漢語詞彙歷史研究中的價值》(《綿陽師範學院學報》2005 年第 4 期)，周作明、俞理明《東晉南朝上清經中的動詞“宴”、“晏”》(《漢語史研究集刊》第 9 輯，巴蜀書社 2006 年)，周作明、夏先忠《從六朝上清經看佛教對道教用語的影響》(《宗教學研究》2008 年第 3 期)、《“旁行敷落”乃“佛道”二教別稱》(《現代語文》〔語言研究版〕2008 年第 11 期)，夏先忠、周作明《試論宗教文化對詞語意義及構造的影響》(《雲南師範大學學報》〔哲學社會科學版〕2008 年第 6 期)、《從六朝上清經看文化對文獻用語的影響》(《宗教學研究》2009 年第 1 期)，雷漢卿、周作明《〈真誥〉詞語補釋》(《宗教學研究》2010 年第 3 期)。此外，夏先忠還發表《六朝道典用語佛源考求舉例》(《西南民族大學學報》〔人文社科版〕2008 年第 11 期)。

　　除了以上幾家的研究比較集中以外，還有一些文章，如葛兆光又發表《關於道教研究的歷史和方法》(《中國典籍與文化》2003 年第 1 期)一文。該文最後一部分中有對道教文字詞彙、辭典的關注。王磊《〈真誥〉詞語拾零》(《漢語史研究集刊》第 6 輯，巴蜀書社 2003 年)，鄧巖妍《道教內丹學隱語研究》(遼寧師範大學 2004 年碩士學位論文)，武曉麗《〈石藥爾雅〉卷上校注》(西南大學 2006 年碩士學位論文)，高朋《“冢訟”的內涵及其流變——一種影響到喪葬習俗的道教觀念》(《文化遺產》2008 年第 4 期)，劉揚《〈真誥校註〉商補二則》(《西南民族大學學報》〔人文社科版〕2009 年第 9 期)，何亮《〈真誥校註〉指瑕》(《古籍研究》2009 年上下合卷)，也都涉及了道經字詞的考釋或分析。

　　2010 年的成果比較多，顯示道經受到一定的關注，如：姜守誠《“冢訟”考》(《東方論壇》2010 年第 5 期)，孔珍《〈真誥〉詞彙研究》(南京師範大學 2010 年碩士學位論文)，林靜《隋唐咒語的話語分析》(福建師範大學 2010 年碩士學位論文)。該文分析、研究了道教咒語的語言特點、內在規律等，對考釋道經詞語有一定的參考、借鑒作用。劉祖國《試論道經語言學》(《船山學刊》2010 年第 3 期)一文正式提出了“道經語

---

①牛尚鵬《道法類經書疑難語詞考釋》，南開大學 2012 年博士學位論文，第 5 頁。

言學”。對道經語言學的含義、範圍、研究的可能性與必要性、研究内容、研究方法等作了比較全面的闡述,對推進道教語言研究有積極的意義。還有田啓濤《魏晉南北朝天師道典籍中的“縣官”》(《宗教學研究》2010年第 4 期)、《早期天師道文獻詞語拾詁》(《漢語史研究集刊》第 13 輯,巴蜀書社 2010 年),王耀東、敏春芳《〈義府·冥通記〉“道義”條辨誤》(《中南大學學報》〔社會科學版〕2010 年第 6 期),俞理明《〈玄都律文〉的用詞和〈漢語大詞典〉的釋義》(《漢語史研究集刊》第 13 輯,巴蜀書社 2010 年)等。

四、2010 年以後的道經字詞研究

2010 年以後,學界對道教語言的關注越來越多,成果不斷涌現,以周作明、葉貴良、劉祖國、田啓濤、忻麗麗、牛尚鵬等人的成績最爲突出。

周作明陸續發表了一系列的文章:《“道教典籍選刊”與道教古籍整理》(《中國道教》2012 年第 5 期)、《中古道經中的口語成分及口語詞舉例》(《漢語史研究集刊》第 15 輯,巴蜀書社 2012 年)、《點校本〈真誥〉商補》(《湛江師範學院學報》2012 年第 5 期)、《點校本〈真誥〉述評——兼論魏晉南北朝道經的整理》(《古典文獻研究》第 15 輯,鳳凰出版社 2012 年)、《利用早期道經從事漢語史研究的問題及對策》(《漢語史學報》第 13 輯,上海教育出版社 2013 年)、《中古道經與近代漢語語詞溯源》(《海南師範大學學報》〔社會科學版〕2013 年第 12 期)、《論早期道經與大型辭書編纂》(《廣西社會科學》2013 年第 6 期)、《〈登真隱訣輯校〉商補》(《嘉興學院學報》2013 年第 1 期)、《〈登真隱訣輯校〉與早期道經整理》(《宗教學研究》2014 年第 1 期)、《〈真誥〉中三君信劄輯釋》(《漢語史研究集刊》第 19 輯,巴蜀書社 2015 年)、《試論道典與中古漢語詞彙研究》(《南開語言學刊》2015 年第 2 期)等,還與俞理明合撰《東晉南北朝道經名物詞新質研究》(中國社會科學出版社 2015 年)。該書的研究思路、方法與周作明《中古上清經行爲詞新質研究》,俞理明、顧滿林《東漢佛道文獻詞彙新質研究》(具體參後文)一脈相承,都是描寫詞彙學的著作,更側重於新詞新義的發掘,而不是訓詁研究。

葉貴良發表《釋“寒池”、“寒庭”與“寒夜”》(《台州學院學報》2011年第 4 期)、《從北都羅酆等詞看晉唐道教的地獄世界》(《宗教學研究》

2012 年第 3 期)、《從語言看靈寶經由傳説到史實的演變》(《宗教學研究》2015 年第 2 期)等文章。

劉祖國的成果主要集中於以下幾個方面:一是對《周氏冥通記》的研究。發表《〈周氏冥通記〉注釋商兑》(《殷都學刊》2011 年第 3 期)、《〈周氏冥通記〉注譯獻疑》(《武陵學刊》2011 年第 5 期)、《〈《周氏冥通記》研究(譯注篇)〉補苴》(《殷都學刊》2012 年第 2 期)、《〈《周氏冥通記》研究(譯注篇)〉商補》(《圖書館理論與實踐》2012 年第 10 期)、《〈《周氏冥通記》研究(譯注篇)〉注釋拾補》(《宗教學研究》2012 年第 2 期)、《道教文獻語言研究與訓詁學——以〈《周氏冥通記》研究(譯注篇)〉爲例》(《安徽理工大學學報》〔社會科學版〕2013 年第 1 期)、《〈《周氏冥通記》研究(譯注篇)〉補闕》(《海南師範大學學報》〔社會科學版〕2014 年第 12 期)、《〈周氏冥通記〉注釋獻疑》(《圖書館理論與實踐》2014 年第 1 期),劉祖國、魏向昕《〈《周氏冥通記》研究(譯注篇)〉札記二則》(《商丘師範學院學報》2015 年第 10 期)等。

二是對《真誥》的研究。發表《〈真誥校註〉訂補》(《上海高校圖書情報工作研究》2013 年第 4 期)、《〈真誥校註〉勘誤記》(《安徽理工大學學報》〔社會科學版〕2015 年第 3 期)、《〈真誥校註〉考疑》(《鄭州師範教育》2015 年第 1 期)等。

三是對《中華道藏》的校點。發表《〈中華道藏〉校點商榷》(《四川圖書館學報》2013 年第 5 期)、《〈中華道藏〉校點疏誤例釋》(《中南大學學報》〔社會科學版〕2014 年第 3 期)、《〈中華道藏〉訂誤》(《新疆大學學報》〔人文社會科學版〕2015 年第 3 期),郭琴琴、劉祖國《中古道教文獻異文研究——以〈大有妙經〉、〈元丹上經〉爲例》(《柳州師專學報》2014 年第 3 期)等。

由此可以看出,劉祖國的研究非常細緻,對幾部道經及《中華道藏》的誤點、誤録、誤校、失校之處作了極爲詳盡的研究。這些研究都對道經整理有積極作用,但相對來説在詞語考釋方面措意較少。另外,劉祖國《道教文獻語言研究的困境與出路》(《中國道教》2012 年第 5 期)一文,亦簡要分析了道教語言研究存在的困難和相應的解決對策。

田啓濤的研究主要集中在中古道經,尤其是早期天師道的語言文獻,先後發表多篇文章,包括:《搏頰:一種已消失的道教儀式》(《中國宗

教》2011 年第 5 期)、《早期道經詞語札記》(《綿陽師範學院學報》2011
年第 6 期)、《也談道經中的"搏頰"》(《敦煌研究》2012 年第 4 期)、《再
談道經中的"搏頰"》(《現代語文》〔語言研究版〕2012 年第 10 期)、《漢
語詞彙複音化再認識——以魏晉時期天師道文獻爲例》(《寧波大學學
報》〔人文科學版〕2013 年第 6 期)、《道教文獻詞語拾零》(《現代語文》
〔語言研究版〕2013 年第 9 期)、《道教文化影響下的道經用語》(《現代
語文》〔語言研究版〕2014 年第 5 期),俞理明、田啓濤《早期天師道文獻
高新生率詞彙部分考察》(《合肥師範學院學報》2014 年第 2 期),《道經
詞語"藹沫"、"乙密"語義考辨》(《寧波大學學報》〔人文科學版〕2015
年第 4 期)、《道經詞語考辨》(《中國俗文化研究》第 11 輯,巴蜀書社
2015 年),田啓濤、俞理明《漢語詞彙複音化的觀察視點和方法——以早
期魏晉天師道文獻爲例》(《中國語文》2016 年第 3 期)等。

　　忻麗麗的文章主要有《道經詞語"離羅"考釋》(《古漢語研究》
2011 年第 4 期)、《"葩"有分散義考證》(《南開語言學刊》2012 年第 2
期)、《〈中華道藏〉訛誤例析》(《中國城市經濟》2012 年第 2 期)、《道經
詞彙特點概説》(《南開學報》2012 年第 3 期)、《中古靈寶經俗字誤字考
辨》(《文字學論叢》第 6 輯,綫裝書局 2012 年)、《中古靈寶經詞語考釋》
(南開大學 2012 年博士學位論文)、《"餌"之語源義考證》(《漢語史研究
集刊》第 16 輯,巴蜀書社 2013 年)、《逯戾》(《南開語言學刊》2014 年第
2 期)等。

　　《中古靈寶經詞語考釋》將中古時期靈寶經中的疑難俗字、訛字、語
詞作了系統的研究,考釋達 70 多條。該文運用多種方法,從多個角度進
行考釋,功力比較深厚,絕大多數考釋精審而細密,是道教訓詁研究中難
得的佳作。但在對語詞詞義進行梳理的時候,不免枝蔓過多,顯得有些
蕪雜。

　　牛尚鵬圍繞道經中的俗字、俗語、文獻訛誤、疑難語詞等各個方面,
展開了細密的研究,發表了大量的文章。2011 年至 2012 年有:《因聲求
義法在疑難語詞考釋中的運用舉隅——以道經文獻爲例》(《晉中學院
學報》2011 年第 6 期)、《〈太上洞淵神咒經〉詞語札記》(《蘭州教育學
院學報》2011 年第 5 期)、《道經語詞詞義的文化闡釋舉隅——以〈太上
洞淵神咒經〉爲例》(《電子科技大學學報》〔社會科學版〕2012 年第 2

期）、《道法類經書疑難語詞考釋》（南開大學 2012 年博士學位論文，後增補出版爲《道經字詞考釋》，中國社會科學出版社 2017 年）。此文以道法類經書爲研究對象，對其中的文獻訛誤、俗字、疑難語詞作了詳盡的考釋，共計 140 條之多。不少條目的考釋較有深度，但也有一些相對簡單。

2014 年有：《詞例求義法在詞義考釋中的運用例釋》（《河北工業大學學報》〔社會科學版〕2014 年第 4 期）、《論詞例求義法在詞彙研究中的價值及運用——以道經文獻爲例》（《海南師範大學學報》〔社會科學版〕2014 年第 4 期）、《破假借方法在詞義研究中的運用例釋》（《河北科技師範學院學報》〔社會科學版〕2014 年第 2 期）、《道經文本梳理與俗訛字例釋》（《南開語言學刊》2014 年第 2 期）、《道經文化詞語分類解詁》（《楚雄師範學院學報》2014 年第 10 期）、《道經文化詞語分類札考》（《濱州學院學報》2014 年第 4 期）、《道經文獻俗字札考》（《晉中學院學報》2014 年第 2 期）、《道經疑難詞語解詁》（《運城學院學報》2014 年第 3 期）、《道經疑難詞語拾詁》（《語言研究集刊》第 13 輯，上海辭書出版社 2014 年）、《敦煌道經文本校理與俗訛字校考》（《華夏文化論壇》2014 年第 2 期）、《破假借札考九則——以道教文獻詞語爲例》（《勵耘語言學刊》2014 年第 2 輯），牛尚鵬、姜雲鵬《道經〈太上洞淵神咒經〉字詞雜考》（《漢語史學報》第 14 輯，上海教育出版社 2014 年），牛尚鵬、張海月《道藏道經文化詞語分類箋釋》（《渭南師範學院學報》2014 年第 17 期），牛尚鵬、張智文《道教典籍俗訛字考釋》（《商丘師範學院學報》2014 年第 8 期），牛尚鵬、李珊珊《道教經典俗誤字考釋舉隅》（《唐山學院學報》2014 年第 2 期）。

2015 年有：《〈漢語大詞典訂補〉義項缺漏商補》（《寧夏師範學院學報》〔社會科學版〕2015 年第 1 期）、《唐五代道經白話詞語箋釋》（《長春大學學報》2015 年第 1 期）、《道教文獻詞語正詁二則》（《語言研究》2015 年第 2 期）、《唐五代道經白話詞語考釋》（《三江高教》2015 年第 2 期）、《〈中華道藏〉錄校指瑕——以敦煌本〈太上洞淵神咒經〉爲例》（《古籍研究》2015 年第 1 期）、《從道經語料看〈漢語大詞典訂補〉仍存在的問題》（《寧夏大學學報》〔人文社會科學版〕2015 年第 2 期）、《道經疑難白話詞語札考》（《中國語言文學研究》2015 年秋之卷），牛尚鵬、姜雲鵬《道經白話詞語例釋》（《漢語史學報》第 15 輯，上海教育出版社

2015 年），牛尚鵬、鄭璐璐《唐五代道經白話詞語例析》（《集寧師範學院學報》2015 年第 3 期）等。

這一時期，除了上述數家的考釋比較集中以外，還有一些文章也涉及了道經字詞訓釋。2011 年有：許蔚《〈歷世真仙體道通鑑〉所見〈真誥〉校讀記》（《宗教學研究》2011 年第 1 期），何江濤《道教“注鬼”論釋義》（《宗教學研究》2011 年第 4 期），陳祥明、亓鳳珍《〈周氏冥通記〉研究（譯注篇）〉匡正》（《泰山學院學報》2011 年第 1 期），張雁勇《〈真靈位業圖〉校勘舉要》（《南京曉莊學院學報》2011 年第 1 期）。

2012—2014 年有：鄧慧紅《〈〈周氏冥通記〉研究（譯注篇）〉獻疑》（《湖南科技學院學報》2012 年第 7 期），馮利華《讀〈中國外丹黄白法考〉札記》（《宗教學研究》2012 年第 2 期），周學峰《道教科儀經籍疑難詞語考釋》（南開大學 2013 年博士學位論文），杜曉莉《道教“古靈寶經”中的佛教詞語》（《西昌學院學報》〔社會科學版〕2013 年第 4 期），劉豔娟《〈真誥〉複音詞研究》（湖南師範大學 2014 年碩士學位論文），〔美〕柏夷《道教與文學：“碧落”考》（《華中師範大學學報》〔人文社會科學版〕2014 年第 3 期）。

《道教科儀經籍疑難詞語考釋》一文以道教科儀經典中的俗訛字、疑難語詞爲考釋對象，共 90 條。在具體的論證過程中，作者努力推求語源，勾勒詞義演變軌跡，並試着從民俗、宗教、文化的角度加以闡發，部分詞條考釋較有深度，結論精當。當然有些詞語相對簡單，其實是稱不上疑難語詞的。

2015—2016 年有：孟燕静《〈周氏冥通記〉道教類詞彙研究》（陝西師範大學 2015 年碩士學位論文），蘆笛《道教文獻中“芝”之涵義考論》（《宗教學研究》2015 年第 2 期），劉陶《略論〈老君音誦誡經〉中的“劉舉”》（《宗教學研究》2015 年第 4 期），趙静《道教隱喻研究的内涵與價值》（《宗教學研究》2016 年第 1 期）等。

小　結

縱觀現代學界對道教的語言研究，實際上發端於陳國符。陳氏之後，直到二十世紀九十年代，學界才重新開始關注道教語言研究。這一時期的研究主要集中於《太平經》。進入二十一世紀以後，道教語言研究逐漸全面展開。尤其最近幾年，不斷有學者以道經爲研究對象，涌現出了不少成果。道教語言研究逐漸受到重視，這些都是可喜的變化。

但也不可否認，道教語言研究還存在不少問題，主要表現在以下幾個方面：

一、相比於佛教語言研究，道教語言研究依然非常冷僻，没有受到更廣泛的關注；

二、已有的道教語言研究中，基本是詞彙研究或者説新詞新義的解釋，真正的訓詁研究仍然較少，不少的疑難字詞有待考釋；

三、學界絕大多數的注意力集中在中古，宋代以後關注非常少；

四、高質量的文獻整理、專門的語言詞典編纂和電子化進程速度落後，影響了道經的研究和利用。

所以綜合葛兆光、周作明、劉祖國等人意見，加强對道教語言研究的重視，開展專書、專題、斷代研究，加强道教辭書編纂、文獻整理及電子化進程等，是今後道教語言研究、文獻整理的方向。

第二章　宋前道經疑難字詞研究價值

第一節　語言學價值

明《道藏》收有道經及相關典籍 1476 種,總字數達 4000 多萬,其中蘊含着大量的新詞新義、疑難詞語、疑難俗字,爲中古近代漢語研究提供了豐富的語料。而疑難字詞研究則可解決字形辨識、詞義理解的問題,這也是利用道經文本的前提。具體論之如下:

一、爲準確理解道經文本提供語言支持

道經文本被奉爲經典,具有神聖性,關乎修煉存思、教旨大義。對道徒來説,文本自然十分重要。對於研究者來説,文本也是理解道教思想的最重要載體之一,有時候甚至是唯一載體。要準確理解道經文本主要有兩大障礙,一是宗教、哲學等專業術語,二是普通的疑難字詞。前者陳國符等研究者及道教辭書如《道教大辭典》、《中華道教大辭典》已經作了考釋或收録,存在的問題已大大減少,但後者的情況却不盡如人意。即以下文二例而言,"悵恨"是道經修煉中一種感覺,若研究者不知其義,則無法弄清這種感覺到底是什麽樣的,還很可能會像《中華道藏》一樣在點校時出現失誤。"石磧",又作"石礦"、"石碩"、"石簀",是靈書玉篇秘藏之所。若不知其義,則無法知道傳説或神話中的這些寶經秘文到底藏於何處。當然,這些地方並非實指。但我們若能辨識字形,弄清詞義,就能知道在道教類似神話的記述中,道經是如何被封藏的,在文本整理中亦可以做出正確的點校。

【悵恨　梁張】

（1）《道基吐納經》云:"道士修身吐納,休糧一旬,精氣微熱,顔色萎黄。二旬之時,動作眩冒,支節悵恨,大便微難,小便赤黄,或時一利,

前溏後剛前。至三旬,身體消瘦,重難以行。"①（唐・王懸河《三洞珠囊》卷三,25/315c）

"悵恨",《顯道經》作"梁張",《服氣精義論》作"酸疼"。《雲笈七籤》卷五十七所引同,李永晟校曰:"'酸疼'原作'悵恨',據上書（引者按:即《服氣精義論》）改。"②

按:"悵恨"經籍習見,乃惆悵悔恨之義,施之於所舉道經之例自然解釋不通③,而相關異文爲考釋提供了綫索。竊以爲"恨"當作"悢",良、艮僅有丶筆之差,俗寫或刊刻磨滅皆易導致混同④。《玄應音義》卷二:"悵悢,《說文》'悵,望恨也',《廣雅》'悢,悲也':謂悢悢然愁悲也。"⑤此義自不諧於道經,實則"悵悢"乃"悢悵"之逆序,與"梁張"爲一組同源詞,或者說二者爲一詞之變。分析如下:

從字音上講,"悢"於《廣韻》爲來紐漾韻,"梁"爲來紐陽韻:二者聲紐相同,陽、漾二韻僅有聲調平去之別。"悵"爲徹紐漾韻,"張"分屬知紐陽韻、漾韻:二者聲紐僅有送氣、不送氣之別,韻亦相同相近。故"悢悵"、"梁張"二詞之音極近,且二者本身即疊韻,它們當屬同一個聯綿詞的不同變體。

從字義上講,"悢悵"、"梁張"乃酸麻、酸軟之義。《服氣精義論》引作"酸疼"是同義替換,這是以一個常見的詞語去改換"梁張"、"悢悵"這樣不常見、不易理解的詞語。這種現象在文獻中比較常見。例1是説道士修身煉法,停食穀物一旬之時,面色萎黃憔悴;至二旬之時,頭暈目眩,肢節酸疼、麻軟無力;至三旬之時,身體沉重,以致難以行走了。"梁張"亦見於道經,義爲四肢痿軟而走路不穩。

（2）年立七十,足神損,行梁張。（《顯道經》,18/644c）

此例乃言人七十的時候,身體衰弱,足部神經受損,腿脚痿軟,以致

---

① "前溏後剛前"不通,後一"前"字當爲衍文。

② [北宋]張君房編,李永晟點校《雲笈七籤》,北京:中華書局,2003年,第1253頁。

③ 筆者檢索道經,發現有類似記載,《上清司命茅真君修行指迷訣》:"第乙日,精至二旬之時,穀炁始盡,邪炁逃亡,真炁微弱,以水爲粮,忽然恍恍,志意悵恨,守之無失,華池玉英,以是爲法,卧起案牀,形體瘦弱,難以動行。"此經將"支節悵恨"改作了"志意悵恨",當是作者或抄者也發現前者不通而臆改。依一般邏輯,若本原作"志意悵恨",改作或訛作"支節悵恨"的可能性不大。

④ 二者混同之例,可參方一新《東漢魏晉南北朝史書詞語箋釋》,合肥:黃山書社,1997年,第60頁。

⑤ 徐時儀《一切經音義三種校本合刊》（修訂版）,上海:上海古籍出版社,2012年,第36頁。

走路不穩、顛顛巍巍。

從字形演變上講,聯綿詞記音爲字,故字無定形。在文獻傳抄的過程中,此詞可能有如下的演變過程:

$$梁張 \xrightarrow{音變} 悢張 \xrightarrow{類化} 悢悵 \xrightarrow{逆序} 悵悢 \xrightarrow{訛變} 悵恨$$

這一變化稍顯複雜,兹稍作説明。《三洞珠囊》爲唐代之作,其所引《道基吐納經》很可能出自六朝古經,其間已歷數百年,再至明代《正統道藏》刊刻,又經八百年左右。在這一千多年的傳抄刊刻中,不知有多少改動,甚至訛誤。當然,以上所列的源流演變過程是一個最完整的步驟,而歷史上實際的變化也許並不如此複雜,可能跳過其中的某個或某些環節,如"梁張"直接音變作"悢悵"。或者某一環節也可能發生在前,如"悢"省訛爲"恨"可能在前,而不是在最後。

"梁張"、"悢悵"之所以有這樣的意思,應該是因爲它們與"踉蹌(蹡)"有一個共同的來源,屬於一組同源詞。以音求之,"踉"於《廣韻》分屬來紐陽、漾、唐三韻,"蹌"爲清紐陽韻:這組詞首字聲紐皆爲來紐,韻皆屬陽、漾二韻,聲韻極近;次字聲紐分屬知系、精系,舌音、齒音發音部位接近,韻亦皆屬陽、漾二韻,聲韻亦相近。這三組詞本身都是疊韻的,而且首字聲紐相同,只有次字聲紐相隔稍遠。以義求之,"踉蹌(蹡)"乃脚步虛浮、歪斜顛巍之義,其原因是神經受損或喝酒等麻痹而致腿脚痿弱、酸軟。除此之外,還有"浪蹌"、"蹌踉"、"狼搶"等形式,亦均爲行步歪斜義。其中"蹌踉"即爲"踉蹌"之逆序,與"悵悢"爲"悢悵"之逆序可以比勘,有的聯綿詞首字和次字可以互換位置,其義不變。

綜上所述,我們認爲道經中的"悵恨"乃"悵悢"之訛,爲"悢悵"之逆序形式,與"梁張"屬於同一聯綿詞的不同變體,與"狼搶"、"浪蹌"、"踉蹌(蹡)"等詞很可能有同源關係。其義有二:一爲酸麻、痿軟,二爲因酸麻、痿軟等導致行步不穩、歪斜。

"悵恨",《中華道藏》徑録,非,當正。

【石磧　石磧　石磧　石簀】【山碱】

(1)西王母以上皇元年七月丙午,於南浮洞室下教,以授清虛真人王君,傳於禹,封於南浮洞室石磧之中。(《太上靈寶諸天内音自然玉字》

卷四,2/563c）

《說文·石部》:“磧,水陼有石者。”① 《廣韻·昔韻》:“磧,砂磧。”② 此二義施之於“石磧”,似乎都講不通。檢諸道經,有些記載與此相關。

（2）石磧:《三洞珠囊》云:“西王母以上皇元年七月,於南浮洞室下教,以授清虛真人王君,傳於夏禹,禹封文於南浮洞室石礦之中。”“礦”有作此“磧”者。故《五符》云“九天靈書猶封於石磧”是也。今檢諸字類,無此“磧”字也。《玉訣》下云“五老真文,封題玉礦”,亦其例也。孔靈符《會稽記》云:“會稽山南有宛委山,其上有石,俗呼爲石簣。壁立干雲,累梯然後至焉。昔禹治洪水,厥功未就,齋於此山,發石簣得金簡字,以知山河體勢。於是疏導百川,各盡其宜也。”③（北宋·張君房《雲笈七籤》卷七）

上例中的三個“礦”字,前兩個《三洞神符記》作“櫃”,後一個作“磧”。

“石磧”亦見於其他道經:

（3）太上本名爲靈寶五符天文,藏於玄臺之中,堅石之磧,隱於苗山之岫,萬年一出,以示不朽。注曰:“磧,古紅切。”（《太上靈寶五符序》卷上,6/316c）

葉貴良:“此‘磧’即‘礦’之俗字,與‘簣’同。”④

其他道經亦有類似記載:

（4）大上真人靈寶祕文内符者,九天真王三天真皇以授帝嚳,藏於鍾山北阿。夏禹治水畢,詣鍾山,鍾山真人以授之,禹還會稽,更撰定爲二通,一通藏苗山山礚……⑤（北宋·李昉編《太平御覽》卷六百七十二引《太上太霄琅書》）

“磧”有擊聲義,又有姓氏、拱形石或拱形橋義,《大字典》皆已收。“礦”字未見字書有載,字海網有收錄,而未釋其音義⑥。《廣韻·至韻》:

---

①［東漢］許慎《說文解字》,北京:中華書局,1963年,第194頁。

②蔡夢麒《廣韻校釋》,長沙:岳麓書社,2007年,第1221頁。

③李永晟點校《雲笈七籤》,第129頁。

④葉貴良《敦煌道經寫本與詞彙研究》,第42頁。

⑤［北宋］李昉編《太平御覽》,北京:中華書局,1960年,第2994頁。

⑥網址爲:http://yedict.com/zscontent.asp?uni=194440。

“簣,土籠。”①《集韻・敢韻》:“䃺,密摸末膩,大食國酋長名。”②這些意義似乎都不合句意,所以葉氏只能根據文意而認爲三者是異體,却未解釋其意義。

按:實則“礩”即“匱”,亦即“櫃”字。《説文・匚部》:“匱,匣也。從匚,貴聲。”③“匱”乃匣盒④,從匚者,即《説文》所謂“受物之器”。後世以“匱”表匱乏義,另造“櫃”字以代之。《廣韻・至韻》:“櫃,櫃篋。”⑤木表示木質材料,故《三洞神符記》引“礩”作“櫃”。

又有石質之器,故道經造“礩”以表之。“石櫃”即石質函匣,盛器物之用。

又有草質之器,以草編成以盛物,故又造“蕢”字。《説文・艸部》:“蕢,艸器也。”⑥

又有竹質之器(竹亦木),且匱與貴形音俱近,匱亦從貴聲,故又造“簣”字,亦即上舉之土籠,也是盛物之器。“簣”又作“籄”,《集韻・至韻》:“籄,土籠也。”⑦

又有金屬之器,故亦另造“鐀”字以表之。《漢書・司馬遷傳》:“紬史記石室金鐀之書。”顏師古注曰:“鐀與匱同。”⑧按:此説甚是,“鐀”即“匱”。

另外,從⺮、卄二旁之字多有相混,所以“簣(籄)”也可能本是“蕢”之異體。所以從貴/匱得聲之字有盛物之器義,“匱”、“蕢”、“鐀”、“櫃(樻)”、“簣(籄)”、“礩”等實際上是一組同源詞,甚至有些可能還是異體關係。⑨

道經之抄校、刊刻者不識俗字,將“礩”誤爲形近之“碩”、“磧”,而以表擊聲義的“古紅切”爲之注音,又曰“今檢諸字類,無此‘碩’字也”。

---

①蔡夢麒《廣韻校釋》,第 778 頁。
②趙振鐸《集韻校本》(上册),上海:上海辭書出版社,2012 年,第 925 頁。
③[東漢]許慎《説文解字》,第 268 頁。
④陳國符已注意到道經中的“匱”,見陳國符《中國外丹黄白法考》,上海:上海古籍出版社,1997 年,第 45 頁。
⑤蔡夢麒《廣韻校釋》,第 778 頁。
⑥[東漢]許慎《説文解字》,第 25 頁。
⑦趙振鐸《集韻校本》(中册),第 987 頁。
⑧[東漢]班固《漢書》,北京:中華書局,1962 年,第 2716 頁。按:以上之説亦可參王力《同源字典》,北京:商務印書館,1982 年,第 454 頁。
⑨劉鈞杰以“蕢”、“簣”同源,是。見劉鈞杰《同源字典再補》,北京:語文出版社,1999 年,第 133 頁。

當然，流傳之中“磹”换旁作“磧”，再因形近訛作“碩”、“磧”，也不是完全没有可能。另外，久訛成俗，若視“碩”爲“磹”之訛俗字亦未嘗不可，然“古紅切”實不可從，作“簣”倒不是完全講不通。至於“磩”，則當是“碩”之訛字。

“石匱”習見於道經及其他四部文獻，乃石盒、石匣之義①，兹舉數例：

（5）帝葉皇枝之重，對越乾坤。金縢石匱之功，光華宇宙。②（唐·王勃《益州德陽縣善寂寺碑》）

（6）天師取其衣，藏石匱中，玉女至今只在井内。③（《雲笈七籤》卷一百一十九）

（7）王賈玉符天寵金鑰。注曰：“有石匱高丈餘，鏁之，賈手開其鏁，去其盖，引遲手登之，因入匱中。又有金匱可高三尺，金鏁之。”（南宋·陳葆光《三洞羣仙録》卷十六，32/338c）

“石磧”，《中華道藏》徑録，非，當正。

二、爲中古近代漢語研究提供新課題、新語料

在中古近代漢語領域，凡史書、筆記、小説、佛典、詩文、古注、金石碑帖及出土文獻等可見之材料，無不在挖掘、利用之列；中古近代漢語研究在取得長足進步的同時，可用之材料已大有窮盡之勢。這是當前及後來研究者不得不面臨的一個重要問題。而包含1400多種道經，總字數達4000多萬的《道藏》，則可爲中古近代漢語研究提供廣闊的研究領域和豐富的研究材料。道經卷帙浩繁，其中既有大量書面色彩濃厚的文言作品，也有少量口語性比較强的古白話作品。所涉及的詞彙中，既有道教專業性的詞語，也有普通詞語；既有大量新詞新義，也有衆多疑難詞語和疑難俗字。這些字詞都可供語言學界研究、利用。

【慺慺　嘍嘍】

（1）父母生百子而不肖，不若生一子而賢乎！一里百户不好學，不

①此詞《大詞典》已收，可參。
②［清］董誥等編《全唐文》，北京：中華書局，1983年，第1866頁。
③李永晟點校《雲笈七籤》，第2612頁。

若近一大德乎！萬目懪懪,不若一大綱乎！天下擾擾無不有,不若天獨神且聖,乘氣而飛行乎！(《太平經·冤流災求奇方訣第一百三十一》)

(2)"唯唯。今已受天明師嚴勅文,懪懪小覺,知一大部。願聞一小界,見示説此無極之國。"①(《太平經·國不可勝數訣第一百三十九》)

俞理明釋例1:"懪懪,細密衆多的樣子。"釋例2:"懪懪,明細的樣子。"

楊寄林:"懪懪,嚴整明晰的樣子。"②

劉祖國:"《玉篇·心部》:'懪,謹敬也。'《一切經音義》卷九十六'懪懪'注引《字書》云:'懪,謹敬貌也。'《漢語大詞典》'懪懪'釋爲'勤懇貌;恭謹貌。'很明顯,此義無法用來解釋《太平經》中的三處用例。'從聲音上探求,便會發現婁聲之字多有空義,而空與明義相通。'然則心明曰婁空,屋明曰麗廔、婁婁,目明曰離婁,其義一也。''嘍嘍又爲事狀之明晰。後世或言玲瓏、伶俐,其義並與婁空同,所謂剔透聰明者是也。'……筆者檢索了一些大型數據庫和光盤,未在其他文獻中發現與《太平經》相同的用法,尚需其他材料輔證。"③

俞理明等釋例1:"懪懪:明細。"④

按:確如劉祖國所説,用"謹敬"義或"懇切"義無法解釋以上列舉的例子;但用"明"義來解釋例1、2,也不通。就二例而言,"綱"與"目"相對,綱大則目小;"部"與"覺"相對,部大則覺小:所以二例中的"懪懪"都是小的樣子或修飾小,俞理明所謂"細"並没有錯,細小則密,故又釋爲"密"。此詞在其他材料中的確不易見到,但在道經中可以見到與之相關的"嘍嘍"一詞:

(3)無以近人信其嘍嘍管見、熒燭之明,而輕評人物,是皆賣彼上聖大賢乎?⑤(晉·葛洪《抱朴子外篇·自叙》)

楊明照:"《内篇·金丹》:'如其嘍嘍,無所先入。'又《明本》:'然

---

① 俞理明《〈太平經〉正讀》,成都:巴蜀書社,2001年,第287、322頁。

② 楊寄林《太平經全注全譯》,北京:中華書局,2013年,第1184、1344頁。

③ 劉祖國《〈太平經〉詞語拾詁》,《中文自學指導》2008年第3期;劉祖國《〈太平經〉詞彙研究》,華東師範大學2009年博士學位論文,第277頁;劉祖國《〈太平經〉語詞札記》,《漢語史研究集刊》第12輯,成都:巴蜀書社,2009年,第253頁。

④ 俞理明、顧滿林《東漢佛道文獻詞彙新質研究》,北京:商務印書館,2013年,第316頁。

⑤ 楊明照《抱朴子外篇校箋》(下册),北京:中華書局,1997年,第682頁。

而嗹嗹守於局隘。’其疊用嗹字與此同,含義當亦無異。《玉篇·口部》:‘嗹,閭前切。嗹嗹,多言也。嗹,力口切。多言。’《廣韻·一先》:‘嗹,嗹嗹,言語繁絮皃。’”

（4）想見其説,必自知出潢污而浮滄海,背螢燭而向日月,聞雷霆而覺布鼓之陋,見巨鯨而知寸介之細也。如其嗹嗹,無所先入,欲以弊藥必規昇騰者,何異策蹇驢而追迅風,棹藍舟而濟大川乎? [1]（葛洪《抱朴子內篇·金丹》）

王明:“嗹嗹,猶言煩瑣。”

（5）猶斥鷃之揮短翅,以凌陽侯之波,猶蒼蠅之力駕質,以涉昫猿之峻,非其所堪,祇足速困。然而嗹嗹守於局隘,聰不經曠,明不徹離,而欲企踵以包三光,鼓腹以奮電靈,不亦蔽乎? [2]（《抱朴子內篇·明本》）

王明:“嗹嗹,煩瑣貌。”

《大詞典》《聯綿詞大詞典》“嗹嗹”條引例3、5皆釋爲狹小、狹窄義。[3]

按:從句意上講,《大詞典》和《聯綿詞大詞典》之釋義更爲可取。“管見”、“熒燭”皆爲短小、微忽之義,“嗹嗹”亦當是小。那麼,爲什麼“嘍嘍”可以解釋爲細小,“嗹嗹”可以解釋爲狹小、狹窄?竊以爲這是因爲“婁”及從婁之字有小、細義。《方言》卷十三:“冢,自關而東謂之丘,小者謂之塿。”錢繹《箋疏》:“‘培’猶下‘塿’,皆小而高之名也。《説文》:‘附婁,小土山也。’引襄二十四年《左氏傳》曰:‘附婁無松柏。’今本作‘部婁’……‘附婁’、‘培塿’,聲之轉。‘部婁’、‘嵢嶁’並與‘培婁’同,皆連言之也。分言之則曰‘培’、曰‘塿’……小冢謂之塿,猶小山謂之樓,小篆謂之婁,小甌謂之甊也。”[4]

《爾雅·釋獸》:“貖子貗。”郭璞注曰:“貖,豚也。一名貛。”郝懿行《義疏》:“今貛形如豬,穴於地中,善攻隄岸。其子名貗。”[5]

《爾雅·釋器》:“甌瓿謂之瓵。”郭璞注曰:“瓿甊,小甖。”[6]

---

①王明《抱朴子內篇校釋》(增訂本),北京:中華書局,1985年,第72頁。
②王明《抱朴子內篇校釋》(增訂本),第188頁。
③徐振邦《聯綿詞大詞典》,北京:商務印書館,2013年,第603頁。
④華學誠《揚雄方言校釋匯證》,北京:中華書局,2006年,第999頁。
⑤《續修四庫全書》第187冊,上海:上海古籍出版社,2002年,第677頁。
⑥《爾雅》,北京:中華書局,2016年,第41頁。

《説文·糸部》：“縷，綫也。”① 綫爲細小之物。

《玉篇·心部》：“慺，謹敬也。”② 按：“謹”爲謹慎小心之義，其造字之義當是言語少。③《文選·曹植〈求通親親表〉》“是臣慺慺之誠”李善注引《尚書傳》：“慺慺，謹慎也。”④ 自大爲不敬，則自我卑損即爲謹敬。

《廣韻·候韻》：“僂，僂佝，短醜皃。”⑤ 按：“僂佝”即“佝僂”。“句”有曲義，曲則短，直則長，故言“短”；彎腰駝背，則爲醜，故言“短醜”。

《廣韻·候韻》：“歎，歎歌，小兒兇惡。”⑥ 按：從婁之字有小義，從豆之字也有小義。“豆”爲小物，人所易知。如“短”從豆得聲⑦，乃短小之義。《説文·衣部》：“裋，豎使布長襦。”段注：“豎與裋疊韻。豎使，謂僮豎也。《淮南》高注曰：‘豎，小使也。’顏注《貢禹傳》曰：‘裋褐，謂僮豎所著布長襦也。’《方言》曰：‘襜褕，其短者謂之裋褕。’韋昭注《王命論》云：‘裋，謂短襦也。’本《方言》。”⑧《淮南子·人間》“豎陽穀奉酒而進之”高誘注曰：“豎，小使也。”⑨《廣韻·麌韻》：“豎，僮僕之未冠者。”《侯韻》：“剅，小穿。”⑩《玉篇·刀部》：“剅，小裂也。”⑪ 故“歎歌”實爲並列結構。

故“慺慺”即“嘍嘍”，實際上也就是“縷縷”，三者爲一詞之變。《大詞典》收“縷縷”，其第一義項：“猶言一絲絲。形容纖細。”

【大度】【小度】

（1）右一條即夏至夜所受記，細書一大度麻紙滿。（南朝梁·陶弘景《周氏冥通記》卷一）

（2）右從八月初至閏月末，凡六月中合五十一條事。注曰：“十六條

---

①［東漢］許慎《説文解字》，第 275 頁。

②［南朝梁］顧野王著，［北宋］陳彭年等重修《大廣益會玉篇》，北京：中華書局，1987 年，第 39 頁。

③從堇之字有少義，可參楊樹達《積微居小學金石論叢》（增訂本），北京：科學出版社，1955 年，第 14 頁。

④［南朝梁］蕭統編，［唐］李善等注《六臣注文選》，北京：中華書局，2012 年，第 694 頁。

⑤蔡夢麒《廣韻校釋》，第 1013 頁。

⑥蔡夢麒《廣韻校釋》，第 1013 頁。

⑦段玉裁以豆爲表意。誠如是，亦不影響本條結論。

⑧［清］段玉裁《説文解字注》（第 2 版），上海：上海古籍出版社，1988 年，第 396 頁。

⑨劉文典《淮南鴻烈集解》（第 2 版），北京：中華書局，2013 年，第 723 頁。

⑩蔡夢麒《廣韻校釋》，第 564、459 頁。

⑪［南朝梁］顧野王著，［北宋］陳彭年等重修《大廣益會玉篇》，第 82 頁。

云見，三十五條云夢。從九月二十九日來至此，並朱書<u>大度</u>色紙，並紙，黃書共一紙也。"① (《周氏冥通記》卷四)

（3）十六，五色綿各依方斤數；十七，<u>大度</u>紙三百六十幅；十八，筆五雙。(《洞真太上太霄琅書》卷五，33/669c)

與"大度"相對的是"小度"：

（4）右一條一日夜所受記，書兩<u>小度</u>麤白紙。② (《周氏冥通記》卷二)

（5）夫吳起一言，而武侯心怍也。注曰："凡四條，並異手書之，<u>小度</u>青紙，乃古而拙。"③ (陶弘景《真誥》卷十七)

黃生："度，待落切。今人以橫展兩臂爲一度。"④

汪維輝："全書這樣的'度'字共9例，除上面所引一處'兩小度'外，都是'大度'連言。……綜合全書用例來看，'度'應該是一個計量紙張的量詞，但不得其確解，黃生的解釋可疑，不然'大度'、'小度'如何解釋？"⑤

馮利華："我們認爲《冥通記》中的'度'是'綐'的省形字。'綐'，從糸從度，《廣韻·合韻》：'綐，綐子絹，出《字林》。'又《集韻·合韻》：'綐，達合切，《字林》："絹重也。"'可見'綐'最初是表示絹帛重疊之意，是故從糸從度，後來推而廣之，表示紙張等薄的物件的重疊也可用'綐'。'綐'字的重疊義應是來源於'度'。而且在六朝道經中'度'作重疊義也有用例……《冥通記》中所謂'一大度'、'兩小度'都是就物體的厚度而言，在現今江浙一帶方言中有'沓'字與之音義相同，其意義相當於'一大疊'、'兩小疊'……在魏晉南北朝時期"沓"絕少用作量詞來形容絹帛紙張等物件的重疊，此期擔任該項功能的應是'綐'字，只是到近代漢語中，'沓'取代'綐'活躍在書面語和口語中。"⑥

"大度"，《譯注篇》除一處未譯外，其他皆譯作"大幅"、"廣幅"；"小度"譯作"小幅"。

---

① 二例見〔日〕麥谷邦夫、吉川忠夫編，劉雄峰譯《〈周氏冥通記〉研究》(譯注篇)，濟南：齊魯書社，2010年，第55、201頁。
② 〔日〕麥谷邦夫、吉川忠夫編，劉雄峰譯《〈周氏冥通記〉研究》(譯注篇)，第70頁。
③ 〔南朝梁〕陶弘景著，趙益點校《真誥》，北京：中華書局，2011年，第296頁。
④ 〔清〕黃生撰，黃承吉合按《字詁義府合按》，第254頁。
⑤ 汪維輝《〈周氏冥通記〉詞匯研究》，《中古近代漢語研究》第1輯，上海：上海教育出版社，2000年，第166頁。
⑥ 馮利華《中古道書語言研究》，成都：巴蜀書社，2010年，第81—82頁。

按：黄生之説不可從。若"度"爲横展兩臂，爲五尺或六尺，那麽"大度"、"小度"作何解釋？從文獻用例來説，"度"之如此用法，前面都是有數詞的。故汪説不從，是。汪説又謂"度"乃計量紙張的量詞，如此"大度"、"小度"實際上仍然無法解釋。至於馮文所説中古時期用"緤"不用"沓"作量詞，二者有一個替換的過程，中古文獻中見不到"緤"的量詞用法，没有材料支持這一點，故馮説不可從，而《譯注篇》之譯似頗合文意。筆者從全書用例進行考察，發現類似結構中都没有量詞，在計量紙張時，也都只用具體數字，這一點是馮文没有注意到的。其具體情況如下（括號内爲《譯注篇》頁碼）：

兩麤小白紙（67）、小八白紙（67）、一白牋紙（76）、一青紙（79）、一白牒／藤紙（81、85、87、103、168）、四白紙（91）、一小碧紙（101）、六小青牋紙（108）、一白麻紙（116）、兩青紙（121）、青白大小合二十三紙（127）、四小青牋（133）、兩小青紙（141）、五白官紙（147）、三白官紙（159）、一小白紙（163）、一白官紙（171）、青白大小合十紙（171）。

《樂府詩集·清商曲辭·安東平》："吳中細布，闊幅長度。"[①]例中"闊"與"長"、"幅"與"度"兩兩相對，"度"指幅度，即長度。此義各類字書、辭書似皆未收或單獨立項。"幅度"又連用，指寬度和長度，《北史·張普惠傳》："普惠以天下人調，幅度長廣，尚書計奏，復徵綿麻，恐人不堪命。"[②]

所以"大度紙"即大的紙，較正常爲長；"小度紙"即小的紙，較正常爲短。可比勘的是，上例舉到的"兩麤小白紙"、"小八白紙"等，即指較窄的紙，而不帶"小"字的，應該是當時的標準或通用紙張。另外，今天打印所用的國内標準紙張稱爲"正度紙"，即 B 類紙；而較大紙張稱爲"大度紙"，即 A 類紙，似亦可作印證。[③]

三、可與敦煌等文獻中的疑難字詞互證

學界對道經措意不多，自然也就更少注意道經與敦煌等文獻在語言

---

① [北宋] 郭茂倩編《樂府詩集》，北京：中華書局，1979 年，第 712 頁。
② [唐] 李延壽《北史》，北京：中華書局，1974 年，第 1695 頁。
③ 國内標準的 "大度紙"，相當於國際標準的 "正度紙"。以此對照，國内標準的 "正度紙"，反而是國際標準的 "小度紙" 了。

方面的聯繫。敦煌文獻起於六朝,訖於宋初,在時間上和宋前道經一致,故二者中的疑難字詞有時可以相互印證。道經作爲宗教文獻,與其他非宗教文獻也時有交涉,尤其是文獻中一些用例比較少的詞語,兩種文獻相互印證可考證詞義。另外,道教有修煉養生之法,目的是延年益壽、追求長生,故而道士多涉獵醫籍藥典,甚至許多道士本身也是醫生,《道藏》中也收録了不少醫藥文獻。雖然純粹的醫藥文獻不在本書的研究之列,但二者還是存在一定的聯繫,故而道經亦可與醫藥典籍中的詞語相互印證。具體可參本書所舉"不授"、"瞢目"條,兹不再舉例。

【乾盛】

（1）<u>乾盛</u>瓮,大小共肆口。（P.2613《咸通十四年正月四日沙州某寺就庫交割常住什物色目》）

（2）盛油瓨肆口,内壹無脣,量油灌頂,<u>乾盛</u>瓮貳。（P.3638《辛未年正月六日沙彌善勝於前都師慈恩手上見領得諸物曆》）

（3）曹法律入<u>乾盛</u>瓮兩口,内壹在鄧闍梨。（S.1776《顯德五年（958）十一月十三日某寺判官與法律尼戒性等一伴交曆》）

（4）<u>乾盛</u>大甕兩口,又售五升鐺子一口。（羽53《天復八年吴安君分家遺囑》）

（5）辟穀山精丸:術一斗,清酒二升,白蜜一升,阿膠四兩:右搗碎,以清酒三升,净甕中浸之一日一夜,絞去滓,内銅器中。入釜,以重湯煑之。又入白蜜一斤、阿膠四兩,煎之,攪令相得,候如膏,即丸如彈子大,放<u>乾盛</u>不津器中。[1]（明·朱橚《普濟方》卷二百六十四）

張小豔:"'乾'指乾燥無水;'盛'謂裝,指容受,'乾盛甕'即指用來裝盛乾物的甕,以别於裝水、酒等有液體者。"[2]

按:此説非。容器本以盛物,按照一般理解,不需要再加表容受義的"盛"來修飾或限制,直接表達爲"乾甕"即可。之所以出現"乾盛"形式,實因"盛"有净義。[3]南朝梁陶弘景《真誥》卷十:"人卧室宇,當令潔

---

① 《景印文淵閣四庫全書》第755册,臺北:商務印書館,1986年,第717頁。
② 張小豔《敦煌社會經濟文獻詞語論考》,上海:上海人民出版社,2013年,第373頁。
③ 此義數位學者結合道經用例,已有闡發:馮利華《真誥詞語輯釋》,《古漢語研究》2002年第4期;馮利華《中古道書語言研究》,第33頁;雷漢卿、周作明《〈真誥〉詞語補釋》,《宗教學研究》2010年第3期。

盛,盛則受靈氣,不盛則受故氣。故氣之亂人室宇者,所爲不成,所作不立。一身亦爾,當數洗沐澡潔,不爾無冀。"注曰:"盛字是净義。中國本無净字,故作盛也,諸經中通如此。"①《上清黄庭内景經》:"沐浴盛潔棄肥熏,入室東向誦玉篇。"唐梁丘注曰:"盛,古净字。"(6/539c)故"乾盛"即乾净,"乾盛甕"即乾燥潔净的甕。例5前言"净甕",後言"乾盛不津器",二者相應義近,亦可爲證,而非僅言乾燥。

　　"净"字書、典籍實有,《説文·水部》:"净,魯北城門池也。"②《泰山刻石》:"昭隔内外,靡不清净。"漢《婁壽碑》:"遁世無悶,恬佚净漠。"然此"净"或用爲專名,或用同"静",表安静、安定之義,皆非潔净義。故陶注所謂"無净字",乃無潔净義之"净"字。③字書有表潔净義的"瀞"字,《説文·水部》:"瀞,無垢薉也。"段注:"此今之净字也。古瀞今净,是之謂古今字。古籍少見……古書多假清爲瀞。"④確如段説,"瀞"古籍少見,兹舉二例。《齊侯匜》:"俾旨梈瀞。"《石鼓文·吾水》:"吾水既瀞,吾導既平。"然"清"與"瀞","瀞"與"净"之間的關係頗不易確定,或爲因省形、換旁而爲一字異體,或爲音義皆近而同源通用。

　　然無論如何,"盛"有潔净義是確定的,上文所舉"潔盛／盛潔"即是同義並列,道經中還有"鮮盛"、"清盛"、"精盛"、"整盛"、"芳盛"、"齋盛"(亦稱"齋潔")等詞,皆爲並列結構,亦可爲證。⑤除了這些並列結構之外,"盛"、"净"在道經中還常互爲異文,亦可證明二者同義。雷漢卿、周作明對這些例子作了搜集,兹轉引如下:

　　"20/547c'人卧室宇,當令潔盛,潔盛則受靈炁,不盛則受故炁'前後三處'盛'在11/46b均作'净';20/551b'又八節之日,皆當齋盛'於33/459a作'齋净';33/465b'若履淹穢及諸不盛處,當洗澡浴盥,解形以除之'中的'盛'於2/903b、6/630a均作'净'……33/656b'灑掃内外,每令精盛'中的'精盛'於3/435c作'精净';6/657b'通令所住一室盛

---

① 趙益點校《真誥》,第173頁。
②［東漢］許慎《説文解字》,第227頁。
③ 傳世典籍有表潔净義之"净",《大字典》已收。然傳世古書歷經抄寫、刊刻,有以今字代替古字的"當代化"傾向,故不可輕易用來考證古書原有字形。
④［清］段玉裁《説文解字注》(第2版),第560頁。
⑤ 這些並列結構詞語的例子,馮利華、雷漢卿已有部分列舉,可參,故而道經中的句例不再一一列舉。

潔也'中的'盛潔'於 33/465 作'浄潔';3/402b'勿穢慢不盛,穢慢不盛則清靈失真'中的兩處'盛'於 6/665b 均作'浄'。"①

【猛眉】

（1）又眠未熟,忽見一人,長可七尺,面小,口鼻猛眉,多少有鬚,青白色,年可四十許。②（南朝梁·陶弘景《周氏冥通記》卷一）

"猛眉",《譯注篇》、王家葵③:"濃眉。"

（2）東昏侯寶卷,黑色,身纏長五尺,猛眉,出口。④（南朝梁·蕭繹《金樓子·箴諫篇》）

許逸民:"猛眉,猶惡眉。《玉篇·犬部》:'猛,惡也。'"

按:許說似有根據,然如何才是惡眉⑤,許氏未作進一步解釋。反倒是《譯注篇》與王家葵所言更貼合文意,也更常見。此卷後文:"二十七日二更中,開眼見一人在狀前,容質端正,有鬚,鬚甚厚,細眉目,年可二十餘。"⑥"細眉目"可與此處的"猛眉"相對照,由此可推斷"猛"當爲濃多義。

"猛"有盛多義,王鍈已發⑦;然其得義之由,王氏未言之。實際上"猛"本爲强健之義,即隱含氣力多之義,因此能够引申出濃多之義,可與之比勘的是"烈"、"彊（强）"、"盛"等詞。"烈"本爲火猛之義,《説文·火部》:"烈,火猛也。"⑧又引申出濃義來,此義《大字典》已收。"彊"（强）有强壯義,又引申出多義。杜甫《秦州雜詩》"由來萬匹强"仇兆鰲注:"强,多也。"⑨"盛"有强義,又有多義。《慧琳音義》卷一"熾盛"條引《考聲》:"盛,强也。"⑩《廣韻·勁韻》:"盛,多也。"⑪數詞引申路徑和邏輯

---

① 雷漢卿、周作明《〈真誥〉詞語補釋》,《宗教學研究》2010 年第 3 期。
② ［日］麥谷邦夫、吉川忠夫編,劉雄峰譯《〈周氏冥通記〉研究》（譯注篇）,第 30 頁。
③ 王家葵《周氏冥通記校釋》,北京:中華書局,2020 年,第 55 頁。
④ 許逸民《金樓子校箋》,北京:中華書局,2011 年,第 348 頁。
⑤ 醫經中倒是有"惡眉",《靈樞經·陰陽二十五人篇》:"足太陽之上血氣盛,則美眉,眉有毫毛。血多氣少,則惡眉。"注曰:"惡眉者,無華彩而枯瘁也。"按:許說似非此義。
⑥ ［日］麥谷邦夫、吉川忠夫編,劉雄峰譯《〈周氏冥通記〉研究》（譯注篇）,第 61 頁。
⑦ 王鍈《詩詞曲語辭例釋》（第二次增訂本）,北京:中華書局,2005 年,第 211 頁。
⑧ ［東漢］許慎《説文解字》,第 207 頁。
⑨ ［清］仇兆鰲《杜詩詳注》,北京:中華書局,1979 年,第 576 頁。
⑩ 徐時儀《一切經音義三種校本合刊》（修訂版）,第 530 頁。
⑪ 蔡夢麒《廣韻校釋》,第 990 頁。

相同,説明猛强義和濃多義之間存在緊密的語義關係。另外,《金樓子》作者蕭繹和陶弘景同屬古吴語區,從中亦窺得有學者指出的此書帶有南方口語、吴語區的特點。

第二節　文獻學價值

宋、金、元數朝都曾刊刻、修訂道經,彙聚成藏。但元朝時,曾爆發佛道之間的論爭,道教落敗,藏經和經版皆被焚毀。故而明朝初年再次修藏時,已無完整的前代藏經可依,只能盡力搜求元代藏經之燼餘。這一點跟歷次佛藏重刊修訂的情況是大不相同的。宋、金、元數朝的藏經一脈相承,必是多次精加校讎而成,錯誤定是相對較少。而無前代完整藏經可依,就大大增加了明藏編纂和校勘的難度。再加上道教派別衆多,道經本身内容龐雜,語言晦澀,多有隱語、秘語,也使得校勘殊爲不易。因此,現存《道藏》尚有不少訛誤。《中華道藏》、"道教典籍選刊"等點校整理本校正了一部份訛誤,但又新産生了一些失誤,還有不少當校未校之處尚需進一步校勘。

一、糾正點校本失誤

較爲系統的道經點校本現有兩種,一是《中華道藏》,二是"道教典籍選刊"。單經的點校本以《太平經》爲多,其中俞理明《〈太平經〉正讀》尤爲學界稱道。《中華道藏》是由道教研究者和宗教界人士共同編纂而成,爲學界研究和利用道經提供了巨大方便,但因種種原因,此本也存在不少失誤①。"道教典籍選刊"由中華書局發起,意在爲道教研究者提供一個録文準確、校勘精良的本子。從筆者所用的幾種點校本來看,該叢書點校質量普遍比較高,是一個可以信賴和使用的版本。但智者千慮,或有一失,該本點校者雖然都是學養較深的道教或語言研究者,但也不可避免存在個別失誤。今以此數種點校本爲參照對象,用以説明疑難字詞研究對糾正點校本失誤的價值。

①這一點道教語言研究者多已揭明,具體可參本書"緒論"之"選題緣起"。

【噆】

（1）於是季冬之月，夜半清朗，忽聞空中有鐘鼓之響，笳簫之聲，音韻嘈噆。[①]（北宋・張君房《雲笈七籤》卷四）

“嘈噆”，《上清道寶經》卷四作“曹嚪”。李永晟點校本録爲“嘈嘈”。

《龍龕・口部》：“噆，俗；嚓，正；噆，今：子合反，蚤虫噆人也。”[②] 夫、歺二旁形體相近，從二旁之字有相混或互爲異體之例，如“潜”俗體作“潜”，故“噆”字理上是“嚓”字無疑。《大字典》：“噆：同‘嚓’。元曾瑞《哨遍・秋扇》：‘（三煞）寫天涯咫尺閒，畫雲山千萬叠。縱浮花粧飾皆虛設。見胚胎破綻難藏撅，有點污唵噆强打迭，無光攝。’”然叮咬義與“嘈”義無涉，故將例1中的“噆”視爲“嚓”之俗體，不可從。

竊以爲例中之“噆”實即“嚪（嘖）”字。除了形近之外，“噆（嚓）”中古時爲精紐合韻、感韻，“嚪”爲從紐翰韻、曷韻，明清時合、曷二韻皆入麻沙韻，感、翰皆入言前韻[③]，二字語音相近。明顧起元《客座贅語》卷一：“言之多而躁曰喧哇，曰激聒，曰瑣碎，曰嘈噆，曰嚷咄，曰哤叨，曰的達，曰絮聒。”注曰：“嘈噆，下音匝，一作哜。”[④]《玉篇・口部》：“哜，嘈嘈哜哜。”[⑤]《集韻・曷韻》：“嚪，《博雅》：‘嘈嚪，聲也。’或作嗷、哜。”[⑥]依此可知，“哜”即“嚪（嘖）”字，亦即“噆”。南齊顧歡《道德真經注疏》卷二：“五音令人耳聾。”注曰：“顧什等曰：但聞嘈嚪在耳，迺曰不聾，不知聲相即空，與聾何異。”（13/283a）“嘈嚪”，明徐元太《喻林》卷十三《人事門》（十一）即作“嘈噆”。至於“嘈嚪”，實際也就是“嘈雜”，乃聲音喧囂、雜亂之義，又可寫作“嘈嘖”、“嘈嗷”、“嘈哜”等形。[⑦]

檢視《大字典》所舉《哨遍・秋扇》之例，其實“唵噆”即“唵嚪”，又可寫作“醃臢”、“醃臘”、“腌臜”、“醃醶”、“腤腊”，實皆爲“骯髒”之變體，乃污穢不潔之義，又引申爲卑劣、醜惡、惱人、窩囊等義。[⑧] 所以《哨

---

①李永晟點校《雲笈七籤》，第 54 頁。

②［遼］釋行均《龍龕手鏡》（高麗本），北京：中華書局，1985 年，第 275 頁。

③王力《漢語語音史》，北京：中華書局，2014 年，第 372、370 頁。

④《康熙字典》（增訂版），北京：社會科學文獻出版社，2015 年，第 216 頁。

⑤［南朝梁］顧野王著，［北宋］陳彭年等重修《大廣益會玉篇》，第 26 頁。

⑥趙振鐸《集韻校本》（中册），第 1422 頁。

⑦參徐振邦《聯綿詞大詞典》，第 298 頁。

⑧參徐振邦《聯綿詞大詞典》，第 601 頁。

遍·秋扇》中"點污"和"唵嗒"實際上是近義平列。

由此可知，"嗒"既是"噆"之俗字，又是"囋"之俗字，屬於同形字。在實際使用中它又因類化而訛等原因，被用在"醃臜"一詞之中。故《大字典》應該將叮咬義和嘈雜義兩個義項分列，現有的釋義亦應修正，書證也可提前。

"嗒"，《中華道藏》未能依其體例而改俗爲正，殆不識俗字；李永晟點校本誤録爲"噆"：皆可正。

【嘶甃】

（1）取上件鉛，於鐵杯中炒之。其杯底長三尺，厚一寸，深一尺，兩頭得稍綽。所以上長三尺五寸，闊一尺二寸，如槽之形也。摩裏令滑極净，勿使嘶甃。[①]（《黄帝九鼎神丹經訣》卷十二）

韓吉紹："嘶甃：嘶，形容不光滑；甃，裂紋。"

按：考諸字書、故訓，"嘶"並無"不光滑"之義。上句言"令滑"，韓氏當是據句意而推測詞義。"嘶甃"義不可通，竊以爲"嘶"當作或讀作"甈"。《廣韻·支韻》："甈，甕破。"[②]"甈"爲器皿破碎之義，故"嘶（甈）甃"即破裂之義。若進一步追問，"甈"爲何會有破碎義？實是"斯"及從斯之字有離析、解散之義，它們聲義俱近，當是一組同源詞。

《説文·斤部》："斯，析也。"[③]《廣雅·釋詁》："斯，裂也。""斯，分也。"王念孫《疏證》："今俗語猶呼手裂物爲斯。"[④]其後起字作"撕"。

《方言》卷六："澌，散也。"[⑤]《説文·疒部》："澌，散聲。"[⑥]其後起字作"嘶"，《玄應音義》卷十三："嘶碎，又作㪿、澌二形，同。先奚反。《埤蒼》：'聲散也。'"[⑦]

---

①韓吉紹《黄帝九鼎神丹經訣校釋》，北京：中華書局，2015年，第185頁。
②蔡夢麒《廣韻校釋》，第60頁。按：以下分析，可參張希峰《漢語詞族叢考》，成都：巴蜀書社，1999年，第173頁；劉鈞杰《同源字典補》，北京：商務印書館，1999年，第12頁。此條寫作曾蒙張小豔教授指點，謹致謝忱！
③〔東漢〕許慎《説文解字》，第400頁。
④〔清〕王念孫《廣雅疏證》（第2版），北京：中華書局，2004年，第47、21頁。
⑤華學誠《揚雄方言校釋匯證》，第461頁。
⑥〔東漢〕許慎《説文解字》，第154頁。
⑦徐時儀《一切經音義三種校本合刊》（修訂版），第271頁。

《廣雅‧釋詁》:"廫,散也。"①

《玉篇‧冫部》:"澌,解冰也。"② 言冰凍融化而破裂。③

二、補證點校本之不及

《中華道藏》和"道教典籍選刊"是現有兩種比較系統的道經點校本,尤其後者,點校精良,是可以信賴的版本。其他單經的點校主要集中於《太平經》《周氏冥通記》。這些點校本有些地方一仍《道藏》之舊,未校出訛誤,本書正可補證其不及。

【牧約】【追牧】【牧攝】

(1)觀卿俗意未豁,囂塵易迷,何以苟縱於七魄而拘制於三魂?實由卿素履帛家之事,此輩小物,亟稱其功,而惑人意,其爲牧約之。卿儻早議不乖,則墨簡不書。④(南朝梁‧陶弘景《周氏冥通記》卷一)

汪維輝:"'牧約'似爲'收斂;約束'之義。待證。"⑤

馮利華認爲"牧"有統領、轄制義,參下文。

"牧約",《譯注篇》譯爲:"收緊。"

王家葵:"此句意思不詳,依前後文推測,'牧約'或是牧之、約之,即管控、約束之意。"⑥

按:汪說是,然未釋其得義之由。竊以爲"牧"當作"收",形近而訛。"牧"俗體作"牧"⑦,"收"俗體作"収"、"収"、"牧"⑧,二者字形相近,所從偏旁牛、扌、丩互混,因此二者有共用俗體字。⑨S.6537Vg《慈父遺書一道》:"舍田家產畜牧等。"S.170《失名道經》:"當呼東方勾芒君、南

---

① [清]王念孫《廣雅疏證》(第2版),第108頁。

② [南朝梁]顧野王著,[北宋]陳彭年等重修《大廣益會玉篇》,第93頁。

③ 以上同源系聯亦可參陸宗達、王寧《訓詁方法論》,北京:中華書局,2018年,第144頁。

④ [日]麥谷邦夫、吉川忠夫編,劉雄峰譯《〈周氏冥通記〉研究》(譯注篇),第47頁。

⑤ 汪維輝《〈周氏冥通記〉詞匯研究》,第167頁。

⑥ 王家葵《周氏冥通記校釋》,第78頁。

⑦ 見冷玉龍等主編《中華字海》引魏《和邃墓誌》,北京:中華書局、中國友誼出版公司,1994年,第1006頁。

⑧ 《廣韻‧尤韻》:"收,俗作収。""牧",見冷玉龍等主編《中華字海》引魏《正平太守元仙墓誌》,第849頁。"牧",見黃征《敦煌俗字典》(第2版)引Φ096《雙恩記》,上海:上海教育出版社,2019年,第727頁。

⑨ 三旁相混,可參曾良《俗字及古籍文字通例研究》,南昌:百花洲文藝出版社,2006年,第203頁。

方祝融君、西方辱**牧**君、北方吾疆子玄冥君、中央皇上彭祖馮修君……"① 從句意來看，"**牧**"顯然爲"牧"字，而"**牧**"爲"收"字。② "收約"一詞見於典籍，乃收束、收斂之義。

（3）夏至日在東井，萬物向無。吾則<u>收約</u>歸末，斂華就實，一生意之復乎内也。（南宋·鮑雲龍《天原發微》卷十四，27/698b）

（4）甘草乾薑湯。楊仁齋曰："治男女諸虚、出血、胃寒，不能引氣歸元，無以<u>收約</u>其血者。"③（明·張景岳《景岳全書》卷五十八）

與之類似的是道經中的"追牧"：

（5）於惚下寫經之際，忽有神人，長八九尺，仗劍而來……神人曰："如此無良也，解惜命促！"令<u>追牧</u>寫換，然後奏聽敕旨。（五代·杜光庭《道教靈驗記》卷十二，10/841b）

"追牧"，《雲笈七籤》卷一百一十九作"追收"。④

按：作"追收"是。"追收"，乃追回之義。此經下文即有照應，亦可證之。其他道經亦收此詞：

（6）神人復見曰："訾毀聖文，<u>追收</u>不獲，不宜免死。"⑤（北宋·張君房《雲笈七籤》卷一百一十九）

（7）所到之處，下天符之後，當處土地同共<u>追收</u>，未到之間，固不合妄洩於天機也。⑥（《雲笈七籤》卷一百二十一）

（8）凶死惡亡精靈，妖怪之鬼，應曾作害病人者，一一<u>追收</u>。（北宋·元妙宗《太上助國救民總真秘要》卷七，32/94b）

另一個與之類似的是"牧攝"：

---

①王卡改題此經爲《老子枕中經》（擬）"，參王卡《敦煌道教文獻研究——綜述·目録·索引》，第 191 頁。

②"辱收"即"蓐收"，乃西方、秋天之神。《禮記·月令》："孟秋之月，日在翼，昏建星中，旦畢中。其日庚辛，其帝少皞，其神蓐收。"按：典籍中亦多見"牧"訛作"收"，《吕氏春秋·論人》"不可收也"畢沅《新校正》："收，疑當作牧。"《漢書·酷吏列傳》"以收司姦"王念孫《雜志》："收，當依《史記》作牧。"《荀子·君道篇》："便嬖左右者，人主之所以窺遠收衆之門户牖嚮也。"蔣禮鴻："收衆當作牧衆，字之誤也。"（蔣禮鴻《義府續貂》，杭州：浙江教育出版社，2001 年，第 137 頁）

③王大淳主編《景岳全書譯注》，北京：中國人民大學出版社，2009 年，第 2613 頁。

④具體説來，《道藏》本《雲笈七籤》作"追扠"，《四部叢刊》《四庫》本皆作"追攺"，《古今圖書集成·博物彙編·神異典》卷二百七十八作"收"，前二者皆爲"收"之俗字。

⑤李永晟點校《雲笈七籤》，第 2635 頁。

⑥李永晟點校《雲笈七籤》，第 2677 頁。

（9）過五以上,至二十四犯,四司執殺,**牧**攝魂神,充責北酆,七祖充役,經萬劫得還,更生非人之道,玉童玉女各返上宫,不出一年,失經身亡,終不得仙,學者慎之。（《洞真太上素靈洞元大有妙經》,33/418c）

“**牧**攝”,《太上九真明科》作“収攝”,《洞真太上道君元丹上經》作“收攝”。

馮利華等認爲:“'牧攝'即'統領、節制','牧'和'攝'兩者都有'管轄、統領、節制'之義,屬並列雙音詞。……在六朝道經中,'牧'還可以與其他詞素組成並列複合詞,表示'統領、轄制'之義。如'牧約'……”①

按:馮説非。《干禄字書·平聲》:“収、收,上通下正。”②《太上九真明科》《洞真太上道君元丹上經》所引皆是“收”而非“牧”。“收攝”,《大詞典》已收四義,其中一義爲管束。“收攝”一詞習見於道經,兹舉數例。

（10）蕭蕭乘神清,握節檢天魔。五老徵北帝,<u>收攝</u>鬼神家。（《上清高上金元羽章玉清隱書經》,33/777b）

（11）天官君官將一百二十人,治安洋室,主民人宅舍不可居,<u>收攝</u>殺厸百怪之鬼。（《正一法文經章官品》卷三,28/551c）

（12）右符專爲患人<u>收攝</u>魂命,黄紙朱書,用金錢甲馬焚於竈中。（《道法會元》卷二百二十六,30/410c）

例12“收攝魂命”同於例9“收攝魂神”。

另外,可以略作説明的是:“收攝”是近義複用,除了上面所説的“追收”,道經中還有“追攝”可以比勘,兹舉二例。杜光庭《太上宣慈助化章》卷三:“次解五行大獄,九幽地獄,太山二十四獄,酆都三十六獄曹府,追攝拘執魂魄之厄。”（11/326c）杜光庭《太上正一閲錄儀》:“謹出太上神明上靈官中宫乘日三五科車赤符吏、乘月科車捕鬼使者各百二十萬人,出爲臣誅翦凶逆,討捕精邪,赤符追攝,並令殄滅。”（18/290a）

【倲倲】

（1）今愚人甚不仁,罪若此,寧當死不耶? 中尚有忽然不知足者,争訟自冤,反奪少弱小家財物,殊不知止。吾尚但見真人<u>倲倲</u>,財舉其綱,

①馮利華、李雙兵《六朝道經詞語研究發微——以古上清經爲中心》,《唐都學刊》2006年第3期;馮利華《中古道書語言研究》,第48頁。
②［唐］顔真卿著,施安昌編《顔真卿書干禄字書》,北京:紫禁城出版社,1990年,第32頁。

見其始。①（《太平經·六罪十治訣第一百三》）

　　俞理明：“倲倲，勤勉專致。”②

　　（2）今爲子意善，惓惓倲倲，無慮，爲其規矩，令各有限度可議，以爲分界而守之也。③（《太平經·學者得失訣第一百六》）

　　俞理明：“惓惓倲倲，心志專一，至誠。”

　　（3）故吾尤急此，死亡，天下大凶事也。故吾文□□倲倲，教有德人君豫備之也。④（《太平經·不用大言無效訣第一百一十》）

　　（4）令人君闇蔽，卒有疑事，問之不以時決解愁，乃後往求索遠方賢明溇術，何及於倲倲當前乎哉？⑤（《太平經·不用大言無效訣第一百一十》）

　　楊寄林：“倲倲，憨愚的樣子。”⑥

　　按：《集韻·東韻》：“儱，儱倲，劣也。”《送韻》：“戇倲，悷戇，愚皃。或作倲。”⑦“倲倲”一詞，它書未見，故楊寄林以“戇倲”中的“倲”爲之釋義，但此義施之於以上諸例講不通，《集韻》中的其他解釋也不通。俞理明所釋似較切合，但未説明得義之由，當是根據文意推測而來。

　　竊以爲“倲倲”當作“悚悚”。《集韻·東韻》：“悚，愚皃。”⑧如此，則“悚”即“倲”字。東、束形近，故“悚”訛作“悚”，又可寫爲其異體“倲”。東、束形近相混，文獻中可見相關用例。P.2964V《巳年（837？）令狐善奴便刘價覆蓋契》：“如主人麥熟吉（告）報，依時請收苅如法菄縷了，不得爲（違）時限。”張小豔：“‘菄’乃‘束’的增旁字。”⑨道經中，“揀校”又寫作“揀校”、“校棟”，“棟”、“揀”皆爲“揀”之形近而訛字，可證束、東、束三字形近容易相混。⑩“悚悚”一詞，在《太平經》中恰有用例：

　　（5）今故風諸真人，教其丁寧，勅此行書之事。故諸真人悚悚惓惓，

---

①俞理明《〈太平經〉正讀》，第209頁。
②又見俞理明、顧滿林《東漢佛道文獻詞彙新質研究》，第220頁。
③俞理明《〈太平經〉正讀》，第229頁。
④俞理明《〈太平經〉正讀》，第243頁。
⑤俞理明《〈太平經〉正讀》，第243頁。
⑥楊寄林《太平經全注全譯》，第853、943、1011頁。
⑦趙振鐸《集韻校本》，上册第11頁，中册第946頁。
⑧趙振鐸《集韻校本》（上册），第7頁。
⑨張小豔《敦煌社會經濟文獻詞語論考》，第140頁。
⑩具體參本書“校棟　簡校”條。

是天使也。①（《太平經·來善集三道文書訣一百二十七》）

這裏的“悚悚倦倦”應該和例 2 中的“倦倦悚悚”是一致的，只不過存在字形訛誤。俞理明：“悚悚，敬畏慎重的樣子。”② 楊寄林：“悚悚，恐懼的樣子。”③ 俞、楊二説是，“悚悚”在《太平經》中的意義當是“戒懼敬慎貌”。

“悚悚”是漢代形成的新詞，亦見於同時代其他文獻。如：

（6）奰悚悚其驚斯，心猥猥而發悸。④（東漢·王延壽《魯靈光殿賦》）

漢代以後的文獻亦多見此詞，《大詞典》已有收錄，可參，兹不再列舉。

三、證成點校本之説

校注是文本整理的核心工作之一，可以説校注質量的高低決定了整個文本質量的高低。前文已言“道教典籍選刊”本的道經點校質量較高，這種高質量即體現在校注上。需要説明的是，《中華道藏》點校中也有一些正確的校注，具體可參本書第四章、第五章兩章中的部份詞條，而“道教典籍選刊”更具典型性，今以之爲參照對象，予以論證説明。

【鐼】

（1）先以釜置鐵鐼上令安，便以馬屎燒釜四邊，去五寸，然之九日九夜。（《太清金液神丹經》卷上，18/751c）

“鐼”，《雲笈七籤》卷六十五同，李永晟：“‘鐼’，當作‘錛’。”⑤

（2）宜於陰熇潔處令其大乾，置於蘆葦火、馬通火中央，作鐵鐼，豎安之箭，令去地高三寸，糠火亦佳也。（《太清金液神丹經》卷中，18/753b）

“鐵鐼”，《雲笈七籤》卷六十五作“鐵”，李永晟：“‘鐼’字原無，據上書（引者注：即《太清金液神丹經》）增，宜作‘錛’。”⑥

（3）竈內安鐵鐼，以藥釜著鐼上，使釜在竈中央，釜四邊當去竈土，

①俞理明《〈太平經〉正讀》，第 265 頁。
②又見俞理明、顧滿林《東漢佛道文獻詞彙新質研究》，第 315 頁。
③楊寄林《太平經全注全譯》，第 1092 頁。
④［南朝梁］蕭統編，［唐］李善等注《六臣注文選》，第 218 頁。
⑤李永晟點校《雲笈七籤》，第 1439 頁。
⑥李永晟點校《雲笈七籤》，第 1445 頁。

各三寸半。（《太微靈書紫文琅玕華丹神真上經》,4/556a）

（4）畢,乃安釜於鐵鐒之上,令鐒脚高二尺五寸,以糠火燒之。初起火之日,可半鐒脚,至一十二日日足,令火去下釜七寸。（《太清金液神氣經》卷上,18/777c）

（5）竈口向西,竈窠内須令安得鐵鐒,容坐得土釜,竈子四邊,令去釜凡九寸。（《太極真人九轉還丹經要訣》,19/10c）

（6）都畢矣,然後安在鐵鐒上閣之。鐵鐒脚四,脚如鏊脚狀,但令高九寸也。（《太極真人九轉還丹經要訣》,19/11a）

（7）都畢,仍作竈南向,安鐒孤着竈中央,釜底令去地一尺二寸,糠火燒之三日三夕。（《洞真太上紫度炎光神元變經》,33/561c）

（8）竈令四方四面開口,以大鐵鐒,鐒施四脚,以著竈之中央,使上下相遠,高下之法,以意裁量,好安隱之。以所盛藥土釜,好安著鐒上,以好煉火於下燒之。（《上清太上帝君九真中經》卷下,34/42b）

“鐒”,《雲笈七籤》卷六十八同,李永晟:“‘鐒’,疑當作‘鐒’,下同。”[1]

《字海·金部》:“鐒,音待考。一種鐵器。”[2]《大字典》:“鐒,音義未詳。”

馮利華:“鐒是六朝時期道士煉丹時用來擱置土釜的鐵器,有四脚,脚的形狀似鏊脚,脚的高度在九寸至三尺不等,鐒的上部圍束成一圈,煉丹時放在丹竈中央,然後施展其脚,再將土釜安置於上。”[3]

楊寶忠:“以上五‘鐒’字,《四庫全書》本並作‘鐒’,‘鐒’字疑即‘鐒’字之變,‘鐒’之形制未詳。”[4]

韓吉紹:“鐒釴乃鐵器,用以放置土釜,其大小周圓與釜一致……鐵鐒釴是煉丹過程中放在竈中用以放置土釜的鐵架子,三脚四脚均可,其上爲一鐵圈,周長據釜而定,通高則與竈有關。《四庫全書》本《雲笈七籤》‘鐒’作‘鐒’、‘鐒’乃‘鐒’字之變的看法均誤。”[5]

按:馮、韓之説是,李、楊之説非。《集韻·豪韻》:“鐒,《廣雅》:‘鐒鑪,鏑也。’一曰鐕鐒,銅器。或從勞。”[6]“鐒”是一種有脚架的鐵圈,煉

---

①李永晟點校《雲笈七籤》,第 1494 頁。

②冷玉龍等主編《中華字海》,第 1545 頁。

③馮利華《中古道書語言研究》,第 132—133 頁。

④楊寶忠《疑難字續考》,北京:中華書局,2011 年,第 312 頁。

⑤韓吉紹《黃帝九鼎神丹經訣校釋》,第 97—98 頁。

⑥趙振鐸《集韻校本》（上册）,第 412 頁。

丹時用以放置土釜。從語源上看，從𤇾得聲之字有環繞、圓周之義。《説文·艸部》：“蔡，艸旋皃也。”段注：“蔡與縈音義同。”《卂部》：“熒，回疾也。”段注：“回轉之疾飛也。”① 王筠：“從營省聲，義兼聲也。”②《糸部》：“縈，收韏也。”朱駿聲：“收卷，絲若索繞而疊之也。”③《土部》：“塋，墓地。”段注：“塋之言營也。營者，帀居也。”《車部》：“𨊠，車輮規也。”段注：“規者，圜之匡郭也。”④《宮部》：“營，帀居也。”桂馥：“營謂周垣。”⑤《集韻·清韻》：“濴，濴瀯，波浪涌起皃。”⑥《文選·郭璞〈江賦〉》：“漩澴滎瀯，渨濆瀵瀑。”李善注：“皆波浪回旋濆涌而起之貌也。”⑦ 故鐵圈之義，是有語源可考的。

　　如果再進一步推求，它有没有本字？竊疑“鐉”是一個新造的換旁俗字，其正字似當作“鎣”。《説文·金部》：“鎣，器也。”⑧《集韻·青韻》：“鎣，器名。”《逈韻》：“鎣，治器，從金爲之。”方成珪：“案：‘冶’譌‘治’，‘以’譌‘從’，據宋本及《類篇》正。”⑨“鎣”爲金屬制器，冶煉時所用，與“鐉”煉丹時所用似相吻合。“鎣”本從金𤇾聲，偏旁位移改𤇾聲爲巺聲，新造俗字“鐉”，似亦合乎造字原理。可相比勘的是，“塋”作“𡏞”，“螢”作“蟤”，“瞥”作“瞲”。⑩ 這些字都是表義偏旁位移，而又改換以從𤇾得聲之字作爲新的諧聲偏旁。⑪

---

① 二例見［清］段玉裁《説文解字注》（第 2 版），第 40、583 頁。
②［清］王筠《説文句讀》，上海：上海古籍書店，1983 年，第 1671 頁。
③［清］朱駿聲《説文通訓定聲》，北京：中華書局，1984 年，第 866 頁。
④ 二例見［清］段玉裁《説文解字注》（第 2 版），第 692、724 頁。
⑤［清］桂馥《説文解字義證》，北京：中華書局，1987 年，第 641 頁。
⑥ 趙振鐸《集韻校本》（上册），第 512 頁。
⑦［南朝梁］蕭統編，［唐］李善等注《六臣注文選》，第 238 頁。按：以上所列諸字，部分見於劉鈞杰《同源字典補》，第 81 頁；殷寄明《漢語同源字詞叢考》，上海：東方出版中心，2007 年，第 552 頁。
⑧［清］段玉裁《説文解字注》（第 2 版），第 705 頁。
⑨ 分別見趙振鐸《集韻校本》，上册第 525、883 頁，下册第 556 頁。
⑩ 參冷玉龍等主編《中華字海》，第 734 頁；［南朝梁］顧野王著，［北宋］陳彭年等重修《大廣益會玉篇》，第 119 頁；黄征、張涌泉《敦煌變文校注》，北京：中華書局，1997 年，第 792、796 頁。
⑪ 張小豔教授教示：“鐉當是從金、巺聲的形聲字，其音義皆源自‘巺’。‘巺’者，獨也，該器四面及下方皆與外界懸隔，獨立於竈之中（前文所舉‘安鐉孤着竈中央’即其證），因其爲金屬所製，故稱‘鐉’。”按：一、此器有脚支地，並非懸掛之物；二、此物支脚之上爲一圓圈。故若謂此字得義於‘巺’，似難從；三、雖然巺、𤇾二旁相混，然文獻中此字只作“鐉”，從不寫作“鎣”，似亦可證不是取義於‘巺’；四、“鐉孤”僅見一例，頗爲可疑，或有文獻訛誤。故本條堅持原説。又，何茂活《〈漢語大字典〉“音義未詳字”考釋（之二）》“鐉”字條與本條所論大致相同，參《辭書研究》2019 年第 3 期。

【礦碍】【腭】

（1）白石英精白無有礦碍者五枚，先好於磨石上礦護，使正圓如雀卵之之小小者好，瑩治令如珠狀，勿令有礦石之餘迹。[1]（《無上秘要》卷八十七）

"礦碍"，《洞真高上玉帝大洞雌一玉檢五老寶經》作"廉崿"，《道藏》本《雲笈七籤》卷七十四作"厲碍"，卷八十六作"礦珸"，《四庫》本皆作"厲瑕"。

蔣力生校注本《雲笈七籤》"碍"逕録，"珸"條云："珸，音義未詳。《四庫》本作'瑕'。"[2] 蔣氏點校的《中華道藏》本同。

李永晟點校本《雲笈七籤》"碍"、"珸"皆録作"碍"[3]。

按：《集韻·鐸韻》："碍，磇碍，石危皃。"[4] 此義不諧於"礦碍"，而"碍"、"珸"似亦未見於字書，屬於疑難俗字。從字形上看，咢、㗊有相混之例，如《字彙·山部》："崿，同崿。"[5]《太清中黃真經》卷上："百竅關連總有神。"注曰："腭上二穴，通於鼻脉，通於心脉，故心悲則鼻酸。"（18/387b）"腭"即"腭"，亦即"腭（顎）"之俗字。[6] 故"碍"當爲"碍"之俗字。

咢、㗊亦有互爲異體之例，《説文·㗊部》："㗊，嘩訟也，从㗊亏聲。"[7] "从㗊亏聲"，即"咢"。《玉篇·㗊部》："咢，《説文》㗊。"[8] "遷"，《集韻·鐸韻》釋爲"隸作遷"；"崝"，《龍龕·山部》視作"崿"之正體。以此準之，"珸"似又可作"瑝"，然"瑝"亦不見諸字書。[9]

段注本《説文·玉部》："玉，石之美有五德者。"[10] 玉即石之一種，故從二旁之字或互爲異體。《廣韻·獼韻》："碔，碔，石次玉。瑌，上同。"[11]《四

---

①周作明點校《無上秘要》，北京：中華書局，2016年，第1075頁。

②蔣力生等校注《雲笈七籤》，北京：華夏出版社，1996年，第529頁。

③李永晟點校本《雲笈七籤》，第1673、1925頁。

④趙振鐸《集韻校本》（中册），第1503頁。

⑤[明]梅膺祚《字彙》，《字彙　字彙補》，上海：上海辭書出版社，1991年，第130頁。

⑥"腭"，《中華道藏》録作"腭"，是。

⑦[東漢]許慎《説文解字》，第35頁。

⑧[南朝梁]顧野王著，[北宋]陳彭年等重修《大廣益會玉篇》，第44頁。

⑨字海網言有宋代沙縣進士名"肖珸"者，然筆者檢索宋代福建進士名録，並無此人，附此存疑。即便有此人，人名用字亦難以推知其義。網址爲：http://yedict.com/zscontent.asp?uni=1A0029。

⑩[清]段玉裁《説文解字注》（第2版），第10頁。

⑪蔡夢麒《廣韻校釋》，第643頁。

聲篇海·磬部》：“鎣，音磬，義同。”① “磬”、“鎣”音義皆同，合正字爲俗字注音之例，二者實爲異體。故依字例來看，“珴（珴）”當爲“碍”之異體。

以上數形皆爲異體，然其義仍不易索解。竊以爲當從語源上進行考查：從咢之字多有邊際、棱角之義，棱角即由一邊或數邊而成，二義相因。《廣雅·釋言》：“垠，咢也。”② “垠”即邊。《漢書·王褒傳》“越砥斂其咢”顏師古注曰：“咢，刃旁也。”③ “刃旁”即刀劍之刃，又寫作“鍔”。《玉篇·金部》：“鍔，刀刃也。”④《廣韻·鐸韻》：“崿，崖崿。”⑤ “崖崿”即懸崖之邊。《雲笈七籤》卷十一：“齒神崿鋒字羅千。”注曰：“牙齒堅利如劍崿刀鋒，摧羅衆物而食之也。”⑥《廣韻·鐸韻》：“堮，圻堮。”⑦ 亦作“圻鄂”。“圻堮（鄂）”者，田地之邊界。王力認爲“‘堮、崿’實同一詞。字又作‘鄂、鍔’”⑧，此説甚是。因此，“碍（碍、珴）”應該與以上所舉從咢之字，具有同源關係。即在雙音詞“礠碍，石危皃”中，亦爲石高峻或鋭利之險之義，與從咢之字意義上也有一定的聯繫。而且山與石意義緊密相關，從二旁之字有互爲異體或意義相通之例，如《集韻·紙韻》：“嵤、硊，山皃，或從石。”《侵韻》：“崟、碞，《説文》山之岑崟也，或從石。”⑨ 故它可能是“崿”之異體。

“礪”爲“厲”之後起分化字，故“礪碍”、“厲碍”爲一詞之變。當然，“厲碍”也可能受到類化作用而作“礪碍”。所謂“厲碍”者，鋒利有棱角之義。“厲”者磨礪使利，利則棱角分明，二義相因；“碍”有邊棱之義。

作“廉崿”者，“廉”亦有邊際、棱角鋒利之義。《説文·广部》：“廉，仄也。”段注：“堂之邊曰廉……堂邊有隅有棱，故曰廉。廉，隅也。又曰廉，棱也。引伸之爲清也，儉也，嚴利也。許以仄晧之，仄者，圻咢陵陗之

①［金］韓孝彦、韓道昭《改併五音類聚四聲篇海》，《續修四庫全書》第229册，上海：上海古籍出版社，2002年，第294頁。
②［清］王念孫《廣雅疏證》（第2版），第175頁。
③［東漢］班固《漢書》，第2823頁。
④［南朝梁］顧野王著，［北宋］陳彭年等重修《大廣益會玉篇》，第84頁。
⑤蔡夢麒《廣韻校釋》，第1190頁。
⑥李永晟點校《雲笈七籤》，第210頁。
⑦蔡夢麒《廣韻校釋》，第1190頁。
⑧王力《同源字典》，第558頁；劉鈞杰《同源字典再補》，第70頁。
⑨趙振鐸《集韻校本》（上册），第659、586頁。

謂。"① 馮利華:"'廉崿'指不平滑、有棱角。……'廉'本可指棱角。"②
按:馮説是。道經、醫典又有"廉稜",指尖削,可以比勘。唐賈嵩《華陽
陶隱居內傳》卷中:"或光明廉稜如霜雪,無雜色。"(5/507c)北宋寇宗
奭《圖經衍義本草》卷一:"《衍義》曰:'芒消,《經》云生於朴消。'乃是
朴消以水淋汁,澄清,再經熬煉減半,傾木盆中,經宿,遂結芒有廉稜者。
故其性和緩,古今多用以治傷寒。"(17/285b)

又作"廉鍔",《史記·酈生陸賈列傳》"刓而不能授"裴駰《集解》
引孟康曰:"刓斷無復廉鍔也。"③ 其義爲邊棱、言辭鋭利,《大詞典》已收,
可參。

故"厲碍(碍、瑒)"與"礪碍"、"廉崿"與"廉鍔",這兩組同源詞皆爲
邊棱、鋒利之義。李永晟改異體"瑒"、"碍"作"碍",其説甚謬。《四庫》
本《雲笈七籤》卷七十四、八十六兩作"厲瑕"者,實爲不識字義而臆改。
"瑕"有點汙、瑕疵之義;而白石英多是精白之色,故抄校者認爲句意乃
言選取那些精白、没有瑕疵的白石英。從句意上看,是講得通的;但"厲
瑕"不成詞,"厲"没有瑕疵之類的意思,所以這應當是《四庫》本抄校者
臆改所致。

故例句之義爲選取精白而棱角不甚鋒利的白石英五枚,之所以如
此,是因爲下句言要磨礪、"瑩治",使這些白石英成雀卵、珠形。而白石
英通常是有棱角的,選那些棱角不那麼鋒利的,自然可以節省不少物力
和時間。

第三節　辭書學價值

目前道教尚無專門的語言辭典可供利用,本書所研究的對象——疑
難字詞,正可爲道教語言辭典編纂提供需要收録的字頭和詞條。道經豐
富的語料也有助於《大字典》、《大詞典》字頭、詞條和義項的增補、釋義
的修正、例證的補充和修訂等。具體論之如下:

①［清］段玉裁《説文解字注》(第2版),第444頁。
②馮利華《中古道書語言研究》,第50頁。
③［西漢］司馬遷《史記》(修訂版),北京:中華書局,2013年,第3266頁。

一、有助於道經語言辭典編纂

　　佛教有不少語言辭典和類似語言辭典的通釋性著作,甚至有一些單經語言辭典,相比之下,道教語言辭典的編纂已是大大落後①。現有的道教大型辭書,主要是中國道教協會、蘇州道教協會所編《道教大辭典》和胡孚琛主編《中華道教大辭典》兩種。兩部辭典都以宗教名詞和術語爲主要收錄對象,並不涉及道經中的普通疑難字詞和新詞新義,而這兩類詞語也是造成道經不便使用和理解的主要障礙之一。既然是語言類辭典,收錄的重點之一必是疑難字詞,本書的研究正可促進道教語言辭典的編纂。

【瞥目】【瞑目】

　　(1)今得清净,續別造一室,沐浴盛潔,以立春日鷄鳴時,面月建寅方,平坐調氣,瞑目叩齒,三十六通。叩齒欲深而微緩,漱咽津液。瞥目左右各三,握固臨目,都忘萬慮,放乎太空,無起無絶,良久覺身中通暖。(《正一修真略儀》,32/179c)

　　(2)其存想調息次第法用如初説,瞥目叩齒亦初數,不須等級可也。(《正一修真略儀》,32/180a)

　　(3)當握固閉氣,實于太淵宮,瞥目三,臨目叩齒存神,使四靈衛己,騎吏羅列,前後左右,五方五帝兵馬都本位。(《正一修真略儀》,32/180b)

　　以上三例中的“瞥目”,《雲笈七籤》卷六十一所引皆同,蔣力生注曰:“瞥目,净目。瞥:目净貌。”②

　　《大字典》:“瞥,目光明净貌。《集韻·耕韻》:‘瞥,目净皃。’《雲笈七籤》卷六十一:‘漱咽津液,瞥目左右。’”

　　《大詞典》:“瞥目,目光明净貌。《雲笈七籤》卷六一:‘漱咽津液,瞥目左右。’”

　　按:“瞥”有清潔義(參《廣韻》),與以上所引《集韻》之目净義,當有

---

①據筆者所知,山東大學劉祖國副教授以道教語言大辭典編纂爲題申報了項目,成果將來面世。

②蔣力生等校注《雲笈七籤》,第367頁。

一定的關係。大概是因爲此字從目,故《集韻》改爲"目净貌"。"瞥"本
爲惑義(參《説文》),爲何會有清、净之義? 我們認爲此義假借於從燅得
聲的一組同源詞,這組同源詞有明義。如"瑩"有光潔明净義,《慧琳音
義》卷九十八:"鎣明,顧野王云:'謂摩拭珠玉使發光明也。'"[1] 故朱駿聲
曰:"瞥,叚借爲熒,或爲瑩。"[2] 其説是。但無論是清潔義,還是目净義、
惑義,於上述幾例似乎都講不通。

　　道經中有一些類似説法如"冥目叩齒"、"臨目叩齒",都是並列結構;
"瞥目叩齒"應該也是並列結構,"叩齒"是動賓結構,那麼"瞥目"也應
該是動賓結構。若解釋爲"净",則變成定中結構,故《大字典》之説和蔣
説都頗爲可疑。實則"瞥目"當作或讀作"瞥目",瞥、瞥皆從燅得聲,且
字形極近,可得相通或互訛。此詞見於唐宋道經、醫典:

　　(4)三捻目左瞥目順天道,即成禁法用之神效。左瞥目者,開左
目,閉右目;右瞥目者,開右目,閉左目。[3](唐·孫思邈《千金翼方》卷
二十九"禁經上·掌訣法第五")

　　(5)六、兩手拒地,廻反顧如虎視,左右同。注云:"拓地户,瞥目虎
視則生神,通脉節、宣元氣是也。"(唐·范倐然《至言總》卷五,22/867c)

　　(6)伏龍雲尋起,即捻左手第四指第二節,叩齒二十四通,又瞥
目,閉炁爲之,所法家之隨意使見。(舊題唐·李淳風《金鎖流珠引》卷
二十七,20/480a)

　　亦有"瞥目瞳"的説法:

　　(7)使肝炁鬱勃,周流紫庭,上瞥目瞳,下溉玄闕,植華挺秀,受鍊更
生。(南宋·林靈真《靈寶領教濟度金書》卷二百八十八,8/539b)

　　那什麼是"瞥目"?《千金翼方》卷二十九"禁經上·禁法大例第
四":"仙經曰,用禁有六法,一牙齒禁,意存氣至牙齒,二瞥目禁,開一目
閉一目。"[4] 依此可知,即兩眼一睜一閉,觀例 4 亦可知。因爲"瞥目"與
眼睛有關,故《正一修真略儀》或《雲笈七籤》在傳抄、刊刻時,被改作了
從目之"瞥",或許是潛意識中將其當作此義的本字。

---

①徐時儀《一切經音義三種校本合刊》(修訂版),第 2169 頁。

②[清]朱駿聲《説文通訓定聲》,第 857 頁。

③[唐]孫思邈《千金翼方》,北京:人民衛生出版社,1955 年,第 345 頁。

④[唐]孫思邈《千金翼方》,第 345 頁。

道經中又有"瞋目"一詞,似與此相關,故今一併羅列於此:

(8)以手左拓右拓,上拓下拓,前拓後拓,瞋目叩齒,摩手熱摩眼,拔耳捼腰,震動雙作,隻作反手爲之,然復掣足,仰展覆展,都數約至七八十而止。(《四氣攝生圖》,17/233b)

"瞋"、"瞢"二字略形近,語境上也相似,"瞋目"會不會是"瞢目"之訛誤?竊以爲"瞋目"是"瞑目"之訛。瞋、瞑二字形近,極易相混。道經及其他文獻中即有此情形,《太平經·善仁人自貴年在壽曹訣第一百八十二》"故令天地瞑怒殊不止"張文冠:"疑'瞑'乃'瞋'之訛。"[1]《莊子·秋水》:"晝出瞋目而不見丘山。"陸德明《釋文》:"瞋,本或作瞑。"[2]道經中又作"瞑目"、"冥目","暝"、"瞑"皆爲"冥"之後起分化字。《玉篇·日部》:"暝,夜也。"[3]《説文·目部》:"瞑,翕目也。从目、冥,冥亦聲。"[4]"冥"爲幽黑,"暝"爲黑夜,"瞑"爲閉眼,閉眼亦是黑:故三者同源,各辭書似皆未作溝通。

(9)正南向,冥目叩齒三通,陰呪曰……(《洞真太上素靈洞元大有妙經》,33/413c)

(10)正西向,冥目叩齒七通,思西方白帝少陰素靈真人。(《洞真太上三九素語玉精真訣》,33/498a)

(11)夫欲行飛仙之道,佩三元玉檢之文,當以夜半時於密室之中,北向瞑目,叩齒三通,存思太素三元君服色諱字,乘丹、綠、青三素飇輪,從玉皇天中來下降室内,便心拜於元君,微呪曰……[5](《無上秘要》卷九十三)

(12)每晨睡覺瞑目叩齒三七下,嚥津,以手掌相收,令熱熨眼,唯遍數多爲妙。此法去風明目,無以加之。(劉詞《混俗頤生錄》卷上,18/516a)

"瞑目"與"瞢目"一樣,爲道經修煉方法之一。又有"臨目"一詞,亦屬修煉方法之一。"瞑目"、"臨目"二者之別在於前者爲閉眼,後者爲

---

①張文冠《〈太平經〉字詞校釋四則》,《漢語史研究集刊》第20輯,成都:巴蜀書社,2015年,第335頁。

②[清]郭慶藩《莊子集釋》(第3版),北京:中華書局,2012年,第578頁。

③[南朝梁]顧野王著,[北宋]陳彭年等重修《大廣益會玉篇》,第96頁。

④[東漢]許慎《説文解字》,第72頁。

⑤周作明點校《無上秘要》,第1171頁。

半閉不閉。①《雲笈七籤》卷四十五："臨目，目欲閉而不閉，欲開而不開，令幽顯相關，存注審諦。"②故二者可以相互配合以完成冥想存神之功，所以有時候會出現在同一語句中。例2、3已見"瞑目"與"臨目"對舉。再如《太上洞玄靈寶無量度人上品妙經法》卷一："日月星宿。"注曰："日月停輪，二目不瞬也。即非冥目，亦非内視，亦非臨目，是七日七夜久視，停其目瞬，照明三部，内外洞然。"（2/470c）

【緬緬】

（1）夫凡食石，欲得細理緬緬，專是自然，無有破缺之形者也。（《神仙服餌丹石行藥法》，6/603a）

按："緬緬"，《大詞典》已收，釋爲"雜亂貌"。此義驗之於上例，顯然不通。竊以爲"緬緬"當讀爲"宀宀"，乃細密之義。《説文·自部》："㝱，宀宀不見也。"段注："宀宀，密緻皃。《毛詩》曰緜緜，《韓詩》曰民民，其實一也。"③《目部》："瞑，目旁薄緻宀宀也。"④又作"緜緜"，《詩·周頌·載芟》："厭厭其苗，緜緜其麃。"陸德明《釋文》："緜緜，《韓詩》作民民，云衆貌。"孔穎達疏引《爾雅》孫炎注："緜緜，言詳密也。"⑤又作"瞑瞑（㝱㝱）"、"㝱㝱"，《集韻·先韻》："瞑，《説文》：'目旁薄緻瞑瞑也。'一曰密也。或作㝱，通作㝱。"⑥

上古"瞑"從㝱聲，與"宀"、"緜"、"緬"皆爲明紐元部，"民"爲明紐真部，數字爲同紐旁轉關係，語音相近。中古時它們或入明紐先韻，或入仙韻、獮韻；而先、仙二韻語音亦近，可同用通押，故數字可以通假。故例1中的"細理緬緬"，即石頭紋理細密，語義正相契合。

然道經中又有另一義的"緬緬"，與以上所舉二義不同：

（2）緬緬大仙王，遊樂於太玄。（《太上一乘海空智藏經》卷八，1/680a）

---

①可參周作明《中古上清經行爲詞新質研究》，北京：中國社會科學出版社，2013年，第82頁。

②李永晟點校《雲笈七籤》，第1017頁。按："臨目"之義，及它與"冥（瞑）目"的關係，王敏紅數篇文章已有考釋，可參《〈雲笈七籤〉"臨目"釋義》，《四川師範大學學報》（社會科學版）2001年第5期；《〈雲笈七籤〉詞語零札》，《杭州教育學院學報》2002年第2期；《〈雲笈七籤〉詞語零札》，《古籍整理研究學刊》2002年第3期。

③[清] 段玉裁《説文解字注》（第2版），第136頁。

④[東漢] 許慎《説文解字》，第71頁。

⑤[唐] 孔穎達《毛詩正義》，《十三經注疏》第2册，臺北：藝文印書館，2001年，第748頁。

⑥趙振鐸《集韻校本》（上册），第330頁。

（3）八風駕神霄，緬緬虛中遊。① （北宋・張君房《雲笈七籤》卷九十六）

《説文・水部》：“潣，水流浼浼皃。”段注：“浼浼，當作潣潣，淺人所改也。一説潣、浼古今字，故以浼浼釋潣潣。河水浼浼，見《邶風》。浼之本義訓污。《邶風》之浼浼，即潣潣之假借，免聲古讀如門，與潣音近。毛傳曰：‘浼浼，平地也。’即潣潣之義也。”②《廣韻・賄韻》：“浼，水流平皃。潣，上同。”③《詩・邶風・新臺》“河水浼浼”朱熹注曰：“浼浼，平也。”④此“平”乃水流平緩、舒緩之義。“緬緬”當讀爲“潣潣”、“浼浼”，乃悠游舒緩、逍遥自在之義。“潣”上古爲明紐文部，與“緬”同紐旁轉，“浼”爲明紐微部，與“潣”亦同紐旁轉，三者音近同源。⑤

另有一義的“緬緬”，與以上三義似有不同。

（4）事竟速遣，此龍君神化清靜灑澤之感，非至精國主，何便能致此降哉。緬緬夷平，非篤不矜。（《太上洞玄靈寶八威召龍妙經》卷下，6/243b）

依句意看，此“緬緬”當爲平貌，修飾“夷平”。“緬”有平坦之義，忻麗麗已發。⑥ 可以稍作補充的是，以下各例亦皆可證“緬”有平義。《雲笈七籤》卷八十二：“既至山頂，緬然平坦，下視山峯川源，杳不可辯。”⑦《靈寶無量度人上品妙經》卷十三：“一國地土山川林木，緬妥平砥，無復高下，土皆金璃，厚柔含輝，彩繡霞觀，無有異色。”（1/84a）《高上玉皇本行集經》卷上：“污下之溝澗溪谷，緬然平正，如人手掌。”明周玄貞注曰：“緬，坦平也。”（34/642b）

除了忻説“緬”借爲“泯”外，《集韻・真韻》：“《説文》：揗，撫也。一曰摹也。或省（挕）。”⑧“撫”者，撫摩，則可引申爲平義。故有“撫平”一詞。《字彙補・氏部》：“䟧，平也。”⑨“䟧”當爲“揗（挕）”之分化字。《玉篇・刀部》：“剻，剻削。”胡吉宣認爲此即“泯”字⑩，其説似是。“削”

---

① 李永晟點校《雲笈七籤》，第 2087 頁。
② ［清］段玉裁《説文解字注》（第 2 版），第 550 頁。
③ 蔡夢麒《廣韻校釋》，第 586 頁。
④ ［南宋］朱熹《詩集傳》，北京：中華書局，1958 年，第 27 頁。
⑤ “浼浼”之義見周學鋒《道教科儀經籍疑難語詞考釋》，第 119 頁。
⑥ 忻麗麗《中古靈寶經詞語考釋》，南開大學 2012 年博士學位論文，第 87 頁。
⑦ 李永晟點校《雲笈七籤》，第 1870 頁。
⑧ 趙振鐸《集韻校本》（上册），第 248 頁。
⑨ ［清］吳任臣《字彙補》，《字彙　字彙補》，上海：上海辭書出版社，1991 年，第 106 頁。
⑩ 胡吉宣《玉篇校釋》，上海：上海古籍出版社，1989 年，第 3283 頁。

則平,故亦有"削平"一詞。以上數詞,當爲同源。

二、有助於《大字典》、《大詞典》修訂

相比於佛經及其他語料,《大字典》和《大詞典》對道經語料的利用十分有限,這固然跟道經本身的特點有關——大部分道經時代不明,但主要原因恐怕還是學界對道經的重視程度不夠。就其所收道經中的少量字頭和詞條而言,也存在着一些需要修正的地方。

就《大字典》來説,道經的價值體現在這幾點:增補未收字頭,增補同形字,溝通字際關係,釋讀有音無義、無音無義的生僻字,修正釋義錯誤等。對於《大詞典》來説,道經的價值包括:增補未收詞條,增補未收義項,修正錯誤釋義等。限於篇幅,以上這些價值這裏不再一一展開,兹僅舉以下數個例子以作論證,其他參本書第四章、第五章中的相關條目。

【敖】

《大字典》:"敖,同'熬'。《龍龕手鏡・麥部》:'敖','麨(熬)'的俗字。"

按:《龍龕・麥部》:"麨、敖,二俗;或作趤:五高反,正作熬,煎也,三。"[1] 也就是説《龍龕》中並没有"敖"字,它是《大字典》類推繁化"敖"字得出的。字海網亦作類似處理:"敖,敖的類推簡化字。"[2] 那麽能不能這樣類推繁化?"敖"見於敦煌道經及其他文獻:

(1)爾時,四方敖敖,危治[3]天下,人民悉不安居,爲六夷駈逼,逃竄江左,劉氏隱跡,避地淮海。(P.3233《太上洞淵神呪經》卷一)

"敖敖",P.2576V 作"傲傲",《道藏》本作"嗸嗸"。

(2)是時,國王百口登樓而澌洴没,敖敖不能得度,仁安見王垂没,仍汎舟而住,以所佩真文授與國王。(P.T.560V《太上洞玄靈寶真文度人本行妙經》)

(3)卷二:"敖遊,上五高反。"卷十二:"憍敖,五高、五苦二反,慢

---

① [遼]釋行均《龍龕手鏡》(高麗本),第 505 頁。
② 網址:http://yedict.com/zscontent.asp?uni=167151。
③ "危治"不通,當依《道藏》本作"危殆"。

也。"卷二十一:"敖戲,上五高反。"① (五代·釋可洪《新集藏經音義隨函録》)

這些例子中的"敖"顯然都不是"熬"。"傲傲"就是"傲傲"的俗寫,"憍敖"即"憍敖",亦作"驕傲","傲"是"敖"的後起分化字,二者同源② ;"敖遊"即"敖遊",又作"遨遊","敖"與"遨"是古今字關係③ ;"敖戲"即"敖戲",又作"遨戲"、"傲戲",乃嬉戲之義:它們都是"敖",與"傲"、"遨"關係密切,而與"熬"則關係相對較遠。

實際上"敖"就是"敖",其左半所從之"耂"旁字形小變寫作"麦",再略作調整就寫成"敖"了。所以"敖"並不是"敖"的類推簡化字,"敖"的各種意義跟麥本没有關係④ ,依《説文》的説法,其左半是從出從方⑤ ,只是因爲字形訛變爲形近俗字"麦",而被歸入了麥部。《大字典》類推繁化後直接立目,並不恰當。當然,爲了省寫簡便,將"熬"寫成"敖"也有可能,但本質上"敖"與"熬"還是兩個字。退一步講,即使《龍龕》的記載是準確的,那麼《大字典》也需增補另一個字頭,説明"敖"是"敖"字。

"敖敖",亦可作"嗷嗷(謷謷)"、"熬熬",表示愁怨、哀號、叫呼等各種聲音,當爲一詞之變,這些形式《大詞典》已收,可參,例不另舉。需要注意的是,"敖敖(敖敖)"與"熬熬"是一個詞或者一個詞的變體,並不等於"敖"是"熬"。

【眣　眣】

《大字典》:"少。明楊慎《俗言》卷一:'眣,寫邪切,少也……宋人《月》詩"露出清光眣",子兒《蘭畹》詞:"東風寒似夜來眣。"'"

"眣"又見於道經中:

(1)己酉年,耕民但作田,蟲災眣眣有,瘟災亦易瘥。(《太上洞淵神

---

①《高麗大藏經》(再雕本),北京:綫裝書局,2004 年,第 62 册第 317、第 692 頁,第 63 册第
　341 頁。

②王力《同源字典》,第 207 頁。

③洪成玉《古今字字典》,北京:商務印書館,2013 年,第 4 頁。

④"熬"有異體作"熬",下從麥,取以火而乾五穀之義。

⑤有學者認爲其左半本是人頭上著飾,並不是從出從方,參李學勤主編《字源》,天津、瀋陽:天
　津古籍出版社、遼寧人民出版社,2012 年,第 342 頁。

呪經》卷十八,6/66b）

（2）所謂忿者,不只是恚怒嗔恨,但涉嫉妒小狹褊淺,不能容物,以察察爲明,一<u>呰</u>簡放不過之類,總屬忿也。（元·黃元吉《净明忠孝全書》卷三,24/635b）

按：“呰”實爲“些”之俗字,“呰子兒”今本作“些子兒”,即少許、一點兒之義,楊説是。“夜來呰”即“夜來些”,此“些”則非少義,實爲句尾語助詞,楊説非。“些些”言其少,道經及其他文獻中屢見該詞。元稹《答友封見贈》：“扶牀小女君先識,應爲<u>些些</u>似外翁。”①金陵子《龍虎還丹訣》卷下：“鐺底先布鹽,厚一寸餘,即細擣。白礬末布於鹽中心,少布<u>些些</u>,即以薄絹裹砂子,捻令相著,絹纏裹足即休,勿令剩。”（19/119c）《正一法文修真旨要》：“夫行禁治病存想,皆存十方真氣,行禁欲行,先約束病人三日斷五辛、十二辰肉,但一切蟹、肉、酒、魚腥之屬並禁,唯通<u>些些</u>乾鹿脯,能如此方可爲下印。”（32/578c）《太清調氣經》：“夫如初功人,或無智無功,未能引得真津液,縱以此引得<u>些些</u>,終是不真之津,亦不得用。”（18/405a）此詞《大詞典》已收,可參。

因且、旦形近,從二旁之字多有訛混或互爲異體之例,如“罝”作“罦”,“查”作“查”,BD01776《太玄真一本際經》卷五“一生之中上從億曾万祖以下”,“祖”P.2366作“祖”。故“呰”亦可以作“呰”,此形《大字典》未收録,道經中亦可見相關用例。

（3）會得這<u>呰</u>關捩子,自然造化合天機。（《道法會元》卷八十四,29/344c）

（4）三教中人觀書,莫驀直讀過了,内有做官作佛修仙的道理在,須下了<u>呰</u>工夫始得。（《上陽子金丹大要上藥》卷四,24/14b）

“會得這<u>呰</u>關捩子”,即理解、懂得這些關鍵緊要處；“關捩子”,乃關鍵之義。“下了<u>呰</u>工夫”,即下些功夫。②

另外,“呰”又可作“戠”。《三國志通俗演義·孔明火燒木柵寨》：

---

① [清]彭定求等編《全唐詩》,北京：中華書局,1960年,第4513頁。
② 《元史·哈麻傳》：“八郎者,帝諸弟,與其所謂倚納者,皆在帝前,相與褻狎,甚至男女裸處,號所處室曰‘皆即兀該’,華言‘事事無礙’也。”明權衡《庚申外史》亦記述此事,而“皆即兀該”作“些郎兀該”,《古今圖書集成·曆象彙編·庶徵典》卷一百三十九《人事異部·紀事四》則作“呰郎兀該”,亦可證“呰”即“些”字。《大字典》將其視爲“皆”之俗體,乃形體相近所致,亦有理。

“量此訾小之兵,又非大將,殺之無益。”《大字典》引此例,以“訾”同“些”,甚是。“呰”作“訾”,後者上部所從之旁,即“此”之行草書演變而來,字形結構又稍有調整。

如果進一步尋究,“些”何以俗寫作“呰”、“旹”?《説文新附·此部》:“些,語辭也,見《楚辭》。从此,从二,其義未詳。”[①] 大概由於“从二”未知理據爲何,所以將其改換成聲符,以明其音。“且”上古爲清紐魚部,中古列二韻,其一爲清紐馬韻;“些”上古屬精系歌部,中古列三韻,其一爲心紐麻韻字:二者上古、中古皆爲同系,魚歌二部韻腹相同而通轉,麻、馬二韻僅有聲調平上之别,語音相近。除了語音上的聯繫以外,二字意義也有一些相似之處。《詩·鄭風·山有扶蘇》“乃見狂且”毛傳:“且,辭也。”[②]《楚辭·招魂》:“魂兮歸來! 去君之恒幹,何爲四方些?” 洪興祖《補注》引沈括曰:“今夔、峽、湖、湘及南北江獠人,凡禁呪句尾皆稱些,乃楚人舊俗。”[③] 依此來看,“且”、“些”倒有可能同源,或許是楚地用“些”字,而中原等地用“且”字。

也有可能跟“些(呰、旹)”異體作“尐”有關[④]。《龍龕·此部》:“尐,少也。”[⑤] 從夕及類似偏旁之字與從旦(且)旁之字有互混之例,當是形體相近之故。如“宜”作“冝”,又作“宜”,“夜”俗作“𠖓”[⑥],故“尐”可換旁作“呰”、“旹”。

故“呰”即“些”,又作“旹”,再變爲“訾”,《大字典》引證楊慎之説,而未作字際溝通;“旹”之形亦未收録,可作增補。“呰”,《中華道藏》俓録,殆不識俗字,依其體例當正。

【打厲】

(1)既無清潔之志,心嫉意妬,隱切争訟,更相憎忌。呵男駡女,<u>打厲</u>奴婢,咄賓叱客,絶交鄰里,鄉黨不信,骨肉不睦,六親不和,九族不篤,繫怒六畜,瞋疑妻妾。(《太上洞玄靈寶宣戒首悔衆罪保護經》卷中,6/902b)

---

① [東漢] 許慎《説文解字》,第38頁。
② 程俊英、蔣見元《詩經注析》,北京:中華書局,1991年,第241頁。
③ [北宋] 洪興祖《楚辭補注》,北京:中華書局,1983年,第198頁。
④ 二、夕互混,可能與草書寫法相關。
⑤ [遼] 釋行均《龍龕手鏡》(高麗本),第335頁。
⑥ 參《大字典》引《宋元以來俗字譜》。

　　按:《大詞典》"厲"字條第 8 個義項:"指鞭打、揚(鞭)。三國魏曹植《白馬篇》:'羽檄從北來,厲馬登高隄。'宋宋祁《宋景文雜説》:'造父亡轡,馬顛於跌,庸人厲策,馬爲盡力。'"依此,則"厲"似有鞭打義,如此則"打厲"是一個近義並列結構。但檢諸《大字典》"厲"只有"高、提高"義,未有"鞭打"義。其實仔細分析《白馬篇》,就會發現《大詞典》誤以句意爲詞義,"厲馬"中的"厲"就是《宋景文雜説》中的"厲策",乃揚起鞭子之義。"厲"有奮、揚之義,故可用在"厲策(揚鞭)"中。"厲馬登高隄"是舉起鞭子打馬而使之登上高隄之義,但不等於説"厲"有鞭打義,"鞭打"這個意義是根據句意添加進去的,所以《大字典》的處理是對的,而《大詞典》則非。

　　至於例 1 中的"厲"其實是個假借字,本字當做"詈","打厲(詈)"就是打駡。"厲"於《廣韻》爲力制切,屬來紐祭韻;"詈"爲力智切,屬來紐寘韻:宋代祭、寘二韻同屬支齊韻[1],故二者聲韻皆同,可以相通。道經歷經六朝隋唐寫本時代,至宋代始刊刻成藏,又傳至金藏、元藏,到今天所見明藏,所以在宋代及以後發生訛混,邏輯上是講得通的。"打詈"在文獻中有用例:

　　(2)或食五辛,薰穢三寶,飲酒狂亂,破壞善法,侵僧鬘物,打詈呵責出家在家,持戒破戒。[2](唐・明曠删補《天台菩薩戒疏》卷上)

　　(3)二十五日,太常博士、監真州粮料院孫邵武候今任滿,更與監當一任。以臺官張唐英言"邵武妻余使過千錢,因而打詈其妻,典汯身衣物填還,後懷憤自割身死。案到,稱余患心神不寧,恐非本情。乞酌情重行貶降,庶使余冤伸于泉下",故有是命。[3](清・徐松輯《宋會要輯稿・職官六五・黜降官二》)

【罍落】

　　(1)下官往與女郎俱會圓丘,觀九陔之罍落,望弱水而東流,賜酣玄碧之芳酒,不覺高卑而詠歌。(五代・杜光庭《墉城集仙録》卷四,

①參王力《漢語語音史》,第 273 頁。

②[日] 高楠順次郎等《大正藏》第 40 册,東京:大正新脩大藏経刊行会,1924—1934 年,第 582 頁。

③[清] 徐松輯《宋會要輯稿》,北京:中華書局,1957 年,第 3860 頁。

18/184c）

　　“礨落”，《太平廣記》卷五十七、《古今圖書集成・博物彙編・神異典》卷二百三十二《神仙部・列傳九》作“礨硌”。

　　按：“礨硌”，《大詞典》釋爲“高低不平貌”，然未説明得義之由。“九陔”又作“九垓”，指天或中央至八極之地。將“高低不平貌”施之於句例，似不通。要解釋此詞，從結構或語源上分析才行。竊以爲“礨落（硌）”即“磊落”，乃壯偉、宏大之義，其核心詞義是大。《文選・馬融〈長笛賦〉》：“酆琅磊落，駢田磅唐。”李善注：“衆聲宏大四布之貌。”①亦作“礧硌”，《廣韻・賄韻》：“礧，礧硌，大石。”②又作“磊硌”、“礫硌”，《山海經・西山經》：“上申之山，上無草木，而多硌石。”郭璞注：“硌，磊硌，大石貌也。”③《文選・嵇康〈琴賦〉》：“參發並趣，上下累應，躊踔礫硌，美聲將興。”李善注：“礫硌，壯大貌。礫與磊同。”④

　　從字形上看，或從三石，或從三田，有相似之處。從字義上看，它們都有大義，應當是一詞之變體。從字音上看，前一字中古皆爲來紐賄韻字，後一字皆從各聲（“落”從洛聲，“洛”亦從各聲），中古爲來紐鐸韻：它們聲韻相同。所以數詞應當是一組同源詞，意義爲廣大。就句例而言，“觀九陔之礨落”就是察觀天空或大地之廣闊。這種意象表達在文獻中是很普遍的，而且語義上也有理據，比《大詞典》解釋爲高低不平似乎更合理。

　　如果再進一步追問，“礨落”是一個什麼結構？竊以爲它最初是一個近義並列結構性質的詞語，而不是一個有音無義的聯綿詞。《文選・木華〈海賦〉》“磊匒匌而相豗”五臣注：“磊，大石。”⑤從晶聲之字有大義。《説文・雨部》：“靁，陰陽薄動靁雨，生物者也。”⑥《詩・小雅・采芑》：“戎車嘽嘽，嘽嘽焞焞，如霆如雷。”⑦“靁”從晶聲，得名於其發出的巨大聲響。《大字典》：“雷，帶異性電的兩塊雲相接近時，因放電而發出的强

---

①［南朝梁］蕭統編，［唐］李善等注《六臣注文選》，第 328 頁。

②蔡夢麒《廣韻校釋》，第 585 頁。

③袁珂《山海經校注》（最終修訂版），北京：北京聯合出版公司，2014 年，第 52 頁。

④［南朝梁］蕭統編，［唐］李善等注《六臣注文選》，第 335 頁。

⑤［南朝梁］蕭統編，［唐］李善等注《六臣注文選》，第 233 頁。

⑥［東漢］許慎《説文解字》，第 241 頁。

⑦程俊英、蔣見元《詩經注析》，第 510 頁。

大聲音。"《廣韻・賄韻》:"崷,崷嵬,山狀。"①《集韻・賄韻》:"𡾍,大也。""礧,大石皃。"②按:"危"爲高義,則知"嵬"爲山高,如此則"𡾍"亦爲高貌。故石大曰"礧",山高大曰"𡾍"。③《爾雅・釋器》:"彝、卣、罍,器也。"郭璞注:"皆盛酒尊。"邢昺疏:"罍者,尊之大者也。"④"尊"本有(身份、年齡)高、大之義,用於酒器則作"樽";而"罍"又大於"尊",大中更大者,它是一種小口廣肩的容器,廣肩故曰大。

從各聲之字亦有高大義,《玉篇・石部》:"硌,山上大石。"⑤

《説文・足部》:"路,道也。"⑥道路統稱爲"路",然分別言之,則大路曰"路"、曰"道",小路曰"徑"。《周禮・地官・遂人》:"夫閒有遂,遂上有徑。"鄭玄注:"徑容牛馬,畛容大車,涂容乘車一軌,道容二軌,路容三軌。"⑦故《爾雅・釋詁》:"路,大也。"⑧"路弓"即大弓。

《説文・木部》:"格,木長皃。"徐鍇:"樹高長枝爲格。"⑨《文選・司馬相如〈上林賦〉》"夭矯枝格"李善注引《埤蒼》:"格,木長貌也。"⑩《尚書》"格人元龜"俞樾:"格,亦大也。"⑪《尚書・吕刑》"庶有格命"王引之:"'格',讀爲'嘏'。'格命',嘏命也……古'格'字與'嘏'字通。"⑫按:《爾雅・釋詁》:"嘏,大也。"⑬

《玉篇・車部》:"輅,大車。"⑭此車即帝王所乘之車。《後漢書・張湛

①趙少咸:"此崷嵬二字誤倒。"見趙少咸《廣韻疏證》,成都:巴蜀書社,2010年,第1807頁。
②皆見於趙振鐸《集韻校本》(上册),第730頁。
③又有動物爲貓,會發出雷聲巨響,可參《大字典》該字。
④《續修四庫全書》第185册,第155頁。
⑤[南朝梁]顧野王著,[北宋]陳彭年等重修《大廣益會玉篇》,第105頁。
⑥[東漢]許慎《説文解字》,第48頁。
⑦[清]孫詒讓《周禮正義》,北京:中華書局,1987年,第1132頁。按:王鳳陽認爲鄭注之説可疑,"道"當不窄於"路"。説見王鳳陽《古辭辨》(修訂本),北京:中華書局,2011年,第227頁。黄金貴:"《周禮・地官・遂人》以洫、涂、澮、川、路作爲等差,即'川上有路',路最大。……然文獻中卻不專指大路。……'路'也是道路總稱。"説見黄金貴《古代文化詞義集類辨考》(新一版),北京:商務印書館,2016年,第790頁。即如二家之説,"路"與"徑"的分別還是很明顯的,不影響本書觀點。
⑧《爾雅》,第1頁。
⑨[南唐]徐鍇《説文解字繫傳》,北京:中華書局,1987年,第111頁。
⑩[南朝梁]蕭統編,[唐]李善等注《六臣注文選》,第161頁。
⑪[清]俞樾《羣經平議》,《春在堂全書》第1册,南京:鳳凰出版社,2010年,第63頁。
⑫[清]王引之著,虞思徵等點校《經義述聞》,上海:上海古籍出版社,2016年,第240頁。
⑬《爾雅》,第1頁。
⑭[南朝梁]顧野王著,[北宋]陳彭年等重修《大廣益會玉篇》,第87頁。

傳》“軾輅馬”李賢注：“輅，大也。君所居路寢，車曰輅車，馬曰輅馬。”①
此義亦作“路”。《論語・衛靈公》“乘殷之輅”何晏《集解》引馬融曰：
“殷車也，大輅。”陸德明《釋文》：“輅，本亦作路。”②

　　《廣雅・釋言》：“略，要也。”③《字彙・田部》：“略，大略，大約也。”④
《淮南子・氾論》：“今人君論其臣也，不計其大功，總其略行，而求其小
善，則失賢之數也。”高誘注：“略，大也。”⑤

　　《文選・孫綽〈遊天台山賦〉》“蔭落落之長松”五臣注：“落落，松高皃。”⑥

　　《廣韻・鐸韻》：“略，大目。”⑦

　　《廣韻・鐸韻》：“硌，大皃。”趙少咸《疏證》：“《玉篇・白部》：‘皛，
力各切，白。’《集韻》：‘歷各切，硌，白色。’本書本讀‘皛，太白’。太、
大義通。《手鑑・白部》：‘硌、皛音洛，大皃。二同。’凡皃並當作白，今
正。”⑧按：趙說可從。

　　《集韻・陌韻》：“峉，山高大皃。”⑨《楚辭・九思・憫上》：“山谷兮淵
淵，山峗兮峉峉。”⑩按：“落落”即“峉峉”，松高、樹高，其義相近。

　　《說文・鼠部》：“䶅，鼠。”⑪按：䶅鼠，頭大之鼠，似土撥鼠。⑫

①［南朝宋］范曄《後漢書》，北京：中華書局，1965年，第929頁。
②程樹德《論語集釋》，北京：中華書局，1980年，第1083頁。
③［清］王念孫《廣雅疏證》（第2版），第142頁。
④［明］梅膺祚《字彙》，第298頁。
⑤劉文典《淮南鴻烈集解》，第538頁。
⑥［南朝梁］蕭統編，［唐］李善等注《六臣注文選》，第211頁。
⑦蔡夢麒《廣韻校釋》，第1187頁。
⑧趙少咸《廣韻疏證》，第3425頁。
⑨趙振鐸《集韻校本》（中册），第1513頁。
⑩［北宋］洪興祖《楚辭補注》，第320頁。
⑪［東漢］許慎《說文解字》，第206頁。
⑫按：另有一字，略作討論。《爾雅・釋魚》：“鮥，當魱。”郭璞注曰：“海魚也。似鯿而大鱗，肥
　　美多鯁。今江東呼其最大長三尺者爲當魱。”陸德明《釋文》：“鮥，似鯿而長三尺，《字林》作
　　鮥，音格。”依以上論述來看，似作“鮥”於義爲長。各又換旁作格，故又可作“鮥”，《集韻》：
　　“鮥、鮥，魚名。或省。”《玉篇・魚部》：“鮥，海魚。”胡吉宣校曰：“鮥字，《介雅》、《說文》皆
　　作鮥，《篇》、《韻》竝爲鮥。”《廣韻・陌韻》：“鮥，海魚，似鯉，肥美。”明顧起元《客座贅語》
　　卷九：“江東，魚國也。爲人所珍，自鮥魚、刀鱭、河㹠外，有鯉，青黑色，有金光隱閃，大者
　　貴。……有鯧，小頭，身橫視之圓如盤，而側甚薄，大者曰鮥，腹脊多腴。”

第三章　宋前道經疑難字詞研究方法

關於俗字考釋的方法，張涌泉概括爲偏旁分析、異文比勘、歸納類比、字書佐證、審察文義等五個方面。[①] 本書考釋的俗字數量較少，方法亦不出以上五個方面，故不再舉例詳細分析。

關於詞語訓詁的方法，郭在貽認爲："一個陌生的詞兒擺在面前，我們採取什麼樣的手段，纔能使它由未知變爲已知，這種由未知求得已知的手段，便是我們所説的方法。"[②] 並提出了"據古訓"、"破假借"、"辨字形"、"考異文"、"通語法"、"審文例"、"因聲求義"、"探索語源"等八種方法。楊琳認爲郭説廓清了從章太炎開始，一直到黄侃、齊珮瑢、陸宗達、王寧等人對訓詁方法的論述中許多模糊、不準確的認識，"應該將解釋詞語時的表述方式和考求詞語未知信息的方法區別開來"[③]。

在以上諸家基礎之上，楊琳進一步總結、歸納，最終概括爲訓詁十二法：第一類包括五種方法，稱爲靜態訓詁法，即因形求義、因聲求義、詞例求義、方言求義、異語求義；第二類包括七種方法，稱爲動態訓詁法，即連文求義、對文求義、文例求義、異文求義、義理求義、名字求義、文化求義。[④] 這十二種方法應該説涵蓋了從漢代至當代訓詁研究方法的方方面面，此書是總結訓詁方法集大成而又有開拓創新的佳作。

本書所謂的考釋方法都沒有超出這個大的範圍，但在實際的運用中可能稍有不同和側重。具體説來，包括：校正字形，破除音變，諧聲求義，尋求典源，系聯同源和排比異文。校正字形和破除音變可以都算作校正訛誤，區別在於一個是因字形相近而誤，一個是因語音相近而誤。破除

---

①參張涌泉《漢語俗字研究》（增訂本），北京：商務印書館，2010年，第201—221頁。

②郭在貽《訓詁學》（修訂本），北京：中華書局，2005年，第54頁。

③楊琳《訓詁方法新探》，北京：商務印書館，2011年，第8頁。按：除了上述諸家之外，也有其他人總結過訓詁的方法，如蔣紹愚提出了認字辨音、參照前人的詮釋、排比歸納、因聲求義、參證方言、推求語源等方法，也具有參考意義，他説則不再一一列舉。説參蔣紹愚《近代漢語研究概要》，北京：北京大學出版社，2005年，第287—296頁。

④可參楊琳《訓詁方法新探》，第33頁至書末。

音變、諧聲求義、系聯同源這三種方法其實都可歸爲因聲求義，只是本書中運用較多，所以把它們分別單列以方便論述和分析。要説明的是，在考釋過程中不是單一方法的運用，而常常是兩種或多種方法綜合運用。

第一節　校正字形

　　從廣義上講，正字形包括兩個方面，一是考求與訛字相對的正字，可以稱之爲正訛；二是考求與俗字相對的正字，可以稱之爲正俗。本書所謂校正字形，包括這兩種情況。現存道經中既有不少訛字，也有一些俗字。造成錯訛的原因主要有以下幾個：一是明代重修新的道藏時，元代道藏已被焚毁，僅有部分經板尚存，無前代道藏可依；民間、寺觀所採集到的道經，不免質量參差不齊。若無善本可依，雖肆力校讎，也很難盡善盡美。二是傳世道經文本數量巨大，字數達四五千萬之多，校勘的工作量和難度均極大，存在錯誤更難以避免。三是道經内容寵雜，道教派別衆多，部分語言古奥晦澀，傳抄刊刻之時難免出現錯誤。因此，校正俗字和訛字是道經整理的重要内容，也是正確考釋疑難字詞的方法和前提之一。

【虝朴　戲吓】【譏扗】

　　（1）科曰：尊像之前，即是奉真承聖。對俗間官長，尚乃不敢低頓，豈況朝謁八真七聖，而以倨傲形容？或大語高聲，或更相虝朴，或攘怒眼，或仰卧斜身，並以結罪寅科，亦大爲俗人不生敬信。（《洞玄靈寶千真科》，34/377b）

　　“虝朴”，《中華道藏》録作“虝朴”。

　　“虝”、“朴”皆未見字書收載，字海網分别言臺灣地區、大陸用字，均未注音、釋義①。實則“虝”即“虝”，乃“虝”之俗體②。《中華道藏》録作“虝朴”倒是不錯，然義不可通。檢此經，有一處類似的記載：

────────────

①網址分别爲：http://yedict.com/zscontent.asp?uni=271CA ；http://yedict.com/zscontent.asp?uni=233E3。
②《正字通‧虎部》：“虝，俗作虝。”

（2）若無父母，可進客堂，安慰大小，並不得嗔聲大語，及俗間<u>戲吓</u><u>哂笑</u>，粂雜男女，經宿居停，並犯戒律。（《洞玄靈寶千真科》，34/377c）

"戲吓"，《中華道藏》録作"戲吓"。

"吓"非"吓"字，"吓"作恐嚇、嚇唬義實爲"嚇"之簡化字，且"戲嚇"也不通，《中華道藏》當爲誤識俗字。《四聲篇海·口部》引《搜真玉鏡》："吓，音卞。"[1]有音無義。然比較二例，可以看出它們表達的意思相近，"虝朳"、"戲吓"記録的應是同一個詞。按：竊以爲"虝"當作"戲"，從虚、從慮之字，形近而混。《龍龕·戈部》："戲，今；戲，正。"[2]故"戲（戲）"訛爲形近之"虝"。

"朳"即"抌"，乃"弄"之訛俗字。"弄"本爲會意字，乃雙手玩玉之義，後世又造另一會意字"卡"，表雙手上下玩弄；在此基礎之上，加表義偏旁扌，造"抌"、"挵"字。《龍龕·手部》："抌、挵、挵：三俗，盧貢切。"[3]爲書寫簡便或字形相近而混，"卡"又變作形近之"卞"，故"抌"訛作"抌"。P.2466《大道通玄要》卷五："十三，若見異道長短，便生憐愍，不得<u>譏抌</u>，稱傳其慈。""譏抌（弄）"即譏笑嘲弄。[4]木、扌二旁相混，故"抌"最終訛作"朳"。從弄、從卞之字有相混之例，可以證之，如"算"作"筭"，又作"笇"。

至於"吓"，實即"咔"字，又作"吓"（"卡"、"卡"形亦近相混），亦皆爲"弄"之分化俗字。[5]《玉篇·口部》："咔，言咔也。"[6]"咔"又可換旁作"詽"，言、口相通。《篇海類編·人事類·言部》："詽，呂用切，音弄，言相詽，亦作咔。"[7]"言吓"即"言咔"，亦即"言相詽"，乃言語相調弄之義，故"弄"或增旁從口、從言。《四聲篇海》"吓，音卞"當即"音卡（弄）"。

---

① ［金］韓孝彦、韓道昭《改併五音類聚四聲篇海》，第282頁。
② ［遼］釋行均《龍龕手鏡》（高麗本），第173頁。
③ ［遼］釋行均《龍龕手鏡》（高麗本），第213頁。
④ "譏弄"，佛經習見，《大詞典》亦已收此詞，可參，例不另舉。
⑤ S.2122《太上妙法本相經》卷二十一："於是釋王位，瓡卡之具、服餙等，傳王國事，事備授畢，即將太子妻息男女五十八口，歡喜而去，到東華山中清玉九合玄臺，面覲天尊。""卡"即"弄"之訛字。又，佛典中屢見"弄"、"吓"互爲異文，真大成："'弄'或作'抌'，'吓'即'抌'之訛俗字。"此說是，見真大成《中古文獻異文的語言學考察——以文字、詞語爲中心》，上海：上海教育出版社，2020年，第98頁。
⑥ ［南朝梁］顧野王著，［北宋］陳彭年等重修《大廣益會玉篇》，第27頁。按：洪頤煊《讀書叢録》卷十一："咔，即嘩……言咔，當是'音嘩'之譌。"按：此説非。
⑦ 《續修四庫全書》第230册，第256頁。

　　依道教戒律,法事乃莊重之事,法壇乃莊重之地,絕不可嬉戲、打鬧。"戲弄"在道教典籍中習見,茲舉數例。其他典籍也很常見,茲從略。

　　(3)《中元玉籙簡文神仙品》曰:"詣師威儀,當整顏慎言,勿得調笑,更相戲弄。"(《洞玄靈寶玉籙簡文三元威儀自然真經》,9/862c)

　　(4)不能修此,人鬼亂壞,滅己誤他,爲道兼濟,濟物安己,慎勿戲弄,以道誇人。(唐·張萬福《三洞衆戒文》卷下,3/399a)

　　(5)或生輕慢,心不恭肅;或戲弄調笑,嗔嗃傲誕。(《太上洞玄靈寶出家因緣經》,6/139c)

　　"虧朴"、"戲吓",《中華道藏》錄作"虧朴"、"戲嚇"皆誤,當正。

【打捍　打捔　打持】

　　(1)自此月日,有人死亡及轉經,五道選官,十鍊生尸,不得上天者,坐兩舌惡口,劫人殺人,五逆不孝,欺師罵父,打捍長者。(《太上洞淵神呪經》卷二十,6/74a)

　　按:"捍"有衛護、抵抗義,但於"打捍"中不可通。竊以爲"捍"是一個訛誤字,當作"捔",二字形體相近而混。《玉篇·手部》:"捔,拳打。"[1]《廣韻·德韻》:"捔,打也。"[2]《集韻·德韻》:"捔,擊也。"[3] 故"打捔"是一个同義並列結構,義爲打。《太上洞淵神呪經》中有此詞之用例:

　　(2)至癸未、甲辰之年,有十二万人赤鬼煞之刀兵,亦坐嗟人受道,壞亂人心,打捔沙門道士,不肯受經,言道无神,口是心非,誣幻師徒。(P.2365《太上洞淵神呪經》卷八)

　　"打捔",《道藏》本作"打罵"。牛尚鵬:"二者義近。"[4]

　　道經中又有作"打持"者,與此相關:

　　(3)一切人道説欺枉罵辱、嵒謀打持者,令其人身考滅消亡,子孫七祖長幽,如太上口勅,急急如律令。(S.930《太上洞淵神呪經》卷六)

　　"打持",《道藏》本作"打掠"。牛尚鵬:"二者義近。"[5]

---

① [南朝梁] 顧野王著,[北宋] 陳彭年等重修《大廣益會玉篇》,第31頁。
② 蔡夢麒《廣韻校釋》,第1252頁。
③ 趙振鐸《集韻校本》(中册),第1573頁。
④ 牛尚鵬《道經字詞考釋》,北京:中國社會科學出版社,2017年,第330頁。
⑤ 牛尚鵬《道經字詞考釋》,第309頁。

葉貴良:“然‘持’非‘掠’之誤,而是‘栲’之誤……《古今通韻》‘韻禮韻無有’條:‘榑,蠶榑,架蠶薄横木也。’‘榑’是架蠶薄的横木……《類篇》卷一七:‘栲,陟革切。《説文》:槌也。或作榑。’‘打榑’義即打捶。有人認爲,‘打榑’之‘榑’仍是一個誤字,此‘榑’應作‘挦’。宋·郭忠恕在《佩觿》卷下《入聲自相對》中區分兩字云:‘挦、榑,上他克翻,打也;下徒得翻,木名。’”[1]

按:葉氏以“持”非“掠”之誤自是,但以“打榑”乃打捶義則非,其上所引字書明白説的是“栲(榑)”和“槌”在横木這個名詞義上同義,而非在捶打義上同義,表横木義的“栲(榑)”並没有引申出動詞的捶打義來。實際上,例2中的“持”乃“挦”之訛字,寺、导形近,從二旁之字有相混或互爲異體之例。《太上洞淵神呪經》卷十:“一如太上金口所勑,不待違科,急急如律令。”(6/37a)“待”,P.2366即作“得”。《集韻·德韻》:“特,或作犋。”[2]“挦”之訛作“持”,猶“栲”之異體作“榑”。

另外,《太上洞淵神呪經》中還有“打慢”一詞,似亦與此相關:

(4)若有欺辱道士、駡詈打慢、啚謀偷盜者,一一收此人等魂魄,付所近地獄治之,令自知罪負,以明天憲矣。(P.2366《太上洞淵神呪經》卷十)

“打慢”,《道藏》本作“拍打”。

葉貴良:“‘慢’在此不知何義,但從異文‘拍打’可知,‘打慢’也是捶打之義。”[3]牛尚鵬:“此言甚是,但仍未達一間,今謂‘慢’乃‘摱’之形訛或假借。《玉篇·手部》:‘摱,莫辦切,打也。’《集韻·諫韻》:‘摱,擊也。’”[4]

按:僅從孤例來看,牛説十分合理,但“打摱”道經及其他四部文獻再不見其他例證。從上述論證可知,《太上洞淵神呪經》數次使用該詞,皆作“打挦”,因爲不懂得此詞之義,故而在傳抄過程中産生了各種訛誤,《道藏》本的抄校者爲了求得通順,進行了各種改動,加上此例和例2語境十分相近,故而將此例之“慢”視爲“挦”之訛字似爲優,二者形亦相近。

---

①葉貴良《敦煌道經詞語考釋》,成都:巴蜀書社,2009年,第110頁。
②趙振鐸《集韻校本》(中册),第1573頁。
③葉貴良《敦煌道經詞語考釋》,第132頁。
④牛尚鵬、姜雲鵬《道經〈太上洞淵神咒經〉字詞雜考》,第216頁;牛尚鵬《道經字詞考釋》,第40頁。

第二節　破除音變

　　清儒之所以能在小學方面取得遠邁前人的成就,其中一個重要原因就是能運用因聲求義之法。他們所謂的因聲求義之法,主要就是指破讀通假。因語音相同相近而造成的訛誤,包括偶然性的音誤和習慣性的音誤,後者一般稱之爲通假。其實,二者的本質是一樣的,歸根結底都是"別字",王力説:"所謂假借或古音通假,説穿了就是古人寫別字。"①它們的區別僅在於使用頻率的不同,經常使用的逐漸被人們認可,約定俗成,因此就有了"合法性"。如"蚤"和"早"在早晨義上,"修"和"脩"在整理、興建等義,分別構成通假關係,這種例子在古籍中很常見。但是使用頻率的界定本身即是模糊的,無法界定同一個音誤出現三次、五次,還是更多次才可以算作通假。另外,還牽涉到一個人使用,還是多個人使用,才能算通假,而不是偶然性的音誤。這些都存在不確定性。有鑒於此,本書將它們統稱爲音變,不再進行區分。

　　道經産生的上限是東漢末年,屬於中古語音的研究範圍,因此在有關於語音的論證過程中,本書主要的參照對象是《廣韻》。當然,道經也有一些自己的語音特點,本書則參考了夏先忠等人的研究成果。需要説明的是,雖然道經在中古産生,但今所存《道藏》是明代編修刊刻而成,所以有些通假音變是在宋代、元代甚至明代産生,而可能不是中古産生的,故而在文中的有些論述中,還參照了近代漢語語音。

【不授　不援】

　　(1)風病之所生,生於丘墳陰濕、三泉壅滯,是故地官以水氣相激,多作風痹。風痹之重者,舉體不授,輕者半身,或失手足也。(南朝梁·陶弘景《真誥》卷十)

　　(2)手臂不授者,沉風毒氣在脉中,結附痹骨,使之然耳。宜針灸,針灸則愈。又宜按北帝曲折之祝,若行之百過,疾亦消除也。先以一手徐徐按摩臂,良久,畢,乃臨目内視,咽液三過,叩齒三通,正心微祝

①《訓詁學的一些問題》,見王力《談談學習古代漢語》,濟南:山東教育出版社,1984年,第55頁。

曰……（《真誥》卷十）

（3）昔唐覽者，居林慮山中，爲鬼所擊，舉身<u>不授</u>，似如綿囊。有道人教按摩此法，皆即除也。此北帝曲折之法。諸疾有曲折者，用此法皆佳，不但風痺<u>不授</u>而已也。（《真誥》卷十）

（4）鄭子真，則康成之孫也，今在陽濯山。昔初學時，正患兩脚<u>不授</u>積年。其晚用針灸，兼行曲折祝法，百日都除。（《真誥》卷十）

（5）昔鄧雲山停當得道，頓兩手<u>不授</u>。吾使人語之，令灸風徊、曲津兩處耳。六七日間，便得作五禽按摩也。①（《真誥》卷十）

道經中又有"不援"，與此緊密相關。

（6）手臂<u>不援</u>，雖云手臂諸有疾處，亦可爲之，先以一手，徐徐按摩所疾之處。良久畢，乃臨目内視，視見五藏，咽液三過，叩齒三通，正心微呪曰……②（唐·司馬承禎《修真精義雜論》，4/959c）

（7）手臂<u>不援</u>者，先以一手徐徐按摩疾臂，良久畢，乃臨目内視，叩齒咽液三過，正心微祝曰……（《上清握中訣》卷中，2/902b）

（8）手臂<u>不援</u>者，沈於風毒，氣在脉中，結附痺骨使然耳，自宜鍼灸則愈。又宜按北帝曲折之祝，若行之百過，疾亦消除也。先以一手徐徐按摩疾臂，良久畢，乃臨目内視，咽液三過，叩齒三通，心微祝曰……④（《上清三真旨要玉訣》，6/628b）

（9）大靈真人曰：風病之所生，生於丘墳陰濕，三泉壅滯，是故地官以水炁相激，多作風痺。風痺之重者舉體<u>不援</u>，輕者半身，或失手足也。（《洞真西王母寶神起居經》，33/463b）

（10）手臂<u>不援</u>者，沈風毒炁在脉中，結附痺骨使之然耳，自宜針灸，針灸則愈。又宜按北帝曲折之祝，若行之百過，疾立消除也。（《洞真西王母寶神起居經》，33/463c）

馮利華："'不授'指（手足或身體）因受風寒而失去感知或運動功能。此疾因身受風氣，致使血脈沉滯不暢，身體不隨。"③

馮利華："從《太清金液神氣經》中的異文來看，《真誥》中的'不授'

①以上五例見趙益點校《真誥》，第 177、177、178、178、179 頁。
②《雲笈七籤》卷五十七引此，亦作"不援"。
③馮利華《〈真誥〉詞語輯釋》，《古漢語研究》2002 年第 4 期。

即醫書中常説的'不收',均指肢體因痿弱而失去運動功能。"① 孔珍："從《太清金液神氣經》中的異文來看,《真誥》中的'不授'即醫書中常説的'不收',指(手足或身體)因痿弱而失去運動功能。"②

周作明："'授'並没有感知或運動的意思……'授'實乃'援'的形訛字……'援'本爲用手拉的意思,引申爲受控制……'不援'即'不引',指不受控制。"③馮利華後來放棄前説而採用周説,將所論"不授"皆改爲"不援",認爲"援,《説文》:'引也。''不援'指肢體不能動"④。

葉貴良："不收:不能彎曲;手足病殘。……道籍又有'不授'一詞,如《真誥》卷一〇《協昌期》第二:'風痺之重者,舉體不授。''不授'當與'不收'同義。"⑤

以上諸家釋義紛紛,莫衷一是。竊以爲馮利華前説,葉貴良、孔珍的解釋是對的。也確如周文所説,"授"於字書、故訓中並没有感知或運動之義。然周文改"授"爲"援",而以"援"之拉引義引申爲控制義,似未愜文意。至少有以下幾點值得商榷和補充:

第一,周文認爲"《真誥》乃陶宏[弘]景採集各類道經編著而成",這是不錯的,而又曰"上文所引的前兩例(引者按:即本條前兩例)即出於《洞真西王母寶神起居經》,原文即作'援'"。按:此説實有武斷之嫌,即以各種道藏提要書來看,學界恐没有類似説法。朱越利認爲《起居經》摘自《真誥》⑥,張繼禹主編《中華道藏》認爲"(《起居經》)係摘録《真誥》、《上清三真旨要玉訣》等書改編而成"(2/599a),施舟人等認爲《起居經》部分材料源於《真誥》⑦,三説與周説恰相反。任繼愈、丁培仁、蕭登福皆未言二書之承襲關係。⑧ 就以上所引諸家觀點來看,"不授"用例

---

① 馮利華《中古道書語言研究》,浙江大學 2003 年博士學位論文,第 34 頁。
② 孔珍《〈真誥〉詞彙研究》,南京師範大學 2010 年碩士學位論文,第 29 頁。按:孔文在具體的論述中,除了把馮文(書)一大段中的"肢體"改爲"手足或身體"外,基本無所變動。
③ 周作明《點校本〈雲笈七籤〉商補續——兼論道教典籍的整理》,《圖書館雜志》2007 年第 2 期;又見於雷漢卿、周作明《〈真誥〉詞語補釋》,《宗教學研究》2010 年第 3 期。
④ 馮利華《中古道書語言研究》,第 69—71 頁。
⑤ 葉貴良《敦煌道經詞語考釋》,第 69 頁。
⑥ 朱越利《道藏分類解題》,北京:華夏出版社,1996 年,第 259 頁。
⑦ [瑞典]施舟人等《道藏通考》,芝加哥:芝加哥大學出版社,2005 年,第 589 頁。
⑧ 分別參任繼愈《道藏提要》(第三次修訂本),北京:中國社會科學出版社,2005 年,第 638 頁;丁培仁《增注新修道藏目録》,成都:巴蜀書社,2008 年,第 531 頁;蕭登福《正統道藏總目提要》,臺北:文津出版社,2011 年,第 1280 頁。

乃《真誥》摘引自《起居經》之說實非。退一步來講,即使《真誥》確爲摘引自《起居經》,被摘引之書在流傳過程中有文獻訛誤,而摘引之書保存原來正確文字,也是很常見的。所以周文這一論據,似乎缺乏說服力。

第二,從版本上來看,"《真誥》目前所存主要是兩種版本系統,即明俞安期校本和明《正統道藏》本。明以後《真誥》的其它版本,均出於《正統道藏》本系統,如清《四庫全書》本、《學津討原》本、《道藏輯要》本、《道藏精華録》本等"①。除此之外,日本宮内廳藏有一部《正統道藏》,《真誥校註》用以參校。以上數種版本中,"不授"無一作"不援"者。②

第三,從類書引文及其他道經記述來看:以上5處"不授"中,唐代王懸河所編類書《三洞珠囊》皆引作"不授"③;《三洞樞機雜説》載有例1、例3,雖行文略有改編,皆作"不授";《太清金液神氣經》載有例3、例5,皆作"不收";《上清三真旨要玉訣》載有例1作"舉體不遂,輕者半身不遂"。這些文獻引用之中,尤其是類書引用,並無作"不援"者。而"不授"即"不收",具體參下文。

第四,周説認爲"不引"表示不能控制,經籍未見此義。且醫典之中,表示肢體麻木不仁、喪失感覺時,也未見用"不引"來表示。一般都是"不收"、"不仁"、"不遂"等詞。

所以從《真誥》與《起居經》關係、《真誥》版本、類書引用及道經記載、詞義文例等各個方面來看,謂"不授"爲"不援"之訛,恐有武斷之嫌。要解釋"不授"、"不援"之義及其關係,我們先從"不授"之異文"不收"來進行分析。"不收",在早期的中醫典籍《黃帝内經》、《難經》已出現,自兹以後的醫古籍中極爲習見,亦偶見於道經中,兹各舉數例:

（11）寒濕之中人也,皮膚不收。(《黃帝内經》卷三十六,21/228c)

（12）其病身熱而病重,嗜臥,四支不收。(《難經》卷六,21/649a)

（13）救卒死而四支不收:矢便者,馬矢一升,水三斗,煮取二斗以洗之;又取牛洞一升,溫酒灌口中。(晉·葛洪《肘後備急方》卷一,33/7a)

---

① 見趙益點校本《真誥·前言》。又按:另有上海圖書館藏《華陽陶隱居真誥》一卷,乃節録本,收入《中華再造善本》,趙益亦已提及,參當頁注［二］。

② 可參［日］吉川忠夫、麥谷邦夫著,朱越利譯《真誥校注》(北京:中國社會科學出版社,2006年)和趙益點校本《真誥》相關的各個出處。

③ 唯例4本爲《真誥》卷十内容,《三洞珠囊》引作《真誥》卷五,或有訛誤,但對本條的觀點沒有實質性影響。

（14）凡脾病之狀，必身重善飢，足痿<u>不收</u>，行善瘈，腳下痛，虛則腹滿腸鳴，飱泄，食不化，取其經足太陰陽明少陰血者。（唐·孫思邈《備急千金要方》卷四十六，26/306b）

（15）禹錫等按《藥性論》云：骨碎補使能主骨中毒氣，風血疼痛，五勞六極，口手<u>不收</u>，上熱下冷，悉能主之。（北宋·寇宗奭《圖經衍義本草》卷十八，17/526c）

（16）頭痛目眩，匈背懊疼，手足<u>不收</u>，五藏燋燃，炁來愴心，奄奄不樂，目不能閉。（S.318《洞淵神咒經斬鬼品第七》）

"不收"，《道藏》本作"不拘"。

（17）其修潔攝息有定，則脾氣真而無怠，衷豫安靜，而無憒蕩塞悶、體沈<u>不收</u>、腫疽之病，季暑不睦之眚，不能侵其實氣。[①]（北宋·張君房《雲笈七籤》卷八十七）

（18）（稻米）性寒，壅經絡氣，使人四肢<u>不收</u>，昏悶多睡，發風動氣，可少食。（元·李鵬飛《三元延壽參贊書》卷三，18/545c）

又作"不自收"：

（19）若卒中風癲，身體<u>不自收</u>，不能語，迷昧不知人者，陳元稱骨膏至要，在備急藥方中。（《肘後備急方》卷三，33/35a）

例11 北宋林億注："按全元起云：'不收，不仁也。'"周海平等人認為："不收，不能行走。"[②]麻木不仁、不能行走義和馮、周等人所謂"失去感知或運動功能"是一致的。病輕，則是麻木不仁，身體或手腳不靈活；重則癱瘓在牀、喪失運動功能。即清吳謙《醫宗金鑒》卷三十九所謂："體中風邪，輕則頑麻不仁，重則癱瘓不用。"[③]"不收"、"不仁"是風邪入侵，氣血不能滋養肌體所致。《素問·痹論》："其不痛不仁者，病久入深，榮衛之行濇，經絡時踈，故不通，皮膚不營，故爲不仁。"注曰："不仁者，皮頑（頑）不知有無也。"（21/166a）

但各家既沒有解釋"收"取何義，也沒有探討"不授"、"不收"、"不拘"的關係。按："收"即收縮義。一般麻木不仁或重至癱瘓之人，其症狀爲身體痿軟，肌肉部分或完全無法收縮，以致局部或完全喪失感知、運

---

①李永晟點校《雲笈七籤》，第1953頁。
②周海平等主編《黃帝內經大詞典》，北京：中醫古籍出版社，2008年，第98頁。
③《景印文淵閣四庫全書》第781冊，第136頁。

動功能,主要表現於四肢。現代醫學爲了判斷癱瘓的程度,以肌力爲標準,劃分爲六個等級,如果肌力爲零,即肌肉完全無收縮,則爲全癱。

《荀子·宥坐》"裾拘必循其理"楊倞注:"拘,曲也。"① 所以"不拘"就是不能彎曲,也是"不收"。不能收縮、彎曲,就表示血氣不能滋養肌膚,肌膚漸漸失去感知功能,也就是麻木不仁。所以例11也可以説"皮膚不收",表示的是皮膚麻木不仁。

以音求之,"收"於《廣韻》列二音,其一爲審紐宥韻;"授"爲禪紐宥韻:二聲之别僅在於清濁對立②,故二者之音極近。考之異文,例3、例5 "不授",《太清神液經》皆作"不收",即可證之。故筆者認爲上古、中古時的"不收",陶弘景作《真誥》以音近字"不授"來代替。而其他抄集《真誥》或載有類似記述的,如《太清神液經》等,又回改"不授"爲人們更爲熟悉的"不收"。所以才有了以上所舉的"不收"、"不授"的異文。

我們再來看"不援"。分析這些用例,可以發現例6、7、9皆爲例8之節省,例8幾同例2;而例10其實就是例1,二者文字大同小異。由此看來,"不援"用例實際上很少,只有兩例。而且"授"、"援"字形極近,很容易因形近而發生訛誤。道經之抄校者或刊刻者因不知詞義、錯誤辨識等原因,將"不授"寫作了"不援",後來甚至可能積非成是了。如果是"不援"訛爲"不授",則等於割裂了"不授"與"不收"之間的聯繫:"不收"與"不授"爲異文,且"不收"早已見於西漢甚至更早的醫經。綜上所述,"不收"、"不授"、"不援"之間的演變關係,應當如下:

$$不收 \xrightarrow{\text{音近替換}} 不授 \xrightarrow{\text{形近混用}} 不援$$

【彌淪　迷淪】

（1）以十四年乙未歲五月二十三夏至日,於廨忽未中寢卧,彌淪良久乃起出。③（南朝梁·陶弘景《周氏冥通記》卷一）

① [清]王先謙《荀子集解》,北京:中華書局,1988年,第525頁。
② 二紐不别之例,參周祖謨《問學集·審母古音考》,北京:中華書局,1966年,第120頁。
③ [日]麥谷邦夫、吉川忠夫編,劉雄峰譯《〈周氏冥通記〉研究》(譯注篇),第7頁。

黃生：“彌淪，謂魘寐不寤也。”①

“彌淪”，《譯注篇》《大詞典》皆譯爲或釋爲：“夢魘。”

按：黃説似是，然未釋其得義之由。依其意，則“彌”當作或讀作“癛（寐）”，亦即“眯”。“眯”異體作“眯、䁤、矊”，與“彌”形音俱近。②《説文·𤕨部》：“寐，寐而未厭。”段注本則作“癛，寐而厭也。”注曰：“《廣雅》曰：‘癛、寱，厭也。’按厭、魘正俗字。……《西山經》：‘翼望之山，鳥名鵸鵌，服之使人不厭。’此用厭字之㝡古者。癛，古多叚借眯爲之，郭注《山海經》引《周書》‘服之不眯’爲不厭之證。《莊子·天運》：‘彼不得夢，必且數眯焉。’司馬彪曰：‘眯，厭也。’《通鑑》劉曄曰：‘臣得與聞大謀，常恐眯夢漏泄，以益臣罪。’語本裴松之引《傅子》。”③《集韻·至韻》：“癛，《博雅》：‘厭也。’或作眯。”④

故“彌淪”即夢魘而沉睡不醒。“淪”者，陷、沉。道經中又有“迷淪”一詞，朱駿聲：“寐之爲言迷也。”⑤殷寄明認爲“迷”、“寐”、“眯”同源。⑥如此，則“彌（眯）淪”亦即“迷淪”，乃沉淪義。

（2）四月九日戊寅夜鼓四，夢北行登高山，迷淪不寤，至明日日出四五丈乃覺。⑦（陶弘景《真誥》卷十七）

（3）唱如是言：誰能於斯，開導生死飢餓衆生无上道味？一切衆生迷淪苦海，誰能於中作大船師？（《太上靈寶元陽妙經》卷二，5/932c）

（4）兼慮人用月晦庚日開執之日，故於此日能迷淪人意，俾耽眠睡，造作夢寐，顛倒非常。⑧（北宋·張君房《雲笈七籤》卷八十二）

---

① ［清］黃生撰，黃承吉合按《字詁義府合按》，第 253 頁。
② 從米、彌（弥、祢）旁之字有互爲異體、異文之例，殆二者音近。《集韻·支韻》：“眯，眇目也。或作眯。”唐方干《送許温》：“壯歲分彩明，少年心正同。”《全唐詩》注云：“采，一本作彌。”
③ ［清］段玉裁《説文解字注》（第 2 版），第 347 頁。
④ 趙振鐸《集韻校本》（中册），第 989 頁。
⑤ ［清］朱駿聲《説文通訓定聲》，第 583 頁。
⑥ 殷寄明《漢語同源詞大典》，上海：復旦大學出版社，2018 年，第 593 頁。按：《玉篇·酉部》：“醚，醉也。”“醚”與以上諸詞亦當有同源關係。
⑦ 趙益點校《真誥》，第 300 頁。
⑧ 李永晟點校《雲笈七籤》，第 1866 頁。

第三節　諧聲求義

　　晉人楊泉在《物理論》中說：“在金曰堅，在草木曰緊，在人曰賢。”[①]這表明古人很早就已經注意到諧聲偏旁可以指示詞義，一些聲旁相同的字，意義上可能存在某種關係。到了宋代，這種認識正式演變爲“右文說”，沈括在《夢溪筆談》卷十四中記載：“王聖美治字學，演其義以爲‘右文’。古之字書皆從左文。凡字其類在左，其義在右。如木類，其左皆從木。所謂右文者，如戔，小也，水之小者曰淺，金之小者曰錢，歹而小者曰殘，貝之小者曰賤。如此之類，皆以戔爲義也。”[②] 到清代段玉裁注《說文》時，屢有“凡從某聲皆有某義”等類似表述。[③]

　　現當代的一些學者在前人研究基礎上，作了進一步的探討，如王力《同源字典》就收了一些諧聲同源詞。但總體上看，都比較零散，不成系統。至殷寄明《漢語同源字詞叢考》出版，對諧聲同源詞終於有了系統的歸納和總結。該書根據 126 個聲符，歸納了 271 個同源詞詞組，收錄單字近 2100 個，是諧聲推求同源的奠基之作。在此基礎上，殷氏擴大聲符範圍，求得有同源“夥伴”者 879 個，系聯同源詞組 2225 個，凡單字 7217 個，終成《漢語同源詞大典》。該書是諧聲同源研究的集大成之作，將成爲相關研究的案頭必備之書。當然有些系聯該書還並不是太徹底，有待進一步研究和補證。

　　縱觀相關研究，多是從諧聲的角度出發去系聯同源詞。至於從諧聲角度去解決文獻中具體的訓詁問題，學界似乎措意不多[④]。二者雖然出發角度、運用手段相同，目的却不相同。具體說來，一是破除音變，說明其假借義及假借義的來源；二是通過系聯同源，說明其意義及得義之由。這兩種情況都可以通過諧聲偏旁去推求。前者與本章第五節“系聯同源”有部分相同之處，後者與本章第二節“破除音變”有部分相同之處。

---

① [北宋] 李昉編《太平御覽》，第 1859 頁。
② [北宋] 沈括《夢溪筆談》，北京：中華書局，2012 年，第 161 頁。按：以上材料參考自裘錫圭《文字學概要》（修訂本），北京：商務印書館，2016 年，第 172 頁。
③ 可參郭在貽《訓詁學》（修訂本），第 70 頁。
④ 楊琳《訓詁方法新探》（第 59 頁）、王雲路等《漢語詞彙核心義研究》（北京：北京大學出版社，2014 年，第 200 頁）等相關章節個別地方有所涉及，可參。

兩種情況,各舉一例。

【悁悁　涓涓】

（1）後炁常入不出,意炁常飽,不食三日,腹中悁悁若飢,或小便赤黃。（《神仙食炁金櫃妙録》,18/460c）

（2）諸欲絶穀行氣法,食日減一口,十日後可不食,二日、三日腹中或悁悁若飢。（北宋·張君房《雲笈七籤》卷五十九）

本書另一處記載與此類似,而"悁悁"作"涓涓"。

（3）服氣時,食日減一口,十日後可不食,二三日腹中或涓涓若飢。[1]（《雲笈七籤》卷八十七）

按：依此來看,"悁悁"、"涓涓"當爲一詞。"悁"有忿、憂、躁急等數義;又通"悁",乃疲乏之義。"涓"有水流細小、選擇、清除、潔浄諸義;又通作"泫",流涕貌。以上諸義,施之於道經之例,似乎都講不通。竊以爲"悁悁"、"涓涓"乃中空之義,"腹中悁悁"即腹中空空。此義假借於從肙得聲的一組同源詞:

《説文·肉部》："肙,一曰空也。"

《説文·酉部》："醕,釃酒也。"[2]《玉篇·酉部》："醕,以孔下酒也。"[3]

《説文·刀部》："剈,一曰窐也。"段注："《穴部》曰:'窐,空也。'窐與剈音義通,如圭蠲之比。"[4]

《廣韻·先韻》："梋,椀屬。"[5]

《玉篇·瓦部》："瓹,盆底孔,下取酒也。"[6]

《四聲篇海·穴部》引《川篇》："宵,穴也。"[7]

椀（碗）因中空而盛物;孔即空,穴即孔[8],故"醕"爲以孔濾酒之義。

---

①二例見李永晟點校《雲笈七籤》,第 1301、1956 頁。

②以上二例見［東漢］許慎《説文解字》,第 90、312 頁。

③［南朝梁］顧野王著,［北宋］陳彭年等重修《大廣益會玉篇》,第 135 頁。

④［清］段玉裁《説文解字注》（第 2 版）,第 180 頁。

⑤蔡夢麒《廣韻校釋》,第 270 頁。

⑥［南朝梁］顧野王著,［北宋］陳彭年等重修《大廣益會玉篇》,第 79 頁。

⑦［金］韓孝彥、韓道昭《改併五音類聚四聲篇海》,第 487 頁。

⑧王力《同源字典》,第 377 頁。

“冃”有空（孔）義，故從冃得聲的這組同源詞亦有此義。[①] 所以“悁悁”和“涓涓”都是空義，此義乃假借從冃得聲的這組同源詞而來。腹中空空，故言“飢”，施於文例，怡然理順。

【謍謍】

（1）凡人目終日視他人，故心亦逐外走，終日接他事，故目亦逐外瞻。謍謍浮光，未嘗復照，奈何不病且夭邪？（唐・司馬承禎《天隱子》，21/700a）

按：“謍謍”，《大詞典》已收，分列五義：1. 象聲詞；2. 往來不絕貌；往來盤旋貌；3. 勞而不知休息；忙碌；4. 紛亂錯雜貌；5. 形容内心躁急不安。然此五義似皆不合於所舉道經之例。竊以爲“謍謍”即小、微，得義於從熒得聲的一組同源詞。

《説文・言部》：“謍，小聲也。《詩》曰：‘謍謍青蠅。’”[②]《集韻・庚韻》：“謍，謍謍，小聲。”[③] 此義今作“營營”，《詩・小雅・青蠅》：“營營青蠅，止于樊。”[④]

《説文・瓜部》：“㼆，小瓜也。”

《説文・女部》：“嫈，小心態也。”[⑤]

《文選・班固〈荅賓戲〉》“守突奧之熒燭”李善注：“熒，小光也。”[⑥]《太玄・犲》：“熒犲猌猌，不利有攸往”。司馬光《集注》：“范曰：‘熒者，光明小見之貌。’”[⑦]

《玉篇・瓦部》：“甇，長頸瓶也。”[⑧] 此即小口頸大腹之瓶。

《廣韻・青韻》：“滎，小水也。”

---

①另外，《廣韻・銑韻》：“轒䩐，刀鞘也。”《説文・土部》：“坦，女牢。”女牢、刀鞘似亦皆以空處而爲用。似即《老子》“當其無，以爲用”之意，附此存疑。又，劉鈞杰以“涓”、“酲”、“瓶”同源，認爲後二者得義於濾酒時酒流細緩而下。（劉鈞杰《同源字典再補》，第169頁）按：此説恐非。

②［東漢］許慎《説文解字》，第54頁。

③趙振鐸《集韻校本》（上册），第486頁。

④程俊英、蔣見元《詩經注析》，第694頁。

⑤二例分別見［東漢］許慎《説文解字》，第149、263頁。

⑥［南朝梁］蕭統編，［唐］李善等注《六臣注文選》，第848頁。

⑦［北宋］司馬光《太玄集注》，北京：中華書局，1998年，第22頁。

⑧［南朝梁］顧野王著，［北宋］陳彭年等重修《大廣益會玉篇》，第79頁。

《廣韻·青韻》："螢,螢火。"① "螢火",微弱小光。此義本作"熒","螢"殆爲後起分化之字。《爾雅·釋蟲》"熒火,即炤"陸德明《釋文》:"螢,本;今作熒。"②《字彙·火部》:"熒,蟲名。別作螢。"③

《集韻·庚韻》:"甇,甇譚,聲也。"《青韻》:"甇,小聲。"④ 此"甇"字或是"嫈"之異體,言、音義通,亦多有互爲異體之例。"甇譚"即"嚶嚀",乃細音。⑤

《大詞典》列"象聲詞"義,但未說明象何聲。從以上分析來看,具體是指青蠅嗡嗡細聲,故《説文》《廣韻》皆言小聲。因爲是象聲詞,故而也可以用別的字來表示。《大詞典》又收"嚶嚶"一詞,義項六爲"形容輕脆、尖利、輕細的聲音"。其中的"尖"、"細"都和小義相關,其説甚是。"嚶"所從嬰聲,亦含小義。剛出生的孩子爲"嬰兒",又作"瓔",當是取義於小。這種小可能包含兩個方面:一是取其體形短小,即幼小;二是哭泣的聲音細小,不是粗嗓門,也不是嚎啕大哭。正如《集韻·青韻》所言:"㜣,短也。"⑥ "短"即小。《説文新附·木部》:"櫻,果也。"⑦ 櫻桃,即"小桃",開小花,結的果子也很小。從熒、嬰(賏)得聲之字,上古皆爲影紐耕部,中古入清韻、耕韻(二韻同用同攝):它們語音相同相近,當是一組同源詞,其語源義是"小"。⑧

第四節　尋求典源

有些詞語不易理解,通過其他訓詁方法也不好把握其意義。其實,這些詞語可能來源於前代典籍,通過截取、縮略、凝固等手段形成,不容

---

① 以上二例皆見蔡夢麒《廣韻校釋》,第 421 頁。
② [唐]陸德明《經典釋文》,北京:中華書局,1983 年,第 131 頁。
③ [明]梅膺祚《字彙》,第 269 頁。
④ 趙振鐸《集韻校本》(上冊),第 495、525 頁。
⑤ 以上所舉之字,部分已被劉鈞杰《同源字典補》(第 84 頁)、殷寄明《漢語同源字詞叢考》(第 552 頁)收錄。
⑥ 趙振鐸《集韻校本》(上冊),第 510 頁。
⑦ [東漢]許慎《説文解字》,第 126 頁。
⑧ "熒熒"有光芒閃爍義,施之此處似亦可通。如此,則是"甇"讀爲"熒",二者本亦皆從熒得聲。

易從字面上推知其義。傳統典籍尤其是文學作品喜用典，一些道教典籍也是如此。只有尋求典源，才能準確考釋其義。而以往總結訓詁方法的著作中，對尋求典源並不太關注，只是把典故詞語看作詞彙的一種類型進行分析。但研究分析的前提，是要確切地知道這個詞語的意義。因此本書把尋求典源列爲一種方法，以考求道經中疑難的典故詞語。

【專柔】

（1）散亂之人，示令守一，拘魂制魄，**專柔**其心；學嬰兒行、著諸見者，示以空相，泯其分別。（《元始洞真決疑經》，2/7c）

（2）守一固**專柔**，持此無疵缺。① （北宋·張君房《雲笈七籤》卷九十六）

（3）妙道勤求，樂以忘憂，要蝸名蠅利心休，六空罷對，一氣**專柔**，火無虧，水無缺，契添抽。（金·劉志淵《啓真集》卷中，4/474a）

（4）這修道工夫，**專柔**其氣。萬物抽添明進退，神爐靜默牢封閉。得一火、鍊出箇金剛，超天地。（元·混然子《還真集》卷下，24/122a）

按："專柔"是一個典故詞語，來源於道家經典《老子》第十章："載營魄抱一，能無離乎？專氣致柔，能如嬰兒乎？"河上公注："專守精氣使不亂，則形體能應之而柔順矣。"（12/3a）王弼注："專，任也。致，極也。言任自然之氣，致至柔之和，能若嬰兒之無所欲乎？則物全而性得矣。"② 高亨："《管子·內業篇》：'摶氣如神，萬物備存。'尹注：'摶謂結聚也。'《老子》之'專氣'與《管子》之'摶氣'同。氣者，人之精神作用也。說見五十五章。嬰兒之精神作用不分馳於物，且骨弱筋柔，故曰'專氣致柔，能嬰兒乎！'"③ 陳鼓應："專氣，集氣。"④

河上公之注雖可通，不及高說之優。"專氣"即"摶氣"，《管子·內業篇》："摶氣如神，萬物備存。""能摶乎？能一乎？""四體既正，血氣既靜，一意摶心，耳目不淫，雖遠若近。"尹知章分別注曰："摶，謂結聚也。""摶結則自一也。""言既體正氣靜，意一心摶，耳目之用，不有淫

①李永晟點校《雲笈七籤》，第 2085 頁。
②樓宇烈《老子道德經注校釋》，北京：中華書局，2008 年，第 23 頁。
③高亨《老子正詁》，《高亨著作集林》第 5 卷，北京：清華大學出版社，2004 年，第 58 頁。
④陳鼓應《老子注譯及評介》，北京：中華書局，1984 年，第 97 頁。

過,事雖遠大,可以近速而成也。"① "搏"皆"摶"之誤,與"專"同。② "摶氣"者,聚結元氣。

"專"本從叀從手會意,即以手轉紡輪,故有紡專和圓轉義。《説文·寸部》:"專,紡專。"③ 其後起分化字作"摶",《説文·手部》:"摶,圜也。"段注本改作"㠯手圜之也"。④ 故二者實爲一字分化,本爲同源。⑤ 若進一步追問,專一、集聚義有本字嗎?《説文·女部》:"嫥,壹也。"段注:"凡嫥壹字古如此作,今則專行而嫥廢矣。"⑥ "嫥"表專一義只見於字書,未見使用,典籍皆作"專"。實則從甲骨文等早期字形及紡輪的具體用途來看,都是把散的纖維集中爲一根紗綫,一根根的紗綫又繞滿紡專,故而含有集聚之義,亦即專一、集中。後世造"嫥"字分化其義,但很可能没有進入流通領域,僅載於字書。⑦

【鼇岫　鼇峰】

(1)三十六曹,二十四獄,杳杳鼇岫,浩浩鵬溟。鯨揚波而噴雲雷,蜃吐霧而成樓閣。(五代·杜光庭《道門科範大全》卷九,31/778c)

(2)自雷杼炳靈於鳳山,至如意儲祥於鼇岫。(《太上無極總真文昌大洞仙經》卷二,1/503b)

按:《淮南子·覽冥》:"往古之時,四極廢,九州裂,天不兼覆,地不周載,火爁炎而不滅,水浩洋而不息,猛獸食顓民,鷙鳥攫老弱。於是女媧鍊五色石以補蒼天,斷鼇足以立四極,殺黑龍以濟冀州,積蘆灰以止淫水。蒼天補,四極正,淫水涸,冀州平,狡蟲死,顓民生。"⑧ "四極"者即四方高柱以支撐天者,以其廢壞,故斷巨鼇之足以代之,而成柱狀之山,即

①黎翔鳳著,梁運華整理《管子校注》,北京:中華書局,2004年,第943—944頁。
②説參黎翔鳳著,梁運華整理《管子校注》引劉績、王念孫、安井衡諸説,第944頁。
③[東漢]許慎《説文解字》,第67頁。
④[清]段玉裁《説文解字注》(第2版),第607頁。
⑤此數字字形分析,可參《古文字詁林》"專"、"摶"條引李孝定、馬叙倫諸説,上海:上海教育出版社,1999年,第3册第593頁,第9册第700頁。其同源關係可參王力《同源字典》,第566頁。
⑥[清]段玉裁《説文解字注》(第2版),第620頁。
⑦本條部分内容的考釋蒙張小豔教授指點,謹致謝忱!
⑧劉文典《淮南鴻烈集解》(第2版),第248頁。

"鼇岫"，"岫"即山①。即《論衡·談天篇》："説者曰：'鼇，古之大獸也，四足長大，故斷其足，以立四極。'"②《淮南子·天文》："昔者共工與顓頊争爲帝，怒而觸不周之山，天柱折，地維絶。"③不周山爲"天柱"，即"四極"之一。後人又將二事牽合爲一，《論衡·談天篇》："儒書言：'共工與顓頊争爲天子，不勝，怒而觸不周之山，使天柱折，地維絶。女媧銷煉五色石以補蒼天，斷鼇足以立四極。天不足西北，故日月移焉；地不足東南，故百川注焉。'"④

或曰《楚辭·天問》："鼇戴山抃，何以安之？"王逸注引《列仙傳》："有巨靈之鼇，背負蓬萊之山而抃舞，戲滄海之中。"⑤《列子·湯問篇》："渤海之東不知幾億萬里，有大壑焉，實惟無底之谷，其下無底，名曰歸墟……其中有五山焉：一曰岱輿，二曰員嶠，三曰方壺，四曰瀛洲，五曰蓬萊……而五山之根無所連箸，常隨潮波上下往還，不得蹔峙焉。仙聖毒之，訴之於帝。帝恐流於西極，失羣仙聖之居，乃命禺彊使巨鼇十五舉首而戴之。迭爲三番，六萬歲一交焉。五山始峙而不動。"⑥

道經中又有"鼇峰"一詞，與"鼇岫"可比勘，二者同義。⑦

（３）上願皇帝羲皥齊華，農黄繼躅，峻鼇峰而等福，廓鵬海以增年。（《道門科範大全》卷三十三，31/835a）

第五節　系聯同源

按音節劃分，詞的結構類型包括單音詞和複音詞。在同源詞的研究中，學界比較關注的是單音詞。單音詞的同源系聯，包括諧聲和非諧聲

---

①《大詞典》收"鼇山"一詞，釋爲"堆成巨鼇形狀的燈山"、"山名"二義。然此例中"鵬溟"爲大海，"鼇岫"爲高山，二者正相對。"鼇"者，非形容巨鼇之狀，而實言其高。"杳杳"者，言其高而不可見頂。"浩浩"者，言其廣而無邊際。

②黄暉《論衡校釋》，北京：中華書局，1990年，第471頁。

③劉文典《淮南鴻烈集解》，第95頁。

④黄暉《論衡校釋》，第469—470頁。按：袁珂即認爲二事本不相涉，女媧補天在前，共工觸山在後，參袁珂《山海經校注》（最終修訂版），第329—330頁。

⑤［南宋］洪興祖《楚辭補注》，第102頁。

⑥楊伯峻《列子集釋》，北京：中華書局，1979年，第151—153頁。

⑦《大詞典》收"鼇峰"一詞，釋爲"翰林院"、"江海中的島嶼"二義，均不合乎下例。

兩類。前一類即與本章第三節“諧聲求義”密切相關,後一類王力、劉鈞
杰、張希峰等人作了部分研究。複音詞的同源系聯中,較早的著作是朱
起鳳的《辭通》和符定一的《聯綿字典》,二書都收録了大量的聯綿詞,
彙聚成組。[①]然二書中亦有大量的雙音節詞語並非聯綿詞,儘管符氏之
書以“聯綿字典”爲名。高文達在前人研究的基礎上,編成《新編聯綿
詞典》。該書只收録嚴格意義上的聯綿詞,多達 5100 條。[②]徐振邦在長
達二十年的研究後,最終編成《聯綿詞大詞典》,收録聯綿詞達 14000 多
條。該書是聯綿詞研究的集大成之作,爲學界提供了極大的便利,成爲
相關研究的案頭必備之作。儘管學界對聯綿詞的研究已經取得了不小
的成績,但也還存在着一些問題:一是重收輕考的傾向比較明顯。這些
書都是或近似於辭書,因體例所限,在收録聯綿詞時,以彙集爲主,對每
一組聯綿詞的字形、語音、語義及三者之間關係的闡述、分析較少。二是
尚有不少聯綿詞當系聯爲一組,但未作溝通。如徐振邦《聯綿詞大詞典》
已對大量的聯綿詞作了歸併,但還有不少聯綿詞未能歸併、系聯爲一組。
三是還有部分聯綿詞未被收録其中,既有古代字書中的,也有包括道經
在内的各種典籍中的。當然,指出前人的局限和不足,並不是要抹殺其
成績。就徐振邦《聯綿詞大詞典》而言,以一己之力完成如此龐大的工
作,實屬不易。故本書用系聯同源法考釋的詞語,主要是複音詞中的聯
綿詞,包括本非聯綿詞而經過凝固後,不可拆分而事實上成爲聯綿詞的
詞語。

【蹹蹢】

（1）不能檢身立善,疑或生麁,不信經教,訾毀神真,決駮縱心,煞罸
非度,罵詈天地,攻繫真人,輕慢孤寡,蹹蹢老病,借貸不還,爲玄司衆鬼
所奏,聞撤太空。（P.2474《太上洞玄靈寶昇玄内教經》卷八）

按:“蹹”即“踏”之異體,“蹹蹢”即“踏蹴”。“蹢”於《廣韻》爲所
六切,屬山紐屋韻;“蹴”列二切,一爲七宿切,屬清紐屋韻;一爲子六切,

---

①據統計,《辭通》中的聯綿詞約有 4000 多條,僅占全書條目 11% 左右,參金文明、王濤、斯英
琦《談談〈辭通〉》,《辭書研究》1980 年第 3 期。這其中的一個重要原因是,朱氏的聯綿概念
和今人並不一致。

②以上根據蔣禮鴻爲本書所作的序言和本書後記。

屬精紐屋韻：山紐屬照二，精、清二紐屬精系，照二與精系關係密切，故二字聲近韻同，可得相通。西漢賈誼《新書・淮難》：“天子選功臣有識者，以爲之相吏，王菫不踏蹴而逐耳，無不稱病而走者，天下孰弗知？”[1]

此詞亦作“踏蹵”，“蹵”於《廣韻》爲子六切，亦屬精紐屋韻，與“蹴”音同。宋程大昌《演繁露》卷九“鞠”：“古今物制固多不同，以其類而求之於古，即《霍去病傳》謂爲穿城踏鞠者，其幾於氣毬也已。其文曰：‘去病貴不省事，在塞外，卒乏糧，或不能自振，而去病尚穿城踏鞠也。’師古曰：‘鞠以皮爲之，實之以毛，踏蹵而戲也。’”[2]

亦作“蹋踨”，“踨”於《廣韻》爲子六切，亦屬精紐屋韻，與“蹴”音同。《後漢書・陳蕃傳》：“黃門從官騶蹋踨蕃曰：‘死老魅！復能損我曹員數，奪我曹稟假不？’”[3]

亦可倒序作“蹴蹋”，《世説新語・仇隙》：“（孫秀）又憾潘岳昔遇之不以禮。”劉孝標注引王隱《晉書》：“岳父文德爲琅邪太守，孫秀爲小吏給使，岳數蹴蹋秀，而不以人遇之也。”[4]

亦作“蹵踏”，唐張説《雜曲歌辭・破陣樂》：“蹵踏遼河自竭，鼓譟燕山可飛。”[5]

亦作“蹵蹋”，宋劉攽《貢父詩話》：“鞠，皮爲之，實以毛，蹵蹋而戲。晚唐已不同矣。”[6]

亦作“蹴蹋”、“蹴蹖”，唐戴叔倫《邊城曲》：“原頭獵火夜相向，馬蹄蹴蹋層冰上。”[7] 唐張説《大唐開元十三年隴右監牧頌德碑》：“後魏以胡馬入洛，蹴蹋千里。”[8] “蹴蹋”，《文苑英華》作“蹴蹖”。

亦作“蹵躪”、“蹵躝”，“躝”乃“踏”之異體，《漢書・枚乘傳》“蹵鞠刻鏤”顔師古注曰：“蹵，足蹵之也。鞠以韋爲之，中實以物，蹵躝爲戲樂也。”[9]《漢書・霍去病傳》：“其在塞外，卒乏糧，或不能自振，而去病尚穿

①閻振益、鍾夏《新書校注》，北京：中華書局，2000 年，第 156 頁。
②《景印文淵閣四庫全書》第 852 册，第 142 頁。
③［南朝宋］范曄《後漢書》，第 2170 頁。
④徐震堮《世説新語校箋》，北京：中華書局，1984 年，第 493 頁。
⑤［清］彭定求等編《全唐詩》，第 981 頁。
⑥《叢書集成初編》本，第 5 頁。
⑦［清］彭定求等編《全唐詩》，第 3071 頁。
⑧［清］董誥等編《全唐文》，第 2282 頁。
⑨［東漢］班固《漢書》，第 2367 頁。

域蹋鞠也。"顏師古注曰:"鞠以皮爲之,實以毛,蹙蹋而戲也。"①

以上各形皆爲一詞之變,其義踩踏、踢,又引申爲欺凌、壓倒等義,《大詞典》皆已收,可參。《説文·足部》:"蹴,蹋也。"②《廣雅·釋詁》:"蹙,蹋也。"③《孟子·告子上》:"蹴爾而與之,乞人不屑也。"趙岐注:"蹴,蹋也。"④由此來看,此詞本是一個同義並列結構,但在後世的演變中慢慢朝着聯綿詞的方向發展。

另外,可以稍作補充説明的是,此詞還可以作"蹙沓",唐李白《春日行》:"因出天池泛蓬瀛,樓船蹙沓波浪驚。"⑤《大詞典》釋爲:"聚集交會貌。"按:踩踏即脚與另一物並列重疊,故能引申出聚集交會義來。⑥

【蔽勃】

(1)蒼龍仰嘷,叢雲鬱生,神虎嘯咤,八風扇庭,撞金折玉,拊鍾拍瓊,朱煙<u>蔽勃</u>,三素緑青,圓精寢曜,飛霞<u>劻</u>冥。(《上清高聖太上大道君洞真金元八景玉録》,34/148a)

按:"蔽勃"乃茂盛義,即"蔽芾"。《詩·召南·甘棠》:"蔽芾甘棠,勿翦勿伐,召伯所芨。"朱熹:"蔽芾,盛貌。"⑦"蔽芾",或作"蔽茀"。從聲音上講,"勃"上古爲並紐物部,中古爲没韻;"芾"上古爲幫紐月部,中古爲未韻、物韻、泰韻;"茀"上古爲滂紐物部,中古爲未韻、物韻。上古它們或旁轉或同部,中古没、物二韻同攝通押⑧,聲母又同系:故語音相近。所以它們應當是一詞之變體。⑨

此詞又作"秘䬴",《集韻·没韻》:"䬴,《博雅》:'秘䬴,香也。'"⑩又作"苾勃",《史記·司馬相如列傳》引《上林賦》"晻曖苾勃"張守節《正

---

①[東漢]班固《漢書》,第 2488 頁。

②[東漢]許慎《説文解字》,第 46 頁。

③[清]王念孫《廣雅疏證》(第 2 版),第 73 頁。

④[清]焦循《孟子正義》,北京:中華書局,1987 年,第 784 頁。

⑤[清]彭定求等編《全唐詩》,第 1685 頁。

⑥真大成視"踏"、"跶"、"蹙"爲"蹴"之異體,參真大成《中古文獻異文的語言學考察——以文字、詞語爲中心》,第 269 頁。

⑦[南宋]朱熹《詩集傳》,第 10 頁。

⑧參夏先忠《六朝上清經用韻研究》,第 52、300—301 頁。

⑨從弗、孛、市之字有相通之例,可參張儒、劉毓慶《漢字通用聲素研究》,太原:山西古籍出版社,2002 年,第 907—909 頁。

⑩趙振鐸《集韻校本》(中册),第 1408 頁。

義》："皆芳香之盛也。"① "苾勃"，《文選》作"咇茀"，李善注曰："毖莁、咇茀，音義同。"② "毖"、"苾"、"咇"皆從必得聲，上古爲並紐質部，中古爲質韻。"勃"、"莁"皆從孛得聲，中古與"茀"皆爲並紐没韻字。聲音上，它們是相近的；意義上，它們的核心義素是濃盛，或指香氣，或指祥雲（即"朱煙"）：所以它們應當同屬一源，或者説是一詞之變。③

《史記·司馬相如列傳》引《上林賦》"潏潏滭沸"司馬貞《索隱》引司馬彪曰："潏沸，盛貌。"④ 而《漢書》作"潏弗"，顔師古注曰："潏弗，盛貌也。"⑤《説文·水部》："沸，潏沸，濫泉。"⑥《廣韻·質韻》："潏，潏沸，泉出兒。亦作潏，見《詩》。俗作㶁。"⑦ "潏"、"畢"上古爲幫紐質部，中古爲質韻："滭"上古爲並紐物部，中古爲没韻。"沸"上古爲幫紐物部，中古爲未韻；"弗"上古爲幫紐物部，中古爲物韻。

《説文·火部》："煇，煇熭，火兒。"⑧《集韻·勿韻》："熭，煇熭，火不時出而滅。一曰鬼火，一曰火盛兒。"⑨ "煇"上古爲幫紐質部，中古爲質韻；"熭"，上古爲幫紐物部，中古爲物韻。

由此來看，這組詞上字、下字於上古聲紐同系，韻部分屬質、物、月三部，語音本相同相近，核心義素相同，即爲盛義，或爲草木盛，或爲水盛，或爲火盛。只是在上古音向中古音的演變過程中，它們的語音有的已變得不再相近。

進一步來分析，這組詞的結構不盡相同。有的是同義並列，有的完全記音，有的半音半義。"蔽"有盛多義，枝葉、烏雲等盛多才可以完全遮蔽，少則有漏空，這是詞義之間的聯繫。《大詞典》"蔽茂"、"蔽野"等條已言其盛義。其單音節形式無法單獨表義的時候，複音形式就有向聯綿詞轉化的趨勢，成爲固定的結構。從孛、巿、弗得聲之字，多有盛多義。⑩

①［西漢］司馬遷《史記》（修訂版），第 3640 頁。
②［南朝梁］蕭統編，［唐］李善等注《六臣注文選》，第 159 頁。
③見徐振邦《聯綿詞大詞典》，第 212 頁。
④［西漢］司馬遷《史記》（修訂版），第 3634 頁。
⑤［東漢］班固《漢書》，第 2548 頁。
⑥［東漢］許慎《説文解字》，第 232 頁。
⑦蔡夢麒《廣韻校釋》，第 1092 頁。
⑧［東漢］許慎《説文解字》，第 207 頁。
⑨趙振鐸《集韻校本》（中册），第 1394 頁。
⑩從弗之字有盛大義，可參本書"拂沛"條。

它們上古音本近,故多同源或互爲異體。《廣雅·釋詁》:"浡,盛也。"①
《左傳·莊公十一年》:"禹湯罪己,其興也悖焉。"杜預注曰:"悖,盛貌。"
陸德明《釋文》:"悖,一作勃,同。"②"勃"、"悖"此義皆是假借而來。"馞"
爲香氣濃烈,當爲後起分化字。《説文·弼部》:"鬻,吹聲沸也。"段注本
改作"炊釜鬻溢也",注曰:"今江蘇俗謂火盛水鬻溢出爲鋪出,鬻之轉語
也。"③滿溢亦爲盛多。

　　《廣雅·釋訓》:"芾芾,茂也。""滂滂、沛沛,流也。"王念孫《疏證》
曰:"《説文》'滂,沛也',重言之,則曰滂滂沛沛。"④《廣韻·泰韻》:"毣,
毣毣,多毛。"⑤

第六節　排比異文

　　異文是文獻整理、詞語考釋重點關注的對象之一,它有時候能爲研
究者提供重要的綫索。楊琳將異文研究的作用,概括爲三條:據正訂誤、
據熟知生、據顯知隱。⑥道經的異文主要有四種,多數跟其他文獻異文類
型一樣,但也有自己具體的情况和特點:

　　一、版本異文。與很多文獻不同的是,大多數的道經僅有一個版本,
即明藏本——《正統道藏》和《萬曆續道藏》。⑦敦煌寫卷中有不少道
經,可與《道藏》本對勘的約七八十種。所以版本異文在本書的考釋中,
運用相對較少。

　　二、異本異文。很多道經開始時本是一書,後來因教派、功用、傳承
的不同,經過不斷的改編、增修,變成了有共同内容,但又有明顯差異的

---

① [清]王念孫《廣雅疏證》(第2版),第53頁。
② [唐]孔穎達《左傳正義》,《十三經注疏》第6册,臺北:藝文印書館,2001年,第153頁。
③ [清]段玉裁《説文解字注》(第2版),第113頁。
④ [清]王念孫《廣雅疏證》(第2版),第185、184頁。
⑤ 蔡夢麒《廣韻校釋》,第851頁。
⑥ 楊琳《訓詁方法新探》,第211—219頁。
⑦ 道經編修成藏,唐、宋、金、元各朝皆有;然元代時僧道辯論,道教失利,元世祖下令焚毁《道
　藏》經板,很多道經遂告亡佚。又,《正統道藏》在明代曾有兩次重印,重印時都有修補,因此
　文字上存在差異。如日本宫内廳藏有一部《正統道藏》,麥谷邦夫等人據以校正上海涵芬樓
　影印《正統道藏》本的《周氏冥通記》,少量異文可以爲證。

不同文本,學界多將其稱爲“異本”。這些有差異的文句之間,就有不少異文存在。

三、類書異文。道教類書數量不少,如六朝的《無上秘要》,唐代的《三洞珠囊》、《上清道類事相》、《要修科儀戒律鈔》,宋初的《雲笈七籤》等。這些類書爲道教文本整理和字詞研究提供了豐富的異文。另外,《太平御覽・道部》也收録了大量道經,時有異文,可供利用。

四、非版本異文。道經文本的一個重要特點是,經書之間相同相近的文段、經句很多,屬於經書之間的相互引用或共同引用。但這些經書並非不同版本或異本的關係,有時甚至毫無關聯。本書將其稱之爲“非版本異文”。這種異文在道經中數量不少,足資研究之用。

【色色】

（1）呪畢,以手拍耳門二七遍,畢,當覺面熱,即佳候也。若覺頭項頸間色色寒者,惡炁入也。（《洞真太上素靈洞元大有妙經》,33/405c）

“色色寒”,《上清握中訣》卷下作“色色惡”,《上清修行經訣》作“痍痍寒”,《雲笈七籤》卷四十七、五十皆作“索索寒”。

按:“痍”即“瘯”之訛俗字,束、束形近易混。“痍痍”亦即“策策”,乃傷風惡寒、顫抖貌。於此義,“痍”爲本字,“策”爲假借字。《諸病源候論》卷六:“策策惡風是四候。”[1] 醫典中又作“凓凓”,其他文獻作“瑟瑟”[2],皆爲一詞之變。

作“色色”、“索索”者,“痍”於《廣韻》爲生紐麥韻,“策”爲初紐麥韻,“色”爲生紐職韻,“索”列三韻,其中有心紐鐸韻、生紐麥韻,依“照二歸精”例,初、心、生三紐或同系或準雙聲而相近,六朝道經有職鐸、職麥韻通押之例[3],亦相近:所以三字聲韻皆近,故可相借。[4] 北宋張君房《雲笈七籤》卷六十六:“凡石乳之類,能不食爲妙,不可以徇情索,强而

---

[1] 南京中醫學院《諸病源候論校釋》,北京:人民衛生出版社,1980年,第159頁。按:“策策”,《千金翼方》作“澀澀”,亦是音近而混。

[2] 此說參郭穎《〈諸病源候論〉詞語研究》,上海:上海人民出版社,2010年,第149頁。

[3] 夏先忠《六朝上清經用韻研究》,第52、300、301頁。

[4] 三字上古皆屬職、鐸、錫三部,爲旁轉;晚唐五代又皆入職陌韻,亦近,參王力《漢語語音史》,第238頁。

服之。"① "情索",《丹論訣旨心鑑》作"情色"。② 故"色色"、"索索"、"策策"、"痩痩"皆爲一詞之變。"索索"有冷寂之義,道經中有用例,如南朝梁陶弘景《周氏冥通記》卷四:"九日,見趙丞,云:比者情志何甚索索?"王家葵:"索索:冷漠、無生氣貌。"③ 數詞《大詞典》亦多有收録,可參。

　　"痩"本表示邪風入體,惡寒害冷之義。《集韻·寘韻》:"痩,風痩膚疾。"④ 疊音即作"痩痩",上例皆是。在複音詞中,"瘆痩(痩)"是一個同義並列結構。《説文·疒部》:"瘁,寒病也。"⑤《廣韻·麥韻》:"痩,瘆痩,寒皃。"⑥《集韻·屋韻》:"痩,瘁痩,寒病。"⑦ "瘁"乃"瘁"之訛俗字⑧,即"瘆",幸、辛形近而混。又有"瘤痩"一詞,《集韻·陌韻》"瘤,瘤痩,寒病。"⑨ 頗疑"瘤"爲"瘁(瘁)"之訛字,"瘤痩(痩)"本當即"瘁痩(痩)"。

【訊動】

　　(1)下尸彭矯,貪慾自榮,白色混沌,體无常形,依人兩足,訊動人情,言白得失,走作魂靈,三宮擾亂,赤子不寧,貪慾小蟲,賈備幽冥。(《上清元始譜録太真玉訣》,33/805c)

　　"訊動",《雲笈七籤》卷八十一作"訊動",《靈寶領教濟度金書》卷二百七十九作"恍動",卷二百二十五、王契真《上清靈寶大法》卷四十二、卷五十二、《靈寶玉鑑》卷三十七皆作"悦動"。

　　按:以上異文不一,似乎不容易判斷。九、丸僅有丶筆之差,極易混同;而"恍"又可作"悦","悦"又可作"悦",二形相近而互訛。竊以爲"訊動"、"恍動"、"悦動"皆不可通,當作"訊動",三詞皆有訛誤,或不明詞義而改。《廣韻·震韻》:"訊,問也,告也。訊,上同。"⑩ 故"訊"實爲

①李永晟點校《雲笈七籤》,第1451頁。
②除此之外,敦煌文獻中,"色"、"索"亦互易爲異文。張涌泉認爲:"唐五代西北方音曾攝與梗攝讀音趨同,職韻、麥韻每多相押借用,所以'色''索'二字經常通用。"見張涌泉《敦煌寫本文獻學》,蘭州:甘肅教育出版社,2013年,第231頁。
③王家葵《周氏冥通記校釋》,第265頁。
④趙振鐸《集韻校本》(中冊),第961頁。
⑤[東漢]許慎《説文解字》,第154頁。
⑥蔡夢麒《廣韻校釋》,第1214頁。
⑦趙振鐸《集韻校本》(中冊),第1316頁。
⑧此説亦可參張涌泉《敦煌俗字研究》(第2版),上海:上海教育出版社,2015年,第676頁。
⑨趙振鐸《集韻校本》(中冊),第1528頁。
⑩蔡夢麒《廣韻校釋》,第883頁。

"訊" 之俗訛字。《廣雅・釋詁》："訊，動也。"[1] 王引之："家大人曰：'《廣雅》："振訊，動也。"《豳風・七月》曰："六月莎雞振羽。" 毛傳："莎雞羽成而振訊之。" 莊八年《公羊傳》注："振訊士衆。"'"[2] 故 "訊動" 爲同義並列結構。其演變源流如下：

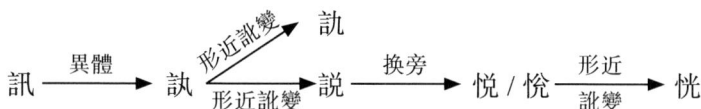

又或者 "訅動" 當作 "訊動"，"訊" 讀爲 "誘"。前者於《廣韻》爲羣紐尤韻，後者爲以紐有韻，羣、以二紐同系，尤、有二韻僅有聲調平上之別，故二音相近。"誘動"，誘而動之，此詞見於道教典籍。

（2）自昔聖人創物立事，誘動人情，人情失於自然，而夭其性命者紛然矣。[3]（《無能子》卷中）

（3）故言内觀其心，心無其心，心無其心者，外觀其形，形無其形者，相不滯於形相者，漸入無爲之境，不能誘動其心形，六欲何能而生，三毒自然消滅。（《太上老君説常清静經注》，17/157c）

如此，則其演變源流當如下：

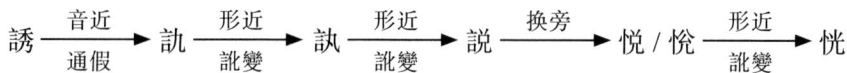

《大詞典》已收該詞，其他文獻亦見該詞，兹不再舉例。

①［清］王念孫《廣雅疏證》（第 2 版），第 38 頁。
②虞思徵等點校《經義述聞》，第 1642 頁。
③王明《無能子校注》，北京：中華書局，1981 年，第 19 頁。

第四章　宋前道經疑難字詞考釋(上)

　　本章及第五章涉及的都是具體詞條的考釋,是本書的重點所在。本章主要考釋三類詞語,即因字形訛誤、通假音變、諧聲同源或假借而致疑難的詞語,主要運用的考釋方法是校正字形、破除音變、諧聲求義和排比異文。

第一節　因字形訛誤而致疑難的字詞考釋

　　本節共考釋疑難詞語 49 條,每條包含的詞語數量不等,具體考證如下:

【愊懜】

　　(1)致使生緣窮悖,觸事不昌,恒嬰否頓,數遇危難,多愁不樂,懷憂而行,積年無歡,歷歲無泰,心闇意塞,智慮愊懜,儜積冥昧,六情不啓,義理不通……皆由所犯過惡如是。(《太上洞玄靈寶宣戒首悔衆罪保護經》卷中,6/903b)

　　按:"愊"有誠懇、鬱結義,"懜"有敦樸、蒙昧義:如此則"智慮愊懜"不通。竊以爲"愊懜"當作"憧懜","愊"乃"憧"之形近訛字。"憧懜"即"懜憧"、"懜懂",又作"愣懂"、"愣憧"、"懵懂"、"懵董"、"懵憧"、"矇瞳"、"矇矓"。《廣韻·董韻》:"懂,懵懂,心亂。"[1]"懂"即"懂"之俗字;"心亂"即糊塗、迷昧之義。此詞實即"童蒙",乃幼稚蒙昧之義。又作"瞳朦"、"朣朦"、"僮矇"、"僮蒙"等形,皆爲一詞之變,與以上各詞爲同源關係。[2]"智慮憧懜"即不聰明、暗昧之義,所以才説"心闇意塞"、"冥

───────────────

①蔡夢麒《廣韻校釋》,第 503 頁。
②例不另舉,可參徐振邦《聯綿詞大詞典》,第 169、178 頁;《大詞典》亦多已收,可參其中各詞目。

昧”、“義理不通”，前後實相照應，文義一貫。

【塵沬】

（1）直是我推機任會，應度歷數，俯景塵沬，參龍下邁，招冥求之雄，追得匹之黨耳。[①]（南朝梁·陶弘景《真誥》卷一）

“塵**沬**”，［日］麥谷邦夫等人校注本、趙益點校本皆録作“塵沬”。

按：“塵沬”似不通，竊以爲“沬”當作“沫”，而讀爲“昧”。二者於《廣韻》列二韻，皆有明紐泰韻之讀，同聲同韻，音理上可得通假。“塵昧”，《大詞典》釋爲“世俗的愚昧”，可參。此詞兩見於《真誥》：

（2）穆惶恐言：沉染鄙俗，流浪塵昧，罪與年長，愆隨日積。（《真誥》卷三）

（3）生染迷俗，沉溺塵昧，不達上真，謂道盡此。[②]（《真誥》卷七）

然有其他證據證明，“塵沬（沫）”似作“塵染”亦可通，論之如下：

（4）塵沬結躶穢，神喪氣亦彫。（《上清諸真人授經時頌金真章》，34/29c）

“塵沬”，《上清金章十二篇》《上清諸真章頌》皆作“塵誅”，BD01017《洞真上清諸經抄·上清真人三天君列記》作“塵染”。

《中華道藏》本《上清金章十二篇》校曰：“‘沬’字原誤作‘誅’，據《金真章》改。”（2/502b）

按：“塵誅”義不可通，當作“塵染”或“塵沬”。草書言（讠）、氵二旁相近易混[③]，“染”俗字作“渁”，右半與朱、未形近，故“染”或“沬”訛作了“誅”。“塵染”者，乃染於塵或污穢不浄之塵世義。此詞亦見於《真誥》，其他典籍亦習見：

（5）某乃稱名答曰：“沈湎下俗，塵染其質，高卑雲邈，無緣稟敬，猥虧靈降，欣踢罔極。唯蒙啓訓，以祛其闇，濟某元元，宿夜所願也。”[④]（《真誥》卷一）

（6）學道之士，慎無二心，斷絶塵染，割棄愛緣，心如寒灰，滅除猛

---

①趙益點校《真誥》，第 17 頁。
②二例見趙益點校《真誥》，第 54、113 頁。
③如“決”誤作“訣”，參本書附録一“校勘記”第 1 册第 2 條。
④趙益點校《真誥》，第 14 頁。

餤,苦身勵行,禍難不顧。(《太上虛皇天尊四十九章經》,1/772a)

（7）自釋教之來震旦,開濟極焉,發悟疏通,廓清<u>塵染</u>。①（唐·釋道世《法苑珠林》卷一百二十）

（8）像法無<u>塵染</u>,真僧絕名利。②（唐·釋道宣《廣弘明集》卷三十）

故“塵沫”當作“塵沫”或“塵染”,皆可通。相關内容《中華道藏》録文、校注皆不確,當正之。

【齒隨　齒黑齡　齒黑齰　齒齰】

（1）腎合於骨,上主於齒。齒之痛者,腎傷也。又主於耳,耳不聞聲者,腎虧也。人之骨疼者,腎虛也。人之齒多齟者,腎虛也。人之<u>齒隨</u>者,腎風也。人之耳痛者,腎氣壅也。（唐·胡愔《黄庭内景五臟六腑補瀉圖》,6/692a）

（2）腎合於骨,上主於齒。齒痛者,腎傷也。又主於耳,夫人骨痛者,腎虛也。耳不聞者,腎虧也。齒多楚者,腎虛也。<u>齒黑齡</u>者,腎風也。耳痛者,腎氣壅也。(《上清黄庭五藏六府真人玉軸經》,34/291b)

“齒隨”、“齒黑齡”似乎都不太容易解釋,筆者檢索道經及其他文獻,發現有數處類似記載:

（3）腎合於骨,上主於齒。齒痛者,腎傷也。又主於耳,人之骨痛者,腎虛也。耳不聞聲者,腎虧也。齒多楚者,腎虛也。<u>齒黑齰</u>者,腎風也。耳痛者,腎氣壅也。③（北宋·張君房《雲笈七籤》卷十四）

（4）腎合於骨,上主於齒。齒痛者,腎傷也。又主於耳,耳聾者,腎虛也。骨痛者,腎虧也。齒多齟者,腎寒也。<u>齒齰</u>者,腎風也。耳痛,腎壅也。(《四氣攝生圖》,17/229c)

（5）其腎合乎骨,上主於齒。齒痛者,腎傷也。又主於耳,人之不聞聲者,腎虧也。骨疼,腎虛也。<u>齒齰</u>者,腎風也。耳痛者,腎氣壅也。（北宋·陳元靓《纂圖增新類聚事林廣記續集》〔元至順建安椿莊書院刻本〕卷二《道教類·臟腑神名》）

（6）腎合於骨,其榮髮也,腎之合也。骨痿不能起牀者,腎氣先死也。

---

① 周叔迦、蘇晉仁《法苑珠林校注》,北京:中華書局,2003年,第2889頁。
② 《中華大藏經》第63册,北京:中華書局,1993年,第443頁。
③ 李永晟點校《雲笈七籤》,第369頁。

上主齒,齒痛者,腎傷也。又主耳,耳不聞聲者,腎虧也。人之骨痛者,腎虛也。人之齒多齟者,腎弱也。人之齒齲者,腎有風也。人之耳聾者,腎氣壅也。(清·陳夢雷《古今圖書集成·明倫彙編·人事典》卷二十一)

(7)腎合於骨,其榮在髭,腎之外應北嶽,上通辰星之精。冬二月,存辰星之黑氣,入腎中存之。人之骨疼者,腎虛也。人之齒多齟者,腎衰也。人之齒墮者,腎風也。人之耳痛者,腎氣壅也。[①](《古今圖書集成·明倫彙編·人事典》卷一百一十)

例3 李永晟校曰:"'齝',《上清黃庭五藏六府真人玉軸經》作'齡',疑作'齫',《説文》云'齘,齒差也'。"

以上之"齒隨"、"齒黑齡"、"齒黑齝"、"齒齫"、"齒齘"、"齒齟"、"齒墮"文獻不一,各有差互。李氏之校,爲我們考釋提供了一定的綫索。

按:《大字典》:"齝,音義未詳。"《字海·齒部》:"齝,shāo,音燒。齒尖。"[②]二書皆引證《雲笈七籤》之例。兩相對照,竊以爲《大字典》之態度較爲審慎可取,而《字海》之釋義、擬音殆皆爲臆測。以"齒尖"義驗之上例,似不諧:"黑齝"與"楚"、"痛"並列,當爲一形容詞,狀牙齒之貌。[③]即如《字海》所言"齝"乃齒尖之義,道經之例似亦當作"齒齝黑者",而非"齒黑齝者"。

"齝"與"齫"形近,當有一定的關係。"齫"即"齘",《説文·齒部》:"齘,齒差也。從齒,屑聲。讀若切。"段注:"謂齒相摩切也,齒與齒相切必參差上下之。差即今磋磨字也。"[④]《廣韻·屑韻》:"齘,齘齒也。"[⑤]《玉篇·齒部》:"齫,治骨也。"[⑥]《大字典》:"齘,qiè,上下齒相摩切。"並在"齫"字條引證《法苑珠林》卷四十七:"夢見大人,齫(原注:宋、元、明、宮本作"切")齒責之曰:'汝是出家人,面目如此,蓬縱造惡,何不取鏡自照?'"《字海·齒部》:"齘,qiè,音竊。上下齒相磨,切齒。見《説文》。"[⑦]

①二例見[清]陳夢雷《古今圖書集成》,北京:中華書局,1934年,第386册第53頁,第394册第49頁。
②冷玉龍等主編《中華字海》,第1750頁。
③"楚"有酸痛義,可參張希峰《漢語詞族叢考》,第106頁。
④[清]段玉裁《説文解字注》(第2版),第80頁。
⑤蔡夢麒《廣韻校釋》,第1150頁。
⑥[南朝梁]顧野王著,[北宋]陳彭年等重修《大廣益會玉篇》,第27頁。
⑦冷玉龍等主編《中華字海》,第1753頁。

　　按：以上解釋，似當分爲二義。一爲齒差義，即牙齒參差不齊。如《説文·齒部》："齹，齒差也。"段注："差，當作齹。"①《玉篇·齒部》："齹，齒參差也。"②"齹"即"差"之後起分化字。二爲切磨義，《説文》"讀若切"，《爾雅·釋器》"骨謂之切"陸德明《釋文》："切，本或作'齫'。"③推究其義，齒不齊即含不齊義，物不齊，要整齊之，則需切磨，故二義實相因。

　　肖、屑二旁有互混之例，如"峭"，《龍龕·山部》即釋爲"峭"之或體。"齫"當爲"齫"省旁或換旁之訛俗字，李永晟之説是。所謂"齒齫"或"齒黑齫（齫）"，即齒不齊，或齒黑而不齊。《字海》釋爲"齫音燒"、"齒尖"義者，殆受"稍（禾尖）"、"梢（樹尖）"之影響，而作此音義，實爲臆測之辭，不足爲信。

　　又按：《龍龕·齒部》："齟、齟，二俗；齟，或作；齟，正。側加、鋤加二反。齟齟，齒不正也。"④"齫"與"齫"亦形近，也可以説前者是後者省旁或換旁之俗字。而且"齟"也是齒不正之義，《説文·齒部》："齟，齟齒也。"段注本改作："齟齟，齒不相值也。"⑤又作"齟"，省旁或換旁以便寫。⑥《集韻·麻韻》："齟、齟，《説文》齬齒也，或從且。"⑦《漢書·東方朔傳》："齟者，齒不正也。"⑧

　　以此看來，"齫"、"齫"，"齟"、"齟"、"齫"這些字多從月、且（旦），字形有相近之處，都可能與"齫"發生關係，尤其是"齫"、"齫"二字，而且它們意義又是相近的，所以很容易發生混淆，甚至有可能本爲異體。故"齫"爲"齫"或"齟（齫）"之訛俗字，似皆可通。那麼牙齒不齊或齒黑而不齊，與腎有何關係？

　　按：中醫以腎主骨，而齒爲骨之餘，故腎虛虧或受邪，則影響骨頭、牙齒，使牙齒變黑或生而不齊，這在醫學文獻中多有論述。P.2115V《五臟

---

①［清］段玉裁《説文解字注》（第 2 版），第 79 頁。
②［南朝梁］顧野王著，［北宋］陳彭年等重修《大廣益會玉篇》，第 27 頁。
③［唐］陸德明《經典釋文》，第 417 頁。
④［遼］釋行均《龍龕手鏡》（高麗本），第 311 頁。
⑤［清］段玉裁《説文解字注》（第 2 版），第 79 頁。
⑥盧、且常互爲異體，如《廣韻·麻韻》："櫨，似梨而酸，或作柤。"《正字通·石部》："礧，俗砠字。"
⑦趙振鐸《集韻校本》（上冊），第 436 頁。
⑧［東漢］班固《漢書》，第 2845 頁。

論一卷》：“視毛則知骨，見爪則知筋，看目則知肝，察齒知骨。骨傷則齒黑，血傷則皮燋，筋絕則爪乾，聲嘶則氣少，聲赤能發血。”①明魯伯嗣《嬰童百問》（嘉靖十八年刻本）卷八：“又有疳傷久利，腸胃受濕，得之狀如狐惑、傷寒齒蝕之症，或以走馬命名。葢齒屬腎，腎虛纔受熱邪，疳氣直奔上焦，故以走馬爲喻。初作口氣，名曰臭息；次第齒黑，盛則齦爛，熱血迸出，曰宣露；甚者齒皆脫落。”明萬全《萬氏秘傳片玉心書》（順治十一年泰安李氏刻本）卷五：“齒乃骨之餘，骨者腎所主也。齒久不生，雖生而不齊者，此腎虛故也，地黄丸主之。”清陳復正《幼幼集成》卷二：“受腎氣爲骨，腎氣不足，則骨節軟弱，久不能行。此皆胎稟之病，隨其臟氣而求之。所謂父強母弱，生女必羸；父弱母强，生兒必弱。故小兒有頭破顱解，神慢氣怯，項軟頭傾，手足痿軟，齒生不齊，髮生不黑，行住坐立，須人扶掖者，此皆胎稟不足之故也。”②

準此，我們來看其他異文。例 1 作“齒隨”者，與例 7 作“齒墮”有一定關係，“隨”、“墮”有相混之例。《管子·弟子職》“有墮代燭”戴望校正：“宋本‘墮’作‘隨’，古字假借。”③《文選·應瑒〈侍五官中郎將建章臺信詩〉》“簡珠墮沙石”舊校：“五臣本作隨。”④

“隨”、“墮”上古皆從隋得聲，聲音相近，可得通假。“墮”者，墮落。以道經之例言之，牙齒受腎虛虧影響，逐漸不牢固而晃動，最終脫落，是可以講得通的。但以一般的異文體例而言，之所以作“齒隨”、“齒墮”者，是道經抄校者不識“齺”、“齼”而改爲常字常義的可能性更大。若經文本作“齒隨”、“齒墮”者，訛爲“齒齺”、“齒齼”的可能性是不會太大的。另外，之所以作“隨”、“墮”者，也可能是因爲二者與“齼”、“齺”皆含月旁，字形有相近之處而受到影響。

例 2 作“齒黑齡”者，義不可通，當爲不識“齼”或“齺”而誤。

例 5 作“齒骱”者，《集韻·小韻》：“骱、骱，脅骨，或从号。”《筱韻》：“骱，水膁也。”⑤“水膁”，即位於脅骨末端的腰間肉。故作“齒骱”義不可

<hr>

① 此句有訛誤，依文意文例，“視毛則知骨”當作“視毛則知血”，“察齒知骨”當作“察齒則知骨”。
②《中國醫學大成》第 33 冊，第 1 頁。
③ 郭沫若等《管子集校》，北京：科學出版社，1956 年，第 971 頁。
④［南朝梁］蕭統編，［唐］李善等注《六臣注文選》，第 371 頁。
⑤ 趙振鐸《集韻校本》（上冊），第 818、812 頁。

通，“䯗”當爲“齺”之訛字。

例6兩引皆作“齒齲”者，《説文·牙部》：“𤘘，齒蠹也，从牙禹聲。齲，𤘘或从齒。”[①] 蠹牙開始呈白堊色，逐漸發展爲黄褐色，形成齲洞。其誤與例1、7有相似之處，殆皆不識俗字而臆改。

除此之外，以上所舉例子中還有其他文獻訛誤，今試爲正之。

依文義及例4、5、6，例3當作“又主於耳，耳不聞聲者，腎虧也。人之骨痛者，腎虚也”。

例2當作“又主於耳，耳不聞者，腎虧也。夫人骨痛者，腎虚也”。

例4中“齒多齟”二句本當爲衍文，受上下文例及句意影響而誤。例6、7一訛再訛，幾不可辨識矣。這兩句也爲我們考釋“隨”、“齺”提供了一定的綫索。或者此二句本爲校注者所作注釋、旁批，抄校者終至不察而混入正文。

例5有奪文，脱“齒多楚者，腎虚也”一句。

我們正例3《雲笈七籤》卷十四如後，其他各例皆可準此：“腎合於骨，上主於齒。齒痛者，腎傷也。又主於耳，耳不聞聲者，腎虧也。人之骨痛者，腎虚也。齒多楚者，腎虚也。齒黑齺者，腎風也。耳痛者，腎氣壅也。”

其中“腎合於骨”與“人之骨痛者，腎虚也”、“上主於齒”與“齒多楚者，腎虚也”、“齒痛者，腎傷也”與“齒黑齺者，腎風也”、“又主於耳，耳不聞聲者，腎虧也”與“耳痛者，腎氣壅也”分别相應，體例嚴整，文意通暢。《中華道藏》本、蔣力生校注本皆當正之。

【隄捍】

（1）真師又告諸戎曰：“善男子，修道樹因，譬如良農，三陽之時，善役調牛，鈎引懸澍，隄捍緜密，踖乘通濘，加以好糞；次選良種，治擇蕪穢，温溼宜之；然後調樹，芸耗莠稗，壅護苗根，晨夕看視，無令六畜侵食踐蹋。如是苗子三月假生，萋蔚繁盛，水陸通美，無有蝥螣。”（《太上大道玉清經》卷七，33/353b）

（2）鑿池爲溪澗，疊石爲隄捍，任其石之怪，不加斧鑿，因其餘土，積

①［東漢］許慎《説文解字》，第45頁。

而爲山。① （宋·張淏《雲谷雜記·艮嶽》）

《大詞典》：“隄捍，堤岸。”

按：《大詞典》之説是，然未説明得義之由。《廣韻·翰韻》：“垾，小堤。”② 《附釋文互註禮部韻略·翰韻》：“垾，堤垾。”③ 故“隄（堤）垾”爲並列結構。推求“垾”之義，當是由“捍”而來，它們實爲一組同源詞。“捍”有保衛、抵禦之義，即阻擋不法之侵害；而堤垻即爲擋水而用，二者之别在於一爲動詞義，一爲名詞義。④ 故上下文言“鉤引懸澎”、“水陸通羡”，皆與此相照應。“捍”、“垾”二字同源通用，且字形上亦有相近之處⑤，故而典籍中二字有通用或互混之例，如《元史·虞集傳》：“海潮日至，淤爲沃壤，用浙人之法，築堤捍水爲田。”⑥ “捍”，《農政全書·開墾下》作“垾”。楊寶忠即認爲“垾”乃“捍”之俗譌字。⑦ 至於趙撝謙、張自烈等人認爲“垾”乃“岸”之俗字⑧，恐非。“垾”之堤義來源於“捍”，只是與“岸”音義俱近，然非一字。

“堤垾”一詞見諸典籍：

（3）内有咸寶一圩被水損壞，衝成潭缺，計長二十五丈，濶三十丈，深二丈二尺，須用創作堤垾從裏裡面圍裹，倍費工力，比獨山等圩垾損壞，尤見工費不同，委是民力難辦，乞官爲雇工修築。今檢計獨山等七圩委是被水損壞處多，其咸寶堤垾衝破成潭處，難以就舊基修築，合從裡面別創築埂圍裹，計長八十一丈，合用五千四百工。⑨ （清·徐松輯《宋會要輯稿·食貨七》）

【憤憢】

（1）以是天遣百部使者行九十種病，頭痛、寒熱、疫疾及霍亂轉筋、腹痛赤下、癰腫惡瘡及官刀兵惡賊所煞、水火憤憢溺水，死罪繫獄，自煞

---

①《叢書集成初編本》，第3頁。

②蔡夢麒《廣韻校釋》，第904頁。

③《中華再造善本》，北京：北京圖書館出版社，2003年，第5册第23頁。

④與之可比勘的是《廣韻·翰韻》：“捍，抵禦。”“抵捍”爲動詞義，“堤垾”爲名詞義。

⑤扌、土二旁形近易譌，可參本書附録一“校勘記”第5册第1條。

⑥［明］宋濂等《元史》，北京：中華書局，1976年，第4177頁。

⑦楊寶忠《疑難字三考》，北京：中華書局，2018年，第44頁。

⑧《正字通·土部》：“垾，俗字。《六書本義》：‘岸，俗作垾。’”按：《六書本義》即趙撝謙所作。

⑨［清］徐松輯《宋會要輯稿》，第4931頁。

滅盡。（S.2081《太上靈寶老子化胡妙經》）

按：“憢”有恐懼、勇猛、儌諸義，但施之於上例，皆不可通。“憤憢”的意義不好理解，我們來看道教典籍的一些相關記載：

《無上妙道文始真經》：“殊不知我之生死，如馬之手，如牛之翼，本無有，復無無，譬如水火，雖犯水火，不能燒之，不能溺之。”（11/519b）五代強思齊《道德真經玄德纂疏》卷五：“人之所畏，不可不畏。”李榮曰：“水火可畏，不畏必遭燒溺，豺狼可畏，不畏終遇於損傷。”（13/403b）《赤松子中誡經》：“爲七十惡，陰鬼謀害，爲八十惡，水火爲災，非橫燒溺；爲九十惡，貧寒困弱，瘡疥風顛。”（3/446b）《紫陽真人悟真篇註疏》卷二：“學仙須是學天仙，惟有金丹最的端。二物會時情性合，五行全處龍虎蟠。本因戊己爲媒聘，遂使夫妻鎮合歡。只候功成朝帝闕，九霞光裏駕翔鸞。”註曰：“形神俱妙、與道合真、步日月無影、入金石無礙、水火不焚溺、變化無窮、或老或少、隱顯莫測、若存若亡、消則成氣、息則成形、著龜莫能測、鬼神莫能知者，天仙也。”（2/921a）《靈寶無量度人上品妙經》卷四十六：“說經七徧，漂焚息苦，燒溺業消。說經八徧，三界晏安，不生驚擾。”（1/308c）“此三界之上，飛空之中，真王歌音，音參洞章。誦之百徧，永禳焚溺，名度南宮。誦之千徧，真王保迎。”（1/313b）南宋林靈真《靈寶領教濟度金書》卷二百二十五：“若能受鍊，即火不能燒，水不能溺，刀劍不能傷，毒藥不能害，百惡猛獸不能禍。”（8/118a）

由此可知，火燒水溺是道教典籍中的普遍意象[①]，故竊以爲“憤”當作或讀作“焚”，《集韻·支韻》：“焚，火灼物也。或作燌。”[②]“憢”當作或讀作“燒”。“憤”、“燌”同從賁聲，“憢”、“燒”同從堯聲，語音自然相近；除此之外，典籍中火、忄二旁也常有相混，本書附錄二“待質錄”之“悵快”條已言之，故“憤憢（燌燒）”是一個同義並列結構，例中的“水火”分別與“燌燒”、“溺水”[③]相照應。

道經中有“燌燒”用例，茲舉二例：

（2）見有國王，破道形像，燌燒經教。見有國王，造種種罪，不可記錄。（《太上洞玄靈寶業報因緣經》卷一，6/84a）

---

①當然，其他典籍中也很常見，茲不再另舉。
②趙振鐸《集韻校本》（上册），第 270 頁。
③“溺水”或許存在訛誤。

（3）第五戒，不得詛佞嫉毒，妬姤無道，讒害善人，燔燒人舍。又不得教令人詛佞嫉毒，妬姤无道，讒害善人，燔燒人舍，破人門户，以報怨仇。（《洞真太上八素真經修習功業妙訣》，33/470a）

【改忤】

（1）坐其好走里巷，貪濁毀辱，不知改忤，違科犯忌，司命隨事糺奏，減奪壽筭。（《洞真太上八素真經修習功業妙訣》，33/471b）

按：“改忤”不通，“忤”當作“悔”，二者形略近[①]。道經習見此詞，《洞真太上八道命籍經》卷上：“頻遭喪亡一：祖父師君，傍親眷屬，年尊卑過，非正災限，己身慘服，爲厄則同。罪由不孝，逆伐尊上，自作勸他，不知改悔。”（33/503c）《洞真太上太霄琅書·爲師訣第十》：“凡能改悔，雖大可赦，不能悛易，雖小勿弘，欺罔媱盜，革則還善，善積成真，故譬自洗。”（33/667c）北宋張君房《雲笈七籤》卷一百二十一引《秦萬受斗尺欺人罪修黄籙齋驗》：“秦萬者，廬州巢縣人也。家富，開米麪綵帛之肆，常用長尺大斗以買，短尺小斗以賣，雖良友勸之，終不改悔。”[②]此詞《大詞典》已收，可參。

或者“忤”當作“悛”，二字形體略近。道經中數見此詞，《洞真太上上皇民籍定真玉録》：“或將成而罷，叛正入邪，攻伐師友，反道破經，罪延尊上，禍滅己身，災殃將至，不知改悛。”（33/585c）《洞真太上説智慧消魔真經》卷三：“是以修學要先抱一，抱一存神，衆事无滯，爲而无爲，日損成德，貪滛蹔有，有能改悛，嗔恚時起，起即抑之，抑之改之，終免滯方，免滯方者不死長生。”（33/608b）《洞真太上八道命籍經》卷下：“或受經泄露，輕慢寶章；或染法混俗，哭泣臨尸，履冒血穢，不自改悛；或行用寶訣，帶近女人，陰陰雜亂，不遵七經。”（33/514c）

---

①另外，“忤”和“悔”訛混，或許跟“侮”有關。“忤”、“侮”音近，前者於《廣韻》爲疑紐暮韻，後者微紐麌韻，微、疑二紐同屬鼻音，暮、麌二韻同爲遇攝；而“侮”、“悔”則十分相近。也就是説，可能是字形的原因傳抄錯誤，將“悔”誤爲“侮”，又覺得不通或因語音訛混，改爲“忤”字。

②李永晟點校《雲笈七籤》，第2679頁。

【忽帶】

（1）絶三日不食，九命絶，無匱物，無寶留，此由飢也，奸邪大起，悉從此始。用吾道，萬事自理，吉歲可以興利，凶年可以存民，常當忽帶收腸，使利行步也。①（《太平經·不食長生法第二百十四》）

俞理明：“忽，速，通束。忽帶，束緊衣帶。”

蕭旭：“忽讀爲括，《逸周書·克殷》‘南宮忽’，《史記·周本紀》‘忽’作‘括’，是其例。”②

楊寄林：“忽帶，意謂把腰帶繫紥得緊緊的。忽：古代極短的長度單位名稱。”③

按：蕭説有理，俞説、楊説非。《逸周書·克殷》“乃命南宮忽振鹿臺之財”孔晁注：“忽，即括。”④ “忽”上古屬曉紐物部，“括”見紐月部，曉見二紐同系，物月二部旁轉，二字聲韻俱近，故可通借。“括”者，收束。《慧琳音義》卷一“綜栝（括）”條引《韓詩》：“括，束也。”⑤

另外，視“忽”爲“總”之訛字，似亦通。“總”者，亦束。《説文·糸部》：“總，聚束也。”⑥ “總”異體字作“揔、緫”，與“忽”形近，容易發生訛混。

【緝維】

（1）未有齋堂，且住静室，設橙敷經，小案爇香，於法應有，不得彊无，未辨頓足，稍就緝維。（《洞真太上太霄琅書·未有臺堂訣第二十七》，33/687b）

周作明：“緝維，準備維持。”⑦

按：周説非，從全句來看“緝維”的對象是“齋堂”，釋爲“準備維持”不通，且“緝”亦無準備之義。“緝”當讀作“輯”或“葺”⑧，“輯”、“葺”者，皆修治之義⑨；與“未有齋堂”、“未辨頓足”相應。道經中常見

---

①俞理明《〈太平經〉正讀》，第502頁。
②蕭旭《群書校補》，揚州：廣陵書社，2011年，第609頁。
③楊寄林《太平經全注全譯》，第2244頁。
④黄懷信等《逸周書彙校集注》，上海：上海古籍出版社，1995年，第377頁。
⑤徐時儀《一切經音義三種校本合刊》（修訂版），第524頁。
⑥［東漢］許慎《説文解字》，第272頁。
⑦周作明《中古上清經行爲詞新質研究》，第149頁。
⑧也可能是受“維”字類化影響。三字有時通用，《大字典》有收錄，可參相關條目。
⑨此義《大字典》已有收錄，可參。

"緝"之此種用法,如《太上大道玉清經》卷九:"飛走之類胎鷇涇化,巢穴崩毀,子未能行,恐其不養,方便爲其修緝補綴,無令驚恐,使其不育。"（33/365a）北宋張君房《雲笈七籤》卷五《宋廬山簡寂陸先生》:"宜其整緝遺蹤,提綱振紀,光先師之餘化,纂妙道之遺風。可以導引末俗,開曉後途者矣。"[1] 然"維"字不可通,疑乃"繕"或"理"字之訛。"葺繕"亦作"繕葺",二詞道經及其他典籍中皆習見,兹舉數例。

（2）緣期發旨,即加葺繕。[2]（《魏書·源子恭傳》）

（3）詔旨依舊爲開元觀,只改上清閣爲神運閣,別命崇修,遠近歸心,爭捨美利,遂加繕葺,觀殿鼎新。[3]（《雲笈七籤》卷一百一十七）

（4）二十二年,則銘解化,與敬厚葬之,遂率徒黃用素、李用光領延壽翠微二觀事,凡殿堂廊廡,多繕葺之。（明·張宇初《峴泉集》卷三《翠微觀記》,33/220a）

（5）若遇善人,敬而從之,或見凶危,將心救護,自就艱難,與人平穩,將己輕事,替人重役,勸人不爲官事口舌爭訟,葺理義井溝渠,修填道路。（《赤松子中誡經》,3/447b）

（6）承嗣捨於鄂州開元觀,大修道門功德,塑尊像,葺理觀宇,以報道恩矣! [4]（《雲笈七籤》卷一百二十）

此詞《大詞典》亦已收,可參。

【集廁】

（1）今念從古到今,文書悉已備具矣,俱愁其集居而不純,集廁相亂,故使賢明共疑迷惑,不知何從何信,遂失天至心,因而各從其忤是也,使與天道指意微言大相遠,皆爲邪言邪文書。[5]（《太平經·校文邪正法第七十八》）

俞理明:"集廁,混雜交錯。"[6]

---

[1] 李永晟點校《雲笈七籤》,第 75 頁。
[2]［北齊］魏收《魏書》（修訂版）,北京:中華書局,2017 年,第 1035 頁。
[3] 李永晟點校《雲笈七籤》,第 2575 頁。
[4] 李永晟點校《雲笈七籤》,第 2659 頁。
[5] 俞理明《〈太平經〉正讀》,第 158 頁。
[6] 又見俞理明、顧滿林《東漢佛道文獻詞彙新質研究》,第 275 頁。

楊寄林：“集廁，會聚交織之意。”①

按：俞説是，但未言明其得義之由，“會”只有“聚集”之義，没有“混雜”之義。竊以爲“集廁”當作或讀作“雜廁”，“雜”異體字作“襍”，本從集聲，與“集”形音俱近，故可相通或訛混。《説文·雥部》：“集，羣鳥在木上也。”段注：“引伸爲凡聚之偁。漢人多假襍爲集。”②《荀子·禮論》：“文理、情用，相爲内外表裹，竝行而雜。”王念孫：“‘雜’讀爲‘集’。……‘集’、‘雜’古字通。《月令》‘四方來集’，《吕氏春秋·仲秋紀》‘集’作‘雜’。”③“雜廁”乃混雜之義，是一個同義並列結構，“廁”亦雜，《玄應音義》卷二十二“廁填”條引《三蒼》：“廁，雜也。”④此詞數見於《太平經》：

（2）是故古者聖王帝主，雖居幽室，深惟思天心意，令以自全，自得長壽命。吾書辭上下相集廁以爲文，賢明讀之以相足，此乃救迷惑，使人長吉而遠凶害，各當旦夕思其至要意，以全其身。⑤（《太平經·生物方訣第七十一》）

俞理明：“廁，排列。”俞理明等：“廁，整理排列。”⑥

楊寄林：“廁，分類排比。”⑦

此句中“吾書辭上下相集廁以爲文”，俞理明、楊寄林皆點作“吾書辭上下相集，廁以爲文”，實則“雜廁”爲一詞。

（3）言惡當別，不可雜廁，清濁分離，如君與奴使。故得行大道者生，不行爲土，古今相似。⑧（《太平經·衣履欲好誡第一百八十九》）

其他漢代典籍中亦可見此詞，可見“雜廁”當是漢代形成的一個新詞。

（4）陰陽雜廁，有男有女。⑨（西漢·揚雄《太玄·玄圖》）

此詞《大詞典》已收，可參。

---

①楊寄林《太平經全注全譯》，第658頁。
②［清］段玉裁《説文解字注》（第2版），第148頁。
③［清］王念孫著，徐煒君等點校《讀書雜志》，上海：上海古籍出版社，2015年，第1841頁。
④徐時儀《一切經音義三種校本合刊》（修訂版），第36頁。
⑤俞理明《〈太平經〉正讀》，第148頁。
⑥俞理明、顧滿林《東漢佛道文獻詞彙新質研究》，第210頁。
⑦楊寄林《太平經全注全譯》，第599頁。
⑧俞理明《〈太平經〉正讀》，第430頁。
⑨［北宋］司馬光《太玄集注》，第212頁。

【䳕�】

（1）豆子明等説日頌已，真多治中忽表吉祥，瑞應之相，奇特妙麗，非世所有，天妓名香，種種珎具，靈禽萬儶，飛鳴䳕鳺，吐如儒雅，音宣正法，七寶毛羽，墮于地上。（P.2806《太玄真一本際經》卷四）

按：《爾雅·釋鳥》：“�鳩，䳕鵴。”郭璞注曰：“今之布榖也。”① 《龍龕·鳥部》：“鳺、鳩，二俗；鳺，正。”② 如此則“䳕”、“鳺”爲兩種鳥，但從句意來看，例中的“䳕鳺”當爲動詞或形容詞，解釋爲鳥名不通。竊以爲“䳕鳺”當即“翓翎”，亦作“頡頏”。《廣韻·屑韻》：“翓，翓翎，飛上下。”③ 《集韻·屑韻》：“翓，翓翎，飛上下皃。通作頡。”《蕩韻》：“翎，翓翎，飛皃。通作頏。”④ 鳥上長羽，故從鳥、從羽之字，有互爲異體之例，如“鶾”又作“翰”，“翱”又可作“鶪”⑤，《集韻·盍韻》：“鸇，飛皃。或从鳥。”⑥ 故“翓”可改換偏旁作“䳕”，而“翎”亦可作“鳺”。因冘、允形近，故“翎”之訛俗字又可作“翃”、“鳺”。典籍中有寫作“䳕鳺”者：

（2）座客有能爲煙戲者……既而嘎喉有聲，吐煙如一綫，亭亭直上，散作則水波雲狀。諦視皆寸許小鶴，䳕鳺左右，移時方滅。⑦（清·紀昀《閱微草堂筆記·紀汝佶六則》）

【寄絶】

（1）夫情欲非有形質也，來化無時，不効有形之物可得斷截，使不復生。此神情欲思想出生無時，不可見知，不可預防遏⑧，不能斷截。不効懸懸之緒可得寄絶，不効草木可得破碎，不効光明可得障蔽，不効水泉可得壅遏。（《太上老君虛無自然本起經》，34/621b）

按：“寄絶”不通，竊以爲“寄絶”似當作“斷絶”。殆“斷”先訛爲“繼”，又音近而訛作“寄”。“斷”、“繼”有形近相混之例，《禮記·儒

---

① 《爾雅》，第 90 頁。
② ［遼］釋行均《龍龕手鏡》（高麗本），第 288 頁。
③ 蔡夢麒《廣韻校釋》，第 1156 頁。
④ 趙振鐸《集韻校本》，中冊第 1451 頁，上冊第 869 頁。
⑤ 此説參張文冠《近代漢語同形字研究》，浙江大學 2014 年博士學位論文，第 42 頁。
⑥ 趙振鐸《集韻校本》（中冊），第 1602 頁。
⑦ 韓希明《閱微草堂筆記全注全譯》，北京：中華書局，2014 年，第 1738 頁。
⑧ “預防遏”當衍一字。

行》“不斷其威”鄭玄注：“斷，或爲繼。”①《荀子·宥坐》“還復瞻被九蓋皆繼”楊倞注：“《家語》作‘北蓋皆斷’。”②“繼”於《廣韻》爲見紐齊韻，“寄”爲見紐寘韻：二字聲紐相同，六朝道經中有支、齊二韻系通押之例，故二者音近。

《莊子·至樂》“得水則爲㡭”陸德明《釋文》：“此古絶字。徐音絶，今讀音繼。司馬本作繼，云：萬物雖有兆朕，得水土氣乃相繼而生也。本或作斷，又作續斷。”盧文弨：“古絶字當作㡭，此㡭乃繼字。”③《小學蒐佚·韻英》：“繼，絶也。”④此義之“繼”當是“㡭”，“㡭”乃以刀斷絲之意，故後世加斤字分化作“斷”。而“繼”本不從刀，而是從二絲、中間從一橫筆，後世訛變成刀。數字形近，易混淆，産生訛誤。上博藏六《用曰》（6）“繼原流源”，劉信芳即讀“繼”爲“絶”。⑤上所舉《禮記·儒行》及《荀子·宥坐》例亦可證。

“斷絶”於此經上下文皆屢見，如：

（2）“故神無形，呼吸之間，丹沴萬封，以是故，不可得斷絶。但曉知其本清净無欲，自然斷止，而不曉知其本，强欲自斷，情欲終不能斷絶之。”（《太上老君虚無自然本起經》，34/621c）

（3）“人不晓情欲之本，而强斷絶其末，如此，情欲絶不斷也。”（《太上老君虚無自然本起經》，34/621c）

（4）“情欲從念中生出，生出無時，以無形故，不得斷絶。”（《太上老君虚無自然本起經》，34/621c）

“寄絶”，《中華道藏》徑録，非，可正。

【佳毚】【儳】

（1）自名勿露，重名勿分，勿令尊位極下。下有餘字，乃爲通耳。若拜下以聞有餘，長短悉空之，勿拭汰，勿佳毚。誤，得洗治，三字之外，

---

① [唐]孔穎達《禮記正義》，第975頁。
② [清]王先謙《荀子集解》，第527頁。
③ [清]郭慶藩《莊子集釋》（第3版），第624頁。
④ 宗福邦等主編《故訓匯纂》，北京：商務印書館，2003年，第1785頁。按：《慧琳音義》卷三十七“繼嗣”條：“王逸注《周易》：‘繼，謂不絶也。’”以此來看，《韻英》“絶”上或奪漏“不”字，亦未可知。
⑤ 劉信芳《楚簡帛通假彙釋》，北京：高等教育出版社，2011年，第262頁。

並都易去，依净經法，更新潔分明書也。（《上清河圖内玄經》卷上，33/823c）

按："巂"有狡兔、狡獪、貪婪、家具、剛才諸義，但這些意義於"佳巂"及句意都講不通。竊以爲"巂"當是一個壞字，《中華道藏》録作"儌"，是。從影印圖版上看（見本條末），此字左半當有缺損。此字屢見於道經，尤其是《真誥》：

（2）古人有言：非知之難，其行之難。夫人垂恩所賜，自可徐徐須移東山，然後親授。注曰："此'須'字長史自儌。"（南朝梁・陶弘景《真誥》卷二）

（3）命使願告，敢不上答。謹白。注曰："此長史答前右英論雌一事者，掾爲書之。既被儌，更寫，故此本得存焉。"（《真誥》卷二）

（4）知陸苟子自誓苦齋一年，欲受經，卿自更量之。注曰："（卿自）此二字後人儌益，非真。"（《真誥》卷八）

（5）右以前後兩過受事，皆是楊君受旨，書多儌治，又掾更寫兩本，悉無異，並各成一卷，相隨始末訖此耳。（《真誥》卷十六）

（6）又按：楊書中有草、行多儌黵者，皆是受旨時書。既忽遽貴略，後更追憶前語，隨復增損之也。（《真誥》卷十九）

（7）又按：書字中有異手增損儌改，多是許丞及丞子所爲，或招引名稱，或取會當時，並多浮妄，而顧皆不能辨，從而取之。[1]（《真誥》卷十九）

（8）若章至太歲而紙纔足不可上，餘有行可上，若兩行者，可全紙續之；若錯誤儌字，唯天帝具儀。（唐・朱法滿《要修科儀戒律鈔》卷十一，6/977b）

"儌"，《赤松子章曆》卷二作"脱"。

（9）凡寫表，不得挑抹、塗改、儌字、添注、損污等。唯須精心，且人間奏表，尚須謹楷精細，況奏於天廷者乎。（五代・杜光庭《太上黄籙齋儀》卷四十九，9/331a）

周作明："儌黵：塗改、塗抹。"[2]"儌益：錯增，誤增。""儌黵：亂塗；

---

①趙益點校《真誥》，第 42、42、130、286、336、336 頁。

②周作明《東晉南朝道教上清派經典詞彙新詞新義研究》，四川大學 2004 年碩士學位論文，第 68 頁。

錯雜塗掉……‘黷’指用筆墨塗掉文字。”① “黷”確實有塗改之義，此義黃生早已發之：“諸記中往往有黷易字。黷，都感切。以墨滅字也。”② 此義由其本義引申而來，《廣韻・敢韻》：“黷，大污垢，黑。”③ 但“儳”字何義，周作明及《真誥》的各種校注、點校本都未加明確説明。依周氏之意，似爲胡亂、錯誤之義。但從上面所舉諸例來看，它很明顯是一個動詞而非副詞，不可以解釋爲胡亂、錯誤。

字書中有“鑱”字爲塗改、修改之義，倒頗合周氏第一種解釋。《集韻・咸韻》：“鑱，刊書謬也。”④ 如此則“儳”可讀爲“鑱”，“儳（鑱）改”是一個同義並列結構。但是將“儳”作如此解釋，放在例9中卻講不通，句中已有“塗改”二字，後面緊接着不可能又是塗改，所以此説並不可取。因此，籠統地把“儳黷”解釋爲塗改、塗抹並不恰當，應該尋求更合理的解釋。

竊以爲“儳”即“攙”字（或者二字同源），乃混入、攙入之義。《廣雅・釋詁》：“攙，鋭也。”⑤ 由鋭利引申爲刺、插入，《説文新附・手部》：“攙，刺也。”⑥ 由插入再引申爲混雜、攙入。至於“儳”，《説文・人部》：“儳，儳互，不齊也。”段注：“今人作攙和字當用此。”⑦ 段玉裁没有説明不齊和攙和之間的關係，讓人一下子不容易明白爲什麼攙和義上“儳”就是“攙”。

《玄應音義》卷二十二：“儳，非次而言也。”⑧《禮記・曲禮上》：“長者不及，毋儳言。”鄭玄注：“儳猶暫也，非類雜。”孔穎達疏：“長者正論甲事，未及乙事，少者不得輒以乙事雜甲事，暫然雜錯師長之説。”⑨《後漢書・儒林傳上・孔僖》：“鄰房生梁郁儳和之曰：‘如此，武帝亦是狗邪？’”李賢注：“儳，謂不與之言而傍對也。”⑩《大字典》釋爲：“隨便插

---

①周作明《中古上清經行爲詞新質研究》，第90頁。
②［清］黃生撰，黃承吉合按《字詁義府合按》，第254頁。
③蔡夢麒《廣韻校釋》，第739頁。
④趙振鐸《集韻校本》（上册），第620頁。
⑤［清］王念孫《廣雅疏證》（第2版），第126頁。
⑥［東漢］許慎《説文解字》，第258頁。
⑦［清］段玉裁《説文解字注》（第2版），第380頁。
⑧徐時儀《一切經音義三種校本合刊》（修訂版），第452頁。
⑨［唐］孔穎達《禮記正義》，第35頁。
⑩［南朝宋］范曄《後漢書》，第2560頁。

嘴。"此説是。由此可知"儳"有插入之義,只是多用於插話。也就是説,"儳"、"攙"同源,前人多用"儳"字表插話之義,後人造"攙"字表示其他東西的混雜、攙入,再後來又用"摻"字表示。所以段玉裁之説可以信從。至於"䜌",它是專門爲表示塗改之義而新造的字,與"儳"、"攙"亦當同源,因爲增益、攙入也是一種修改。

　　將"儳"之摻入義,施於以上諸例可通。如例2是説"須"字是許長史自己摻入此句之中,例3"儳益"是近義並列結構,都是增入、增加之義,例9添字與塗抹、改動、添注、損污並列,語義上亦可通。例8《赤松子章曆》作"脱"者,當是不明其義而臆改。

　　至於"佳",當作"住"或"注"。圭、主二形十分相似,從二旁之字有混用之例,如"往"俗體作"徍"。《仙人唐公房碑》:"是時府在西成,去家七百餘里,休謁徍來,轉景即至。"[1]　"住"當作或讀作"注","注"有塗抹之義,《大字典》、《大詞典》皆已收,可以參看,例不另舉。俗書亻、氵十分相近,P.2011《王仁昫刊謬補缺切韻·闞韻》:"淡,無味,或作倓。"[2]在吐魯番文獻中,"交河縣"寫成"交何縣","河盜"寫成"何盜"。[3]敦煌文獻中,"休"、"沐"相混。[4]若依此,"注"直接譌爲"佳"亦有可能。[5]

　　故"佳䜌(注儳)"即塗抹、添字之義,就例句而言是在説,不要塗抹,然後添字於旁,如果寫錯了,可以洗而治之。

("佳䜌"圖版)

---

① 此説及釋例引自曾良《俗字及古籍文字通例研究》,第244頁。
② 張涌泉主編《敦煌經部文獻合集》,北京:中華書局,2008年,第2829頁。
③ 此引自王啓濤《吐魯番出土文獻詞典》,成都:巴蜀書社,2012年,第41頁。道經中亦有將"何"誤作"河"者,參[日]吉川忠夫、麥谷邦夫著,朱越利譯《真誥校註》,第69頁。
④ 張小豔《敦煌書儀語言研究》,北京:商務印書館,2007年,第118頁。
⑤ "佳"也有可能是"挂"之形近誤字。《説文·手部》:"挂,畫也。"《釋名·釋書契第十九》:"畫,挂也。以五色挂物上也。"此義即爲塗抹、塗畫義。故"佳䜌(挂攙)"是一個類義並列結構,指塗改、增益。從字形上看,這種解釋十分貼合。但"挂"之塗抹義古籍極少見到,不禁讓人懷疑,道經是否真的用了這樣一個很生僻的詞義?

【降盭】

（1）天以神而繩愆糾繆，人以神而降盭儲祥。神人既有於相依，天道必能於監照。（五代·杜光庭《道門科範大全》卷八十六，31/963b）

按：“盭”字字書似未載，《中華道藏》徑録。竊以爲“盭”乃“盭”之訛俗字。《說文·弦部》：“盭，弼戾也。”段注：“按此乖戾正字，今則戾行而盭廢矣。戾謂犬出戶下而身曲戾，其意略近，故以戾釋盭。《史記》、《漢書》多用盭字。”① 因爲這種關係，故“盭”又作“綟（緂）”②，“盭”應當也是這種關係或心理的體現。“降盭”當是降下災禍、邪氣之義③，然此義施之於上例，似乎與語境、句例不諧。此書卷四十四：“化生成熟，皆仰自於神功，錫福儲祥，寔普承於惠渥。”（31/858a）卷五十六：“三百六旬，願隨杓而降福；七十二候，祈應律以儲祥。”（31/887c）類似句式、表達亦見於其他道經，杜光庭《廣成集》卷四：“宗之者，儲祥納祐；修之者，駕景登晨。”④《宋真宗御製玉京集》卷五：“伏望清都降祐，金闕儲祥。俾疵癘之咸消，使和平之溥洽。”（5/814a）《上清十一大曜燈儀》：“儲祥降福，國因臨照以寖昌；禁暴夷凶，師必法象而後吉。”（3/563b）

依此來看，竊疑“盭（盭）”當作“釐”，形略近或音相近而訛⑤。《說文·里部》：“釐，家福也。”⑥ “降釐”者，即“降福”，與“降／納祐”相類，與“儲祥”相對成文，亦合句例。此詞亦見於其他四部典籍：

（2）煌煌大魏，受命溥將，并體黃虞，舍夏苞商，降釐下土，上清三光，羣祀咸秩，靡事不綱。⑦（《魏脩孔子廟碑》）

（3）惟皇上帝，分命羣祀，降釐下土，惟我元后，臨遣近臣，鎮撫一

---

① [清]段玉裁《說文解字注》（第2版），第642頁。
② 參冷玉龍等主編《中華字海》引《直音篇》，第1071頁。
③ 《道門科範大全》卷十一：“顧陰陽之爲盭，豈天地之不仁。”卷七十二：“氣無繆盭，歲免災氛，普及羣生，旁資九有。”南宋林靈真《靈寶領教濟度金書》卷二百三：“或犯天地行令之威神，或觸山川逆時之盭忒。”《大詞典》收“降戾”一詞，釋爲降至、降而至於二義，與本條所考似無關聯。
④ [五代]杜光庭著，董恩林點校《廣成集》，北京：中華書局，2011年，第47頁。
⑤ 《廣韻》有“盭”無“盭”，趙少咸、蔡夢麒皆認爲“盭”當從《說文》作“盭”字，分別參趙少咸《廣韻疏證》，第25、45頁；蔡夢麒《廣韻校釋》，第835頁。“盭（盭）”來紐霽韻，“釐”爲來紐之韻，二者雙聲，之、齊二系道經有通押之例（參夏先忠《六朝上清經用韻研究》，第34—35、223—224頁），故二者音近。
⑥ [東漢]許慎《說文解字》，第290頁。
⑦ [北宋]洪适《隸釋　隸續》，北京：中華書局，1985年，第191頁。

方,幽明雖殊,保民惟均。①（北宋·蘇軾《定州謁諸廟祝文》）

（4）皇靈鑒止,降釐無疆。②（《元史·禮樂志三》）

《大詞典》僅收例 3,更早及後來例證可補。

【校棟】

（1）天師還天曹,校棟簿録,分別善惡。（唐·王懸河《三洞珠囊》卷六,25/327a）

"棟",原注:"初角反。"

按:《廣韻·屋韻》:"棟,赤棟,木名。""棟,短椽。"《燭韻》:"棟,棟樗,木名。"③《集韻·欻韻》:"棟,束也。"《陌韻》:"棟,木枝上生。"④ 這些義項,施之於"校棟"都講不通。再從反切來看,以上各義分屬心紐屋韻、清紐屋韻、徹紐燭韻、影紐欻韻、生紐陌韻,而"初角反"屬初紐屋、覺二韻:依"照二歸精"之例,清、初二紐互切倒是可以講得通,在《切韻》、《釋文》、《字林》等文獻中可以看到這樣的例子⑤,但"短椽"之義講不通,前已言之。

考道經之中,注音爲"初角反（切）"的確另有其字。北宋張君房《雲笈七籤》卷七:"後學之人,若有玄名者,得見此文,青空揀名,四司所保,五帝記名也。"原注:"揀,初角切。"⑥ 而《集韻·覺韻》:"擢、箸、揀、揄,刺取鱉蜃也,或作箸、揀、揄。"⑦ 此小韻爲測角切,屬初紐覺韻,同"初角反"。此音義之"擢"見於道教文獻,北宋陳景元《南華真經章句音義》卷十三《則陽篇》:"擢,初角切,司馬云:刺也。"（15/942c）然仔細分析,可知《集韻》之"揀"實爲"揀"之譌俗字,"刺取"當作"刺取","刺也"當作"刺也"。另外,"揀"見於《廣韻》,乃裝揀（束）義,屬生紐御、遇二

---

① ［北宋］蘇軾《蘇軾文集》,北京:中華書局,1986 年,第 1926 頁。

② ［明］宋濂等《元史》,第 1728 頁。

③ 分別見蔡夢麒《廣韻校釋》,第 1038、1041、1072 頁。按:"赤棟"本當作"赤棟",《廣韻》《集韻》等誤收譌字,此説參趙振鐸《集韻校本》（下册）,第 829 頁。

④ 趙振鐸《集韻校本》（中册）,第 1127、1516 頁。

⑤ 此説參許建平《敦煌文獻叢考》,北京:中華書局,2005 年,第 141 頁。

⑥ 李永晟點校《雲笈七籤》,第 128 頁。

⑦ 趙振鐸《集韻校本》（中册）,第 1363 頁。

韻。[1]《集韻》爲取、敬懼、裝束、束縛諸義[2]，分別屬心紐侯韻、心紐腫韻、書紐遇韻、書紐燭韻。"擻"又見於《集韻》數韻之中，亦皆取、刺義。

從以上分析來看，"梀"與"楝"（赤楝義）、"梀"與"捒"（裝束、束縛義）、"捒"與"揀"（刺取義），都是形近互訛而成爲正俗字；但它們的意義在例 1 中都很難講得通。實則"梀"當作"揀"，木、扌相混，束、柬形近而訛。"校揀"，道經又作"揀校"：

（2）道君以中皇元年九月一日於玉天瓊房、金闕上宫，命東華青宫尋俯仰之格，揀校古文，改定撰集靈篇，集爲寶經三百卷，以付上相青童君。[3]（《無上秘要》卷三十）

"揀校"，《洞真太上太霄琅書》卷一、《高上太霄琅書瓊文帝章經》皆作"録校"。

（3）是時高帝常乘景龍之輿、緑霞飛軿，從仙官玉女，周旋十天，下降人間，看察學仙之人，命北帝太陰五炁靈君，齋死録上詣平都主筭宫，揀校死生簿録。（《上清太霄隱書元真洞飛二景經》，28/379a）

"揀校"，《洞真上清開天三圖七星移度經》卷下、《上清天關三圖經》皆作"推校"。

（4）高聖帝君曰："此六合之時，天真刻簡定録之日，下諸名山四司五帝，揀校玄名，得在玄紀之中，皆逆注其名，位准仙卿。"（《上清玉帝七聖玄紀迴天九霄經》，34/66a）

（5）至壬辰之後，至道當行，扶桑大帝當以其時，遣四極真人遊盼下世，歷諸名山六□之中，部五帝神官，揀校玄名，有合真之人，當授寶訣，使爲師宗。（《上清玉帝七聖玄紀迴天九霄經》，34/67c）

《集韻·董韻》："揀，擊也。"[4]此義不通，"揀"實爲"揀"之訛俗字，東、柬形近而混。例 4"揀"原作"**揀**"，介於"揀"、"揀"之間。《太玄·毅》："次五，不田而穀，毅于揀禄。《測》曰：不田而穀，食不當也。"校曰："宋、陸、王本'揀'作'楝'，今從范本。"[5]

①蔡夢麒《廣韻校釋》，第 806 頁。
②分別見趙振鐸《集韻校本》，上册第 570、635 頁，中册第 1022、1346、1363 頁。
③周作明點校《無上秘要》，第 419 頁。
④趙振鐸《集韻校本》（上册），第 627 頁。
⑤［北宋］司馬光《太玄集注》，第 63 頁。

　　"揀校"乃辨别、考察之義,是一個類義並列結構。"揀"本表示選擇之義,選擇就要區分、辨别,即含考察之義,這些意義相關。如道經中有"校當",也有"揀當",都是考校、辨别之義。《陸先生道門科略》:"籍主皆齋宅録詣本治,更相承録,以注正命籍,三會之日,三官萬神更相揀當。"(24/780b)有"料揀(揀)",也有"料别",都是辨别、區分之義。《無上秘要》卷九:"校筭大劫小劫、大小百六、天地運度,料别善惡,學道應得神仙人名。"① 元黄元吉《浄明忠孝全書》卷六:"又舊記雷書有三種鬼囚,皆是凡夫所犯,殁後料揀罪狀,當入此數。"(24/653a)《大詞典》又收"揀别"一詞,乃同義複用,可參。

　　例 2 之"録校"即校録,與例 3 之"推校"皆爲考校之義,同於"揀校"。"揀校",在道經中又作"簡校"。"揀"、"簡"於《廣韻》皆爲見紐産韻,二者同聲同韻,故可相借。兹舉道經數例:

　　(6)太素上真,高仙太靈,今日上告,慶雲迴軿,宴景瑶臺,會具紫庭,簡校薄籍,落罪勒生,五帝定録,東華記名,道合上願,我禀妙經,萬遍待駕,上希神靈,玉帝開赦,所向剋定,變景易骨,飛昇太清。(《元始天尊説變化空洞妙經》,1/847a)

　　(7)仙童玉女,燒香散華,浮空而行,手執華幡,五色流鈴,森然俱至。上登紫微宫,條列學者功過,簡校籙籍。(《元始天尊説變化空洞妙經》,1/847b)

　　(8)其日諸天上真、九天丞相、日月五帝、五星天人,並乘八景玉輿,五色雲軿,飛龍鳳凰,結駟紛紜,仙童玉女,手執華幡,燒香散華,浮空歌唱,履行諸天,及宴五嶽,森然俱至。上登黄房,簡校真人簿録、神圖靈藥,三日集議。(《元始天尊説變化空洞妙經》,1/848a)

　　"簡校",又作"簡較",《大詞典》有收録,可參,但時代較晚。"校棟",《中華道藏》徑録,非,可正。

【校訊　校當】

　　(1)三元左右中宫三官九府百二十曹陰陽左右水火風刀考官,各筭計天上天下生死簿録,更相校訊。(《太上洞玄靈寶三元品戒功德輕重

①周作明點校《無上秘要》,第 124 頁。

經》，6/883b）

“校訊”，BD00017、S.3618《大道通玄要》卷七皆作“校讜”。

檢索文獻，“校訊”僅一見：

（2）青羊山賊陳卿既平，副使牛鸞搜獲賊中文書册及賊名籍以聞，上命原差都給事中夏言校訊之。（《明世宗實錄》〔紅格鈔本〕卷九十九）

按：例 2 “校訊”乃並列結構，訊問之義。而例 1 乃言考官考核下世凡人的生死功過，並無訊問之義。道經中“校訊”僅此一例，且二書一屬六朝 ①，一屬明代，相距千年之久，似未足以爲證。“校訊”當作“校讜”，《道藏》本之抄校者殆不知“校讜”之義而誤爲“校訊”。“校讜”即“校當”，“讜”爲“當”之後起區別字。“當”者，對也，“校當”即校對、考校之義。茲再舉數例，以證成其義。

（3）此科是初受靈寶度自然券宮經，竟校當五過，定重拜黄繒章付經，名曰中盟。應投此一龍，以十口鐶合龍，青絲纏簡，投之清淵，簡文依玉訣，告水官，法文如左。（南朝宋·陸脩静《太上洞玄靈寶衆簡文》，6/563b）

（4）想所寫已了，校當令熟。秋冬之間，其經當復示也。② （南朝梁·陶弘景《真誥》卷十八）

（5）禮法度數，形名比詳，治之末也。陸德明《釋文》：“比詳……比較詳審。”成玄英疏：“比者，校當。”③ （《莊子·天道》）

例 3 “校當五過”即校對五遍之義；例 4 乃言寫完之後進行校對，以十分熟悉；例 5 “比”即比較，即成疏之“校當”。

《集韻·蕩韻》又以“讜”爲“讚”之或體。《文選·任昉〈天監三年策秀才文〉》“忠讚絶路”、《潘岳〈夏侯常侍誄〉》“讚言忠謀”、《陸機〈吊魏武帝文〉》“達人之讚言矣”張銑注、吕向注、吕延濟注皆曰：“讚，正

---

① 關於《太上洞玄靈寶三元品戒功德輕重經》的時代，蕭登福《正統道藏總目提要》認爲東晉或以前（第 455 頁），丁培仁《增注新修道藏目録》認爲東晉末南朝初（第 198 頁），〔瑞典〕施舟人等《道藏通考》認爲六朝（第 230 頁），《中華道藏》認爲約東晉（3/766a），王卡《敦煌道教文獻研究——綜述·目録·索引》認爲約東晉（第 103 頁），任繼愈等《道藏提要》（第三次修訂本）認爲劉宋以前（第 205 頁），皆可參。

② 趙益點校《真誥》，第 316 頁。

③ 〔清〕郭慶藩《莊子集釋》（第 3 版），第 473 頁。

也。"①則知"校謐"者,校正、校對之義,亦可通。

"校訊",《中華道藏》徑録,非,可正。

【禁牙】

（1）時三官都禁左郎遣典柄侯周魴、主非使者嚴白虎來於赤山中,即欲執之以去,且詰其罪狀。吾時禁牙,又乃馳啓司命,司命即遣中侯李遵握火鈴而來,呵攝之,於是魴及白虎乃走去耳。注:"牙,謂應作訝字。"②（南朝梁·陶弘景《真誥》卷四）

按:無論是"禁牙",還是"禁訝"都不通,竊以爲"牙／訝"當作"冱"。《廣韻·暮韻》:"冱,差冱。俗作乕。"③因乕、牙形近,故從互、從牙之字多有相混或互爲異體之例④;且言（讠）、氵二旁亦有相混之例⑤,故"牙／訝"、"冱"可得相混。《玉篇·水部》:"冱,閉塞也。"⑥故"禁冱"是一同義並列結構,乃禁閉之義。⑦

【啾嚓】

（1）由此知之,雖絲毫之慮,必有所察;雖啾嚓之言,必有所聞。⑧（五代·譚峭《化書》卷一）

"啾嚓",宋本作"啾嗴"。

按:"嚓"讀擦或插,都是現代音,乃象聲詞,自不可以施之於古代。實則"嚓"乃"嗴"之換旁或增旁俗字。《玉篇·口部》:"嗴,小語。"⑨《集韻·點韻》:"嗴,小聲。"⑩由於言、口二旁義通,後來又換旁寫作"諜"。

---

①［南朝梁］蕭統編,［唐］李善等注《六臣注文選》,第 683、1052、1119 頁。

②趙益點校《真誥》,第 71 頁。

③蔡夢麒《廣韻校釋》,第 820 頁。

④曾良《俗字及古籍文字通例研究》,第 136 頁;張涌泉《敦煌俗字研究》（第 2 版）,第 112 頁。

⑤參本書"塵沐"條。

⑥［南朝梁］顧野王著,［北宋］陳彭年等重修《大廣益會玉篇》,第 90 頁。

⑦此字見於《真誥》卷十:"昨具以墓事請問荀侯,荀侯云:'極陰積冱,久經墳塋,遂使地官激注,冢靈沉滯,風邪之興,恒繼此而作。'"這裏雖然是凝聚義,而非閉塞義,但二義之間有引申關係。

⑧［五代］譚峭著,丁禎彥、李似珍點校《化書》,北京:中華書局,1996 年,第 15 頁。

⑨［南朝梁］顧野王著,［北宋］陳彭年等重修《大廣益會玉篇》,第 27 頁。

⑩趙振鐸《集韻校本》（中册）,第 1439 頁。

可以比勘的是，《正字通·言部》：“譔，同諓。”① “嗺”之作“嗺”，如“譔”之作“譔”。四形實爲一字，所從偏旁略有差異。

“啾”亦表小聲之義，《説文·口部》：“啾，小兒聲也。”②《廣韻·尤韻》：“啾，啾唧，小聲。”③ 故“啾嗺”實帶有近義並列性質，乃小聲之義，與“絲毫”相對義類。

【狙獺】

（1）心常狙獺，意懷兇惡，舌如錐刀，口含毒螫，不仁不義，無禮無忠。（《太上洞玄靈寶宣戒首悔衆罪保護經》卷中，6/902b）

按：“獺”即“獺”，“狙獺”不通，當有訛誤，竊以爲“狙獺”當作“沮擸”。扌訛作犭④，“擸”作“獺”，“沮”字又類化而訛作“狙”矣。《集韻·語韻》：“沮，壞也。”⑤《方言》卷十三：“擸，壞也。”又作“襰”，故錢繹《箋疏》：“襰與擸同。”⑥《玉篇·示部》：“襰，墮壞也。”⑦ 亦作“橊”，扌、木相訛。《字彙補·木部》：“橊，傾也。”⑧ 故“沮擸”是一個同義並列結構。例1整個句意是一貫的：心裏常有破壞、凶惡的想法，舌頭像錐刀一樣鋒利，口中如含螫人的毒刺，沒有仁義、禮節和忠心。經籍及道經中有類似的説法，《太上洞玄靈寶誡業本行上品妙經》：“四品，不行愛善，不捨不施，心常破傷他物，自言得快，無諸慈悲。”（6/164b）元杜道堅《道德玄經原旨》卷三：“故不可得而親，無譽勸之心也。不可得而疎，無毀沮之心也。”（12/748c）

或者“狙獺”當作“粗懶”，乃粗疏、懶惰之義。《太極真人説二十四門戒經》：“第十五誡者，不得不洗手漱口，直進道場，侵觸經像，穢污靈文。心不恭敬，多生懶慢。犯者過去受鐵杖亂考地獄罪。”（3/413c）然心生懶慢之意，與下文之句意不類，似不如前説更合理。

---

① [明] 張自烈、[清] 廖文英編，董琨整理《正字通》，北京：中國工人出版社，1996年，第1081頁。
② [東漢] 許慎《説文解字》，第30頁。
③ 蔡夢麒《廣韻校釋》，第437頁。
④ 例參本書附録一“校勘記”第33冊第10條。
⑤ 趙振鐸《集韻校本》（上册），第690頁。
⑥《爾雅　廣雅　方言　釋名清疏四種合刊》，上海：上海古籍出版社，1987年，第969頁。
⑦ [南朝梁] 顧野王著，[北宋] 陳彭年等重修《大廣益會玉篇》，第4頁。
⑧ [清] 吳任臣《字彙補》，第94頁。

【俆譮】

（1）却後日晡之時，忽見南、西、北方三大天魔各從地司飛空而至，頓首真君，頂禮大王，廻訶諸戎，怒目切齒，俆譮而言……（《太上大道玉清經》卷七，33/347a）

按：《集韻·遇韻》：“俆，促也。”①《玉篇·言部》：“譮，怒聲。”②依此，“俆譮而言”講不通。竊以爲“俆”當作“憇”，形近而訛。③《集韻·霽韻》：“憇，怒也。”④故“俆譮”是一個並列結構，義爲怒，與“訶”、“怒目切齒”正相照應。

另外，《集韻·夬韻》：“譮，氣高皃。”《霽韻》：“俆，覽俆，高危也。”⑤“俆”、“譮”皆含高義，雖然前者是在一個雙音詞中。若以“俆譮”當作“俆譮”，乃高聲之義，似乎也勉强講得通。人發怒聲音不免較高，似亦合於上例。

“俆譮”，《中華道藏》不識訛字而徑録，依其體例當正。

【誤號】

（1）無上無土君五人，官將一百二十人，主捕收天下衆老之精，糴神兵稱官誤號者，又請上千師萬聲聖鬼殺消除之。（《正一法文經章官品》卷二，28/549a）

按：“誤”字書未收載，字書有“誤”字。《字海·言部》：“誤，音未詳。人名用字。《宋史·宗室世系表三》有‘趙與誤’。”⑥以此驗之上例亦不諧，竊以爲“誤”乃“設”之訛俗字。“設”俗字作“䛇”、“䛇”等形，形近或誤識而訛爲“誤”。道經有一處記載，與此相關。南朝梁陶弘景《登真隱訣》卷下：“儀云：無上元土君五人，官將百二十人，主收捕天下衆老之精，雜神共稱官設號，侵害民人者。”⑦對比二例，可以看出它們記載的當是一事。“誤”實即“設”之訛字。另外，還可以校“無上”爲“元士”，

---

①趙振鐸《集韻校本》（中册），第1022頁。
②[南朝梁]顧野王著，[北宋]陳彭年等重修《大廣益會玉篇》，第42頁。
③“憇”與“俆”同爲許鑒切；在愚癡義上，“憇”亦作“憇”：二形皆與“俆”相近。
④趙振鐸《集韻校本》（中册），第1306頁。
⑤趙振鐸《集韻校本》（中册），第1090、1305頁。
⑥冷玉龍等主編《中華字海》，第1461頁。
⑦王家葵《登真隱訣輯校》，北京：中華書局，2011年，第89頁。

“糶”爲“雜”。“設號”即設置稱號,此詞亦見於其他道經和其他文獻,兹舉數例:

（2）愚民信之,誑詐萬端,稱官設號,蟻聚人衆,壞亂土地。（《老君音誦誡經》,18/211c）

（3）但天尊宗源久遠,本自難知,或真應兩身,權實二智,是以託名龍漢,即曰无形,設號開皇,乃稱元始,隨機設教,逐病與藥,周應不窮,无乎不在,此第一體无量也。（唐·張萬福《洞玄靈寶無量度人經訣音義》,2/527b）

（4）是歲,西突厥乙毗咄陸可汗卒,其子頡苾達度設號真珠葉護,始與沙鉢羅可汗有隙,與五弩失畢共擊沙鉢羅,破之,斬首千餘級。[1]（北宋·司馬光《資治通鑑》卷第一百九十九）

例3 “設號開皇,乃稱元始”與“稱官設號”亦相近。

“諟”,《中華道藏》徑録,非,依其體例當正。

【悃悒】

（1）真人純謹敬拜:“純今所問,必且爲過責甚深。吾歸思師書言,悉是也,無以易之也。但小子愚且蒙,悃悒不知明師皇天神人於何取是法象?”（《太平經·案書明刑德法第六十》）

俞理明:“悃悒,憂鬱苦悶。”

（2）“下愚賤生不勝心所欲問,犯天師忌諱,爲過甚劇。意所欲言,不能自止,小人不忍情願,五內發煩懣悃悒,請問一大疑。”（《太平經·起土出書訣第六十一》）

俞理明:“悃悒,困惑鬱悶。”

（3）人乃甚無狀,共穿鑿地,大興起土功,不用道理,其深者下著黄泉,淺者數丈。母内獨愁恚,諸子大不謹孝,常苦忿忿悃悒,而無從得通其言。（《太平經·起土出書訣第六十一》）

（4）“子今欲云何,心中悃悒,欲言乃快。天地神精居子腹中,敬子趣言,子固不自知也。”（《太平經·起土出書訣第六十一》）

（5）人生於天地,乃背天地,斷絕天談,使天有病,乃畜積不除,悃悒

---

① [北宋] 司馬光《資治通鑑》,北京:中華書局,2011年,第6396頁。

不得通言報其子,是一大逆重罪也。① (《太平經・來善集三道文書訣第一百二十七》)

俞理明:"'悃'有誠懇、至誠意,但此'悃'爲'困'義,'悃悒'表示憂鬱壓抑一義,辭書未有收録,也未見它書例。"②

俞理明等釋例1、5:"悃悒:困惑煩悶。"③

連登崗:"從語源上看,悃悒是由悃與悒構成的一個合成詞。悃是煩懣、情志不暢的意思。《説文》:'悃,愊也。'《廣雅・釋詁一》:'愊,滿也。'王念孫疏證:'腹滿曰愊。'腹滿,就是氣悶,情志不暢的意思。悒,是憂鬱的意思。《説文》:'悒,不安也。'徐鍇繫傳:'憂,悒也。'在《太平經》中,悃、悒合成一詞,是煩懣、憂鬱的意思。"④

楊寄林:"悃悒,極爲憂悶。"⑤

按:俞説難從:一、即使"悃"即"困"字,是類化而成,但檢諸字書、辭書,"困"並無"憂鬱壓抑"之類的意義;二、俞説前後矛盾,依違於兩種解釋之間,既把"困"解釋爲"困惑",又把它解釋爲"憂鬱壓抑"。連説亦不可從,《説文》之"悃"乃誠義,故同部曰:"愊,誠志也。"⑥用"愊"來解釋是遞訓之法,乃《説文》體例,連氏不達,誤以"腹滿"之"愊"爲"誠志"之"愊"。段注本則作:"悃,悃愊,至誠也。"⑦亦是誠義,非連氏所謂滿義。《玉篇・心部》:"悃,志純一也。"⑧《廣韻・混韻》:"悃,至誠。"⑨二書所載之義都是《説文》的申發。由此看來,"悃悒"頗難索解。

竊以爲"悃"應該是個訛誤字,本當作"悁"。問題的關鍵在於"悁"是如何訛作"悃"的? 我們來看一個可以比勘的證據,《集韻・先韻》:"削,古作剈。"⑩"剈"是"削"的換聲旁俗字,以其所從偏旁"困(淵)"與"胃"讀音相同⑪。因水、木形近,故"剈"又訛作"刞"。《篇海類編・器用

---

①俞理明《〈太平經〉正讀》,第95、101、102、104、265頁。
②俞理明《道教典籍〈太平經〉中的漢代字例和字義》,《宗教學研究》1997年第1期。
③俞理明、顧滿林《東漢佛道文獻詞彙新質研究》,第216頁。
④連登崗《〈太平經〉語詞再釋》,《南通師範學院學報》(哲學社會科學版)2004年第1期。
⑤楊寄林《太平經全注全譯》,第1096頁。
⑥[東漢]許慎《説文解字》,第217頁。
⑦[清]段玉裁《説文解字注》(第2版),第503頁。
⑧[南朝梁]顧野王著,[北宋]陳彭年等重修《大廣益會玉篇》,第38頁。
⑨蔡夢麒《廣韻校釋》,第615頁。
⑩趙振鐸《集韻校本》(上册),第340頁。
⑪《説文・水部》:"淵,回水也……困,古文,從口、水。"

類・刀部》：“剐，烏玄切，剜也，古作剮。”“剮，烏玄切，亦剜也。”①　從音切、語義和字形來看，“剮”即“剐”之訛俗字。由此可知，因肙、困（淵）音近，從肙之字或換旁從困，而困又與困形體十分相近，故從困之字又訛作從困，故“悁”訛作“悃”，就如“剐（剮）”俗字作“剮”。

“悁悒”在《太平經》有用例：

（6）天大疾之，地大苦之，以爲大病，誠冤忿恚，因使萬物不興昌，多災夭死，不得竟其天年，帝王悁悒，吏民雲亂，不復相理，大咎在此六罪也。②（《太平經・六罪十治訣第一百三》）

這是一個漢魏六朝形成的新詞，又作“悁邑”：

（7）思佛鬱兮肝切剝，忿悁悒兮孰訴苦。③（東漢・王逸《惯上》）

（8）邕誠竊悁邑，怪此寶鼎未授犧牛大羹之和，久在煎熬臠割之閒。④（東漢・蔡邕《薦邊文札》）

（9）抱朴子曰：“達乎通塞之至理者，不悁悒於窮否；審乎自然之有命者，不逸豫於道行。”⑤（晉・葛洪《抱朴子外篇・博喻》）

《大詞典》已收此詞，釋爲“憂鬱”，正合乎俞理明所推測之義，亦切合文意。

【狼粹　狼猝】

（1）鼎精華：右此一鬼，主害人田蠶，蠱女鬼夫。立春日平旦時，可立向西北方三呪曰：天皇清明，長遠上多神陰不反，與汝馬姑來我宅，使蠱大得千萬倍。田畝收千億斛，絲天中下，稻地中出，勑華爲我使叱咄，急煞百傷，小魅何狼猝。（《道要靈祇神鬼品經》，28/391b）

“狼猝”，S.986作“狼粹”。

（2）斯精華：右一鬼，主害人田蠶，蠱女鬼。夫立春日平旦，可向天門三呪曰：天之皇清明，長遠上多神陰不及，與汝馬姑來我宅中，使蠱大得千萬倍次。田畝汝收千億斛，思天中上下，天地中上，止大道。勑華爲

①皆見於《續修四庫全書》第230冊，第225頁。
②俞理明《〈太平經〉正讀》，第215頁。
③［南宋］洪興祖《楚辭補注》，第320頁。
④［南朝宋］范曄《後漢書》，第2646頁。
⑤楊明照《抱朴子外篇校箋》（下冊），第311頁。

我使叱咄，急殺百傷，小魅何狼<u>粹</u>。(《女青鬼律》卷四，18/247b)

　　按：對比來看，可知二例記述的是一事，"狼猝"當即"狼粹"。"粹"乃"粹"之俗字。"粹"字書不載，亦當爲"粹"之訛俗字，卒、辛形近，或有互訛。《集韻‧海韻》："宰，古作宰。"[①]《莊子‧達生》"丘有宰"，合璧本、靜嘉堂本皆作"宰"。"粹"受"狼"字影響類化，且與"猝"形近，故而產生訛變。然"狼粹(猝)"何義？竊以爲"狼猝"當作"倉猝"。"倉猝"類化作"猖猝"，再訛爲形近之"狼猝"。[②]"倉猝"爲匆忙急迫之義，施之於上文，可通。

　　"粹"，《中華道藏》徑録，殆爲不識訛俗字，依其體例當正。

【羸薾】

　　(1)玉芝觀道士陳道明專勤清齋拜章，累有徵驗，而招商素不崇道，聞之蔑如也。攻理所疾，貨財萬計矣，日以<u>羸薾</u>，俟時而已。(五代‧杜光庭《道教靈驗記》卷十三，10/853a)

　　"羸薾"，《雲笈七籤》卷一百二十一作"羸苶"。

　　按：《文選‧謝靈運〈過始寧墅〉》"疲薾憇貞堅"李善注引《莊子》司馬彪注曰："薾，極貌也。"[③] "極"者，疲憊之義。"薾"之此義，《大字典》、《大詞典》皆據以立目。然《說文‧艸部》："薾，華盛。"徐鉉曰："兒氏切。"[④] 華盛義與疲憊義看不出有任何關係，頗有疑問。實則"薾"之此義，當即"苶(苶)"。《莊子‧齊物論》："終身役役而不見其成功，苶然疲役而不知其所歸，可不哀邪！"陸德明《釋文》："苶然，乃結反，徐、李乃協反。崔音捻，云：'忘貌。'簡文云：'疲病困之狀。'"盧文弨："苶當作苶，字小變耳。今注本乃作薾。《說文》引《詩》'彼薾維何'，音義與此異。"王孝魚："世德堂本作薾。"[⑤]

　　《說文‧八部》："尒，詞之必然也。"段注："尒之言如此也，後世多以爾字爲之。"[⑥] "尒"小變作"尔"，又變作"尔"，故"尒"、"尔"、"爾"三者

<hr />

① 趙振鐸《集韻校本》(上册)，第734頁。
② 此説蒙張小豔教授指點，謹致謝忱！
③ [南朝梁]蕭統編，[唐]李善等注《六臣注文選》，第496頁。
④ [東漢]許慎《説文解字》，第22頁。
⑤ [清]郭慶藩《莊子集釋》(第3版)，第61頁。
⑥ [清]段玉裁《説文解字注》(第2版)，第48頁。

互混。故本表華盛之義的"薾"，又因字形訛變，成爲了表疲憊義"茶"之俗體，盧説是。語音亦由兒氏切變爲乃結切或乃協切。

《大字典》《大詞典》"薾"、"茶"於疲憊義上，分别立目，未作溝通，非。故"羸薾"實當作"羸茶"，乃近義複用，表示疲弱、衰病之義。

【戀牢】

（1）古者無形之神人也，學求生道也，乃上與委氣同願，念思常慕得長活之壽，思念不敢失委氣之意。昏定晨省，戀牢貪生，常在不忘。（《太平經·貪財色災及胞中誡第一百八十五》）

（2）復自惟念："本素生於俗間，心常思樂大化，貪慕生道，去離死部，戀牢精光，貪使在身，使自相愛，心乃可安。"[1]（《太平經·有功天君勑進訣第一百九十八》）

蕭旭："戀讀爲攣，《説文》：'攣，繫也。'拘束之義。"[2]

楊寄林："牢，謂身軀不敗。"[3]

按：從例2來看，"戀牢"當是一個動詞（詞組），將"牢"解釋爲形容詞不通，故蕭、楊二家之説恐不可從。竊疑"牢"當作"牟"，形近而訛。《方言》卷一："牟，愛也……宋魯之間曰牟。"[4] 巧合的是《太平經》的主要編纂者于吉、宮崇皆爲瑯琊人，瑯琊就屬《方言》所言"宋魯之間"。果真如此的話，則表明《太平經》作者使用了兩漢時期自己家鄉宋魯之地的方言。此詞亦作"恈"，《玉篇·心部》："恈，貪愛也。"[5] 故"戀牟貪"實際上是三字平列，以此解釋似可通。

《太平經》多用"戀慕"一詞[6]，"慕"亦愛，似可做比勘。《大功益年書出歲月戒第一百七十九》："舍氣而行，常自戀慕，貪與天地四時五行，共承統而行，不敢有小過差。"此句中亦有"貪"字。"誠復受恩，出入上下，時小相戒，是大神之恩，不可中謝。但心意戀慕，常在心中，不敢解止。"《善仁人自貴年在壽曹訣第一百八十二》："當自言：'被受恩施，得

---

①俞理明《〈太平經〉正讀》，第417、451頁。
②蕭旭《群書校補》，第607頁。
③楊寄林《太平經全注全譯》，第1804頁。
④華學誠《揚雄方言校釋匯證》，第22頁。
⑤［南朝梁］顧野王著，［北宋］陳彭年等重修《大廣益會玉篇》，第40頁。
⑥除此之外，還有"戀念"。

榮華,不望報天心重愛,但自過責,少所貰也。唯大神原之戒之,不及。戀慕之,不敢自遠。"《不忘誡長得福訣第一百九十》:"師有前後,無忘其本,念本就新,戀慕如初,是生之道也。"①

【淪朴】

（1）周家本事俗神禱,俗稱是帛家道,許先生被試時亦云爾。子良祖母姓杜,爲大師巫,故相染逮。外氏徐家,舊道祭酒。姨母化其父一房入道,是以恒慮爲俗神所犯。爾日見其<u>淪朴</u>不已,乃具相戒約。②（南朝梁·陶弘景《周氏冥通記》卷一）

汪維輝:"'淪朴'不知何義,'朴'字也可能有字誤。"③

"淪朴不已",《譯注篇》譯爲:"吞吞吐吐、猶豫不決的樣子。"

按:誠如汪説,"淪朴"不通。《譯注篇》之言未知所據,恐是根據文意而臆譯。竊以爲"朴"當作"撲（扑）"。木、扌相混,經籍、敦煌寫本文獻皆常見,"撲"變作"樸"④,"樸"又寫作"朴",故而致訛。又或者"撲"寫作"扑"⑤,再變作"朴"。"撲"有覆義,《正字通·手部》:"撲,踣也。"⑥"踣"即傾覆義⑦,故"淪撲"同"淪覆",乃沉淪義。

如果我們進一步追問,"撲"爲何會有傾覆義?《説文·手部》:"撲,挨也。""挨,擊背也。"⑧"撲（扑）"本表示擊打之義,無傾覆義。竊以爲此義當是假借"仆"而來,而"仆"於傾覆義上,與"踣"、"覆"乃同源關係⑨,故"淪撲（扑）"即"淪覆"。另外,"撲"與"覆"於《廣韻》皆爲滂紐屋韻字,聲韻皆同,亦稍作説明。"淪朴不已",即沉淪於"俗神"而不自已,故而"相戒約"。

①俞理明《〈太平經〉正讀》,第392、399、411、431頁。
②〔日〕麥谷邦夫、吉川忠夫編,劉雄峰譯《〈周氏冥通記〉研究》（譯注篇）,第47頁。
③汪維輝《〈周氏冥通記〉詞匯研究》,第167頁。按:該文排版時將詞目誤爲"淪朴"。
④《大字典》亦收"撲"、"樸"通假之例,可參。
⑤《類篇·手部》:"撲,或作扑。"
⑥〔明〕張自烈、〔清〕廖文英編,董琨整理《正字通》,第427頁。
⑦《大字典》、《大詞典》"撲"字條已收該義,並已舉例,可參。
⑧二例皆見〔東漢〕許慎《説文解字》,第256頁。
⑨王力《同源字典》,第266頁。

【碐礚】

（1）從庚子日入神室祭神以去，彌須敬切儼然，不得趣作出入，碐礚蹲蹋，以忤神威，兼亂術人之想，想亂不精，術必遲驗。（《洞神八帝元變經》，28/401c）

忻麗麗："碐爲礅之俗字，不見於字典辭書。礅又通墩，砘，頓、撴等，皆有向下用力礚碰、碰撞義。"①

按：僅從語意上講，此説可通。然忻文所舉之例最早見於元代，還有不少爲清代，時代差距太過明顯，其説恐難從。此外，"礅礚"道經也僅一見，頗爲可疑。竊以爲"碐"乃"砰"之訛俗字，除了字形略相近以外，"享"即是"亨"，亦即"烹"，與"砰"語音相近，皆爲滂紐庚、耕韻字。《廣韻·耕韻》："砰，砰礚，如雷之聲。"②"砰"表示的是撞擊、墜落（也是碰撞）發出的巨大聲響。它在與"礚"組合時，實際上是一個複合結構。"礚"表示的也是碰撞、墜落等義。在這一點上，我們可以系聯其同源詞來作説明。段注本《説文·手部》："抨，彈也。"③指的是抨擊、彈劾。《玉篇·心部》："怦，心急也。"④指的是心跳加快，砰砰地撞擊聲。《集韻·静韻》："泙，析木聲。"《耕韻》："輧，車馬聲，或從馬。"⑤指的是馬蹄踏地及車輪與地面相互碰撞、摩擦發出的聲音。它們應當都屬於一組同源詞，後來表撞擊的"碰"，亦當與之同源。

所以此例中"砰礚"指的是碰撞發出的聲音，在修道做法之時，不能隨意發出聲音，否則會"亂術人之想"。此詞數見於道經，兹舉數例。

（2）仙法欲静寂無爲，忘其形骸，而人君撞千石之鐘，伐雷霆之鼓，砰礚嘈囋，驚魂蕩心，百技萬變，喪精塞耳，飛輕走迅，釣潛弋高。⑥（晉·葛洪《抱朴子内篇》卷二）

（3）能守之，致雲車羽蓋，坐造風雨，激電砰礚矣。（《紫陽真人内傳》，5/543a）

（4）冬生草木，夏結氷霜，能令雷電砰礚轟以，能令雲霧蓊鬱飛颺。

---

①忻麗麗《中古靈寶經詞語考釋》，第 14 頁。

②蔡夢麒《廣韻校釋》，第 401 頁。

③［清］段玉裁《説文解字注》（第 2 版），第 608 頁。

④［南朝梁］顧野王著，［北宋］陳彭年等重修《大廣益會玉篇》，第 38 頁。

⑤趙振鐸《集韻校本》，中册第 1250 頁，上册第 502 頁。

⑥王明《抱朴子内篇校釋》（增訂本），第 17 頁。

（《太上無極大道自然真一五稱符上經》卷下，11/638b）

“砰磕”亦見於其他四部典籍，《大詞典》已收，可參。“碠”，《中華道藏》徑録，非，依其體例當正。

【檕薦】

（1）於是玉帝吟歌畢，乃命太微天帝君使坐，引萬靈於房軒……方酌玉爵，眄於瓊華之房，九英檕薦，素實丹方，隱芝結饌，鳳俎月漿，玉擫重奏，玄羽運觴，流連於八瓊之室，曲宴於九琳之堂。（《上清高上滅魔洞景金元玉清隱書經》，33/770a）

按：“檕”，當爲“穓”之俗字，偏旁位移而成。《廣韻·葉韻》：“穓，土穓，農具也。”① 此義自不諧於上例。竊以爲“穓”當作“褋”，形近而訛，礻（衤、示）與禾形極近，有混用或互爲異體之例②。從句意上看，是衆仙坐於仙府，散花奏樂，然後宴飲。“九英”泛指衆鮮潔美味之物，“褋薦”即雜陳之義，指菜肴之豐盛；“褋”乃“雜”之異體。此時應該是一個詞組，並未固定成詞，後代亦有用例。

（2）蘇椒紅兮和羹，搴辛夷兮用餌。雜薦兮蓀蘭，載膴兮薜芷。③（南宋·薛季宣《浪語集》卷十四）

（3）魴鯉雜薦，鼓吹墀列。④（明·王廷陳《夢澤集》卷十五）

“檕”，《中華道藏》徑録作“穓”而未校勘，可正。

【任袠】

（1）今生又在周家，雖出庸俗，先功未弭，故得受學仙宮，任袠神府。⑤（南朝梁·陶弘景《周氏冥通記》卷二）

“任袠”，《譯注篇》録作“任衺”，譯爲：“任職。”

按：“袠”，當爲“衺”之俗訛字，《譯注篇》所録是。《説文·巾部》：

---

①蔡夢麒《廣韻校釋》，第1283頁。

②可參曾良《俗字及古籍文字通例研究》，第165頁；牛尚鵬等《道教典籍俗訛字考釋》，《商丘師範學院學報》2014年第8期。

③《景印文淵閣四庫全書》第1159册，第260頁。

④《景印文淵閣四庫全書》第1272册，第653頁。

⑤［日］麥谷邦夫、吉川忠夫編，劉雄峰譯《〈周氏冥通記〉研究》（譯注篇），第70頁。

"袟，書衣也。袠，袟或从衣。"①此義施之於上例，自不可通。竊以爲
"袠"當作"秩"。從語音上講，"袠（袟）"、"秩"本皆從失得聲。從字形上
講，"袠"調整結構作"袟"，衤、禾二旁混同②，故"袟"作"秩"矣。"秩"
有俸禄之義，此義《大字典》、《大詞典》皆已收。又引申爲官職或品級之
義，《玉篇·禾部》："秩，品也。"③"任秩仙府"即在仙府任職之義。此卷
後文："又問：'聖靈何姓，可得聞不？'此人曰：'問下官耶？'答曰：'姓
黄，字元平，東海人。猶散在保命趙丞間，無位任。'"④"位任"義同"任
秩"。"任秩"在其他文獻中以與其他詞組成詞組的形式出現，如《周
禮·夏官·職方氏》"制其職，各以其所能"鄭玄注："牧監參伍之屬。用
能，所任秩次。"⑤

　　《大字典》、《大詞典》皆收"袟（袠）"通"秩"之例，然所收假借義爲
次第、十年義，與此處不同。《譯注篇》所譯是，然未注明得義之由。

　　"袠"，《中華道藏》徑録，殆不識俗字，依其體例當正。

【冗答】

　　（1）上古神人戒弟子後學者爲善圖象：陰祐利人常吉，其功增倍。
陽善者，人即相冗答而解；陰善者，乃天地諸神知之，故增倍也。⑥（《太平
經·東壁圖第一百六十三》）

　　俞理明："冗答，浮泛地酬謝。"⑦

　　楊寄林："冗答，浮泛答謝。即虚與周旋。"⑧

　　按："冗"無浮泛義，故俞、楊二説不可從。竊以爲"冗"是一個訛誤
字，本當作"亢"，二者形近而訛。典籍中多見冗、亢二旁相混或互爲異
體之例，《楚辭·七諫·初放》："死日將至兮，與麋鹿同坑。"洪興祖《補
注》："坑，字書作坑，丘庚切，俗作坈。"⑨胡克家本《文選·枚叔〈上書諫

---

①［東漢］許慎《説文解字》，第159頁。

②此可參本書"欒薦"條。

③［南朝梁］顧野王著，［北宋］陳彭年等重修《大廣益會玉篇》，第74頁。

④［日］麥谷邦夫、吉川忠夫編，劉雄峰譯《〈周氏冥通記〉研究》（譯注篇），第116頁。

⑤［清］孫詒讓《周禮正義》，第2691頁。

⑥俞理明《〈太平經〉正讀》，第370頁。

⑦又見俞理明、顧滿林《東漢佛道文獻詞彙新質研究》，第283頁。

⑧楊寄林《太平經全注全譯》，第1530頁。

⑨［南宋］洪興祖《楚辭補注》，第237頁。

吴王》》：“太山之靁穿石，殫極之紞斷幹。”曾良：“‘紞’就是‘統’的俗寫，‘亢’、‘冗’二旁相混。”《唐代墓誌彙編》開元二六七《平陽郡故敬府君墓誌銘並序》：“何必珍食，沉瀤可以爲飧；何必錦衣，薜荔可以爲服。”曾良：“‘沉’當校作‘沆’，俗書‘冗’、‘亢’不別故。”① “亢答”乃酬答、對答之義，《大詞典》已收，可參。

（2）《周禮·天官·膳夫》“王燕飲酒，則爲獻主”賈公彥疏：“飲酒之禮，使大夫爲賓，遣宰夫爲主人，獻酢相亢答。”②

“亢答”，又可作“抗答”：

（3）及憲試，爭起劇難，憲隨問抗答，剖析如流。③（《陳書·袁憲傳》）

《大詞典》釋“抗答”爲“大聲解答”，非。例句之意是袁憲“隨問”應答如流，而非強調大聲。

【散帶】

（1）三願玄母與我俱保於九天之間，乃凝真圓曜，夷心内練，氣溢靈堂，感神萬千，身昇九霄，考福重玄，散帶空洞，撫輪累天，吉亨七世，更生爲人，我保太真，與日同年。④（《無上秘要》卷七十四）

按：“空洞”本爲虛無渺茫之義，在道經中指天。“散帶”於道經僅一見⑤，意義不通。與上例記述相類似的是，《上清大洞真經》卷五：“七世絶災，玄葉無愆，種福空同，散結觝根。”（1/541a）卷六：“金音令仰充，上入太無庭。解結散禍積，披脱七祖靈。反胎會南宫，仙都有玉名。三塗滅罪根，輪轉登上清。”（1/549a）此處“散結”、“解結散禍”當與“散帶”同義。“結”、“帶”皆有系縛、捆索之義，倒是同義，然解除系縛這樣的意思頗難理解。

竊以爲“帶”當作“滯”，“滯”爲積聚之義。“散滯”即散除罪惡、災禍之結聚，故《大洞真經》言“散禍積”。依道教教義，人生在世難免作

①曾良《俗字及古籍文字通例研究》，第69、70頁。
②[唐]賈公彥《周禮注疏》，《十三經注疏》第3册，臺北：藝文印書館，2001年，第59頁。
③[唐]姚思廉《陳書》，北京：中華書局，1972年，第312頁。
④周作明點校《無上秘要》，第957頁。
⑤此段文字又分别見於《洞真高上玉帝大洞雌一玉檢五老寶經》《大洞金華玉經》，故不計入統計次數。

惡、犯錯，是爲惡因，這些罪惡是不斷積累的。只有信法修道，飛升成仙，才不會造成惡果，使災禍終止。所以句意言修道者"保於九天"、"身昇九霄"之時，惡果、災禍自然解除了。

（2）浮爽緣故條，反胎自有恒。華陽復注："浮爽返胎，即《大洞經》億曾萬祖，歷劫種親，遊爽散滯，俱得更生。"（《洞玄靈寶自然九天生神章經》，6/485a）

"散滯"義同義近於"解滯"、"豁滯"、"釋滯"、"散結"。"豁"有排遣、免除之義，"結"有凝聚之義。《上清大洞真經》卷五："種福九天外，拔尸地門下。七玄解滯積，斷樹除憂苦。"（1/545c）《洞玄靈寶自然九天生神章經》："爽魂隨本根，廛廛空中佇。七誦重關開，豁滯非神武。運通由中發，高唱稽首舉。"①（5/847b）《上清紫精君皇初紫靈道君洞房上經》："太微帝君，太一造形，紫元内神，二十四真，混氣變生，玉仙上精，散解胞結，釋滯開元。"（6/547b）北宋張君房《雲笈七籤》卷四十三："便仰祝曰：洞地中元，總領飛仙，華冠寶耀，腰青建巾，授我靈符，通真致神，洞思幽微，受帝祕言，解胞散結，九孔朗然，七祖咸脱，上昇南軒，雲輿下降，白日昇晨。"②

"散帶"，《中華道藏》徑録，非，可正。

【拾正】

（1）愚者難正，自若亂人治，令德君愁。故投行書於前，令使上下大小，自相拾正，其俗人無孤言辨士之害。③（《太平經·洞極上平氣無蟲重複字訣第一百三十六》）

俞理明："拾正，收斂歸正。"
蕭旭："拾讀爲迨，及也。"④

---

① 《洞玄靈寶自然九天生神章經解義》："豁滯非神武者，生神玉章，自然之功用，豁除凝滯，乃非神之神，不武而武，一一天真，一一明妙，纖毫人力之私無與焉。""凝"有結義，故"凝滯"爲近義複用。又有以"滯"爲滯礙義者，恐非。如《洞玄靈寶自然九天生神章經解》："當其七過之時，孔竅具開，滯礙之跡豁然而解，亦猶神武之施，不戰而勝也。"
② 李永晟點校《雲笈七籤》，第 950 頁。
③ 俞理明《〈太平經〉正讀》，第 311 頁。
④ 蕭旭《群書校補》，第 600 頁。

楊寄林:"拾正,收斂矯正。"[1]

按:蕭説不通,俞、楊二説似亦不愜文意。竊以爲"拾"乃形近誤字,本當作"治"。文獻中,扌、氵二旁有相混之例,如搭與溚、提與混、拼與淵等。[2]

"治正"一詞《太平經》中多見:

(2)是故太古上皇帝第一之善臣民,其行如此矣。以何能求之,致此治正也?(《太平經·上善臣子弟子爲君父師得仙方訣第六十三》)

(3)"真人前,凡人當以嚴畏智詐常威勝服人邪,不宜邪?子自精言之。""然,人致當以嚴威智詐勝服人。""何也?""夫人以此乃能治正人。"(《太平經·服人以道不以威訣第六十四》)

(4)劇病不以時治也,到于死亡,天文不治正,至於大亂,四時爲其失氣,五行逆戰,三光無正明,皆失其正路,因而毁敗,人民雲亂,皆失其居處,老弱負荷,夭死者半,國家昏亂迷惑,至道善德隔絶,賢者蔽藏,不能相救,是不大劇病邪?故當力正之。今愚人日學遊浮文,更迭爲怍,以相高上,不深知其爲大害,以爲小事也,安知内獨爲陰陽天地之大病乎哉?天下不能相治正者,正此也。(《太平經·校文邪正法第七十八》)

(5)天下不能相治正,正由此也。此者,大害之根而危亡之路也,可不慎哉?可不深思慮之胸心乎?[3](《太平經·使能無爭訟法第八十一》)

劉祖國:"'治正'就是治理、管理(國家)。……'正'通'政',政治;政事。"[4]竊以爲此説非,從例2來看,"治正"是一個動詞,如果'正'通'政',"治政人"則變成一個雙賓語結構了,顯然不通。"正"有治義,"治"亦有正義。《禮記·大傳》"上治祖禰"鄭玄注:"治,猶正也。"[5]《吕氏春秋·順民》"湯克夏而正天下"高誘注:"正,治也。"[6]故"治正"是一個同義並列結構,非動賓結構,義爲治理。

此詞亦見於其他文獻,除了治理之義外,尚有正義。

---

①楊寄林《太平經全注全譯》,第 1290 頁。

②分別參陳國符《中國外丹黄白法考》,第 328 頁;張涌泉《敦煌寫本文獻學》,第 293 頁;張涌泉《敦煌俗字研究》(第 2 版),第 82 頁。

③俞理明《〈太平經〉正讀》,第 117、123、159、171 頁。

④劉祖國《〈太平經〉複音詞研究與〈漢語大詞典〉》,華東師範大學 2006 年碩士學位論文,第 64 頁。

⑤[唐]孔穎達《禮記正義》,《十三經注疏》第 5 册,臺北:藝文印書館,2001 年,第 617 頁。

⑥許維遹《吕氏春秋集釋》,北京:中華書局,2009 年,第 200 頁。

（6）經曰：“繼自今嗣王，其毋淫于酒，毋逸于游田，惟正之共。”未有身治正而臣下邪者也。①（《漢書·谷永傳》）

（7）《禮記·禮運》：“故聖王脩義之柄、禮之序以治人情。”孔穎達疏：“謂脩理義之要柄，脩理禮之次序，以治正人情，使去其瑕穢之惡，養其菁華之善也。”②

（8）《漢書·儒林傳》：“繩之以文武之道，成一王法。”顏師古注：“繩謂治正之。”③

【㴐賊】

（1）若有下官故氣鬼賊㴐賊道路，遏絶臣章，不使上達者，謹重請今時直符直事三十六人，今日直符直事三十六人……無上天尊，太上丈人，玉皇案上付省章玉女通達詣上。（《太上金書玉牒寶章儀》，18/322a）

按：“若有下官故氣鬼賊㴐賊道路”，不易斷句。《玉篇·水部》：“㴐，水。”④此義施之於“㴐賊”不通。檢索此經，發現有相似句式：“若有下官故炁、六天鬼賊道路遏絶，邀截章文，不即上達者，仰付天曹赤梁北獄，依法治罪，令臣章書，以時上詣。”（18/319c）“若有下官故氣遮遏斷截者，仰收付天一北獄之中，依法治罪，以明天憲。”（18/322c）

其他道經亦有類似記述，《正一法文經章官品》卷三：“太玄君官將一百二十人，治母渠室，恍惚妄走下治之不差，收塚葬送逆順鬼，塚訟之鬼造功吏，一合來下，營護發喪處，道路不得阻遏。”（28/550a）陳朴《修真十書·雜著捷徑》卷二十二：“不積涓埃功行，因循自滿恒沙，幸有超脫門路，勿使六賊邀遮。”（4/702c）《太上洞玄靈寶授度儀》：“誤字爲易，脱字爲益，若言辭到錯，尋逐治正，必使上合，無令上官有所譴却，六天羣魔、下官故炁，斷截公文，分別關奏，以時上達，伏須告報。”（9/842a）《玉籙資度解壇儀》：“若有下官故炁，遏截臣表文，不使上達者，收付所在近獄，依律治罪，以明天憲。”（9/138b）

結合以上數例之記載，竊以爲“㴐賊”當作“遮截”，形近而訛。“截”

---

①［東漢］班固《漢書》，第3445頁。
②［唐］孔穎達《禮記正義》，第439頁。
③［東漢］班固《漢書》，第3589頁。
④［南朝梁］顧野王著，［北宋］陳彭年等重修《大廣益會玉篇》，第92頁。

誤作"賊"除了形近之外,還可能受到句中"賊"的類化影響。"遮截"即上文所舉之"邀截"、"遮遏斷截"、"阻遏"、"邀遮"、"斷截"、"遏截"等,乃阻攔、斷截之義。此詞見於道經:

(2)吾今乘青龍,將天人力士四十八萬人,遮截疫鬼,勑下魔王,自來世間,化度愚人,令受此經。(《太上洞淵神呪經》卷五,6/18b)

此詞其他四部文獻亦有用例,《大詞典》已收,可參。"濾賊",《中華道藏》徑録,非,可正。

【衰間】

(1)奸而正晝行,爲名陰乘陽路;病而晝作,名爲陰盛興,爲陽失其道,君衰間。[①](《太平經・火氣正神道訣第一百三十五》)

俞理明:"衰間,衰替,衰微。"

蕭旭:"間爲癎省文。《説文》:'癎,病也。'《素問・大奇論》:'二陰急爲癎厥。'張志聰注:'癎厥,昏迷仆撲,卒不知人。'正陰盛之病症。"[②]

楊寄林:"間,被阻隔之意。"[③]

按:"間"無衰微之義,故俞説難從;蕭、楊二説在句意上似乎講不通。竊以爲"間"當作"闇",二者形近而訛。"衰闇"乃衰敗昏亂之義,是漢代形成的一個新詞:

(2)故衰闇之世,本末之人,未必賢不肖也,禍福之所,勢不得無然爾。(東漢・王符《潛夫論・務本》)

(3)前人以病,後人以競,庶民之愚而衰闇之至也。[④](《潛夫論・遏利》)

"君衰闇"這種表述,在《太平經》中還有其他例子。《樂怒吉凶訣第一百九十一》:"故樂者,陽也;刑罰者,陰也。陰之與陽,乃更相反,陽興則陰衰,陰興則陽衰。陽者,君也;陰者,臣也。君盛則臣服,民易治;臣盛則君治侮亂,此天自然之法也。"[⑤]蕭旭:"侮讀爲晦,暗昧也。"[⑥]此説極

---

①俞理明《〈太平經〉正讀》,第308頁。
②蕭旭《群書校補》,第599頁。
③楊寄林《太平經全注全譯》,第1278頁。
④彭鐸《潛夫論箋校正》,北京:中華書局,2014年,第30、32頁。
⑤俞理明《〈太平經〉正讀》,第435頁。
⑥蕭旭《群書校補》,第605頁。

是。《興善止惡法第四十三》："夫天不掩人之短,太古聖人不爲也,名爲暗昧政,反復致凶,不得天地心意,故先示之也。"[①] "君治晦亂"也即"暗昧政",似亦可作比勘。

【憎散】

（1）若見王子,思念无量,普得縱容,身與我神,轉輪王家;若見富貴,思念无量,普得温足,身與我神,憎散功德。（S.1906《太上洞玄靈寶真一勸戒法輪妙經》）

"憎散",《太上玄一真人説妙通轉神入定經》作"博散",《要修科儀戒律鈔》卷五作"僋散"。

按:《廣雅·釋詁》:"憎,惡也。"[②]《玉篇·心部》:"憎,悶也。"[③]《説文新附·人部》:"僋,合市也。"[④] 以上諸義施之於"憎/僋"皆不可通。竊以爲"憎"當作"博",忄、十二旁形近,從二旁之字有相混之例,如博又作愽;會、尃二旁亦略相近:故"憎"、"博"二字相混。然"博散"不是廣博散施,"博"當讀爲"敷",乃布散之義,故"敷散"本是一個同義並列結構。此詞道經及其他典籍習見,兹僅舉道經數例:

（2）謹請胃脘二真堅王君,字凝羽珠,常守兆太倉之腑、五腸之口、死炁之門,使黄庭香潔,三尸滅絶,中元之炁常滿,帝皇之光鬱鬱,上衝泥丸,敷散骨節。（《上清大洞真經》卷四,1/534b）

（3）畢,仰祝曰:二景流暉,光映五形,内外洞徹,變化立生,與炁同昇,與光合精,圓華已布,耀羲持靈,玄真敷散,運我入冥。（《洞真上清神州七轉七變舞天經》,33/549c）

（4）混極天王,坐鎮崑山。五天真王,萬神之宗。飛行六合,遊宴天宫,總炁燿靈,敷散太空。（《靈寶無量度人上品妙經》卷十八,1/121a）

因"布"、"敷"同源[⑤],故"敷散"亦即"布散"。此詞道經習見,兹僅舉與例1句意類似的一些例子。

---

①俞理明《〈太平經〉正讀》,第50頁。
②［清］王念孫《廣雅疏證》（第2版）,第106頁。
③［南朝梁］顧野王著,［北宋］陳彭年等重修《大廣益會玉篇》,第39頁。
④［東漢］許慎《説文解字》,第168頁。
⑤王力《同源字典》,第172頁。

（5）王給妓女數千餘人，國中珍寶，無有所乏。恒欲布散，大建功德，志極山水，尋求神仙。①（《無上秘要》卷十五引《本行經》）

（6）律曰：道士、女官、主者，誅罰邪僞，清寧四海，受民以禮，養育羣生，三會吉日，質對天官，教化愚俗，布散功德，使人鬼相應。（《玄都律文》，3/460c）

（7）於是改行，内著法輪，令早得更生，還於人中，大作功德，施惠布散，廣建福田，奉宗師寶，供養孝心。（《太上玄一真人説三途五苦勸戒經》，6/872a）

“布散”，《大詞典》已收，可參。

【 跀蹴 】

（1）墮墜死之訟，跀蹴死之訟，打撲死之訟。（《赤松子章曆》卷五，11/219c）

（2）墮墜死之訟，訴其筋骨摧碎。跀蹴死之訟，訴其體脉結瘀。打撲死之訟，訴其頭破臂折。（《赤松子章曆》卷五，11/220a）

按：《類篇·足部》：“跀，足跌也。”②《慧琳音義》卷八十七“跀足”條引張戩云：“跀，足未騁也，折也。”③《周禮·天官·瘍醫》“掌腫瘍、潰瘍、金瘍、折瘍之祝藥劀殺之齊”鄭玄注“折瘍，跀跌者”孫詒讓《正義》：“跀跌，謂手足宛屈及躄仆，因而折損支體，故謂之折瘍。”④據此可知，“跀”從宛得聲，亦取義於此，指足部宛曲不正，走路跌傷，而致骨折。因而後文曰“結瘀”，就是跌傷而瘀青。而“蹴”爲躡、踏之義，與“跀”之折傷義似不相屬，故疑“蹴”似本當作“跌”，失、尤二旁形略相近。“跀跌”及類似表達在醫書中習見，兹舉數例：

（3）陳藏器云：酥堪合諸膏摩風腫、跀跌血瘀。（北宋·寇宗奭《圖經衍義本草》卷二十七，17/623c）

（4）鮑魚：味辛臭，温，無毒，主墜墮、骸躠、跀折瘀血，血痺在四肢不散者，女子崩中，血不止，勿令中鹹。（《圖經衍義本草》卷三十一，17/668c）

----

①周作明點校《無上秘要》，第142頁。
②［北宋］司馬光《類篇》，北京：中華書局，1984年，第74頁。
③徐時儀《一切經音義三種校本合刊》（修訂版），第2026頁。
④［清］孫詒讓《周禮正義》，第334頁。

（5）打撲、踠跌，亦傷經絡血分，血氣不行，故壅滯作腫痛也。没藥，善通壅滯之血。血行則氣亦行，氣血流通則腫痛自止矣。故爲諸瘡癧及金瘡、杖瘡、跌撲、傷損、腹中血結作痛之要藥而不主諸虚也。[①]（明·繆希雍《神農本草經疏》卷十三）

例5之"打撲"、"踠跌"，與例1、例2"踠跌死"、"打撲死"相應，而句意亦貼合。例3、4皆言踠跌之後瘀血。而例4"墜墮、骽躧、踠折"亦即例1、例2之"墮墜"、"踠跌"。

附説一點，字書又有"殈殧"。《集韻·阮韻》："殈，人死皃。"[②]《玉篇·歺部》："殧，殁也。"[③]《廣韻·宥韻》："殧，殧殄。"[④]如此，則"踠蹴"若讀爲"殈殧"，乃近義並列，指人死，本自可通。然從例1來看，"死"前面的詞語皆爲修飾成分，指死的具體方式，而非籠統指死，此解似不確，故附此存疑。

【梟磕駮灼　磕爍剥體　剥爍梟磕　剥磕　駁爍】

（1）執詠洞經，三十九章，中有辟邪龍虎，截岳斬堽，猛獸奔牛，銜刀吞鑲。揭山攫天，神雀毒龍，六領吐火，啖鬼之王。電猪雷父，掣星流横，梟磕駮灼，逆風横行。天禽羅陳，皆在我傍，吐火萬丈，以除不祥。[⑤]（南朝梁·陶弘景《真誥》卷十）

"梟磕駮灼"，《上清握中訣》卷中、《要修科儀戒律鈔》卷十四、《太上元始天尊説北帝伏魔神咒妙經》卷二、卷四、《上清三真旨要玉訣》作"梟磕駮灼"，《登真隱訣》卷中、《上清太極真人撰所施行秘要經》、《道法會元》卷一百五十九作"梟磕駁灼"，《洞真西王母寶神起居經》作"梟磕駿灼"，《雲笈七籤》卷四十六"梟嗑駮灼"，《北帝伏魔經法建壇儀》作"裊磕駮灼"，《道法會元》卷一百一十五、《太上三洞神咒》卷三作"馬磕駁灼"，卷一百六十七作"梟磕駁爍"，《太上三洞神咒》卷十一皆作"梟磕駁爍"。

---

①《景印文淵閣四庫全書》第775册，第684頁。
②趙振鐸《集韻校本》（上册），第753頁。
③［南朝梁］顧野王著，［北宋］陳彭年等重修《大廣益會玉篇》，第58頁。
④蔡夢麒《廣韻校釋》，第1004頁。
⑤趙益點校《真誥》，第174頁。

道經中又作"磕爍剝軆"、"剝爍梟磕":

（2）化獄碎祟，割碎身形。邪妖滅迹，鬼尸自亡。剝爍梟磕，斷首憲刑。（《高上神霄玉清真王紫書大法》卷九，28/626b）

（3）釘丁釘骨，酷叫連天。磕爍剝軆，滅形自然。（《高上神霄玉清真王紫書大法》卷九，28/627a）

按：以上字形歧變，比較複雜。從音注上看，《太上元始天尊說北帝伏魔神咒妙經》卷四注曰"梟，音驍……駮，音剝"（34/415a）。"駮"、"駮"於《廣韻》同爲北角切，字形也很相近，所以古籍之中二者通用的地方不少。

從題名上看，本節爲《大洞真經》的"遏邪大祝上法"，乃"每當經危險之路、鬼廟之間、意中諸有疑難之處"①所用，所以例1大意說的是神物護罩，掃除、擊殺不祥之物。故"梟"者，斬其首。作"梟"、"馬"者，皆爲訛字。

"磕（磕）"者，以石等物擊之。北宋張君房《雲笈七籤》卷一百二十一："一更之後，風勢可懼，敲磕擊觸，若兵甲之聲，人人股慄，莫知所以。"②《道法會元》卷一百三十三："西方金雷摧磕使者劉政，交脚幞頭，白抹額，白衣，執大石。"（29/656a）故知作"嗑"者，乃"磕"之訛字。

"駮（駮、駮）"者，讀爲"剝"，上音注已注明，同爲北角切。"剝"即例2之"剝肉挑皮"、"剝體"。作"駿"者，乃"駮（駮）"、"駮"之訛字。道經中又有"剝磕"、"駮爍"二詞，即此詞縮略而來。

（4）獠邪鬼肉，碎杵其形。天丁前捕，剝磕不停。獄吏冥考，盡吐罪名。（《高上神霄玉清真王紫書大法》卷九，28/624a）

（5）中雷大將，電掃風馳。雷錐駮爍，火令雲飛。聞吾呼召，輔佐行持。（《太上三洞神咒》卷十，2/119c）

"灼"者，燒灼；"爍"者，熔化、銷毀之義，兩者似皆可通。且前者於《廣韻》爲章紐藥韻，後者爲書紐藥韻，二者同系疊韻，聲音相近。

所以"梟磕駮灼"是一個類義並列結構，表示的是雷電之神攘除各種凶邪，保護發念咒語之人。

---

①李永晟點校《雲笈七籤》，第1035頁。
②李永晟點校《雲笈七籤》，第2670頁。

【蕭伻】

（1）含精灼雲房，蕭伻清零紀。（《洞真太上神虎隱文》，33/566c）

"蕭伻"，《洞真太上説智慧消魔真經》卷二作"蕭倅"。

按："伻"有使、使者、僕人等義，"倅"爲副義，於"蕭伻"、"蕭倅"皆不可通。竊以爲"伻"乃"倅"之形近訛字，"倅"又當作或讀作"悴"。"卒"俗作"卆"①，與"平"形極近，故"倅"訛爲"伻"字。亻、忄二旁義可相通，故從二旁之字有互混或互爲異體之例。②"蕭悴"乃虚貌，可用來指人虚弱、疲困貌。此詞《大詞典》已收，可參。

（2）是目不塵不冥，不驪不騂，支離其形，蕭悴其形。③（西晉·郭璞《客傲》）

"清零"者，清虚寂泊④，與"蕭倅"相對義近。

"蕭伻"、"蕭倅"，《中華道藏》本《洞真太上神虎隱文》、《洞真太上説智慧消魔真經》皆徑録，無校注。

【宣眄】

（1）宣眄太霞宫，金闕曜紫清。齋户映太素，四軒皆朱瓊。⑤（《上清諸真人授經時頌金真章》，34/29b）

"宣眄"，《上清九天上帝祝百神内名經》作"宴盼"，《上清金章十二篇》作"宴眄"，《上清諸真章奏頌》作"宴眄"，《墉城集仙録》卷五、《雲笈七籤》卷九十八、《衆仙讚頌靈章》皆作"仰眄"，《真誥》卷三作"仰眄"，《侍帝晨東華上佐司命楊君傳記》作"仰眄"。

按：《字彙·目部》"眄"字條："按此字今人混作盼。《詩》'美目眄兮'郭恕先曰：'流俗以眄恨之眄爲盼睞之盼，莫以爲非。'"⑥"眄"即"眄"之俗寫，因兮、分形近，加上"盼兮"類化，本表恨視之"眄"又訛爲"盼"

---

① 臺灣"教育部"《異體字字典》引許錟輝："卒字從衣一，碑刻多省變作卆，而平字又由卆形而變。"按：許説是，網址見：http://dict2.variants.moe.edu.tw/variants/rbt/word_attribute.rbt。

② 可參本書"慘然"條，其他如"伐"作"忮"、"傲"作"憿"，參張涌泉《敦煌俗字研究》（第 2版），第 280、286 頁；"惆"作"倜"，參《大字典》。

③ ［清］嚴可均輯《全上古三代秦漢三國六朝文》，北京：中華書局，1958 年，第 2152 頁。

④ "清零"即"清泠"，《無上秘要》卷二十八引《洞玄靈寶自然九天生神章經》："秀葉翳翠霞，停蔭清泠渚。"

⑤ "曜"，當作"曜"。

⑥ ［明］梅膺祚《字彙》，第 311 頁。

之俗字。“眐”、“盱”，又與“盰”相近，故再次訛變。而“盰”亦爲“盱”之俗字，《玉篇·目部》：“盱，俗作盰。”① 故又變作“盱”矣。丏、丐形近相混，“盰”又“盱”之俗字。②《上清大洞真經》“宴盱劫年”陳景元《音義》：“晏盼，普莧切，《説文》引《詩》‘美目盼兮’。古本盼、盱，一例作盰。盱，《説文》：‘目偏合也，一曰衺視。’與盼相乖，後以義求之。”（2/707a）

然“宣盼”義不可通，實當作“宴盼”或“宴盱”。“宴”有駕游、游覽義，此義道經又作“晏”③。《廣雅·釋詁》：“盱、盼，視也。”④“宴盼”、“宴盱”即遊而觀之義，如《上清大洞真經》卷一：“蕭蕭纏靄表，曲降寢華堂。遊宴盱萬劫，歸會神霄王。”（1/516b）“宴（晏）盼”或“宴（晏）盱”二詞習見於道經，又多互爲異文。

（2）上生玉房，受位金仙，天之玉堂，常接帝賢，九天之中，宴盱劫年。（《上清大洞真經》卷四，1/538b）

“宴盱”，《上清太上玉清隱書滅魔神慧高玄真經》作“宴盼”，《雲笈七籤》卷四十二作“宴盱”。

（3）震風迴三辰，金鈴散玉華。七彎絡九垓，晏盱不必家。⑤（南朝梁·陶弘景《真誥》卷三）

“晏盱”，《諸真歌頌》、《墉城集仙録》卷三作“晏盱”，《雲笈七籤》卷九十七作“宴盱”。

（4）志能成此道，魔試俱不前。保度冥劫津，宴盱无窮年。（南宋·王契真《上清靈寶大法》卷十三，30/778a）

“宴盱”，《太上洞玄靈寶無量度人上品妙經法》卷二、《靈寶玉鑑》卷十四、《三洞神咒》皆作“宴盼”，《靈寶無量度人上品妙經符圖》卷中作“宴盱”，《三洞讚頌靈章》卷上作“宴盼”。

“盱”又“盼”之訛字。而“仰盱”、“仰盼”的説法，道經亦多見，似

①［南朝梁］顧野王著，［北宋］陳彭年等重修《大廣益會玉篇》，第 22 頁。

②以上可參曾良《敦煌佛經字詞與校勘研究》，廈門：廈門大學出版社，2010 年，第 253 頁；曾良《俗字及古籍文字通例研究》，第 146、231 頁；曾良《隋唐出土墓誌文字研究及整理》，濟南：齊魯書社，2007 年，第 268 頁；［南宋］王觀國《學林》卷十“盼盱盰”條，北京：中華書局，1988年，第 328 頁。

③參周作明《中古上清經行爲詞新質研究》，第 318、317 頁。

④［清］王念孫《廣雅疏證》（第 2 版），第 32 頁。

⑤趙益點校《真誥》，第 50 頁。

亦可通，兹舉數例。《靈寶九幽長夜起尸度亡玄章》：“窈窈无上臺，遼遼
雲中堂。仰眄大羅宮，但見仙人房。”（11/153a）《上清三元玉檢三元布
經》：“祝曰：三氣變化，五色流黄，素暉散真，混合中元，來降我室，我道
明分，仰眄神容，如蘭如雲。”（6/221a）《太上大道玉清經》卷二：“俯看
六合内，漂沉生死流。仰眄霞中人，蕭然無有憂。”（33/298a）

“宣眄”，《中華道藏》録作“宴眄”，無校注説明，可正。

【嚴毳】

（1）木性强直，火性猛烈，土性仁和，金性嚴毳，水性謙退。（《太上
洞玄靈寶法燭經》，6/180a）

“嚴毳”，《墉城集仙録》卷一作“嚴脆”，《秤星靈臺秘要經》作“嚴毅”。

按：“嚴毳”不通，“毳”當作“膬”，《玉篇·肉部》以“膬”同“脆”①。
“嚴脆”者，嚴而易折。依五行配方位，金屬西方，主肅殺之氣，威嚴之象。
而金性剛，《太平經·安樂王者法第三十二》：“金性堅剛，得火而柔。”②
《修真十書·黄庭内景五臟六府圖》：“金性剛而主怒。”（4/836c）剛則易
折，故曰“脆”。《荀子·勸學》：“强自取柱，柔自取束。”③《劉子·和性》：
“夫歐冶鑄劍，太剛則折，太柔則卷。欲劍無折，必加其錫；欲劍無卷，必
加其金。何者？金性剛而錫質柔。剛柔均平，則爲善矣。”④《宋史·禮志
七》：“以玉爲五牒，牒各長尺二寸，廣五寸，厚一寸，刻字而填以金，聯以
金繩，緘以玉匱，置石礥中。”注曰：“金脆難用，以金塗繩代之。”⑤

作“嚴毅”者，當是不識“膬”，或認爲“毳”不通而改爲一個常見詞
語。反過來講，若本作“嚴毅”，則訛爲“嚴脆（膬、毳）”的可能性很小。

“嚴毳”，《中華道藏》徑録，非，當正。

【厭上】

（1）忽見一白龜，可長六寸許，身形皮甲通白如滑石，唯厭上有四黑

---

① ［南朝梁］顧野王著，［北宋］陳彭年等重修《大廣益會玉篇》，第 36 頁。按：“臭毳”，又作
　“臭脆”。“毳”即“脆”之借，可參《大詞典》二詞條。
② 俞理明《〈太平經〉正讀》，第 32 頁。
③ ［清］王先謙《荀子集解》，第 6 頁。
④ 傅亞庶《劉子校釋》，北京：中華書局，1998 年，第 370 頁。
⑤ ［元］脱脱等《宋史》，北京：中華書局，1977 年，第 2528 頁。

文,狀如書字,不可識。① (南朝梁・陶弘景《周氏冥通記》卷一)

“厭”,《茅山志》卷七作“厴”。

“厭上”,《譯注篇》譯爲:“背上。”

王家葵:“以‘厭’爲‘厴’之假借,即顔面部,不妥。”②

按:王説是。《譯注篇》所譯雖通,然“厭”何以有背義,未作説明。竊以爲“厭”當作或讀作“厴”,《廣韻・琰韻》:“厴,蟹腹下厴。”③ 由蟹之薄殻,引申爲其他動物之殻。④

或者“厭”乃“背”之訛字。“厭”又作“猒”,其左半與“背”形近而誤,似亦可通。類似記載在道經中可以看到,杜光庭《録異記》卷五:“蜀丁卯年,會昌廟城壕岸側穴中黿,生四黿,各三二寸,背上有金書王字、大吉字。”(10/871b)

“厭”,《中華道藏》、《譯注篇》皆徑録,非,當正。

【依玄】

(1)天有誠書,具道善惡之事,不信其言,何從乎? 欲得見久視息乎? 中爲不如六畜飛鳥走獸有知邪! 是愚之劇,何可依玄? 但作輕薄,銜賣盡財,狂行首罰,無復道理。⑤(《太平經・不可不祠訣第一百九十六》)

俞理明:“玄,通炫。炫耀?”

楊寄林:“依玄,意爲依憑上天。玄即深青色,爲天之正色,用以指代上天。《周易・坤・文言》云:‘夫玄黄者,天地之雜也。天玄而地黄。’”⑥

蕭旭:“玄疑讀爲牽,引也,挽也。‘是惡之極,爲鬼復惡,何可依止’(442/10),‘無所依止’(457/6),‘依止’是其誼。”⑦

按:“依炫”、“依憑上天”不通,故俞説、楊説皆不可從。“玄”即使可讀爲“牽”,則依引、依挽也不是依止之義,故蕭氏難以自圓其説。竊以爲

---

①[日]麥谷邦夫、吉川忠夫編,劉雄峰譯《〈周氏冥通記〉研究》(譯注篇),第25頁。

②王家葵《周氏冥通記校釋》,第47頁。

③蔡夢麒《廣韻校釋》,第743頁。

④此説蒙黄笑山教授指點,謹致謝忱!

⑤俞理明《〈太平經〉正讀》,第446頁。

⑥楊寄林《太平經全注全譯》,第1960頁。

⑦蕭旭《群書校補》,第606頁。

“玄”是一個訛誤字，當作“忯”，乃依恃義。“依忯”是一個同義並列結構。《集韻·紙韻》：“恀，《爾雅》：恀、怙，恃也。或从氏。”[1] 氏、玄二旁之字多有相混，張涌泉早已揭明，是因爲“氏（氏）”俗書作“互”，由“互”而變作“玄”，故與“玄”相混[2]，“忯”就有訛作“玄”的可能。《太平經》即有二旁相混之例，《神祝文訣第七十五》：“祝也，祝百中百，祝十中十，祝是天上神本文傳經辭也，其祝有可使神佂爲除疾。皆聚十十中者用之，所向無不愈者也。”[3] “神佂”一詞，學界解釋紛紛，未得確詁。張文冠從楊寄林之説認爲“佂”當作“祇（祇）”[4]，此説極是。

【怡發】

（1）洪君曰：“見周生，不中路怡發乎？”答曰：“不怡發，雖怡亦不能毀其金簡。”注曰：“怡發字，並應作殆廢字。”[5]（南朝梁·陶弘景《周氏冥通記》卷二）

“怡發”，《譯注篇》譯爲：“怠廢。”

按：“怡”當作“怠”[6]，乃偏旁位移造成同形相混，這有可能是書寫習慣的問題。如“忽”作“㤎”，“息”作“怕”，“慰”作“憫”，“憋”作“憿”，“憨”作“憿”等等。“怡”作“怠”，道經有用例，S.2295《老子變化經》：“子當念父，父當念子，怡忽相忘，去之萬里。”“怡忽”即“怠忽”。

“怠”在此書屢次出現，都是懈怠義。卷二：“童曰：‘二君亦適人所爲，不必相逼。若能積業更深，則成真人。功夫若怠，猶當不失此丞。’”卷三：“王君曰：‘子勤勵之，名籍雖定，中間縱怠，亦未必得全此功。爾勿輕示人今夕來事。’”“周君曰：‘茅定録説此者，是戒爾之深矣，勿怠惰於其間。’”“陶久入下仙之上，乃范幼沖等也。”注曰：“既云‘久入’，今當由怠替致降二階邪！”[7] 而陶注所謂“殆”者，亦是“怠”之假借。二者相

---

①趙振鐸《集韻校本》（上册），第643頁。
②張涌泉《漢語俗字叢考》，北京：中華書局，2000年，第471頁；張涌泉《漢語俗字研究》（增訂本），第170頁。
③俞理明《〈太平經〉正讀》，第153頁。
④張文冠《〈太平經〉字詞校釋四則》，第337頁。
⑤［日］麥谷邦夫、吉川忠夫編，劉雄峰譯《〈周氏冥通記〉研究》（譯注篇），第89頁。
⑥此説參張文冠《近代漢語同形字研究》，第175頁。
⑦分別見［日］麥谷邦夫、吉川忠夫編，劉雄峰譯《〈周氏冥通記〉研究》（譯注篇），第91、133、145、146頁。

通,《大詞典》已收,可參。"發"確讀爲"廢","廢"亦有懈怠義,故"怡發(怠廢)"是一個近義並列結構。此詞道經可見:

(2)蜀之田疇既廣,租賦是資,所修隄堰二百餘里,或少有怠廢,則墊溺爲災,歲苟不登,則饑寒總至,人或失所,神何依焉? [①](北宋·張君房《雲笈七籤》卷一百二十一)

(3)"臣以濟度爲心,承宣是職,代天行化,助國救民,職分當然,敢云怠廢。"(南宋·林靈真《靈寶領教濟度金書》卷一百四十七,7/664a)

此詞其他四部文獻中亦可見,《大詞典》已收,可參,兹不再舉例。

【賑晱】

(1)五行表瑞,見金運之隆昌;百辟同瞻,賀玉京之賑晱。[②](五代·杜光庭《廣成集》卷一)

"賑晱",《四庫》本作"胎脱",《全唐文》卷九百二十九作"貽晱"。《中華道藏》録作"賑晱"。董恩林校曰:"'賑晱',明抄本、清抄本作'貽晱',《四庫》本作'胎脱'。"

按:"賑"、"賑"二形字書皆不載,"賑"當是一個訛變俗字,竊以爲其本當爲"賑"字。"辰"有"辰"等類似之形,其右下角之"丿"筆變平而成"一"筆,與其上部構件成"日"旁,右邊"丿"筆斷開,與下部構件成"小"旁,故字形變"賑"作"賑"矣。

然作"賑"字,義不可通,當爲"賗"字之訛。《龍龕·貝部》:"賗、賗、賗,三俗;貽,正。與之反,遺也,況也。"[③] 推溯其由,當是"貽"篆文作"𧷽"形,故字形變作"賗"、"賗",又變作"賗",再變作"賑"[④],故《正字通·貝部》:"賗,貽字之譌。"[⑤] 故"賑晱"當作"賗(貽)晱",明清抄本、《全唐文》是。"貽"、"晱"皆有予、贈、賜義,古籍習見,自不煩贅述。此詞屢見於杜光庭之著作及其他道經、文獻:

(2)百穀豐登,群生和泰,龍神貽晱,疵疫無侵。[⑥](《廣成集》卷九)

---

①李永晟點校《雲笈七籤》,第 2665 頁。
②董恩林點校《廣成集》,第 8 頁。
③[遼]釋行均《龍龕手鏡》(高麗本),第 349 頁。
④此說季旭昇略之,網址:http://dict2.variants.moe.edu.tw/variants/。
⑤[明]張自烈、[清]廖文英編,董琨整理《正字通》,第 1106 頁。
⑥董恩林點校《廣成集》,第 132 頁。

（3）伏冀社稷尊靈，宗祧上聖，挹靈津於紫府，御瓊鳳於玄洲，貽貺億千，傳光海嶽。（杜光庭《金籙齋懺方儀》，9/84c）

（4）友萬帝以優遊，接羣真而宴處，延休帝業，貽貺孫謀。（杜光庭《太上靈寶玉匱明真大齋言功儀》，9/815c）

（5）所祈萬聖傾光，衆尊流鑒，延恩紫闕，貽貺皇朝，社稷隆昌，宗祧安鎮，洪基克固，綿劫常存。（杜光庭《太上黃籙齋儀》卷十二，9/215a）

（6）柔輝允穆，播蘭畹之清芬。媛範惟新，激林飈之逸韻。玉雞貽貺，沙麓降祥。①（唐·武則天《大福先寺浮圖碑》）

（7）或蜺裳鶴駕，貽貺玉田；或棘署槐庭，書功金册。（唐《陽昕墓誌》）

又或者“貺”乃“宸”之訛字。推溯其由，“宸”殆受句中“貺”字影響，類化作“賑”；“賑”不成字，再換旁或省旁作“賑”。“宸”表天子或天子相關之物，故訓、字書習見，茲不贅述。道經中多見此字所構成的詞語，如“宸翰”、“宸衷”、“楓宸”、“宸廷”等，《大詞典》多已收錄。故“宸貺”者，上天、仙人之賜。“玉京”乃道教中之仙府，玉皇所居。“百辟同瞻，賀玉京之宸貺”，乃言百官同來瞻仰，慶賀上天降下祥瑞。此詞亦屢見於道經，茲舉數例：

（8）此世他生，常膺福慶，以昭宸貺。（南宋·林靈真《靈寶領教濟度金書》卷三百一十一，8/717c）

（9）庶使善功成就，宸貺普覃。遍家國以霑休，極顯幽而蒙祐，生靈利樂，動植昭蘇。（南宋·金允中《上清靈寶大法》卷三十一，31/553a）

（10）右關玄都金龍騎吏一員，察命童子，護戒威神，齎持符命，徑達南宮，超度幽陰，昭示宸貺。（《道法會元》卷二十三，28/814a）

（11）更冀百穀用成，九垓咸遂，遺蝗遁影，妖魃潛蹤。飽食暖衣，極三農而快樂；仰事俯育，歷百歲以光華。蒙如所陳，允昭宸貺。（《太上濟度章赦》卷上，5/822b）

（12）還瞻瓊舘，翬飛舄化，泗洲喜見，瑤臺傑出，共資宸貺，均被靈休。（明·張宇初《峴泉集》卷七，33/249a）

兩説相較，前説似更優。《中華道藏》、“選刊”本點校者殆不識俗

---

① ［清］董誥等編《全唐文》，第1010頁。

字,或照録,或因形近而造字"賟",皆不足取,當正。《四庫》本"胎脱"者,則一訛再訛,幾不知何義。

【祐暢】

(1)其願得達,心自<u>祐暢</u>,蒙得生無貲之壽,恬惔少文,軀自念全,何有懈息?① (《太平經·貪財色災及胞中誡第一百八十五》)

楊寄林:"祐暢,爲能佑助世人而歡暢。"②

俞理明等:"祐暢,舒暢。"③

按:楊説不通;俞説句意上講得通,但"祐"無舒暢義。竊以爲"祐"當作"恬","祐"即"佑",與"恬"形近而訛。④ 忄、礻二旁有相混之例,本書"慘然"、"蕭伻"條已發。"舌"俗書作"舌"⑤,與"右"僅有丿筆之差,十分相近。"恬"有安逸、舒適義,《説文·心部》:"恬,安也。"⑥"暢"有舒暢義,故"恬暢"是一個近義並列結構,乃安舒義。這是漢代形成的一個新詞:

(2)故氣感之符,清潔明光;情素之表,<u>恬暢</u>和良。⑦(西漢·陸賈《新語·懷慮》)

《大詞典》引此例,釋爲"恬静豁達",恐非。

【愉慔】

(1)除誘慕於接物,削斥淺務,御以<u>愉慔</u>,爲乎無爲,以全天理爾。⑧(晉·葛洪《抱朴子内篇·至理》)

按:"慔"重疊作"慔慔",有勉義⑨,此義施之於"愉慔"不通。竊以爲"慔"當作或讀作"漠",乃寂静無聲或淡泊之義,此義上又可做"默"。

---

①俞理明《〈太平經〉正讀》,第 417 頁。

②楊寄林《太平經全注全譯》,第 1805 頁。

③俞理明、顧滿林《東漢佛道文獻詞彙新質研究》,第 212 頁。

④或曰"祐(佑)"當作"怡"。按:"怡暢"乃歡暢之義,施於句例亦可通;然此詞最早見於唐代(見《大詞典》所引唐陳玄祐《離魂記》),時代太晚,故不從此説。

⑤參張涌泉《敦煌俗字研究》(第 2 版),第 723 頁。

⑥[東漢]許慎《説文解字》,第 218 頁。

⑦王利器《新語校注》(第 2 版),北京:中華書局,2012 年,第 156 頁。

⑧王明《抱朴子内篇校釋》(增訂本),第 111 頁。

⑨《爾雅》,第 22 頁。

“愉漠／默”即恬愉淡漠／默之義。類似表達在《抱朴子内篇》中常見,如
《論仙》:“學仙之法,欲得恬愉澹泊,滌除嗜欲,内視反聽,尸居無心,而帝
王任天下之重責,治鞅掌之政務,思勞於萬幾,神馳於宇宙,一介失所,則
王道爲虧,百姓有過,則謂之在予。”《道意》:“俗人不能識其太初之本,
而修其流淫之末,人能淡默恬愉,不染不移,養其心以無欲,頤其神以粹
素……則不請福而福來,不禳禍而禍去矣。”《雜應》:“爲之,率欲得靜漠
幽閑林麓之中,外形不經目,外聲不入耳,其道必成也。”①

【踰蹷】

（1）戴地懸天周乾坤。注曰:“人生地道來附已,故言‘戴地’。玄母
在天,下養萬物,不用機素,神明微妙,非俗所聞。常欲令我得神仙,迫於
乾坤,不可踰蹷哉!”②（北宋·張君房《雲笈七籤》卷十二）

按:“踰蹷”不通,竊以爲“蹷”當作或讀作“跋”。二者音形俱近,
“跋”於《廣韻》爲曉紐月韻;“蹷”列三韻,一爲見紐月韻:二者聲近韻
同。“踰”即“逾”,“跋”即“越”③,“逾越”乃超越、跨越之義。此詞見於
道經,兹舉二例:

（2）詳慎所言,勿爲神所記,各慎所部文書,簿領自有期度,勿相踰
越。④（《太平經·大功益年書出歲月戒第一百七十九》）

（3）故知道德,然後知仁義不足行也;知仁義,然後知禮樂不足修
也。默希子注曰:“夫聖王憫世之衰而無道德,故貴仁義禮樂,制節其性,
和樂其情,全其節度,崇其敬讓,使不敢踰越,以復道德也。”（《通玄真
經》卷九,16/716c）

其他四部典籍多見“踰／逾越”用例,《大詞典》已有收録,兹不再
舉例。

【齋】

（1）數聞神言,不見其人,心内不自安,常齋惶懼,日夜愁怖,不敢自

---

① 王明《抱朴子内篇校釋》（增訂本）,第 17、170、273 頁。
② 李永晟點校《雲笈七籤》,第 301 頁。
③ 分别參王力《同源字典》,第 193、487 頁。
④ 俞理明《〈太平經〉正讀》,第 402 頁。

安。[1]（《太平經·天報信成神訣第一百九十七》）

俞理明：“齋,當作齎。”

蕭旭：“齋讀爲憏,本字爲悽。《爾雅》：‘憏,愁也。’字或作濟,《方言》卷1：‘濟,憂也。’又作嚌,《太玄·樂》范望注：‘嚌嚌,憂悲也。’”[2]

“齋”,楊寄林譯爲：“齋戒。”[3]

按：楊説非,相較於蕭説,俞説更優。“齎”者,懷也、抱也。此義《大字典》《大詞典》皆有收録,可參。《太平經·有功天君勅進訣第一百九十八》：“諸神皆懷懼而言：‘本素不知此人來,恐不大精實,且各消息其意,不知天君聞之。’”[4]“懷懼”與“齎惶懼”結構類似,意義相同。同時代的其他文獻也有類似表述,東漢曇果、康孟詳譯《中本起經·尼揵問疑品第十四》：“長者問曰：‘伏聞如來慈等普救,不審法教偏駁不等,有得道者、有不得者？抱疑日久,願尊開蒙。’”俞理明等：“抱疑,心懷疑問。”[5]此説可從。

【支年】

（1）我等智淺,聞有道法而便信受,遂獲仙度,支年而住,不聞有此无極大乘之法。（《無上大乘要訣妙經》,2/1b）

按：“支年而住”語義不明,“支”當作“積”。“積年”,即累年。“積”異體作“稹”,“支”當是其壞字或形近誤字。另外,“支”於《廣韻》爲章紐支韻,“積”列二韻,其一爲精紐寘韻。章、精二紐爲舌齒音,發音部位接近,支、寘二韻僅有聲調平去之别,故語音也相近。類似表述,在道經中數見：

（2）緩者積年而成病,急者災患而卒至也。[6]（北宋·張君房《雲笈七籤》卷三十三）

（3）太一廻車畢券之訣,從積年而善功未立,譴闕非一,夙夜憂懼。（《正一法文法籙部儀》,32/199b）

---

①俞理明《〈太平經〉正讀》,第448頁。

②蕭旭《群書校補》,第607頁。

③楊寄林《太平經全注全譯》,第1972頁。

④俞理明《〈太平經〉正讀》,第451頁。

⑤俞理明、顧滿林《東漢佛道文獻詞彙新質研究》,第179頁。

⑥李永晟點校《雲笈七籤》,第735頁。

（4）今輒撰成滴漏循環之法，<u>積年</u>而成，不勞人力，不費工財。（《全真坐鉢捷法》，32/127b）

此詞亦多見於其他四部典籍，《大詞典》已收，可參。

【㩲捽】

（1）海有瓊蘂、珊瑚、馬腦，何緣得之？及其採之，先利其噐，涉山伐木，分折（析）道理，細剖補合，成其舡舫，純剛鐵列，張設關帆，搖魯<u>㩲捽</u>，密安網候。暨其寶所，深安網候，乃取瓊蘂寶貨，豐多足以濟世。（P.2429《太上妙法本相經》卷五）

按："捽"有兩手擊、擺弄、分裂、毀諸義，施之於"㩲捽"皆不可通。竊以爲"㩲"當作"榷"，俗書扌、木不分；"榷"即棹，乃劃船之義。此義《大字典》《大詞典》已收，可參，兹不再舉例。"捽"當作或讀作"箄"，乃大木筏之義。《集韻·佳韻》："簰、簿、箄，大栰曰簰。或从水，亦省。"① 《後漢書·岑彭傳》："九年，公孫述遣其將任滿、田戎、程汎，將數萬人乘枋箄下江關，擊破馮駿及田鴻、李玄等。"李賢注："枋箄，以木竹爲之，浮於水上。"② "魯"即櫓，故"搖櫓㩲箄"者，即搖櫓劃船。

第二節　因通假音變而致疑難的字詞考釋

本節共考釋疑難詞語 46 條，具體考證如下：

【澳】

（1）以火鍊真文，瑩發字形，文彩煥曜，洞暎五方，因號此土爲赤明之國。火精流<u>澳</u>爲洞陽之庭，故人於火庭身受火鍊，致不衰老，于今庭人皆真文之功。（《太上諸天靈書度命妙經》，1/801a）

忻麗麗："澳：水流聚集、灌注。……澳之灌注義，源於其'深'義，與奧通。從奧聲字有'深'義……澳，本義爲水邊凹進的地方……凹進之

---

① 趙振鐸《集韻校本》（上冊），第 213 頁。
② ［南朝宋］范曄《後漢書》，第 660 頁。

地,引申爲‘深入、内、隱藏’等義。澳有深義……凹進、深入之處可以包藏容納、聚集物體,故又有藏義,通陶、燠。……若是液體等納入深凹之處,即有灌注義。”①

（2）其精飈飈而翠澄,碧雲欝乎太虛,華芒爛乎九玄,流津澳於豪林之外,玉泉注於萬丈之淵。(《上清元始變化寶真上經九靈太妙龜山玄籙》卷下,34/227b)

（3）其精落落,如玉瑩光,光芒焕焕,峩峩峻嶒,上無復色,下無復淵,眇莽浩汗,似素雲之沓煙,焕乎洞虛金門之上,流津澳注冶練之庭,冶練則有還容之池。(《上清元始變化寶真上經九靈太妙龜山玄籙》卷下,34/228a)

周作明:“澳注:流淌;灌溉。……‘澳’在六朝有衝刷義。”②

按:“衝刷”義和“灌溉”義之間似無明顯的引申路徑,周文亦未作論證。且“澳”之衝刷義是對文獻的誤讀,這一點忻麗麗在文中已有反駁,其説是。但忻氏認爲“澳”之灌注義是由深引申爲藏聚,再由藏聚引申而來,過於迂曲,恐不可從。竊以爲“澳”實即“沃”字,前者於《廣韻》列二切,其一爲於六切,屬影紐屋韻,後者爲烏酷切,屬影紐沃韻:屋、沃二韻皆屬通攝,故中古二字聲同韻近。上古前者屬影紐覺韻,後者屬影紐藥韻,藥、覺二部韻腹相近,韻尾相同,屬旁轉,二字亦是聲同韻近:故二字語音相近,可以通用。忻麗麗認爲“澳與沃並無音義聯繫”③,不確。

實則此説前人已發之。《韻略易通·蕭豪》:“澳,以水添釜。”④向鍋中添水亦即灌注。此義現代方言中猶存,又可寫作“燠”,《漢語方言大詞典》:“燠:〈動〉澆;灌注。吳語。江蘇南部。《説文·水部》清段玉裁注:‘灌者,沃也。沃,今江蘇云燠,烏到切。’浙江寧波。應鐘《甬言稽詁·釋食》:《説文》段玉裁注:‘自上澆下曰沃。’沃聲轉爲燠。甬俗竈上有湯鍋,灌水入鍋曰燠。炊飯,以水、米入鑊曰燠飯。又引申爲,凡物自上傾入下孔,雖非水液,亦云燠。如以勺取粉挹入口内曰燠。舀米入

---

①忻麗麗《中古靈寶經詞語考釋》,第102—104頁。
②周作明《中古上清經行爲詞新質研究》,第268頁。
③忻麗麗《中古靈寶經詞語考釋》,第104頁。
④《續修四庫全書》第259册,第166頁。

磨孔磨之,亦云燠。"① 此説追尋了"燠"的來源,極是。②《説文·水部》:
"渷,溉灌也。"③ 此字後來寫作"沃",中古道經及其他中古文獻中有很多
用例④,兹舉一例。南朝梁陶弘景《周氏冥通記》卷一:"於時晡許,華陽
都講丁景達來看,徐普明並見之。驚問:'見此甘露降下?'家人不欲顯
此事,仍戲言:'向小兒以糖沃之耳。'"⑤

【白瘨】

（1）爲人皮膚瘡疥、惡癩頭上、白屑甲虱,并陰疽、濕痒、痔漏、鼠妳、
白瘨等風,無所不作。（《太上除三尸九蟲保生經》,18/701b）

按:《説文·疒部》:"瘨,病也。从疒真聲。一曰腹張。"⑥《廣韻·先
韻》:"瘨,病也。癲,上同。"⑦ 無論是癲癇,還是腹脹,於上例都不通。實
則"瘨"當讀作"癜",音近而訛。前者於《廣韻》爲端紐先韻,後者所從
之"殿"分屬端、定二紐霰韻:先、霰二韻僅有聲調平去之别,故二音相
近。所謂白癜風,是一種皮膚病,症狀爲皮膚上起大小不等的白斑。此
疾醫典多有記載,如:

（2）治白癜方:礜石、硫黄,右二味各等分爲末,酢和傅之。（唐·孫
思邈《備急千金要方》卷七十二,26/478b）

【畢塞　禆塞　俾塞】

（1）罪結九幽,謫役水官,畢塞長源,幽執寒夜,魂魄苦痛,塗炭備
嬰,長淪萬劫。⑧（《無上秘要》卷五十四）

"畢塞",《無上黄籙大齋立成儀》卷十七作"俾塞"。

在類似的表述中,又有"禆塞":

（2）六疾醜陋,可憎之極,年命無幾,復受死壞,魂入長夜九幽之中,

---

① 許寶華、［日］宫田一郎《漢語方言大詞典》,北京:中華書局,1999 年,第 7287 頁。
② 忻麗麗已經引用到了《韻略易通》和《漢語方言大詞典》的材料,但在"沃"、"澳"語音不相近
　的影響下,堅持其引申的觀點。
③［東漢］許慎《説文解字》,第 233 頁。
④ 參劉祖國《魏晉南北朝道教文獻詞彙研究》,濟南:山東大學出版社,2018 年,第 33 頁。
⑤［日］麥谷邦夫、吉川忠夫編,劉雄峰譯《〈周氏冥通記〉研究》（譯注篇）,第 21 頁。
⑥［東漢］許慎《説文解字》,第 154 頁。
⑦ 蔡夢麒《廣韻校釋》,第 267 頁。
⑧ 周作明點校《無上秘要》,第 860 頁。

配役三河，裨塞長源，寒癘切肌，諸苦備經，一切緣盡，乃得更生人中之門。（《太上靈寶諸天內音自然玉字》卷四，2/561c）

“裨塞”，S.6659《太上洞玄靈寶妙經衆篇序章》作“卑塞”。

按：“畢”、“裨”、“俾”皆當作或讀作“閉”。從語音上看，“畢”於《廣韻》爲幫紐質韻，“閉”爲幫紐霽、屑兩韻，“裨”、“俾”皆爲幫紐支韻，四者聲紐相同。六朝道經質、屑二韻，支、霽（齊）二韻各有通押之例①，故它們的語音分別相近。另外，從卑、畢二旁之字有互爲異體之例，亦可證其語音相近，如“髀”作“䠙”，“睥”作“睴”。②

（3）太上道君顧問北方世界飛天神人：“我嘗歷觀諸天，出遊北門，見北方無極世界地獄之中，三河九江諸山，責役百姓子男女人，塗炭流曳，負山擔石，閉塞長源，吞火噉炭，無復身形。”（《太上洞玄靈寶智慧罪根上品大戒經》卷下，6/892b）

從意義來看，“長源”爲天地水三官中，水官所在，主管刑罰；“閉塞長源”即永不得出，生生世世受罰。

【薄地】

（1）▢▢▢▢綿，馬瑙緣邊，琉璃薄地，七寶莊嚴。（S.2122《太上妙法本相經廣説普衆捨品第廿一》）

按：“薄地”不通，“薄”當讀爲“鋪”，二者皆從甫得聲。“鋪地”乃鋪展、敷陳於地之義。此詞典籍習見，茲舉道經二例：

（2）秘於正月一日子時置壇，白茅鋪地，鹿脯、香茶、酒果、燈燭各十二分，天蓲地酒。離壇傍伴，勿語，向天門上道，不許人知見。（《鬼谷子天髓靈文》卷下，18/679a）

（3）立獄先用淨灰鋪地，作用念大呪，設灰圍四維如城墻，前開一門，用大呪寫前各項獄額名字，須兩竹邊掛，各星上黑紙寫各星名，筯插小旗於各位。（《道法會元》卷一百六十七，30/72c）

又作“敷地”，典籍亦習見，茲亦舉道經二例：

①分別參夏先忠《六朝上清經用韻研究》，第52—53、299頁，第34—35、224—228頁。按：霽韻爲齊韻系之上聲。

②按：卑、畢二字亦有互爲異文之例，如《國語·晉語》：“與鮮卑守燎。”“卑”，宋庠《補音》作“畢”。《史記·吳太伯世家》：“子句卑立。”“卑”，《吳越春秋》作“畢”。

（4）其行治病，但以一八尺布帕<u>敷地</u>坐，不飲不食，須臾病愈便去。（唐·王懸河《三洞珠囊》卷一，25/298b）

（5）飛天八神運力旋轉，四方金龍旋柱鬭珠，八面垂珠，三十二舘閣，三十二天帝周廻八方，五色祥雲<u>敷地</u>擁出，光明遍照。（《太上三十六尊經·玉清境上妙功德經第十一》，1/584c）

又作"布地"，典籍亦習見，兹亦舉道經二例：

（6）夫經，不師受，則神不行。若世無法師，又無籙傳者，當以法信投清冷，或可密室啓玄師者。君北向三拜，然後以物<u>布地</u>，施於饑乏之人，平等一心而用經。①（《無上秘要》卷三十四引《洞玄隱注經》）

（7）既入國門，无量无邊，清信士女滿道迎候，散華<u>布地</u>，无復空缺，皆厚數尺。（《太上一乘海空智藏經》卷三，1/630b）

"鋪"、"敷"、"布"三者音義皆近，本爲同源②：它們或從甫聲，或從父聲，而甫亦從父聲。故"鋪地"、"敷地"、"布地"實爲一詞之變體。

【慘然　僢然　參然】

（1）其日天帝自下日月星宿、天上天下、地上地下、五嶽四瀆河海神靈，莫不<u>慘然</u>俱下，周行諸天下地上，察校學士兆民功過輕重，列言青宮。（《無上秘要》卷九）

（2）其日星宿、璿璣、玉衡，皆<u>慘然</u>俱會天關之門。（《無上秘要》卷九）

（3）其日遣上太一下，太一自下，其中諸天星辰日月、璿璣北斗<u>慘然</u>俱下，與五帝、五嶽四瀆江河淮海水帝、九部刺姦、三官考召、地上神祇，周行天下，司察善惡，功過輕重，列言上天。③（《無上秘要》卷九）

此數例又見於《元始五老赤書玉篇真文天書經》卷下，皆作"慘然"。

"慘然"，《大詞典》釋爲"形容心裏悲傷；慘淡昏暗貌"，二義驗之於以上三例皆不諧。道經中有其他"某然俱下/至"的句式，可與之比勘。《上清道寶經》卷一："正月十五日上元，七月十五日中元，十月十五日下元。"注曰："是日，无極天尊、三十二天帝、飛天神王、高上玉虛至真大

①周作明點校《無上秘要》，第511頁。
②參王力《同源字典》，第172頁。
③以上三例分別見周作明點校《無上秘要》，第120、122、124頁。

神、无極大道太上者君諸丈人、南極北極、東西一華、九靈真母、太和玉女、南斗北斗、諸天日月星宿,森然俱至。"①（33/706a）《洞玄靈寶諸天世界造化經》:"四下者,日月五星、二十八宿,其中諸天森然俱下,伺察衆惡罪犯之者。"（5/862c）《太上導引三光寶真妙經》:"十方無極世界,承道威神,倏忽之間,斂然俱至。"（1/858c）

"森然",衆盛貌;"斂然",皆也、都也②:都含聚合、盛多義。依文例看,"慘然"亦當取盛義。竊以爲"慘"當讀爲"傪",《集韻·侵韻》:"傪,衆也。"③"傪然",盛多之義。"慘"、"傪"於《廣韻》皆爲七感切,清紐感韻,聲韻俱同,可得通假。④

（4）衆聖既☐,諸天飛仙神仙、真人玉女,長生司命司録☐（司）殺、南斗北斗,諸天日月星宿、璿璣玉衡,一☐（切）衆神,莫不慘然俱至。（BD00017《大道通玄要》卷七引《太上洞玄靈寶三元品戒功德輕重經》）

"慘然",《道藏》本《太上洞玄靈寶三元品戒功德輕重經》作"森然",二者實爲同義。

文獻中又有"參然"、"參如"二詞,又作"參參然":

（5）先存見齋堂,爲太玄都玉京山七寶城宮臺寶蓋師子之座,座上蓮花以爲茵籍,牀前師子蹲踞相向,香官伎樂參然羅列。⑤（北宋·張君房《雲笈七籤》卷四十三）

（6）日月星辰之于天,百穀草木之于地,參然紛然。⑥（北宋·趙湘《南陽集》卷六）

（7）鳳頸龜背,鬚垂至腰,參如也。注曰:"參參然盛貌。"⑦（隋·王通《中說》卷八）

例 5 "香官伎樂參然羅列",言香官、伎樂紛然盛多;例 6 "參然"、"紛

①"無極大道太上者君諸丈人"當作"無極大道太上老君、諸君丈人","東西一華"當作"東西二華"。
②《大詞典》已收該詞,可參。
③趙振鐸《集韻校本》（上冊）,第 581 頁。
④上古二者皆從參得聲,語音自近。《説文·人部》:"傪,好皃。"段注:"未見其證。《方言》曰:'傪,憀也;憀,惡也。'此假傪爲慘也。"北宋王陶《談淵》:"翰林院侍講學士杜鎬,博學有識。都城外有墳莊,一日,若有甘露布布林木。子姪輩驚喜,白於鎬。鎬味之,慘然不懌。""慘然",《皇明文衡》卷五十五引作"傪然"。二例之"傪"作"慘",猶"慘"作"傪"。
⑤李永晟點校《雲笈七籤》,第 952 頁。
⑥《叢書集成初編》本,第 48 頁。
⑦張沛《中説校注》,北京:中華書局,2013 年,第 218 頁。

然”同義並列，言日月星辰、百穀草木之多；例7“參如”即“參然”，注曰
“參參然盛貌”，亦繁盛之義，言鬚髮之繁密。

　　“傪然”、“參然”實爲一詞之變，爲繁盛、衆多之義。推溯其源，“傪”
不僅從“參”得聲，而且應當取義於“參”，是“參”的後起分化字。“參”
本作“曑”，從晶得義；“晶”所從三日於甲骨文、金文中表衆星，故“參”
含衆多義。

【操促　躁促】

　　（1）大劫有終運，運交二象傾。龍門斷天河，三五反相征。赤鎮據
東井，華蓋伏晨星。玄暉昏八荒，穢氣翳天精。三官相操促，五嶽不固
靈。萬癘交橫馳，北帝勇魔兵。八網羅天外，聖主不能清。（《上清高上
玉晨鳳臺曲素上經》，34/2a）

　　周作明：“操促，催促。”①

　　按：竊以爲“操促”即“躁促”。“操”於《廣韻》列三韻，其中有清紐
豪韻、號韻，“躁”爲精紐豪韻，精、清二紐同系，豪、號二韻僅有聲調平去
之別，故二音相近，可得通借。“躁促”是一個同義並列結構，核心義爲
急、快，故可釋爲匆忙、遑遽、草率、急切等義。又作“草戚”、“草戚”等，
“草”於《廣韻》爲清紐皓韻，“促”爲清紐燭韻，“戚”爲精紐屋韻，燭、
屋二韻亦相近，故數形皆爲一詞之變。後二形《大詞典》已收，則不再
舉例。

　　（2）方須研進，遣欲觀妙，損己度人，勇猛立功，精嚴存念，或多或
少，一月三修，物我咸通，積勳成德，念念不斷，善善相聯，恒見三尊，雲駕
自至，久必神通。躁促則塞，塞而億遍，亦弗能超。（《太上老君大存思圖
注訣》，18/723b）

　　例1乃言大劫來臨之際的種種反常現象，天地傾摧，星度失次，日空
昏暗，邪氣彌漫等貌。“三官”指賜福之天官、赦罪之地官、解厄之水官。
“三官相操促，五嶽不固靈”是指三官、五岳之神靈，遑遽不安、紛然騷動。
例2“躁促”乃急切義。

---

①周作明《中古上清經行爲詞新質研究》，第64頁。

【屫然】

（1）隨考輕重，付與三途五苦，淪溺備艱，辛苦痛毒，不可堪忍，訟對生人。雖言空虛曠蕩，斯則法律屫然。（《太上洞玄靈寶宣戒首悔衆罪保護經》卷下，6/907b）

（2）若有世人不敬斯言，輕忽侮慢，或生誹謗，稱此經文非至聖説，當知此人已是三塗眷屬、地獄因緣，見世必嬰无量怖畏、煩惱苦毒，未來生中燒煮剥炙，備罹痛楚，不可勝記，如《明真科》屫然不失。（《太上一乘海空智藏經》卷三，1/634a）

例 1 之 “法律”，即道教中的戒律科儀，而《明真科》即爲道教戒律之一，故例 1、2 語境類似。然 “屫然” 爲何義，似不易索解。此詞又屢見於其他文獻：

（3）故《法華經》云，時我及衆僧俱出靈鷲山，儀佅之宮，屫然可期；西方根源，何爲不覩。[①]（南朝宋・釋道高《苔李交州淼難佛不見形》）

（4）凡聞於言，必察其行；覩於行，必求於理。若理不乖而行不越者，請无造於異端。且殊塗同歸，未必屫然一貫，頃亦多有與君此意同者。[②]（南朝梁・釋僧祐《弘明集》卷十一）

（5）多有真金之藏。法瑶注曰：“身中佛性，理必屫然，如彼舍内寶藏之義也。”[③]（南朝梁・釋法朗《大般涅槃經集解》卷十八）

（6）當知快説是果讚因菩薩也，即果口讚因口，其義屫然。[④]（隋・智顗《金光明經文句》）

（7）此三應真，冥契于昔，功在言外，經所不辯，必暗軌元匠，屫然無差。[⑤]（《唐中岳沙門釋法如禪師行狀》）

“屫然”，《一切經音義》屢見，皆釋爲不齊義或仁謹義。[⑥]《大方廣佛華嚴經疏演義鈔》卷四十三：“屫，猶現也。”[⑦]

按：玄應等人所釋非，“屫然一貫”、“屫然無差” 似正好與不齊義

---

①［清］嚴可均輯《全上古三代秦漢三國六朝文》，第 2782 頁。

②《中華大藏經》第 62 册，北京：中華書局，1993 年，第 878 頁。

③［日］高楠順次郎等《大正藏》第 37 册，第 448 頁。

④《中華大藏經》第 96 册，北京：中華書局，1995 年，第 338 頁。

⑤［清］陸心源輯《唐文拾遺》，《續修四庫全書》第 1652 册，第 135 頁。

⑥參徐時儀《一切經音義三種校本合刊》（修訂版），第 1879、2014、2136、2159 頁。

⑦［日］高楠順次郎等《大正藏》第 36 册，第 334 頁。

相反。同是《太上一乘海空智藏經》卷三："説是語已,海空智藏即憶前事,洗然不失,成就妙道,當於一生,獲具足轉,同等上力,利益衆生,无有限量。"（1/633a）此處正可與例2相互參證。"洗然",《大詞典》釋爲"明朗貌;清晰貌"。"即憶前事,洗然不失",亦即回憶以前的事,清清楚楚、明白無誤之義。此義施之於道經之例,似可通。竊以爲"孱然"即條理清楚明白之義。《大方廣佛華嚴經隨疏演義鈔》所説:"孱,猶現也。""現"即顯,亦即明白之義。"法律孱然"即戒律條理清楚、明白無誤之義。故例2言"不失",即没有偏差之義。佛經又有"潺然"一詞,義同"孱然",例不再舉。

　　在經籍中有些"某然不失"的格式,都含有明白、清楚之義,可資比勘。東晉僧伽提婆譯《增一阿含經》:"諸有將來、現在比丘,能自熾然不失行本,便爲我之所生。"[1]唐釋智圓述《維摩經略疏垂裕記》:"我受等者此有二義,今從内實灼然不失楞嚴之樂,豈但獨云三禪而已。"[2]明朱珪《名蹟録》卷二:"於是棟宇隆厚,上下完固,輪奐礨緻之美,燦然不失舊規。"[3]此外,如"井然不失"、"秩然不失"、"條然不失"亦都表示條理明白之義,兹不再一一舉例。

　　那爲什麼"孱（潺）然"有明白、清楚之義? 從語音上講,"洗"於《廣韻》列二韻,其一爲心紐銑韻,"孱"、"潺"共有崇紐山、仙、産三韻:心、崇二紐皆爲齒音,銑、山、仙、産四韻皆屬山攝,有同用通押之例:故它們語音是相近的。故"孱（潺）然"之義,是假借"洗然"而來。進一步分析,它們似乎有一個共同的來源。如果要系聯,似乎還應包括"燦（璨）然"在内。"燦",中古音爲清紐翰韻。

　　道經中又有"詵詵",亦是明亮之義。《元始無量度人上品妙經》:"南爛洞浮,玉眸詵詵。"青元真人注曰:"玉眸者,火之膏質。詵詵者,盛也。謂南方丹天有洞陽宫流火之庭,火焰飛浮,洞焕八方,玉眸之質,光明交映,詵詵然何其多也,乃真人鍊形之所。"（2/284c）雖然此注以"詵詵"爲盛多之義,然光綫充足即明亮義[4],故下文又言"玉眸之質,光明交

①［日］高楠順次郎等《大正藏》第2册,第783頁。
②《卍續藏經》第29册,臺北:新文豐出版公司,1993年,第910頁。
③《景印文淵閣四庫全書》第683册,第46頁。
④此説參本書"翼藹"條。

映"。所謂"玉眸詵詵"不是説眼睛盛多,而是言眸子閃閃發光、炯炯有神之義。"洗"、"詵"皆從先得聲,語音本相近;由上古至中古,"洗"入山攝,"詵"入臻攝,語音則相隔較遠了。

【觸縮】

（1）是時,妙行從法會起,將領三天丈人、十極真仙、騎吏飛將,天樂導引,正北而行,尋其黑氣結勃之所。去人間數里,龍鶴不行,雲輿不進,所領侍衛悉有觸縮之狀,不能前進。（《太上元始天尊説北帝伏魔神咒妙經》卷一,34/393c）

（2）（妙行）上白天尊言曰:"臣昨與三天丈人、十極天真仙官眷屬,下降人間,降伏鬼魔,救護生人。至其方所,去地數仞,龍鶴不進,侍衛真從悉皆有觸縮之狀,爲鬼魔穢毒所熏。"（《太上元始天尊説北帝伏魔神咒妙經》卷一,34/394a）

按:從以上二例來看,"觸縮"當是退縮之義,然其得義之由,不甚明了。兹舉道經中的一組詞語,以作説明。

"促縮"例。《太上靈寶五符序》卷下:"《大有音》曰:五穀是刳命之鑿,腐毳五藏,致命促縮,此粮入口,無希久壽。"[1]（6/342c）唐朱法滿《要修科儀戒律鈔》卷五:"《昇玄經》云:……開迫迮,廣心性,緩促縮,勿的莫,省諸勞,却諸累,無疑想,迵動作。"（6/943b）

"蓄縮"、"搐縮"例。五代譚峭《化書》卷二:"蟲之無足:蛇能屈曲,蛭能掬蹙,蝸牛能蓄縮。"[2] 明邵經邦《弘道録》卷四十二:"此其蓄縮退汗,固不若明目張膽之得以無怍也。"（35/283c）元王惟一《道法心傳》:"又有按筆搐縮,運内炁而合外炁者。噫,妄矣!"（32/421c）《道法會元》卷六十九:"法師嚥華池水三口吞下,搐縮穀道外腎九次,乃純陽之終。"（29/229c）

"蹴縮"、"蹙縮"例。[3] 北宋張君房《雲笈七籤》卷一百二十二:"蟠拏蹴縮者七十三尺,壁廣一丈八尺許,噴雲鼓波,頗爲奇狀。"[4] 南宋鄧牧

---

[1] "大有音",當從《太上洞玄靈寶三一五氣真經》作"大有章"。
[2] 丁禎彦、李似珍點校《化書》,第18頁。
[3] 以上詞語皆見於《大詞典》,可參看。
[4] 李永晟點校《雲笈七籤》,第2690頁。

《大滌洞天記》卷中："又東西二臺石閣厓上，有龍爪蟠挐蹴縮之跡，或戲以手漫滅，翌日視，驗如初，是知洞龍出入之徑也。"（18/149c）南宋陳葆光《三洞羣仙録》卷九："左蛟蹙縮，陳虎咆哮。"注曰："《高道傳》：'左元澤……是夕復坐室中，布綱步以伺之。果一物自池出，長數丈，兩目光射人，若蛟螭狀。甫巖呵喻，徐而蹙縮入池。'"（32/295c）

　　這一組詞皆表示退縮、收束、狹迫等義。從中古音來看，"觸"爲昌紐燭韻，"促"爲清紐燭韻，"畜"爲徹紐尤韻、曉紐屋韻，"搐"爲徹紐屋韻，"蹙"、"踧"爲精紐屋韻。它們的聲紐皆爲齒音，屋、燭二韻同屬通攝，有通押之例。它們應當是記録了同一個詞①，跟"縮"構成複音詞時，有相近的意思。除此之外，"蹴縮"中"蹴"爲精紐屋韻，"束縮"中"束"爲書紐燭韻，亦有相近意義，可相比勘。《大詞典》已收二詞，可參。

　　由以上分析來看，"觸縮"中的"觸"應當是借用或誤用了它們中一個詞，它的意義就是退縮、收束。

【躭溢】

　　（1）又曾身作國王煞伐爲事，今用耶上，不能清浄，至心脩道，驕奢自恣躭溢之罪，一乞原赦。（P.2438《太玄真一本際經》卷五）

　　按："躭溢"不通，竊以爲"溢"當讀作"佚"或"泆"，三者於《廣韻》皆屬夷質切，同聲同韻，可得相通。典籍中有三字通用之證，《莊子·天地》"數如泆湯"陸德明《釋文》："泆，本或作溢……司馬本作佚蕩。"②"躭佚"亦即"沈佚（泆）"，乃沉溺放縱之義。"躭（眈）"、"沈"同源③，爲沉溺義。"佚"、"泆"皆有放縱之義。"沈佚"典籍中有用例，《史記·樂書》："陵遲以至六國，流沔沈佚，遂往不返，卒於喪身滅宗，并國於秦。"④《大詞典》亦已收，可參。

【端精】

　　（1）"如是者，爲子言之。以丹爲字，以上第一，次下行。將告人，必

---

① 張希峰即認爲它們之中存在同族關係，參張希峰《漢語詞族叢考》，第 71 頁。
② ［清］郭慶藩《莊子集釋》，第 439 頁。
③ 參殷寄明《漢語同源詞大典》，第 229 頁。
④ ［西漢］司馬遷《史記》（修訂版），第 1398 頁。

使沐浴端精,北面、西面、南面、東面告之,使其嚴以善酒如清水,已飲,隨思其字,終古以爲事,身且曰向正,平善氣至,病爲其除去,面目益潤澤。"①(《太平經·洞極上平氣無蟲重複字訣第一百三十六》)

俞理明:"端精,舉止端莊思想專致。"

楊寄林:"端精,端正意念之意。"②

按:竊以爲"端精"當讀爲"專精"。"耑"於《廣韻》爲端紐桓韻,"專"爲章紐仙韻,二者聲韻俱近,故從二旁之字,多互爲異文或異體。曾良:"'耑'、'專'二旁往往互換,王國維《釋觶觝厄磚耑》:'古書多以耑爲專。'如'踹'俗作'蹥'……'剬'又作'剸','腨'作'膞'。"③《史記·賈誼傳》載《鵩鳥賦》:"忽然爲人兮,何足控摶?"蔣禮鴻:"《漢書·賈誼傳》'摶'作'揣'。"④"專精"乃聚精凝神,專心一志之義。

此詞見於《太平經》,亦多見於其他六朝以前文獻,尤其是道家道教文獻:

(2)"唯有真道者,能專精自殊異也,不學者,則不知神去留之効,立見之物,不可隱也,故君子制尸不制鬼。"⑤(《太平經·是神去留效道法第十六》)

(3)雖有江河之險則淩之,雖有大山之塞則陷之,并氣專精,心無有慮,目無有視,耳無有聞,一諸武而已矣。⑥(《吕氏春秋·論威》)

(4)然而專精屬意,委務積神,上通九天,激厲至精。⑦(《淮南子·覽冥》)

(5)此諸芝名山多有之,但凡庸道士,心不專精,行穢德薄,又不曉入山之術,雖得其圖,不知其狀,亦終不能得也。⑧(晉·葛洪《抱朴子内篇·仙藥》)

此詞《大詞典》已收,可參。

---

①俞理明《〈太平經〉正讀》,第310頁。

②楊寄林《太平經全注全譯》,第1287頁。

③曾良《俗字及古籍文字通例研究》,第175頁。

④蔣禮鴻《義府續貂》,第102頁。

⑤俞理明《〈太平經〉正讀》,第19頁。

⑥許維遹《吕氏春秋集釋》,北京:中華書局,2009年,第181頁。

⑦劉文典《淮南鴻烈集解》,第230頁。

⑧王明《抱朴子内篇校釋》(增訂本),第202頁。

【非尸】

（1）六天故氣，衆老之精，千鬼萬神，五方疫毒，魍魎光怪，中外强殄，宿考流殃，及土公害氣，星燭復連，咎注非尸，新死故亡，雌雄逆殺，刑禱之氣，妬鬼姤神，收滅誅鋤，永令斷絶。（《太上洞淵三昧神咒齋清旦行道儀》，9/835c）

（2）《黄庭内景祕要六甲緣身經》曰：“若人卒得疾病及癰朣^①，惡氣非尸、百毒惡夢之屬，使閉氣闇誦：甲午至戊戌止，留氣在上斗。”（《上清黄庭養神經》，34/282a）

“非尸”，《雲笈七籤》卷十四作“飛尸”。

（3）玄律女青，攝邪大檄，都匠合明，非尸斷滅，山怪摧姦，紫庭祕奥，羅布魁剛，屠割鬼爽。（《靈寶無量度人上品妙經》卷三十八，1/255b）

按：“非尸”即“蜚尸”，道經中又作“芦尸”。“芦”乃“蜚”之俗字，受“尸”字影響類化而成。^②“蜚尸”指遊神野鬼，“蜚”通“飛”。此詞數見於典籍，《論衡·訂鬼》：“故凶禍之家或見蜚尸，或見走凶，或見人形，三者皆鬼也。”^③《洞真太上道君元丹上經》：“世運交喪，蜚尸翳障，穢炁紛紛，與真相迎，虧犯科誡，身入罪鄉，贖以禮謝，洗以明燈，禍散三清，福充我昌，道廕曲流，其慶靡央。”（33/624c）《赤松子章曆》卷四：“但某信敬多違，男女若干歲，今在童兒，未有所識，即日憂惶，恐爲故氣邪精、芦尸暗穢、乳母化神、天地河伯、鉤星血没之鬼，承闇構禍，侵斥某身。”（11/207b）“蜚尸”，《大詞典》已收，可參。

【撫輪　撫靈　浮輪】

（1）三願玄母與我俱保於九天之間，乃凝真圓曜，夷心内練，氣溢靈堂，感神萬千，身昇九霄，考福重玄，散帶空洞，撫輪累天，吉亨七世，更生爲人，我保太真，與日同年。^④（《無上秘要》卷七十四）

按：“撫輪”不通，竊以爲“撫”當讀爲“扶”，二者音形俱近而互混。

---

① “癰朣”不通，二字關係本書“翁”字條已言，《雲笈七籤》卷十四作“癰瘇”，是。依此，“朣”本當作“腫”，類化而訛。當然，作“瘇”亦通。
② 參馮利華《道書俗字與〈漢語大字典〉補訂》“芦”字條，《古漢語研究》2008 年第 2 期。
③ 黄暉《論衡校釋》，第 937 頁。
④ 周作明點校《無上秘要》，第 957 頁。

"撫"於《廣韻》爲滂紐麌韻,"扶"爲幫、並二紐麌韻,二者聲紐同系且疊韻,故語音相近。依《説文》"無"之奇字作"无",經籍中亦常見寫作"无",故"撫"又可作"抚"①,"抚"與"扶"形體十分相近。

"扶輪",《大詞典》已收,釋爲"扶翼車輪"義。道經中,扶翼車輪通常是神仙出行時的景象;能爲神仙扶翼車輪者,亦必是神仙之屬。換言之,句意暗含飛升成仙之義。"扶輪晨天"者,似爲於天空之中爲神仙扶衛翼護之義。"扶輪",道經數見:

(2)天丁前驅,六師屬天,奔雷揚精,四明扶輪,九靈啓路,五老通津。②(《無上秘要》卷十九)

"四明扶輪,九靈啓路",《上清玉帝七聖玄紀迴天九霄經》作"四明扶靈啓路"。

按:"扶靈"不通,當作"扶輪",乃涉"九靈"而訛。

(3)五老啓塗,太帝扶輪,西皇秉節,東華揚旛,九天爲之巔徊,大無爲之起煙。③(《無上秘要》卷九十三)

(4)扶持引送上層空,都是威靈變化中。今日亡覔蒙聖力,扶輪御景步天風。(南宋・林靈真《靈寶領教濟度金書》卷九十五,7/454c)

或者認爲"撫輪"當作"浮輪"。雖然"浮"於《廣韻》爲並紐尤韻,屬流攝,與"撫"爲遇攝字並不相近;然二韻至《中原音韻》同入魚模部。現存道經歷經刊刻、傳抄,至明代再次成藏,依此來看,二者音近相混也不是完全没有可能。"浮輪"亦見於《無上秘要》:

(5)浮輪雲濤際,九龍同蠁起。④(《無上秘要》卷二十)

"浮"有駕駛之義⑤,故"浮輪"者,凌空飛行。

此詞亦見於其他道經及四部文獻,兹舉數例:

(6)我身六合,洞靈啓真,八景虚駕,三素浮輪,我與帝一,俱升玉晨。(《上清大洞真經》卷六,1/553b)

(7)浮輪騁太霞,揚蓋廣寒庭。(BD01017《洞真上清諸經抄・上清真人三天君列記》)

---

①《四聲篇海・手部》引《搜真玉鏡》:"抚,音撫,俗用。"
②周作明點校《無上秘要》,第 198 頁。
③周作明點校《無上秘要》,第 1170 頁。
④周作明點校《無上秘要》,第 229 頁。
⑤周作明《中古上清經行爲詞新質研究》,第 300 頁。

（8）靄靄青春曙，飛仙駕五雲。浮輪初縹緲，承蓋下氤氳。①（唐·李季何《立春日曉望三素雲》）

【腐塗】

（1）夫人死，魂神以歸天，骨肉以付地腐塗，精神者可不思而致，尚可得而食之。骨肉者無復存也，付歸於地。（《太平經·事死不得過生法第四十六》）

（2）夫人畜金銀珍物，多財之家，或億萬種以上，畜積腐塗。如賢知以行施予貧家，樂名仁而已，助地養形，助帝王存良謹之民。夫億萬之家，可周萬户，予陳收新，毋疾利之心，德洽天地，聞於遠方，尚可常得新物，而腐塗者除去也。（《太平經·六罪十治訣第一百三》）

（3）或有遇得善富地，并得天地中和之財，積之廼億億萬種，珍物金銀億萬，反封藏逃匿於幽室，令皆腐塗。（《太平經·六罪十治訣第一百三》）

（4）愚者逆師與鬼鄰，不得正道入凶門，遂不復還去神，骨肉腐塗稱祖先，命已滅亡大窮焉。②（《太平經·占中不中決第一百二十一》）

王敏紅：“腐塗，腐爛、腐壞……《廣雅·釋詁三》：‘塗，泥也。’……腐而成泥，猶言‘腐爛，腐壞’。”③

楊寄林：“腐塗，朽爛成泥之意。”④

俞理明等：“腐塗：朽爛。”⑤

按：“金銀”等物不可能腐爛成泥，且“腐＋名詞”亦無腐爛成某之義，故王、楊二家之説不可從。竊以爲“塗”當讀爲“蠹”，“塗”於《廣韻》列二韻，其一爲同都切，屬定紐模韻，“蠹”爲當故切，屬端紐暮韻：端、定二紐僅清濁不同，模、暮二韻僅聲調平去不同，故二者聲韻俱近，可得通借。《文選·陸倕〈新漏刻銘〉》“建武遺蠹”五臣注：“朽爛也。”⑥故“腐蠹”是一個同義並列結構，乃腐蝕朽爛之義。此詞在先秦兩漢典籍中多

---

① ［清］彭定求等編《全唐詩》，第 4144 頁。

② 俞理明《〈太平經〉正讀》，第 59、207、208、254 頁。

③ 王敏紅《〈太平經〉詞語拾零》，《語言研究》2002 年第 1 期。

④ 楊寄林《太平經全注全譯》，第 201、846、1054 頁。

⑤ 俞理明、顧滿林《東漢佛道文獻詞彙新質研究》，第 170 頁。

⑥ ［南朝梁］蕭統編，［唐］李善等注《六臣注文選》，第 1040 頁。

有用例。

（5）又恐後世子孫不能知也，故書之竹帛，傳遺後世子孫。咸恐其腐蠹絶滅，故琢之盤盂，鏤之金石，以重之。①（《墨子・明鬼下》）

（6）夫繭，舍而不治，則腐蠹而棄。②（《尸子・勸學》）

（7）武王問於太公曰："賢君治國何如？"對曰："賢君之治國，其政平，其吏不苛，其賦斂節……官無腐蠹之藏，國無流餓之民，此賢君之治國也。③（西漢・劉向《説苑・政理》）

此詞《大詞典》已收，可參。

【計捕】

（1）無義之人、不仁之子，不用道理，罵天擊地，不養父母，行必持兵，恐畏鄉里，輕薄年少，無益天地之化，反爲大害，并力計捕，捐棄溝瀆，不得藏埋。④（《太平經・善惡間圖決第一百十五》）

俞理明："計捕，查辦捕捉。"⑤

蕭旭："計，考也，古書多借用稽字爲之。"⑥

楊寄林："計捕，逐個搜捕之意。"⑦

按："并力計捕"中著重強調的是"捕捉"，而非前置程序"查考"，故把"計"解釋爲"查、考"，似未愜句意。另外，"計"有考察、審覈義，無查辦義。讀爲"稽"音理可通，然文獻中無"稽捕"或"捕稽"用例。竊以爲"計"當讀爲"繫"，"計"、"繫"於《廣韻》皆爲古詣切，屬見紐霽韻，同聲同韻，可得相借。"計"、"繫"相通，文獻有用例。P.3684《刺史書儀》："自間冰慈，恒深攀望。值以縈計，不及頻附懇誠。"張小豔："'縈計'的'計'又當讀爲'繫'。"⑧"繫"爲縛義，與"捕"義近。此經中有"拘繫"一詞，可與"計（繫）捕"相比勘互證，《太平經・七十二色死尸誡

---

① [清]孫詒讓《墨子間詁》，北京：中華書局，2001年，第236頁。
② 李守奎、李軼《尸子譯注》，哈爾濱：黑龍江人民出版社，2003年，第1頁。
③ 向宗魯《説苑校證》，北京：中華書局，1987年，第151頁。
④ 俞理明《〈太平經〉正讀》，第247頁。
⑤ 又見俞理明、顧滿林《東漢佛道文獻詞彙新質研究》，第264頁。
⑥ 蕭旭《群書校補》，第596頁。
⑦ 楊寄林《太平經全注全譯》，第1028頁。
⑧ 張小豔《敦煌書儀語言研究》，第52頁。

第一百八十六》：“小有過失，上白明堂，形神拘繫，考問所爲，重者不失，輕者減年，神不白舉，後坐其人，亦有法刑。”①

“繫捕”，又可作“捕繫”，文獻中皆有用例：

（2）上書以聞，請捕繫司直。②（《史記·田叔列傳》）

（3）勝怒，捕繫武臣等家室，欲誅之。③（《漢書·陳勝傳》）

（4）時諸州鹽井歲久泉涸，而官督所負課，繫捕者州數百人，亮盡釋之，而廢其井。④（南宋·李燾《續資治通鑑長編·真宗》）

（5）時有濟邸之獄，有蜀邊之擾，有山陽之變，有郡吏卒繫捕弟子員之辱，故先生及之。⑤（清·黄宗羲《宋元學案·鶴山學案·鶴山門人》）

“捕繫”，《大詞典》已收，可參。

【寄備】

（1）今所生父母，是我寄備因緣，禀受育養之恩，故以禮報而稱爲父母焉。⑥（《無上秘要》卷五）

“寄備”，《太上洞玄靈寶三元品戒功德輕重經》作“寄附”。

（2）其四流來三界者，從道妙本，寄備陰陽，形染六情，見起通執，善善相繼，惡惡相續，流轉見報，入善惡門也。（《上清太上開天龍蹻經》卷二，33/735a）

“寄備”當是寄託之義，即“寄附”，例1上文曰：“我所以得生者，從虛無自然中來，因緣寄胎，受化而生也。”⑦按：《禮記·曾子問》“殤不祔祭”鄭玄注：“祔當爲備，聲之誤也。”孔穎達疏：“按：《喪服小記》云殤與無後者從祖祔食，今云殤不祔祭，與《小記》文乖，故知祔當爲備。備、祔聲相近，故云聲之誤也。”⑧“祔”、“附”皆從付聲，故“附”亦與“備”聲近可通。“寄附”，道經有見。

---

①俞理明《〈太平經〉正讀》，第421頁。

②［西漢］司馬遷《史記》（修訂版），第3349頁。

③［東漢］班固《漢書》，第1790頁。

④［南宋］李燾《續資治通鑑長編》，北京：中華書局，1995年，第1045頁。

⑤《萬有文庫》本，上海：商務印書館，1929年，第104頁。

⑥周作明點校《無上秘要》，第52頁。

⑦周作明點校《無上秘要》，第52頁。

⑧［唐］孔穎達《禮記正義》，第381頁。

（3）《本際經》云："從真父母生展轉增長，而有身形，<u>寄附</u>胞胎，世間父母而得生育具足諸根，故名聚六根，成就於六塵，生六種識，是名識聚。"（唐·孟安排《道教義樞》卷四，24/823a）

（4）又一云：夫人身病，屋左右足多樹，其魂神飛散出身，<u>寄附</u>其樹之上，往往有人見有光明者，是衰病人魂神也。（舊題唐·李淳風《金鎖流珠引》卷二十九，20/487c）

"寄附"，《大詞典》有收，然例證過晚，可提前。

【繼惟】

（1）若有學人善解思微，<u>繼惟</u>念力，未嘗放散，專精篤思，務行道法，通達妙相，不執彼我，如此之人乃可授之。（《太上一乘海空智藏經》卷三，1/634a）

按："繼惟"不通，竊以爲"繼惟"當讀作"係維"。"繼"、"係"於《廣韻》皆爲見紐霽韻，同聲同韻，故可相借。道經數見"繼"借爲"係"之例，此經卷一："一切諸緣皆入於意，繼著諸根，往還不息。若皆從意，則生驕逸；若違於意，則生瞋恚。"（1/616c）"繼著"即"係著"，又作"繫著"。[①] 其義本謂係縛，佛道二教常指心有所執，未悟道。《女青鬼律》卷一："天下散民中有孝順忠信者，可書六十日鬼名，著烏囊貯之，常以正月一日日中時以身詣師家受之，係著左右臂，以此行來，鬼不敢干。"（18/242b）南宋邵若愚《道德真經直解》卷一："然法從心起，既起於心，繫著在中，則非虛靜。"（12/239b）

此經卷三："若有學人善持戒行，威儀具足，爲一切人之所師範；教化弟子，不以執著繼累之心，恒以大小无爲之心，授於諸法，如是之人乃可授之。"（1/634a）"繼累"即"係累"，亦爲係縛、拘囿義。津藝289《太上妙法本相經不極真人問事品第九》："若好捕鷹，籠繼鳥獸，縫鴿眼目，報之以无目。""籠繼"即"籠係"，是一個近義並列結構，指捕捉將其

[①] 敦煌文獻中"繫"常借"繼"來表示，參張小艷《敦煌社會經濟文獻詞語考釋》，第277頁。"繼"、"係"二者互通之例，亦可參楊樹達《積微居小學述林》，北京：中華書局，1983年，第241頁；周波《秦、西漢前期出土文字資料中的六國古文遺跡》，《出土文獻與古文字研究》第2輯，上海：復旦大學出版社，2008年，第256頁。又如唐《李偘偘墓誌銘》："常有言曰：'大丈夫不繼單于頸，不碎顏良軍，曷以答聖朝之休美，紹先人之鴻業？'""繼"即"係"。

置於籠中。

故"繼惟"即"係維"，是一個近義並列結構，乃收束、使不發散之義，亦即"維係"。故例 1 後文言"未嘗放散"，即與此相應，攝持念力，不令散失。

【艱掇】

（1）奉覽高命，欣然無量，始入此月，公私<u>艱掇</u>，未獲從心。[1]（南朝梁·陶弘景《真誥》卷四）

按："艱掇"不通，"掇"當讀作"拙"。"拙"於《廣韻》爲章紐薛韻，"掇"列二韻，其一爲知紐薛韻：章、知二紐準雙聲，故"掇"、"拙"二者音近，可相通。"拙"有艱難、困窮之義，《大字典》《大詞典》皆收：故"艱拙"乃同義複用，義爲艱難。

【嘟】

（1）今諸真人自言，俱食氣殛<u>嘟</u>不通，眩瞑無光明，是九州大小相迫脅，下不得上通，其言急事也。夫氣者，所以通天地萬物之命也；天地者，乃以氣風化萬物之命也；而氣<u>嘟</u>不通者，是天道閉，不得通達之明效也。[2]（《太平經·來善集三道文書訣一百二十七》）

俞理明："嘟，哽噎。"[3]

楊寄林："嘟，被嗆住。"[4]

按：《集韻·質韻》："呹，呹嘟，聲出兒。"[5]此義施之於上例，自不可通。從句意上看，"嘟"當是阻絕不通之義，故俞、楊二家做如此解釋，但得義之由是什麼？"嘟"似與"節"字有關，《廣韻·屑韻》："節，制也，止也。"[6]"嘟不通"，似即止而不通。然《太平經》中並沒有"節"之止不通的用法，反倒有很多"絕不通"之類的説法。

《和三氣興帝王法第三十一》："太和，即出太平之氣，斷絕此三氣，

①趙益點校《真誥》，第 63 頁。
②俞理明《〈太平經〉正讀》，第 265 頁。
③又見俞理明、顧滿林《東漢佛道文獻詞彙新質研究》，第 166 頁。
④楊寄林《太平經全注全譯》，第 1093 頁。
⑤趙振鐸《集韻校本》（中册），第 1373 頁。
⑥蔡夢麒《廣韻校釋》，第 1151 頁。

一氣絕不達,太和不至,太平不出。"《服人以道不以威訣第六十四》:"或有力弱而不能自理,亦不敢言,皆名爲閉絕不通,使陰陽天氣不和。"《使能無争訟法第八十一》:"故一言不通,則有冤結,二言不通,輒有杜塞,三言不通,轉有隔絕。"《解天噎九人決第九十六》:"一陽不施生,一陰並虛空,無可養也;一陰不受化,一陽無可施生統也。陽氣一統絕滅不通,爲天大怨也。一陰不受化,不能生出,爲大咎。"《來善集三道文書訣一百二十七》:"三者見列宿流入天獄中。因三并而共策之,恐天師三道行書,爲下所斷絕,使不得上通,復令天怒重忿忿,上皇氣不得來也。"《忍辱象天地至誠與神相應大戒第一百五十三》:"今故下古之人承負先人失計,稍稍共絕道德,日獨積久,與天地斷絕,精氣不通,不相知命,反與四足同命,故天地憎惡之,鬼神精氣因而不祐之,病之無數,殺之無期,其大咎在此□□。"《三者爲一家陽火數五訣第二百一十二》:"故天道久斷絕閉而不通,天甚疾苦之。吾久悒悒,欲言,無可與言者,故天道失其分理久矣。歲歲至歲,至於今。"①

實則"節"於《廣韻》爲子結切,屬精紐屑韻;"絕"爲情雪切,屬從紐薛韻:精、從二紐同系,屑、薛二韻同用,故二字聲韻俱近,當爲同源。故例中之"嘟"當是記録的"絕"字。

【沮嫉】

(1)一曰薄名利,二曰禁聲色,三曰廉貨財,四曰損滋味,五曰除佞妄,六曰去沮嫉。(《抱朴子養生論》,18/492c)

"沮嫉",《太上老君養生訣》作"妒嫉",《太平御覽》卷七百二十作"疽妒",《新刻養生類纂》卷上、《針灸大成》(辛丑本)卷七皆作"嫉妒"。

按:依句意及異文來看,"沮嫉"當爲嫉妒之義。"沮"當讀爲"怚",二者皆從且得聲,於《廣韻》皆爲將預切,精紐魚韻,同聲同韻。《集韻·魚韻》:"怚,妒也。"② 故"沮(怚)嫉"是一個同義並列結構,爲嫉妒之義。作"疽妒"者,"沮"、"疽"於《廣韻》皆爲七余切,清紐魚韻,二者亦同聲同韻。

---

① 俞理明《〈太平經〉正讀》,第 30、125、172、187、262、348、495 頁。
② 趙振鐸《集韻校本》(上册),第 138 頁。

故"沮嫉"又作"疽嫉"；文獻中又作"蛆嫉"，三者皆爲一詞之變。"蛆"於《廣韻》列二韻，爲精、清二紐魚韻，與"沮"、"怚"、"疽"語音或相同或相近。郭在貽："蛆是一個音近替代字（原注：即傳統訓詁學中的假借字），其本字是怚或嫭，妒的意思。"① 按：郭説是。《廣雅·釋言》："妬，嫭也。"② 唐徐堅《初學記》卷十一引王隱《晉書》："王戎爲左僕射，領吏部尚書。自戎居選，未嘗進一寒素，退一虛名，理一冤枉，殺一疽嫉。隨其沉浮，門調户選。"③ 神清《北山録·外信》："雖色怡於外，而實腸結於内。"慧福注："夷，傷也。侮，慢也。像教既屬陵夷，誰不朋扇侮慢者也？儒道之士，外雖恭順，内結蛆嫉也。"④ 趙蕤《長短經》卷一："故曰：凡人美眉目、好指爪者，庶幾好施人也。"注曰："脊睮胶矒者，蛆嫉人也。急睢者，不嫉妬則虛妄人也。"⑤

【眷眷】

（1）執一行吾書道者，下古人且日言吾道惡無益也，反月善；月言無益，反且歲善；歲言無益，反至老常善，久久不而去也，後生者以爲世學矣。不知疾行者，但空獨一世之間久苦耳。故吾教勑真人，常眷眷勉勉也。⑥（《太平經·效言不效行致災訣第一百四十一》）

俞理明："眷眷，通倦倦。""倦倦，懇切。""倦倦悚悚，心志專一，至誠。"⑦

劉祖國："眷眷，通'倦倦'，意志專一貌。"⑧

（2）神、真、仙、道、聖、賢、凡民、奴、婢，此九人有真信忠誠，有善真道，樂來爲德君輔者，悉問其能而仕之，慎無署非其職也，亦無逆去之也。

---

①郭在貽《訓詁學》（修訂本），第 115 頁。按：馮雪冬認爲"蛆嫉"本爲佛教語"蛆惡妒忌"，乃"因妒生根而仇視毒害他人"義。後來"'蛆嫉'在詞化的過程中，'蛆'、'妒'彼此沾染，意義漸趨融合。於是，'蛆'有時可以單獨表示'蛆妒'義"。見馮雪冬《"蛆妬"非"嫉妬"考》，《語言科學》2014 年第 2 期。

②[清]王念孫《廣雅疏證》（第 2 版），第 155 頁。按：浙江大學王誠副教授對此條的寫作曾提供思路和材料，謹致謝忱！

③[唐]徐堅《初學記》，北京：中華書局，1962 年，第 266 頁。

④富世平《北山録校注》，北京：中華書局，2013 年，第 788 頁。

⑤《叢書集成初編》本，第 23 頁。

⑥俞理明《〈太平經〉正讀》，第 325 頁。

⑦俞理明《〈太平經〉正讀》，第 104、229 頁。

⑧劉祖國《〈太平經〉複音詞研究與〈漢語大詞典〉》，第 44 頁；劉祖國《〈太平經〉詞彙研究》，第 298 頁。

名爲逆人,勉勉眷眷之心,天非人。但因據而任之,而各問其所能長,則無所不治矣。^①(《太平經·守一入室知神戒第一百五十二》)

楊寄林:"眷眷,意志專一的樣子。"^②

(3)吾之爲書,所以反覆勉勉眷眷者,恐人積愚,一言不信,吾文故復重之也。^③(《太平經·妒道不傳處助化訣第一百五十四》)

按:"惓惓",《大詞典》已收,釋爲"懇切貌"、"忠心耿耿貌"二義,然無"心志專一"之義;將此義施之於例3,也講不通,故三家之説不可遽從。竊以爲"眷眷"當讀爲"捲捲",亦即後世之"拳拳",乃勤勉、力行之義。"眷"、"捲"、"拳"三字皆羣聲,故語音相近,可得相借。《莊子·讓王》:"舜以天下讓其友石户之農,石户之農曰:'捲捲乎,后之爲人,葆力之士也。'"陸德明《釋文》:"捲捲,音權,郭音眷,用力貌。"^④《後漢書·皇后紀上·明德馬皇后》:"今數遭變異,穀價數倍,憂惶晝夜,不安坐臥,而欲先營外封,違慈母之拳拳乎!"李賢注:"拳拳,猶勤勤也。"^⑤"用力"、"勤勤"即勤勉之義,而"勉勉"亦有力行不倦之義(《大詞典》已收,可參),故"眷眷勉勉"是一個同義並列結構。

【考過】

(1)或劫抄虜掠,凌奪人物,七寶五綵、六畜摯牲;或無辜動衆,興軍戰伐,驅令生民,投之死地,孤魂絶域,汗血涌流,屍鬼哀哀,叢林之側,窮魂冣冣,九泉之下,生者稱苦,怨聲聞天,生者稱苦,怨聲聞天,死者抱恨,訟訴九陰,冤對之交,考過相連。(《太上洞玄靈寶宣戒首悔衆罪保護經》卷中,6/901b)

按:"考過"爲考察過失之義,此詞數見於道經。五代杜光庭《太上黃籙齋儀》卷五十三:"次唱,監齋考過,監齋彈糾有無訖。"(9/348c)杜光庭《道門科範大全集》卷八十三:"考過計功,厥有正邪之異;升名落簡,豈無遲速之殊。"(31/955a)《太上靈寶中元地官消愆滅罪懺》:"乃

---

①俞理明《〈太平經〉正讀》,第 342 頁。
②楊寄林《太平經全注全譯》,第 358、1409 頁。
③俞理明《〈太平經〉正讀》,第 354 頁。
④[清]郭慶藩《莊子集釋》(第 3 版),第 957—958 頁。
⑤[南朝宋]范曄《後漢書》,第 412 頁。

遣飛天神王、十極真人、四直功曹、察命察録，司功考過，俱降道場，聽民所願，隨念受福。”（9/878c）

　　然此義施之於例 1 不可通，竊以爲例 1 之“過”當作或讀作“禍”。前者於《廣韻》爲見母戈、過二韻，後者爲匣母戈韻：見、匣二紐同系，戈、過二韻僅有聲調平上之別，故二音相近。《大詞典》已收“過”、“禍”相通之例，可參，兹不再舉例。故“考過”即“考禍”，亦即道經中的“禍考”，乃災禍之義。《太真玉帝四極明科經》卷五：“兆得此符，不學自仙。禍考既消，自致龍軒。”（3/442c）《漢武帝内傳》：“當深奉慎，如事君父。泄示凡夫，必致禍考也。”（5/51c）《七元召魔伏六天神咒經》：“若有道士佩之者，以絳囊盛之，於静室遇賢者，三十年一傳，勿傳非其人。不得其人，毁敗真道，禍考其身。”（34/453c）

【考繫】

　　（1）拘古以明今，共議其事，以内文者明其外文，以外文者還<u>考繫</u>其内文也，使可萬世傳，無重過於天。[1]（《太平經·學者得失訣第一百六》）

　　楊寄林：“考繫，考索繫聯。”[2]

　　按：楊説似難通。竊以爲“繫”當讀爲“稽”，“繫”於《廣韻》爲古詣切，屬見紐霽韻，“稽”列二韻，一爲古奚切，屬見紐齊韻，一爲康禮切，屬溪紐薺韻：二者聲同聲近，韻僅有聲調平上去之別，故可通借。故“考繫”當作“考稽”，亦即“稽考”，是一個同義並列結構，“稽”亦考。“考稽”、“稽考”，後世文獻皆有用例，《大詞典》皆收，可參，例不另舉。[3]

【浪豁】

　　（1）玉華詣寢，紫童廻盖，天皇助威，九霄玄泰，凶毒寒消，水征火

---

①俞理明《〈太平經〉正讀》，第 231 頁。

②楊寄林《太平經全注全譯》，第 954 頁。

③唯《大詞典》所引“稽考”用例最早爲北宋，實際早在六朝已有用例，《魏書》中屢見該詞，如《高閭傳》：“二聖欽明文思，道冠百代，動遵禮式，稽考舊章，準百王不易之勝法，述前聖利世之高軌，置立鄰黨，班宣俸禄，事設令行，於今已久，苛慝不生，上下無怨，姦巧革慮，闚覦絶心，利潤之厚，同於天地。”《禮志四》：“雖稽考異聞，引證古誼，然用捨從世，通塞有時，折衷取正，固難詳矣。”《廣平王傳》：“而尚書臣匡表云劉孫二尺，長短相傾，稽考兩律，所容殊異。言取中黍，校彼二家，云並參差，抑中無所，自立一途，請求議判。”

伐,千億丘蕩,八虛<u>浪豁</u>。於是神安炁調,無注無滯,金景齊晨,靈仙合契,奉我神符,玄福<u>萬</u>世。(《玉景九天金霄威神王祝太元上經》,4/558c)

　　句中的"浪豁"意思,不好理解。我們查考道經中的一些類似記載,以作比勘。《靈寶無量度人上品妙經》卷五:"天真大神,上聖高尊,燿寶真人,諸天仙王,太極公侯,左右仙伯,卿士神吏,無鞅數衆,乘空而來,寶埒天馬,流軿雲車,揚光煇彩,華宸燿浮,金根飛輪,五雲交映,侍衞星羅,九靈開瑞,洞朗八虛。"(1/28c)卷三十八:"說經三遍,災疾消除。說經四遍,自然靈章,映現八虛。"(1/253b)"洞朗八虛",即八虛明亮之義;"映現八虛",即八虛分明顯現之義。依此來看,"八虛浪豁"或爲八虛明亮義。

　　按:竊以爲"浪豁"當即"朗豁",又逆序作"豁朗"。"浪"於《廣韻》爲來紐唐、蕩二韻,"朗"爲來紐唐韻,二者讀音至近。《大詞典》收"豁朗",釋爲"豁達開朗"義;亦收"朗豁",釋爲"明亮開闊"義。"朗"有明義,"豁"亦是開闊、明亮之義,故二者同義,是一個並列結構。

【曠問】

　　(1)唯諸天神,時原不及,教其進退,當承天意,不可有失而小不善,聞於太上之君耳。故因諸神求知<u>曠問</u>,唯蒙不逆,使不見疑。[1](《太平經·有功天君勑進訣第一百九十八》)

　　俞理明:"求知曠問,請教各方面的問題。"[2]

　　蕭旭:"曠讀爲廣。"[3]

　　按:蕭說是。此經中有"廣問"一詞,即多方面、詳細問詢之義:

　　(2)常言苦無應書者,恐外内不相副也。如欲進其知慮,<u>廣問</u>深達,是亦當所知也。(《太平經·有知人思慕與大神相見訣第一百八十三》)

　　(3)今太上有心之人,天之親近,天神所信,但當持心意,常恐惶不失耳。餘者自有心所知,努力傳達<u>廣問</u>,勿失所言。[4](《太平經·有心之人積行補真訣第一百八十四》)

---

①俞理明《〈太平經〉正讀》,第451頁。
②又見俞理明、顧滿林《東漢佛道文獻詞彙新質研究》,第180頁。
③蕭旭《群書校補》,第607頁。
④俞理明《〈太平經〉正讀》,第413、415頁。

【釐斷】

（1）夫傳國之重，非太子不任，<u>釐斷</u>王綱，非大臣不委，而臣卑賤，忽言國事，貴賤不可。（S.2122《太上妙法本相經廣説普衆捨品第廿一》）

按："釐斷"文意不通，竊以爲"釐"當讀爲"劺"，乃分解、劃割之義。《説文·刀部》："劺，剝也，割也。"段注："劆與劺雙聲義近。"①《方言》卷十三："劆，解也。"②《廣韻·霽韻》："劆，割破。劚，上同。"③又作"剿"，《廣雅·釋言》："剿，劺也。"④《玉篇·刀部》："剿，直破也。"⑤又可作"鑗"，《説文·金部》："鑗，一曰剝也。"段注："《方言》'釐，分也'注'謂分割也'，此即鑗之叚借。《方言》又曰'劆，解也'，亦即此字。"⑥又作"攦"，《玉篇·手部》："攦，指劃。"⑦

此字又借作"蠡"、"梨"，《方言》卷六："參、蠡，分也。齊曰參，楚曰蠡，秦晉曰離。"郭璞注："謂分割也。"⑧《廣雅》"劆"字條王念孫注曰："離、蠡、劆亦聲近義同。"⑨《漢書·揚雄傳下》"分梨單于"顔師古注曰："梨與劺同，謂剝析也。"⑩

以上諸字皆聲近義通，或爲同源，或爲通假。"釐"、"劺"皆從杏聲，上古屬來紐之部；"蠡"、"劆"同聲，爲來紐支部；"剿"、"鑗"、"梨"皆從利聲，皆爲來紐脂部；"攦"亦爲來紐支部：之、支韻腹相近而旁轉，支、脂韻腹相同而通轉，故數字語音皆相近。追溯其源，殆皆從"利"孳乳而來。"利"爲本鋒利之義，鋒利則可劃割，劃割則分解、分離矣。以此爲中心，借語音之嬗變，不斷孳乳出其他衆多詞語來。

《大字典》、《大詞典》皆認爲"釐"有分、分開之義，並舉葉夢得《石林燕語》和陶宗儀《輟耕録》之例，其實分、分開之義，即由分解、劃割之義引申而來。於此義又作"離"，《廣雅·釋詁》："離，分也。"⑪離本爲禽

---

①［清］段玉裁《説文解字注》（第 2 版），第 180 頁。

②華學誠《揚雄方言校釋匯證》，第 882 頁。

③蔡夢麒《廣韻校釋》，第 835 頁。

④［清］王念孫《廣雅疏證》（第 2 版），第 169 頁。

⑤［南朝梁］顧野王著，［北宋］陳彭年等重修《大廣益會玉篇》，第 82 頁。

⑥［清］段玉裁《説文解字注》（第 2 版），第 703 頁。

⑦［南朝梁］顧野王著，［北宋］陳彭年等重修《大廣益會玉篇》，第 32 頁。

⑧華學誠《揚雄方言校釋匯證》，第 460 頁。

⑨［清］王念孫《廣雅疏證》（第 2 版），第 29 頁。

⑩［東漢］班固《漢書》，第 3561 頁。

⑪［清］王念孫《廣雅疏證》（第 2 版），第 21 頁。

鳥,表分別、分離義,當即以上諸字之假借,此字於上古爲來紐歌部,與脂部諸字相近。

【彌彌】

（1）"然,大洞上古最善之時,常不蝕,後生彌彌,共失天地意,遂使陰陽稍稍不相愛,故至於戰鬥。"[1]（《太平經·三光蝕訣第一百三十三》）

俞理明:"彌彌,漸漸。"

楊寄林:"彌彌,愈益,越發。"[2]

按:楊説於句意不通。將"彌彌"解作"漸漸"可通,《大詞典》亦收此詞,如此則"後生彌彌共失天地意"爲一句,且與"稍稍不相愛"相對成文。但"彌彌"似亦可讀爲"瀰瀰"。《集韻·薺韻》:"瀰,瀰瀰,衆也。"[3]亦作"瀰瀰",《廣韻·紙韻》:"瀰,《詩》曰:'河水瀰瀰。'水盛兒也。"[4]滿溢之義亦即"彌彌",《大詞典》已收,可參。此詞又作"泥泥"、"芘芘",乃草、露等濃盛之義,《詩經·大雅·行葦》:"方苞方體,維葉泥泥。"陸德明《釋文》:"泥泥,張揖作芘芘,云:草盛也。"[5]《廣韻·薺韻》:"芘,芘芘,濃露也。亦作泥。"[6]"瀰"於《集韻》、"泥"於《廣韻》皆乃禮切,屬泥紐薺韻,二者同聲同韻,故語音相近。所謂"後生彌彌"者,即後生衆多之義,亦可通。《太平經·驗道真僞訣第五十七》:"夫天地開闢以來,先師學人者,皆多絕匿其真道,反以浮華學之,小小益耶且薄。後生者日增益,復劇,其故使成僞學相傳,雖天道積遠。"[7]這段記述有例1有相類之處,"增益"即多,可與"彌彌"相照應。

【謙若　慊苦】

（1）夫齋者,正以清虛恬静,謙卑恭敬,戰戰兢兢,如履冰谷,若對嚴君,丹誠謙若,必祈靈應。（《齋戒錄》,6/1005b）

---

① 俞理明《〈太平經〉正讀》,第300頁。
② 楊寄林《太平經全注全譯》,第1237頁。
③ 趙振鐸《集韻校本》（上册）,第719頁。
④ 蔡夢麒《廣韻校釋》,第525頁。
⑤ ［唐］陸德明《經典釋文》,第94頁。
⑥ 蔡夢麒《廣韻校釋》,第578頁。
⑦ 俞理明《〈太平經〉正讀》,第87頁。

“謙若”,《至言總》卷一作“謙苦”。

按：“謙若”不通。“謙”當作或讀作“慊”,二字形音俱近,典籍中有相混、通用之例①。《慧琳音義》卷八十七“丹慊”條引《考聲》：“慊,情切也。”② “若”當作“苦”,二者字形極近,古籍習見相混。“苦”亦是懇切、誠心之義,道經有“丹苦”、“苦到”、“精苦”等詞皆是此義,可與“丹慊”比勘。③ 故“慊苦”是一個近義並列結構,乃誠心、懇切之義。《大詞典》釋爲“猶遺憾,怨苦”實非,蔡鏡浩認爲“形容愛戀之情,言感情的專一、真摯”,是；然又謂“‘苦’爲極甚之辭,專一之表現”,則非。④ “謙苦”、“慊苦”道經數見：

（2）弟子始詣師,諸受⑤道法皆當冠帶執板,謙苦求請,不得取爾抹略,安然而説。（《無上秘要》卷四十二）

（3）若見至信之人,具上十相,來欲請受,慇懃慊苦,先責信金脆素,試之無退,心愈堅固,亦可傳授。⑥（《無上秘要》卷三十四）

（4）今齋信効心,求受天尊所演思微定志兩半圖局十戒要訣,丹情慊苦,難可違逆。（《太上洞玄靈寶二部傳授儀》,32/744a）

（5）八,懺謝罪咎,請乞求願,心丹誠至,慊苦懇惻。（南宋·留用光《無上黃籙大齋立成儀》卷十三,9/448c）

“慊苦”,《洞玄靈寶齋説光燭戒罰燈祝願儀》作“謙苦”。

【情兼】

（1）□□情兼,無以喻懷。尋省來告,粗承同之,僕尋往,相見近矣。⑦（南朝梁·陶弘景《真誥》卷十八）

按：“情兼”不通,“兼”當讀爲“淺”。“兼”、“淺”於《廣韻》皆有則前切一讀,屬精紐先韻,故二者聲韻俱同,可得通假。“情淺”,《真誥》及

①可參俞理明《〈太平經〉文字校讀》,《古籍研究》1996年第1期;《大詞典》“謙”字條。

②徐時儀《一切經音義三種校本合刊》(修訂版),第2023頁。

③參葉貴良《敦煌道經詞語考釋》,第140頁；馮利華《〈真誥〉詞語輯釋》,《古漢語研究》2002年第4期。

④參蔡鏡浩《魏晉南北朝語詞例釋》,南京：江蘇古籍出版社,1990年,第268、269頁。

⑤按：“諸受”文意不通,當作“請受”,觀例5《三洞衆戒文》亦可知之。

⑥二例見周作明點校《無上秘要》,第626、532頁。

⑦趙益點校《真誥》,第315頁。

其他道經、四部文獻皆有用例：

（2）周君曰：“寡人先師蘇君往曾見，向言曰：‘以真問仙，不亦迂乎？’僕請舉此言以相與矣。”玉斧曰：“<u>情淺</u>區區，貪慕道德，故欲乞守一法爾。”[①]（《真誥》卷十七）

（3）衆魔又興，皆由人物<u>情淺</u>所致，邪雖伐正，真去邪來，來同邪人，不干正士。（《道典論》卷二引《太上太真科經》，24/841c）

（4）今四人豪富之家，習華既深，敦樸<u>情淺</u>，未識儉素之易長，而行奢靡之難久。[②]（《魏書·李彪傳》）

【取爾】

（1）師有哀憂，弟子皆當抱憂慼，出入无喜。師有疾苦，弟子皆當侍近左右，視氣息，有如父母。師有災厄，弟子皆當率請同學，建齋祈請，以立功德。弟子與師別，經年月朔，皆冠帶執板，禮三拜，長跪問訊。訖，復再拜，合五拜。別亦如此。明識之，不得抹略，<u>取爾</u>無敬。（《無上秘要》卷四十二）

（2）弟子與師同坐室席，師若出入、起居、行止，弟子皆起下地，倚不爾俱伏，不得安然端坐。弟子始詣師，諸受道法，皆當冠帶執板，謙苦求請，不得<u>取爾</u>抹略，安然而説。[③]（《無上秘要》卷四十二）

“取爾”，《三洞衆戒文》卷上作“趣爾”。

按：“取”當讀爲“趨”。[④] “取”於《廣韻》列二音，其一爲清紐麌韻，“趨”於《廣韻》亦爲清紐虞韻：二字聲韻皆同，可得相通。“趨爾”者，其他四部文獻中有用例，乃粗疏、不精心之義。[⑤]《説文·走部》：“趨，走也。”“走，趨也。”段注：“《釋名》曰：‘徐行曰步，疾行曰趨，疾趨曰走。’”[⑥] “趨”本快步走之義，快急則易致惶迫、倉促，這是詞義自然的引

---

①趙益點校《真誥》，第 300 頁。

②［北齊］魏收《魏書》（修訂版），第 1506 頁。

③二例見周作明點校《無上秘要》，第 625、626 頁。

④可參白於藍《戰國秦漢簡帛古書通假字彙纂》，福州：福建人民出版社，2012 年，第 161 頁；全廣鎮《兩周金文通假字研究》，臺北：學生書局，1989 年，第 121 頁。

⑤可參董志翹《〈高僧傳〉詞語通釋——兼談佛教典籍口語詞向中土文獻的擴散》，《中古文獻語言論集》，成都：巴蜀書社，2000 年，第 23 頁；周學鋒《道教科儀經籍疑難語詞考釋》，第 81 頁。

⑥均見［清］段玉裁《説文解字注》（第 2 版），第 63 頁。

申。故訓中有不少"趨"讀爲"促"的例子,實則二者是同源互通[①],不是同音相借。惶迫倉促,則常導致粗疏草率,二義實相因。

"趨爾"亦即"趣爾",《説文・走部》:"趣,疾也。"[②] "趣"從走,造字之義本當爲疾走,義同"趨"。二者於上古皆爲清紐侯部字,於故訓中多有混同,"趨"、"趣"爲同源關係,甚或本爲異體。[③] "趣爾",道經可見:

（3）今且非唯章文不精,亦苦祭酒難得,趣爾拜奏,猶如投空,乃更爲愆祟耳。[④]（南朝梁・陶弘景《登真隱訣》卷下）

（4）弟子問訊師,皆當隨其所受高下,巾褐執簡,不得趣爾白服。弟子隨師起居行止,皆當謙卑恭敬,不得斯須無敬。（唐・張萬福《三洞衆戒文》卷上,3/397c）

【攘踞】

（1）攜契五老,玉霄上賓。飛獸攘踞,神鳳撫鳴。巨虬匡轡,靈風散香。[⑤]（《無上秘要》卷九十五）

"攘踞",《道典論》卷二作"攘袂"。

"攘袂"又見於另一道經:

（2）於是玉鳳延頸,金鸞整翥,龍吟碧波,虎躍神州,九嘯和唱,玄鈞洞无,伏獸攘袂,猛馬張喉,揭嶽橫林,銜劍攝邪,衆聲紛亂,百狼獲妖。（《洞真太上説智慧消魔真經》卷二,33/602c）

按:"攘踞"義不可通。"攘袂",《大詞典》已收,釋爲"挦起衣袖,常形容奮起貌"。以此義施之於動物,恐不恰當。竊以爲"踞"當讀爲"據",二者於《廣韻》皆爲見紐遇韻,故可相通。"攘"者,侵奪。"據"者,《老子》五十五章:"猛獸不據,攫鳥不搏。"[⑥]《戰國策・楚策》:"楚與秦構難,此所謂兩虎相搏者。"王引之:"《太平御覽・兵部》引此'搏'作'據','據'字是也。'據'讀若戟,謂兩虎相搵持也……《老子》曰'猛獸不據,攫鳥不搏',《鹽鐵論・撃之篇》曰'虎兕相據,而螻蟻得志',

---

①可參王力《同源字典》,第196頁。

②[東漢]許慎《説文解字》,第35頁。

③可參王力《同源字典》,第196頁。

④王家葵《登真隱訣輯校》,第77頁。

⑤周作明點校《無上秘要》,第1191頁。

⑥樓宇烈《老子道德經注校釋》,第145頁。

皆其證也。"① 俞樾認爲："據當作㩧。《説文・㹠部》：'㩧,鬥相㩧不解也。……一曰虎兩足舉。'"② 高亨："俞説是也。獸以爪攫物曰㩧,古書通以據爲之。《戰國策・楚策》'兩虎相據'……《鹽鐵論・擊之》篇'虎兕相據而螻蟻得志','相據'謂以爪相搏也。"③

　　數説皆是,"攘據"爲近義並列。作"攘袂"者,恐是傳抄不明"攘踞"之義,以一個常見詞語替換而造成的訛誤。北宋陳景元《上清大洞真經玉訣音義》："攘據,上汝羊切,下居御切,持也。"(2/706c)陳説是,"持"謂以爪持。《上清大洞真經玉訣》今已佚,依陳注可覘此經有"攘據"一詞。

　　道經及其他四部典籍可見此詞,兹舉二例：

　　(3)伏獸攘據,猛馬奔驚,大帥仗旛,羅騎億千,檢魔攝邪,檄落萬靈,山海静波,三光合明。(《上清太上玉清隱書滅魔神慧高玄真經》,33/748c)

　　(4)自逆帥攘據,罔率訓典,改易升降,名稱溷淆,蓋無取焉。④(唐・馬總《鄆州刺史廳壁記》)

　　例 3 之"伏獸攘據(據),猛馬奔驚"與例 2 之"伏獸攘袂,猛馬張喉"句式、意義相類,可爲確證。

【榮庵】

　　(1)自謂玄響所振,無往不豁,既濯以靈波,實望與物榮庵。⑤(南朝梁・陶弘景《真誥》卷一)

　　劉豔娟："'榮庵'應屬反義連用,爲並列複合詞,義爲'盛衰'。庵,通'奄','奄'有'昏暗'義……故'榮庵'一詞表'盛衰'。"⑥

　　按：《大詞典》："榮庵,猶盛衰。庵,通'奄'。"劉説當承襲自此,又有申發。然"昏暗"義和"衰落"義並無緊密引申關係,故二説皆非。實則"庵"當作或讀作"淹",《方言》卷十三："淹,敗也。"⑦"敗"有衰敗義,

①徐煒君等點校《讀書雜志》,第 126 頁。
②[清]俞樾《諸子平議》,北京：中華書局,1954 年,第 155 頁。
③高亨《老子正詁》,第 156 頁。
④[清]董誥等編《全唐文》,第 4917 頁。
⑤趙益點校《真誥》,第 8 頁。
⑥劉豔娟《〈真誥〉複音詞研究》,湖南師範大學 2014 年碩士學位論文,第 67 頁。
⑦華學誠《揚雄方言校釋匯證》,第 886 頁。

與"榮"正相對。其同源字又作"稴"，《集韻·業韻》："稴，禾敗不生。"①

【首寫　首謝】

（1）女子請白素君，官將百二十人，治陰宮。注曰："白素君五人，官將百二十人，治陽明宮，主女人百病，令得首寫。"②（南朝梁·陶弘景《登真隱訣》卷下）

王家葵："'首寫'意義不確，多見天師道文獻，疑是'首寫過咎'之義，與'首過'略同。"

（2）法師當於高座爲其誦悔過之文，首寫主人存亡罪失，則功感諸天，罪滅九陰。（《太上洞玄靈寶宣戒首悔衆罪保護經》卷中，6/901a）

（3）第一，諸是後學七祖以下有殺害人命、劫賊攻掠，謀圖姦媱，莫逆之過，九族交通，謀反无道。注曰："若志尚自勵，首寫七玄重罪，施散功德，拔出幽魂。"（《洞真太上太霄琅書》卷三，33/658c）

按："首寫"即"首謝"，"寫"爲"謝"之假借。前者於《廣韻》爲心紐馬韻，後者爲邪紐禡韻。心、邪二紐之別，僅在於清濁不同，如《匡謬正俗》卷六言"鷰"讀爲"旋"，即讀心紐爲邪紐；馬、禡二韻，僅有聲調上去之別：故"寫"、"謝"音近，可通假。

（4）塗炭者，牢獄疾病，考責幽魂，苦病難堪，万救无效，投告首寫，生死怨尤，解其急厄，最爲第一。（BD14841H《太上洞玄靈寶業報因緣經》卷五）

"首寫"，《道藏》本作"首謝"。

"首"者，坦陳、揭發之義；"謝"有告之義。故"首謝"爲複用，其義爲坦陳罪惡、過失以求福消災。③道經有"首愆謝過"語，"首愆"、"謝過"相對同義，亦可以比勘。

（5）九日九夜，明燈燒香，首謝天君，九幽之下，得見光明，可得解脫，還入善緣。（《太上洞玄靈寶智慧罪根上品大戒經》卷下，6/889c）

（6）或三春放火燒殺蟲蛇，畋獵捕圍，害諸物命，胎卵濕化，水陸飛沈，潛竄無方，悉被屠戮，快情悦目，無改悔心。若有此愆，請從首謝。

---

① 趙振鐸《集韻校本》（中册），第 1623 頁。
② 王家葵《登真隱訣輯校》，第 83 頁。
③ "首謝"，周作明釋爲"懺悔"，參周作明《東晉南朝道教上清派經典詞彙新詞新義研究》，第 73 頁。

（《太上靈寶洪福滅罪像名經》，6/293c）

（7）常以其日思存吉事，<u>首謝</u>身中罪過。（《上清太上回元隱道除罪籍經》，33/794a）

　　或認爲“首謝”爲稽首謝過之意，由“稽首謝過”、“叩首謝恩”等類似結構縮略而來，似亦可通。道經習見類似結構，兹不再舉例。

【調密】

　　（1）凡精思之道，成於幽室，不求榮位，志日<u>調密</u>，開蒙洞白，類似畫日。[①]（《太平經·得道長存篇第一百二十二》）

　　蕭旭：“調讀爲稠。《説文》：‘稠，多也。’《玉篇》：‘稠，密也。’字或作‘綢’。”[②]

　　楊寄林：“調密，協調邃密。”[③]

　　按：楊説似不通，蕭説有一定道理，但“稠密”一詞成詞比較晚[④]，且施之於其他用例並不通，如：

　　（2）<u>調密</u>者固，安静者詳，志定心平，血脈乃彊。[⑤]（西漢·陸賈《新語·懷慮》）

　　《大詞典》引及此例，釋爲：“密合，内心和諧純一。”

　　竊以爲《大詞典》之説未盡確，“調密”實即“周密”。《説文·口部》：“周，密也。”[⑥]故“周密”與“安静”同爲同義並列結構，乃嚴密、謹嚴義，故而“固”。“周”古籍多有作“調”者，如《六韜·文師》“緡調餌香”，銀雀山漢簡本“調”作“周”。[⑦]《淮南子·人間》“然而心調於君”俞樾：“調當爲周。”[⑧]《淮南子·原道》“貴其周於數而合於時也”，《文子·道原》“周”作“調”。[⑨]古籍亦有將“調”釋爲“周”者，如西漢賈誼

---

①俞理明《〈太平經〉正讀》，第 255 頁。

②蕭旭《群書校補》，第 596 頁。

③楊寄林《太平經全注全譯》，第 1057 頁。

④《大詞典》所引首例爲北宋沈括《夢溪筆談》。

⑤王利器《新語校注》（第 2 版），第 156 頁。

⑥［東漢］許慎《説文解字》，第 33 頁。

⑦參羅福頤《臨沂漢簡通假字表》，《古文字研究》第 11 輯，北京：中華書局，1985 年，第 62 頁；白於藍《簡帛古書通假字大系》，第 166 頁。

⑧［清］俞樾《諸子平議》，第 644 頁。

⑨參王輝《古文字通假釋例》，臺北：藝文印書館，1993 年，第 217 頁。

《新書·道術》：“合得密周謂之調。”① “周密”一詞，先秦文獻已見，中古亦有使用：

（3）其知慮多當矣而未周密也。楊倞：“周密，謂盡善也。”②（《荀子·儒效》）

（4）扶陽而出條，順陰而藏跡，首尾周密，表裏一體，此附會之術也。③（南朝梁·劉勰《文心雕龍·附會》）

又可倒序作“密周”，見上所引《新書》例。

【委】

（1）受之四十年一傳，傳之歃血而盟，委質爲約。諸名山五岳皆有此書，但藏之於石室幽隱之地，應得道者，入山精誠思之，則山神自開山，令人見之。如帛仲理者，於山中得之，自立壇委絹，常畫一本而去也。④（晉·葛洪《抱朴子内篇·遐覽》）

（2）按《四極明科》照生靈符之法，諸有地真上經者，皆有出傳年限，盟誓三官，委帛血壇，割券之約，乃得授付。（《元始天尊説玄微妙經》，2/12a）

（3）太上景電必來降，玄氣徘徊爲我用。委帛襜襜相繾綣，使汝畫一金玉斷。（《太清金液神丹經》卷上，18/750c）

（4）是不敢輕祕，故祀啓天神至尊一書，委帛一傳之誓，已備如本科。⑤（北宋·張君房《雲笈七籤》卷六十五）

按：“委”字義不可通，竊以爲當讀爲“賹”，道經中又寫作“脆”。“委”於中古爲影紐支韻，“賹”爲見紐真韻：見、影二紐喉牙通轉⑥，支、真二韻僅有聲調平去之別：故二字音近，可得相通。《説文·貝部》：“賹，資也。”⑦ 黄生：“字書：脆，古胃切，與賹同。賭也，資也。此云脆請，當是

---

① 閻振益、鍾夏《新書校注》，第 304 頁。

② ［清］王先謙《荀子集解》，第 130 頁。

③ 范文瀾《文心雕龍註》，北京：人民文學出版社，1958 年，第 651 頁。

④ 王明《抱朴子内篇校釋》（增訂本），第 336 頁。

⑤ 李永晟點校《雲笈七籤》，第 1443 頁。

⑥ 二紐相通之例，可參吳辛丑《簡帛典籍異文研究》，廣州：中山大學出版社，2002 年，第 114 頁；郜同麟《宋前文獻引〈春秋〉研究》，北京：中國社會科學出版社，2015 年，第 179 頁。

⑦ ［東漢］許慎《説文解字》，第 130 頁。

以財物事神求福之義。"[①] "賕(賶)"本爲資財之義,道經中又指以一定財物事神而求福消禍之義。

《道法會元》卷一百七十九:"師爲人上章,章中宜有法信,并功德賶物,惟疾病蒙恩之日,方可受賶信。"(30/146a)"賶物"通常用絲織品,如白素、絹、帛、錦等;亦用其他物品,如穀米、布等。這些都稱之爲"信物"、"賕信"。例2下文又曰:"其賶約之代血誓者,是青童君受,出以示晚學,爲永用之節度矣。若受《三元真一經》,當賶有道之師,白素八十七尺,銀鐶三雙,一本用白素二十九尺,銀鐶一雙耳,上總合之也。或用鈕三枚耳,以代割革不漏之約。其受《太上五斗真一經》,當賶有經之師,紫文帛四十尺,金鐶兩雙,以代歃血敗泄券契也。其受太極真符,賶有符之師,朱帛二十尺。其受太極寶章符,賶有經章之師,碧帛二十尺,以當登壇翦髮,爲歿身之誓也。受者以待林澤山栖之窮,不得妄用贍己之私矣。違而不奉,皆立割削之科,身隕三泉。父子傳授,以賶盟如科。"(2/12a)《雲笈七籤》卷七十四:"受之者皆立盟約誓,啓不宣漏,賶有方之師青帛三十尺,金鐶兩雙。"[②]

【無蠲　無涓　無捐　無偕】

(1)東山神呪,攝召九天。赤書符命,制會酆山。束魔送鬼,所誅无蠲。悉詣木宫,敢有稽延。[③](《無上秘要》卷二十四)

(2)正法玄範,符命九天,攝氣輔兆,檢精流烟,筞鬼召魔,掃除無蠲。(《無上三元鎮宅靈籙》,11/679a)

(3)蒼靈耀景,電激霆奔。飛空巨斧,變化天關。千妖萬邪,捕戮无蠲。乾闢坤肅,清蕩三元。(《太上三洞神呪》卷十二,2/137c)

(4)恢揚皇化,翊扶威權。肅守隅界,玄澤昭宣。伏尸故炁,清蕩無蠲。(《太上三洞神呪》卷十二,2/139c)

按:依句意來看,"無蠲"乃無遺、無存之義,道經多有類似説法可以比勘。《太上三洞神呪》卷四:"敢不從命,所誅无存。屠肝剖腹,斬首滅根。"(2/77c)"所誅無存"即與例3之"捕戮無蠲"相應。《靈寶無

①[清]黄生撰,黄承吉合按《字詁義府合按》,第254頁。
②李永晟點校《雲笈七籤》,第1665頁。
③周作明點校《無上秘要》,第314頁。

量度人上品妙經》卷四：“元始符告，敢有稽停，攝送上宮，所誅無存。”（1/26a）元趙道一《歷世真仙體道通鑑》卷十八：“真人曰：‘汝等可速遠避。自今勿復行病，妄有殺害。今之民庶，皆吾子弟之家爾。不然，誅無留種。’”（5/203a）此數例可作比勘。“蠲”有掃除、清潔、丟棄、明亮諸義，而無遺存之義。又有“無捐”一詞，似與此有關。

（5）五帝校録，有功者原。函魔千神，束形亂鞭。敢不從命，所誅無捐。（《太上元始天尊説北帝伏魔神咒妙經》卷第二，34/400c）

（6）萬旅震途，群真回軨，屠割摧裂，毒求激淵。邪道静默，有誅無捐，萬萬截首，千千劋勍。（《靈寶無量度人上品妙經》卷五十四，1/366b）

（7）刀圭入口，宮府完全。回真聚元，宴景雲軒。勳書玄都，遷賞無捐。（南宋·林靈真《靈寶領教濟度金書》卷三百三，8/644b）

“捐”有捨棄、除去、獻出諸義，於此亦不諧。竊以爲“無蠲（捐）”當讀爲“無涓”。“蠲”、“涓”於《廣韻》皆爲古玄切，屬見紐先韻，“捐”爲以紐仙韻：三者皆屬見系，先仙同攝同用，故語音相近。當然“捐”、“涓”字形亦近。《説文·水部》：“涓，小流也。”段注：“凡言涓涓者，皆謂細小之流。”[1]“涓”爲細小、細微之義，“無涓”即一點也没有、没有存留之義。從肙之字，或有狹小、細微之義。《説文新附·犬部》：“狷，褊急也。”[2]《玉篇·衣部》：“裑，褊也。”[3]《説文·衣部》：“褊，衣小也。”《金部》：“鋗，小盆也。”[4]“無涓”見於道經：

（8）除欲減私，服御吐納，二精五牙，金丹玄素，衆術億千，輔佐成功，隨緣施用，不可偏滯諸術，而功行无涓，空望長生，萬无一果。（《洞真太上太霄琅書》卷七，33/688b）

“功行无涓”即一點功業也没有，自然是“萬无一果”。

可以比勘的是，在道經及其他四部文獻中，習見“無涓露”、“無涓埃”，亦見“無涓溜”、“無涓濡”、“無涓滴”。露、塵埃、水滴等皆爲細微之義，與“涓”爲類義並列，所以“無涓露”也就是“無涓”，均爲一點也没有之義。杜光庭《廣成集》卷十二：“伏念臣獲以微塵，累叨皇澤，入參

---

① ［清］段玉裁《説文解字注》（第2版），第546頁。
② ［東漢］許慎《説文解字》，第206頁。
③ ［南朝梁］顧野王著，［北宋］陳彭年等重修《大廣益會玉篇》，第129頁。
④ 二例見［東漢］許慎《説文解字》，第172、295頁。

輔衛,出領藩維。曾無涓露之功,常切滿盈之懼。”① 韓愈《爲裴相公讓官表》:“苟耳目所聞知,心力所逮及,少關政理,輒以陳聞,於裨補無涓埃之微,而讒謗有邱山之積。”② 宋曾慥《道樞》卷十四:“鄙夫者,根境相對而生情愛,乃騖於淫欲,精氣下泄,身乃枯朽,故曰無涓滴之益,而時有猒澮之決,喪其性命之宗。”(20/680c)

或者説“無涓”乃同義並列結構,“無涓”即無。從肙之字有空無之義,本書“悁悁　涓涓”條已言之。或者道經中,“蠲”有赦除之義,“蠲赦”一詞習見③,“無蠲”即不赦。依此來看,倒是講得通。然此二説都無法照應“無涓露”之類的説法,故附此存疑。

道經中又有“無偕”一詞,與之有關。

(9)敢有干試,妄爲衆災。北帝漂骨,南斗焚骸。屠割鬼爽,誅斬<u>無偕</u>。(《靈寶無量度人上品妙經》卷四十四,1/198b)

從句式、句意上講,“誅斬無偕”似亦爲誅殺無遺之義,然“偕”講不通。疑“偕”本爲“捐(抅)”,然道經抄作者未明其義,因二字形近而生造了一個詞語,且恰好符合韻律的需要④。在道經中“無偕”僅一見,故頗爲可疑。

【形禱】

(1)令章上詣三天曹,分別某家昔世已來,九玄七祖,父母及某身積行所犯頑逆醜惡,非人所行,淫色盜竊,違天負地,<u>形禱</u>呪詛、復連之咎。(五代·杜光庭《太上宣慈助化章》卷一,11/311b)

(2)收食石下犬子小鬼,水官乳母,五瘟疫毒,兵獵注殺,<u>形禱</u>呪詛,新死故亡,邪魅魍魎,雜神惡鬼。(《太上宣慈助化章》卷三,11/324a)

(3)上請亡人塚訟門下君一人,上請<u>形禱</u>門下君一人,上請真官門下君一人。(《太上宣慈助化章》卷四,11/329c)

---

①董恩林點校《廣成集》,第172頁。
②[清]董誥等編《全唐文》,第5550頁。
③《太上黄籙齋儀》卷四十八:“或恣行釁咎,干忤神明。犯名山大川,靈墟福地、丘原主宰,幽職靈司。積罪纏綿,未蒙蠲赦。魂神執對,在名山五嶽地獄之中。痛毒備嬰,終天無解。”《廣成集》卷六:“洪纖罪目,今昔愆違,未兆之災,將來之咎,並期蠲赦,曲賜消禳。衆厄清夷,宿冤和釋,更增微祿,俾遂遐年。”“蠲”爲除去之義,亦即除罪,故道經又有“蠲除”與此相應。
④“災”爲咍韻,“骸”、“偕”爲皆韻,“摧”爲灰韻,三韻皆屬蟹攝。

按：“形禱”不通，“形”當讀爲“刑”①。二者於《廣韻》皆爲户經切，匣紐青韻。道教之中，有祝咒儀式，包括詛咒和解除詛咒。“刑禱”爲祝咒之一，是指詛咒某人獲刑或被刑殺。

（4）述炁君官將一百二十人，治素室，主病者中刑犯萬國，被禱閉固，犯易主刑禱。（《正一法文經章官品》卷二，28/549b）

（5）主爲某家解除三丘五墓、地下衆精、月食土氣、百病惡逆、盜賊耗害、刑殺凶殃之氣，五瘟百病、刑禱精邪、四方破射、五部兵獵、户廟呪詛、衆考諸妖之屬。（五代·杜光庭《太上黄籙齋儀》卷四十四，9/313b）

（6）謁請平天君五人，官將百二十人，兵士十萬人，收除某家刑禱呪詛房廟考氣之鬼。（杜光庭《太上洞淵三昧神呪齋清旦行道儀》，9/835c）

（7）呪詛求直。注曰：“若有呪詛，則九地之下，東南西北，四面八方，山澤之内，五土之上，受人呪詛不正邪鬼，刑禱呪誓考炁之鬼……刑殺之鬼，疫毒之鬼，乃至一切凶惡之鬼，皆得乘間伺隙，行其禍害。”（《太上感應篇》卷二十四，27/115a）

【眩霧】

（1）“行天地之性，歲月日善惡，有幾何乎？”“不可勝紀。”“子已熟醉，其言眩霧矣。天地歲月日有四行，一者不純，主爲變怪。”②（《太平經·四行本末訣第五十八》）

俞理明：“眩霧，迷胡，昏亂不清。”

楊寄林：“眩霧，意謂墮入五里霧中。”③

按：楊説非，俞説是，然未闡明其得義之由。“眩霧”即“眩瞀”，“霧”、“瞀”皆從務聲，聲音相近，意義亦相近，皆爲蒙覆不明之義，故二者實爲同源。④“眩瞀”本指眼睛昏花，引申可指昏憒、迷亂之義，上例即此義，《大詞典》已收此詞，可參。《太平經》中有此詞：

（2）盡説之，積文多，反且眩瞀於文，則失其綱紀，令其文亂難理。⑤

---

① 《大詞典》、《故訓匯纂》“形”字條皆已收二字通假之例，可參。
② 俞理明《〈太平經〉正讀》，第 88 頁。
③ 楊寄林《太平經全注全譯》，第 332 頁。
④ 參王力《同源字典》，第 245 頁。
⑤ 俞理明《〈太平經〉正讀》，第 471 頁。

（《太平經·音聲儛曲吉凶第二百六》）

　　俞理明：“眩瞀,迷惑,淆亂。”

　　此詞又可寫作“眩冒”,“冒”與“霧”、“瞀”亦同源。①《素問·玉機真藏論》：“帝曰：‘春脈太過與不及,其病皆何如？’岐伯曰：‘太過則令人善忘,忽忽眩冒而巔疾；其不及則令人胷痛引背,下則兩脇胠滿。’”（21/82a）亦作“眴瞀”,《集韻·諄韻》：“眴,目眩也。”②明唐順之《告病疏》：“不幸臣有狗馬之疾,往年秋冬之交,觸冒霜露……痰火怔忡眴瞀諸證,時時有之。”③

【巽濡　選濡】

　　（1）此輩不莊事,變易心腸,巽濡日月,冀脫災免害。萬不一脱,執性了戾,心腸不改,没命之後,悔復何及,愚人痛哉！（《正一法文天師教戒科經》,18/234a）

　　（2）此輩何不莊事,變易心腸,選濡日月,冀免灾厄。萬不遺一,執性狠戾,心腸不改,命殁之後,三塗五苦,悔復何及,痛哉！（《太上靈寶昇玄內教經中和品述議疏》,24/712a）

　　按：以上二例,存在明顯的承襲關係。然不論是“巽濡”,還是“選濡”,似乎都不好理解。檢道經,另一處有類似記載,《太上靈寶昇玄內教經中和品述議疏》：“此輩何不莊治,事至悔復可及。何不莊治戒行,選易心腸,濡浸於邪,日復一日,天網恢恢,踈而不失,賞善罰惡,萬无一遺,因何子戾④汝心,不能思罪補過,命没幽沈惡趣,悔恨何所及焉！”（24/712c）“變易心腸,巽（選）濡日月”,此處改作了“選易心腸,濡浸於邪”似亦難愜文意。竊以爲“濡”當作“懦”,“選懦”即“巽懦”,乃柔弱、卑怯之義,“選”爲“巽”之借。“選懦”爲柔弱怯懦之義,又作“選（巽）愞”、“巽頓”、“愞愞”。《集韻·準韻》：“愞,愞愞,劣弱皃。”⑤《大詞典》多已收録,可參,例不另舉。

---

①參王力《同源字典》,第245頁。
②趙振鐸《集韻校本》（上册）,第254頁。
③此例轉引自徐振邦《聯綿詞大詞典》,第182頁。
④“子戾”當作“了戾”,參本書“了戾”條。
⑤趙振鐸《集韻校本》（上册）,第740頁。

從句意來，這裏似乎有文獻錯亂，當是"心腸選懦"，而非"日月"。

【厭汙】【厭觸】

（1）合藥時慎勿入厭汙，合藥不成，令人無命。（《洞真太上道君元丹上經》，33/618a）

按："厭汙"不通，"厭"當讀爲"淹"。"淹"於《廣韻》爲影紐醶、鹽二韻，"厭"列三韻，分別爲影紐琰、豔、葉韻：二者同紐，鹽、琰、醶、葉四韻僅有聲調平上去入之別，故二者聲音相近，可得相借。[1]《方言》卷十三："淹，敗也。"[2] "淹"由腐敗、腐爛之義，引申爲不潔、污穢義。如《洞真太上素靈洞元大有妙經·玄都九真明科中品誡罪篇》："不得使異炁之人，冒淹履穢，及婦人參入室内，觸忤神真，此世間所用之科。"（33/419a）"淹"，《洞真太上道君元丹上經》作"殗"。

此字分化出一些後起字，皆爲同源。《集韻·豔韻》："魘，污觸也。或作殗。"[3] 北宋張君房《雲笈七籤》卷三十："太一之道，尤忌血腥臭臊殗穢之道。"[4] 亦作"腌"，實即"腌"字，《漢語方言大詞典》："腌，腌臢，骯臢。"[5]

"淹污（汙、污）"、"殗污"數見於道經：

（2）今恐小人積愚，不可復禁，共淹汙亂洞皇平氣。[6]（《太平經·天神考過拘校三合訣第二百一十一》）

（3）又搗八千杵，大凡搗五萬杵藥成。以密器謹盛之，勿泄氣及殗污也。（《太上除三尸九蟲保生經》，18/703c）

（4）真人存用五氣法，先當勿食葷血之物，勿履淹污，絶除欲念，檢身口意，三業清净。[7]（北宋·張君房《雲笈七籤》卷六十一）

"淹污"，《正一修真略儀》作"殗汙"。

---

[1]《雲笈七籤》卷一百："又有異草生於庭，月一日生一葉，至十五日生十五葉，至十六日一葉落，至三十日落盡。若小月，即一莢厭而不落，謂之蓂莢，以明於月也，亦曰曆莢。"其中的"厭"字即借爲"淹/殗"，乃將死或死之義，亦即"淹淹/奄奄"之"淹/奄"。此例曾蒙張小豔教授、黃笑山教授指點，謹致謝忱！

[2] 華學誠《揚雄方言校釋匯證》，第886頁。

[3] 趙振鐸《集韻校本》（中册），第1298頁。

[4] 李永晟點校《雲笈七籤》，第672頁。

[5] 許寶華、[日]宮田一郎《漢語方言大詞典》，第7343頁。

[6] 俞理明《〈太平經〉正讀》，第493頁。

[7] 李永晟點校《雲笈七籤》，第1354頁。

道經中又有"厭觸"一詞,亦爲同義複用,"厭"亦借爲"淹"。"觸"有污穢之義[①],《大字典》已言,可參。

（5）凡入室須閉户孤幽静館,以遠雞犬、女子一切<u>厭觸</u>之物。（舊題漢·鍾離權《秘傳正陽真人靈寶畢法》卷下,28/362a）

（6）宜憫人之凶。注曰:"非連地址蕩爲大湖,不足以蕩除累年殘忍殺害、<u>厭觸</u>腥穢之氣。"（《太上感應篇》卷三,27/20b）

【瘦頹】

（1）出得爲人,六情不具,癡聾瘖瘂,加復<u>瘦頹</u>,盲眼決脣,缺耳踵留,背折胎屈,唐面跛脚,无手无足。（P.2366《太上洞淵神呪經》卷十）

"瘦頹",《道藏》本作"瘦癩"。

按:《玄應音義》卷十"陰頹"條引《釋名》:"陰腫曰頹。"[②]故"瘦頹"是一個同義或近義並列結構,"瘦"、"頹"皆取腫義。"頹"又"穨"之俗體,其後起本字作"癩"。此字又可作"瘖"、"痶",《集韻·灰韻》:"瘖,《倉頡篇》:'陰病。'或作癩、痶。"[③]《玉篇·疒部》:"瘖,下腫也。"[④]《玄應音義》卷二十二:"陰痶,陰腫病也。"《慧琳音義》卷六十六"痶瘦"條引《廣雅》:"痶,陰腫病也。"[⑤]"痶瘦"亦即例1"瘦頹"倒序之變體。

其同源或異體又可作"瘴"、"胎"、"腿"。《集韻·灰韻》:"瘴,腫也,或作胎。"[⑥]《廣韻·賄韻》:"胎,腿胎,大腫皃。"[⑦]《集韻·眞韻》:"腿,足腫也。"[⑧]

【縈渟　榮神】

（1）蕭條斧子,和心凝静。道厎雖妙,乘之亦整。澄形丹空,攉摽霄領。其神以暉,其光將穎,實侍辰之高舉,谷子之羅罪,可謂秀落衆望,<u>縈</u>

①此蒙張小豔教授指點,謹致謝忱!
②徐時儀《一切經音義三種校本合刊》（修訂版）,第216頁。
③趙振鐸《集韻校本》（上册）,第226頁。
④［南朝梁］顧野王著,［北宋］陳彭年等重修《大廣益會玉篇》,第57頁。
⑤徐時儀《一切經音義三種校本合刊》（修訂版）,第454、1676頁。
⑥趙振鐸《集韻校本》（上册）,第225頁。
⑦蔡夢麒《廣韻校釋》,第584頁。
⑧趙振鐸《集韻校本》（中册）,第963頁。

渟之仙才。（南朝梁·陶弘景《真誥》卷四）

（2）卿父子玄機邈世，理妙接真，故可榮神之仙才，而爲眾真所稱，非吾獨所稱舉。①（《真誥》卷八）

按:《大詞典》:"瀅渟:水清澈貌。""瀯渟:水停滯不流貌。"二義施之於上例，皆不通，"榮神"亦不通。竊以爲"瀠渟"乃"挺穎"逆序之變體，"瀠"於《廣韻》爲於營切，屬影紐清韻;"穎"爲餘頃切，屬以紐静韻:影、餘二紐爲喉、牙音通轉關係，清、静二韻僅有聲調爲平上之别，故二字聲韻俱近，故可通用。"渟"、"挺"於《廣韻》皆爲特丁切，屬定紐青韻，二者聲韻俱同，故亦可通用。而"榮"、"瀠"皆從熒得聲，且形近;"神"當爲"挺"之訛字。"挺"有特出之義，"穎"有出眾、穎拔之義，故二者爲近義複用。"挺穎"，《道經》中有用例:

（3）萬真啓晨景，唱期絳房會。挺穎德音子，神暎乃高拂。②（《無上秘要》卷二十引《道跡經》）

（4）冉冉任玄樞，昭然冥因判。挺穎應真子，靈琴空中彈。（《洞真太上八道命籍經》卷下，33/513b）

【趜然】

（1）於是鷟鸑氏嚶若而鳴曰……於是狻麂魔氏趜然而唬曰……注曰:"趜，竹交、竹教二切。"（唐·張志和《玄真子外篇》卷上，21/721a）

按:"趜"只用在複音詞"趜趠"中，表跳躍、行走不穩之義。施之於"趜然"，自不可通。從句意來看，"趜然"乃形容聲音，與"嚶若"相對義類。竊以爲"趜"當讀爲"啁"。舊題師曠《禽經》:"鶛雀啁啁，下齊眾庶。"③《楚辭·九辯》"鵾鷄啁哳而悲鳴"洪興祖《補注》:"啁哳，聲繁細貌。"④《廣韻·尤韻》:"啁，啁噍，鳥聲。"⑤亦作"喌"，《説文·吅部》:"喌，呼鷄重言之。"段注:"鷄聲喌喌，故人效其聲評之。"⑥周、州上古皆

---

① 趙益點校《真誥》，第 73、139 頁。
② 周作明點校《無上秘要》，第 232 頁。
③ 《景印文淵閣四庫全書》第 847 册，第 686 頁。
④ ［南宋］洪興祖《楚辭補注》，第 184 頁。
⑤ 蔡夢麒《廣韻校釋》，第 447 頁。
⑥ ［清］段玉裁《説文解字注》（第 2 版），第 63 頁。

爲照紐幽部,中古皆爲章紐尤韻("啁"爲知紐尤韻),語音一直相近。①
摹聲之詞,字無定形,故或從周或從州。

【疰悮】

（1）楊頤留心鑪鼎,志在丹石,能製反魂丹。有疰悮暴死者,研丹一
粒,抝開其口,灌之即活。（五代・杜光庭《神仙感遇傳》卷五,10/902a）

按:《廣韻・暮韻》:"悮,謬悮。……悮,上同。"②《集韻・莫韻》:
"悮,欺也,疑也。"③以上諸義,施之於"疰悮"皆不可通。竊以爲"悮"當
作"忤",音近而誤。二者於《廣韻》皆爲五故切,屬疑紐暮韻,同聲同韻。
"疰忤"又作"注忤",道經、醫典及其他典籍習見,乃暴病或中邪引起的
眩暈昏迷、胡言亂語等。

（2）或四時八節三牲祭祀不精,輒與人作禍害,心痛疰忤,伐人性
命。④（北宋・張君房《雲笈七籤》卷八十三）

（3）薑黃:味辛苦,大寒,無毒。主心腹結積,疰忤,下氣破血,除風
熱,消癰腫,功力烈於鬱金。（北宋・寇宗奭《圖經衍義本草》卷十四,
17/444a）

（4）右符三道,治疒尸注忤人腹五臟中。（《太上洞玄靈寶素靈真符》
卷中,6/352a）

【祝固】【媚固】

（1）人可求以祭祀,尚不給與,百神惡之,欲使無世;鄉里祝固,欲
使其死;盜賊聞之,舉兵往趙,攻擊其門户。⑤（《太平經・六罪十治訣第
一百三》）

俞理明:"祝固,詛咒。"⑥

---

①"周"、"州"通假,可參楊樹達《漢書窺管》,上海:上海古籍出版社,1981年,第432頁;劉鈺、
　袁仲一《秦文字通假集釋》,西安:陝西人民教育出版社,1999年,第267、816頁。
②蔡夢麒《廣韻校釋》,第820頁。
③趙振鐸《集韻校本》(中冊),第1033頁。
④李永晟點校《雲笈七籤》,第1886頁。
⑤俞理明《〈太平經〉正讀》,第208頁。
⑥又見俞理明、顧滿林《東漢佛道文獻詞彙新質研究》,第283頁。

蕭旭："固讀爲姻、嫭，訓妒、惡。"①

劉祖國："祝固，'祝'同'咒'，詛咒。""祝固，詛咒。'祝'同'咒'。"②

楊寄林："祝固，意爲狠狠詛咒這一毛不拔的鐵公雞。"③

按："固"無詛咒之義，若訓爲"妒、惡"與"祝（咒）"亦不類，故數説皆難從。竊以爲"固"當讀爲"蠱"，"固"於《廣韻》爲見紐暮韻，"蠱"爲見紐姥韻，二者聲紐相同，暮、姥二韻僅有聲調去、上之別，故聲音極近。《潛夫論·遏利》"寵禄不能固"汪繼培："'固'，讀爲'蠱文夫人'之'蠱'，惑也。"④此義《大字典》《大詞典》亦已收，可參。道經中有"固"、"蠱"相通之例：

（2）清廉考召征伐君吏，主收嫁娶時之禁忌媚固妬妬之鬼。（《正一法文經章官品》卷四，28/553c）

（3）重請萬福君五人，官將百二十人，主辟斥故氣精祟、呪詛媚固，使却死來生，却禍來福。（《赤松子章曆》卷六，11/230c）

（4）願上請天官時君將史，一合同時來下某州郡縣鄉里舍，各隨所主，擁護某身，辟斥邪精瘟毒疫癘之氣，謀議媚固，皆令消滅。（《赤松子章曆》卷六，11/230c）

"呪詛媚固"就相當於例1所謂"祝固（蠱）"；所謂"媚蠱"即媚惑之義，或指以蠱術等妖邪手段操縱人的意識或行爲。《女青鬼律》卷六："右九蠱之鬼，行諸惡毒，妖媚蠱亂天下，與五温鬼太黄奴等，共行毒炁也。"（18/250c）《太上洞玄靈寶宣戒首悔衆罪保護經》卷中："專作呪詛，陰爲殘害；容媚蠱禱，外善内惡。"（6/902b）此例中"蠱禱"與例1中的"祝固（蠱）"義近，祝即禱。

【吐鬼】

（1）有外殍鬼，思想鬼，癃殘鬼，魍魎鬼，熒惑鬼，遊逸鎮厭鬼，吐鬼，伏屍鬼，疰死鬼……山鬼，神鬼，土鬼……百蟲鬼，井竈池澤鬼，萬道鬼，

①蕭旭《群書校補》，第593頁。

②劉祖國《〈太平經〉複音詞研究與〈漢語大詞典〉》，第61頁；劉祖國《〈太平經〉詞彙研究》，第121頁。

③楊寄林《太平經全注全譯》，第850頁。

④彭鐸《潛夫論箋校正》，第36頁。

遮藏鬼,不神鬼,詐稱鬼。(《太上正一咒鬼經》,28/370a)

"遊逸鎮厭鬼,吐鬼",《中華道藏》録作"遊逸鎮鬼,厭咒鬼"。

按:《玉篇·口部》:"吐,口不正。"① 《集韻·暮韻》:"吐,呼雞聲。"《遇韻》:"吐、咮,喙也。"② 三義驗之道經皆不諧,竊以爲"吐"當即"祝"或"咒"。《中華道藏》本所録是,唯句讀有誤,當點作"遊逸鎮厭鬼,咒鬼"。試申説如下:

主、朱上古皆屬章紐侯部,故從二旁之字多通用、互爲異文,如"柱"與"朱"、"注"與"咮"、"注"與"株"。③《説文·口部》:"咮,鳥口也。"④故在鳥喙意義上,後世乃以音近之旁替換,"吐"實爲"咮"之異體,上所引《集韻·遇韻》可證。中古時,"祝"於《廣韻》列二韻,其一爲章紐宥韻,"咮"列四韻,聲有章、知二紐,韻有虞、尤、遇、宥四韻:二者之聲韻各有相同、相近之處,故二音相近,"祝"與"吐(咮)"可得通假。孫貫文《金元字詞雜考(遺稿)》:"元刊《閨怨佳人拜月亭》:'吐付正末科。'三煞:'又不敢吐付丁寧。'按祝付、吐付並即囑咐。"⑤按:孫説是。故所謂"吐鬼"即"祝鬼"。

(2)兆若夜行畏恐,心震意怯,或惡夢之時,魔鬼試人,犯真干氣,欲疾病害人者,急行玉帝祝鬼衛靈之法。(《上清修行經訣》,6/663a)

(3)凡道士入室齋誠,有存修,而數有不祥之物,及奇恠血光諸鬼精惡炁,來恐試人者,兆當行北帝祝鬼殺邪神方。(《上清太上黄素四十四方經》,34/76c)

(4)逆天違地、祝鬼詛神、裸露星辰、吹噓風雨、五逆不孝,萬罪千愆,無量無邊,悉爲除滅。(《太上洞玄靈寶轉神度命經》,6/144a)

所謂"祝鬼"者,即道教中以咒術禳壓之法控制鬼怪,又作"咒鬼",二者實爲一詞,"咒"乃"祝"之後起分化字。"祝"已見於甲骨文,從示、從兄,會一人跪於神主之前禱告之義,含祝福、詛咒二義。後世改示旁爲口旁,分化作"呪"字,表詛咒義,"祝"表祝福義。"呪"字再調整偏旁位

---

① [南朝梁]顧野王著,[北宋]陳彭年等重修《大廣益會玉篇》,第 27 頁。
② 分別見趙振鐸《集韻校本》,上册第 703 頁,下册第 1023 頁。
③ 可參張儒、劉毓慶《漢字通用聲素研究》"主字聲系",第 272 頁。
④ [東漢]許慎《説文解字》,第 34 頁。
⑤ 《中華文史論叢》第 39 輯,第 298 頁。

置,字形稍變,最終作"咒"。故"祝鬼"亦即"咒鬼",二者所用古今字不同。"祝"、"咒"於《廣韻》《洪武正韻》皆爲職救切,同聲同韻,猶存古音。"咒鬼",也體現在《太上正一咒鬼經》的題名上。經文中又有"咒(呪)鬼"例,皆與其相應。其他道經中,亦可見"咒(呪)鬼"例。

（5）呪山山自崩,呪石石自裂,呪神神自縛,呪鬼鬼自殺。(《太上正一呪鬼經》,28/368a)

（6）一切大小百精諸鬼,皆不得耗病某家男女之身,鬼不隨呪,各頭破作十分,身首糜碎。當誦是經,呪鬼名字,病即除差,所向皆通。(《太上正一呪鬼經》,28/370b)

（7）詛磣夭,凡爲人解呪鬼也。(《太上靈寶凈明秘法篇》卷下,10/545a)

（8）何神不伏,何鬼敢當。呪神自滅,呪鬼自亡。(《道法會元》卷二百一十九,30/363c)

另外,《上清高上滅魔玉帝神慧玉清隱書》《雲笈七籤》卷四十七等書皆有玉帝衛靈咒鬼上法,亦是"咒鬼"之例。

又按:道經中又有"注鬼"一詞,"注"乃傳染(疾病)、施加(懲罰)義,故"注鬼"者,乃給人帶來疾病、災難之鬼怪。準此,則"哇"亦可説是"注"之訛字。"哇"、"注"不但形體上有一定聯繫,而且語音也是相近的。"哇"於《集韻》列二韻,其一爲章紐嘑韻;"注"爲章紐遇韻:二者同聲,嘑、遇二韻僅有聲調上去之別,故二者音近。由於形音俱近,故混用,如《集韻·遇韻》:"哇、唑,喙也。"《候韻》:"喌、唑、喙、注,口也。或作唑、喙、注。"①"喙"亦"口",以"注"表"哇",當爲音近借字。"注鬼"亦習見於道經,茲舉數例:

（9）若欲辟斥故氣,斷絕注鬼,却死來生,却禍來福,當請蓋天大將軍十萬人,令收捕之。②(南朝梁·陶弘景《登真隱訣》卷下)

（10）右殺注鬼注蟲符,用素凈合盤盛水,安病人前。畢,別一人把符投水中,七日符沉,注鬼注蟲總自死,人病安。(舊題唐·李淳風《金鎖流珠引》卷二十五,20/470a)

（11）如蟻跡雜亂者,伏尸瘵鬼;似小指兩頭一般大小,塚墓注鬼。

①分別見趙振鐸《集韻校本》(中册),第1023、1281頁。
②王家葵《登真隱訣輯校》,第88頁。

（北宋・元妙宗《太上助國救民總真秘要》卷九，32/112c）

綜上，"吐鬼"即"祝鬼"或"咒鬼"，亦可視爲"注鬼"之訛，然依《太上正一咒鬼經》題名及此經用例，以作"咒鬼"爲優。

【濯瀾】

（1）上聖五老、太上大道君稽首而言："……臣過承未天之先，於大劫之中，殖真於九靈之府，稟液於五英之關，受生乎玄孕之胞，覩陽於冥感之魂，拔領太虛，高步長津，朗秀三會，濯瀾上玄。"（《元始五老赤書玉篇真文天書經》卷上，1/775c）

（2）青童既到，匍匐而前，捧首北面而言曰："小臣梵湄，敢獻言於聖帝明皇几前，在昔統拔太虛，領宰飛真，察五靈之廣肆，司玄師之逸觀，騰濯清陽，鳴鈴素町，朗秀三觀，菴藹妙覺，廓落靈囿，濯瀾青谷。"（《皇天上清金闕帝君靈書紫文上經》，11/380c）

忻麗麗："濯瀾即言濯於瀾，於波瀾處濯洗……道教中'濯'是一個重要概念，指修煉身心，對身心進行洗滌濯鍊。"[1]

按：竊以爲忻説不確，"瀾"當讀爲"煉"。"瀾"於《廣韻》列二切，一爲落干切，屬來紐寒韻；一爲郎旰切，屬來紐翰韻；"煉"爲郎甸切，屬來紐霰韻，《集韻》中亦有郎旰一切：故二字聲韻俱同，至少聲同韻近，可得通假。"濯煉"又可作"濯鍊"，周作明："濯煉，同'灌煉'。""灌煉，灌溉煉化。"[2]此詞道經十分常見，茲各舉二例：

（3）峨峨隱珠，芬艷嬰蒙，浩觀太無，濯煉五通，澄㝠羽幽，鍊魄空同，招兆百神，月帝告功。（《上清大洞真經》卷三，1/530c）

"濯煉"，《上清太上玉清隱書滅魔神慧高玄真經》作"濯鍊"。

（4）凡拜章之士，尋常當持誦靈文，飡服符篆，感會靈炁，濯煉身神，庶可臨事有應。（南宋・金允中《上清靈寶大法》卷二十五，31/500c）

（5）臨沐之時，即叩齒九通，微祝曰：五川洪池，曲水丹華，洗垢除塵，芳香滂沱，神形濯鍊，玉漿芝泥。（《洞真上清神州七轉七變舞天經・太陽君道章第十四》，33/547b）

---

①忻麗麗《中古靈寶經詞語考釋》，第53頁。
②周作明《中古上清經行爲詞新質研究》，第145、144頁。

（6）呪曰：太陰真炁，圓光自生。濯鍊亡魂，高奔上玄。普鍊萬化，咸得成真。急急如太陰皇君勑。（《靈寶玉鑑》卷三十九，10/406b）

第三節　因諧聲同源而致疑難的字詞考釋

本節共考釋疑難詞語 13 條，具體考證如下：

【襜襜】

（1）太上景電必來降，玄氣徘徊爲我用。委帛襜襜相繾綣，使汝畫一金玉斷。（《太清金液神丹經》卷上，18/750c）

按："襜襜"，當爲多、足之義。《正一威儀經》："正一醮請威儀：所脆信物，不得假借，闕少不充，欺誑明靈。"（18/257a）《玄都律文》："律曰：男官、女官、主者、錄生，條脆願品格，十人以下，脆絹二十尺，二十人已上，脆絹四十尺，蒙恩則輸送。不如法，則罰筭一紀。"（3/459c）舉行法事，向神進獻物品，有一定的規制。若缺少不足，則是違犯科戒，故"襜襜"當爲多、足之義。《説文・八部》："詹，多言也。"[1]其後起字作"譫（噡）"，《集韻・鹽韻》："譫、噡，多言，或从口。"[2]作"贍"者，亦其後起分化字，《玄應音義》卷五"給贍"條："《字書》：'贍，足也。'"[3]"襜"當假借於"詹"或"譫"、"贍"。

【拂沛】

（1）挺穎德音子，神映乃拂沛。天嶽凌空搆，洞臺深幽邃。（五代・杜光庭《墉城集仙録》卷二，18/176c）

"拂沛"，《無上秘要》卷二十作"高拂"。

按："高拂"義不通，而且"拂"也不押韻。此詩共"外"、"翳"、"炁"、"慧"、"會"、"拂（沛）"、"邃"、"穢"、"廢"、"世"等十個韻字，除"炁"、"邃"分屬未、至二韻去聲止攝外，其他六個皆爲去聲蟹攝字。"沛"亦爲

---

①［東漢］許慎《説文解字》，第 28 頁。
②趙振鐸《集韻校本》（上册），第 607 頁。
③徐時儀《一切經音義三種校本合刊》（修訂版），第 122 頁。

去聲蟹攝,而"拂"爲物韻入聲臻攝:道經之中止、蟹二攝可通押,而去聲、入聲本相押極少,且止、蟹二攝不與臻攝相押,故作"拂"不通,當作"沛",《雲笈七籤》卷九十六、《諸真歌頌》同作"沛"亦可證。

"拂沛"義亦不可通,竊以爲"拂"當是一個訛字或通假字。從弗聲之字,有盛義。《説文・火部》:"炥,火皃。"段注:"此篆當是燹之或體。"[1]《集韻・勿韻》:"燹,煇燹,火不時出而滅。一曰鬼火,一曰火盛皃。"[2]

《説文・色部》:"艴,色艴如也。"段注:"或曰依《論語》則非怒色也,不知怒者盛氣之偶。"[3]按:段説是。《戰國策・趙策四》:"左師觸讋願見太后,太后盛氣而揖之。"[4]"盛氣"即怒。此字亦作"怫",《集韻・未韻》:"怫,忿皃。"[5]《莊子・德充符》:"我怫然而怒。"[6]

《説文・艸部》:"茀,道多艸,不可行。"[7]《廣雅・釋訓》:"茀茀,茂也。"[8]

"沸"有聲音盛喧義,《文選・司馬相如〈上林賦〉》:"觸穹石,激堆埼,沸乎暴怒,洶涌彭湃。"李善注引郭璞曰:"沸,水聲也。"[9]"沸乎暴怒"適可與"艴"、"怫"相比勘,言水聲之大,如人之發怒。故《廣雅・釋詁》:"怒,多也。"[10]多與盛義近。

《玉篇・土部》:"坲,塵起皃。"[11]"塵起"即微塵盛多而飛揚。

從市聲之字,亦有盛多義。"沛"爲盛義,可參本書"薪勃"條。故"拂沛"當是一個同義並列結構,乃充盛義。

【呴沸】

(1)於是紫霞靄秀,波激岳頹,浮煙籠象,清景遁飛,五行殺害,四節交擲,金土相親,水火結隙,林卉停偃,百川開塞,洪電縱橫而<u>呴沸</u>,雷震

---

[1]［清］段玉裁《説文解字注》(第2版),第481頁。
[2]趙振鐸《集韻校本》(中冊),第1394頁。
[3]［清］段玉裁《説文解字注》(第2版),第432頁。
[4]《戰國策》,上海:上海古籍出版社,1985年,第768頁。
[5]趙振鐸《集韻校本》(中冊),第1001頁。
[6]［清］郭慶藩《莊子集釋》(第3版),第204頁。
[7]［東漢］許慎《説文解字》,第24頁。
[8]［清］王念孫《廣雅疏證》(第2版),第185頁。
[9]［南朝梁］蕭統編,［唐］李善等注《六臣注文選》,第157頁。
[10]［清］王念孫《廣雅疏證》(第2版),第94頁。
[11]［南朝梁］顧野王著,［北宋］陳彭年等重修《大廣益會玉篇》,第8頁。

東西而折裂。[①]（南朝梁・陶弘景《真誥》卷六）

（2）長牙奮耳以逆躍，電父激炁以雙跌，揭齒斂足，雷公礚捹，六昫營瞻，五虎<u>昫沸</u>，銜刀逐邪，猛獸驅穢，奔炁雷精，保生莫墜。（《洞真太上説智慧消魔真經》卷一，33/599a）

"昫沸"，《上清九天上帝祝百神内名經》作"昫咈"。

周作明："昫沸，嗥叫；吼叫。……該詞爲同義連文。'昫'有'吼叫；轟鳴'等義……'沸'也有'喧騰；喧囂'義。"[②]

按：周説是。"昫"讀居候切，表聲音，指雞鳥鳴叫；讀呼后切，乃吼叫、轟鳴聲。《廣韻・厚韻》："吼，牛鳴。……昫，亦同。"[③]《文選・郭璞〈江賦〉》"溢流雷昫而電激"李善注引《聲類》曰："昫，嗥也。"[④] 從句之字，有表聲音之例。

《説文・黽部》："䗇，䗇屬，頭有兩角，出遼東。"[⑤] "䗇"即蛙，得名於其叫聲。

段注本《説文・隹部》："雊，雄雉鳴也。"[⑥]

《説文・犬部》："狗，孔子曰：'狗，叩也。叩气吠以守。'"[⑦]

《廣雅・釋詁》："牰，鳴也。"王念孫《疏證》："牰者，李善注《江賦》引《聲類》云：'昫，嗥也。'《爾雅・釋獸》釋文引《字林》云：'牰，牛鳴也。'"[⑧]《玉篇・牛部》："牰，牛鳴也。"[⑨]

《集韻・候韻》："豞，《字林》：'豕鳴也。'"[⑩]

《廣韻・侯韻》："齁，齁䶎，鼻息也。"[⑪]

蛙鳴爲"䗇"，雉鳴爲"雊"，犬鳴爲"狗"，牛鳴爲"牰"，豬鳴爲"豞"，

①趙益點校《真誥》，第 94 頁。

②周作明《中古上清經行爲詞新質研究》，第 44 頁。

③蔡夢麒《廣韻校釋》，第 724 頁。

④［南朝梁］蕭統編，［唐］李善等注《六臣注文選》，第 238 頁。

⑤［東漢］許慎《説文解字》，第 285 頁。

⑥［清］段玉裁《説文解字注》（第 2 版），第 142 頁。

⑦［東漢］許慎《説文解字》，第 203 頁。

⑧［清］王念孫《廣雅疏證》（第 2 版），第 45 頁。

⑨胡吉宣《玉篇校釋》，第 4515 頁。

⑩趙振鐸《集韻校本》（中册），第 1275 頁。按：《龍龕・口部》："唃、昫、吽，牛鳴也。"裴務齊本《刊謬補缺切韻》："吽，呼猫反。亦牰、吽、嗥。三。"

⑪蔡夢麒《廣韻校釋》，第 457 頁。

詞義得名之理實相同。^①

　　"沸"亦表聲音,《漢書·司馬相如傳上》"沸乎暴怒"顏師古注引郭璞曰:"沸,水聲也。"^② 明清之時,又寫作"㵘",是象聲詞,如《大詞典》所收"㵘㵘"、"㵘沸",可參。^③ 故"呴沸"義爲聲音宏大、響亮,是一個並列結構,作"呴㵘"可能是類化所致。

【坑宏】

　　(1)滌宇宙之塵穢,掃雲漢於天衢,下<u>坑宏</u>而無底,上寥廓而無隅,包六合而造域,跨八維以爲區。^④（北宋·張君房《雲笈七籤》卷一百二）

　　依句意"坑宏"乃深廣之義。"宏"有大義易理解,然"坑"作何解?按:"坑"應該是通假音變字,從亢得聲之字有高大義。高乃向上言之,

---

①《爾雅·釋畜》:"未成毫,狗。"郭璞注曰:"狗子未生乾毛者。"段玉裁:"按《釋獸》云'未成豪,狗'。與馬二歲曰駒、熊虎之子曰豿同義,皆謂稚也。"《禮記·曲禮上》"效犬者,左牽之"孔穎達疏:"大者爲犬,小者爲狗。"《爾雅·釋畜》:"牛,其子犢。"郭璞注:"今青州呼犢爲㹋。"故王力認爲"狗"、"駒"、"豿"、"㹋"以其得名於小而同源(王力《同源字典》,第182頁),與本條之説不同。王鳳陽認爲:"春秋以前的作品中,只見'犬'字,不見'狗'字……戰國的典籍中則'犬'、'狗'同用,而且'狗'的應用量逐漸超過'犬'的應用量。……《墨子》是把'犬'、'狗'當成同義詞看待的。"(王鳳陽《古辭辨》(修訂本),第109頁)按:從詞義發展的角度來看,先有'犬',後有'狗',那麽'狗'既可以是用來區別'犬'與'狗(犬之子、小犬)',也可能是同義詞的歷時替換,而根據王鳳陽的研究,"狗"字出現以後,文獻中二者同義混用,並無區別。那麽,《爾雅》、郭注及孔疏中的記載,恐怕要存疑。狗之最明顯的特徵是其叫聲,人所易察,從句聲之字,多有叫聲義,改表意字'犬'而用諧聲法造'狗'字,可能性是很大的。故許慎不以狗爲犬子。
　　另外,《文選·郭璞〈江賦〉》:"夔牬翹踱於夕陽,鴛雛弄翮乎山東。"李善注:"《爾雅注》曰:'今青州呼犢爲牬。'"而《廣韻·厚韻》:"牬,夔牛子也。㹋,上同。"依郭璞本人之作、李善注、《廣韻》來看,則今本《爾雅》作"㹋"者,實爲形近誤字。與郭璞大體同時的呂忱之《字林》,改編顧野王《玉篇》而成的《篆隸萬象名義》皆言"㹋"乃牛鳴,非是牛子,亦可爲參證。《廣韻》之所以又言"㹋,上同"者,恐是文獻訛誤。現存《切韻》的各種傳本,直到P.2011《王仁煦刊謬補缺切韻》才將"㹋"作爲異體收入:"吼,呼后反。牛鳴。亦作㹋。"後來的裴務齊本《刊謬補缺切韻》亦並無實質差異:"吼,呼猗反。亦㹋、吽、嘷。三。"因爲"㹋"與"牬"同在一韻,且字形相近,《廣韻》在重新編排字的順序關係時,誤將"上同"於"吼"的"㹋",安排成了"上同""牬"字。即本作"吼……吽,上同。呴,亦同。㹋,上同。牬,夔牛子也",誤作"吼……吽,上同。呴,亦同。牬,夔牛子也。㹋,上同"。
②[東漢]班固《漢書》,第2548頁。
③雖然學界一般認爲《上清九天上帝祝百神内名經》爲六朝道經,然亦不可遽然斷定"㵘"字於六朝已見。因爲現存《道藏》爲明代重新雕版而刻,且六朝以下歷代《道藏》皆有刊刻,情況就更複雜了,很難保證是六朝所用字形。
④李永晟點校《雲笈七籤》,第2206頁。

向下即爲深，二者相通。《説文·魚部》：“魠，大貝也。”① 此字亦作“貥”，《四聲篇海·貝部》引《川篇》：“貥，大見也。”② “見”當作“貝”。《説文新附·門部》：“閌，閌閬，高門也。”③《玉篇·馬部》：“䭵，馬頭高。”《羽部》：“翂，飛高下皃。”④《篇海類編·通用類·高部》：“魠，高也。”⑤ “魠”所從之亢不但表聲，亦有表義作用。

【拉拉】

（1）意專存思，不得散亂，斯須則元氣達於氣海，轉達湧泉。若徹則覺身體振動，兩脚踜屈，亦令床有聲<u>拉拉</u>然。（《至言總》，22/865a）

按：“拉拉”《大詞典》已收，釋爲連續不斷貌，然不合於上例。從句意來看，“拉拉”當爲摹聲之詞。《文選·揚雄〈羽獵賦〉》“猋拉雷屬”李善注：“拉，風聲也。”⑥ 考察其得義之由，當是來源於一組從立得聲的同源詞。

《説文·厂部》：“厬，石聲也。”段注：“謂石嶙之聲。《吳都賦》曰：‘拉擸雷硍，崩巒弛岑。’拉即厬字也，《玉篇》曰：‘厬亦拉字。’”⑦《文選·左思〈吳都賦〉》：“菈擸雷硍，崩巒弛岑。”舊注曰：“五臣本作拉。”李善注：“拉擸雷硍，崩弛之聲。”⑧

《玉篇·厂部》：“厬，石聲，亦拉字。”胡吉宣校曰：“《手部》：‘拉，折也。’原未有引《説文》‘摧也’文。又摺，力合切，折也。《木部》枛，《説文》：‘折木也。’《牛部》犕音拉，牛牴。《石部》後增字硴，力麥切，石聲。硴即俗厬字，皆摹聲之詞。”⑨ 又通作“砬”，《集韻·合韻》：“厬，《説文》：‘石聲也。’或作砬。”⑩

段注本《説文·風部》：“颯，風聲也。”注曰：“《九歌》曰‘風颯颯兮

---

① ［東漢］許慎《説文解字》，第 245 頁。
② ［金］韓孝彦、韓道昭《改併五音類聚四聲篇海》，第 351 頁。
③ ［東漢］許慎《説文解字》，第 249 頁。
④ 分別見［南朝梁］顧野王著，［北宋］陳彭年等重修《大廣益會玉篇》，第 108、121 頁。
⑤《續修四庫全書》第 230 冊，第 304 頁。
⑥ ［南朝梁］蕭統編，［唐］李善等注《六臣注文選》，第 169 頁。
⑦ ［清］段玉裁《説文解字注》（第 2 版），第 447 頁。
⑧ ［南朝梁］蕭統編，［唐］李善等注《六臣注文選》，第 112 頁。
⑨ 胡吉宣《玉篇校釋》，第 4276 頁。按：《原本玉篇殘卷·厂部》：“厬，《説文》石聲也，字書亦拉字也。拉亦摧也，在《手部》。”
⑩ 趙振鐸《集韻校本》（中冊），第 1597 頁。

木蕭蕭’,《風賦》曰‘有風颯然而至’,翔風非字意也。从風,立聲。”①

　　《集韻·緝韻》:“啦,啦啦,送舟聲。”

　　《集韻·合韻》:“応,屋聲。”②

【礫硌】

　　（1）殆有其真,礫硌可觀。陰長生注曰:“此文礫硌,理甚可觀。”（《周易參同契》卷下,20/94b）

　　“礫硌”,《周易參同契發揮》卷九作“礫略”。

　　按:《集韻·錫韻》:“礫,《説文》:‘小石也。’一曰石皃。或作硌。”③依此,則“礫”、“硌”實爲異體,“礫硌”是疊音,然小石、石貌均不可通。竊以“礫硌”爲文彩鮮明或文意明白、清楚之義。《集韻·鐸韻》:“礫,白石皃。”④非但如此,其他從樂得聲之字,也有明、白之義,它們當是一組同源詞。

　　《説文·糸部》:“繰,絲色也。”段注:“謂絲之色,光采灼然也。”⑤《玉部》:“玓,玓瓅,明珠色。”《説文新附·火部》:“爍,灼爍,光也。”⑥《廣韻·錫韻》:“皪,的皪,白狀。”⑦《漢書·司馬相如傳上》:“明月珠子,的皪江靡。”顏師古注曰:“的皪,光貌也。”⑧《集韻·鐸韻》:“皪,白色,或從各。”⑨按:“玓瓅”、“灼爍”、“的皪”當爲一詞之變,前者皆從勺得聲,後者皆從樂得聲,惟形旁小異耳。

　　從各聲之字,亦有明、白之義。《爾雅·釋鳥》:“鴿,烏鸔。”郭璞注:“水鳥也,似鶂而短頸,腹翅紫白,背上綠色,江東呼爲烏鸔。”⑩《集韻·莫韻》:“鷺,鳥名。《説文》:‘白鷺也。’……亦省（鵅）。”⑪《穆天子傳》卷五:“有皎者鵅,翩翩其飛。”郭璞注:“鵅,鳥名。皎,白皃。”（5/44c）

---

①［清］段玉裁《説文解字注》（第 2 版）,第 678 頁。

②二例見趙振鐸《集韻校本》（中册）,第 1585、1597 頁。

③趙振鐸《集韻校本》（中册）,第 1551 頁。

④趙振鐸《集韻校本》（中册）,第 1493 頁。

⑤［清］段玉裁《説文解字注》（第 2 版）,第 644 頁。

⑥［東漢］許慎《説文解字》,第 13、210 頁。

⑦蔡夢麒《廣韻校釋》,第 1227 頁。

⑧［東漢］班固《漢書》,第 2548 頁。

⑨趙振鐸《集韻校本》（中册）,第 1493 頁。

⑩《爾雅》,第 90 頁。

⑪趙振鐸《集韻校本》（中册）,第 1030 頁。

《集韻·鐸韻》：“礫，白色，或从各。”① “从各”即作“硌”。“落落”有光明磊落、清楚分明之義，《大詞典》已收，可參。

所以“礫硌（略）”之光明義，當假借於一組同源詞的源義素，二詞連用，複合而成。此詞又作“歷録”，《詩·秦風·小戎》“五楘梁輈”毛傳：“楘，歷録也。”孔穎達疏：“歷録者，謂所束之處因以爲文章歷録然。歷録，葢文章之貌也。”②《鶡冠子·天則》：“歷寵歷録，副所以付授。”陸佃：“歷録，文章之貌。言更歷寵榮華焕如此。”③ 亦作“瓅䁨”，《廣韻·錫韻》：“瓅，瓅䁨，視明兒。”④《集韻·屋韻》：“䁨，瓅䁨，目明。”⑤

而這些詞也是複合而成，《集韻·錫韻》：“瓅，瓅䁨，目明。”⑥ “瓅瓅”即“歷歷”，乃清楚分明之貌，亦作“礫礫（躒躒）”。⑦《説文·泉部》：“泉，刻木泉泉也。”徐鍇：“泉泉，猶歷歷也，一一可數之兒。”⑧ 段注：“泉泉，麗廔嵌空之兒。《毛詩》‘車歷録’亦當作‘歷泉’。”⑨

“礫”、“歷”、“瓅”於《廣韻》皆爲來紐錫韻；“硌”爲來紐鐸韻，“略”爲來紐藥韻，“録”爲來紐燭韻，“䁨”爲來紐屋韻：藥、鐸二韻跟屋、燭二韻，有不少通押之例，尤其是蕭梁以前，在中古道經中亦偶見通押⑩，説明它們的韻還是有些相近的。

另外，這組詞可能和“離婁”有關係。古之視明者曰“離婁”，又有雕鏤分明之義。《文選·何晏〈景福殿賦〉》：“紅葩颮蘱，丹綺離婁。”李善注：“離婁，刻鏤之貌。”⑪ 亦作“䁺瞜”，《集韻·支韻》：“䁺，䁺瞜，明目者，通作離。”⑫

---

① 趙振鐸《集韻校本》（中册），第 1493 頁。

② ［唐］孔穎達《毛詩正義》，第 236 頁。

③ 黃懷信《鶡冠子彙校集注》，北京：中華書局，2004 年，第 44 頁。

④ 蔡夢麒《廣韻校釋》，第 1227 頁。

⑤ 趙振鐸《集韻校本》（中册），第 1320 頁。

⑥ 趙振鐸《集韻校本》（中册），第 1551 頁。

⑦ 二者均可參《大詞典》相關條目；亦可參徐振邦《聯綿詞大詞典》，第 762 頁。

⑧ ［南唐］徐鍇《説文解字繫傳》，第 140 頁。

⑨ ［清］段玉裁《説文解字注》（第 2 版），第 320 頁。

⑩ 參于安瀾《漢魏六朝韻譜》，鄭州：河南大學出版社，2012 年，第 81—85、290—294 頁；夏先忠《六朝上清經用韻研究》，第 52、301 頁。

⑪ ［南朝梁］蕭統編，［唐］李善等注《六臣注文選》，第 225 頁。

⑫ 趙振鐸《集韻校本》（上册），第 65 頁。

【婁高】

（1）引月精，浹宮津，喉婁高，柱强堅，手柔握，内外攬，脚力彊，步玄空。（《洞玄靈寶太上真人問疾經》，24/684a）

按：“婁高”不易索解，從與“强堅”相對來看，應該是一個同義或近義並列結構。竊以爲“婁高”乃突出高起之義，狀喉之貌。從婁之字，有凸突高起之義，它們是一組同源詞。[①] 此處之“婁”當爲假借。

其字作“樓”。雙層及以上爲樓；除爽明義之外，還取高塏、凸起義。後世分化造“艛”，專表樓船之義，言此船甚高。《史記·平準書》：“是時越欲與漢用船戰逐，乃大修昆明池，列觀環之。治樓船，高十餘丈，旗幟加其上，甚壯。”[②]

又作“瘻”。一爲頸部腫大之義，乃毒素積聚而凸起；一爲駝背義，背本爲平直之狀，駝則向上突起，似於駝峰。後一義亦作“僂”，駝背則曲而拱起。

又作“𡾆”。《龍龕·兀部》：“𡾆，高皃。”[③]

又作“嶁（嶁）”。《廣韻·虞韻》：“嶁，山頂。”[④] 山頂即爲山之最高處。

【鎗零】【鏗零　零鏗　鏗鈴　鏗鏗鈴鈴】

（1）淡泊眇觀，顧景共歡，於是至樂自鎗零聞於兩耳，雲璈虛彈乎空軒也。[⑤]（南朝梁·陶弘景《真誥》卷七）

按：由句意可知，“鎗零”表聲音。《說文·金部》：“鎗，鎗鏓，鐘聲也。”段注：“引申爲他聲。《詩·採芑》‘八鸞鎗鎗’毛曰：‘聲也。’《韓奕》作‘將將’，《烈祖》作‘鶬鶬’，皆叚借字。或作‘鏘鏘’，乃俗字。《漢書·禮樂志》‘鏗鎗’，《藝文志》作‘鏗鏘’，《廣雅》作‘鈞鎗’。”[⑥] “鎗”本表鐘聲，又作“鏘”，引申可表其他聲音。其複疊形式作“鎗鎗”或“鏘

---

① 以下所舉同源之字，劉鈞杰有部分系聯，見劉鈞杰《同源字典再補》，第108頁。

② ［西漢］司馬遷《史記》（修訂版），第1723頁。

③ ［遼］釋行均《龍龕手鏡》（高麗本），第522頁。

④ 蔡夢麒《廣韻校釋》，第129頁。

⑤ 趙益點校《真誥》，第108頁。

⑥ ［清］段玉裁《說文解字注》（第2版），第709頁。

鏘”。① 《上清高聖太上大道君洞真金元八景玉録》：“高宗拔藻，鎗鎗彈瓊，玄音續拔，金振琅玶。”（34/147a）《洞真太上紫度炎光神元變經》：“既分明，便聽正耳中有金鼓之聲鎗鎗。”（33/554c）

　　從倉聲之字，有表聲音之義，它們應該是一組同源詞。字作“瑲”，《説文·玉部》：“瑲，玉聲也。”亦作“牄”，《倉部》：“牄，鳥獸來食聲也。”② 亦作“閶”，《玉篇·門部》：“閶，門聲也。”③ 亦作“唥”，《字彙補·口部》：“唥，金聲也。”④ 此字或爲“鎗”之異體。⑤

　　“零”亦是一個摹聲詞，複疊形式作“零零”，狀聲音之美妙⑥。《無上秘要》卷二十：“金石揚響，衆聲紛亂，鳳吹迴風，鸞吟琳振，九雲合節，八音零璨。”⑦ “零璨”狀音聲之美妙。《上清外國放品青童内文》卷下：“四天飛玄之章曰：波韻呵泥，玄景散暉，丹霞敷簡，曜靈瓊微，零風梵音，朱曰左廻，玉響玄室，金霄四垂。”（34/19a）例中“零風”狀風聲，與“梵音”相對，皆爲清妙之音。

　　從令聲之字，亦有聲音之義，它們應當也是一組具有同源關係的擬聲詞。《説文·玉部》：“玲，玉聲。”⑧ 《廣雅·釋訓》：“鈴鈴，聲也。”⑨ 《玉篇·磬部》：“聆，多聲也。”《口部》：“唥，唥吟，小語也。”⑩ 《集韻·青韻》：“吟，《埤蒼》：‘吟吟，語也。’”“駖，駖轞，車騎聲。”《耕韻》：“駖，馬衆聲。”⑪ “泠泠”，《文選·陸機〈吴趨行〉》、《劉琨〈扶風歌〉》、《陸機〈日出東南行〉》五臣分別注曰“風聲也”、“水聲”、“謂箏聲”。

　　與“鎗零”關係很密切的一個詞是“鏗零”，也作“零鏗”、“鏗鈴”、“鏗鏗鈴鈴”。

---

①《大詞典》已收此詞，可參。

②二例見［東漢］許慎《説文解字》，第 12、109 頁。按：依《説文》“牄”從爿聲，非倉聲；然此字與所舉從倉之字古音還是相同相近的，上古皆爲清紐陽部，中古爲清紐陽韻。依《説文》及本條分析來看，此字可能是一個二聲之字。

③［南朝梁］顧野王著，［北宋］陳彭年等重修《大廣益會玉篇》，第 55 頁。

④［清］吳任臣《字彙補》，第 27 頁。

⑤以上同源字張希峰有部分系聯，參張希峰《漢語詞族續考》，成都：巴蜀書社，2000 年，第 430 頁。

⑥《大詞典》已收，可參。

⑦周作明點校《無上秘要》，第 187 頁。

⑧［東漢］許慎《説文解字》，第 12 頁。

⑨［清］王念孫《廣雅疏證》（第 2 版），第 187 頁。

⑩［南朝梁］顧野王著，［北宋］陳彭年等重修《大廣益會玉篇》，第 106、26 頁。

⑪三例見趙振鐸《集韻校本》（上册），第 518、520、503 頁。

（2）羽帔扇翠暉，玉佩何鏗零！^①（《真誥》卷三）

（3）千音鏗零，紫鳳撫翅，漱籟同鳴，雲鸞差池。（《上清高聖太上大道君洞真金元八景玉録》，34/148a）

（4）神童啓輅，九鳳齊鳴，天籟駭虚，晨鍾零鏗。^②（《真誥》卷六）

（5）香煙纏虚，梵唱齊和，金鐘清朗，玉磬鏗鈴，雷音遲暢，周遍遠聞，萬變天樂，空中自鳴。（《太上大道玉清經》卷一，33/281c）

（6）天尊説此法已，即入大悲大定。須臾之頃，寒谷吐風，吹諸幢蓋，鏗鏗鈴鈴，虚響空鳴，變爲悲聲。（《太上大道玉清經》卷四，33/321c）

“鏗”、“鎗”合則曰“鏗鎗”，分則爲“鏗～”、“鎗～”，故“鏗零”當義同於“鎗零”。可以比勘的是，“鏗鈜”與“鏘鈜”，“鏗然”與“鎗然”、“鏘然”，兩組詞各自同義。

【汀瀅　瀅汀】

（1）千倉萬箱，非一耕所得；干天之木，非旬日所長；不測之淵，起於汀瀅；陶朱之資，必積百千。^③（晉·葛洪《抱朴子内篇·極言》）

王明：“汀瀅，小水。”

（2）逸民苔曰：“子可謂守培塿，玩狐丘，未登閬風而臨雲霓；瓵瀅汀，游潢洿，未浮南溟而涉天漢。”^④（葛洪《抱朴子外篇·逸民》）

按：王注自是，但“汀瀅”何以有小水之義，王氏未言之。竊以爲從丁之字有小、細之義。《説文·田部》：“町，田踐處曰町。”段注：“《左傳》：‘町原防。’杜曰：‘原防不得方正如井田，別爲小頃町。’”^⑤“町”即田間小路之義。

《玉篇·穴部》：“穸，小突也。”^⑥

《廣韻·耕韻》：“𨂂，跉𨂂，脚細長貌。”^⑦

---

①趙益點校《真誥》，第48頁。

②趙益點校《真誥》，第96頁。

③王明《抱朴子内篇校釋》（增訂本），第239頁。

④楊明照《抱朴子外篇校箋》（上册），第84頁。

⑤［清］段玉裁《説文解字注》（第2版），第695頁。

⑥［南朝梁］顧野王著，［北宋］陳彭年等重修《大廣益會玉篇》，第59頁。

⑦蔡夢麒《廣韻校釋》，第399頁。

《集韻·迥韻》：“罒，罒㝫，小網。”①

《本草綱目·禽部一·鸊鷉》：“水鴞、鸊鷉、刁鴨、油鴉。時珍曰：鴞、刁、零丁，皆狀其小也。”②

從丷聲之字，亦有小義，參本書“營營”條；“瀅”從瑩聲，“瑩”從丷聲：故“汀瀅”本是一個近義並列結構，後來有聯綿化的趨勢。

【翁】

（1）治腫癰鼠漏：地八節君官將一百二十人，治大丹室，主治女身爛喉腫各强厺之病。白玄解激君一人，官將一百二十人，治陰明室，主治女晨夜音喉翁惡赤治之。地天冢君官將一百二十人，治九漢室，主治女子得瘤疽下血主治之。天覆君五人官將一百二十人，治周星室，主治男子頸翁血主治之。九天九病君官將一百二十人，治下塚室，主治男子喉翁舌强主治之。省厺君官將一百二十人，治七靈，治萬民翁癰脆水病主之。天覆君官將一百二十人，治周星，主治男子頸癰夜下血鼠主治之。九天候君官將一百二十人，治下塚室，治男子喉翁舌强繫絕主治之。地覆君官將一百二十人，治九候室，主治男子頸瘤癰顆下血鼠漏主治之。侯君一人，官將一百二十人，治井室，主治女子翁舌病主之。地八節君一人，官將一百二十人，治五星室，主治男子手足癰疽、久病不差、魂魄拘繫者。③（《正一法文經章官品》卷二，28/545a）

按：“翁”當爲臃腫之義。從篇題上看，此節名爲“治腫癰鼠漏”，“腫癰”即膿包、腫塊；“鼠漏”即“鼠瘻”④，即陰虛、風邪造成頸腋等處結起腫塊的病症：故而例句中的“翁”應該是臃腫、腫塊之義。

從文例上看，一者例中“天覆君”條重出，實本相同，其中“頸翁”與“頸癰”相對應，則知“翁”乃癰（臃）腫之義；二者例中的“頸翁”與“向

---

①趙振鐸《集韻校本》（上册），第887頁。

②［明］李時珍《本草綱目》，北京：人民衛生出版社，1975年，第2572頁。

③“天覆君五人”似不通，依文例當作“天覆君一人”或“天覆君”，下文重出之“天覆君官將一百二十人”似可證之。“治七靈”文意不足，依上下文例，當作“治七靈室”。重出之“天覆君官將……鼠主治之”依文例當爲涉上下文而衍，且“鼠”字後奪一“漏”字。“顆下血”文意不通，依衍文“天覆君”例，似當作“夜下血”。“侯君”前似奪一字。

④《慧琳音義》卷六十五“血瘺”條：“瘺，宜作瘻，音漏，癰屬也。身中蟲，頸腋隱處皆有也。或作漏，血如水下也。”

瘤疽"、"頸瘤癰"相照應,其中"向"讀爲"項"①,與"頸"同義,"翁"與"瘤疽"、"瘤癰"亦當義近。

從構詞上看,例中的"翁癰"爲並列複用結構,"癰"即腫,故而"翁"亦當爲腫結之義。我們再證以其他文獻:

(2)咽喉翁天市大夫君一人,官將一百二十人,治成室,生主治萬民復連、傷寒絶音不能語。(《正一法文經章官品》卷一,28/542a)

例中的"復連"乃傳染之義。傷寒的症狀常爲咽喉腫痛,這在本書中亦有記述,如卷一:"北城九夷君官將一百二十人,治滿室,主收船車傷寒相連歷、疾病狂忽、喉癰身災。"(28/542b)卷二:"天九候君②官將一百二十人,主治男子咽喉腫痛、舌强厼結主之。"(28/544a)其中的"喉癰"、"咽喉腫痛",也就是例2中的"咽喉翁"。咽喉腫痛的結果是"絶音不能語",故可知所謂"天市大夫君"者,乃神仙中醫療疾病者,主治傷寒。

故從以上證據來看,"翁"當爲癰(臃)腫義,那麼其得義之由爲何?我們來考察一組同源詞。《説文·竹部》:"箈,竹皃。"③《廣韻·董韻》:"箈,竹盛。"《東韻》:"蓊,蓊鬱,草木盛皃。"④《玉篇·艸部》:"蓊,木茂也。"⑤《廣韻·董韻》:"暡,氣盛皃。"⑥《説文·水部》:"滃,雲气起也。"⑦《廣韻·董韻》:"滃,大水皃。"⑧《玉篇·水部》:"滃,滃鬱,川谷吐氣皃。"⑨《廣韻·董韻》:"塕,塕埲,塵起。""熓,熓然,煙氣。"⑩按:一、《説文》有"箈"無"蓊",竹、艸二旁義近,多有互爲異體、同源之例,"蓊"殆本爲"箈"之異體或後起分化字。⑪二、"蓊鬱"即"滃鬱"、"瀴滃",三者

<hr>

① "向"於《廣韻》列二韻,其一爲曉紐漾韻,"項"爲匣紐講韻,二者聲韻俱近,存在音誤的可能。
② "天九候君",當依例1作"九天候君"。
③ [東漢]許慎《説文解字》,第95頁。
④ 蔡夢麒《廣韻校釋》,第505、17頁。
⑤ [南朝梁]顧野王著,[北宋]陳彭年等重修《大廣益會玉篇》,第67頁。
⑥ 蔡夢麒《廣韻校釋》,第505頁。
⑦ [東漢]許慎《説文解字》,第233頁。
⑧ 蔡夢麒《廣韻校釋》,第505頁。
⑨ [南朝梁]顧野王著,[北宋]陳彭年等重修《大廣益會玉篇》,第88頁。
⑩ 均見蔡夢麒《廣韻校釋》,第505頁。
⑪ 稍可説明的是,⺮換旁作艹又有筆畫簡省之便。又,雷濬《説文外編》卷十三"蓊"字條認爲"蓊蓋箈之隸變"。

乃草木盛、水氣盛、水盛之别，而"瞈"乃熱氣盛、"熝"爲煙氣盛：以上數義皆爲盛多。三、《文選·郭璞〈江賦〉》"氣滃浡以霧杳"五臣注："滃浡，霧繁多皃。"[①]"塕埲"即"滃勃"（又作"蓊勃"、"蓊葧"）之義，所謂"塵起"者即塵土飛揚，亦即盛多義，可比勘"熝"之煙氣義。"滃浡"、"塕埲"，一爲並列複用式，一爲疊韻衍音式，二者殆有同源關係。[②]

以上之字皆爲從翁得聲的同源詞，胡吉宣概括爲："凡從翁聲之字，多爲盛起之義。"[③]其説是，可參。《説文·羽部》："翁，頸毛也。"徐灝："（翁）又借爲翁溢之翁，去聲，亦上聲。《周官》'益齊'鄭氏曰'翁猶益也，益齊，翁翁然'，别作滃、蓊。"[④]

我們再系聯另一組影紐的同源詞加以説明。《説文·川部》："邕，四方有水，自邕城池者。从川从邑。𡇄，籀文邕。"徐灝："邕、雝古字通。雝，隸作雍。戴氏侗曰：'凡水之蓄聚爲𡇄，平聲；攤水爲𡇄，上聲；以糞土培殖爲𡇄，去聲，今俗作壅；血氣𡇄底聚爲瘍，亦作𡇄，且别作癰、䉢。'"[⑤]段注本《説文·佳部》："雝，雝渠也。"[⑥]《説文·广部》："廱，天子饗飲辟廱。"《广部》："癕，腫也。"[⑦]《廣韻·送韻》："齆，鼻塞曰齆。"[⑧]按："邕"本是培土隆起以障水之義，故以此表渠則爲雝渠，兩堤墳起而高，障遏水，後世分化造"壅"字以表壅障，即戴侗所謂"今俗作壅"。以此表宮室，則爲辟雍，亦取堤渠之水四面環繞，加表義偏旁广，則别爲"廱"專表廱宮。以此表病症，則爲氣血不通，壅遏堵塞成腫塊、腫瘤，加偏旁广，分化造"癕"。後世又換旁作"癰"，月本肉旁，隸定而混同。鼻塞亦爲堵塞義，故又分化造"齆"以表專名。以上之字，皆從邕（雝、雍）得聲，依段注《説文》之例，可概括爲：從邕（雝、雍）得聲之字，多有障遏凸起義。

我們比較從翁、從邕（雝、雍）得聲之字發現：一、聲音極近：二者上古皆爲影紐東部字，中古皆爲影紐東、董、送韻字，近代皆屬東鐘韻字。

①［南朝梁］蕭統編，［唐］李善等注《六臣注文選》，第 239 頁。

②劉鈞杰認爲"蓊、瞈、滃、塕"同源，見劉鈞杰《同源字典再補》，第 100 頁。

③胡吉宣《玉篇校釋》"塕"字條，第 270 頁。

④［清］徐灝《説文解字注箋》，《續修四庫全書》第 225 册，上海：上海古籍出版社，2002 年，第 395 頁。

⑤［清］徐灝《説文解字注箋》，《續修四庫全書》第 226 册，第 459 頁。

⑥［清］段玉裁《説文解字注》（第 2 版），第 143 頁。

⑦二例見［東漢］許慎《説文解字》，第 192、155 頁。

⑧蔡夢麒《廣韻校釋》，第 757 頁。

二、意義緊密關聯：從翁之字，多有盛多義，從邕（雝、雍）乃阻遏凸起義：阻遏則積聚致多，積聚致多則凸起，此數義實相關聯。以"癰"字而言，其義爲因風邪而氣血不通，以致腫瘤；腫瘤即邪毒積聚極多，不能發散所致，亦即盛多之義。

《戰國縱橫家書·蘇秦謂陳軫章》"齊宋攻魏，楚回翁是，秦敗屈匄"，其中"翁"即讀爲"雍"，"翁是"即"雍氏"，《史記·田敬仲完世家》"楚圍雍氏"之"雍氏"是也。又《貨殖列傳》"而雍伯千金"裴駰《集解》引徐廣曰："雍，一作翁。"司馬貞《索隱》："《漢書》作翁伯。"① 《釋名·釋姿容》："擁，翁也，翁撫之也。"任繼昉："'擁'，篆字疏證本、黃丕烈校作'擁'，施惟誠刻本、《格致叢書》本作'雍'。"② 王先謙："王啓原曰《漢鏡歌》'擁離'，《宋書·樂志》作'翁離'，其辭'擁離趾中'則仍作'擁離'；郭茂倩《樂府集》引《古今樂録》云'擁離亦曰翁離'，蓋擁、翁義通也。翁擁之翁，義當如蓊。《玉篇》：'蓊，木茂也。'木茂而蔽護。《漢書·司馬相如傳》.'觀衆對之蓊薆兮，覽竹林之榛榛.'《集解》師古曰：'蓊薆，蔭蔽貌.'是翁撫之猶云擁護之，若云如翁之撫，恐不其然。先謙曰：'《史記·夏侯嬰傳集解》引蘇林云：'南陽謂抱小兒曰雍樹.'雍、擁字同，正翁撫之義.'"③ 按："擁"有擁抱、障蔽二義，實從"雍"得義。如上所論，"邕"本培土凸起以障塞水之義，障蔽亦遮攔、阻遏義；而水堤圍繞土地或宮室而延展，亦似手臂環繞擁抱之形。故王力認爲"擁"與以上所論從邕（雝、雍）之字同源，其説可從。④ 《釋名》之所謂"擁，翁也，翁撫之也"即讀"翁"曰"擁"。

由以上所述可知，從翁、從邕（雝、雍）之字，不但雙聲，而且疊韻，意義又緊密相關，以此來看，他們很可能屬於關係密切的同源詞。這同時也再次論證了"凡屬影母之字，多有隱蔽模糊或茂盛之義"⑤ 的論斷。

綜上，例1中的"翁"乃臃腫、腫脹之義，這一假借義很可能是來源於從翁或邕（雝、雍）得聲的一組同源詞。

①［西漢］司馬遷《史記》（修訂版），第3954頁。
②任繼昉《釋名匯校》，濟南：齊魯書社，2006年，第135頁。
③［清］王先謙《釋名疏證補》，北京：中華書局，2008年，第86頁。
④王力《同源字典》，第375頁。
⑤郭在貽《訓詁學》（修訂本），第69頁。

【吸嚇】

（1）而此東華山中有此九合玄臺累玉而成，妙靈神座，七寶莊嚴，恒有神龍猛馬，八威毒狩，吸嚇叵近。（S.2122《太上妙法本相經廣説普衆捨品第廿一》）

按："吸嚇"意義不好理解，從句意上看應該是猛獸守衛左右，發出吼叫之聲，讓人驚懼，故而不可輕易接近之義。這種意象在典籍中有不少類似的描述，不難理解。"嚇"有發怒、怒斥聲義，"吸"當取何義？竊以爲"吸"亦當表聲音，《大字典》《大詞典》已收此義，釋爲"象聲詞"。那爲什麼"吸"有聲音之義？竊以爲此義來源於一組同從及聲的同源詞組。《玉篇·雨部》："霒，霒霒，雨聲。"[1]《廣韻·緝韻》："霒，小雨聲。"[2]《集韻·緝韻》："唈，唈唈，衆聲。"[3]《字彙·鼻部》："齁，鼻息聲。"[4]

【嬰嬰　洋洋】

（1）明燈照行年，散光焕八方。嬰嬰色象澄，内觀朗空洞。[5]（《無上秘要》卷六十六）

（2）金精凝化，結元七靈，紫曜焕落，朱景洞明，華蓋徘徊，輪轉寒庭，寶光熠熠，七曜嬰嬰。（《上清黄氣陽精三道順行經》，1/830c）

依二例文意，"嬰嬰"殆爲明義，然其得義之由爲何？按："嬰嬰"，即"英英"，"嬰"、"英"於《廣韻》分屬影紐庚韻、影紐清韻，二韻同用通押，故二者音近。《詩·小雅·白華》"英英白雲"，一本作"泱泱"，二者亦相通。朱熹注："英英，輕明之貌。"[6]又作"央央"，"英"本從央得聲。《詩·小雅·出車》"旂旐央央"毛傳："央央，鮮明也。"陸德明《釋文》："央，本亦作英，同。"[7]於此義，後世造其本字"霙"。《玉篇·雨部》："霙，

---

①［南朝梁］顧野王著，［北宋］陳彭年等重修《大廣益會玉篇》，第93頁。
②蔡夢麒《廣韻校釋》，第1261頁。
③趙振鐸《集韻校本》（中冊），第1588頁。
④［明］梅膺祚《字彙》，第589頁。
⑤周作明點校《無上秘要》，第931頁。
⑥［南宋］朱熹《詩集傳》，第171頁。
⑦［唐］陸德明《經典釋文》，第76頁。按：《雲笈七籤》卷四十二："六真奕奕，白光央央。"

霙霙,白雲皃。"① 異體又作"霙",《廣韻·陽韻》:"霙,霙霙,白雲皃。又音英。"② 又有"焔"字,乃火光之義,亦是明。《玉篇·火部》:"焔,火光也。"③ 又有"映",亦有明義。以上從央得聲之"霙"、"英"、"焔"、"映",當是一組同源詞。故蔣禮鴻曰:"凡從央聲之字輒有白義。"④

道經中,又有"洋洋"一詞,亦當爲光明之義。"洋"屬以紐陽韻,與讀影紐陽韻的"央"、"霙",喉牙通轉又疊韻,當屬一詞之變。⑤

(3)肺主西方其色白,服之千息其色極。注曰:"《太明五緯經》云:'肺主於金,生之於土,尅之於木。來自西方,其色白,澄净微芒,潛伏千息,光明洋洋。'"(《太清中黃真經》卷下,18/390c)

(4)呪曰:赫赫洋洋,身有神光,著此衣裳,富貴吉昌,壽命延長。(《洞玄靈寶真人修行延年益算法》,32/582a)

(5)威靈濯濯更洋洋,衛國安民績愈彰。(明·方文照《徐仙真錄》卷一,35/522b)

【映苓】【焕領】【領然】

(1)此二尊君玉秀虛朗,金姿映苓,圓光蔚於華寢,晄曜激乎八玄。(《洞真太上丹景道精經》,33/635b)

按:"映苓"一詞不易理解,檢諸道經,有一些記載或可提供一定綫索。《無上秘要》卷九十五引《洞真神州七變儛天經》:"上皇先生於是靈耀暉姿,金容暢顏,體冠法服,頭戴紫文飛霜七色之冠,侍女衆仙十億萬人,飛龍毒獸備衛玉軒。"⑥ 南朝梁陶弘景《真誥》卷一:"神女及侍者顏容瑩朗,鮮徹如玉,五香馥芬,如燒香嬰氣者也。"⑦《洞真太上八素真經三五行化妙訣》:"想我名存中,諦存良久,然後見青童君姿貌光彩,焕爛煒燁,堅心歛手,稱位姓名,今至心歸命上相青童君,仍禮三拜。"(33/476c)《洞真高上玉帝大洞雌一玉檢五老寶經》:"於是九思存者,則

---

①[南朝梁]顧野王著,[北宋]陳彭年等重修《大廣益會玉篇》,第100頁。
②蔡夢麒《廣韻校釋》,第371頁。
③[南朝梁]顧野王著,[北宋]陳彭年等重修《大廣益會玉篇》,第93頁。
④蔣禮鴻《義府續貂》,第124頁。
⑤此説蔣氏亦已發,參同上。
⑥周作明點校《無上秘要》,第1192頁。
⑦趙益點校《真誥》,第13頁。

金姿曜於東華,玉形蜕於帝門,神暎五老,騰躍三元,靈羽披空,炁結慶
雲。”（33/381c）北宋張君房《雲笈七籤》卷一百一十八：“明皇幸蜀,夢
有聖祖真容在江水之内。果有人見神光,於光處得玉像老君以進,高餘
一尺,天姿瑩潔。其相圓明,殆非人工所製。”①南宋金允中《上清靈寶大
法》卷十三：“須臾,見無數衆魂出水,悉成玉質仙姿,端净瑩潔,此乃先
火後水,從舊科法鍊也。”（31/417c）

　　由此可以看出“暎苓”當是光明瑩潔之義,那“苓”當作何解？竊
以爲“苓”當假借於從令得聲的一組同源詞。這組同源詞有光明、清明
之義。

　　《廣韻·青韻》：“吟,吟曨,日光。出道書。”②

　　《正字通·石部》：“砱,石孔開明也。”③

　　《文選·揚雄〈甘泉賦〉》：“前殿崔巍兮,和氏玲瓏。”李善注：“玲
瓏,明見貌。”④

　　《玉篇·水部》：“泠,清也。”⑤

　　在道經中,此詞又借用“領”來表示：

　　（2）體摽高運,味玄咀真,呼引景曜,凝静六神,煥領八明,委順靈
根,寶鍊三度,養液和魂。⑥（南朝梁·陶弘景《真誥》卷七）

　　“煥領”修飾“八明”,可知其爲光明義。道經有衆多“煥”字構詞,
皆明亮義,可以比勘。⑦

　　（3）二真人聞教,方始開悟,雖憶此事,領然無昧,然亦悠悠,其爲久
遠。（《太上洞玄靈寶智慧定志通微經》,5/893a）

　　忻麗麗：“領然,領悟、明白貌。……領有領會義。”⑧

　　按：“昧”爲暗義,與“領然”之明義相對。當然,忻説也有一定道理。

---

①李永晟點校《雲笈七籤》,第2603頁。
②蔡夢麒《廣韻校釋》,第416頁。
③［明］張自烈、［清］廖文英編,董琨整理《正字通》,第749頁。
④［南朝梁］蕭統編,［唐］李善等注《六臣注文選》,第143頁。
⑤［南朝梁］顧野王著,［北宋］陳彭年等重修《大廣益會玉篇》,第89頁。
⑥趙益點校《真誥》,第108頁。
⑦參周作明《中古上清經行爲詞新質研究》,第256—261頁。
⑧忻麗麗《中古靈寶經詞語考釋》,第132頁。

第五章 宋前道經疑難字詞考釋(下)

本章考釋的內容是典故詞語、聯綿詞語及五類詞語[1]之外的其他疑難字詞,前兩類所對應的方法主要是尋求典源和系聯同源。

第一節 典故詞語考釋

本節共考釋疑難詞語 13 條,具體考證如下:

【濠頴】

(1)芝田之想,無忘曉夜;濠頴之志,歲月以深。(南朝梁・陶弘景《華陽陶隱居集》卷上,23/643a)

按:"頴"字未見字書收載,《中華道藏》録作"穎"。"穎"之異體、俗體作"頴"、"頴"等形,"頴"當爲其訛俗字,匕與上、禾與示相混而致。然"穎"之禾芒義及引申諸義,施之於"濠穎"都講不通。竊以爲"穎"當作"穎"[2],"濠穎"乃是一個典故詞語。

《莊子・秋水篇》:"莊子與惠子遊於濠梁之上。莊子曰:'儵魚出遊從容,是魚之樂也。'惠子曰:'子非魚,安知魚之樂?'莊子曰:'子非我,安知我不知魚之樂?'惠子曰:'我非子,固不知子矣;子固非魚也,子之不知魚之樂,全矣。'莊子曰:'請循其本。子曰"汝安知魚樂"云者,既已知吾知之而問我,我知之濠上也。'"

陸德明《釋文》:"豪梁,本亦作濠,音同。司馬云:'濠,水名也。石絶水曰梁。'"

成玄英疏:"濠是水名,在淮南鍾離郡,今見有莊子之墓,亦有莊惠遊

---

①即上一章考釋的三類詞語和本章考釋的前兩類詞語,共五類。
②當然"穎"有異體作"頴",與"頴"字亦近,可能發生訛誤,而不是"頴"字再訛爲"穎"。

遊之所。石絕水爲梁,亦言是濠水之橋梁,莊惠清談在其上也。”①

《太平御覽》卷八百二十二引《莊子》:“堯以天下讓許由,許由不受,退而耕於潁水之陽,終身不見。”②《吕氏春秋·求人》:“昔者堯朝許由於沛澤之中,曰:‘十日出而焦火不息,不亦勞乎? 夫子爲天子,而天下已治矣,請屬天下於夫子。’許由辭曰:‘爲天下之不治與? 而既已治矣。自爲與? 鷦鷯巢於林,不過一枝;偃鼠飲於河,不過滿腹。歸已君乎! 惡用天下?’遂之箕山之下,潁水之陽,耕而食,終身無經天下之色。”③

由以上材料可知“濠潁”者,濠水、潁水,實以此代指道家之隱逸無爲。

【姜鉞】

(1)所以授姜鉞以整師,築韓壇而誓衆。風馳號令,雨驟雄豪,上將等威震雷霆,心堅鐵石,指期剋日,必就削平,豈勞親駕翠輿,躬麾白羽。④(五代·杜光庭《廣成集》卷一)

按:“韓壇”爲韓信拜將之典故。《史記·淮陰侯列傳》:“何曰:‘王素慢無禮,今拜大將如呼小兒耳,此乃信所以去也。王必欲拜之,擇良日,齋戒,設壇場,具禮,乃可耳。’王許之。諸將皆喜,人人各自以爲得大將。至拜大將,乃韓信也,一軍皆驚。”⑤然“姜鉞”何義? 實則此詞亦是典故,亦出《史記》。《齊太公世家》:“文王崩,武王即位。九年,欲修文王業,東伐以觀諸侯集否。師行,師尚父左杖黄鉞,右把白旄以誓,曰:‘蒼兕蒼兕,總爾衆庶,與爾舟楫,後至者斬!’遂至盟津。諸侯不期而會者八百諸侯。諸侯皆曰:‘紂可伐也。’武王曰:‘未可。’還師。”⑥據此可知“姜鉞”即姜尚杖鉞,大會諸侯之師之故實。

【舉躑】

(1)師曠馨然舉躑其足曰:“善哉,善哉。”乃戄然而起曰:“瞑臣請

---

①[清]郭慶藩《莊子集釋》(第3版),第605頁。

②[北宋]李昉編《太平御覽》,第3663頁。

③許維遹《吕氏春秋集釋》,第616頁。

④董恩林點校《廣成集》,第11頁。

⑤[西漢]司馬遷《史記》(修訂版),第3149頁。

⑥[西漢]司馬遷《史記》(修訂版),第1783頁。

歸。”（唐·司馬丞禎《上清侍帝晏桐柏真人真圖讚》,11/159a）

　　按:《逸周書·太子晉》:“師曠東躅其足曰:‘善哉! 善哉! ’王子曰:‘大師何舉足驟? ’師曠曰:‘天寒足躅,是以數也。’”孔晁注曰:“東躅,踏也。”[1]王念孫:“‘東躅’,二字義不可通。‘東’當爲‘束’,字之誤也。‘束躅’疊韻字,謂數以足踏地而稱善也,故王子曰‘大師何舉足驟’。孔注‘東躅,踏也’,‘東’亦‘束’之誤。”[2]道經取“躅其足”、“舉足”二語,而作“舉躅”一語。“舉”即舉足,“躅”即踏地。

【菌蟪】

　　（1）悼菌蟪之危促,羨靈椿兮未央。（南朝梁·陶弘景《華陽陶隱居集》卷上,23/641b）

　　按:《莊子·逍遙游》:“小知不及大知,小年不及大年。奚以知其然也? 朝菌不知晦朔,蟪蛄不知春秋,此小年也。”“菌”即朝菌,“蟪”即“蟪蛄”。陸德明《釋文》:“朝菌,徐其隕反。司馬云:‘大芝也。天陰生糞上,見日則死,一名日及,故不知月之終始也。’崔云:‘糞上芝,朝生暮死,晦者不及朔,朔者不及晦。’支遁云:‘一名舜英,朝生暮落。’潘尼云:‘木槿也。’”王引之曰:“案《淮南·道應篇》引此,朝菌作朝秀。（今本《淮南》作朝菌,乃後人據《莊子》改之。《文選·辯命論》注及《太平御覽》蟲豸部六引《淮南》並作朝秀,今據改。）高注曰:朝秀,朝生暮死之蟲也,生水上,狀似蠶蛾,一名孳母。據此,則朝秀與蟪蛄,皆蟲名也。朝菌、朝秀,語之轉耳,非謂芝菌,亦非謂木槿也。上文云之二蟲又何知,謂蜩與學鳩;此云不知晦朔,亦必謂朝菌之蟲。蟲者微有知之物,故以知不知言之,若草木無知之物,何須言不知乎? ”郭慶藩:“王説是也。《廣雅》正作朝蜏,以其爲蟲,故字從蟲。”[3]“朝菌”,一説爲芝菌;一説爲舜英,即木槿;一説即朝秀,又作朝蜏。細味此三説,當以王引之、郭慶藩之説爲優[4]。

　　《釋文》:“司馬云:惠蛄,寒蟬也,一名蜓蟧,春生夏死,夏生秋死。

---

①黃懷信《逸周書彙校集注》,第 1095 頁。
②徐煒君等點校《讀書雜志》,第 78 頁。
③[清] 郭慶藩《莊子集釋》（第 3 版）,第 13 頁。
④馬叙倫《莊子義證》、王叔岷《莊子校釋》皆以《莊子》舊本作“朝秀”。

崔云：蛁蟟也。或曰山蟬。秋鳴不及春，春鳴者不及秋。《廣雅》云：蟪蛄，蛁蟟也。案即《楚辭》所云寒螿者也。"① 故知"蟪蛄"即寒蟬。

【留符】

（1）余昔在粉壤，早逢圮上之術；今簮元良，屢稟浮丘之教。握留符而惻愴，思化杖而酸辛。（唐·賈嵩《華陽陶隱居內傳》，5/512b）

（2）我王遙屬，爰感虛誠。柱下暫啓，河上沈精。留符信在，化杖龍輕。求思靈迹，曷用攄情。（元·趙道一《歷世真仙體道通鑑》卷二十九，5/267c）

按：《後漢書·方術列傳》："長房辭歸，翁與一竹杖，曰：'騎此任所之，則自至矣。既至，可以杖投葛陂中也。'又爲作一符，曰：'以此主地上鬼神。'長房乘杖，須臾來歸，自謂去家適經旬日，而已十餘年矣。即以杖投陂，顧視則龍也。家人謂其久死，不信之。長房曰：'往日所葬，但竹杖耳。'乃發冢剖棺，杖猶存焉。"② "留符"者，老翁與長房之符也。

【濛肥　蒙肥】

（1）履霜堅冰，陰始凝也。盛暑雷震，息以葳蕤。芽體漸成，循善無失。漏應二更，貞而復吉。《太易》曰："姤結其瑞，雪霜其素。胎滯濛肥，陰爲陽主。道之樞機，伏藏爲虎，履霜光耀，堅冰寒冱。"此時丹漸凝結矣，神水已變，大道功全造化，既成黄芽，鍊徹九轉，靈質可觀，號曰老芽，以兹方熟。（百玄子《金丹真一論》，24/156b）

"濛肥"義不詳，筆者檢索道經，發現有一處類似的記載：

（2）五月者，初六也，至藥陽用而在乎陰位者也。其卦姤，其呂蕤賓。姤也者，乾上而巽下也。始結其端，霜雪其素，胎滯蒙肥，陰爲陽主，道之樞機，伏藏爲户，履霜之至，堅冰寒冱。此其爲陰息者也。（宋·曾慥《道樞》卷三十二，20/774b）

按：竊疑"濛肥"當作"蒙肥"。作"濛"者，乃受"滯"字類化而訛。"蒙"者，覆蔽之義，即隱默而自蔽。其實源於《易·蒙》："蒙以養正，聖

①［清］郭慶藩《莊子集釋》（第 3 版），第 14 頁。
②［南朝宋］范曄《後漢書》，第 2744 頁。

功也。"孔穎達疏："能以蒙昧隱默，自養正道，乃成至聖之功。"① "肥"者，優裕之義，此亦源於《易·遯》："上九，肥遯，无不利。"孔穎達疏："子夏傳曰：'肥，饒裕也。'……上九最在外極，无應於内，心无疑顧，是遯之最優，故曰肥遯。"② "遯"爲隱遁，"蒙"爲隱默，二者義有相通之處。唐陸希聲《講易臺》："年逾知命志尤堅，獨向青山更絶編。天下有山山有水，養蒙肥遯正翛然。"③ "養蒙"、"肥遯"皆源於以上所舉之蒙、遯二卦，亦即"蒙肥"之義。從句意來看，姤爲乾上巽下，初六之始，一陰爻統五陽爻，即"陰爲陽主"之象，此時冰堅雪飛，當以"伏藏"爲利，符合天地陰陽之變，故曰"道之樞機"，故曰"蒙肥"。

【慴恊】

（1）道言：自戊寅年，有赤鼻大鬼，鬼名附子……萬萬爲羣，手提白刃，專行天下，取人小兒，遊行雲中，臃腫赤炁，令人寒熱，吐血心脹，鬭炁慴恊。當爾之時，得三洞之師來轉經者，病人則瘥，官事自了。（《太上洞淵神呪經》卷八，6/28b）

牛尚鵬："'慴恊'即'慴恊'，乃恐懼義，'鬭氣慴恊'指病人氣息翻騰恐懼的樣子。'慴恊'同義連文……'恊'乃'愶'之通假……"④

按：牛文録文有誤，原文即作"恊"，故"通假"云云自不當。此例意爲附子鬼施妖氣使人生病，描述的是生病時的症狀，似乎看不出與恐懼有關。此經數處類似記載，可作比勘。竊以爲"慴恊"當作"摺脅"，"摺"、"慴"二字音形俱近：忄、扌二旁相混⑤，且二字上古皆從習得聲，中古皆爲之涉切，屬章紐葉韻，亦近。《文選·沈約〈恩倖傳論〉》"慴憚宗戚"舊校："五臣本慴作摺。"⑥ "脅（脇）"因"慴"字類化而訛作"恊"。"摺脅"見於道經：

（2）或事師敬友，往還身心，遭罹凶醜。惡鬼惡人，交互劫掠，慴脅

---

① ［唐］孔穎達《周易正義》，《十三經注疏》第 1 册，臺北：藝文印書館，2001 年，第 23 頁。
② ［唐］孔穎達《周易正義》，第 85 頁。
③ ［清］彭定求等編《全唐詩》，第 7913 頁。
④ 牛尚鵬《道經字詞考釋》，第 201 頁。
⑤ 忄、扌二旁相混，可參本書附録一"校勘記"第 28 册第 1 條。
⑥ ［南朝梁］蕭統編，［唐］李善等注《六臣注文選》，第 949 頁。

中傷。① （北宋・張君房《雲笈七籤》卷九）

此例之"愶脅"亦當作"摺脅"。從這裏可以看出此詞並非恐懼之義,乃摧傷胸口(肋骨)之義。實則此詞是一個典故詞語,來源於秦漢典籍,後世亦有用例。

（3）夫怯夫操利劍,擊則不能斷,刺則不能入;及至勇武,攘捲一擣,則摺脅傷幹。② （《淮南子・脩務》）

高誘注:"摺,折也。"

（4）推劾之吏,皆以深刻爲功……摺脅簸爪,縣髮薰鼻。③ （唐・周矩《諫制獄酷刑疏》）

與之相關的典故是,《史記・范雎蔡澤列傳》):"魏齊大怒,使舍人笞擊雎,折脅摺齒。"司馬貞《索隱》:"摺,力荅反。謂打折其脅,而又拉折其齒也。"④《漢書・揚雄傳下》:"范雎以折摺而危穰侯,蔡澤雖噤吟而笑唐舉。"顔師古引晉灼曰:"摺,古拉字也。"⑤ 折傷肋骨則痛,故"鬭炁愶愶"即邪氣交鬭,摧傷胸口而疼痛之義。

或者"愶"當作"拹"。《説文・手部》:"拹,摺也。一曰拉也。"⑥ 如此則"愶愶(摺拹)"爲同義複用結構,乃摧折之義,似亦可通。

"愶愶",《中華道藏》録爲"愶愶",非,當正。

【郯瞞】

（1）郯瞞丹水,屢陳葳告之功;牧野昆陽,累獻遺俘之捷。（唐・樂朋龜《四川青羊宮碑銘》,19/683c）

按:"郯"爲古國,《左傳・成公七年》:"吳伐郯,郯成。"《八年》:"晉士燮來聘,言伐郯也,以其事吳故。公賂之,請緩師。文子不可,曰:'君命無貳,失信不立。禮無加貨,事無二成。君後諸侯,是寡君不得事君也。'季孫懼,使宣伯帥師會伐郯。"⑦ 依此,則似乎文意可通,然"瞞"

①李永晟點校《雲笈七籤》,第159頁。
②劉文典《淮南鴻烈集解》,第780頁。
③[清]董誥等編《全唐文》,第2635頁。
④[西漢]司馬遷《史記》(修訂版),第2901頁。
⑤[東漢]班固《漢書》,第3568頁。
⑥[東漢]許慎《説文解字》,第253頁。
⑦楊伯峻《春秋左傳注》,第832、840頁。

不可通。此外，"牧野"、"昆陽"並列，則"鄋瞞"、"丹水"亦當並列。《吕氏春秋·召類》："堯戰於丹水之浦，以服南蠻。"高誘注："丹水在南陽。浦，岸也，一曰崖也。"①

如此來看，"鄋瞞"亦不當分訓。實則"鄋"當作"鄋"，形近而訛。《龍龕·宀部》："㝎，俗；宎，正……今俗作叟字。"②"㝎"、"炎"相近。"鄋瞞"爲古少數民族之部落（國家），《左傳·文公十一年》："鄋瞞侵齊，遂伐我。……冬十月甲午，敗狄于鹹，獲長狄僑如。……晉之滅潞也，獲僑如之弟焚如。齊襄公之二年，鄋瞞伐齊。齊王子成父獲其弟榮如，埋其首於周首之北門。衛人獲其季弟簡如。鄋瞞由是遂亡。"楊伯峻注曰："鄋瞞，據傳下文'鄋瞞由是遂亡'之語，當是國名。《説文》云'鄋，北方長狄國也，在夏爲防風氏，在殷爲汪芒氏'云云，洪亮吉因謂鄋爲國號，瞞或其君之稱。不合傳旨。陶正靖《春秋説》謂'鄋瞞者，狄之種名，猶後世之部落云爾。僑如等則其酋長云爾'云云，其説可存。蓋春秋時所謂蠻夷戎狄，其文化較中原諸侯爲落後，其國實即部落，但杜注左氏皆謂之國云。……鄋瞞國土，據《方輿紀要》謂在今山東省境。段玉裁《説文注》則據《説文》以'鄋'字厠涿郡北地之下，謂許慎之意其地在西北方，非在山東。疑不能明。"③

"丹水"爲"服南蠻"之地，"鄋瞞"爲被滅之北狄，二者正相對。伐而勝，則將所獲俘虜獻於宗廟，以示戰功。

"鄋瞞"，《中華道藏》徑録，非，可正。

【響罔】

（1）觀混沌之未判，視清濁之未分，盼髣髴之興光，瞻響罔之眇然。④（北宋·張君房《雲笈七籤》卷一百二）

按："響罔"當即"象罔"，音近而訛。"響"於《廣韻》爲曉紐養韻，"象"爲邪紐養韻：二者音略近。"象罔"乃無心無跡之義，亦爲虛無模糊之義，與"髣髴"相對而義近。這是個典故詞語，《莊子·天地》："黄帝遊

---

① 許維遹《吕氏春秋集釋》，第 559 頁。
② ［遼］釋行均《龍龕手鏡》（高麗本），第 156 頁。
③ 楊伯峻《春秋左傳注》，第 581—584 頁。
④ 李永晟點校《雲笈七籤》，第 2205 頁。

乎赤水之北,登乎崑崙之丘而南望,還歸,遺其玄珠。使知索之而不得,使離朱索之而不得,使喫詬索之而不得也。乃使象罔,象罔得之。"王先謙《集解》引宣穎曰:"似有象而實無,蓋無心之謂。"① 又作"罔象",《文選·王褒〈洞簫賦〉》:"薄索合沓,罔象相求。"李善注曰:"罔象,虛無罔象然也。"②

【殷繩】

(1)寒暑運行,禎祥倚伏。害蛟斃刃,狂兒瘞鏃。軒鏡在握,殷繩當木。瓊臺九層,銀鐩五斛。(唐·樂朋龜《四川青羊宮碑銘》,19/686b)

按:《尚書·説命上》:"説復于王曰:'惟木從繩則正,后從諫則聖。'"僞孔傳:"言木以繩直,君以諫明。"③《荀子·勸學》:"木直中繩,輮以爲輪,其曲中規。"④ "王"即殷商高宗武丁,"當木"亦即《荀子》之"木直中繩"。傅説以"木以繩直"之事,勸諫高宗,故變爲"殷繩"之典。

【喻啊】

(1)有智自來謁真儔,元者自去太山居。白骨縱橫鬼喑噁,喻啊不止奈何餘。仙童玉女依神居,望見斯輩當何如。(《女青鬼律》卷五,18/248c)

按:《集韻·歌韻》:"訶,訶訶,衆聲。或從口。"⑤ "訶"又爲"呵"之俗字。然不論是衆聲義,還是呵義,似乎都講不通。竊以爲"啊(呵)"當作"呴",形近而訛。北宋張君房《雲笈七籤》卷六十一:"吐氣六者:吹、呼、嘻、煦、噓、呬,皆出氣也。"桑榆子曰:"煦,一本爲呵。大抵六氣之用,與他本有五不同也。"⑥《集韻·噳韻》:"欨,吹也。或作煦,亦省。"⑦ "亦省"即"煦"亦作"呴"。除了形近之外,"啊(呵)"、"呴(煦)"

---

① [清]王先謙《莊子集解》,北京:中華書局,1987年,第101頁。

② [南朝梁]蕭統編,[唐]李善等注《六臣注文選》,第319頁。

③ [唐]孔穎達《尚書正義》,《十三經注疏》第1冊,臺北:藝文印書館,2001年,第140頁。

④ [清]王先謙《荀子集解》,第1頁。

⑤ 趙振鐸《集韻校本》(上冊),第415頁。

⑥ 李永晟點校《雲笈七籤》,第1375頁。

⑦ 趙振鐸《集韻校本》(上冊),第696頁。

皆有哈氣、呵氣之義；因此二者形義互混可能皆有影響。道經抄刻者不知“喻呴”之義，而誤作了“喻啊”。

“喻呴”即“呴喻”，本作“呴俞”、“呴諭”，是一個典故詞，來源於道家經典《莊子》、《淮南子》。《莊子·駢拇》：“曲折禮樂，呴俞仁義，以慰天下之心者，此失其常然也。”成玄英疏：“呴俞，猶嫗撫也。”①《淮南子·原道》：“呴諭覆育，萬物羣生，潤於草木，浸於金石”。高誘注：“呴諭，温恤也。”②《大詞典》釋爲“化育愛撫”，可參。由化育、愛撫義，引申爲和悦、柔順、美好義。《廣韻·虞韻》：“姁，姁嫗，美態。”③《集韻·虞韻》：“喻，嘔喻，和悦皃。”《遇韻》：“俞，呴俞，色仁也。”④晉葛洪《抱朴子外篇》卷二：“且夫揚大明乎無外，宣嫗煦之和氣者，日也。”⑤“呴俞”、“呴諭”、“姁嫗”、“嘔喻”、“呴俞”、“嫗煦”皆爲一詞之變。⑥除了這些詞形之外，還有多個詞形，可參徐振邦《聯綿詞大詞典》“訑訑”條。⑦

“喻啊”，《中華道藏》徑録，非，當正。

【致寇】

（1）若弟子某等，身宮滯塞，氣本休囚，憂致寇於陰陽，欲全生於覆載者，請貪狼太星君爲保護之。（五代·杜光庭《道門科範大全》卷五十三，31/879c）

按：“寇”原作“宼”，未見字書收載⑧，《中華道藏》録作“冤”。竊以爲“宼”乃“寇”之訛字，該書卷四十六：“星辰凌犯，推運數之屯奇；葉本休囚，致身宮之滯塞。陰陽爲寇，寒暑乖和，莫逢世道之亨，知自人爲之誤。”（31/863a）其中的“葉本休囚，致身宮之滯塞。陰陽爲寇”，與“身宮滯塞，氣本休囚，憂致寇於陰陽”當相應。“致寇於陰陽”即“陰陽爲

---

① ［清］郭慶藩《莊子集釋》（第 3 版），第 328 頁。
② 劉文典《淮南鴻烈集解》，第 3 頁。
③ 蔡夢麒《廣韻校釋》，第 120 頁。
④ 趙振鐸《集韻校本》，上册第 175 頁，中册第 1018 頁。
⑤ 楊明照《抱朴子外篇校箋》（上册），第 90 頁。
⑥ 這組詞上下字大多數爲牙音見系遇攝字，聲韻或相同或相近。逆序形式“嫗煦”之“嫗”爲影紐遇韻字，牙喉音通轉，亦近。
⑦ 徐振邦《聯綿詞大詞典》，第 642 頁。按：此條徐書分類不當，“訑訑”以下至“於於”當爲一組，而“嘔喻”以下至“嫗姁”當爲一組。
⑧ 字海網收此字，例證源於《大正藏》所收《瑜伽論記》卷九下“上飛空宼因取龍故”。然《中華藏》所收金陵刻經處本作“裏”字，《大正藏》實爲誤排而造訛體，不可從。

寇”,乃陰陽不和、時氣反常之義。“致寇”是個典故詞語,乃招致賊寇之義。《易·需》:“九三,需于泥,致寇至。”《解》:“六三,負且乘,致寇至,貞吝。”[①]此詞屢見於典籍:

（2）牛缺以載珍致寇,陶谷以多藏召殃。[②]（晉·葛洪《抱朴子外篇·守塉》）

（3）路側之榆,樵人採其條,匠者伐其柯,餘有尺蘗,而爲行人所折者,非與人有讐也,然而致寇者,形不隱也。[③]（《劉子·韜光》）

（4）金玉滿堂,莫之能守。唐玄宗曰:“假使貪求不已,適令金玉滿堂,象有齒而焚身,雞畏犧而斷尾,且失不貪之寶,坐貽致寇之憂,以其賈害,豈云能守？”（《唐玄宗御製道德真經疏》卷一,11/816a）

“寇”,《中華道藏》錄作“冤”,非,當正。

【洙濱】

（1）扇玄風於柱下,傳奧旨於洙濱。惟皇天未喪斯文,致聖道不斷如帶。（五代·杜光庭《道門科範大全》卷二十二,31/807a）

按:相傳老子曾爲周柱下史,故以“柱下”代指老子。竊以爲“洙濱”代指孔子,二者一爲道家創始人,一爲儒家創始人,故並稱。“洙”爲洙水,而“洙濱”則指洙水之濱。《史記·貨殖列傳》:“而鄒、魯濱洙、泗,猶有周公遺風,俗好儒,備於禮,故其民齪齪。頗有桑麻之業,無林澤之饒。”[④]孔子曾於洙水、泗水之間聚徒講學,故以“洙泗”代稱孔子及儒家,“洙濱”亦是此義。

第二節　聯綿詞語考釋

本節共考釋疑難詞語 33 條,具體考證如下:

---

① ［唐］孔穎達《周易正義》,第 32、94 頁。按:此説曾蒙方一新教授指點,謹致謝忱！
②楊明照《抱朴子外篇校釋》（下冊）,第 194 頁。
③傅亞庶《劉子校釋》,第 28 頁。
④ ［西漢］司馬遷《史記》（修訂版）,第 3935 頁。

【唵噫】

（1）以私亂公是一病，好自唵噫是一病，危人自安是一病。（唐・朱法滿《要修科儀戒律鈔》卷五，6/946a）

“唵噫”，《雲笈七籤》卷四十作“掩意”，《玄都律文》作“掩戲”。

按：“唵”、“噫”皆有多個意義，但組合成“唵噫”不通，作“掩意”似亦難通。竊以爲“唵噫”當讀爲“淹伊”，“唵”、“淹”同從奄聲，中古皆爲影紐咸攝字，形音俱近；“伊”爲影紐脂韻，“噫”爲影紐之韻，脂、之二韻同攝同用：故二詞上下字聲韻皆近，當屬同一個詞的不同變體。

（2）此數子者，或謇喫無宮商，或尫陋希言語，或淹伊多姿態，或讙譁少智諝。[1]（《世説新語・排調》）

“淹伊”，《大詞典》釋爲“諂曲佞媚貌”，張萬起釋爲“扭捏、裝腔作勢的樣子”[2]，張永言、蔣宗許等人皆認爲是雙聲聯綿詞，乃屈曲佞媚之貌[3]。“好自唵噫”即喜歡作出諂媚之貌或扭捏之態。“戲”於《廣韻》列三韻，其中有曉紐支韻、寘韻，亦屬止攝字；曉紐與影紐喉牙通轉[4]：所以“掩戲”當是“淹伊（唵噫）”的另一個語音變體。

【斑㺜】

（1）子含午精明斑㺜，是用月氣日中官。（《太清金液神丹經》卷上，18/751a）

“斑㺜”，《雲笈七籤》卷六十五作“班㺜”。

按：“斑㺜”即“斑連”，“㺜”當是受“斑”影響而類化，“斑連”即“斑爛”。《武梁祠堂畫像》：“老萊子，楚人也，事親至孝，衣服斑連，嬰兒之態，令親有歡。”洪适：“碑以斑連爲斑爛。”[5]“㺜”於《廣韻》爲來紐獮韻，“連”爲來紐仙韻，“爛”爲來紐山韻：獮、仙、山同攝，魏晉南北朝時有通

---

①徐震堮《世説新語校箋》，北京：中華書局，1984 年，第 419 頁。

②張萬起《世説新語詞典》，北京：商務印書館，1993 年，第 245 頁。

③張永言《世説新語辭典》，成都：四川人民出版社，1992 年，第 521 頁；蔣宗許等《世説新語大辭典》，上海：上海古籍出版社，2015 年，第 386 頁。

④蘭佳麗即認爲“憑噫”、“毗戲”音近同族，參蘭佳麗《聯綿詞族叢考》，上海：學林出版社，2012 年，第 36、41 頁。按：“掩戲”又見於佛經，未知何義。《阿差末菩薩經》：“是故忍辱亦不可盡。不念衆惡，不恨一切。不恚衆生，不惟人惡。不與人諍，不忘助人。有所毀擊，亦不掩戲。”

⑤［北宋］洪适《隸釋　隸續》，第 169 頁。

押之例,故二者語音相近。"斑斕"爲色彩鮮明貌,與"明"正相應。

此詞變體極多,或作"斒斕",《廣韻·山韻》:"斒,斒斕,色不純也。"[1] 或作"斑(班)瞵",《正字通·目部》:"瞵,又音闌,與斕同。斑瞵,文貌。"[2] 亦作"斒斕"、"斑(班)闌"、"斑蘭"、"班斕"、"班斕"。除此之外,此詞還有不少逆序形式[3],兹不再一一列舉。

【倉狼】

(1)先時爲惡,殃咎下及,故令生子,必不良之日;或當懷姙之時,雷電霹靂;弦望朔晦,血忌反支,以合陰陽。生子不遂,必有禍殃。地氣所召,反怨倉狼,爲惡報惡,何復所望?[4](《太平經·寫書不用徒自苦誡第一百八十七》)

俞理明:"倉狼,倉通蒼。倉狼,蒼天。"

楊寄林:"倉狼,倉指倉靈星,爲歲星的異名。狼指天狼星,爲異常明亮之恒星。古以爲主侵掠。"[5]

俞理明等:"倉狼,蒼天。"[6]

按:俞説是,楊氏解釋爲星名文意上講不通。"倉狼"即"蒼狼",乃清青色之義。《呂氏春秋·士容論·審時》:"後時者,弱苗而穗蒼狼,薄色而美芒。"畢沅:"蒼狼,青色也。在竹曰'蒼筤',在天曰'倉浪',在水曰'滄浪',字異而義皆同。"[7]

此詞又作"蒼筤",《易·説卦》:"震爲雷,爲龍……爲蒼筤竹,爲萑葦。"孔穎達疏:"竹初生之時,色蒼筤,取其春生之美也。"[8]

又作"倉浪",《樂府詩集·相和歌辭·東門行》:"共餔糜,上用倉浪天故,下爲黃口小兒。"[9]

又作"滄浪",《文選·陸機〈塘上行〉》:"發藻玉臺下,垂影滄浪泉。"

---

①蔡夢麒《廣韻校釋》,第259頁。

②[明]張自烈、[清]廖文英編,董琨整理《正字通》,第741頁。

③可參蘭佳麗《聯綿詞族叢考》,第67頁;徐振邦《聯綿詞大詞典》,第347頁。

④俞理明《〈太平經〉正讀》,第424頁。

⑤楊寄林《太平經全注全譯》,第1842頁。

⑥俞理明、顧滿林《東漢佛道文獻詞彙新質研究》,第52頁。

⑦許維遹《呂氏春秋集釋》,第700頁。

⑧[唐]孔穎達《周易正義》,第185頁。

⑨[北宋]郭茂倩編《樂府詩集》,第550頁。

李善注：“《孟子》曰：‘滄浪之水青。’滄浪，水色也。”①

又作“倉琅”，《漢書·五行志中之上》：“燕燕尾涎涎，張公子，時相見。木門倉琅根，燕飛來，啄皇孫，皇孫死，燕啄矢。”顏師古注曰：“（倉琅根）門之鋪首及銅鍰也。銅色青，故曰倉琅。鋪首銜環，故謂之根。”②

又作“簹筤”，崔融《瓦松賦》：“竹簹筤而正色，樹連理而相加。”③

以上諸形，皆爲一詞之變，以其指青清色，故可指天，觀《樂府詩集》之例可知，故畢説及俞説可從。故句例之意是怨天，而非楊氏所謂怨兩種星。這種意象在《太平經》比較常見，《件古文名書訣第五十五》：“吾迺爲天地談，爲上德君制作可以除天地開闢已來承負之厄會，義不敢忘語，必得怨於皇天后土，又且負於上賢明道德之君，其爲罪深大也。”《大功益年書出歲月戒第一百七十九》：“故德人有知之士，所得上進，天甚愛之，不其文章。知命不怨天，行各自慎，勿非有邪，教人爲善，復得天心意者，命自長。”《不可不祠訣第一百九十六》：“或使遭縣官，財產單盡，復續怨禍，汝行之所致，不乎？何怨於天而呼怨乎！”“今故延出文，因有心之人，書解其意。勿疑書言，尚可得生籍。疑不行，死日有期。自消息，勿復怨天咎地也。”④

【差次】

（1）其報喻如影響之應，四時之節矣。但罪福不俱報，其相差次，功過推移，或在來生，或在見世。（《太上洞玄靈寶本行宿緣經》，24/668b）

按：“差次”即參差、不吻合之義。推溯其得義之由，當是來源於一個同源族群。《廣韻·紙韻》：“偨，伳偨，參差兒。”⑤《集韻·支韻》：“柴，柴池，參差也。”《紙韻》：“玼，玼虒，不齊也。”⑥又寫作“柴虒”、“柴偨”、“傺偨”。⑦“柴（傺）”、“伳”、“玼”皆從此得聲，這些字中古聲紐爲精莊二系（崇紐、從紐、精紐、清紐），韻爲佳韻、支韻、紙韻；而“差”列五韻，分

---

①［南朝梁］蕭統編，［唐］李善等注《六臣注文選》，第 526 頁。
②［東漢］班固《漢書》，第 1395 頁。
③［北宋］李昉等《文苑英華》，北京：中華書局，1966 年，第 683 頁。
④俞理明《〈太平經〉正讀》，第 80、402、447、447 頁。
⑤蔡夢麒《廣韻校釋》，第 522 頁。
⑥趙振鐸《集韻校本》（上冊），第 54、645 頁。
⑦可參徐振邦《聯綿詞大詞典》，第 691 頁。

屬初紐支韻、佳韻、卦韻等：它們聲紐相近，韻或相同相近，或可通押，聲韻都相近。① "虒"爲心紐支韻，"次"爲清紐至韻：心、清二紐同系，支、至二韻中古時同攝通押，故二者聲韻亦近。它們屬於一組同源詞，這組詞應該就是"差池"，亦作"翄翍"。《集韻·支韻》："翄，翄翍，燕飛不至也。"② "池"分屬澄紐支韻、定紐歌韻，澄紐屬端系字，與精系爲舌齒音之別，但發音部位還是比較相近的。

【朏朧】

（1）神室之中，日没以後，荏子脂油爲燈，然之，不用過明，如常燈也。置燈在術人鋪南壁下，燈炷小大如箸細頭，又以絹籠之，纔使朏朧，類似白夜，不假分明，即鬼神不安，闇即人眼不見，以意裁量，折中取用。（《洞神八帝元變經》，28/401c）

（2）二七日内，依法祭之，即得見神，亦得具決吉凶；雖見神形，朏朧不甚分明。（《洞神八帝元變經》，28/403c）

忻麗麗："朏朧即燈光朦朧貌。……朏有昏暗朦朧義……斐朧、朏朧、菲薇（微）、霏微等音義通。菲薇、霏微、斐朧，皆有繁多義，又引申爲朦朧義。"③

按：忻説行文過程中雖不免有小疵，但總體可信。可以補充的是，"朏朧"亦即"曹昧"。《楚辭·九章·惜往日》"吳信讒而弗味兮"郭在貽《楚辭解詁》："頗疑'弗味'爲'曹昧'之借。"④ 郭説頗有理致，似可從。《廣韻·末韻》："曹，目曹昧不明兒。"又作"眛眛"，《泰韻》："眛，眛眛，目不明兒。""昧，眛眛，目不明也。"⑤ 又作"帥眛（眛）"，《集韻·末

---

① 支佳二韻南北朝時曾同用通押，參王力《南北朝詩人用韻考》，第8頁。
② 趙振鐸《集韻校本》（上册），第54頁。按：此詞及釋義實來源於《詩·邶風·燕燕》"燕燕於飛，差池其羽"。所謂"燕飛不至者"，乃初生之燕羽毛尚未豐滿，參差不齊，不能隨心所欲地飛到想達到的地方，此説參徐振邦《聯綿詞大詞典》"翄翍"條按語，第691頁。
③ 忻麗麗《中古靈寶經詞語考釋》，第61—67頁。
④ 按："眛"、"眛"皆訓爲目不明，未、末音形俱近，故《説文》"眛"字條段注認爲《説文》本當有"眛"無"眛"，"眛"乃後人所加。郭氏行文中"眛"、"眛"亦前後不一，未作説明，未知是否爲排版所致，抑或小有疏忽，見《文史》第6輯。《郭在貽文集》收入此篇時，皆作"眛"字，非是，恐亦非作者原意，至少《廣韻》作"眛"。
⑤ 三例見蔡夢麒《廣韻校釋》，第1136、853、858頁。按：依下文例，"曹，目曹昧不明也"殆有倒文，似當作"曹，曹昧，目不明也"。

韻》："眿，眿眜，淺白色。""眜，眿眜，淺白。"①

這裏有幾個問題需要分析。第一，《集韻·末韻》："曶、眀，《説文》目不明也，或从市，亦作眛。"②"眀"即"肺"之訛俗字，本從市聲而非諧市聲。市、市二聲本相去甚遠，因其形近而訛，故從市之字又多從市。下文之"眿"類此，正作"眿"，趙振鐸《集韻校本》"眜"條言："（眿眜）段校作眿眜。"③段校即段玉裁校《集韻》，其説是。依《集韻》則"肺（眀）"即"曶"字。

第二，"肺（眀）"、"曶"爲一字，則"曶眜"與"眀眛"、"眿眜"與"眿眜"意義相同、相關，應該是一詞變體或一組同源詞，相差只在"眛"與"眜"、"眜"與"眜"之間。《説文·目部》："眛，目不朗也，从目未聲。"段注："今音'眛'在末韵，'眛'在隊韵。攷从末之字見於《公》、《穀》二傳及《吳都賦》，从未之字未之見。其訓皆曰目不明，何不類居而畫分二處？且《玉篇》於'眼'、'睭'二字之閒，云'眛，莫達切，目不明'。葢依《説文》舊次，則知《説文》原書从末之'眛'當在此。淺人改爲从未，則又增从末之'眛'於前也。"④

段説具有一定的代表性，以上所舉從未聲之字中，《廣韻》、《集韻》校注整理者，亦多有認爲當從末聲者。但段注所舉兩點證據並不堅實，我們反問：包括《公羊傳》、《穀梁傳》在內的古籍歷經一兩千年，傳抄刊刻出現錯誤的可能性還是有的，畢竟未、末形極近。如《集韻·屑韻》："眜，地名。《春秋傳》公及邾儀父盟于眜，通作蔑。"馬釗《校勘記》即認爲"眜"本當作"眜"⑤。《説文·日部》："昒，爽旦明也，从日未聲。一曰闇也。"段注本"爽旦明"作"眛爽，且朙也"⑥。"昒"爲日不明，"眛"爲目不明，二者皆從未聲，語義相關，實爲同源，一從日、一從目，豈不極合乎語言規則？類似例子可作比勘的是，《説文·日部》："昒，尚冥也。"《目

①趙振鐸《集韻校本》（中册），第 1430、1425 頁。按：趙振鐸校曰："方校：'案：眜譌爲眜，據《類篇》正。'按：毛鈔注眜字作眜，段校同。馬校：'眜，宋本從末，局誤從未。'"（下册第 913頁）按：趙説是，《末韻》"眜"字條不誤，亦可據正之。

②趙振鐸《集韻校本》（中册），第 1430 頁。

③趙振鐸《集韻校本》（下册），第 909 頁。

④［清］段玉裁《説文解字注》（第 2 版），第 134 頁。

⑤趙振鐸《集韻校本》，中册第 1460 頁，下册第 935 頁。

⑥［清］段玉裁《説文解字注》（第 2 版），第 302 頁。

部》：“眒，目冥遠視也。”① “吻”、“眒”亦是相對。若依此看，反倒“眛”更有可能是個訛字，至少段説難可遽從。實則二者不但形近，而且上古音相近，“未”屬明紐物部；“末”屬明紐月部，同紐旁轉，它們本是一組同源詞。②

　　從諧聲演變來看，從弗（費、沸）之字，中古入止攝（至韻 3、未韻 19）、蟹攝（廢韻 1）、臻攝（物韻 25、没韻 2、質韻 4）、山攝（末韻 1）。③ 其中，山攝末韻字即是“䰻”，由此看來它是不合乎諧聲演變規則的，是個例外音變。統計從市（沛）得聲之字，情況與此類似④：中古入止攝（未韻 6）、蟹攝（泰韻 13、隊韻 1、廢韻 4）、臻攝（物韻 1）、山攝（月韻 2、末韻 4）。前三攝是合乎演變規則的，可比勘從弗聲之字。末韻有 4 個諧聲字，其中“赸”注明上同，亦即同“跰”字，義爲“行貌”，它們是一個字。而“迣”義爲“急走”，也就是“跰”字，所從形符稍變，走、足、辵意義類屬相同。⑤ 剩下一個是“怖”字，它被分作了三韻，《末韻》：“怖，意不悦皃。”《廢韻》：“怖，怒也。”《月韻》：“怖，恨怒。”⑥ 很明顯這三個意義是一樣的，“怒”就是“不悦”，因此當以廢韻爲正讀，其他二韻是異讀，也屬於例外音變。⑦

　　也就是説從弗、市的諧聲字，上古爲物部，中古演變止攝、蟹攝、臻攝是合乎規則的，而入末韻爲例外音變。“䰻”、“帥”之所以讀末韻，很可能是受到了“眛”、“昧”的影響。“䰻眛”、“帥昧”組成複音詞時，具備了聯綿詞的性質，而聯綿詞又多是疊韻的。人們誤以這種方式去讀，造成了不合乎演變規則的讀法，並被收入了《廣韻》之中。但是《廣韻·泰韻》所收“肺”、“眛”是合乎語音演變規則的，正如《集韻》所收，“肺”就是“䰻”，只是不當歸於末韻。

　　所以“䰻眛”就是“帥昧”，又寫作“肺眛”、“帥昧”。“末”、“未”形

---

① 分别見［東漢］許慎《説文解字》，第 137、71 頁。
② 王力《同源字典》，第 465 頁。
③ 以上統計是根據沈兼士《廣韻聲系》而來，共 53 個諧聲字，“䰻”、“費”各列兩個字頭。每韻後面的數字爲出現諧聲字數。
④ “沛”、“肺”、“芾”等分列兩處，本書未作區分，一併統計在内。
⑤ 可參《説文·辵部》“迣”字條段注。
⑥ 蔡夢麒《廣韻校釋》，第 1132、881、853 頁。
⑦ 另外，月韻與没韻同用相近，可視爲規則演變。

近，於上古又音近，在向中古音的演變過程中，從未、弗、市得聲的物部字，轉入蟹攝的泰、隊、廢等韻。而這些韻又和山攝相應的曷、末等韻同用通押。王力概括爲："以今音讀之，凡全讀爲'i'或韻尾爲'i'者，其去聲皆可與入聲相通（卦夬兩韻未見，恐因韻窄之故）。"[1] 所以從未、末之字，紛然淆亂，難以一一正之而謂其必是，我們不妨把這種情況看作積非成是。如果一定要說哪種情況更符合事實，竊以爲作"眛"比"昒"更優，理由已辨析如上。上所舉《楚辭·九章·惜往日》之例，"曶"從弗聲，"眛"、"昒"皆從未聲，語音自是相近；句意言吳主聽信讒言而不醒悟、明白。因此無論從語音上，還是句子意義上，郭說都是講得通的，應當可以信從。

第三，"曶"上古爲並紐物部，於《廣韻》爲並紐未韻；"肺"爲幫、滂二紐泰韻；"眛"爲明紐泰、隊二韻：三者聲紐皆爲幫系字，韻或相同或相近通押。它們組合成了一個聲韻俱近的複合詞，《廣韻·未韻》："曶，目不明。""眛，目不正也。"蔡夢麒："正，《説文》、《玉篇》及《王三》作'明'，當據正。"《隊韻》："眛，目暗。"[2] "曶眛"變爲"肺眛"，再進一步凝固，演變爲不再分用的"肺眛（昒）"。此時語義也發生了稍許變化，結構完全凝固，似乎可以視作聯綿詞了。

第四，"目不明"即看不清，朦朦朧朧、模模糊糊的樣子，是一種將近而未及的狀態。所以在此基礎上，加表義偏旁"白"而變爲"肺眛（昒）"，表示的是一種淺白，顏色比純白要暗淡些，仍含有原來詞語的某些義素。

而"朏"於《廣韻》列三韻，分別爲滂紐尾韻、海韻、隊韻；"亹"爲明紐尾韻，二者本身聲韻相近，與"肺眛"聲音亦近。所以它們應該都是同源的，只是結構不同。"曶眛"爲同義並列結構，"肺眛"是並列結構向聯綿結構轉化的中間狀態，而"肺眛（昒）"已經完全不再分用，而"朏亹"爲半義半音的聯綿詞。當然，如果我們視"朏亹"是一個衍音式的聯綿詞，也不是完全講不通。"朏"表達了此詞主要的意義，後附加的"亹"主要起音節作用，沒有實際意義。二者聲紐相近，韻相同，是一個近雙聲的疊韻聯綿詞。

---

① 王力《南北朝詩人用韻考》，第 53 頁。
② 分別見蔡夢麒《廣韻校釋》，第 801、1131、871 頁。

簡單總結來説,一個單音詞在雙音化的過程中,可以有三種途徑:衍音、複合、疊音。這三種形式都可能造成聯綿詞:衍音也常常是雙音或疊韻而構成聯綿詞;複合而成的詞中,有一部分凝固成爲聯綿詞;疊音詞中部分是聯綿詞。

【藿藿】

(1)草藿藿以拂露,鹿颱颱而來群。(南朝梁·陶弘景《華陽陶隱居集》卷上,23/641a)

"藿藿",《藝文類聚》卷三十六作"霍霍"。

按:"藿"爲草葉,依此則"藿藿"不通。竊以爲"藿藿"當讀爲"霍霍(霍霍)",或者説"藿"乃受"草"字類化而訛。"霍霍"乃象聲詞,與"颯颯"相對義近。《木蘭辭》:"小弟聞姊來,磨刀霍霍向豬羊。"[1]

或者"霍霍"乃晶瑩閃爍義,以形容露珠之貌。北魏賈思勰《齊民要術》卷七:"其七酘以前,每欲酘時,酒薄霍霍者,是麴勢盛也,酘時宜加米,與次前酘等。"繆啓愉:"霍霍,猶言'閃閃'、'亮晶晶',形容'酒薄'。酒薄指糖化、發酵作用旺盛,即液化迅速,産酒量較多,實際就是發酵良好,發酵醪較爲稀薄的狀況,不是指酒味淡薄。"[2]

【踖慄】

(1)勿食生菜、生米、小豆、陳髭,勿飲濁酒食麵,則塞氣死人。不用鬼行踖慄,又不用多言笑,不用逢人挽擭。睡不厭踧,覺不厭舒。(《太清道林攝生論》,34/469a)

按:"踖"乃踐踏、跨越義,施於"踖慄"不通。竊以爲"踖慄"乃"趨趀"逆序之變體。"趨"於《廣韻》爲來擊切,屬來紐錫韻;"慄"爲力質切,爲來紐質韻;質、錫二韻韻腹相同,韻尾雖不同但皆屬入聲韻,故二字聲同韻近。"趀"於《廣韻》爲七跡切,屬清紐昔韻;"踖"爲秦昔切,屬從紐昔韻:清、從二紐同系,故二字聲近韻同。《廣韻·錫韻》:"趨,趨趀,行皃。"[3]《集韻·昔韻》:"趀,趨趀,盜行。"方成珪:"趀,譌從束。據《類篇》

①[北宋]郭茂倩編《樂府詩集》,第374頁。
②繆啓愉《齊民要術校釋》(第2版),北京:中國農業出版社,1998年,第506頁。
③蔡夢麒《廣韻校釋》,第1226頁。

正。"① 蔣冀騁認爲此詞又作"趑趄",乃小步行走之義。②

【結踞】

（1）有道士婁化者,常憩馬氏舍。究悉經源,苦求開看。馬氏固執,竟不從命,結踞無方。③（北宋·張君房《雲笈七籤》卷四）

按:《方言》卷六:"踞,力也。東齊曰踞。"郭璞注:"律踞,多力皃。"④《唐韻·物韻》:"踞,足踞地。"⑤二義施之於上例自不通,竊以爲"結踞"當讀作"詰詘（誳）"。《説文·言部》:"詘,詰詘也。"段注:"二字雙聲,屈曲之意。"⑥《集韻·迄韻》:"詘,《説文》:'詰詘也。'一曰屈襞……或从屈。"⑦亦作"結屈"、"詰屈"、"佶屈",西漢陸賈《新語·資質》:"崐崘結屈,委曲不同。"王利器:"'結屈',李本、《子彙》本、天一閣本、《折中》作'詰屈',《彙函》、《品節》、《拔萃》作'佶屈',並同音通借。詰屈,謂根株之屈曲也。"⑧《後漢書·竇武傳》:"有大蛇自榛草而出,徑至喪所,以頭擊柩,涕血皆流,俯仰蛄屈,若哀泣之容,有頃而去。"⑨唐韓愈《進學解》:"周誥殷《盤》,佶屈聱牙。"⑩以上數形皆爲一詞之變,總括其義,約有數項:彎曲、屈折、晦澀。⑪從吉之字有曲義,如"髻",髮本爲直長,盤起而爲髻,即爲屈曲狀。《龍龕·革部》:"鞊,屈也。"⑫

【曠宕】

（1）空之寥觳然曰:"谹乎沈乎之曠宕乎哉,虛乎无乎之溿浪乎哉,濛同茫唐,青冥蒼茫,廓兮而康宧,包天裹地,誕陰育陽,其孰能大乎吾之大乎哉？"（唐·張志和《玄真子外篇》卷中,21/722a）

①趙振鐸《集韻校本》（中册）,第 1541 頁。
②蔣冀騁《近代漢語詞彙研究》（增訂本）,北京:商務印書館,2019 年,第 534 頁。
③李永晟點校《雲笈七籤》,第 50 頁。
④華學誠《揚雄方言校釋匯證》,第 469 頁。
⑤周祖謨《唐五代韻書集存》,北京:中華書局,1983 年,第 696 頁。
⑥［清］段玉裁《説文解字注》（第 2 版）,第 100 頁。
⑦趙振鐸《集韻校本》（中册）,第 1397 頁。
⑧王利器《新語校注》（第 2 版）,第 115 頁。
⑨［南朝宋］范曄《後漢書》,第 2245 頁。
⑩［清］董誥等編《全唐文》,第 5646 頁。
⑪可參徐振邦《聯綿詞大詞典》,第 612 頁。
⑫［遼］釋行均《龍龕手鏡》（高麗本）,第 451 頁。

按："曠宕"即"曠盪"，《文選・王褒〈洞簫賦〉》："彌望儻莽，聯延曠盪。"李善注："儻莽、曠盪，寬廣之貌。"[1] 又作"曠蕩"，《文選・張衡〈南都賦〉》："上平衍而曠蕩，下蒙籠而崎嶇。"[2]"宕"爲定紐宕韻，"盪"、"蕩"皆爲定紐蕩韻，蕩、宕二韻僅有聲調上去之別：所以它們語音相近，當屬一組同源詞。

【 曠眅　　曠閬 】

（1）於是散髮解帶，盤旋其上，心容曠眅，氣宇條暢。（南朝梁・陶弘景《華陽陶隱居集》卷上，23/640c）

"曠眅"，《御定淵鑑類函》（四庫本）卷二百九十一作"曠朗"。

按：《說文・日部》："曠，明也。"[3]《玉篇・日部》："眅，明。"[4] 道經有此義之用例，如 S.1906《太上洞玄靈寶真一勸戒法輪妙經》："滅度如脫胞，曠眅覩八清。"[5] 然明義似不切合句意。竊以爲"曠眅"當是開闊、豁達之義，與"條暢"相對義類[6]。《廣雅・釋訓》："曠曠，大也。"[7] 然"眅"無大義，《集韻・宕韻》："眅，暴也。"[8] 竊以爲"曠眅"即"壙埌"，《集韻・蕩韻》："壙，一曰壙埌，原野迴兒。"[9]《莊子・應帝王》："遊無何有之鄉，以處壙埌之野。"陸德明《釋文》引崔譔云："壙埌，猶曠蕩也。"[10]"曠蕩"即開闊、浩大之義。道經中又作"曠閬"：

（2）朕之空茫唐濛，同無不通，無内無外，無西無東，曠閬溿蕩，蒼茫青冥，含日月之光，震雷霆之聲，挂虹蜺之色，飛龍鸞之形。（唐・張志和《玄真子外篇》卷上，21/718c）

表面看來，"壙埌"似乎是一個有音無義的聯綿詞；然推溯其源可知，此詞本爲一個近義並列結構，只是後來才逐漸凝固爲聯綿詞，兩個字

①［南朝梁］蕭統編，［唐］李善等注《六臣注文選》，第 316 頁。
②［南朝梁］蕭統編，［唐］李善等注《六臣注文選》，第 84 頁。
③［東漢］許慎《說文解字》，第 137 頁。
④［南朝梁］顧野王著，［北宋］陳彭年等重修《大廣益會玉篇》，第 96 頁。
⑤《太上玄一真人說三途五苦勸戒經》（即《太上洞玄靈寶真一勸戒法輪妙經》的小經之一）作"曠朗"。
⑥"條暢"有豁達、通暢數義，可參《大詞典》該條。
⑦［清］王念孫《廣雅疏證》（第 2 版），第 179 頁。
⑧趙振鐸《集韻校本》（中册），第 1240 頁。
⑨趙振鐸《集韻校本》（上册），第 871 頁。
⑩［清］郭慶藩《莊子集釋》（第 3 版），第 299 頁。

的意義都還存在。^① 上所引《廣雅》"曠"字條,王念孫《疏證》:"昭元年《左傳》'居於曠林',《史記·鄭世家》集解引賈逵注云:'曠,大也。'重言之則曰曠曠。《荀子·非十二子篇》云'恢恢然,廣廣然',《賈子·脩政語篇》云'天下壙壙',《淮南子·繆稱訓》云'曠曠乎大哉',《兵略訓》云'矖矖如夏',竝字異而義同。"^② 按:王說甚是。這些字之所以有大義,是因為從廣得聲,"廣"即大。它們當為同源分化。除王說之外,再另舉從廣之字,以補各類同源(族)字典所不及。

《説文·土部》:"壙,一曰大也。"

《説文·心部》:"懬,闊也。一曰廣也,大也。一曰寬也。從心,從廣,廣亦聲。"^③

《玉篇·手部》:"擴,引張之意。"^④《集韻·鐸韻》:"擴,張大也。"^⑤

《玉篇·弓部》:"彍,張也。彉,同上。"^⑥

《集韻·鐸韻》:"矌,目張兒。"

《集韻·蕩韻》:"皘,張大兒。"^⑦

"張"即大,故"張大"連用,亦即"廣","彍"、"矌"義近於"擴"。

《玉篇·耳部》:"聸,大耳也。"^⑧《集韻·鐸韻》:"聸,或從廣。"^⑨ "從廣"即"曠",廣亦表意。

《廣韻·蕩韻》:"潢,水深廣兒。"^⑩

《集韻·宕韻》:"膧,腫兒。""腫"即脹大。

《集韻·鐸韻》:"穬,長也。"^⑪ "長"亦是大。

從良得聲之字,亦有高大之義。《方言》卷十三:"冢,秦晉之間謂之墳……或謂之埌。"^⑫《説文·勹部》:"冢,高墳也。"段注:"《土部》曰:

①"曠"、"眼"皆有明義,也是同義並列,亦可比勘。
②[清]王念孫《廣雅疏證》(第2版),第179頁。
③二例分別見[東漢]許慎《説文解字》,第288、218頁。
④[南朝梁]顧野王著,[北宋]陳彭年等重修《大廣益會玉篇》,第31頁。
⑤趙振鐸《集韻校本》(中册),第1505頁。
⑥[南朝梁]顧野王著,[北宋]陳彭年等重修《大廣益會玉篇》,第80頁。
⑦二例分別見趙振鐸《集韻校本》,中册第1506頁,上册第871頁。
⑧[南朝梁]顧野王著,[北宋]陳彭年等重修《大廣益會玉篇》,第24頁。
⑨趙振鐸《集韻校本》(中册),第1506頁。
⑩蔡夢麒《廣韻校釋》,第696頁。
⑪二例分別見趙振鐸《集韻校本》(中册),第1245、1506頁。
⑫華學誠《揚雄方言校釋匯證》,第997頁。

‘壠者,墓也。’墓之高者曰冢。”①《爾雅·釋詁》:“冢,大也。”郝懿行《義疏》:“葢冢本封土爲名,而凡大亦皆稱冢。”②“垠”指高墳,即地面突出的部分。

　　《説文·木部》:“根,高木也。”

　　《説文·門部》:“閌,門高也。”③

　　《太玄·應》:“一從一横,天網罡罡。”范望注:“罡罡,廣大貌。”④

　　《玉篇·身部》:“躴,躴躿,身長兒。”⑤《集韻·唐韻》:“躴,長身也。”⑥

　　《玉篇·山部》:“崀,冬至日所入,峻崀之山也。”“峻”爲高,則“崀”亦當是高義,此山當得名於高峻。

　　《玉篇·广部》:“庪,高也。”⑦

　　《廣韻·唐韻》:“艆,海中大船。”

　　《廣韻·蕩韻》:“俍,俍傸,長兒。”“傸,長兒。”⑧

　　《集韻·蕩韻》:“浪,孟浪,較略之言。”⑨《文選·潘岳〈笙賦〉》“罔浪孟以惆悵”張銑注:“浪孟,大聲也。”⑩按:“較略”,即大略。“浪”者,大波,是指水平面涌起的大的水流,本身即含大義。故轉換爲抽象詞,亦包含大義。⑪

　　大則空,故以上之字,又多有空義,包括空曠、空虛等。⑫它們又構成了一組有引申關係的複音同源詞,兹稍作説明。《廣韻·唐韻》:“槺,槺梁,虛梁也。”⑬《文選·司馬相如〈長門賦〉》:“施瑰木之欂櫨兮,委參差以槺梁。”李善注:“《方言》曰:‘廉,虛也。’廉與槺同,音康。”⑭王念孫:

①［清］段玉裁《説文解字注》(第 2 版),第 433 頁。

②《續修四庫全書》第 187 册,第 358 頁。

③二例分别見［東漢］許慎《説文解字》,第 119、248 頁。

④［北宋］司馬光《太玄集注》,第 85 頁。

⑤［南朝梁］顧野王著,［北宋］陳彭年等重修《大廣益會玉篇》,第 16 頁。

⑥趙振鐸《集韻校本》(上册),第 468 頁。

⑦二例見［南朝梁］顧野王著,［北宋］陳彭年等重修《大廣益會玉篇》,第 103、104 頁。

⑧三例見蔡夢麒《廣韻校釋》,第 376、695、693 頁。

⑨趙振鐸《集韻校本》(上册),第 866 頁。

⑩［南朝梁］蕭統編,［唐］李善等注《六臣注文選》,第 340 頁。

⑪黄金貴:“由於浪非常波,是因風而起,故起伏程度大於波。”“‘瀾’與‘浪’最爲義近,均指大波。”參黄金貴《古代文化詞義集類辨考》(新一版),第 39 頁。

⑫“空”有空明、空虛義,又引申爲虛假義。今天的“説大話”大體相當於“説空話”、“説假話”。

⑬蔡夢麒《廣韻校釋》,第 378 頁。

⑭［南朝梁］蕭統編,［唐］李善等注《六臣注文選》,第 294 頁。

“‘楝梁’者，中空之貌。”①

《方言》卷十三：“㾖，空也。”郭璞注：“㾖㾖，空兒。㾖或作欨，虚字也。”②

《説文・宀部》：“康，屋康㾖也。”徐鍇：“㾖，屋虚大也。”③《廣韻・蕩韻》：“康，康㾖，空虚。”④《玄真子外篇》卷中：“空之寥谽然曰：‘豁乎沈乎之曠宕乎哉，虚乎无乎之㳍浪乎哉，濛同茫唐，青冥蒼茫，廓兮而康㾖，包天裹地，誕陰育陽，其孰能大乎吾之大乎哉？’”（21/722a）

《廣韻・蕩韻》：“㟅，㟅崀，山空。”⑤

《集韻・蕩韻》：“㟅，康㾖，空也。”⑥

“廣”上古爲見紐陽部，中古爲蕩韻；“康”上古爲溪紐陽部，中古爲唐韻：見、溪二紐同系，唐、蕩二韻僅有聲調平去之別，故音近。“良”、“梁”上古皆爲來紐陽部，中古皆爲陽韻：二者聲韻俱同。

【憭悷　了戾】

（1）陰司汙穢，身不清潔，裸形夜起，忤逆星辰，呵風罵雨，不敬神靈，耗亂陰陽，憭悷五行。（《太上洞玄靈寶宣戒首悔衆罪保護經》卷中，6/903a）

按：“憭悷五行”，其義不明。竊以爲“憭悷”當即“了戾”，二者一詞之變，聯綿詞字無定形。《説文・了部》：“了，尦也。”段注：“凡物二股或一股結糾紾縛、不直伸者曰了戾。”⑦“了戾”即是扭結、曲折之義，又作“了捩”、“嫽悷”、“繚戾”、“繚悷”。《廣韻・嘯韻》：“嫽，嫽悷。”⑧後二形《大詞典》已收，可參，兹不再舉例。

（2）又叉手項上，左右自了捩不息，復三。⑨（南朝梁・陶弘景《養性延命録》卷下）

“了捩”，《雲笈七籤》卷三十二作“了戾”。

①徐煒君等點校《讀書雜志》，第 2689 頁。

②華學誠《揚雄方言校釋匯證》，第 912 頁。

③［南唐］徐鍇《説文解字繫傳》，第 149 頁。

④蔡夢麒《廣韻校釋》，第 696 頁。

⑤蔡夢麒《廣韻校釋》，第 695 頁。

⑥趙振鐸《集韻校本》（上册），第 869 頁。

⑦［清］段玉裁《説文解字注》（第 2 版），第 743 頁。

⑧蔡夢麒《廣韻校釋》，第 941 頁。

⑨王家葵《養性延命録校注》，北京：中華書局，2014 年，第 165 頁。

　　“了捩不息”即不斷扭動,目的是促進血液循環。“憭恢五行”即打亂五行順序,使之錯亂。《女青鬼律》卷六:“右二十四鬼,放縱下羅截四方,充塞六合,擅箄五行,更相署置。官府列陣,出入導從,兵馬權强,殺害無辜,恣意快心。”(18/251b)“擅箄”當作“擅弄”。

<h2 style="text-align:center">【嶕嶢】</h2>

　　(1)寢偃太帝舘,嶕嶢何母庭。(《上清金章十二篇》,34/781a)

　　“嶕嶢”,《上清諸真人授經時頌金真章》、《上清道寶經》卷三作“嗷嘈”,《洞真太一帝君太丹隱書洞真玄經》作“敖嶢”,BD01017《洞真上清諸經抄·洞真太一帝君太丹隱書洞真玄經》作“嶅嶢”。

　　按:“嗷嘈”、“敖嶢”、“嶅嶢”,皆一詞之變,又作“敖曹”、“敖嘈”、“璈曹”。其義有二,一曰聲音盛喧、嘈雜;二曰高[①]。舉例如下,其中已見於《大詞典》的詞形,不另舉。北宋周邦彥《汴都賦》:“朝廷慢金石之雅正,諸侯受歌管之敖嘈。”[②]《無上秘要》卷二十:“嗷嘈太微觀,崚嶒九玄所。”[③]“嗷嘈”,《上清道類事相》卷一引《八素陽歌九章》作“敖曹”。唐段成式《中禪師影堂聯句》:“名下固無虛,敖曹貌嚴毅。”[④]《太平廣記》卷二百:“北齊高昂字敖曹,膽力過人,姿彩殊異。其父次同,爲求嚴師教之。昂不遵師訓,專事馳騁。每言男兒當橫行天下,自取富貴,誰能端坐讀書,作老博士也。其父以其昂藏敖曹,故名字之。”[⑤]元楊維楨《鐵崖古樂府補》卷六:“疊疊石石石嶅嶢,立竿作表齊竿旄。”[⑥]這五個例子中,《汴都賦》爲第一義,其餘爲第二義。

---

①又有“嶕嶢”一詞,其義亦爲山之險峻,當與“嶅嶢”同爲一詞之變體。
②[南宋]呂祖謙《宋文鑒》,《摘藻堂四庫全書薈要》第 477 册,臺北:世界書局,1985 年,第 90 頁。
③周作明點校《無上秘要》,第 220 頁。
④[清]彭定求等編《全唐詩》,第 8922 頁。
⑤[北宋]李昉編《太平廣記》,北京:中華書局,1961 年,第 1504 頁。按:郭在貽《〈太平廣記〉詞語考釋》曾論及此例,認爲“敖曹殆即靡糟”,乃勇猛無畏之義,見《郭在貽文集》第 1 卷,北京:中華書局,2002 年,第 150 頁。後來郭氏在《魏晉南北朝史書語詞瑣記》中糾正自己以前的觀點,認爲“‘敖曹’乃‘昂藏’一聲之轉(敖、昂、曹、藏皆雙聲),‘昂藏’有‘高大’義,‘敖曹’亦有‘高大’義”。郭氏還列舉了其他例證,參見《古漢語研究》1990 年第 3 期。王繼如《中古白話語詞釋義獻疑》駁正郭氏前說,認爲“‘敖曹’當讀爲‘謷(嶆)’(引者按:此處殆有誤,依王氏上句之意當作“嶅”或“嶩”。)嶆(磝)’,義爲健壯高大”。見《文史》第 42 輯。按:郭氏前說不確,其後說是;王說亦可參。
⑥《摘藻堂四庫全書薈要》第 407 册,第 592 頁。

“崚嶒（嶒）”，《大詞典》已收，列五義，前二義爲：高聳突兀；高峻的山。又作“崚層”、“稜層”、“稜嶒”、“稜礏”、“稜嶒”、“凌嶒”等諸形式[①]，亦皆爲高峻、突兀義。將此義施之於例 1，表面看起來講得通，實則不然。一者，“寢偃”、“嗷嘈”（“敖嶒”、“嶅嶒”）相應，兩句乃言諸神息駕、宴樂於仙府（“太帝館”、“阿母庭”）而聲音喧雜，詩旨在於言神仙游宴之樂；而《無上秘要》卷二十《仙歌品》中“嗷嘈”、“崚嶒”相應，乃言仙府太微觀、九玄所之高峨壯麗，皆高峻之義，二詩旨趣有別，未可混而爲一。二者，筆者曾以敦煌寫卷、《上清諸真人授經時頌金真章》與《上清諸真章頌》、《上清金章十二篇》對勘，發現四者雖皆爲收錄詩歌之專集，然前二者相近，而後二者改動已甚，多有不同，未足爲據。推其原由，當是“崚嶒”與“嗷嘈”（“敖嶒”、“嶅嶒”）同有高峻義，傳抄者因此將其同義替換，未知此詩旨趣非言仙府高峻。

【零琅】

（1）於是臨目，乃微祝曰：朱鳥凌天，神威内張。山源四鎮，鬼井逃亡。神池吐氣，邪根伏藏。魂臺四明，瓊房零琅。玉真巍峩，坐鎮明堂。手暉紫霞，頭建神光。[②]（南朝梁·陶弘景《真誥》卷十）

“零琅”，《洞真西王母寶神起居經》、《上清太極真人撰所施行秘要經》、《登真隱訣》卷中、《要修科儀戒律鈔》卷十四、《雲笈七籤》卷四十六、《太上元始天尊説北帝伏魔神咒妙經》卷二、卷四、《北帝伏魔經法建壇儀》皆作“玲琅”，《道法會元》卷一百一十五作“萬張”，卷一百五十九、卷一百六十七、《太上三洞神咒》卷十一皆作“琳琅”。

按：“零琅”即“玲琅”，狀音聲之美妙。“零”、“玲”皆從令聲，於《廣韻》皆爲來紐青韻，它們在表聲音的意義上有一個共同的來源，本書“鏗零”條已言之，可參。此詞又可作“琳琅”，“琳”於《廣韻》爲來紐侵韻字，六朝時可以看到青、侵二韻通押的個別用例。[③]三者聲音、意義相近，應該是一組同源詞，可以系聯。《大詞典》收後二詞，可參，兹不再舉例。

“瓊房零琅”即仙室之内發出美妙的聲音，《無上秘要》卷二十八“瓊

---

①可參徐振邦《聯綿詞大詞典》，第 650—651 頁。

②趙益點校《真誥》，第 174 頁。

③參夏先忠《六朝上清經用韻研究》，第 50、290、292 頁。

房有妙韻,汎登高神所"① 即是。

【茫溏　茫唐】

（1）看經審議,正危整心,不得驕慢,傲怠茫溏,狡獪戲笑,引譬失倫,協談營私計則利②。又不得虛解,沬刺麤過。若心勞思殆,有事宜營,去來休息,皆當禮拜。（《洞真太上太霄琅書》卷八,33/689c）

按:從句意上,不好判斷"茫溏"何義。竊以爲"溏"當讀爲"唐",或者説是受"茫"字類化而訛亦可。"茫"有大義,"唐"亦有大義,故二者實爲同義並列。"茫溏（唐）"當爲粗心大意或驕傲自大之義,與"傲怠"義類。典籍之中有"茫唐"一詞:

（2）空之寥殼然曰:"谿乎沈乎之曠宕乎哉,虛乎无乎之溿浪乎哉,濛同茫唐,青宾蒼茫,廓兮而寠寠,包天裹地,誕陰育陽,其孰能大乎吾之大乎哉?"（唐·張志和《玄真子外篇》卷中,21/722a）

"茫唐"爲大義,施之於上例可通。當然,"青冥"、"蒼茫"並列,皆表天空遼遠義;"濛同"、"茫唐"亦並列,視爲同義,似亦可。如此則二詞皆表天空玄遠而茫昧不清義。此義當是來源於一組同源詞,《廣韻·蕩韻》:"矘,矘䁳,目無精。"③ 又作"曭瞬",《集韻·蕩韻》:"瞬,曭瞬,不明也。"④ 又作"臟膵",《廣韻·蕩韻》:"臟,臟膵,月不明也。"⑤ 又作"曭莽",《楚辭·遠遊》:"豈曖曃其曭莽兮,召玄武而奔屬。"⑥ 又作"曭漭",晉陸機《感時賦》:"望八極以曭漭,普宇宙而寥廓。"⑦ 又作"儻莽",三國魏阮籍《清思賦》:"時儻莽而陰曀兮,忽不識乎舊宇。"⑧"茫唐"似可視爲以上各詞逆序之變體,"黨"爲端紐蕩韻,"唐"爲定紐唐韻,端定二紐同系,唐、蕩二韻僅有聲調平上之别,故音相近。

以上所列諸詞,從表面來看,它們似乎是聯綿詞,有音無義。姜亮

---

① 周作明點校《無上秘要》,第389頁。

② "協談營私計則利",當有訛誤。

③ 蔡夢麒《廣韻校釋》,第693頁。

④ 趙振鐸《集韻校本》（上册）,第867頁。

⑤ 蔡夢麒《廣韻校釋》,第694頁。

⑥ ［南宋］洪興祖《楚辭補注》,第171頁。

⑦ 《陸機集》,北京:中華書局,1982年,第7頁。

⑧ 陳伯君《阮籍集校注》,北京:中華書局,1987年,第38頁。

夫：“曠莽，亦聲訓聯綿字。曠即黨後起分別義。黨者，不鮮也。莽，亦爲語尾……無義。”徐振邦：“姜釋後半誤。”[1] 按：徐説是。《説文·目部》：“曠，目無精直視也。”[2] “目無精”則不明。《玉篇·日部》：“曠，不明也。”[3] 《廣韻·蕩韻》：“曠，日不明。”[4] “茫”、“莽”皆有大義，又皆有模糊、茫昧義。殆物大則一望難以窮盡，其邊際遠方則因視力所限，無法看清，即是模糊、茫昧。故於目則爲“瞙”，於日則爲“曠”，於月則爲“膀”，於水則爲“漭”。因此，此詞本是一個並列結構，因爲變成雙音詞組之後，後人爲求得字形上的一致，或者受前一個字形類化影響，在“莽”的基礎上，加日、月、水等偏旁分化而造字，最終使得第二字意義不明，而逐漸向聯綿詞轉化。故姜校認爲“莽”爲語尾，“曠莽”乃衍音而成，似是而實非。

【沫剌　抹略】

（1）看經審議，正危整心，不得驕慢，傲怠茫溏，狡獪戲笑，引譬失倫，協談營私計則利。又不得虛解，沫剌麄過。若心勞思殆，有事宜營，去來休息，皆當禮拜。（《洞真太上太霄琅書》卷八，33/689c）

按：“沫剌”不可通，“沫”當作“沫”，形近而訛。“沫剌”即“滅裂”，“沫”於《廣韻》爲明紐末韻，“滅”爲明紐薛韻，“剌”爲來紐曷韻，“裂”爲來紐薛韻：二者上下字同聲，末、薛、曷三韻同攝韻近，南北朝時可以通押，故“沫剌”、“滅裂”實爲同源，乃一詞之變。此詞又作“末略”，《莊子·則陽》：“君爲政焉勿鹵莽，治民焉勿滅裂。昔予爲禾，耕而鹵莽之，則其實亦鹵莽而報予；芸而滅裂之，其實亦滅裂而報予。”郭象注：“鹵莽滅裂，輕脱末略，不盡其分。”成玄英疏：“鹵莽，不用心也。滅裂，輕薄也。”[5] 郭注以“末略”釋“滅裂”得之，二者音義亦近，只是下字之韻發生了稍許變化。“滅裂”，《大詞典》釋爲“言行粗疏草率”；“末略”，釋爲“漫不經心貌”，皆可參。所以“沫剌”修飾“麄過”，指草草看過。“末

---

①徐振邦《聯綿詞大詞典》，第 133 頁。

②［東漢］許慎《説文解字》，第 71 頁。

③［南朝梁］顧野王著，［北宋］陳彭年等重修《大廣益會玉篇》，第 95 頁。

④蔡夢麒《廣韻校釋》，第 693 頁。

⑤［清］郭慶藩《莊子集釋》（第 3 版），第 889 頁。按：“滅裂”、“末略”同源，亦可參蔣禮鴻《義府續貂》，第 50 頁。

略”，在道經中又作“抹略”，亦是粗疏草率之義。

（2）弟子與師别，經年月朔，皆冠帶執板，禮三拜，長跪問訊。訖，復再拜，合五拜。别亦如此。明識之，不得抹略，取爾無敬。（《無上秘要》卷四十二）

（3）弟子始詣師，諸受道法皆當冠帶執板，謙苦求請，不得取爾抹略，安然而説。[1]（《無上秘要》卷四十二）

“沫剌”，在後世的文獻中又寫作“抹剌”，《大詞典》已收，釋爲“怠慢，輕視”，可參。

（4）王始倔强，恃遠且艱。視詔抹剌，不奉以虔。[2]（北宋·富弼《韓國華神道碑》）

“沫剌”，《中華道藏》徑錄，非，可正。

【濛同】

（1）空之寥敷然曰：“谿乎沈乎之曠宕乎哉，虚乎无乎之澃浪乎哉，濛同茫唐，青宾蒼茫，廓兮而康宼，包天裏地，誕陰育陽，其孰能大乎吾之大乎哉？”（唐·張志和《玄真子外篇》卷中，21/722a）

按：“濛同”即“朦朧”，乃模糊不清之義。[3] 唐無可《中秋夜君山脚下看月》：“洶湧吹蒼霧，朦朧吐玉盤。”[4] 又作“朦朧”，元湯垕《古今畫鑑宋畫》引宋翟耆年《贈米友仁》：“善畫無根樹，能描朦朧雲。”[5] 與此詞同源的是“憧懞”一組詞，二者詞序相反，前者表示模糊義，後者表示糊塗不明、蒙昧義，一是具象，一是抽象。可參本書“愊懞”條。

【澃浪】

（1）打碧鼓之澃浪，叩瓊鍾之砰砰。（《洞真太上説智慧消魔真經》卷二，33/603b）

“澃浪”，《洞真太上神虎隱文》作“旁浪”。

---

① 周作明點校《無上秘要》，第 625、626 頁。按：“諸受”文意不通，當作“請受”。
② ［清］王昶《金石萃編》，《歷代碑志叢書》第 7 册，南京：江蘇古籍出版社，1998 年，第 186 頁。
③ “同”、“童”皆屬定紐東韻，聲韻相同。
④ ［清］彭定求等編《全唐詩》，第 9168 頁。
⑤ 《景印文淵閣四庫全書》第 814 册，第 432 頁。

按："滂浪"、"旁浪"爲擬聲詞，形容鼓聲或水激之聲。又作"磅硠"，《後漢書·張衡傳》"伐河鼓之磅硠"李賢注："磅硠，聲也。"① 又作"滂硠"，翟灝："張衡《思玄賦》'伐河鼓之滂硠'，左思《吳都賦》'泪乘流以砰宕'注：'舟擊水聲。'滂硠、砰宕，因語輕重異字也。"②《大詞典》已收此二形，可參。③

【烹烹　胮胮】

（1）敢問："閉氣攻病，待十咽，小腸烹烹滿，然後始得閉氣攻爲當，總不須咽即閉，如何？"（北宋·張君房《雲笈七籤》卷六十二）

（2）敢問："咽訖小腸烹烹，早晚得弔問，哭泣了哽咽得否？"（《雲笈七籤》卷六十二）

（3）敢問："咽十咽、五咽，即小腸烹烹，一食久拍之，聲已無矣。若爲得終一夕小腸常烹烹？"④（《雲笈七籤》卷六十二）

按："烹"當讀爲"胮"。"胮"於《廣韻》爲並紐庚韻，《集韻》中又爲滂紐耕韻，"烹"於《集韻》爲滂紐庚韻：二者聲韻俱近，可得相借。《集韻·耕韻》："胮，腹脹也。"⑤"脹"即是滿之義。

（4）行氣令胮胮滿藏，無令氣大出，閉氣於內，九十息一噓。噓含未足者，復滿九十息。三九自足，莫頓數也。⑥（《雲笈七籤》卷五十九）

若要進一步推溯其得義之由，竊以爲它們當屬一組同源詞。其諧聲偏旁爲平、并、彭、亨、旁等，它們中古皆爲幫系庚、耕韻字，語音相近。除了"胮（胖）"之外，《集韻·耕韻》："軯、駍，車馬聲。或从馬。"⑦《文選·揚雄〈羽獵賦〉》："猋拉雷厲，驞駍駖磕。"李周翰注："續軯駖磕，謂衆聲也。"⑧《漢書·揚雄傳上》："薌呹肸以掍根兮，聲駍隱而歷鍾。"顏師古注："又言風之動樹，聲響振起衆根合，駍隱而盛，歷入殿上之鍾

---

① [南朝宋] 范曄《後漢書》，第 1936 頁。

② [清] 翟灝《通俗編》，上海：商務印書館，1958 年，第 776 頁。

③ 亦可參徐振邦《聯綿詞大詞典》，第 875 頁。

④ 三例見於李永晟點校《雲笈七籤》，第 1396、1397、1397 頁。

⑤ 趙振鐸《集韻校本》（上冊），第 502 頁。按：此字又作"胖"，參張文冠《近代漢語同形字研究》，第 87 頁。

⑥ 李永晟點校《雲笈七籤》，第 1301 頁。

⑦ 趙振鐸《集韻校本》（上冊），第 502 頁。

⑧ [南朝梁] 蕭統編，[唐] 李善等注《六臣注文選》，第 169 頁。

也。"① "軯"爲聲音盛衆,與滿、多義相通。

《玉篇·心部》:"怦,滿也。"胡吉宣:"蓋謂怒氣憤滿也。《淮南·齊俗篇》'仁智發怦以見容'許注:'怦,色也。'本書《頁部》(77):'頩,色也。'《色部》:'艴,縹色也。'是怦爲氣滿於中,發於顏色,爲青色也。《集韻·耕韻》'怦,或作㤙。'本書(310):'㤙,㤙恦,好怒也。'㤙恦猶憉悙,皆充盛義也。"②

按:胡説甚是。兹稍作申説:一、《龍龕·心部》:"怦,心悶也。"③《類篇·心部》:"怦,志懣。"④ 二、怒氣義與盛多義相關。《廣雅·釋詁》:"怒,多也。"⑤《説文·色部》:"艴,色艴如也。"徐鍇:"盛氣色也。"⑥ 段注:"或曰依《論語》則非怒色也,蓋不知怒者盛氣之稱。"⑦《戰國策·趙策四》:"太后盛氣而揖之。""盛氣"即怒也。從朋之字,亦多有盛滿義。《廣雅·釋詁》:"弸,滿也。"⑧《玉篇·禾部》:"秎,禾密也。"⑨"密"即是稠多,故胡吉宣《校釋》:"秎蓋俗語,乃禾盛密比也。"⑩《集韻·耕韻》:"痭,腹滿。"《證韻》:"膨,腫滿兒。或作痭。"⑪

《廣雅·釋詁》:"骿,益也。"王念孫《疏證》:"骿者,增多之意,故爲益也。"⑫ 按:"骿"於《廣韻》雖爲先韻,然它也從并得聲,上古爲耕部,與其他所舉之字,語音本相近。

《廣雅·釋訓》:"彭彭,盛也。"王念孫《疏證》:"彭彭,與下旁旁同。音博庚、蒲庚二反。《大有》九四'匪其彭',王肅注云:'彭,壯也。'重言之則曰彭彭。《説文》:'騯,馬盛也。'引《詩》'四牡騯騯'。今《詩·小雅·北山篇》及《大雅·烝民》《韓奕》二篇竝作'四牡彭彭'。《鄭風·清人篇》'駟介旁旁'王肅注云:'旁旁,彊也。'《齊風·載驅》'行

---

① [東漢] 班固《漢書》,第 3529 頁。
② 胡吉宣《玉篇校釋》,第 1644 頁。
③ [遼] 釋行均《龍龕手鏡》(高麗本),第 55 頁。
④ [北宋] 司馬光《類篇》,第 386 頁。
⑤ [清] 王念孫《廣雅疏證》(第 2 版),第 94 頁。
⑥ [南唐] 徐鍇《説文解字繫傳》,第 183 頁。
⑦ [清] 段玉裁《説文解字注》(第 2 版),第 432 頁。
⑧ [清] 王念孫《廣雅疏證》(第 2 版),第 12 頁。
⑨ [南朝梁] 顧野王著,[北宋] 陳彭年等重修《大廣益會玉篇》,第 74 頁。
⑩ 胡吉宣《玉篇校釋》,第 2951 頁。
⑪ 趙振鐸《集韻校本》,上册第 503 頁,中册第 1259 頁。
⑫ [清] 王念孫《廣雅疏證》(第 2 版),第 37 頁。

人彭彭’傳云:‘彭彭,多貌。’《魯頌·駉篇》‘以車彭彭’傳云:‘彭彭,有力有容也。’騯、旁、彭竝同義。”[①]《廣韻·庚韻》:“彭,盛也。”[②]

按:王説極是。“壯”亦有盛義,“壯”、“盛”之義本相關。《説文·馬部》:“騯,馬盛也。从馬旁聲。”段注:“旁,溥也。此舉形聲包會意。”[③]《集韻·庚韻》:“騯、旁,騯騯,馬盛皃。或省。”[④]

《廣韻·庚韻》:“膨,膨脝,脹皃。”趙少咸《疏證》:“《易·大有》釋文:‘其彭’,子夏作‘旁’。干云:‘彭亨,驕滿皃。’與本書‘膨脝,脹皃’義通。’”[⑤]《玉篇·歹部》:“殍,死人時(胖)也。”[⑥]《集韻·庚韻》:“殍,殍殍,胖也。”[⑦]按:“殍”及“殍殍”與“膨”及“膨脝”義相通。

【澎訇　烹轟】

（1）峯者、岑者、罔者、巖者,嵯峨巉崒疊乎山;濤者、波者、溢者、渦者,澎訇澶漫蕩乎水。(唐·張志和《玄真子外篇》卷中,21/721a)

（2）莽莽雄山勢欲奔,回流中鏁一峰尊。那看羽客飛仙渡,空入江天列巨門。贔屓真爲造化手,澎訇不定旅人魂。誰當更闢丹梯路,鑿斷寒雲恠石根。(清·葛祖亮《花妥樓詩》〔乾隆刻本〕卷七)

按:“澎訇”當即“砰訇”。“澎”於《廣韻》爲並、滂二紐庚韻,“砰”爲滂紐耕韻:庚、耕二韻同攝同用,故二字聲同韻近。《廣韻·耕韻》:“砰,砰訇,大聲。”[⑧]此詞又作“軿訇”,《集韻·庚韻》:“軿,軿訇,車馬聲。”[⑨]又作“弸弦”,《集韻·耕韻》:“弸,弸弦(弦),弓聲。”[⑩]亦作“砰訇(轟、軥、鍧、硡、砿)”、“軯訇(鍧)”等,字形不一。[⑪]以上各形皆爲一詞之變,聲音上,上字爲滂紐庚、耕韻,下字爲曉、匣紐耕韻字;意義上,描摹各種聲音,雷聲、水聲、車馬聲、金鼓聲等。它們當是一詞之變,屬於一組同源詞。

①[清]王念孫《廣雅疏證》(第2版),第185—186頁。
②蔡夢麒《廣韻校釋》,第389頁。
③[清]段玉裁《説文解字注》(第2版),第464頁。
④趙振鐸《集韻校本》(上册),第487頁。
⑤趙少咸《廣韻疏證》,第1128頁。
⑥[南朝梁]顧野王著,[北宋]陳彭年等重修《大廣益會玉篇》,第58頁。
⑦趙振鐸《集韻校本》(上册),第487頁。
⑧蔡夢麒《廣韻校釋》,第401頁。
⑨趙振鐸《集韻校本》(上册),第488頁。
⑩趙振鐸《集韻校本》(上册),第502頁。
⑪可參《大詞典》各條目;亦可參徐振邦《聯綿詞大詞典》“砰訇”條,第292頁。

道經之中又有"烹轟"一詞，似與此相關。

（3）怒則或生兵革不祥，立見災殃，丘陵戈戟，殺氣侵天，飛砂走石，慧星徬徨，驚飛太白，國有傾危，火難調燮，致令金水周彰，龍虎烹轟。如是則陰陽相勝，相生相殺之象也。且兵革者，金火鼓動之象也。鼓動轟雷，雷轟震響。（《許真君石函記》卷下，19/425a）

（4）勅追黿來伏虎窟，呼吸風雲水火入，水火烹轟虎噴聲。（《許真君石函記》卷下，19/423b）

（5）坎電烹轟金水方，火發崑崙陰與陽。二物若還和合了，自然藥熟遍身香。（《悟真篇》，3/18b）

《悟真篇》諸家之注如下，無名子注曰："此虎以陰中之火烹鍊乾龍……既餌丹後，復運陰陽符火，虎以陰中之火爍此玄門也。"（4/725c）南宋翁葆光注："此言虎以陰中之火烹爍乾龍，龍即發崑崙火應之，二火相併，真一之精自然凝結。"（3/18b）夏元鼎注："坎者，水也。電者，火也。烹轟者，擊搏之聲也。金水方者，西北之位也。火發者，純陽上蒸也。崑崙者，峻極於天之山，乃日用遊行之地也。陰與陽者，一陰一陽之謂道也。"（3/45a）無名氏曰："此言虎以陰中之火烹鍊乾龍，乾龍即發崑崙之火以應之也。"（2/947b）道光曰："坎電者，虎之弦氣。虎以陰中之火照爍乾龍，龍即發崑崙之火應之。"（2/993c）子野曰："坎電者，水火也。金水為坤方，水火交擊於坤方。"（2/993c）

以上諸家之釋，大體分為兩類：一是融爍義，二是擊搏（聲）義。"龍虎"，即水火也。"烹轟"當與以上所舉聯綿詞亦同源，意義也是形容、描摹聲音。"烹"於《廣韻》列二韻，其一為滂紐庚韻；"轟"列二韻，為曉紐耕、諍韻；"訇"為曉紐耕韻：二者同聲疊韻，語音十分相近。所以夏元鼎、子野之注尤為切合句例之意，"龍虎烹轟"是指在煉丹過程中水火等物交融而產生劇烈的反應，發出聲響。水為陰，火為陽，二者發生反應，故言"陰陽相勝，相生相殺"。

【詵詵】【庠庠】

（1）採華蘭庭，飛裾詵詵。夫人漱香，皇上灌津。[1]（《無上秘要》卷

---

[1]周作明點校《無上秘要》，第 1163 頁。

九十三）

（2）是時諸天奏樂,百千萬妓,雲璈朗徹,真妃齊唱而激節,仙童凛顔而清歌,玉女徐進而跰躅,放窈窕而流舞,翩翩詵詵而容裔也。（《洞玄靈寶玉京山步虛經》,34/625b）

（3）妙想明玄覺,詵詵巡虛遊。（《洞玄靈寶玉京山步虛經》,34/626a）

（4）蕭蕭禮虛堂,詵詵步玄漢。（《洞真太上素靈洞元大有妙經》,33/422a）

按：“詵詵”,《大詞典》有收,釋爲“衆多貌”和“集貌”二義。然二義驗之於上例,實不可通。實則“詵詵”當讀爲“僊僊”,有輕盈、瀟灑、飄逸等義；亦作“躚躚”、“躚躚”、“仙仙”[1],它們皆爲一詞之變,字形略異而已。前者於《廣韻》爲生紐臻韻,後者皆爲心紐先、仙韻,生、心二紐準雙聲相近,六朝道經有臻韻與先仙二韻同用混押現象[2],故亦相近。唐張萬福《洞玄靈寶無量度人經訣音義》即云：“詵詵,嚴公註云洗洗。”（2/529b）故“詵詵”即“僊僊”,《大詞典》已收,乃形容舞姿等輕盈、飄逸貌。

可與之比勘的是,《太上九真明科》：“蕭蕭步虛遊,旋行禮玉京。”（34/368a）“蕭蕭步虛遊”,當即“詵詵巡虛遊”。“蕭蕭”,《大詞典》已收,釋爲“蕭灑”義。例4中“蕭蕭”與“詵詵”對舉,亦可證明二者義近。此詞又音變爲“庠庠”：

（5）無上金玄宮,虛嶠玉天臺。玄真乘空發,庠庠巡虛迥。（《上清無上金元玉清金真飛元步虛玉章》,34/31b）

“庠庠”與“蕭蕭”、“詵詵”所處語境、結構位置相同,義當相近。

例1言飛裙之舞動輕盈；例2“跰躅”、“翩翩”、“詵詵”、“容裔”皆相應同義,形容玉女舞姿之流逸；例3、4言仙人游行空中靈動飄逸、飛步輕盈。

【儵詭】

（1）若夫奇神儵詭,恢譎無方,陰陽之所焕育,川澤之所函藏,則羲和浴日於甘淵,烏飛司景於扶桑……[3]（南朝梁·陶弘景《真誥》卷十七）

---

① 可參徐振邦《聯綿詞大詞典》,第429頁。
② 參夏先忠《六朝上清經用韻研究》,第42、195頁。
③ 趙益點校《真誥》,第296頁。

[日]吉川忠夫等注:"恑譎,《莊子·齊物論》曰:'故爲是舉莛與楹,厲與西施,恢恑憰怪,道通爲一。'"① 按:日校是,然不注"儵詭"。"儵詭"即"俶詭",奇異之義。②"儵"於《廣韻》爲書紐屋韻,"俶"爲昌紐屋韻:書昌二紐同系,故二者音相近。此詞又作"諔詭",《莊子·德充符》:"彼且蘄以諔詭幻怪之名聞。"③以此來看,陶弘景用典當皆取於《莊子》,日校未得,可補。

【踶躅】

(1)夫蚊虻俱生而起飛,共來食人及牛馬,牛馬搖頭踶躅,不能復食,人者大愁且死,無於止息,然後求可以厭禦之者,已大窮矣。真人寧明知之邪?④(《太平經·不用大言無效訣第一百一十》)

楊寄林:"踶躅,尥蹶子、來回轉之意。躅,同'躅',踩踏。"⑤

按:王力:"'蹄'和'踶'是名詞和動詞的區別('蹄'平聲,'踶'去聲)。'蹄'是獸蹄,'踶'是用蹄踢。後來詞義擴大爲一般的踢,音轉爲thyek,寫作'踢'。"⑥

《廣雅·釋訓》:"蹢躅,跢跦也。"⑦《文選·陸機〈文賦〉》"始躑躅於燥吻"李善注:"《廣雅》曰:'躑躅,跢跦也。'鄭玄《毛詩》箋曰:'志往,謂踟躕也。'蹢與躑同,跢跦與跔跦同。"⑧按:鄭説是。李善所引之《廣雅》之"躑躅"即今本《廣雅》之"蹢躅",故皆訓"跢跦也"。王力曰:"'蹄、蹢'音近義同。"⑨即二者同源(甚至是異體關係),故鄭説"蹢與躑同",是。《文選·禰衡〈鸚鵡賦〉》"闚戶牖以踟躕"李善引薛君曰:"踟躕,躑躅也。"⑩《慧琳音義》卷十四:"踟躕,《考聲》云:'踟躕,猶俳佪

---

①[日]吉川忠夫、麥谷邦夫著,朱越利譯《真誥校註》,第516頁。
②後一形《大詞典》已收,可參。
③[清]郭慶藩《莊子集釋》(第3版),第209頁。
④俞理明《〈太平經〉正讀》,第242頁。
⑤楊寄林《太平經全注全譯》,第1009頁。
⑥王力《同源字典》,第111頁。
⑦[清]王念孫《廣雅疏證》(第2版),第193頁。
⑧[南朝梁]蕭統編,[唐]李善等注《六臣注文選》,第311頁。
⑨王力《同源字典》,第111頁。
⑩[南朝梁]蕭統編,[唐]李善等注《六臣注文選》,第260頁。

也．'或作躊躇。"①《玉篇·足部》："跔，跔躕，行不進也。"②

此詞又作"跔跦"，《集韻·虞韻》："踷，跔躕，行不進也。一曰志往而行止。或省。亦作跦、跥。"③即《說文》之"跱踞"，《說文·足部》："踞，跱踞，不前也。"④亦即"彳亍"，《說文·彳部》："彳，小步也。""亍，步止也。"⑤《文選·潘岳〈射雉賦〉》"彳亍中輟，馥焉中鏑。"張銑注："彳亍，行皃，中少留也。"⑥又作"痴瘝"，《玉篇·疒部》："痴，痴瘝，不達也。"⑦《龍龕·疒部》："痴瘝，痴瘝者，不進不達之皃。"⑧除了以上所及的字書、經典注釋中的條目之外，此詞在古代典籍中，還有不少其他的變體，可參看徐振邦《聯綿詞大詞典》"跔躕"條和"躑躅"條⑨，茲不再一一舉例。

【條宕】

（1）緣隥道其過半，魂眇眇而無憂。悟伯昏之條宕，躡千仞而神休。（南朝梁·陶弘景《華陽陶隱居集》卷上，23/641a）

"條宕"，《全梁文》卷四十六、《漢魏六朝百三家集》卷八十九皆作"倜宕"。

按："條宕"不通，竊以爲"條"當作"滌"。《周禮·秋官·序官》"條狼氏"鄭玄引杜子春曰："條，當爲滌器之滌。"⑩《左傳·桓公十八年》孔穎達正義、《後漢書·蔡邕傳》李賢注皆作"滌狼氏"。《禮記·樂記》"感條暢之氣"，《史記·樂記》、《說苑·修文》皆作"滌蕩"。"滌宕"即"倜宕"，"滌"於《廣韻》皆爲定紐錫韻，"倜"爲透紐錫韻，透、定二紐同系，故二者聲近韻同。

或者說"條"、"調"音近而混⑪，又與"倜"形近而訛。"條"、"調"於

---

①徐時儀《一切經音義三種校本合刊》（修訂版），第 741 頁。

②［南朝梁］顧野王著，［北宋］陳彭年等重修《大廣益會玉篇》，第 34 頁。

③趙振鐸《集韻校本》（上册），第 172 頁。

④［東漢］許慎《說文解字》，第 47 頁。

⑤［東漢］許慎《說文解字》，第 42、43 頁。

⑥［南朝梁］蕭統編，［唐］李善等注《六臣注文選》，第 181 頁。

⑦［南朝梁］顧野王著，［北宋］陳彭年等重修《大廣益會玉篇》，第 57 頁。

⑧［遼］釋行均《龍龕手鏡》（高麗本），第 470 頁。

⑨徐振邦《聯綿詞大詞典》，第 500、502 頁。

⑩［清］孫詒讓《周禮正義》，第 2724 頁。

⑪可參張儒、劉毓慶《漢字通用聲素研究》，第 121 頁；趙帆聲《古史音釋》，鄭州：河南大學出版社，1995 年，第 410 頁；張小豔《敦煌社會經濟文獻詞語論考》，第 142 頁。

《廣韻》皆有定紐蕭韻之讀,故音近互混。《廣雅·釋天》:"東北條風。"王念孫《疏證》:"隱五年《左傳正義》引《易通卦驗》條風作調風。"①《洞真太一帝君丹隱書洞真玄經》:"上通符命,使我長生,三元六府,萬關調平,攝御靈炁,與兆合并。"(33/536a)"調",《洞真高上玉帝大洞雌一玉檢五老寶經》、《雲笈七籤》卷四十四皆作"條"。李永晟:"'調',原作'條',據上書(引者按:即《洞玄真經》)改。"②

"伯昏之滌(倜)宕"、"千仞而神休",乃一典故語。《列子·黃帝篇》:"列禦寇爲伯昏無人射,引之盈貫,措杯水其肘上,發之,鏑矢復沓,方矢復寓。當是時也,猶象人也。伯昏無人曰:'是射之射,非不射之射也。當與汝登高山,履危石,臨百仞之淵,若能射乎?'於是無人遂登高山,履危石,臨百仞之淵,背逡巡,足二分垂在外,揖禦寇而進之。禦寇伏地,汗流至踵。伯昏無人曰:'夫至人者,上闚青天,下潛黃泉,揮斥八極,神氣不變。今汝怵然有恂目之志,爾於中也殆矣夫。'"③此言伯昏無人登高履危,臨淵垂足,而神色自然,意態瀟灑。

"滌(倜)宕"即"倜儻",乃瀟灑自然之義,表達的是内心不受外物干擾,玄默冥一。"宕"於《廣韻》爲定紐宕韻,"儻"分別爲透紐蕩、宕二韻:故兩個詞首字、次字語音皆近,當是同一個聯綿詞的不同變體,語義當相近。或者"條宕"即上引《史記》、《説苑》之"滌蕩",亦即《禮記》之"條暢"。"蕩"於《廣韻》分屬定紐蕩韻、透紐宕韻,與"宕"音近。"蕩"、"暢"本皆從易聲(湯亦從易聲),故音近。"條暢"有豁達之義④,此義與"倜儻"之瀟灑義相近,似亦可通。"條暢"見於此書:"於是散髮解帶,盤旋其上,心容曠眼,氣宇條暢。"(23/640c)

【痿纍】

(1)正偃卧,捲手,兩即握不息,順脚跟,據牀,治陰結、筋脉麻、痿纍。以兩手還踞,著腋下,治胷中滿眩,手枯。(《太清導引養生經》,18/396a)

---

①[清]王念孫《廣雅疏證》(第2版),第281頁。
②李永晟點校《雲笈七籤》,第990頁。
③楊伯峻《列子集釋》,第51頁。
④《大詞典》已收,可參。

　　按：“痿纇”，當讀爲“痿瘣”。“纇”於《廣韻》爲來紐脂、至二韻，“瘣”於《集韻》爲透紐賄、隊二韻：端、來二紐同系，脂、灰二韻系相近，中古時有通押之例，故二字語音相近。《集韻·賄韻》：“瘣，痿瘣，風病。或從委。”① “或從委”，即“瘣”又作“痿”。其義爲受風邪而致人部分或完全地喪失運動、感知能力的病症，亦即中風。具體表現爲，輕者四肢痿弱，手足不便；重則完全喪失器官功能。此詞亦見於本經：

　　（2）若卒得中風，病宿固，瘣瘣不隨，耳聾不聞，頭癲疾，欬逆上氣，腰脊苦痛，皆可按圖視像，隨疾所在，行氣導引，以意排除去之。（《太清導引養生經》，18/396b）

　　又作“猥矮”、“猥狔”，《廣韻·賄韻》：“猥，猥矮，不知人也。”②《集韻·賄韻》：“猥狔，弱也。”又作“瘣狔”、“猥娞”，《集韻·賄韻》：“魂，魂狔，不知兒。”“狔，猥娞，弱也。”③ 又作“㥈㥊”，《廣韻·賄韻》：“㥈，㥈㥊，行病。”④《集韻·隊韻》：“㥆，㥆㥈，病痱也。”⑤ 又作“㥲㥮”，《廣韻·隊韻》：“㥲，㥲㥮，瘘風苦熱。”⑥《集韻·隊韻》：“㥮，㥆㥮，風疾。”⑦ 所謂“不知人”即麻木不仁、失去知覺或意識之義，亦即“不知”。“弱”即“痿弱”，神經受損而導致手足逐漸失去控制能力。依照傳統説法，此乃受風邪而致，故稱“風疾”、“行病”。前一個名稱説明原因，後一個名稱説明結果，二者實爲一事。這組詞上字皆爲影紐賄、隊韻，下字皆爲透紐賄、隊韻，屬於同一個詞的不同變體，音義皆近。

【瑋鑠】

　　（1）玉樓峩峩曜景雲，流精紫闕帶金軒。瓊堂瑋鑠鐃八鶱，中出青金九靈仙。⑧（《上清元始變化寶真上經》，34/601b）

---

① 趙振鐸《集韻校本》（上册），第 727 頁。
② 蔡夢麒《廣韻校釋》，第 585 頁。
③ 三例見趙振鐸《集韻校本》（上册），第 727、726、731 頁。
④ 蔡夢麒《廣韻校釋》，第 585 頁。
⑤ 趙振鐸《集韻校本》（中册），第 1101 頁。
⑥ 蔡夢麒《廣韻校釋》，第 873 頁。
⑦ 趙振鐸《集韻校本》（中册），第 1094 頁。
⑧ “曜”當依《靈寶无量度人上品妙經符圖》卷下作“曜”，“鐃”當依《上清元始變化寶真上經九靈大妙龜山玄籙》卷上、《三洞讚頌靈章》卷上、《道法會元》卷一百六十九、《靈寶玉鑑》卷四十三作“繞”。

“瑋鑠”，《道法會元》卷一百六十九作“煒爍”。

按：“瑋鑠”當即“煒爍”。“瑋”、“煒”皆從韋得聲，中古皆爲雲紐尾韻；“鑠”、“爍”皆從樂得聲，中古皆爲書紐藥字[1]：四字語音分別相近。故“瑋鑠”即“煒爍”，乃光彩閃耀義。舉一例以作比勘，《洞真太上素靈洞元大有妙經》：“閬臺發幽夜，神燭吐奇光。暐曄玉林華，熠爍曜瓊堂。”（33/421c）“熠爍”同義複用，亦是光耀鮮明亮義。“煒爍”道經數見，茲舉二例。

（2）（阿丘曾）時在浴室中浴香湯自洗，見含光明曲照，疑有不常，出宇登樹南向，望見道真神精煒爍，容景焕日。[2]（《無上秘要》卷六十五）

（3）泊潔齋以贊之，則景氣融空，奇光煒爍，似聞笙磬絲竹之音，咸以爲休瑞。[3]（北宋·張君房《雲笈七籤》卷一百一十八）

此詞亦見於其他四部典籍，《大詞典》有收録，可參。

【兮汙】

（1）復使愆痾填籍，憂哀塞抱，經營常累，憑惜外道，和適羣聽，求心俗老，忽發哀音之兮汙，長悼死没以悲逝。[4]（南朝梁·陶弘景《真誥》卷七）

“兮汙”，注曰：“此作奚胡音，猶今小兒啼不止謂爲咳呱也。”

按：“汙”字書未載，當即“洿”，乎、牙形近相混。“洿”乃“洿”之俗訛字，乎、互俗書互混[5]。“洿”於《集韻》爲洪孤切[6]，合陶注“胡”音。“洿”有乾涸、閉塞、凝寒、堅硬諸義，以及表大水的“漫洿”，皆不合乎上例。竊以爲“兮洿”當讀爲“欷歔”，乃嘆息、悲泣、抽噎等義。“兮”於《廣韻》爲匣紐齊韻，“欷”爲曉紐微、未韻：曉、匣二紐同系，齊、微二韻於南北朝時有通押之例[7]，故二者音近。“洿”爲匣紐模、暮韻，“歔”爲曉

---

① 二者相通，可參王力《同源字典》，第 222 頁；趙帆聲《古史音釋》，第 387 頁。
② 周作明點校《無上秘要》，第 907 頁。
③ 李永晟點校《雲笈七籤》，第 2609 頁。
④ 趙益點校《真誥》，第 108 頁。
⑤ 曾良《俗字及古籍文字通例研究》，第 136 頁。
⑥ 趙振鐸《集韻校本》（上册），第 185 頁。按：“洿”於《廣韻》爲匣紐暮韻，“胡”爲匣紐模韻，二字僅有聲調上去之别。
⑦ 王力《南北朝詩人用韻考》，第 15 頁。

紐魚韻：魚模同攝，亦有通押之例①，二者音亦近。故二詞上下字聲韻皆近，乃是一詞之變。

陶注以"欬呱"當之，從意義上講，倒是大體可通。從語音上講，"欬"匣紐咍韻，"呱"爲見紐模韻，齊、咍二韻同攝通押，與"兮洃"音亦確實相近，殆爲同源。然此詞今所未聞，或爲方言，暫不可考。

【逍曠】

（1）置術之所，必須逍曠虛寂，齋院神室，彌欲灑淨香嚴，衣服案具，最用精華，進止威儀，不得差失。（《洞神八帝元變經》，28/395a）

（2）其修者，或於聚落寬園之中，或在平原逍曠之所，或入名山恬寂之處。（《洞神八帝元變經》，28/397a）

按："逍曠"，開闊、寬大之義。其核心義素爲大，用於事物爲寬闊義，用於人則爲豁達、開朗義。大則空，所以又含有虛寂之義。以上所舉二例而言，道徒作法修煉需要選擇安静、開闊、乾净之處：室内則於專門之所——静室（又作靖室），或於深夜無人、僻静之時，室外則要平坦寬闊之地。而喧囂、局促、汙穢之處乃修法大忌，故"平原逍曠之所"即指平坦開闊之地，與句中"寬園"、"恬寂"相互照應；"逍曠虛寂"即爲開闊寂静之義，與"齋院神室"、"灑净香嚴"亦相互照應。

典籍中又有"蕭曠"、"瀟曠"。

（3）因自試其力，自晨抵暮，緣都城外郭可匝者五，蓋數百里矣。衣袂軒軒，超然蕭曠，物外之一鶴也。②（北宋·李廌《濟南集》卷六）

（4）王豫，字應和，號柳村，丹徒人，諸生有《種竹軒集》。注引《蒲褐山房詩話》："其襟情瀟曠，超然物外，僅與詞客梵僧扁舟來往。"（清·王昶《湖海詩傳》〔三泖漁莊刻本〕卷四十四）

"逍曠"、"蕭曠"、"瀟曠"皆爲一詞之變，其義一也。其中"逍"、"蕭"、"瀟"黏附性較强，不能單獨成詞，在與其他詞組合時多構成聯綿詞，有豁達、瀟灑、空曠、虛寂、淒清諸義。南朝梁陶弘景《周氏冥通記》卷二："爾情無滯念，胸臆蕭豁，是以果而速之。若無此虛豁之心者，則一

①王力《南北朝詩人用韻考》，第12頁。
②《景印文淵閣四庫全書》第111冊，第801頁。

志而不及,一向而不迴,此二能得道?"① 此例前言"蕭豁",後言"虛豁",知二者同義。以此比勘,"虛曠"有空虛、闊大之義,則似亦可大體知"蕭曠"之義。

　　例 3 "超然蕭曠"乃言修道之後,神清氣爽,有超然物外、瀟灑豁達之意。例 4 "襟情瀟曠"乃言瀟灑、豁達。

【咿鳴】

　　(1)始近聞人説,從今八九月以來,館廁往反,必須一兩人相伴,小侵闇則便執刀杖。人問何忽爾,亦爲作咿鳴相答。②(南朝梁·陶弘景《周氏冥通記》卷三)

　　"咿鳴",《譯注篇》譯爲:"支支吾吾。"

　　按:《譯注篇》所譯近是。"咿"乃"咿"之省旁字,《大詞典》:"咿鳴,象聲詞。"然象何聲未言明。實則"咿鳴"乃"喔咿"逆序之變體,"喔咿"有禽鳴聲、聲音含混不清二義。二者正相應,上例當即聲音含混不清義,也就是《譯注篇》所説的"支支吾吾"。此詞後來又可寫作"咿唔",亦爲象聲詞,數形皆當爲一詞之變。③

【依悒】

　　(1)及四海周遊共事等死,皆聽殯斂。訖,徃問訊,依悒慘愴而不得哭也。(《陸先生道門科略》,24/779a)

　　按:"依悒"乃惆悵、傷感義,與"慘愴"相屬而義近。推溯其源,當是由一個同源的聯綿詞演變而來。《荀子·禮論》:"祭者,志意思慕之情也。愅詭、唈僾而不能無時至焉。"楊倞注:"唈僾,氣不舒,憤鬱之貌。"④ "依悒"與"唈僾"當爲同源,前者可視爲後者逆序而來。"依"於《廣韻》爲影紐微韻,"僾"列二韻,其一爲影紐尾韻:二者聲紐相同,微、尾二韻僅有聲調平上之别。"悒"、"唈"皆爲影紐緝韻,故這一組聯綿詞

---

①[日]麥谷邦夫、吉川忠夫編,劉雄峰譯《〈周氏冥通記〉研究》(譯注篇),第 69 頁。
②[日]麥谷邦夫、吉川忠夫編,劉雄峰譯《〈周氏冥通記〉研究》(譯注篇),第 144 頁。
③此詞《大詞典》已收,可參。文獻中又有"嘔咿"、"咿嘔",或與"咿鳴"、"喔咿"同源。唐柳宗元《唐饒歌鼓吹曲·東蠻》:"睢盱萬狀乖,咿嗢九譯重。"集注曰:"咿嗢,言不明也。"
④[清]王先謙《荀子集解》,第 375 頁。

語音實際上非常接近。部分影紐字有曲蔽不通之義，它們聯合組成“影紐＋影紐”的雙音結構時，表示煩悶、幽怨、鬱結、悲傷等義，組成了一個比較龐大的族羣。①

【蛦蝓】

（1）平門土官星，能致神女倡樂，旦爲生木，晝爲豕，暮爲蛦蝓。②（北宋·張君房《雲笈七籤》卷二十四）

按：“蛦蝓”，各字書、辭書似未見收錄。“蛦”有數義，如山雞、大龜、蟬、蟲名等，但都是用在雙音詞中，並没有單音詞的用法。竊以爲“蛦”當讀作“蜼”，亦作“虒”，“蛦蝓”即“蜼（虒）蝓”。“蛦”於《廣韻》爲以紐脂韻，“蜼”爲以、心紐支韻，“虒”爲心紐支韻：前二者、後二者語音皆近。

《説文·虫部》：“蝓，虒蝓也。”段注：“虒蝓，讀移臾二音。今生牆壁間溼處，無殼，有兩角，無足，延行地上，俗評延游，即虒蝓古語也。《本艸經》作蛞蝓，云一名陵螺。後人又出蝸牛一條，據本經則蛞蝓即蝸牛，合之《釋蟲》及鄭注《周禮》，許造《説文》皆不云蠃與虒蝓爲二。葢螺之無殼者古亦評螺，有殼者正評蝓蝓，不似今人語言分別評也。陸佃、寇宗奭分別之説，似非古言古義。”③《爾雅·釋魚》：“蚹蠃，蝓蝓。”郭璞注：“即蝸牛也。”④《廣韻·虞韻》：“蝓，蠮蝓，蝸牛。”⑤

【翼藹】

（1）九真流降，日月翼藹。七星玄映，五宿迴蓋。三關朗曜，萬神冠帶。⑥（《無上秘要》卷九十八）

“翼藹”，《上清九丹上化胎精中記經》作“翼靄”。

按：“靄”爲“藹”之後起分化字⑦，故“翼藹”、“翼靄”實爲一詞。於

---

①具體可參徐振邦《聯綿詞大詞典》“抑鬱”條，第 632 頁。
②李永晟點校《雲笈七籤》，第 549 頁。
③［清］段玉裁《説文解字注》（第 2 版），第 671 頁。
④《爾雅》，第 88 頁。
⑤蔡夢麒《廣韻校釋》，第 126 頁。
⑥周作明點校《無上秘要》，第 1243 頁。
⑦王力《同源字典》，第 480 頁。

例句中“翼藹（靄）”與“玄映”、“朗曜”相應，其義亦當相近，殆爲光照强烈、明亮之義。《上清元始變化寶真上經》：“仙母常乘九色之輦、紫雲飛輪，從天仙玉女各五千人。女則乘鳳，男則策龍，飛仙羽服，皆手執華幡，笳簫鼓吹，百和合音，鸞唱鳳嘯，激朗雲陳，華光交煥，三景合明。”（34/601b）即寫神靈出游之時，天地之明亮煒燁。

我們舉一些同類的構詞進行比勘，已見於《大詞典》的詞形則不再舉例。

“隱靄”、“隱藹”、“隱曖”例。南宋留用光《無上黃籙大齋立成儀》卷二十三：“伏以華林隱靄，環列天中之天。丹闕森羅，旁通象外之象。”（9/518a）唐高宗《攝山棲霞寺明徵君碑銘》：“桂巘參差，松亭隱靄。石壇照錦，瑶泉瀉籟。”[1]

“蓊靄”、“潝靄”、“蓊藹”、“蓊曖”例。《洞真太上素靈洞元大有妙經》：“八風鼓於玄旐，玉音發於靈宮，鳳鳴九霞之側，鸞唱紫霄之傍，蓊靄玄玄之上，蕭蕭始暉之中。”（33/400c）唐張説《奉和聖製喜雨賦》：“氣潝靄以黭黮，聲颯灑以蕭條。”[2]《靈寶無量度人上品妙經》卷三十七：“彩霞亘虛，雲光四布，瓊臺鳳駕，羽節金幢，雜色寶蘊，蓊曖鬱勃，洞煥太無，七日七夜。”（1/246a）

“蔭靄”、“蔭藹”例。唐符載《襄陽張端公西園記》：“前有名花上藥，羣敷簇秀，霞鋪雪灑，激灩清波；後有含桃朱杏，的皪蔭靄，殊滋絶液，甲冠他囿。”[3]《魏書·張淵列傳》：“瞻華蓋之蔭藹，何虛中之迢迢。”[4]

此外還有一些詞語，如“杳靄（藹／曖）”、“暗曖”、“幽曖”、“鬱靄（藹）”、“翳靄（曖）”、“奄藹”等，《大詞典》多已收，可參。郭在貽：“凡屬影母之字，多有隱蔽模糊或茂盛之義（茂盛義與隱蔽義是相通的）。”[5]蘭佳麗：“影／影式，語源義爲盛大貌、彌漫貌。”[6]

按：郭、蘭二家之説甚韙。可補充的是，影紐字本表盛多義，當其與陽光、日月星（道經稱爲“三光”）等詞搭配時，太陽、月亮等光綫充盛，也

①［清］董誥等編《全唐文》，第184頁。
②［清］董誥等編《全唐文》，第2227頁。
③［清］董誥等編《全唐文》，第7061頁。
④［北齊］魏收《魏書》（修訂版），第2108頁。
⑤郭在貽《訓詁學》（修訂本），第69頁。
⑥蘭佳麗《聯綿詞族叢考》，第283頁。

就有明亮義。^①北宋張君房《雲笈七籤》卷六十九："其色黃赫，紫光爍爍，飛在鼎蓋之下。"^②"爍爍"，《靈砂妙訣》作"簇簇"。"簇簇"有盛義，又有明義。如《大詞典》"藹"字條，列有映照義。再舉數例如下：

《上清五常變通萬化鬱冥經》："第五點姓法常，諱綠臺，字明曖，真名萬真會。"（5/879b）《上方天尊説真元通仙道經》："瞻望聖顏，猶朱霞暉曖，煌煌奕奕，深居尊嚴之像，眩晃而奚能仰視。"（1/905b）兩例中的"明曖"、"暉曖"皆爲同義並列結構，明亮之義。其中的"暉曖"與"煌煌奕奕"相應，義亦相近。P.2640《常何墓碑》："映藹金行之日，昭彰水運之朝。""映藹"、"昭彰"相對。《太上洞玄靈寶誠業本行上品妙經》："雲明鬱秀，流焕十方；金晨映發，蔭藹玉堂。"（6/168c）"流焕"、"蔭藹"相對。《雲笈七籤》卷四十七："一心之内，與日同光，共相合會，赫赫炯炯，當覺心暖，霞暉映曖。"^③"映曖"與"赫赫炯炯"、"霞暉"相應。《靈寶無量度人上品妙經》卷二十三："紫煙騰霄，羽騎雲車，霓旌霞蓋，映靄晨輝，五色羅絡，鬱燿九空。"（1/150c）"映靄"、"鬱燿"相對，皆爲明亮之義。這就説明影紐中的一些詞語，引申出了明亮義。

準此，筆者認爲"翼藹（靄）"與以上諸詞應當是同源關係，或者説屬於關係相近的同一族屬。從語音上看，"翼"於《廣韻》屬餘紐牙音，中古後期餘紐演變入喻紐，與影紐皆屬喉音，喉音牙音亦有通轉之例，語音皆相近。從語義上看，"翼藹（靄）"亦本當是充盛義，因與"日月"相屬，就有了光綫充足、明亮之義。故"翼藹（靄）"應當與"映曖（藹、靄）"、"蔭藹（靄）"等詞具有相近的族屬關係，只是語音發生了少許變化。

【磤輪】

（1）雷之聲填然曰："諜轟轟乎轢轢，忽拳拳乎虩虩，磤輪奔乎轂乎些，欻電涎烈，缺舂霆驚，劈歷乎些，若獨不聞乎。注曰："磤，承謹切。"（唐·張志和《玄真子外篇》卷中，21/721c）

按："磤"從殷聲，爲影紐字，"承"爲禪紐，二紐不互切，"承"字當

---

^①王雲路教授告知，草木、霧氣等因繁盛才能遮蔽光綫，遮蔽之物一面爲暗，另一面仍有光亮，它是一個事物或狀態的兩個方面。謹致謝忱！

^②李永晟點校《雲笈七籤》，第 1536 頁。

^③李永晟點校《雲笈七籤》，第 541 頁。

誤。“磤”於《廣韻》爲於謹切，《集韻》倚謹切，當是。從全句來看，用詞皆爲摹聲之狀，故“磤輪”亦當表雷聲。《龍龕‧石部》：“磤，雷聲磤磤也。”①然“輪”不表聲音，竊以爲“磤輪”即“殷轔”。“磤”於《廣韻》爲影紐隱韻，“殷”爲影紐欣韻：欣、隱僅有聲調平上之别，二者字形也有一定聯繫。“輪”爲來紐諄韻，“轔”爲來紐真、震二韻：震韻爲真韻之去聲韻，真、諄二韻同攝同用。《集韻‧準韻》：“轔，殷轔，車聲。”②唐張仲甫《雷賦》：“或殷轔而鼓作，或滅没而韜潛。”③又作“轀轔”，唐李賀《出城别張又新酬李漢》：“臘春戲草苑，王輇鳴轀轔。”又作“隱轔”，唐皮日休、陸龜蒙《開元寺樓看雨聯句》：“殘雷隱轔盡，反照依微見。”④

實則“殷轔”是由兩個象聲詞複合而成。從殷（慇）之字表聲音，《原本玉篇殘卷‧石部》：“磤，《毛詩》‘磤其雷，在南山之陽’傳曰：‘磤，雷聲也。’或爲轀字，在《車部》。今或殷字，在《月部》。”《漢書‧郊祀志》：“若雄雉，其聲殷殷云。”顔師古注：“殷殷，聲也。”⑤《集韻‧隱韻》：“殷、磤，雷聲。《詩》：‘殷其雷。’或从石。”“轀，車聲。或从殷。通作殷。”⑥《廣雅‧釋訓》：“轀轀，聲也。”王念孫《疏證》：“轀轀，猶闛閬也。故車聲、雷聲、崩聲、羣行聲皆謂之轀轀。”⑦又作“隱”，《文選‧司馬相如〈長門賦〉》“雷隱隱而響起兮”劉良注：“隱隱，聲也。”⑧又作“礚”，《晉書‧潘岳傳》：“簫管嘲哳以啾嘈兮，鼓聲硡礚以砰礚。”⑨元耶律楚材《西域從王君玉乞茶》：“蕭蕭暮雨雲千頃，礚礚春雷玉一芽。”⑩

從粦之字，亦表聲音。《廣雅‧釋訓》：“轔轔，聲也。”⑪亦作“鄰”，《詩‧秦風‧車鄰》：“有車鄰鄰，有馬白顛。”毛傳：“鄰鄰，衆車聲也。”⑫

---

①［遼］釋行均《龍龕手鏡》（高麗本），第 442 頁。

②趙振鐸《集韻校本》（上册），第 743 頁。

③［清］董誥等編《全唐文》，第 4161 頁。

④［清］彭定求等編《全唐詩》，第 8930 頁。

⑤［東漢］班固《漢書》，第 1195 頁。

⑥皆見趙振鐸《集韻校本》（上册），第 749 頁。按：以上亦可參胡吉宣《玉篇校釋》“磤”字條，第 4321 頁。

⑦［清］王念孫《廣雅疏證》（第 2 版），第 187—188 頁。按：“轀”於《廣韻》爲影紐隱韻，語音與“殷”、“磤”相同相近。

⑧［南朝梁］蕭統編，［唐］李善等注《六臣注文選》，第 294 頁。

⑨［唐］房玄齡等《晉書》，北京：中華書局，1974 年，第 1501 頁。

⑩［清］顧嗣立編《元詩選初集》，北京：中華書局，1985 年，第 357 頁。

⑪［清］王念孫《廣雅疏證》（第 2 版），第 187 頁。

⑫［唐］孔穎達《毛詩正義》，第 233 頁。

亦作"獜"、"鄰"，《玉篇·犬部》："獜，獜獜，聲也。亦作鄰。"①

【周彰】

（1）河車本向鉛中取，姹女還須汞裏尋。傍思之物謾<u>周彰</u>，太一出水入公量。（《大還丹照鑑》，19/308c）

（2）既西南而得位，貫東北而獨尊。于時河車辇駕，白黑<u>周彰</u>。（《金丹賦》，4/600b）

（3）丘陵戈戟，殺氣侵天，飛砂走石，慧星彷徨，驚飛太白，國有傾危，火難調爕，致令金水<u>周彰</u>，龍虎烹轟。如是則陰陽相勝，相生相殺之象也。（《許真君石函記》卷下，19/425a）

按："周彰"，《大詞典》收錄，釋爲"遍揚、遍布"義。"金水"指火融金而化成水，以遍揚、遍布義施之於此例，似不愜文意。竊以爲"周彰"即"周章"，《許真君石函記》卷上："金體以水火爲基，火盛消金，金化爲水，和融周章，其水北轉而東流，滋震木之蒼蒼，生角亢之龍光。"（19/416c）《周易參同契》："金化爲水，水性周章。火化爲土，水不得行。"南宋陳顯微注曰："此言金木爲夫妻、水火爲配耦之妙。金生水，水性温，苟無土以制之，則未免過溢之患。"（20/289c）儲華谷注曰："水性周章者，金中生水，欲克離火，然離火生土又克水，使水降伏不動也。"（20/307c）元俞琰注曰："金生於坎宮，氣而已矣，蓋未化爲水也。因太陽真火伏炁於其下，遂鎔化爲水，水性周章，沛然孰能禦之？"（20/245b）

"周章（彰）"亦即"倜悵"，《集韻·尤韻》："倜，倜悵，行皃。"②"行"即流動、周游之義。又作"舟張（章）"，《尚書大傳》卷二："舟張辟雝，鶬鶬相從。"③方以智《通雅·釋詁》："譸張，一作侜張、輈張、倜倡，通作周章、舟章、倜悵、周悵、侏張。……《困學紀聞》云：'《大傳》引《樂》曰："舟張辟雍，鶬鶬相從。"'"④《大詞典》收"周章"一詞，舉《參同契》爲例，釋爲周流、周游義，此説是，可參。

---

① ［南朝梁］顧野王著，［北宋］陳彭年等重修《大廣益會玉篇》，第110頁。
② 趙振鐸《集韻校本》（上册），第556頁。
③ 舊題［西漢］伏生《尚書大傳》，上海：商務印書館，1937年，第17頁。
④ 《方以智全書》第1册，上海：上海古籍出版社，1988年，第249頁。按：方説太過籠統，實則他所舉這組詞有游動、徘徊、欺誑、跋扈數義，僅僅語音相近，不是同源關係，當分列而不可以一組概括之。

第三節　其他疑難字詞考釋

本節共考釋疑難詞語 31 條,具體考證如下:

【敖幘】

（1）一人芙蓉冠,綠繡衣。一人<u>敖幘</u>,朱衣,紫草帶。①（南朝梁・陶弘景《周氏冥通記》卷二）

"敖幘",《譯注篇》譯爲:"突起的幘。"

按:《譯注篇》所譯讓人不甚明白。"幘"乃古代包紮髮髻之巾,"敖"當取高義。《爾雅・釋言》:"敖,傲也。"②"敖"爲高傲義,此義後來分化作"傲(慠)"。《荀子・強國》:"無愛人之心,無利人之事,而日爲亂人之道,百姓讙敖則從而執縛之,刑灼之,不和人心。"楊倞:"敖,喧噪也。亦讀爲嗷,謂叫呼之聲嗷嗷然也。"③"喧噪"即高聲,此義後來分化作"嗷"。《史記・晉世家》:"盾既去,靈公伏士未會,先縱齧狗名敖。"裴駰《集解》引何休曰:"犬四尺爲敖。"④"犬四尺"爲長大之犬,長物豎則高,二義相通。此義後來分化作"獒"。北宋王安石《茶商十二説》:"堆積敖廩。"⑤"敖"者倉房,得義於糧倉之高突⑥,與"廩"字相類,此義後來分化作"廒"字。⑦其他從敖得聲之字亦多有高義,它們應當都屬於一組同源詞。《玉篇・頁部》:"顤,高大也。"⑧《廣韻・豪韻》:"顤,高頭也。"⑨《玉篇・長部》:"𨲠,長大兒。"⑩《集韻・号韻》:"嶅,山高兒。""驁,《説文》:'駿馬。'……通作鷔。"⑪"鷔"爲高大之馬,"駿"亦有高大之義⑫。

① ［日］麥谷邦夫、吉川忠夫編,劉雄峰譯《〈周氏冥通記〉研究》(譯注篇),第 89 頁。
②《爾雅》,第 13 頁。
③ ［清］王先謙《荀子集解》,第 293 頁。
④ ［西漢］司馬遷《史記》(修訂版),第 2007 頁。
⑤《臨川文集》,第 581 頁。
⑥ 然北宋袁文《甕牖閑評》卷六:"敖,乃地名,秦以敖地爲倉故爾,今所在竟謂倉爲敖,蓋循習之誤。"與本書之説有異。
⑦《五音集韻・豪韻》:"廒,倉廒也。"
⑧ ［南朝梁］顧野王著,［北宋］陳彭年等重修《大廣益會玉篇》,第 19 頁。
⑨ 蔡夢麒《廣韻校釋》,第 327 頁。
⑩ ［南朝梁］顧野王著,［北宋］陳彭年等重修《大廣益會玉篇》,第 130 頁。
⑪ 皆見趙振鐸《集韻校本》(中冊),第 1208 頁。
⑫ 此可參《大詞典》"駿"字條。

“敖幘”在文獻中又可寫作“傲幘”：

（2）四時花藥不外假,拏舟傲幘聊嬉怡。①（北宋·司馬光《洛中耆英會》）

可以比勘的是,文獻中有“岸幘”、“岸巾”二詞,“岸”亦有高義。《説文·屵部》:“岸,水厓而高者。”②《小爾雅·廣詁》:“岸,高也。”③“幘”在包紮髮髻之時,也會把前額的一部分包住;如果把頭巾往上拉高,就露出了前額。《大字典》引《正字通·山部》“露額曰岸”之説,釋“岸”爲“頭飾高戴,前額外露”,是。略有不同的是,本例中的“敖幘”當是定中結構,爲名詞詞組;而“岸幘”、“岸巾”爲動賓結構,乃推起或掀起頭巾,露出前額之義。“岸”,爲使……高義。

【僰】

（1）自製碑刊於洞門之側,上搆層樓,僰僮七十人以供洒掃,良田五百畝以贍齋儲。（五代·杜光庭《道教靈驗記》卷二,10/809a）

“僰僮”,《雲笈七籤》卷一百一十七同,李永晟校曰:“‘僰僮’原作‘㸬僮’,據《史記·西南夷列傳》改。”④

按:《字海·火部》:“㸬,同‘焣’。見玄應《一切經音義》卷七。”⑤檢《玄應音義》卷七:“熅爇,古文魚、稬二形,又作爇,同。扶逼反。《方言》:‘魚,火乾也。’《説文》:‘以火乾肉曰魚。’經文作焰,逼古反,火行也。焰非此義。”⑥依此來看,《玄應音義》實本作“僰”,非“㸬”字,《字海》所言不確。此字未見字書收載,《中華道藏》、“選刊”本皆録作“㸬”。竊以爲“㸬”乃“僰”之訛俗字,李校十分準確。俗書束、朿形近相混,火、人形近而相訛,則“僰”訛作“爇”,亦或作“㸬”。《中華道藏》殆不辨字形而誤録。

《説文·人部》:“僰,犍爲蠻夷也。从人,棘聲。”段注:“犍爲郡有僰

---

①［清］胡聘之《山右石刻叢編》卷十四,《歷代碑志叢書》第15冊,南京:江蘇古籍出版社,1998年,第668頁。按:此條寫作曾蒙張小豔教授指點,謹致謝忱!

②［東漢］許慎《説文解字》,第191頁。

③遲鐸《小爾雅集釋》,北京:中華書局,2008年,第24頁。

④李永晟點校《雲笈七籤》,第2584頁。

⑤冷玉龍等主編《中華字海》,第966頁。

⑥徐時儀《一切經音義三種校本合刊》(修訂版),第158頁。

道縣,即今四川叙州府治也,其人民曰僰。"①《史記·西南夷列傳》:"及漢興,皆弃此國而開蜀故徼。巴蜀民或竊出商賈,取其笮馬、僰僮、髦牛,以此巴蜀殷富。"司馬貞《索隱》:"韋昭云:'僰屬犍爲,音蒲北反。'服虔云:'舊京師有僰婢。'"張守節《正義》:"今益州南戎州北臨大江,古僰國。"②"僰僮"即以僰人爲僮僕,可與服虔所謂"僰婢"相對參。此似亦可覘古有以少數民族之人爲奴僕之風。

【搨録】【糊搨】【裝搨】

(1)其二景歌一卷,章已與孫公。注:"章云:'于時又有曲素、金真、金華等數卷,魚爛穿壞。既未悟其真手,不知搨録,惟寫取文字而已,經本悉埋藏之也。'"③(南朝梁·陶弘景《真誥》卷二十)

按:"搨"有打、覆蓋、摧折、擊等義,似都不諧於句例。竊以爲"搨"當即"拓"字,乃摹、拓之義。從翕、昜二旁之字,多有互爲異體之例。④《集韻·盍韻》:"搨,打也。或作搨。"《合韻》:"搨,摹也。"⑤此義"搨"即"拓"字。也就是説,"搨"、"搨"本來只在打義上是異體關係,因爲"搨"有摹義,導致後來"搨"也"感染"上摹義。故所謂"搨録"也就是摹録、摹寫。

"搨"此種用法,在《真誥》還有用例:

(2)又按三君多書荆州白牋,歲月積久,或首尾零落,或魚爛缺失,前人糊搨,不能悉相連補,並先抄取書字,因毀除碎敗。所缺之處,非復真手。雖他人充題,事由先言,今並從實綴録,不復分析。⑥(《真誥》卷十九)

"糊搨"當與"綴録"相應,"糊"乃粘連、黏合之義,義近於"綴";"搨"乃摹録之義,是"録"之一種。"糊搨",亦可作"糊連裝搨","裝"乃整理、裝飾之義。

(3)陸修静南下,立崇虚館,又取在館。陸亡,隨還廬山,徐叔摽後

---

① [清]段玉裁《説文解字注》(第2版),第383頁。
② [西漢]司馬遷《史記》(修訂版),第3603頁。
③ 趙益點校《真誥》,第348頁。
④ 曾良《俗字及古籍文字通例研究》,第124頁。
⑤ 趙振鐸《集韻校本》(中册),第1600、1594頁。
⑥ 趙益點校《真誥》,第337頁。

將下都。及徐亡,仍在陸兄子瓛文間。注:"此中有三君所書真受,後人糊連裝擬,分爲二十四篇。"① (《真誥》卷十九）

【慄慄】

（1）大斷沖然,曜而不噭。至炁和汋,光而不曜。合慈一切,混心慄慄。(S.2388《太上妙法本相經》卷二十二）

按:《集韻·帖韻》:"怗、慄,静也。或从枼。""憛、慄,安也。或作慄。"② 安、静二義相因,則"憛"殆即"怗"之異體,至少二者同源。故《廣韻·怗韻》:"怗,安也,服也,静也。"③ "慄慄" 即 "怗怗",《大詞典》已收此詞,釋爲 "安静貌、馴服貌"。

此詞又作"帖帖"。"帖"、"怗"同從占聲,可得相通;且巾、忄二旁形近,古籍多有混用,如悵與帳、惟與帷、恰與帕等,當今學人早已指明④。《大詞典》亦已收此詞,釋爲"形容帖伏收斂之貌;安穩貌;逼近、貼近貌;温順、服帖;平淡無奇"等五個義項。

又作"貼貼",王梵志《詩》:"壞壞相啖食,貼貼無言語。"江藍生等:"貼貼,安静貌。"⑤ 金趙秉文《缺月挂疏桐》:"烏鵲不多驚,貼貼風枝静。"⑥《大詞典》引此例,釋爲"安穩、平静"。明釋德清《答鄭昆巖中丞》:"不得探求玄妙,以此事本來平平貼貼,實實落落,一味平常,更無玄妙。"⑦ 此例中的"貼貼"當爲安穩、妥當義。

"怗怗"、"帖帖"、"貼貼"爲一詞之變,故詞義相同相近。例 1 中的"慄慄"當爲安静、平静義。

【毫薈】

（1）清峯無毫薈,綺合生絶空。金華帶靈軒,翼翼高仙翁。萬彎乘

①趙益點校《真誥》,第 344 頁。

②趙振鐸《集韻校本》(中册）,第 1613、1614 頁。

③蔡夢麒《廣韻校釋》,第 1285 頁。

④可參張涌泉《敦煌俗字研究》(第 2 版）"巾"字條,第 400 頁;曾良《俗字及古籍文字通例研究》"'忄'、'巾'二旁相混例",第 66 頁。

⑤江藍生、曹廣順《唐五代語言詞典》,上海:上海辭書出版社,1997 年,第 357 頁。

⑥[金] 元好問《中州樂府》,《文淵閣四庫全書》第 1365 册,第 372 頁。

⑦此例轉引自白維國主編《近代漢語詞典》,上海:上海辭書出版社,2015 年,第 1527 頁。

虛散，蓊藹玄上憁。（《上清大洞真經》卷一，1/516a）

陳景元《上清大洞真經玉訣音義》："毫藹，烏外切，草盛貌。"（2/707a）

周作明："毫藹，塵霧等遮蔽物。"①

按：陳景元所謂"烏外切"是對"藹"的注音，故"草盛貌"亦是解釋"藹"字，而不言"毫"字或"毫藹"何義。周說恐非，"藹"有遮蔽義，但"毫"無塵霧或遮蔽義。實則"無毫藹"不應當切分爲"無／毫藹"，而應該是"無毫／藹"。"毫"是一個表微小的度量單位，又可用爲一點義；故"無毫"實際上也就是沒有一點。"藹"本表示草木盛多義，多則易雜亂，故道經中亦寫作"穢"。南宋林靈真《靈寶領教濟度金書》卷一百七十七："澄清無毫穢，結衆成紫暉。丹霞映監天，羅布乃南廻。"（7/772b）"藹"於《廣韻》爲烏外切，屬影紐泰韻，"穢"爲於廢切，屬影紐廢韻：泰、廢二韻皆屬蟹攝，故二字聲同音近。茲再舉道經中兩處"無毫"用例，《元始五老赤書玉篇真文天書經》卷下："五者，其德如地，開張廣納，無毫不載。六者，其德如三光五曜，諸天普受光明。"（1/797b）《道法會元》卷二百五十三："欲透妙中妙，寂静觀内心。内外無毫滯，透洞心無心。"（30/558b）

【護】

（1）白石英精白無有礦碍者五枚，先好於磨石上礦護，使正圓如雀卵之小小者好，瑩治令如珠狀，勿令有礦石之餘迹。②（《無上秘要》卷八十七）

周作明："礦護，磨治；砥礪。"③

（2）至扵人買鏡持歸，不肯護之，至使令冝，無所光照，乃復令摩鏡師以藥摩之，乃復正明，以明能見人形影。（《太上老君虛無自然本起經》，34/621b）

按："護"乃整治、打理之義。《小學蒐佚·倉頡篇》："護，辨也。"④ "辨"

---

①周作明、俞理明《東晉南北朝道經名物詞新質研究》，北京：中國社會科學出版社，2015 年，第160 頁。
②周作明點校《無上秘要》，第 1075 頁。
③周作明《中古上清經行爲詞新質研究》，第 95 頁。
④此轉引自宗福邦等主編《故訓匯纂》，第 2150 頁。

即治，《荀子》有"治辨"一語，乃同義並列，可參。"護"之治義，在道經中又有雙音詞可以比勘。

（3）除治爾床席左右，令潔净；理護衣被者，使有常人；常燒香，使泠然不雜也。①（南朝梁·陶弘景《真誥》卷八）

"礪護"即"瑩治"，"理護"與"除治"相對，乃整治、打理之義。

【飢　飦】

（1）又清靈真人説霍山中有學道者鄧伯元、王玄甫，受服青精飢飯、吞日景之法，用思房以來積三十四年，乃内見五藏，冥中夜書。又云：三蒸青飯，非常來也。（唐·王懸河《三洞珠囊》卷三，25/310a）

"飢"，《真誥》卷十四、《道跡靈仙記》、《太平御覽》卷六百七十一皆作"石"，《洞玄靈寶自然九天生神章經解義》卷四引《真誥》作"飦"。《中華道藏》録作"𩜋"。

（2）服飢飯，百害不能傷，疾疾不能干，去諸思念，絶三尸，耳目聰明，行步輕騰也。（《三洞珠囊》卷三，25/310a）

"飢"，《雲笈七籤》卷一百五作"𩜋"，《上清太極真人神仙經》作"飦"，《中華道藏》録作"𩜋"。

（3）太極真人青精干石飦飯，上仙靈方也。注云："此草有青精之神，而又雜朱青以爲干飯，故謂青干石飦飯也。"注曰："飦，音迅。"（《三洞珠囊》卷三，25/312c）

"飦"，《中華道藏》皆録作"𩜋"。

按："飢"本爲"飦"之訛俗字，凡、几相近，增筆而成，然"飢"義不諧於上例。實則"飦"乃"𩜋"之訛俗字，凡、卂形近而混。《太上三洞神咒》卷七："五方雷神，我知其名。呼之即至，迅電鞭霆。鐵面使者，赫奕威靈。救民疾苦，剪截魔精。"（2/98a）《道法會元》卷八十引此即作"迅"。"迅"即"迅"之訛俗字。"飦"又爲"𩜋"之省旁俗字。如例3中正文中爲"飦"，注文作"飦"，則定作卂、凡皆可。

道家修身之時食青飯，此飯以稻米加南燭枝汁制成。② 又稱作"烏

---

①趙益點校《真誥》，第127頁。

②閆豔《釋"青精飯"》對青精飯的命名、制作方法、保健功能有比較詳細的考釋，見《廣播電視大學學報》（哲學社會科學版）2003年第2期。

飯"、"翠餾"、"青精飯"、"青餾飯"、"青精餾飯"、"青精石飯"、"青精香
飯"、"干石餾飯"、"青精干石飯"、"精干石餾飯"、"青精干石餾飯"。① 故
例1有"青精餾飯"與"青精石飯"的異文。以上名稱衆多,不再一一
舉例。

　　"飢"、"飦",《中華道藏》或改作"餾",或徑録,不統一,當一一正之。

【垍　峀】

　　(1)洞披朱垍户,逍遥入玄華。(《洞真上清神州七轉七變舞天經》,
33/546c)

　　按:《龍龕·山部》:"峁、峀,二俗。垍,正。子結反。山高皃也。古
文。今作呈。"② 依此説,"朱垍户"即朱紅色高大之門,語意倒是勉强可
通。但此字很冷僻,且道經中見不到該詞語。翻檢道經,倒是有一些相
似説法。

　　(2)南排朱阜户,西踰豪缺窻。(《洞真太上説智慧消魔真經》卷二,
33/604a)

　　(3)手披朱峊户,眼若神冲泰。(《洞真太上紫度炎光神元變經》,
33/554a)

　　"朱峊",《雲笈七籤》九十六作"朱島",《上清洞玄明燈上經》作"朱玉"。
《廣雅·釋邱》:"無石曰峊。"王念孫《疏證》:"峊,本作峊,隸變作
阜。"③《集韻·有韻》:"峊,或作峊、阜。"④ 故"阜"、"峊"實爲異體。《説
文·峊部》:"峊,大陸,山無石者。"段注:"陸土地獨高大名曰阜。"⑤ "阜"
本就是比較高的土山之名,而土山土堆亦有凸起高出之義,故"阜"有高
義。其後起分化字,增山旁則作"峊"。而《龍龕·山部》:"峀,或作。峁,
正。五結反。山高皃也。"⑥ 此或是另造新字,偶然同形;亦或是語音有
訛變。"朱島"義不通,道經亦無此詞語,當爲形近而訛。"朱玉"爲紅玉
之稱,道經習見,當爲不識俗字或詞義,臆改或訛誤而致。道經中又有一

①可參中國道教協會、蘇州道教協會編《道教大辭典》,北京:華夏出版社,1994年,第611頁。
②〔遼〕釋行均《龍龕手鏡》(高麗本),第78頁。
③〔清〕王念孫《廣雅疏證》(第2版),第299頁。
④趙振鐸《集韻校本》(上册),第895頁。
⑤〔清〕段玉裁《説文解字注》(第2版),第731頁。
⑥〔遼〕釋行均《龍龕手鏡》(高麗本),第78頁。

“昌”字,與此相關。

（4）高昌植炗結華鮮,八月羽單翩凌天。（《上清玉帝七聖玄紀迴天九霄經》,34/66b）

“昌”,字書似未見收載。實則“昌”當爲“皀”之省筆訛俗字。[①]“高皀”即高山、高丘。

所以儘管原作“昌（呈）”表高義可通,但綜合來看,視“昌”爲“皀”之異體似更好。“皀”作“皀”,訛爲“昌”,又再變爲“昌”。目、巳形音俱近,訛混的可能性很大,二者於《廣韻》皆爲以紐止韻。

實際上,“朱皀户”也就是道經中常見的“朱户”、“朱門”,都指朱紅色大門,乃仙府或富貴之家所用,其中已隱含高義。

“昌”,《中華道藏》録作“皀”,極是。然“昌”《中華道藏》徑録,當爲不識俗字,依其體例當正。

【鞫言】

（1）凡違戒者,背負鞫言,協道信邪,雜事信俗,此爲不專,中心懷二,愚迷猶豫,惑障纏深,師三誨之,必能改革,守一不惑,召神有効。（《正一法文太上外籙儀》,32/209c）

（2）某州郡縣鄉里姓名,賜授某官籙,奉法以來,積如干年月,依案旨訣,遵行鞫言,伏從戒律,不敢違負。（《正一法文太上外籙儀》,32/210b）

按:“鞫”乃告義,“鞫言”乃盟誓、誓言之義。在道教中是指祈求、許願之時,向神靈發下的誓言,需要遵守而不能違背。“鞫言”即“鞫誓”,《抱朴子外篇》卷三十二:“是以閭陌之拙詩,軍旅之鞫誓,或詞鄙喻陋,簡不盈十,猶見撰録,亞次典誥。”楊明照:“軍旅鞫誓,指《書》之《甘誓》、《湯誓》等篇。《詩·小雅·采芑》:‘陳師鞫旅。’毛傳:‘鞫,告也。’鄭箋:‘……此言將戰之日,陳列其師旅誓告之也。陳師告旅,亦互言之。’《太平御覽》三三八引《詩》‘陳師鞫旅’,‘鞫’作‘鞫’;《爾雅·釋言》:‘鞫,究窮也。’《釋文》:‘鞫,本又作鞫。’是‘鞫’、‘鞫’相通

[①] 自、目形近而互混或互爲異體,如“盾”作“盾”。

之證。'"①

【蠲齊　齊蠲】

（1）及今即日，受五嶽真形，藏載一己，與之終始，五八有期，永無中泄。傳授相親，愛護同氣，蠲齊榮辱。（《五嶽真形序論》，32/634c）

按："蠲齊"之義，似不易理解。檢索該經，發現有一處記載與此相應："傳授當相親愛，共均榮辱，營心真一，珍惜精液，共養和氣，氣合神歸，必齊靈會。"（32/630a）以此來看，"蠲齊榮辱"也就是"共均榮辱"。在經籍、道經中確有類似表達，晉葛洪《抱朴子外篇·吳失》："非禮不動，非時不見，困而無悶，窮而不悔，樂天任命，混一榮辱。"②《道德經》"寵辱若驚"唐玄宗注曰："夫操之則寵，捨之則辱，言人不能心齊榮辱，矜徇功名，執權既以爲光寵，失勢自傷於卑辱。"（11/758a）"混一榮辱"、"心齊榮辱"都可與此比勘。

"齊"有共同之義易於理解，然"蠲"當作何解？實則"蠲"亦有均平之義。北宋張君房《雲笈七籤》卷七十八引《三品頤神保命丹方叙》："力則拔山扛鼎，倒曳九牛。誦則一日萬言，五行俱下。蠲塗靡乏，任意所爲。偃仰六合之中，高視數百年外。"③《三洞讚頌靈章》卷下："願撫一切賢，與我等無異。吾我心平蠲，練練道百誡。"（5/794b）"蠲塗"即平坦之塗；"平蠲"爲同義復用，均平、齊一之義。④句意言願意撫愛一切賢人，和我平等沒有差異，我心中亦存平等之念視之。

道經中另有"齊蠲"一詞，乃一齊、全部消除之義，與例 1 "蠲齊"之義不同。南宋林靈真《靈寶領教濟度金書》卷二百八十七："元始符命，普告九天，三官九府，五嶽山川，河伯水府，九幽無邊，三界十方，六道四生，已化未化，天地長年，元皇廣化，大施福田，生死普化，萬罪齊蠲。"（8/531c）《道法會元》卷二十一："奉白亡某魂諸仙子等，沐浴既周，衣冠悉備，齊蠲穢濁，頓獲端嚴。各秉至誠，糸朝大道。"（28/792c）與此可比

---

① 楊明照《抱朴子外篇校箋》（下冊），第 99 頁。
② 楊明照《抱朴子外篇校箋》（下冊），第 164 頁。
③ 李永晟點校《雲笈七籤》，第 1759 頁。
④ 另外，道經又習見"蠲平"，乃消除、平息之義，與此不同。如《太上黃籙齋儀》卷四十四："伏願解除所犯，賜以福祥，銷中央土氣、一切災凶，罪咎蠲平，災衰靜息。"

勘的是，南宋留用光《無上黃籙大齋立成儀》卷二十九："汝等沐浴既周，衣冠悉具，畢斸穢濁，頓獲清虛。然須整飾魂儀，來臨法會。"（9/554a）"齊斸"也就是"畢斸"，乃完全消除之義。

【笝】【踊】【逪】【詷】

（1）右取䨺，洗了砂子，作小挺子，以風化石灰納鐵笝中散安，將挺子插於灰中，固濟，不固亦得。文武火養一月日已上，鼓之，每斤得十兩，成無量。（金陵子《龍虎還丹訣》卷下，19/122a）

按："笝"有橡、竹槤、竹子數義，但都講不通。實則"笝"乃"笝"之訛俗字，角、甬形近而混。道經之中，數見此例。南朝梁陶弘景《華陽陶隱居集》卷上："洪遠、思曠此二人，皆是均思者，必當賛仰踊躍，有盈半之益。"（23/645c）"踊"字書未見收載，實爲"踊"之訛俗字。《中華道藏》作"踊"，是。

五代杜光庭《道門科範大全》卷七十三："繩愆糾繆，昭如影響之隨；福善禍淫，密若枹鼓之應。視之不見，感而遂逪。"（31/929b）《四聲篇海·辵部》引《川篇》："逪，音勇，走也。"[1]此義施之於上例不通，"逪"即"通"之俗字。《中華道藏》作"通"，是。

《道門科範大全》卷八十三："剗度生度命之天尊，皆本東居而闡化；在唱恭唱諾之司馬，亦因東向以詷章。"（31/953c）《北帝説豁落七元經》："若知吾六宫名者，可以晨夕詷之。"（34/443a）"修佩靈文，祈醮真官，廻籌益筭，觧厄延年，除灾却障，消諸不祥，然燈行道，詷念真文神咒。"（34/443a）"詷"字書未載[2]，實則"詷"即"誦"之俗字。三例《中華道藏》皆録作"誦"，是。

故從字例上講，知"笝"可作"笝"。《漢書·趙廣漢傳》"又教吏爲缿笝"顏師古引孟康曰："笝，竹笝也，如今官受密事笝也。"[3]後來換聲旁作"筒"。此字道經數見：

（2）小兒作黃金法：作大鐵笝成，中一尺二寸，高一尺二寸。作小鐵

---

①［金］韓孝彦、韓道昭《改併五音類聚四聲篇海》，第335頁。

②字海網言臺灣地區用字，義未祥。網址見：http://yedict.com/zscontent.asp?uni=27A16。

③［東漢］班固《漢書》，第3200頁。

箭成,中六寸,瑩磨之。①(晉·葛洪《抱朴子内篇》卷十六)

(3)銅箭用蘆葦者,是天馬極當用葦耳。要亘須馬通火也,葦火自難將視。(《太清金液神丹經》卷中,18/754b)

"箭",《中華道藏》徑錄,殆不識俗字。

【儷】

(1)又以藥淬置木臼中,搗三百二十杵,紙裹令密。若以投水,水流即停;若封屋室,萬人不能開;若儷劫賊,合衆不能動;封山山開,封人人伏。②(南朝梁·陶弘景《周氏冥通記》卷四)

"儷",《譯注篇》譯爲:"撒向。"

按:《説文·鹿部》:"麗,旅行也。鹿之性,見食急則必旅行。从鹿丽聲。《禮》:'麗皮納聘。'蓋鹿皮也。丽,古文。𠃬,篆文麗字。"③"麗"本作"丽",取其二物相偶之義,即《周禮·夏官·序官》"駔馬麗一人"鄭玄注:"麗,耦也。"④後來增加偏旁鹿作"麗",或取麋鹿成羣相偶而行之義,用以表人,則再分化爲"儷"專表儷偶之義。故"丽"、"麗"、"儷"實爲古今字。《廣雅·釋詁》:"麗,施也。"⑤《廣韻·霽韻》:"麗,著也。"⑥"儷(麗)劫賊"者,乃以藥施加於搶劫者,而使之著於其身,故《譯注篇》以"撒向"譯之,雖不完全準確,却頗能玩味文義。

可以比勘的是,與"麗"義近的"淫"、"艷"亦有類似詞義。《周禮·考工記·慌氏》"淫之以蜃"鄭玄注:"淫,薄粉之,令帛白。"孫詒讓《正義》:"薄粉令帛白者,鄭讀淫如字,不從子春破爲湛也。《説文·水部》云:'淫,浸淫隨理也。'淫之以蜃,亦謂以蜃粉浸淫附著之。"⑦"淫"有奢侈、太過華麗之義,各類字書、辭書已收。依鄭、孫二家説,又有粉塗、附著之義,此義由浸淫義引申而來。而"艷"在方言中也有類似意思,羅翽《客方言·釋言》:"以粉屑灑物曰艷。……淫之言糝也。客語

---

①王明《抱朴子内篇校釋》(增訂本),第290頁。
②[日]麥谷邦夫、吉川忠夫編,劉雄峰譯《〈周氏冥通記〉研究》(譯注篇),第222頁。
③[東漢]許慎《説文解字》,第203頁。
④[清]孫詒讓《周禮正義》,第2273頁。
⑤[清]王念孫《廣雅疏證》(第2版),第88頁。
⑥蔡夢麒《廣韻校釋》,第834頁。
⑦[清]孫詒讓《周禮正義》,第3318頁。

謂穆曰豔，豔者淫之轉語。"① 錢大昕《廿二史考異·南史三》："巴東有淫預石。淫預即灩澦也。'淫'、'艷'聲相近，後人又加水旁。"② 故《集韻·豔韻》"淫"有以瞻切之讀。

【捄打】

（1）或争錢財奴婢田宅，更相捄打，披頭散髮，觸悞北君，被刑收考，殃逮後生，亡者冤神，考責在天牢地獄，太山二十四獄，不堪苦愴，還引生人，求以補代，致後世嬰災。（《洞真太上太霄琅書·爲同義救厄疾謝罪請福寮出官訣第十六》，33/677b）

馮利華："捄，詞典釋義不確。'捄'實際上是'打'之義，這從上述引文《看錢奴》中'毆打親爺'即可明了。在六朝道書中已出現'捄打'同義連用的文例，如《洞真太上太霄琅書》：'或争錢財、奴婢、田宅，更相捄打。'"③

周作明："捄，拉扯。《詞典》引元無名氏《争報恩》。"④

按：周説似非，即使《大詞典》所引《看錢奴》、《争報恩》之"捄"爲拉扯義，但也只用於"廝捄"中，搭配功能十分有限。例中之"捄打"如馮利華一般解釋爲同義連文似更優，然"捄"爲何會有打義，馮氏未言。竊疑"捄"乃"敋"之俗字或後起分化字，與"摑"同源或互爲異體。五代本《切韻》："摑，摑搭。亦作攦。"張涌泉："慧琳《音義》卷三八《嚕折囉頓挈法》音義：'摑，寡伯反，俗字也，時共用，《説文》正體作敋，从攴（支）、從格省聲也。《廣雅》：敋，擊也。《埤蒼》云擊頰也。顧野王云今俗語云摑耳是也。正體本形聲字也。'據此，則'摑''攦'似皆'敋'的後起俗字。"⑤ "摑搭"即"摑打"⑥，又作"打摑"，是一個同義並列結構，乃擊打或打臉之義。"各"上古屬見紐鐸韻，"果"爲見紐歌韻：鐸、歌二韻韻

①許寶華、[日]宮田一郎《漢語方言大詞典》，第4559頁。按：此義在方言中又作"驗"、"敊"、"捵"，《漢語方言大詞典》："驗，撒灰土遮蓋髒物。西南官話。"（第5240頁）"敊，撒，散布。"（第6277頁）"捵，撒（粉狀或料狀的東西）。"（第5384頁）

②[清]錢大昕《廿二史考異》，上海：上海古籍出版社，2004年，第598頁。

③馮利華《中古道書語言研究》，第153頁。

④周作明《中古上清經行爲詞新質研究》，第100頁。

⑤張涌泉《敦煌俗字研究》（第2版），第563頁。

⑥白維國主編《近代漢語詞典》，第679頁。

腹相同，韻尾有陰入之別，可得通轉。如此，則"祼"亦爲"敔"之後起俗字，與"摳"等爲異體關係。

【賣煦】

（1）故姜牙賣煦無所售，而見師於文武。蔣生憒慢於百里，而獨步三槐。[①]（晉·葛洪《抱朴子外篇·備闕》）

孫星衍："（煦）疑當作'漿'。舊寫本'煦'字空白，盧本作'魚'，妄改耳。"

孫詒讓："盧本固誤，然孫校亦非也。'賣煦'，葢謂賣備。《戰國策·秦策（五）》：'姚賈曰："（太公望）棘津之讎不庸。"'即其事也。但以備爲煦，未詳其義。《道藏》本《漢武帝外傳》説李少君'或時煦賃'，亦用煦爲備賃字，疑晉、宋俗語也。"

楊明照："《逸民》篇：'且呂尚之未遇文王也，亦曾隱於窮賤，凡人易之，老婦逐之，賣備不售。'彼此係用一事，則'煦'當作'備'矣。《戰國策·秦策（五）》：'姚賈曰："太公望齊之逐夫，……棘津之讎不庸。"'高注：'賣庸作，又不能自售也。'此文之云'賣備無所售'與姚賈之言'棘津之讎不庸'，其實一也。《酒誡》篇'煦（此依藏本、魯藩本、吉藩本等，平津本已改作'愚'）人所不免也'，《羣書治要》五十引'煦'作'庸'。'備'之誤'煦'，正如'庸'之誤'煦'然也。'備'與'庸'通。"

按：孫詒讓之説是，楊氏之説似是而非。理由有以下幾點：

一、類書等典籍引用而形成異文，有訛誤（包括形訛音訛）、改動（包括同義近義替換）等類型，《羣書治要》引"煦"作"庸"未必就是訛誤，且"煦"、"備／庸"形音俱不相近，如何形成訛誤？楊氏也未作説明。

二、其他文獻亦有"賣煦"用例，可證此字實不誤。《太上洞玄靈寶宣戒首悔衆罪保護經》卷下："若欲不復貧窮下賤，欲不復孤寡衰微，欲不復寒凍飢餓，欲不復乞匃賣煦，欲不復災害病患，欲不復耳聾目瞑……所犯過惡，皆當悔之。"（6/905c）

三、其他文獻有用"煦"爲備賃義者，可以證明孫詒讓之説不誤，應當就是"晉宋時語"。葛洪《神仙傳》卷六"李少君"："少君於是還齋戒，

[①]楊明照《抱朴子外篇校箋》（上册），第453頁。

賣於市，商估六國，或時爲吏，或作師醫治病，或時煦賃，易姓改名，遊行處所，莫知其有道。”胡守爲：“煦賃，當傭工。”①同屬葛洪作品，正可相互印證此字之義，亦可證此字不誤。

　　《神仙傳》或《漢武帝内傳》和《抱朴子》在同一字上都發生了相同的訛誤，這樣的可能性微乎其微。《漢武帝外傳》和《神仙傳》所載李少君之事，在“煦賃”上並無二致，亦可説明文獻上並無訛誤。這也足以説明《羣書治要》和《抱朴子・逸民》作“庸”或“傭”當爲同義近義替換，而非訛誤。

【砲礪】

　　（1）明師者，百道之關梁。譬如入海採於衆寶，先知投簡名刺之法，牢船鐵深，張帆設軒，之詣寶所，綴沉浮船，乃發沙石砲礪，營壙燼取，若多若寡，來往莫蹶。奉逐明師亦如是。（《太上妙法本相經》卷上，24/861a）

　　按：“砲”爲兵器名，《集韻・御韻》：“礪，石名。”②如此，則“砲礪”不通。從包得聲，有刨挖或者削治之義的一組同源詞，竊以爲“砲”當讀爲其中一個。

　　《玉篇・臬部》：“䎽，䎽地也。”③即刨土耕地之義，《集韻・巧韻》：“䎽，《廣雅》：‘耕也。’”④

　　《玉篇・刀部》：“刨，削也。”⑤

　　《廣韻・肴韻》：“跑，足跑地也。”⑥

　　《廣韻・效韻》：“鉋，鉋刀，治木器也。”⑦《正字通・金部》：“鉋，正木器，鐵刃，狀如鏟，銜木匡中，不令轉動。木匡有孔，旁兩小柄，以手反復推之，木片從孔出……通作刨。”⑧

　　而“礪”當讀爲“鑢”，乃磨錯之義。《説文・金部》：“鑢，錯銅鐵

①胡守爲《神仙傳校釋》，北京：中華書局，2010年，第206頁。
②趙振鐸《集韻校本》（中册），第1014頁。
③［南朝梁］顧野王著，［北宋］陳彭年等重修《大廣益會玉篇》，第45頁。
④趙振鐸《集韻校本》（上册），第825頁。
⑤［南朝梁］顧野王著，［北宋］陳彭年等重修《大廣益會玉篇》，第82頁。
⑥蔡夢麒《廣韻校釋》，第318頁。
⑦蔡夢麒《廣韻校釋》，第951頁。
⑧［明］張自烈、［清］廖文英編，董琨整理《正字通》，第1195頁。

也。"① "錯"即摩錯之意。《廣雅·釋詁》:"鑢,磨也。"② 故"砲礛"當是一個近義或類義並列結構,乃刨挖磨錯或削治磨錯之義。

【脌】

(1)腹爲金城,肝爲青帝,腎爲黑帝,脾爲黃帝,心爲赤帝,肺爲白帝,膽爲太乙……胃爲勾陳,皮爲天羅,肉爲地網,臀爲玄武,陰爲八蠻,腿爲雙童,脌爲力士,膝爲剛風,脛爲師子,足爲白馬,手爲三將軍。注曰:"脌,音昆。"(《太上元始天尊説北帝伏魔神咒妙經》,34/399a)

按:《説文·肉部》:"脌,牛百葉也。从肉毘聲。一曰鳥脌胵。脌,或从比。"③ 依此來看,所謂"音昆"實當作"音毘",形近而訛,"毘"即"毗"。④ "牛百葉"即牛肚、牛胃,"鳥脌胵"即鳥胃;然無論是牛胃還是鳥胃,都講不通。因爲上文已言"胃爲勾陳",下文不可能再出現胃了。實則"脌"當作"髀",前者爲後者之換旁俗訛字。從月、骨二旁之字,多有互爲異體之例,如"骻"作"胯"、"膀"作"髈"等。《類篇·骨部》:"髀、髀、髖,《説文》股也,或作髖。"⑤ 此經的論述,從臀、陰、髀(大腿)、膝、脛(小腿)至足,由上到下,次序井然。唯一稍稍不通的是"腿爲雙童",腿即已包括大腿和小腿了。

"脌",《中華道藏》徑録,非,可正。

【侵闇】

(1)始近聞人説,從今八九月以來,館廊往反,必須一兩人相伴,小侵闇則便執刀杖。⑥(南朝梁·陶弘景《周氏冥通記》卷三)

"侵闇",《譯注篇》譯爲:"稍微黑暗。"

按:《譯注篇》所譯非。"侵"當爲迫近義,"侵闇"即天快要黑的時候。《大詞典》收以下數詞,可作比勘:"侵黑,天快黑時";"侵夜,入夜、

---

① [東漢]許慎《説文解字》,第296頁。
② [清]王念孫《廣雅疏證》(第2版),第77頁。
③ [東漢]許慎《説文解字》,第89頁。
④ 從昆從毘之字有互爲異體之例,如"媲"作"娓",參張涌泉《敦煌寫本文獻學》所引敦煌寫本及《可洪音義》之例,第718頁。
⑤ [北宋]司馬光《類篇》,第145頁。
⑥ [日]麥谷邦夫、吉川忠夫編,劉雄峰譯《〈周氏冥通記〉研究》(譯注篇),第144頁。

夜晚"；"侵晚，入夜、傍晚"；"侵晨，天快亮時，拂曉"。與之同構的還有
"凌晨"、"拂曉"等詞。"侵"、"凌"、"拂"都是近、迫近之義。[①]

【屨】

（1）不得非受道人，傳其衣服履屨、器用、法具；不得假借法衣與非
受道人。（S.784《洞玄靈寶天尊説禁誡經》）

（2）科曰：凡道士女冠履屨，或用草，或以木，或純漆布帛，綵絹漫
飾，衣持[②]皆二儀，或山像，内外朴素，不得綵飾華綺。違，奪算一千四百。
（P.2337《洞玄靈寶三洞奉道科戒營始》卷五）

"屨"，《道藏》本作"屨"。

（3）高上老子曰："此天尊等並各身作真金妙色，項負飛艷貟光，頭
載遠遊紫磨金冠，建龍爪煙彩華簪，佩九色雲錦華文雜色納披，著丹霞離
羅搖曳長帬，躡紫霄丹霞流彩之屨。"（S.1513《老子十方像名經》卷上）

"屨"，《道藏》本作"屨"。

按：《玉篇·履部》："屨，履頭飾也。或爲絇。"[③]從此字部首來看，當
是從履句聲，然此義施之以上二例却不通。從異文來看，此字當是"屨"
之換旁異體字，與表示"履頭飾"之"屨"偶然同形而已。《説文·履部》：
"屨，履也。從履省，婁聲。"[④]到了中古時期，"屨"爲見紐遇韻，而"婁"
則變成來紐侯韻，二者讀音相差較大，普通人已經看不出它是形聲字了，
應該是基於這個原因，有人改用同爲見紐遇韻的"句"作爲其新的聲符，
造出了一個新的形聲字。"履屨"爲同義並列，習見於道經及其他四部文
獻，兹舉數例：

（4）不得載車乘馬，不著履屨，爲作錫杖，欲令驚，地生蟲不得傷害
之也。（唐·王懸河《三洞珠囊》卷九引《老子化胡經》，25/359b）

（5）正一入靖儀：入靖，脱著履屨，皆須面向經像，不得迴背出入。
（《正一威儀經》，18/254c）

（6）莫不履屨拽杖，携友延賓；綠盃盈寶，素琴横膝；俯接襟袂，仄雜

①説參楊琳《訓詁方法新探》，第 80 頁。
②"衣持"不通，當依《道藏》本作"衣帔"。
③[南朝梁]顧野王著，[北宋]陳彭年等重修《大廣益會玉篇》，第 56 頁。
④[東漢]許慎《説文解字》，第 175 頁。

緇黄；日居月諸，垂數十載。（北宋《安崇禮墓誌》）

此詞《大詞典》已收，可參。

【染係】

（1）太上曰："善，子之言。夫後生之徒，自非玉虛之胤，結自然而生者，皆孕於混炁，染係於囂穢也。"（《洞真太上素靈洞元大有妙經·太上九真明科》，33/415c）

周作明："染係，沾染。"①

按："係"無沾染義，故周説難從。實則"染係"即"染繫"，又作"繫染"：

（2）"善男子，以是義故，我爲弟子《元陽經》中説繫染者名爲邪執，若不染者，則脱邪執。猶如有罪，凡夫之人爲官所繫，無罪之人，官不能執。真人道士，亦復如是，有執染者，爲邪所執，無染繫者，邪不能執。以是因緣，真人道士而無所染。"（《太上靈寶元陽妙經》卷三，5/940a）

（3）一切愚癡，取著於色，乃至著識以著色，故則生貪心，生貪心故爲色染繫，乃至爲識之所染繫。以染繫故，則不得免生老病死，愁惱大苦，一切煩惱。是故取著名爲愚癡。（《太上靈寶元陽妙經》卷三，5/940a）

（4）愚者自迷，悟者有緣。注曰："愚迷之人，共浮世之利害，繫染身心，豈知大道之有學，虛無有理也？"（《太上化道度世仙經》，11/407c）

由以上數例可知，"繫／係"乃係縛之義，"染"當爲沾染之義。

【𦗄弱】【𦗄】

（1）肉蟲如爛李，食人血。令人正氣泄憊，淋漏餘瀝，舉動𦗄弱，筋背無力，皮毛瘙痒，肌肉漸漸乾黑。（《太上除三尸九蟲保生經》，18/700c）

（2）不然者，肺脹亂，脚𦗄不覺，氣乏而夭也。（《太上除三尸九蟲保生經》，18/700c）

按："𦗄"當即"𦗄"，然字書未見收録，不辨何字何義，字海網言臺灣人名用字②，《中華道藏》皆録作"䔲"。竊以爲《中華道藏》所録是，前者乃後者之訛俗字。"䔲"寫法、結構小變作"𦗄"，所從豖與豙十分相似，故

①周作明《中古上清經行爲詞新質研究》，第197頁。

②網址見：http://yedict.com/zscontent.asp?uni=24BFE。

而訛爲"蕤"。然"蕤弱"亦不可通，"蕤"當讀作"萎"。從委得聲的一部分字與"蕤"音同音近，如"綏"、"捼"、"蕤"於《廣韻》同爲儒佳切，屬日紐脂韻。"痿"有又音，讀人垂切，屬日紐支韻：支、脂二韻，在六朝道經中是音近通押的[1]，故二字之音相近。《禮記·雜記》"以其綏復"鄭玄注："綏，當爲緌，讀如蕤賓之蕤，字之誤也。"[2]《荀子·儒效》"綏綏兮其有文章也"楊倞注："綏，或爲葳蕤之蕤。"[3]王引之曰："字又作委。"[4]除此之外，"萎蕤"（又作"葳蕤"等形）經常連用，抄者受潛意識影響，把"萎"寫成了"蕤"，又因字形"蕤"的緣故，誤作"蕤"，致使詞義不明。這也是有可能的。

"萎弱"，又作"痿弱"、"委弱"，《六書故》卷三十三："痿，跧危切，萎弱也，與萎通。"注曰："《説文》曰：'痹也。一曰兩足相及。'按：痿乃萎弱，醫書有五痿，又有脉痿、会痿，皆萎弱也。"[5]"萎弱"是指血液流通不暢、神經受損等導致的肌肉萎縮軟弱無力。這種病症醫書很常見，兹舉二例。

（2）風濕痿軟之症：小筋弛長，手足癱瘓，痿弱不能舉動，皮膚不仁，關節重痛，此風濕痿軟之症也。[6]（明·秦景明《症因脉治》卷三）

（3）每稱東洞曰：先生治足委弱不能步行者，與桂枝加朮附湯，兼服紫圓速愈，可謂妙矣。[7]（［日］淺田惟常《先哲醫話》卷上）

此詞《大詞典》已收，可參。

【扇削】

（1）保命曰："年内多勞，扇削鬼神。三官中奏爾云多罪，吾已却之，不宜三過如此。"[8]（南朝梁·陶弘景《周氏冥通記》卷四）

黃生："扇謂蔽翳之也，削謂侵削之也。按：賈勰《齊民要術》云：'榆性扇地，其陰下五穀不植。'即此扇字。周於是年起屋，或犯鬼神所居，故云扇削。"[9]

---

①夏先忠《六朝上清經用韻研究》，第34—36、224—228頁。
②［唐］孔穎達《禮記正義》，第709頁。
③［清］王先謙《荀子集解》，第133頁。
④虞思徵等點校《經義述聞》，第168頁。
⑤［元］戴侗《六書故》，上海：上海社會科學院出版社，2006年，第788頁。
⑥《中國醫學大成》第20册，上海：上海科技出版社，1990年，第78頁。
⑦《中國醫學大成》第39册，第28頁。
⑧［日］麥谷邦夫、吉川忠夫編，劉雄峰譯《〈周氏冥通記〉研究》（譯注篇），第201頁。
⑨［清］黃生撰，黃承吉合按《字詁義府合按》，第255頁。

《吕氏春秋・辯土》“肥而扶疏則多粃”高誘注曰：“根扇迫也。”孫詒讓：“扇者，侵削之意。《齊民要術》云：‘榆性扇地，其陰下五穀不植。’陶弘景《周氏冥通記》云：‘年見多勞，扇削鬼神。’蓋漢、魏、晉六朝人常語。”①

“扇削”，《譯注篇》譯爲：“刺痛”。劉祖國駁之而從黄生之説。②

按：孫説近是，黄説、《譯注篇》似皆非。“扇”有去除、削除之義③，《慧琳音義》卷三十九“扇扇”條引顧野王云：“扇，謂所以摇取風而去塵也。”④《匡謬正俗》卷五：“便面，《張敞傳》云：‘自以便面拊馬。’按所謂‘便面’者，所執持以屏面，或有所避，或自整飾，藉其隱翳，得之而安，故呼‘便面’耳。今人所持縱自蔽者，總謂之扇。蓋轉易之稱乎？原夫‘扇’者，所用振揚塵氛、來風却暑，鳥羽箑可呼爲‘扇’。至如歌者爲容，專用掩口；侍從擁執，義在障人，並得‘扇’名，斯不精矣。今之車轝後提扇，蓋‘便面’之遺事與？按桑門所持竹扇形不圜者，又‘便面’之舊制矣。”⑤

依此可知，“扇”者乃去除熱風、塵土，摇取涼風之用。其後起分化字作“騸（劇）”，從馬、從刀皆爲會意，前者爲對象，後者爲工具。趙翼《陔餘叢考》卷四十三：“牡馬之去腎者曰騸馬，《五代史》作扇馬。”⑥按：趙説是，《舊五代史》作“扇馬”，《新五代史》作“騸馬”。⑦

與之可比勘的是“屏”，《吕氏春秋・知接》“上蓋以楊門之扇”高誘注曰：“扇，屏也。”⑧《漢書・王莽傳中》“後常翳雲母屏面”顏師古注曰：“屏面即便面，蓋扇之類也。”⑨“屏”是用來遮擋之物，而“扇”亦如顏師古説用來“自蔽”之物；“屏”引申出摒除義，後此義分化爲“摒”字⑩，正如“扇”引申出去除、削除義，後此義分化出“騸（劇）”。“屏”、“扇”義類相

---

① 許維遹《吕氏春秋集釋》，第 695 頁；陳奇猷《吕氏春秋新校釋》，上海：上海古籍出版社，2002年，第 1786 頁。
② 劉祖國《〈周氏冥通記〉注譯獻疑》，《武陵學刊》2011 年第 5 期。
③ 可參《大詞典》該條。
④ 徐時儀《一切經音義三種校本合刊》（修訂版），第 1177 頁。
⑤ 劉曉東《匡謬正俗平議》，濟南：齊魯書社，2016 年，第 140 頁。
⑥ ［清］趙翼《陔餘叢考》，上海：商務印書館，1957 年，第 976 頁。
⑦《廣雅・釋獸》：“劇，犗也。”王念孫《疏證》：“今俗語謂去畜勢爲扇，即劇聲之變轉矣。”按：王説恐不確，視“扇”與之同源似更優。
⑧ 許維遹《吕氏春秋集釋》，第 407 頁。
⑨ ［東漢］班固《漢書》，第 4124 頁。
⑩《説文・尸部》：“屏，屏蔽也。”段注：“引伸爲屏除。”《廣雅・釋詁》：“摒，除也。”王念孫《疏證》：“摒……通作屏，《大雅・皇矣》篇云‘作之屏之’。”按：屏蔽、遮擋即把一部人或物排除在外，後世加手旁，表動作之義，參洪成玉《古今字字典》，第 36 頁。

近,其引申、分化的途徑類似,正可作比勘。故“扇削”爲近義並列結構,乃削除之義,查檢其他文獻再不見此詞語。

【怕】

（1）君臣相伐,父子相言,兄弟相殺,母女相罵,婦姑相<u>怕</u>,夫婦相圖,骨肉相食。（《太上正一咒鬼經》,28/369a）

按:《正字通·心部》:“怕,同息,見《乾坤鑿度》。”① 依此説,“怕”爲“息”之異體,偏旁位移。然驗之上文,義不可通,道經中當爲另一字。竊以爲“怕”當爲“嫉”之俗字。推溯其由,當是“嫉”之異體作“姞”②（疾、自古音相近,皆屬從母質部）;由於嫉妒常因心理作用,故“姞”又改換偏旁作“怕”。可以比勘的是,“嫉”之另一異體作“悏”,也是因爲心理因素,改“嫉”之偏旁爲“忄”。③ “相嫉（姞）”習見於道經,兹舉數例:

（2）十五者,不得同法相<u>姞</u>,更相道説,不信三五,評論天氣長短,天奪筭八百二十三。（《女青鬼律》卷三,18/245b）

（3）或行善未知真正,愚愚相教,邪邪相傳,不自屏惡,更相謗訕,君臣爭勢,父子不親,夫婦相<u>姞</u>,兄弟生分,因公行私,男女輕淫,違失天地,敗亂五常,外是内非,亂道紀綱。（《正一法文天師教戒科經》,18/236c）

（4）或令三魂相<u>嫉</u>,七魄流競;或胎神所憎,三官受惡之時也。若能奉修,則爲仙材,不奉修失禁,則爲傷敗。④（北宋·張君房《雲笈七籤》卷三十三）

例1中“相怕（嫉）”即相妒忌、相怨恨之義,與“相伐”、“相言（争訟義）”、“相罵”、“相圖”、“相食”並列相應;例2“同法相姞（嫉）”言同學道法之人相互嫉妒;例3“夫婦相姞（嫉）”言夫婦相互嫉妒;例4“三魂相嫉”言爽靈、胎元、幽精不能相和而相互忌恨。

“怕”,《中華道藏》徑録,殆爲不識俗字,依其體例當正。

---

① [明]張自烈、[清]廖文英編,董琨整理《正字通》,第366頁。
② 《玉篇·女部》:“姞,妒姞也。”
③ 需要稍作申説的是,《廣韻·質韻》:“悏,悏,毒苦也。”《玉篇·心部》:“悏,毒也。”準此,“悏”、“嫉”意義上雖有一定聯繫,然似非一字,至《篇海類編》《字彙》將其并爲一字,殆亦受心理因素的影響。
④ 李永晟點校《雲笈七籤》,第740頁。

【餳】

（1）第七行不善之惡業者,乃有丈夫作人獨食,不眖妻兒,甘餳肥具,狼藉座筵,妻子但聞其香,不知其味,何況戚屬,豈篋同飱?[1]（P.2818《老子說罪福大報應經第七》）

原注:"餳,息營切。"

按:"餳"字書不載,查《廣韻》《集韻》二韻書相同反切之韻,亦無貼合之字。從字義上看,"餳"疑爲"腥"之新造異體字;從音切上來看,二者語音也很接近:息營切爲心紐清韻字,"腥"於《廣韻》爲桑經切,屬心紐青韻字,故二者聲同韻近。道經及其他典籍中,"甘"、"腥"、"肥"經常連用,如《上清道寶經》卷三:"六塵。"注:"香塵:羶、焦、香、腥、臭,鼻所得。味塵:苦、甘、辛、酸、鹹,口所得。"（33/716b）北宋張君房《雲笈七籤》卷三十六引《攝生月令》:"二十九日忌遠行,水陸並不可往。起居以時,勿犯賊邪之風,勿增肥腥物,令人霍亂。其正毒之氣,最不可犯。是月祈謝求福,以除宿愆。"[2]《東嶽大生寶懺》:"沉酣麯蘗,從軟樂以無猒;食啗葷腥,謂肥甘之不足。"（10/4c）《北極真武普慈度世法懺》卷六:"量吸鯨吞,日夕第從於酪酊;味軟鴆毒,歲時惟喜於腥羶。假名乎仙境之瓊漿,求異乎貴家之玉食,忘形嗜好,適興肥甘。"（18/368a）唐神清《北山錄·釋賓問》:"假彼神用,以彰道德,非謂不撤腥肥,不潔心慮,但由克意草木,而能駐彼爽口腐腸之性命者也。"[3]

【砳】

（1）待總了,計釜中汁只有一二斗,即止火,拔釜出於明處。其釜底人有砳千,以才日下收之,與前者一也。[4]（金陵子《龍虎還丹訣》卷下,19/120b）

按:"砳"用在"磷砳"中,同"嶙峋",乃山石陡峭、突兀之義,辭書已言[5]。此義施之於上例,不合。《中華道藏》徑錄,殆亦不識何字。竊以爲"砳"當爲"筍"之換旁俗字,亦即"筍"。"筍"本指竹子等植物的嫩芽、

---

①"眖"當是"賑"之訛字。
②李永晟點校《雲笈七籤》,第802頁。
③富世平《北山錄校注》,第442頁。
④"釜底人"似衍一"人"字。"才日"不通,"才"或當作"閉"。
⑤《大字典》及《中華字海》皆已言之,可參。

莖等，後來也指石鐘乳而成的類似筍一樣的石柱，故道經之抄作者改竹旁爲石旁作"砪"，與表"磷砪"的"砪"形成了同形字。道經中又稱"玉筍"、"寶筍"，陳國符認爲"玉筍瓊枝"、"玉筍琳琅"乃"丹之形狀"①，故"筍（笋）"即所謂丹。《修煉大丹要旨》卷下："入爐，如前養火七伏時日足。開看，其汞自然成錠子，一如玉筍。"（19/148b）《庚道集》卷九："白金砂、汞各五兩，結成砂子。以黃白金精覆藉，入黃墼，頂火一兩半，卯酉抽換，養七晬時成，名寶笋。"（19/505b）"寶笋所生芽子乳細，覆藉丹砂五兩，納黃墼，頂火五兩，養五晬時竟。"（19/505c）

【挵翻】

（1）（許碏）嘗醉吟曰："閬苑花前是醉鄉，挵翻王母九霞觴。羣仙拍手嫌輕薄，謫向人間作酒狂。"好事者或詰之，曰："我天仙也，方在崑崙就宴，失儀見謫。"人皆笑之，以爲風狂。（唐·沈汾《續仙傳》卷上，5/81a）

"挵翻"，《四庫》本作"踏翻"，《全唐詩》卷八百六十一同，又注曰："一本作'拈。'"《雲笈七籤》卷一百一十三、《歷世真仙體道通鑑》卷三十六作"滔翻"，皆注曰："滔，以冉反/切。"

此詩、此事流布極廣，除了以上異文之外，其他文獻引用，或同作"踏翻"②，或作"拈翻"③，或作"誤翻"④，或作"誤餐"⑤，或作"攀翻"⑥，或

---

① 陳國符《道藏源流續考》，臺北：明文書局，1983年，第242頁；陳國符《中國外丹黃白法考》，第283頁。

② 見明胡應麟《少室山房筆叢》卷二十九、清杜文瀾《古謠諺》卷七十二、鄭方坤《全閩詩話》卷十一、徐倬編《御定全唐詩錄》（四庫本）卷一百、《古今圖書集成·方輿彙編·山川典》卷一百九十一、《佩文韻府》卷二十一、《惠州府志》（成文影光緒刻本）卷四十四。

③ 見《唐詩紀事》卷第七十五、《續文獻通考》（明萬曆刻本）卷二百四十二、清鄭方坤《五代詩話》（四庫本）、《御定駢字類編》（四庫本）卷二百三十九。

④ 見《錦繡萬花谷前集》卷三十、南宋陳葆光《三洞羣仙錄》卷七、《集註分類東坡先生詩二十五卷》卷六"亦知洞府嘲輕脫"注引《太平廣記》、朱勝非《紺珠集》卷六、《新編翰苑新書·前集》（影明抄本）卷六十四、明陳耀文《天中記》（四庫本）卷四十四、彭大翼《山堂肆考》（四庫本）卷一百五十、清褚人穫《堅瓠集》（清康熙刻本）卷一、《佩文韻府》（萬有文庫本）卷二十二。

⑤ 北宋王十朋《東坡詩集註》（四庫本）卷八、南宋李劉《四六標準》（四庫本）卷三十九作引《神仙傳》、《嘉慶重修一統志》卷二百四引《太平廣記》。

⑥ 《兩浙名賢錄·外錄》（清光緒刻本）卷五十五、《古今圖書集成·方輿彙編·山川典》卷一百三十四。

作"滔翻"①。《韻府羣玉》又注曰:"滔音閃。"

典籍中又有"灩(灩)翻"、"掩翻":

(2)東坡詩有"灩灩白獸罇中酒,歸羹青泥坊底芹",爲貶謫者設也。《續仙傳》載一神仙詩,有"灩翻王母九霞觴,謫向人間作酒狂"之語,蓋用此耳。灩,一本作踏。②(宋·吳聿《觀林詩話》)

"灩翻",《施註蘇詩》(四庫本)卷十八作"滔翻",注曰:"滔,似冉反。"

(3)短短羅袿淡淡妝,拂開紅袖便當場。掩翻歌扇珠成串,吹落談霏玉有香。③(元·王惲《秋澗集》卷七十六)

按:以上的異文,我們可以一步步排除。"踏翻"從情理上講是不通的,酒杯不容在脚下,何以"踏翻"? 此當是臆改。"滔翻"字不通,"滔"當是"淊"之形近訛字。④"淊"在淹没義上同"淹",語音、字形上當和"掩(撏)"有關係。⑤"似冉反"切語有誤,"似"當作"以"。"音閃"恐又是在此基礎的一訛再訛,"淊(滔)"無此音。"誤餐"更講不通,或是"誤翻"之訛。"攀翻"亦不通,酒杯在案上,無由曰"攀"。如此,則"撏(掩)翻"、"拈翻"、"誤翻"哪個更接近原貌? 竊以爲當作"撏(掩)翻",論述如下:

一、"誤翻"十分明白,"拈"有拿取之義,都容易理解,但"撏(掩)翻"則不易使人明白。從異文一般規律上講,傳抄者以一個容易理解的詞語去改換一個比較難的詞語,可能性更大,而不是相反。即是說傳抄者不懂"撏(掩)翻"之義,而以自己的理解或誤認,改換原文,所以出現紛然不一的異文。這種可能性比較大。

二、從音注和文獻記錄來看,"淊"注"以冉反",就表明原文獻是此文此音,它記錄的也是"撏(掩)"的讀音,而不是其他異文。《觀林詩話》蘇軾詩是"灩翻",且其引《續仙傳》也是"灩翻",它應當也是"撏(掩)

---

①見南宋陰時夫《韻府羣玉》(四庫本)卷六、楊伯嵒《六帖補》(四庫本)卷十八引《續仙傳》、洪邁《萬首唐人絕句·七言》卷六十四、《古今圖書集成·博物彙編·神異典·神仙部列傳二十七》、《嘉靖惠州府志》(天一閣藏明嘉靖刻本)卷十四。

②《叢書集成初編》本,第14頁。

③《景印文淵閣四庫全書》第1201册,第127頁。

④從臽、舀二旁之字多相混,古籍亦多見。

⑤《篇海類編·地理類·水部》:"淊,與淹同,没也。""淊"另有泥水相和、繅絲所用沸水義,自不可通。

翻”的一個語音變體,性質和“滔”是一樣的。

那麼“搹（掩）翻”爲何義? 按:“搹（掩）”當爲取、拿義,《説文·手部》:“搹,自關以東謂取曰搹。”① 由取義,引申爲拿義,《大詞典》皆已收。正是因此,又有人改爲亦有取、拿之義的“拈”字,亦可作印證。而作“灩”、“滔（滔）”者,皆爲其音近借字。

【齩】

（1）萬劫之後,忽以受生,生作護食之狗,乃无母子之情,逢食而相齩。注曰:“齩,牙絞反。”（P.2818《老子説罪福大報應經第七》）

按:“齩”字書不載。從句意來看,當是咬齧之義;從字形上看,或是“齘”字。《龍龕·齒部》:“齚,直栗、徒結二反,齧堅聲。齘,同上。”②《玉篇·齒部》:“齚,齧堅皃。”③ 然《龍龕》所列音切與寫卷所注不合,當另求諸他字。竊以爲此字當是“齩”,攵訛爲矢,如金文中“斁”可省變作“罘”④。“齩”即“齩”,《大字典》引《直音篇》已有收錄。“齩”之所以從矢,是因爲從交之字常換旁作攵,故從二旁之字偶有混同。金文中,“較”可換旁作“斁”⑤。《廣韻·巧韻》:“烄……烄,上同。”周祖謨:“當作烄。”⑥ “齩”即“咬”,《廣韻·巧韻》:“齩,齧也。五巧切。”⑦ “五巧切”同於“牙絞切”。故“齩”當即“齩（齩）”,音義皆貼合。

【霏】

（1）祈雷云:冀瑞色之浮空,總農田之沃潤。謝雨云:果上聖之矜憐,霈湛恩而均注;謝雷云:果上聖之垂恩,降祥霏而沃潤。⑧（五代·杜光庭《道門科範大全》卷十八,31/798c）

按:“霏”字書未載,字海網言見於臺灣地區,未知何義⑨。《中華道

---

① [東漢] 許慎《説文解字》,第 253 頁。
② [遼] 釋行均《龍龕手鏡》（高麗本）,第 313 頁。
③ [南朝梁] 顧野王著,[北宋] 陳彭年等重修《大廣益會玉篇》,第 28 頁。
④ 張亞初《殷周金文集成引得》,北京:中華書局,2001 年,第 584 頁。
⑤ 張亞初《殷周金文集成引得》,第 739 頁。
⑥ 蔡夢麒《廣韻校釋》,第 660 頁。
⑦ 蔡夢麒《廣韻校釋》,第 661 頁。
⑧ 依文例及文意,“謝雷”（原字作“雷”）似當作“謝雪”,形近而訛。
⑨ 網址見 :http://yedict.com/zscontent.asp?uni=290B2。

藏》不能辨識何字,以"□"代之。竊以爲"霙"爲"霝"之訛俗字。"霝"之另一俗體"霣",可作比勘。《四聲篇海·雨部》引《龍龕》:"霣,雨雪雜也。"[1]此實即"霝"字,《玉篇·雨部》:"霝,雨雪雜下。"[2]《集韻·庚韻》:"霝,霰也。"[3]《埤雅·釋天》:"雪寒甚則爲粒,淺則成華,華謂之霝。"[4]"霝"即雪,"祥霝"即瑞雪之義。"霝"及"祥霝"屢見於此書:

（2）祈雪云:祈六出之飛霝,大霈嘉潤;庶三登之協兆,預慶康年。（《道門科範大全》卷十二,31/787a）

（3）驅靈窠元冥而呼屏翳,叱雲將而駕風師。注曰:"大霈甘膏,覃霝霈潤。普降飛霝,覃霝嘉潤。"（《道門科範大全》卷十三,31/789c）

（4）今有某等,伏爲久愆甘雨,將害良田,將周華歲,未降祥霝,念守符於此邦,寔字民之爲務,徒祈求之匪應。（《道門科範大全》卷十三,31/789c）

"祥霝"其他典籍亦有收録:

（5）念好景佳時,謾望極、祥霝爲瑞。[5]（宋·曹勛《錦標歸》）

"祥霝",《大詞典》已收,可參,惟所舉之例爲清代,過晚。

【緣羅】

（1）乞得滅除无始劫來,生生世世,家門宗室,九親姻族,内外緣羅,積行所犯誘取經書而傳弟子之罪。（《太上洞玄靈寶三十二天天尊應號經》卷二十二,24/704b）

按:"緣羅",乃親屬之謂。例中與"家門宗室"、"九親姻族"相應,義當相近。"緣"有因緣、關係義,是比較常見的;而親屬血脈相連,是一種特殊的因緣關係:由泛稱的因緣關係到專指血緣關係,這應當是詞義的縮小。我們舉一些道經中可以比勘的例子。

"親緣"例。舊題漢葛玄《太上慈悲道場消災九幽懺》卷六:"在生受罪,憑仗親緣;死入三塗,何人相救。"（10/56a）唐朱法滿《要修科儀

①［金］韓孝彦、韓道昭《改併五音類聚四聲篇海》,第501頁。
②［南朝梁］顧野王著,［北宋］陳彭年等重修《大廣益會玉篇》,第93頁。
③趙振鐸《集韻校本》（上册）,第869頁。
④［北宋］陸佃《埤雅》,北京:中華書局,1985年,第519頁。
⑤唐圭璋編《全宋詞》,北京:中華書局,1965年,第1219頁。

戒律鈔》卷十六："客若法俗中有親緣者,吊慰竟,更於靈前倚哭,展哀乃去。"（6/1001c）

"支緣"例。《洞玄靈寶道學科儀》卷上："二者,外則牢獄重罪,所謂父母共造,夫妻共造,男女共造,兄弟共造,姊妹共造,貴賤共造,內外支緣共造。①（24/769b）

"羅"當作何解？按:"羅"當讀爲"蘿",二者於《廣韻》皆爲魯何切,同聲同韻。《大字典》《大詞典》各有通假例證可參,兹再舉二例。《楚辭·山鬼》"被薜荔兮帶女羅"舊注:"羅,一本作蘿。"②《周禮·地官·委人》"與其野圃財用"鄭玄注:"苑圃藩羅之材。"孫詒讓《正義》:"羅、蘿字通。"③"蘿"本爲枝蔓、附麗之物,猶如親戚關係。《敦煌變文字義通釋》"親羅、瓜蘿、枝羅"條:"'瓜'是瓜蔓,'蘿'是女蘿,都有牽連有關係的意思……'親羅'的'羅'應與'蘿'通用,意義也相同。"④此説是。我們再舉一些道經中可以比勘的例子:

"姻蘿"例。《太上慈悲道場消災九幽懺》卷一："見在耆幼、內外姻蘿、各享年齡,宗祊慶瑞,悉霑慈澤,永居聖世,同會道緣。"（10/22c）卷五："令懺主某九祖七玄,己身一切姻蘿眷屬、存亡二世,無量劫來,捨身受身,有如上綺言妄語罪業,未乘道力,不得解脱,以今禮懺,願得消滅。"（10/48c）宋留用光《無上黃籙大齋立成儀》卷四十七："道本強名,四大當知假合。身非我有,六親孰謂姻蘿。"（9/651b）

"親蘿"例。《道門科範大全》卷六十三："第三戒者,常念累世父母,過去親蘿,曾爲六天魔鬼枉死傷害,未盡天年,橫被傷殺。"（31/906c）卷六十五："使醮主某九先七祖,不滯幽關。見在親蘿,俱消罪目。"（31/910b）卷七十："臣等皈身、皈神、皈命,以是功德,皈流正一道士臣某等,師資長幼,法屬親蘿,既未脱於俗鄽,願廣恢於道廳。"（31/922c）"法屬親蘿"自不當指血緣親屬,乃同學大法之道徒,亦有緊密關係。⑤

---

①除此之外,"因緣"、"生緣"亦皆可表示親屬義,可參蔣禮鴻《敦煌資料（第一輯）詞釋》,杭州：浙江古籍出版社,1994年,第197頁;周掌勝《大詞典論稿》,長春:吉林人民出版社,2006年,第154頁;項楚《王梵志詩釋詞》,上海:上海古籍出版社,2011年,第422頁。

②［南宋］洪興祖《楚辭補注》,第79頁。

③［清］孫詒讓《周禮正義》,第1176頁。

④蔣禮鴻《敦煌變文字義通釋》（增補定本）,第34頁。

⑤另有"枝羅"例,可參葉貴良《敦煌社邑文書詞語選釋》,《敦煌研究》2004年第5期;于淑健《〈大正藏〉第85卷詞語輯釋》,《敦煌研究》2004年第6期。

以上詞語，皆與“緣羅”同義，均爲親屬、親戚之義。

【約】

（1）此人始入戶，便皺面云：“居太近後。”仍就座，以臂隱書柈。於時筆及約尺悉在柈上，便自捉內格中，移格置北頭。注曰：“住屋東向，北邊安戶，五尺眠牀約西壁，即所書寢者，頭首西，故得見外。又一五尺安北壁，即子平住也。一方五尺安窻下，施書柈，東向。硯本在柈北頭，筆格在南頭，故移就硯而隱柈也。”①（南朝梁·陶弘景《周氏冥通記》卷一）

汪維輝：“從出現的語境來看，此‘約’字應與下文的‘安’同義，但遍查辭書，未見‘約’有這樣的義項。待考。”②

“約西壁”，《譯注篇》譯爲：“大約靠於西墻。”

王家葵：“約，此處當作動詞，不解其意，待考。”③

按：《譯注篇》非，“約”非大約義；確如汪說，“約”亦無安義。竊以爲“約”乃依義。《莊子·秋水》“約分之至也”成玄英疏：“約，依也。”④《文選·孔安國〈尚書序〉》“約《史記》而脩《春秋》”李周翰注：“約，謂依約也。”⑤孔穎達疏此序之句：“準依其事曰約。”⑥因“約”有依義，故二詞又可組合，形成一個同義並列結構“依約”，李周翰注已用。此詞道經亦十分常見，茲舉陶弘景作品一例。《真誥》卷十一：“大茅山下亦有泉水，其下可立靜舍，近水口處乃佳，當小危不安耳。”注曰：“至齊初，乃勅句容人王文清仍此立館，號爲崇元。開置堂宇廂廊，殊爲方副。常有七八道士，皆資俸力。自二十許年，遠近男女，互來依約，周流數里，廨舍十餘坊。”⑦故例 1 之“約”乃依靠、倚靠義，與下文“隱柈”之“隱”語境相似，意義相近。《楚辭·九章·悲回風》“隱岐山以清江”洪興祖《補注》：“隱，依據也。”⑧“依據”同義並列，即依。

①［日］麥谷邦夫、吉川忠夫編，劉雄峰譯《〈周氏冥通記〉研究》（譯注篇），第 31 頁。
②汪維輝《〈周氏冥通記〉詞匯研究》，第 168 頁。
③王家葵《周氏冥通記校釋》，第 59 頁。
④［清］郭慶藩《莊子集釋》（第 3 版），第 573 頁。
⑤［南朝梁］蕭統編，［唐］李善等注《六臣注文選》，第 854 頁。
⑥［唐］孔穎達《尚書正義》，第 8 頁。
⑦趙益點校《真誥》，第 204 頁。
⑧［南宋］洪興祖《楚辭補注》，第 160 頁。

【瘵痕】

（1）若握一世之法，以傳百世之人，猶以一衣擬寒暑，一藥治瘵痕也。① （北宋·張君房《雲笈七籤》卷九十）

“瘵痕”，《四部叢刊》本作“瘵痕”，《道藏輯要》本作“瘵痕”，《劉子》卷三作“痤痕”。李永晟校曰：“（瘵）字義宜作‘瘵’。”

按：《爾雅·釋詁》：“瘵，病也。”② 《廣韻·卦韻》：“瘵，疾也。”③ 竊以爲“瘵”乃“瘵”之換旁異體字，二者同義，且語音相近。“瘵”於《廣韻》爲莊紐怪韻，“瘵”爲崇紐卦韻：莊、崇二紐同系，一清一濁，怪、卦二韻同用。改聲旁祭爲柴，殆因祭表聲作用已不明顯之緣故。而“柴”又爲“柴”之後起分化字④，且木、示二旁相近，故“瘵”又改作或訛作“瘵”。“痕”爲腹中結塊之病，“瘵”、“痕”義通，故二者爲近義複用。此與《劉子》作“痤痕”者互爲異文，似皆可通。

【種樓】

（1）故非師不訓，非匠不成，種樓倉限，以均則之，織女累系，以默度之，晝剋暮漏，以水數之，搏工妙麗，以手定之。（S.2388《太上妙法本相經》卷二十二）

按：“種樓”即“穜樓”，亦作“種樓”，是一種播種的農器。元楊桓《六書統》卷九：“𥂖，其遇切，種樓也。从皿从豐。”⑤《説文·木部》：“椏，穜樓也。”段注：“穜者，今之種字。樓者，今之耬字。《廣韻》曰：‘耬，種具也。’今北方謂所以耩者曰耬。耩者，種也。”⑥《集韻·虞韻》：“𦥑、盠，種樓，田器。或作盠。”⑦《玉篇·耒部》：“耬，耬犂也。”⑧《廣韻·侯韻》：“耬，種具。”⑨亦可逆序作“樓種”，乃播種之義。北魏賈思勰《齊民要

---

① 李永晟點校《雲笈七籤》，第 1985 頁。
②《爾雅》，第 6 頁。
③ 蔡夢麒《廣韻校釋》，第 860 頁。
④ 可參王力《同源字典》，第 115 頁。
⑤《景印文淵閣四庫全書》第 227 册，第 242 頁。
⑥ ［清］段玉裁《説文解字注》（第 2 版），第 260 頁。
⑦ 趙振鐸《集韻校本》（上册），第 153 頁。按：依《集韻》體例及文意，其中一字當從“于”或“亏”方可通。如同小韻：“邘……或作邙。”
⑧ ［南朝梁］顧野王著，［北宋］陳彭年等重修《大廣益會玉篇》，第 75 頁。
⑨ 蔡夢麒《廣韻校釋》，第 455 頁。

術·大小麥第十》：“凡耬種者，匪直土淺易生，然於鋒、鋤亦便。”①

　　“耬”，亦可以作“稵”、“庲”。《集韻·厚韻》：“稵，耕畦謂之稵，或从耒。”②《説文·广部》：“庲，一曰所㠯種也。”段注：“‘所㠯’二字各本奪，今補。種，之用切，謂以庲貯穀、播種於地也。木部曰：‘椓，種樓也。’《廣韻》：‘耬、種具也。’皆卽庲字。”③其形制不一，元王禎《農書》卷十二：“然而耬種之制不一，有獨脚、兩脚、三脚之異。”④茲舉其中一種，圖如下⑤：

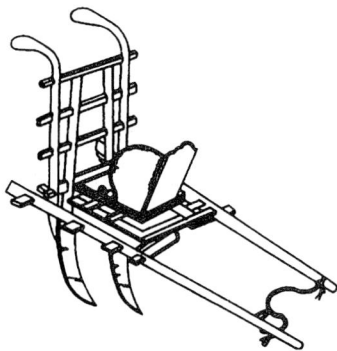

①繆啓愉《齊民要術校釋》（第 2 版），第 126 頁。
②趙振鐸《集韻校本》（上册），第 909 頁。
③［清］段玉裁《説文解字注》（第 2 版），第 445 頁。
④《景印文淵閣四庫全書》第 730 册，第 433 頁。
⑤圖片選自繆啓愉《齊民要術校釋》（第 2 版），第 53 頁。

結　語

　　總的來看，道經中存在的疑難詞語數量不少，有待進一步深入挖掘。且目前學界的研究主要集中於宋代以前，宋代及以後的詞彙研究、疑難詞語考釋很少，如有挖掘，相信所得疑難詞語必將更多。相對而言，道經中的疑難俗字較少，大概跟現存《道藏》是刻本有一定關係。

　　道經的語言研究尤其疑難字詞的考釋，有多方面的價值，尤其是對道經的點校與利用、《中華道藏》的修訂有積極的意義。從本書考證的條目和附錄一中的校勘記來看，《中華道藏》失誤之處頗多。在將來的修訂中，多學科共同參與，借鑒道經語言研究的成果，相信可以大大減少失誤，能極大推進道經文本的整理，以便於道經的閱讀和利用。

　　本書考證的條目，尤其校正字形、破除通假、系聯同源之後，70% 左右的條目亦見於道經以外的其他四部文獻，説明大多數條目並非道經獨有。其中，有少部份條目僅見於醫典，反映了道經跟醫典之間的密切關係。如前文所説，道教以延年益壽、追求長生爲目的，故而道士多涉獵醫籍藥典，甚至許多道士本身也是醫生，在道經的撰作中不可避免地運用了一些醫學詞語和術語。剩下 30% 左右的條目未見於其他四部文獻，可能屬於道經特有的用語。當然，這其中有不少是臨時性的詞組，還有一些或許本書考證有誤，本在其他文獻亦有用例。

　　本書存在不少不足之處：書中較多運用校正字形、因聲求義等方法，存在一定風險，有些論證可能並不牢固，有改字過濫之嫌；本書主要是訓詁實踐，理論深度不足，總結、歸納亦嫌薄弱；因知識儲備、學術視野限制，書中主要運用語言學和文獻學的知識、方法，沒有很好地與宗教、文化方面的知識相結合；部分條目實爲一家之言，沒有達到確鑿不移的程度，考釋的邏輯和結論可能存在錯誤或者瑕疵，等等。

附録一:宋前道經校勘記

第1册

1. 若有諱説讀誦此經,修行供養,功德甚重,非可譬諭,皆得解脱,一切衆生、蠢動之類,悉蒙利益。(《無上内秘真藏經》卷一,1/456c)

按:"諱説"於此不通,當作"講説",即説解之義,"諱"、"講"形近而誤。此詞屢見於此經,卷二:"當來衆生,若有讀誦、受持、講説《真藏經》者,此人功德,不可思議。"(1/461b)卷四:"若有人能受持書寫,講説讀誦,此人功德不可思議,非譬諭格量得其邊際。"(1/466b)卷八:"若有受持,講説讚誦,功德廣遠,與前功德,無毫釐差別。"(1/487b)"諱説",《中華道藏》徑録,非,當正。

2. 要須此經開訣耳目,耳目明浄,照諸法本,無差無別。(《無上内秘真藏經》卷六,1/474b)

按:"開訣"於此不通,"訣"當作"決(决)",訛字。"開决"爲並列結構,"决"即"開"。"開决耳目",即使耳聰,使目明之義,喻指不受塵障邪見之蔽。此經卷九:"當知天尊爲衆生父母,爲衆生橋梁,廣施布教,開决耳目,紹隆三寶,輪轉無極。"(1/492a)《太上大道玉清經》卷一:"是時天尊以慈力故,成就大悲,救護衆生,愍念衆生,開决聾瞽,療治衆病,爲作導師,爲作津濟,保鎮劫運,更生萬物。"(33/283b)"開决聾瞽",即使聾者恢復聽力,盲者恢復視力。"開訣",《中華道藏》徑録,非,可正。

3. 又如人心所求所欲,智慧照察,无邊亢礙,是以是人號爲天尊。(《太上一乘海空智藏經》卷一,1/609b)

按:"亢礙"不通,"亢"當作"無"。"無"異體作"无",形近而訛爲"亢"。"無礙"爲無盡、周遍義,佛道二教中義爲自由自在。此詞數見於本經,《大詞典》亦已收,不再舉例。"亢礙",《中華道藏》徑録,非,可正。

4. 智藏弟子大慧賢士即起而前,對天尊立,作禮脩謁,訊訪寒溫:"山中飄泊,得無損和?"(《太上一乘海空智藏經》卷一,1/609b)

"訊訪",《中華道藏》録作"訊訪"。

按:"訊"有多言義,"訊訪寒溫"不通。竊以爲"訊"當作"訊",凡、卂形近相混。[1] "訊訪"即訪問、詢問之義,《大詞典》已收此詞,可參。本經中的"訊訪"即問候之義,此詞雖不見於道經,類似説法却是有的。《太清金液神丹經》卷中:"(鮑鯖)即下馬向拜,問訊寒溫,未及他有所陳。"(18/755a)

5. 是故説非无,由自體非有。自體不住故,常取不有法。三性成无住,田无性故成。(《太上一乘海空智藏經》卷四,1/644a)

按:"田无性"不通,竊以爲"田"當作"由",訛字。"由无性故成",與"由自體非有"相參看,句意爲因爲無性,所以才能成就大道。

6. 臣等膚愚,忝居真位,於斯義趣猶自未通。唯願神尊特垂開示,降甘露雨,遍灑人天;垂智慧雲,廣覆無外。(《太上玄都妙本清静身心經》,1/834b)

按:"膚"有淺陋之義,"膚愚"爲淺陋、愚昧之義,似可通。然"膚愚"道經僅一見,頗爲可疑。竊以爲"膚"乃"庸"之形近訛字,而"庸愚"即平庸、愚昧之義。此詞道經及其他典籍習見,唐王真《道德真經論兵要義述》:"微臣性識庸愚,智慮寡薄,久從戎府,不到朝廷,特蒙陛下曲貸殊私,擢居重任。"(13/631c)五代杜光庭《廣成集》卷四:"臣以庸愚,叨逢聖運,早承寵禄,常戒滿盈。"[2] 南宋金允中《上清靈寶大法》卷四十三:"有若臣庸愚未學,謬居師匠之階。嗣法某人,塵碌凡資,借受仙靈之職,事俱越分,理實愧心。"(31/643a)例中"微臣性識庸愚"、"臣以庸愚"、"臣庸愚未學,謬居……"與例1之格式語氣非常相近,皆爲自謙套語,可以比勘。故以"膚愚"作"庸愚"似更合理,而非淺陋愚昧之義。"庸愚",《大詞典》已收,可參。

---

①參本書"飢"字條,亦可參曾良《俗字及古籍文字通例研究》,第69頁。今人亦有誤認"汜"爲"汎"者,可參劉祖國、范豔麗《〈真誥校註〉考疑》第15條,《鄭州師範教育》2015年第1期。
②董恩林點校《廣成集》,第58頁。

7. 或勸人不孝，父母兄弟，踈隔尊親。或信用外道刼術，輕毀玄元。或無師訓授，欺詐人神。(《太上太玄女青三元品誡拔罪妙經》卷下，1/844a）

按："刼"乃"幼"之訛俗字，力、刀相混，《道藏》、敦煌寫本可見此形。[①] 然"幼術"於此不通，《中華道藏》録作"幻"。實則"刼"爲"幻"之增筆俗字[②]，一身兼二職。《無上秘要》卷四十五："道學不得信用外道雜術、邪見不真。"[③] 此處"雜術"、"邪見"與"刼術"相對。"幻術"道經習見，《大詞典》已收，茲不再舉例。

8. 唯願以此功德，散備一切，六道福善，莊嚴與我，同得解脱，齊入至真，俱登道岸。(《太上昇玄三一融神變化妙經》卷上，1/852b）

按："散備"不通，當作"散布(佈)"，"備"與"佈"形略近。《太上靈寶朝天謝罪大懺》卷九："元始上帝再告左右侍真曰：'吾今遣救苦真人持此經，下降人間，散布一切，兆民供養。'"（3/504c）

第 2 册

1. 唇不下垂，亦不搴縮；口不喎斜，不厚不大，亦不黧黑，无諸可惡。(《無上大乘要訣妙經》，2/3c）

按："搴縮"不通，"搴"當作"騫"。段注本《説文·馬部》："騫，馬腹墊也。"注曰："《土部》曰：'墊者，下也。'引《春秋傳》'墊隘馬腹'。墊，正俗所云肚腹低陷也。《仲尼弟子列傳》閔損字子騫，是其義矣。"[④] 低陷即缺損義，故唇騫即豁嘴、兔唇義，猶如唇肉縮進去一般，故"騫縮"爲近義並列。《太上洞玄靈寶業報因緣經》卷二："唇儳齒露鼻梁倒，破壞道場得此報。"（6/89a）"唇儳"，敦煌寫本作"辱騫"。"辱"爲"唇"之訛字，"儳"當作"騫"。"搴縮"，《中華道藏》徑録，非，可正。

---

① 此説及例證，可參張涌泉《敦煌俗字研究》(第 2 版)，第 463 頁；黃征《敦煌俗字典》(第 2 版)，第 994 頁；張文冠《近代漢語同形字研究》，第 178 頁。
② "幻"又有"刼"形，與"刼"接近，見黃征《敦煌俗字典》(第 2 版)，第 313 頁。
③ 周作明點校《無上秘要》，第 701 頁。
④ [清] 段玉裁《説文解字注》(第 2 版)，第 467 頁。

2. 或父子相殘,自相誅戮,或兄弟䦧䦧,骨肉交爭。(《元始天王歡樂經》,2/24a)

按:"䦧䦧"不通,"䦧"當作"鬩",形近而訛。"鬩"乃爭鬥之義,來源於《詩·小雅·常棣》"兄弟鬩于墻"①,故例句言"兄弟䦧鬩"。"䦧鬩",《中華道藏》錄作"䦧關",校曰:"'䦧關',疑當作'䦧鬩'。"其所錄非,當正。

第3册

1. 二者顛狂昏亂,無決照心,兼墮蝙蛤,徃徃等身。(《太上十二上品飛天法輪勸戒妙經》,3/411c)

按:由句意來看,"蝙蛤"當爲一動物,然"蝙"字單獨不成詞義,與"蛤"不類。竊以爲"蝙蛤"當作"扁蛤";作"蝙"字者,乃"扁"之類化訛字。扁蛤乃一種軟體動物,屬於體型較小的蛤蜊,俗名海瓜子,又名蟶蟲。"蝙蛤",《中華道藏》徑錄,非,當改俗訛字爲正字。

2. 妄語誹謗,吱咽口舌,妒賢害能,不信天真,疑貳符章,訾毁寶文。(《太真玉帝四極明科經》卷一,3/416b)

按:"吱咽"不通,當作"歧咽";"吱"爲"歧"之類化訛字。道經中"歧咽"常與"兩舌"並列,二者義同,乃搬弄是非之義,又作"岐咽"。"岐"見收於《説文》,乃山有分枝。"歧"乃足多指之義,引申爲分歧之義,未見於《説文》,當爲後起分化字,或者爲"岐"之俗字,俗書山、止相混。故"歧"、"岐"實爲同源,後世以"岐"表山名,"歧"表分歧義,二字分化。《太上玄一真人説三途五苦勸戒經》:"此之罪人,前生之時,歧咽兩舌,評論道士,攻擊賢人,不慈不孝,不仁不忠,罵辱父母,六親相殘。"(6/870a)五代杜光庭《太上宣慈助化章》卷二:"或背真妄語,岐咽兩舌,呪詛罵詈,顛倒無道,或借便貧人,以利家私。"(11/316c)"吱咽",《中華道藏》徑錄,非,可正。

3. 律曰:男官、女官主者,尋奉道之民,各有根本,而比者衆官互嚛,受

他户，寔由主者之過，不能以科法化喻，輒便領受。(《玄都律文》,3/460a)

按："嗘"，字書未載，其義不詳。竊疑爲"略"之訛字，"略"異體作"畧"，再受偏旁田或口影響而訛作"嗘"。"衆官互略"，即衆官相互争奪領户。張道陵創立五斗米道時，爲統率教民建立了二十四治。治爲修道傳教祭祀之所，長官爲祭酒等教職。每治統領若干户信衆，故而它也是一個行政機構。曹操討伐張魯之後，將其遷出巴蜀，安置鄴中。後來教規鬆馳，不復先前之置，因而出現了所謂"衆官互略"的情況。《玄都律文》:"愚民無知，謂可輕爾，致使去就任意，不遵舊典。主者受奪略之罪，民受叛違之愆，師則以狀言奏，天曹必至。違律者，各罰筭一紀。"(3/460a)從這一段記述來看，民衆既屬某一治統領，則不得隨意自行變動。否則，即爲違反科律，身有教職的統領，因"奪略"而受罪，自行變動的教民受"叛違之愆"，各有懲罰。"嗘"，《中華道藏》徑録。

第 4 册

1. 作神泥法：東海左顧牡蠣六分、蚡蝼土三分、馬脱落細毛一分、滑石三分、赤石脂三分、羊細毛二分、大鹽半分，合七物，合擣下細篩，和以百日醶醯，更擣三萬杵……先澡擇馬羊毛，又别末擇蚡蝼土，皆令精，去麤穢也。(《太微靈書紫文琅玕華丹神真上經》,4/555a)

按：《廣韻·文韻》："蚡，田中鼠。又音憤。蚡，上同。"[1]依此，"蚡蝼"不通。竊以爲當作"蚓蝼"，"蚡"爲"蚓"之形近訛字，"分"之草書、俗寫與"引"十分相似。"蚓蝼土"見於道經、典籍，又作"蚓蝼壤"、"蚓壤"、"蝼蚓土"、"蚓蝼黄土"等。

北宋寇宗奭《圖經衍義本草》卷三十三："《圖經》曰：'白頸蚯蚓生平土。今處處平澤皋壤地中皆有之。白頸者，是老者耳。三月採，陰乾，一云須破去土鹽之日乾，方家謂之地龍。治脚風藥，必須此物爲使，然亦有毒。曾有人因脚病，藥中用此，果得奇效。病既愈，服之不止，至二十餘日而覺煩燥憒亂，但欲飲水不已，遂至委頓。凡攻病，用毒藥已愈，當便罷服也。其屎呼爲蚓蝼，并鹽傅瘡，可去熱毒也。'《藥性論》云：'蚯蚓亦可單用，有小毒。乾者熬末用之，主蛇傷毒，一名地龍子。'《唐本》

---

[1] 蔡夢麒《廣韻校釋》，第 215 頁。

註云:'《別録》云鹽霜爲汁,療耳聾,鹽消蚘,功同蚯蚓,其屎封狂犬傷毒,出犬毛,神效。'"(17/689a)

此段記載中明確説明了蚓螻之義,即"其矢呼爲蚓螻",可治療脚風、瘡毒、耳聾、狂犬毒等病。蚓螻矢,亦即下文之中的"屎封",乃蚯蚓鑽行地中,而留在地面的小土堆,是蚯蚓的排泄物。故它又可以稱爲"蚓螻糞",《太極真人九轉還丹經要訣》:"取東海左顧牡蠣、白石脂、雲母粉、蚓螻糞、滑石、白礜石,凡六物分等,各擣二萬杵,畢,都冶合,又共擣三萬杵。"(19/10c)

又可稱作"蚯蚓糞"、"蚯蚓土"、"蚯蚓屎"、"蚯蚓泥"。"蚡螻土",《中華道藏》徑録,非,當正。

第5册

1. 後遊阮郎亭,崖上去地十餘丈,有篆書刻石,字極大,世傳云漢阮肇題詩。入石模塌驗之,乃是李陽冰嘗爲縉雲令,遊此亭題詩……(《續仙傳》卷下,5/98a)

"模塌",《四庫》本作"模搨",《雲笈七籤》卷一百一十三下、《歷世真仙體道通鑑》卷三十九皆作"摸搭"。

按:《玉篇·手部》:"搭,摸搭。"[1]"摸"即"摹"之俗寫,偏旁位移而成,描摹、拓印之義。"搭"乃是一個借音字,當讀作"搨(搨)"。[2]《集韻·合韻》:"搨,冒也。一曰摹也。或作搨、搭。"[3]此字亦作"打"[4],《大詞典》收"摹打"、白維國主編《近代漢語詞典》收"磨打"[5],皆可參。故"摸搭(摹搨)"是一個同義並列結構,乃描摹、拓印之義。作"模"者,木、扌二旁相混。"模"亦有描摹之義。作"塌"者,乃扌、土二旁相混而訛。[6]

---

[1] [南朝梁] 顧野王著,[北宋] 陳彭年等重修《大廣益會玉篇》,第32頁。

[2]《大字典》《大詞典》皆以"摸"同"摹",可參。《大詞典》已收"搭"同"搨",描摹義。

[3] 趙振鐸《集韻校本》(中册),第1594頁。

[4] 中古"搭"爲透紐盍韻,"搨"爲透紐合韻,二者音極近。"打"在敦煌文獻中已有端紐馬韻的讀法(黄征《敦煌俗字典》(第2版),第131頁),入聲消失之後,盍、合二韻的舌齒音,與馬韻同入家麻韻(王力《漢語語音史》,第338頁)。

[5] 白維國主編《近代漢語詞典》,第1300頁。

[6] 如"壞(塿)"俗字作"搂",參張文冠《近代漢語同形字研究》,第154頁。"坨(地)"訛作"扡",參曾良《俗字及古籍文字通例研究》,第37頁。

2. 昔遊纓紱,頡頑搢紳,猷乎匡救,勞彼問津,亦既解組,乃襲山巾,遠尋丘壑,高蹈風塵,情無緬世,隱不隔真。(唐·賈嵩《華陽陶隱居内傳》,5/511c)

"頡頑",《茅山志》卷二十一、《古今圖書集成·博物彙編·神異典》卷二百六十一《神仙部·藝文一》皆作"頡頏"。

按："頡頑"不通,"頑"當爲"頏"之形近訛字。"頡頏"乃分庭抗禮、不相上下之義,此詞《大詞典》已收,不另舉例。"頡頑",《中華道藏》逕錄,非,可正。

3. 二十日,夢見司命君,君見,令取青□以呈司命。注曰："此一字章漫,永不可識也。"① (南朝梁·陶弘景《周氏冥通記》卷四)

"章漫",《譯注篇》譯爲："章草的書寫體。"

按："章漫"不通,當作"草漫","章"乃"草"之形近訛字,《譯注篇》非。"草"有簡率、粗劣之義,"漫"有雜亂、隨意之義②。《大字典》、《大詞典》皆已收,可參。故"草漫"爲近義並列結構,此卷："二十九日,夢司命三君,云:'前事遣赤城外衛軍十人相助,遂不能都□,亦得可可耳。'"陶弘景注曰："此字草漫,不可識也。"③《譯注篇》以"草體書寫"譯之,略近,惜未作前後之溝通。"章漫",《譯注篇》、《中華道藏》皆逕錄,非,皆當正。④

4. 疎陀人不信功德,任命生死,不知因緣輪轉福報,而不經懷諸部經典,謂之虛言。(《洞玄靈寶本相運度劫期經》,5/850c)

按："疎陀"不通,竊以"陀"當作"惰"。"疏惰"爲近義並列,乃疏懶不勤之義。"陀"於《廣韻》爲定紐歌韻,"惰"爲定紐果、過二韻,三韻皆屬果攝,有同用通押之例,故二者音近。"疏惰",《大詞典》已收,不另舉例。

---

① [日] 麥谷邦夫、吉川忠夫編,劉雄峰譯《〈周氏冥通記〉研究》(譯注篇),第 209 頁。
② 劉祖國釋爲"漫漶、模糊",所舉均爲宋代及以後之例,恐不可從。參劉祖國《〈〈周氏冥通記〉研究(譯注篇)〉商補》,《圖書館理論與實踐》2012 年第 10 期。
③ [日] 麥谷邦夫、吉川忠夫編,劉雄峰譯《〈周氏冥通記〉研究》(譯注篇),第 216 頁。
④ 又：近翻檢王家葵《周氏冥通記校釋》,其中"章"已據《秘册匯函》本改爲"草",甚趣。筆者根據《譯注篇》所搜羅之版本考釋,對《真誥》異文有疏略。特此附記,以示不敢掠人之美!

第 6 冊

1. 皆生怖畏，五神悲惶，莫惻所從，各欲四散而不能去。（《太上洞淵神呪經》卷十一，6/38c）

按："莫惻"不通，當作"莫測"。"莫測"即不知、無法預料之義。道經習見該詞，《大詞典》亦已收，茲不再舉例。"莫惻"，《中華道藏》徑録，非，可正。

2. 偷盗齋食清净供，見世躄躒生餓鬼。（《太上洞玄靈寶業報因緣經》卷二，6/88c）

"躄躒"，BD05767《太上洞玄靈寶業報因緣經》卷二作"礔礰"。

按："躄"爲足不能行、仆倒之義，"躒"爲踐義，二者複合不可通，當從敦煌本作"礔礰"。"礔礰"即霹靂，乃閃電、雷聲。此卷："偷盗齋食及供養寶器、法食者，見世逢霹靂雷電，惡鬼所傷。"（6/86c）即與此相應。舊題漢葛玄《太上慈悲道場消災九幽懺》卷七："偷盗齋食供養者，見世霹靂鬼殺，過去生蛇虺身死入餓鬼中。"（10/67a）亦可爲證。"躄躒"，《中華道藏》徑録，非，可正。

3. 受生蠦蛂臭穢身，葷穢經像得此報。（《太上洞玄靈寶業報因緣經》卷二，6/89c）

按："蠦蛂"當即"蠦蜚"，亦即"蠦蟠"，又作"負蟠"。"蟠"於《廣韻》爲並紐元、桓二韻，"蜚"爲幫紐潸韻，幫、並同系，元（桓）、潸二韻，南北朝時期也相近通押①，故"蟠"、"蜚"語音相近，是一個詞的不同寫法。"反"於《廣韻》爲幫紐阮韻、滂紐元韻，與以上二字音亦相近，故"蛂"可視爲"蜚"之換聲旁俗字；當然也可以視爲省形俗字。"蠦蜚"即潮蟲，道經中數見此詞。《洞玄靈寶三洞奉道科戒營始》卷一："經曰：蠦蟠生身者，從食葷辛近三寶中來。"（24/743b）"蠦蟠"，《太上洞玄靈寶業報因緣經》卷二作"蠦蛂"。《太上慈悲道場消災九幽懺》卷六："蛭蟆蚊蚤蝨，蠦蟠蠓蠛蟲。"（10/55c）《太上洞玄靈寶業報因緣經》卷二："或作蠦蟠

①王力《南北朝詩人用韻考》，第36頁。

蟲,臭穢人不喜。"（6/92a）

4.（1）或殺蚊蝱、蚤蝨、蜉蝣、蚱蜢、蠕蜒、蛸蟯化生之屬(《太上洞玄靈寶業報因緣經》卷三,6/126b）

"蛸蟯",《太上靈寶朝天謝罪大懺》卷三 "蛸翹"。

（2）善惡報應,男女命根,罪福緣對,宿命因緣,草木蛸蟯,一切衆生,莫不待我布炁而得受生矣。(《太上洞玄靈寶業報因緣經》卷十,6/126b）

（3）或殺蚊蝱蟣蝨、蜉蝣蠕蠕、蛸蟯化生之屬。（舊題漢·葛玄《太上慈悲道場消災九幽懺》卷六,10/55b）

按："蟯",當爲 "翹" 之類化俗字。"蛸翹" 當作 "肖翹",乃細小飛物,固 "肖" 又類化作 "蛸" 矣。"蠕蜒" 當作 "蝡蝡"、"喘蝡",亦同此理。《莊子·胠篋》："蝡蝡之蟲,肖翹之物,莫不失其性。"成玄英疏："附地之徒曰喘蝡,飛空之類曰肖翹,皆輕小物也。"[1]

5. 天下地祇,日月來朝,千魔萬精,不敢妄干,志願堅白,蠋向咸成。(《太上洞玄靈寶赤書玉訣妙經》卷上,6/186b）

"蠋向",《三洞珠囊》卷二作 "觸向"。

按："蠋向" 不通,當作 "觸向","蠋" 爲 "觸" 之形近訛字。"觸向" 表示動作所向,"觸向咸成" 即所向皆成、無往而不利之義。"動詞＋向" 是道經一個比較常見的固定格式,都表示動作所向,如 "舉向"、"信向" 等。《洞真上清龍飛九道尺素隱訣》："有宗无經,但朝禮神真,則致長生,延壽無窮,千禍不干,萬凶不當,兵災殄滅,皋向皆成。"（33/494a）《上清太上黃素四十四方經》："斬伐邪精,三魂和柔,血尸流零,神歸絕宅,觸向利貞,使我神仙,長保劫齡。"（34/79a）北宋張君房《雲笈七籤》卷一百二："悟者即心得道,迷者觸向乖真。"[2]

6.（1）行北方之道,水腎王,肝爲上相,常以立冬、冬至入靖室,各首

---

①［清］郭慶藩《莊子集釋》（第 3 版）,第 368 頁。
②李永晟點校《雲笈七籤》,第 2207 頁。

其卧,瞑目存神,内思念腎氣正黑,元氣灂灂,如山出雲,浮行著天,上與天通,太清元氣,下入身中,一身盡熱,赤氣養之,玄黄五色,玄冥來至,道君主之。(《太上靈寶五符序》卷上,6/320b)

(2)兩腎神,字灂灂。(《太上靈寶五符序》卷上,6/321c)

按:"灂"字字書不載,《中華道藏》徑録,竊以爲乃"漂"之訛俗字。"漂"之異體作"潶",《龍龕·水部》:"潶,俗;瀌,正;漂,今。疋昭反,浮也。"①寸、刂二旁有相混之例,如"冠"又作"冦","罰"作"罸"。故"灂"當由"潶"訛變而來。"漂漂"、"灂灂"皆見於道經。《太清真人絡命訣》:"腎中有白人,長四寸,名曰漂漂。"(2/872a)南宋王契真《上清靈寶大法》卷五:"脾神神神,腎神漂漂,膽神獲獲。"(30/692b)北宋張君房《雲笈七籤》卷十八:"念腎色正黑,名曰灂灂,三日。"卷十九:"先生灂灂,與己爲友,留爲已使,奉持華蓋,金液玉英。常在勿出,侍我道君,共合爲一身。"②"灂",《中華道藏》徑録,當爲不識俗字,依其體例當正。

7. 我佩上法,受教太玄,長生久視,身飛體仙,塜墓永安,鬼訟塞關,魂魄和悦,惡氣不煙。(《上清三真旨要玉訣》,6/628b)

"塞關",《洞真西王母寶神起居經》作"塞間",《真誥》卷十、《上清握中訣》卷中、《三洞珠囊》卷一皆作"塞姦"。

按:"間"、"關"皆當作或讀作"姦"。"間"於《廣韻》爲見紐襇韻,"關"、"姦"皆爲見紐删韻,三者聲紐相同,二韻皆屬山攝,南北朝時有通押之例③,故聲韻相近,可以相借。北宋陳景元《上清大洞真經玉訣音義》:"投間,一本作關。"(2/707a)"塞姦"即中止作惡之義,此詞見於道經,《上清握中訣》卷下:"北極主冬,萬邪塞姦。"(2/907a)

8. 行八素之祕妙,則致白皇來降。已行五靈之外道,則致白神來授書。尊卑玄盼,故道有淵階矣。(《上清太上八素真經》,6/653b)

按:"盼"原作"眄",乃其訛俗字,《雲笈七籤》卷二十五正作"盼"。然"玄盼"不可通,道經中有些説法,可供比勘。此經:"是以道有隱外,

① [遼]釋行均《龍龕手鏡》(高麗本),第226頁。
② 二例見李永晟點校《雲笈七籤》,第435、439頁。
③ 可參張涌泉《敦煌俗字研究》(第2版),第861頁。

文有祕顯,爾乃招真有尊卑之差,求神有上下之序。"(6/652c)"行八素之隱道,則致北皇來降。已行五靈之外法,則致黑帝君來授書。尊卑差序,故道有隱顯焉。"(6/654a)《太上老君開天經》："黃帝之時,老君下爲師,號曰廣成子,消息陰陽,作道戒經、道經。黃帝以來,始有君臣父子,尊卑以別,貴賤有殊。"(34/619b)北宋張君房《雲笈七籤》卷十九："道非有所異也,但有尊卑等故耳。"卷一百六："廢興之數、治亂之運、賢愚之質、善惡之性、剛柔之冴、壽夭之命、貴賤之位、尊卑之班、吉凶之徵、窮達之期普陳矣。"①

　　以上這些例子都是強調尊卑之別,尤其是"行八素之隱道"之例,與例1表達、意義皆十分相近。依此"盼"似爲分別之義。段注本《説文·目部》："盼,白黑分也。"段注："此形聲包會意。"②按:段說是,從分之字有分別、分判義③,與上文之"判"、"班"爲同源詞。《説文·玨部》："班,分瑞玉。"④上古"班"爲幫紐元部,"判"爲滂紐元部:二者音近,且都有分義,與"盼"音近同源,各辭書皆未作溝通。然"玄盼(判、班)"意義不通,竊以爲"玄"乃"分"之訛誤字,二者行草書字形相近。"分判"近義複用,乃分別、分離之義。《無上秘要》卷二十："高聖帝君以九玄建氣之始,空靈分判,上登九層七映朱宮,徘徊明霞之上,蕭條九空之中,西妃擊節,天女羅錚……"⑤《上清三元玉檢三元布經》："兆當引氣三十六咽,祝曰:中天徘徊,三氣相隨,玄母混合,散靈紫微,黃白分判,我道來歸,丹瓊綠輿,運我昇飛,上詣朱房,三元同暉。"(6/221a)《元始五老赤書玉篇真文天書經》卷上："天地得之而分判,三景得之而發光。"(1/774b)《太上洞淵神呪經》卷十六："聞有轉經宣呪之處,汝等當爲生人和喻家親丈人,令内外分判,家親安穩。"(6/60b)《雲笈七籤》卷七十二："混沌爲先,象其元氣,分判清濁,以神爲助,八卦相配,日月光曜,合成大丹。"⑥此詞亦見於其他四部文獻,《大詞典》亦已收,可參。

---

①分別見李永晟點校《雲笈七籤》,第454、2291頁。
②[清]段玉裁《説文解字注》(第2版),第130頁。
③説參殷寄明《漢語同源字詞叢考》,第44頁。
④[東漢]許慎《説文解字》,第14頁。
⑤周作明點校《無上秘要》,第233頁。
⑥李永晟點校《雲笈七籤》,第1597頁。

9. 次覆衣九星,先舉左手屈於頭上,如斗勢,存陽明星在左手掌中,陰精星在左肘上,真人星在左乳上,玄冥星當心,丹元星在右胜上,北極星在右膝頭上,天關星在右足胚上,輔星在臍下,弼星在頭上。……次舉右手,如斗勢,臨頭上,存陽明還右手掌中,陰精星右肘上,真人星在右乳上,玄冥星當心上,丹元星在左胜上,北極星在左膝頭上,天關星在左足胚上,弼星在左目上,輔星在右目上。(《太上飛行九晨玉經》,6/668c)

按:"胚"即"胚"字;"足胚"之義不通。"胚"當作"跗",《集韻·虞韻》:"跗,足也,或作跗。"① 這裏的"足跗"乃足背之義,《玉篇·足部》:"跗,足上也。"② 不(丕)、付音近,從二旁之字多有通假之例。③

10. 既無清潔之志,心嫉意妬,隱切爭訟,更相憎忌。呵男罵女,打𡡾奴婢,咄賓叱客,絶交鄰里,鄉黨不信,骨肉不睦,六親不和,九族不篤,繫怒六畜,瞋疑妻妾。(《太上洞玄靈寶宣戒首悔眾罪保護經》卷中,6/902b)

按:"隱切"不通,"隱"當作"急",㥁、急形近而有相混或互爲異體之例。如"隱"俗體作"隱","穩"俗字作"稳"等。

11. 右天官下直,五嶽四瀆之神,各依方列位,料察善惡,言功記過,無不上聞。(唐·朱法滿《要修科儀戒律鈔》卷八,6/955c)

按:"料",當作"糾"。斗、丩二旁有相混或互爲異體之例,如"叫"作"斜",故"糾"又作"斜"④,與"料"形近。北宋張君房《雲笈七籤》卷三十七:"右其日修齋,五嶽四瀆神君,各依方位,糾察善惡,無不上聞。"⑤"糾察",乃舉發督察義,《大詞典》已收,可參。道經亦習見此詞,茲不再舉例。"料察",《中華道藏》徑録,非,可正。

12.(1)生而飲酒者,死則連汲溟波水,灌沃四瀆中。或曰道法之

①趙振鐸《集韻校本》(上册),第 161 頁。
②〔南朝梁〕顧野王著,〔北宋〕陳彭年等重修《大廣益會玉篇》,第 34 頁。
③參張儒、劉毓慶《漢字通用聲素研究》,第 3 頁;高亨著,董治安整理《古字通假會典》,濟南:齊魯書社,1989 年,第 433 頁。
④參張文冠《近代漢語同形字研究》引周志鋒等諸人之説,第 36 頁。
⑤李永晟點校《雲笈七籤》,第 823 頁。

中,聽許飲酒。(唐·朱法滿《要修科儀戒律鈔》卷十四引《靈寶經》,6/989a)

(2)或長釘釘身,或鐵犁耕舌,或糞穢臭處,或<u>漣汲</u>溟波,或負鐵擎山,填河灌海。(《上洞玄靈寶三塗五苦拔度生死妙經》,6/276a)

(3)如擔沙負石、<u>連汲</u>溟波之衆,驅雷役電、掃山穿地、貫天引水之徒,並與斷地連役,永使道遥。(南宋·金允中《上清靈寶大法》卷三十二,31/563a)

按:"連汲"不通,當作"摙汲"。例2作"漣"者,乃"摙"之假借字,或本涉"汲"字及語義而類化。《玉篇·手部》:"摙,運也。"[1]"汲",引也;"溟波",又作"冥波",乃苦海之水。"摙汲溟波"即汲引而運負苦海之水,這是道教懲罰措施——三徒之一。《靈寶無量度人上經大法》卷二十九:"三徒,一曰長夜,二曰寒池,三曰摙石。又曰天官徒驅雷役電,地官徒負沙擔石,水官徒連汲冥波。"(3/771b)"連汲",《中華道藏》徑錄,非,可正。

第9册

1.陰陽有昇降之殊,凶吉有推遷之理。值茲厄會,用軫<u>憂勒</u>。(五代·杜光庭《太上黄籙齋儀》卷十五,9/223c)

按:"憂勒"不通,"勒"當作"勤",形近而訛。"憂勤",乃操勞、憂慮之義。此詞屢見於該經及其他道經,此經卷十三:"顯天尊拯化之恩,副聖主<u>憂勤</u>之願。"(9/218a)卷十九:"皇帝承天握紀,應曆披元。恭儉惠和,<u>憂勤</u>庶政。"(9/234c)《太上洞玄靈寶法燭經》:"於是榮味聲色,衆慾互生。未得憂不得,既得又憂失,志無須臾之定,乃終身<u>憂勤</u>矣。"(6/178c)《大詞典》已收該詞,可參。"憂勒",《中華道藏》徑錄,非,可正。

第10册

1.欺謾良善,不以道求取,兇醜恐布侵竊,<u>牽叫</u>神鬼,自謾己身⋯⋯種種罪累。(舊題漢·葛玄《太上慈悲道場消災九幽懺》卷五,10/54c)

按:"叫"即"叫","牽叫"不通,"叫"當作"引"。"牽引"者,招引。

---

[1][南朝梁]顧野王著,[北宋]陳彭年等重修《大廣益會玉篇》,第31頁。

"牽引鬼神"見於該經及其他道經,此經卷五:"結罪惟深,對面興歎,將善爲惡,常集妖誣,每親邪法,呼人叫地,牽引鬼神。"(10/49a)《上清河圖內玄經》卷下:"强相呪咀,妄加善人,叫唤罵詈,牽引鬼神,指斥日月,告訴星辰。"(33/826a)五代杜光庭《太上黄籙齋儀》卷四十:"或上違天道,下犯地司,穢瀆三光,輕凌四大,怨恚風雨,牽引鬼神,魘蠱於人,殘害於物。"(9/205a)道經中又有"牽鬼引神"義同於此,例不再舉。"牽叫",《中華道藏》徑録,非,當正。

2. 其一家百餘人行李無所驚懼,遂於龍角山下葺居避難。衣冠及遠近道流皆投其家,各與拯紀。(五代·杜光庭《道教靈驗記》卷七,10/823c)

"拯紀",《雲笈七籤》卷一百一十八作"拯給"。

按:"紀"當作"給"[1]。"給"爲供養、供給之義,"拯"爲救助、援助之義,二者義類並列。此詞見於典籍,《北史·張普惠列傳》:"及爲豫州,啓長瑜解褐,攜其合門拯給之。"[2]《洞靈真經》"於是舉選秀士賢良而尊封之,求見孤疾長老而拯救之"何璨注曰:"孤疾之人拯給之,長老者政敬之也。"(16/753b)

3. 施州清江郡開元觀,有鐘焉,其形絕古,用麟爲鼻,以系干簨,狀若玄瓠。(五代·杜光庭《道教靈驗記》卷十三,10/846b)

"干簨",《雲笈七籤》卷一百二十作"於簨"。

按:"干簨"不通,當依《雲笈七籤》作"於簨"。"於"又作"于",因而訛爲形近之"干"。"以系於簨"即系挂在簨上;"簨"爲鐘磬架上的立柱。"干簨",《中華道藏》徑録,非,當正。

第11册

1. 靈官渺邈,紫府深嚴,雖昭告之備申,慮誠明之莫達。[3](五代·杜光庭《廣成集》卷十一)

---

①前者於《廣韻》爲見紐之韻,後者爲見紐緝韻:之、緝二韻爲陰入對轉,所從韻尾有異。
②[唐]李延壽《北史》,第1698頁。
③董恩林點校《廣成集》,第163頁。

“渺邈”,《全唐文》卷九百四十作“渺邈”。

按：《龍龕·辵部》：“邈,俗。呼結、胡結二反。正作擷。”① “渺擷”義不可通,當依《全唐文》作“渺邈”。“邈”爲“邈”之形近訛字,文獻傳抄之際,“白”訛爲“𠀇”,“儿”訛爲“心”,故“兒”變作“急”矣。“渺邈”,乃玄遠之義。經籍習見,亦多見於道經,兹不再舉例。“渺邈”,《中華道藏》徑録；董恩林點校本僅羅列異文,未作是非説明。

2.使陸行通易,水行利涉,諸功勞者,至時還賞,不令違失。（五代·杜光庭《太上宣慈助化章》卷二,11/317c）

按：“還賞”不通,“還”當作“遷”,字形相近而誤。“遷賞”,升職、賞賜。此詞屢見於本經及其他道經,此經卷二：“或奉行違失,三氣錯亂,或功詭逋留,遷賞不達,或福儲天藏,不時輸送。”（11/315c）“考吏所考,事蒙立應,實有驗者,宜加遷賞,以報其勞。”（11/320a）《太上靈寶五符序》卷上：“總御九天之真,乘地軸之輦,從六甲六丁,遷賞道功,誅伐魔精。”（6/319a）《大詞典》已收該詞,可參。“還賞”,《中華道藏》徑録,非,當正。

3.鳳凰來儀,五星合度,日月光輝,四方賓服,天下清安,枖惡不生,諸侯同歸,壽與天地,萬兆不衰。（《太上無極大道自然真一五稱符上經》卷上,11/633a）

按：《説文·木部》：“枖,木少盛皃。”② “枖惡”於此不通,“枖”當作“祅”,木、礻二旁相近而混③,《中華道藏》録作“祅”,甚是。“祅”即“妖”,“妖惡”乃妖怪、災害、不善之義。此詞道經數見,《太上洞淵神呪經》卷三：“自今當助道,一一相經營。勿復相吹噓,共作妖惡情。若作妖惡情,力士縛汝靈。湯煮火復燒,徃返刀山亭。”（6/10a）五代杜光庭《太上黄籙齋儀》卷二十二：“威儀翼翼,普天所瞻,民稱太平,六夷賓伏,妖惡自滅,賢聖日生。”（9/243b）

---

① [遼] 釋行均《龍龕手鏡》（高麗本）,第495頁。
② [東漢] 許慎《説文解字》,第118頁。
③ 參曾良《俗字及古籍文字通例研究》“禮（札）”條,第282頁；張小豔《敦煌社會經濟文獻詞語論考》“寶樣”條,第226頁；張文冠《近代漢語同形字研究》“栢苑”條,第366頁。

第 18 册

1. 戒常當謙讓,戒舉百事詳,心勿惚恫,戒勿學邪文。(《太上經戒》,18/227c)

"惚恫",《雲笈七籤》卷三十八、《太上老君經律》皆作"惚恫",《要修科儀戒律鈔》卷五作"調譃"。

按:"惚"爲恍惚義,又爲"惚"之訛俗字。勿(忽)、匆(怱)形近而訛。《集韻·送韻》:"惚,惚恫,不得志。一曰心急。一曰無知皃。"[①]

2. 右二十四鬼,放縱下羅截四方,充塞六合,擅箄五行,更相署置。(《女青鬼律》卷六,18/251b)

按:"擅箄"不通。"箄"當作"弄",形近而訛。"擅弄",指隨意弄亂。《中華道藏》徑録,非,可正。

第 19 册

1. (1)先將此銀鍋子,用藥如後:北庭砂一兩、石鹽一兩、麒麟蝎一分。(唐·張果《玉洞大神丹砂真要訣》,19/38b)

(2)辨麒麟蝎:此藥出於西胡,稟熒惑之星,生於陽石,陰結成質,色如紫礦,形若爛石。(《玉洞大神丹砂真要訣》,19/41c)

"麒麟蝎",《大洞鍊真寶經九還金丹妙訣》、《證類本草》皆作"麒麟竭",《雲笈七籤》卷六十八作"麒麟碣"。

按:"蝎"、"碣"皆當作"竭"。"麒麟竭"是一種如松脂之物,可以入藥,亦作"騏驎竭"。醫書多有記載,如《本草綱目》卷三十四:"騏驎竭:血竭。時珍曰:騏驎,亦馬名也。此物如乾血,故謂之血竭。曰騏驎者,隱之也。舊與紫鉚同條,紫鉚乃此樹上蟲所造成,今分入蟲部。《集解》:'恭曰:騏驎竭,樹名渴留,紫鉚樹名渴稟,二物大同小異。'志曰:'二物同條,功效亦別。紫鉚色赤而黑,其葉大如盤,鉚從葉上出。騏驎竭色黃而赤,從木中出,如松脂。'珣曰:'按《南越志》云:騏驎竭,是紫鉚樹之脂也。欲驗真偽,但嚼之不爛如蠟者爲上。'頌曰:'今南番諸國及廣州

皆出之，木高數丈，婆娑可愛。葉似櫻桃而有三角。其脂液從木中流出，滴下如膠飴狀，久而堅凝，乃成竭赤作血色。采無時。舊説與紫鉚大都相類，而别是一物，功力亦殊。'敩曰：'凡使，勿用海母血，真相似，只是味鹹并腥氣。騏驎竭味微鹹，甘似厄子氣也。'時珍曰：'騏驎竭是樹脂，紫鉚是蟲造。按《一統志》云：血竭樹畧如没藥樹，其肌赤色，采法亦於樹下掘坎，斧伐其樹，脂流於坎，旬日取之。多出大食諸國。今人試之，以透指甲者爲真。獨孤滔《丹房鑑源》云：此物出於西胡，禀熒惑之氣而結。以火燒之，有赤汁涌出，久而灰不變本色者，爲真也。'"① "麒麟蝎"，《中華道藏》兩處皆徑録，非，可正。

2. 俗爲大成，書云林芝。性冷，出河南道，形如<u>蔢蕳</u>，治風瘴。（舊題漢·黄玄鍾《蓬萊山西竈還丹歌》，19/188c）

按：《集韻·箇韻》："蕳、荷，菜名，或从呵。"② 此義似不諧於文例，竊以爲"蔢蕳"當即"薄荷"，"蕳"乃"荷"之換旁訛俗字。"蔢蕳"，《中華道藏》徑録，非，依其體例當改俗字爲正字。

3. 想見其説，必如出潢汙而浮滄海，背螢燐而向日月，聞雷霆而覺布鼓之陋，見巨鯨而知寸鮂之細也。其嘍嘍無所先入，欲以弊藥必規升騰者，何異策蹇驢而欲尋迅風，櫂<u>艦舟</u>而欲濟大川乎？（《抱朴子神仙金汋經》卷中，19/207b）

"艦舟"，《抱朴子内篇·金丹》、《雲笈七籤》卷六十七作"藍舟"。

按：依句例，前後半句相反成文，則"某舟"當是小船之義。"艦舟"不能表達此義，無法與"大川"相對。作"艦"者，當是受"舟"字或句意類化而訛，本當作"藍"。"藍"當作或讀作"蘭"，"蘭舟"即小船之義。③ 故顧久曰："藍舟：'木蘭舟'的簡稱。木蘭舟：小船的美

---

①［明］李時珍《本草綱目》，第1959頁。

②趙振鐸《集韻校本》（中册），第1214頁。

③"藍"爲來紐談韻，"蘭"爲來紐寒韻：二者之韻本不相近，然其韻腹相同，又皆爲陽聲韻尾，區別在於收 −m、−n 不同。道經及其他文獻之中，皆有陽聲韻互押現象，可參夏先忠《六朝上清經用韻研究》，第100頁；亦可參錢毅《宋代江浙詩人不同韻尾陽聲韻部通押現象考察》，《廣西師範大學學報（哲學社會科學版）》2010年第2期。"蘭舟"，《大詞典》已收，可參。

稱。"①此説極是。

4. 搗研之際,散芬馥之馨香;九撚之時,流光輝之微動。變煉成寶,服食廻顔,刀圭而頓得沖虛,羽化而翺翔天地。(《大還丹照鑑》,19/306a)

"九撚",《大還丹金虎白龍論》作"刲碾"。

按:"九"字書未見收載,"撚"亦未知何字,《中華道藏》録作"九撚"。《玄應音義》卷十四"撚髭"條引《通俗文》:"手捏曰撚。"②此義實即"捻"字。"九撚"確實見於道經,《道法會元》卷一百五十七:"如病勢牽延,報應未顯,則再帖神將,重加火獄。却添黑盞兩箇,湊成三盞,以前三符,分作九撚,亦按寅午戌安之如三台狀。"(29/838a)這裏的"九撚"由句意可以得知,是分作九份而捻。此義施之於例1,似乎不甚貼切。

竊以爲"九"乃"丸"之訛體,"撚"確是"撚"字,然因磨滅或其他原因而有變異。"丸撚"即捏作丸子,此篇題爲"大還丹",丹自是以手捏成的丸形。這種表達在道經、醫籍中是比較常見的,晉葛洪《肘後備急方》卷六:"取黄連末一大兩,白羊子肝一具,去膜,同於砂盆内研,令極細,衆手撚爲丸,如梧桐子,每食以煖漿水吞二七枚,連作五劑,差。"(33/80a)《秘藏通玄變化六陰洞微遁甲真經》卷中:"如是遶壇三匝畢,就位上香再拜訖。取符一道,撚成丸子,用當位上酒服之。"(18/593b)《無上玄元三天玉堂大法》卷二十八:"每服五符,撚作小丸子,面南或東,棗湯吞下。"(4/110a)《道法會元》卷二百二十四:"十一催生:黄紙朱書符,加南斗諱在内,存星光朗朗。撚符成丸,用順流水吞下,或燒服。存監生大神監出孩兒。仍書一劄付土地司命,保衛生身。"(30/395b)

"刲"有切斬之義,"碾"爲磨義,如此則"刲碾"爲削磨之義,大概是有些入藥的東西,需要劃切,然後再碾磨成粉,倒也講得通。而且"撚"於《廣韻》爲泥紐銑韻,"碾"爲娘紐綫韻:泥、娘二紐極近,上古很可能是一紐,銑韻屬先韻系,綫韻屬仙韻系,二系同用同攝,亦近。《元始無量度人上品妙經直音》:"輾,音撚。"(1/417b)"輾"之軋義,即"碾"。③

①顧久《抱朴子内篇全譯》,貴陽:貴州人民出版社,1995年,第88頁。

②徐時儀《一切經音義三種校本合刊》(修訂版),第310頁。

③[明]徐光啓《農政全書》卷二三引《通俗文》曰:"石磑輾穀曰輾。"實即"碾"字。二者一從石、一從車,皆是滾壓之義,故王力認爲二者實同一詞,參王力《同源字典》,第577頁。

5. 簷張羽翼,棟壓虹蜺,粉壁霜凝,丹楹火亘,牕籠倒景,户闥長霄,塑像新成,儀形乍降。(唐·樂朋龜《四川青羊宫碑銘》,19/683b)

按:"牕"即"窗"字。然"窗籠"義不可通,竊以爲"籠"當作"櫳"①,竹、木義類而訛。《説文·木部》:"櫳,房屋之疏也。"段注:"疏當作疋。疏者,通也;疋者,門户疏窗也。房屋之窗牖曰櫳,謂刻畫玲瓏也。"②《玉篇·木部》:"櫳,房屋之疏也,亦作櫳。"③故"窗櫳"是一個近義並列結構。

6. 帝子湘川,天孫漢曲。翩縣縹緲,躊躇蹲躅。神女弄珠,靈妃啓玉。倏來忽往,星繁電燭。(唐·崔融《唐嵩高山啓母廟碑銘》,19/710b)

按:"蹲躅"不可通,"蹲"當作"躑",形近而訛或右半磨滅、脱落而致。"躑躅"又作"蹢躅",亦倒作"躅躑"、"躅蹢",皆徘徊之義。這些詞《大詞典》皆已收,可參,不另舉例。

第20册

1. 真妃曰:"君今語不得有謙飾;謙飾之辭,殊非事宜。"④(南朝梁·陶弘景《真誥》卷一)

周作明、孔珍皆曰:"謙飾,謂因謙遜而掩飾真情。"⑤

按:《大詞典》引此例,釋作:"謙飾,謂因謙遜而掩飾真情。"周、孔二説當承襲自此,然此義不可通。實則"飾"當作"飭",二字字形語音皆近,典籍中多有相通或混用。⑥《玉篇·食部》:"飭,謹兒。"⑦"謙飾(飭)"不是因謙遜而掩飾真情,而是謙虚謹慎之義;謙虚義和謹慎義相類,而非掩飾。《侍帝晨東華上佐司命楊君傳記》引此句正作"飭",可證。《新唐書·路巖傳》:"居循循謙飭,若不在勢位者。"⑧此詞《大詞典》已收,

①《廣雅·釋宫》:"櫳,牢也。"王念孫《疏證》:"櫳之言牢籠也。字本作櫳。"故張希峰即認爲"櫳"、"籠"同族,參張希峰《漢語詞族叢考》,第113頁。
②[清]段玉裁《説文解字注》(第2版),第256頁。
③[南朝梁]顧野王著,[北宋]陳彭年等重修《大廣益會玉篇》,第61頁。
④趙益點校《真誥》,第15頁。
⑤周作明《中古上清經行爲詞新質研究》,第150頁;孔珍《〈真誥〉詞彙研究》,第19頁。
⑥參宗福邦等主編《故訓匯纂》,第2518、2520頁。
⑦[南朝梁]顧野王著,[北宋]陳彭年等重修《大廣益會玉篇》,第46頁。
⑧[北宋]宋祁等《新唐書》,北京:中華書局,1975年,第5396頁。

可參。

2. 南岳夫人見授書曰：“……吾往曾因紫微夫人，爲汝<u>構</u>及此意。今遂如願，益使我欣欣，慎復疑矧於心胸矣。”[1]（南朝梁·陶弘景《真誥》卷一）

“構及”，《侍帝晨東華上佐司命楊君傳記》作“遘及”。

按：竊以爲“構”當作“遘”[2]，《文選·劉琨〈幽憤賦〉》“遘兹淹留”五臣注曰：“遘，及也。”[3] 故“遘及”是一個同義並列結構。此詞見於道經，《太上洞玄靈寶法身製論》：“《韶》、《武》之樂，《雅》、《頌》之音，由來久矣，邈然難追。遘及鄭衛遺聲，妖艷辭章，西羌雜伎，北胡鼓舞，既不能輔性娛神，正足亂志。”（6/921c）此例“遘及”爲及至義，乃介詞；《真誥》“遘及”爲動詞，當爲談及、説及之義，二者存在一定差別。

3. 昔未受上道之前，有欲<u>索側</u>人意，有稱説堪陶獎者，受隱書之後，此計都冥也。[4]（南朝梁·陶弘景《真誥》卷四）

按：“索側”義不可通，“側”當作“測”，乃猜度之義[5]，與“索”之思考義近。亻、氵二旁相混，本書“佳毚”條已言之，可參。

4. 自世事<u>乖玄</u>，斯業未就，便當暫履太陰，潛生冥鄉，外身棄質，養胎虚宅，陶氣絶籥，受精玄漠。[6]（南朝梁·陶弘景《真誥》卷四）

“乖玄”，《無上秘要》卷四十二作“乖牙”，《墉城集仙録》卷五作“乖互”。

周作明：“句中‘世事乖玄’於《無上秘要》卷 42 修學品作‘世事乖互’……‘玄’當爲‘互’的形訛字。”[7]

按：《無上秘要》本作“牙”，乃“乑”之訛字，亦即“互”字。《廣韻·暮

---

①趙益點校《真誥》，第 19 頁。
②《詩·小雅·四月》“我日構禍”，馬瑞辰《傳箋通釋》即以“構”爲“遘”之借。
③［南朝梁］蕭統編，［唐］李善等注《六臣注文選》，第 428 頁。
④趙益點校《真誥》，第 63 頁。
⑤《廣雅·釋詁》：“測，度也。”
⑥趙益點校《真誥》，第 75 頁。
⑦周作明《“道教典籍選刊”與道教古籍整理》，《中國道教》2012 年第 5 期。

韻》："互，差互。俗作乎。"① 而"互"與"玄"俗寫亦形近，故亦相混。二書皆當從《墉城集仙録》正。"乖互"習見，有抵觸、違背、差錯諸義。《大詞典》已收，可參。"世事乖互"即世事不遂心，不順利之義。各點校本《真誥》、《中華道藏》本《無上秘要》皆作"乖玄"，非，當正。

5. 君曰："欲爲道者，目想日月，耳響師聲，口恒吐死氣，取生炁，體象五星，行恒如蹦空，心存思長生，慎笑節語，常思其形，要道也。"②（南朝梁·陶弘景《真誥》卷五）

"蹦空"，《登真隱訣》卷中同，注曰："行步若在雲虛之中，非如履斗乘綱也。"③

按："蹦空"不通，"蹦"當作"躡"，形略近而訛。"躡空"即凌空飛行，此詞見於《真誥》及其他道經，兹舉數例。此經卷五："仙道有飛行之羽，以超虛躡空。"④《洞真上清龍飛九道尺素隱訣》："登修之日，書左足躡，即能躡空飛行。"（33/496c）北宋張君房《雲笈七籤》卷七十："又問曰：'……（曇鸞師）忽暫亡而起，忽躡空而行，陰教之中，豈曰無之？'"⑤ "蹦空"，《中華道藏》及吉川忠夫等、趙益數種點校本《真誥》皆徑録，非，當正。

6. 復使愆痾填籍，憂哀塞抱，經營常累，憑惜外道，和適羣聽，求心俗老。⑥（南朝梁·陶弘景《真誥》卷七）

按："憑惜"語義不通，"惜"當作"借"，形近而訛，亦或受"憑（凭）"類化影響。"憑借"，又作"憑藉"、"憑籍"，乃依賴、依靠之義。"憑惜"，《中華道藏》及吉川忠夫等、趙益數種點校本《真誥》皆徑録，非，當正。

7. 尋遇天旱，佃不收，塘壞，穆尋見用出，此事力未展，非爲息懷。今

---

① 蔡夢麒《廣韻校釋》，第 820 頁。
② 趙益點校《真誥》，第 90 頁。
③ 王家葵《登真隱訣輯校》，第 36 頁。
④ 趙益點校《真誥》，第 82 頁。
⑤ 李永晟點校《雲笈七籤》，第 1556 頁。
⑥ 趙益點校《真誥》，第 108 頁。

方居山下,故當<u>修懇</u>,以此去洞口遠,故不欲安耳。^①(南朝梁·陶弘景
《真誥》卷十一)

按:"修懇"不通,"懇"當作"墾",二者形音俱近而訛。此段陶弘景
注曰:"此田雖食澗水,旱時微少,塘又難立,不知後當遂墾之不。今塘
尚決,補築當用數百夫,則可漑田十許頃,隱居縮中門人亦於此隨水播
植,常願修復此塘,以追遠跡,兼爲百姓之惠也。"其中的"墾"即可照應。
"修墾",修治開墾。

8. 侍帝晨有八人:徐庶、龐德、爰偷、李廣、王嘉、何晏、解結、殷浩,
並如世之侍中。注曰:"李廣,漢武驍騎將軍。征匈奴時,被吏譴,<u>憒慨</u>自
刎而死。"^②(南朝梁·陶弘景《真誥》卷十五)

按:"憒慨"不通,"憒"當作"憤",貴、賁形近而訛。《大詞典》:"憤
慨:憤憤不平。"各點校本《真誥》、《中華道藏》本《無上秘要》皆作"憒
慨",非,當正。

第 21 册

1.(1)民病陰痿不起,氣大衰而時反,腰<u>脽</u>痛,動轉不便。(唐·啓
玄子《素問六氣玄珠密語》卷四,21/522b)

(2)胷中不利,陰萎,氣大衰而不起不用,當其反,腰<u>脽</u>痛,濕勝久,
風木來復,化令失政,保蟲乃殃,脾腹病。(《素問六氣玄珠密語》卷四,
21/525a)

按:"脽"有尾椎骨之義,然從二例來看,"脽"當爲"椎"之類化訛
字。"腰椎"爲身體的一部分。

2. 儒者、魖者、魑者、魅者,悰<u>宲</u>魖魊欻乎鬼。(唐·張志和《玄真子
外篇》卷中,21/721a)

按:《集韻·海韻》:"宰,古作宲。"^③依此,則"悰宲"義不可通。實
則,"宲"爲"宲"之換旁訛俗字。宀、穴二旁相混,敦煌寫本常見,茲不贅

①趙益點校《真誥》,第 208 頁。
②趙益點校《真誥》,第 277 頁。
③趙振鐸《集韻校本》(上册),第 734 頁。

言。《中華道藏》徑録,殆不識俗字也。"偛窣"模擬聲音,表輕微細小之義,又作"窸窣",《正字通·穴部》:"窣,窸窣,聲不安。"① 動物則爲"蟋蟀"②,以其發出的聲音而得名也。以上詞形,可參《大詞典》各詞條,不另舉例。"窣",《中華道藏》徑録,非,當正。

第22册

1. 衘火戴斗,手把絶幡,傍麾八風,四掣景雲,逍遥天綱,化蕩七元,蔽伏山河,巋回五辰,日月塞暉,列宿失真。③(北宋·張君房《雲笈七籤》卷三十一)

"衘火戴斗",《上清太上九真中經絳生神丹訣》作"御火戴火",《上清河圖内玄經》卷下作"御火戴斗"。

按:當作"御火戴斗","衘"爲"御"之形近訛字,"戴火"乃涉前文而誤。"御"爲管控之義,"火"屬南方,"御火"指南方之神總御火事之義。"戴斗"即頭頂北斗,道教之中有五方星斗之崇拜,尤以北斗爲重。《太上玄靈北斗本命延生真經》:"老君曰:北辰垂象,而衆星拱之,爲造化之樞機,作人神之主宰,宣威三界,統御萬靈,判人間善惡之期,司陰府是非之目,五行共稟,七政同科,有廻死注生之功,有消災度厄之力。"(11/347a)"戴斗"即受到了神的福佑,被賦予了神的能力。茲各舉二例。《雲笈七籤》卷四十七:"南方丹天,三氣流光,熒星轉燭,洞照太陽。上有赤精,開明靈童,總御火兵,備守三宮。"④ 南宋林靈真《靈寶領教濟度金書》卷一百三十七:"御火配九光之運,處離參七政之衡。"(7/633c)北宋元妙宗《太上助國救民總真秘要》卷二:"存自身爲驅邪院使,如天師狀,戴斗,前足踏剛星,後足踏魁星,取日月天剛真炁入口中後,逐法盡吹之,次第而取,不得差亂。"(32/59c)南宋留用光《無上黄籙大齋立成儀》卷十九:"畢,瞑目思青龍、朱雀、白虎、玄武。次頭戴斗、五星、日月,焕然四方,垂手握固。"(9/497c)"衘火戴斗",李永晟點校本徑録,非,可正。

---

① [明]張自烈、[清]廖文英編,董琨整理《正字通》,第784頁。
② 二字所從聲旁,"卒"於《廣韻》列精紐術韻、没韻,清紐没韻,"率"爲生紐術韻,語音是相近的。
③ 李永晟點校《雲笈七籤》,第706頁。
④ 李永晟點校《雲笈七籤》,第1053頁。

2.奢懶者壽，慳靳者夭，放散劬勞之異也。①（北宋·張君房《雲笈七籤》卷三十二）

"慳靳"，《養性延命録》卷上作"慳勤"。

蔣力生："慳靳，吝惜。"②

按："靳"有吝惜之義，與"慳"爲同義，故二者複用。如此本可通，然從句意來看，作"慳勤"爲優。"慳"與"奢"、"懶"與"勤"分別相對。作"靳"者，乃"勤"之訛字，二者不但形近，語音亦相近。"靳"於《廣韻》爲見紐焮韻，"勤"爲羣紐欣韻：見、羣二紐同系，欣、焮二韻僅有聲調平去之別，故二者音近。"慳勤"即爲吝嗇而勤勞之義。"慳靳"，《中華道藏》、李永晟點校本皆徑録，非，可正。

3.《太上太真科經》曰："齋者，齊也，潔也，淨也。不必六時行道，三時講經，晝夜存念，懺悔請福，干造玄虛，更失萬一。"③（北宋·張君房《雲笈七籤》卷三十七）

"干造"，《齋戒録》作"干噪"。

按："干造"、"干噪"義似皆不可通。竊以爲"干"當作"上"，"噪"乃"造"之音誤字，乃至、到義。"上造"即向上至天，此詞道經中極爲常見，兹不再舉例。蔣力生校注本、李永晟點校本及《中華道藏》本皆録作"干造"，非，當正。

4.七者，不得普習香油，以爲華飾。④（北宋·張君房《雲笈七籤》卷四十）

"普習"，《三洞珠囊》卷六作"競習"，《洞神八帝妙精經》、《三洞衆戒文》卷下皆作"競翫"。

按："普"乃"競"之訛字。"竝"即"並"，故"普"又作"暜"，"競"之俗字作"竸"，又作"竟"：二者形近易混。⑤"習香油"不通，"習"似是

---

①李永晟點校《雲笈七籤》，第713頁。

②蔣力生等校注《雲笈七籤》，第180頁。

③李永晟點校《雲笈七籤》，第813頁。

④李永晟點校《雲笈七籤》，第887頁。

⑤《龍龕·見部》："竟，《新藏》作竸。"此可參張涌泉《敦煌俗字研究》（第2版）"並"字條，第293頁。

"翫"之訛字。"競翫"即"競玩"①，乃争競玩賞之義。此詞見於典籍，意義比較簡單，兹不再舉例。"普習"，《中華道藏》、蔣力生校注本皆徑録；李永晟點校本僅列異文，未作説明。

5. 又凡梳頭髮及爪皆埋之，勿投水火，正爾抛擲。一則敬父母之遺體；二則有鳥曰鵂鶹，夜入人家取其爪髮，則傷魂。②（北宋·張君房《雲笈七籤》卷四十七）

"鵂鶹"，《四庫》本作"鵂鶹"，《新刻養生類纂》卷上引作"鴟鵰"。

蔣力生："鵂鶹，輯要本作'鵂鶹'，當是。"③

按：《玉篇·鳥部》："鶹，鵂鶹，鳥。"④《山海經·南山經》："（基山）有鳥焉，其狀如雞，而三首六目六足三翼，其名曰鵂鶹，食之無卧。"袁珂："《御覽》卷五〇引此作鵂鶹，畢沅、郝懿行均校作鵂鶹。"⑤準此，則"鵂鶹"不通，當依《四庫》本作"鵂鶹"，付、休形近而誤也。"鵂鶹"，即貓頭鷹。《玄應音義》卷十九："鉤鵅，《爾雅》：'怪鴟。' 舍人曰：'謂鵂鶹也。'南陽名駒鵅，一名忌欺，晝伏夜行，鳴爲怪也。"⑥《佩文韻府》（康熙三十八年武英殿本）卷二十三上引《博物志》："鵂鶹，晝目無見，夜則目至明。人截爪甲棄露地，此鳥夜入人家，拾爪視之，則知吉凶，輒便鳴，其家有殃。"

然《廣韻·薛韻》："鶹，鵂鶹。"⑦《龍龕·鳥部》："鶹，鵂鶹別名也。"⑧《集韻·薛韻》："鶹，鵂鶹別名。"⑨依數書之載，似"鶹"又爲貓頭鷹之稱，"鶹鵂"似乎講得通。然仔細分析，實非如此。王三本《切韻》、P.2014《唐韻》皆曰："鶹，鵂鶹。"龍宇純校曰：《山海經·南山經》：'基山有鳥焉，其狀如雞，而三首六目，六足三翼，其名曰鵂鶹。'《廣雅·釋地》作'鷩鵂'，本書'鶹鵂'當是'鵂鶹'之倒，《廣韻》不考'鶹'爲'鵂'

---

①王力："'玩、翫、忨'實同一詞。"見王力《同源字典》，第559頁。
②李永晟點校《雲笈七籤》，第1052頁。
③蔣力生等校注《雲笈七籤》，第275頁。
④［南朝梁］顧野王著，［北宋］陳彭年等重修《大廣益會玉篇》，第114頁。
⑤袁珂《山海經校注》（最終修訂版），第5頁。
⑥徐時儀《一切經音義三種校本合刊》（修訂版），第400頁。
⑦蔡夢麒《廣韻校釋》，第1168頁。
⑧［遼］釋行均《龍龕手鏡》（高麗本），第289頁。
⑨趙振鐸《集韻校本》（中册），第1474頁。

誤,妄改'鶺'作'鸕'耳,'鶺'字見《虞韻》'甫於反',注云'鶺鶺,鳥名,三首六足六目三翼。'"① 按:龍説是。"鶺鸕",李永晟點校本《雲笈七籤》徑録,非,當正。

6. 諸弟子密視玄根,欖枚其鍵鑰焉。②（北宋·張君房《雲笈七籤》卷六十五）

"欖枚",《四庫》本作"攬拔",《太清金液神丹經》卷上作"攬枚"。

按:當作"攬拔"。木、扌相混,古籍、敦煌寫卷習見。"枚"、"拔'亦有相混之例③,俗書支右上加點,與犮相近。"攬拔"者,攬持而拔之。李永晟點校本徑録,當正。

7. 論曰:"凡鐵胤丹,體性沉緩,若欲純服,獲驗多遲,蓋由臟腑先虛故也。若本充實,寧有是乎? 麤藥服之,其効必速,何也? 如兔絲子之得清酒,若鳶尾之佐黃菜,故以草藥先導之,冀相宣發也。"④（北宋·張君房《雲笈七籤》卷七十八）

按:《玉篇·艸部》:"荶,菜生水中也。菜,古文。"⑤ 依此則"黃菜"不通,實則"菜"乃"環"之訛字,形略近。殆"睘"與"彔"形近,又因其爲藥草名而訛爲"菜"。"黃環"乃是一種中草藥,與鳶尾配合使用。唐孫思邈《備急千金要方》卷一:"黃環,鳶尾爲使;惡茯苓、防己。"（26/31c）北宋寇宗奭《圖經衍義本草》卷二十五:"黃環,味苦平,有毒,主蠱毒、鬼疰、鬼魅、邪氣在藏中,除欬逆、寒熱。一名凌泉,一名大就。生蜀郡山谷,三月採根陰乾,鳶尾爲之使,惡茯苓、防已。"（17/608a）《本草綱目》卷十八上"狼跋子"條有詳細論述,可參,茲不再引述。"黃菜",李永晟點校本、蔣力生校注本及《中華道藏》皆徑録,非,可正。

8. 其上清昇霄大術,非老夫所學。今且當漸階其易行,以自支住。⑥

①龍宇純《唐寫本王仁昫刊謬補缺切韻校箋》,香港:香港中文大學出版社,1968年,第98頁。
②李永晟點校《雲笈七籤》,第1436頁。
③例參曾良《俗字及古籍文字通例研究》"枚"字條,第18—19頁。
④李永晟點校《雲笈七籤》,第1760頁。
⑤[南朝梁]顧野王著,[北宋]陳彭年等重修《大廣益會玉篇》,第67頁。
⑥李永晟點校《雲笈七籤》,第2259頁。

（北宋·張君房《雲笈七籤》卷一百四）

　　按："支住"不通，"住"當作"拄"。"支拄"，《大詞典》已收，乃支撐之義。此詞見於典籍，《周易參同契》："崔嵬以雜厠兮，累積相支拄。"（20/92b）"支住"，蔣力生校注本、李永晟點校本、《中華道藏》本皆徑録，非，可正。

　　9.心乃啾然久焉，復謂目曰："顧予與爾，誰明其旨。何隱見之隔，而玄同若此？"（唐·吴筠《心目論》，22/906c）

　　"啾然"，《永樂大典》卷一萬九千六百三十六作"愀然"。

　　按："啾"有聲音、吹奏義，《大詞典》已收。施之於此例，不通。"啾"當作"愀"，二者形音俱近。前者於《廣韻》爲精紐尤韻，後者爲從紐有韻：精、從二紐同系，尤、有二韻僅有聲調平上之别，故二字聲音極近。"愀然"乃憂愁不樂之義，此詞道經習見，兹舉數例。吴筠《宗玄先生文集》卷中："故俾予于役，應爾之適。既嬰斯垢，反以我爲咎。嗟乎嗟乎，何弊之有？心乃愀然久焉。"（23/662a）北宋張君房《雲笈七籤》卷三："使者忽然譎誔曰：'吴王閑居殿堂，忽有赤烏銜書來落殿前。王不解其意，故令請問。'孔子愀然不答。"[1]《太上感應篇》卷四："受寵若驚。"注曰："盧多遜初拜參政，服用漸侈。其父億即愀然不樂曰：'吾家世儒素，一旦富貴，遂至如此，未知税駕之地矣。'"（27/26c）《大詞典》已收此詞，可參。

第23册

　　1.曾朝元始訪仙家，恣上崑崙嚥月華。玉女搏攏蒼獼豸，山童提揳白蝦蟆。（唐·吕巖《純陽真人渾成集》卷下，23/691c）

　　按："揳"有度量、比較義；又通"戛"，表擊、彈奏義等；又用在"攙揳"一詞中。然以上諸義施之於"提揳"，似皆不通。實則"揳"乃"挈"之訛字，與表度量之義的"揳"同形。"挈"所從手旁位移，又換旁改刧爲契，即作"揳"。當然，也可能是受到了"提"字的類化影響。"提挈"是一個同義並列結構，《大詞典》已收，可參，兹不另舉例。"提揳"，《中華道藏》徑録，非，可正。

---

[1]李永晟點校《雲笈七籤》，第40頁。

2.享讌斯徹,遨嬉未已。泛匏河之廣流,折騫木之芳藥。靈杳靄而八衝,寶雲杳而四起。(唐·吳筠《宗玄先生文集》卷中,23/658b)

"匏河",《全唐文》卷九百二十五作"匏河"。

按:"匏"未見載於字書,《中華道藏》徑錄。依《全唐文》看,"匏"當是"匏"之訛俗字,"夸"又作"夸",略類於"享"。在道經中,"瓠河"是一條仙河。之所以稱爲"匏河",是因爲"匏"就是匏瓜,又稱作"瓠",故道經中又作"匏瓜水/河/津"。《無上秘要》卷七十四:"五願玄母與我俱飲於匏河之間,而流津萬崖,既清且甘,回水玉精,靈潤碧藍……"①《上清高聖太上大道君洞真金元八景玉録》:"仰浮匏河,俯步絶山,領理上契,咀嚼至玄。"(34/147c)《無上秘要》卷二十:"晨啓太帝堂,越超匏瓜水。碧海飛翠波,連岑亦嶽峙。"②北宋張君房《雲笈七籤》卷九十六:"匏河振滄茫,天津鼓萬流。""濯足匏瓜河,織女立津盤。"卷一百六:"次北遊,渡彤柔玄海,濟飲龍上河匏瓜津,登廣野山,詣高上虛皇大道玉君。"③"匏河",《中華道藏》徑錄,非,當改俗訛字爲正字。

第 24 册

1.行之二百日,髓滿骨填,腸化爲筋,瘢炙滅去,拘騫屈伸,喑瘂盲聾,能令見聞。(《太上洞玄靈寶飛行三界通微内思妙經》,24/686c)

按:"拘騫"不通,"騫"當爲"蹇"之訛字,二者形音俱近④。"拘"爲曲義,"蹇"爲跛義,故"拘蹇"是因疾病、創傷而導致兩足不能行走。南宋王契真《上清靈寶大法》卷四:"經云:説經四遍,跛痾積逮,皆能起行。"注曰:"跛痾者,偏枯肌血,四肢攣曲,癱痾跛蹇也。"(30/679c)"拘騫",《中華道藏》徑錄,非,可正。

2.經曰:蜾蟖生身者,從食葷辛近三寶中來。(《洞玄靈寶三洞奉道科戒營始》卷一,24/743b)

"辛近",《太上洞玄靈寶業報因緣經》卷二作"侵近"。

---

① 周作明點校《無上秘要》,第 957 頁。
② 周作明點校《無上秘要》,第 229 頁。
③ 三例見李永晟點校《雲笈七籤》,第 2087、2094、2292 頁。
④ "騫"爲溪紐仙韻,"蹇"爲見紐阮韻,見、溪二紐同系旁紐,仙、阮二韻同攝通押,故音近。

　　按：“辛”當作“侵”，音近而訛。“侵近”即迫近、接近之義。或者説“辛”爲“親”之誤字①，且二者於《廣韻》一爲心母真韻，一爲清母真韻，語音相近。“親近”也是接近之義。“侵近”、“親近”道經皆習見，《大詞典》亦已收，皆不再舉例。

　　3. 科曰：凡造香鑪有一十五種相，一者雕玉，二者鑄金，三者純銀，四者鍮石，五者鑄銅，六者柔鐵，七者七寶，八者雕木，九者彩畫，十者純漆，十一者瓷作，十二者瓦作，十三者石作，十四者竹作，十五者時作，皆大小隨時。（《洞玄靈寶三洞奉道科戒營始》卷三，24/753a）

　　按：“時作”不通，當有誤字。此經此卷有類似記載，或可提供一定綫索：“科曰：經函凡有十二種，一者雕玉，二者純金，三者純銀，四者金鏤，五者銀鏤，六者純漆，七者木畫，八者彩畫，九者金飾，十者寶裝，十一者石作，十二者鐵作，大小任宜。”（24/753b）“科曰：凡造天尊前案及讀經案，有六種：一者玉作，二者金作，三者銀裝，二者香飾，三者金作，四者石作，五者香作，六者木作：大小任宜。”（24/753c）“凡經架，有十種。一者玉作，二者金作，三者銀作，四者沉水，五者紫檀，六者白檀，七者黄檀，八者名木，九者純漆，十者金銀隱起，或金玉珠綵裝校：皆須作函藏舉，勿得隨宜頓地。”（24/753c）

　　從上記載來看，“時”似當爲“木”之訛字。木頭作爲一種常見常用的材料，用以製作各種器具不難理解。但“時”何會誤作“木”，不禁讓人費解。或是受後文“隨時”影響？抑或是“時”之俗書作“时”，其右半之“寸”與“木”相似？

　　4. 若在法朋友，年類相當，或大友於小，或小接於大，所有論説，或言及衆事，或言身事，寬心緩語，務令理盡，不得因此呵唤，驚張内外二衆。（《洞玄靈寶道學科儀》卷上，24/766b）

　　按：“年類”不通，“類”當作“數”。“類”、“數”之左半都可作“娄”，故二者有相近之處。②“年數”即時間、年齡，此詞習見於道經，《大詞典》

---

①王輝《古文字通假釋例》，第 821 頁。
②分別參《大字典》相關條目。

已收,不另舉例。

5.《洞神經》第十二云:"控量太霞室,齊輪九天庭。"(唐·王懸河《上清道類事相》卷四,24/888c)

"控量",《無上秘要》卷四十、《太上洞神行道授度儀》、《洞神八帝妙精經》、《上清僊府瓊林經》皆作"控景"。

按:"控量"義不通,當作"控景","量"乃"景"之形近訛字。"景"在道經中有日月之義,"控景"即駕乘日月之義,即飛升。① 此詞屢見於道經,茲舉數例。南朝梁陶弘景《真誥》卷四:"控景始暉津,飛颷登上清。"② 《無上秘要》卷二十七:"佩此符者,威制天地,訶叱羣靈,控景駕龍,位司高仙,瓊音既震,則玉華侍側,金真衛兵,千妖喪眸,萬鬼滅形。"③ 北宋張君房《雲笈七籤》卷九十八:"若夫瓊丹一御,九華三飛,雲液晨酣,流黄徘徊,仰咽金漿,咀嚼玉蕤者,立便控景登空,玄升太微也。"④ "控量",《中華道藏》徑録,非,可正。

6.苦見者,一切苦惱之謂,或刀林蓊茸,劍嶺峥嵘,身經三掠,痛羅百毒等也。(《洞玄靈寶左玄論》卷二,24/927a)

按:"蓊茸"意義不通,亦不押韻⑤。"茸"乃"茸"之訛字。"蓊茸"乃草木等茂盛、密集之義。此詞見於道經,《太上靈寶五符序》卷下:"玄芝被宇,徃徃成叢,深谷直下,朱竹蓊茸,白玉嵯峨,甘泉無窮,日月垂光,金鑪隆崇。"(6/341a)《大詞典》已收此詞,可參。"蓊茸",《中華道藏》徑録,非,可正。

7.故令司命,近在胸心,不離人遠人,爲精神舍宅。吉凶自在,何須遠避、自令擾禍,急不得活。命未盡,箄盡之後,遠之無益。⑥ (《太平經·寫書不用徒自苦誡第一百八十七》)

---

① 此説周作明《中古上清經行爲詞新質研究》"控景"條,第 99 頁。
② 趙益點校《真誥》,第 66 頁。
③ 周作明點校《無上秘要》,第 359 頁。
④ 李永晟點校《雲笈七籤》,第 2130 頁。
⑤ 從押韻的角度進行論證,蒙張小艷教授指點,謹致謝忱!
⑥ 俞理明《〈太平經〉正讀》,第 423 頁。

“自令擾禍”，楊寄林譯爲：“自己再招惹禍殃。”①

按：“擾”無禍殃義，亦無招致義。竊以爲“擾”是一個形近訛誤字，當作“憂”，乃禍患、憂患之義，故“憂禍”是一個近義並列結構，大致相當於《太平經》中的“憂患”②。這是漢代形成的一個詞語，焦贛《易林・泰之乾》：“以德防患，憂禍不存。”（36/136c）《大詞典》引此例，釋爲“憂愁禍患”不確。“自令憂禍”者，自己招致禍患。

第 25 册

1. 三元夫人馮雙禮珠紫陽彈雲璈而答歌曰……③（《無上秘要》卷二十引《道跡經》）

“三元夫人馮雙禮珠紫陽”，BD01017《洞真上清諸經抄・道跡經》作“三元夫人憑雙禮珠”。

按：道教諸神中有“馮雙禮珠”者，又稱作“三元夫人”。五代杜光庭《墉城集仙録》卷二：“三元夫人者，姓馮名雙禮珠，乃上清高真也，亦主監盟初仙及證度得道當爲真人元君者也。以晉穆帝聘永和五年己酉，夫人與西王母、南極元君、九微元君、紫陽左仙公石路成、太極高仙伯延蓋童子④、西城總真王方平、太虛真人南嶽赤松子、桐柏真人右弼王王子喬會於小有清虛上宮絳房之内。”（18/176c）《無上秘要》卷二十：“於是夫人受錫事畢，王母及金闕聖君、南極元君、後九微元君、龜山王母、三元夫人馮雙禮朱紫陽左仙公石路成、太極高仙伯延蓋公子等，爾乃靈酣終日，講寂研无，上真徊景，羽蓋參差，各命侍女陳曲成之鈞。”⑤

這裏的“三元夫人馮雙禮朱紫陽左仙公石路成”理解、斷句易生分歧，需要再結合其他文獻進行論證。南朝梁陶弘景《洞玄靈寶真靈位業圖》：“太極左真人紫陽左仙公中華公子。”（3/275a）《無上秘要》卷

①楊寄林《太平經全注全譯》，第1840頁。

②此詞在《太平經》及其他典籍中多見，兹不再舉例。

③周作明點校《無上秘要》，第232頁。按：周書亦以“紫陽”爲衍文，可參。

④“太極高仙伯延蓋童子”誤，“童子”當作“公子”，觀下文引用的道經可知，兹不展開論述。

⑤周作明點校《無上秘要》，第231頁。按：“南極元君後九微元君”不通，“後”當爲衍字，亦或爲“及”之誤字；“馮雙禮朱”之“朱”當作“珠”。爲行文之便，對於需要考定的地方暫不加標點，如此處的“三元夫人馮雙禮朱紫陽左仙公石路成”。以下同，不另注。

八十四："第二，紫陽左仙公中華公子石路虛成。"① 故"三元夫人馮雙禮朱紫陽左仙公石路成"，當點作"三元夫人馮雙禮朱、紫陽左仙公石路成"。這也證明"三元夫人"即"馮雙禮珠"。唐顏師古《晉紫虛元君領上真司命南嶽夫人魏夫人仙壇碑銘》："九微元君、龜山王母、三元夫人馮雙禮珠臮諸衆仙，並降夫人於小有清虛上宮絳房之中。時夫人與王君爲賓主焉，神肴羅陳，金觴四奏，名命侍女陳曲成之鈞，九雲合節，八音零粲。於是西王母擊節而歌，歌畢，<u>馮雙禮珠</u>彈雲璈而答歌。"② "魏夫人華存學道，久之，龜臺金母、三元夫人<u>馮雙禮珠</u>來降，教以神訣，王母擊節而歌，馮雙禮珠彈雲璈而答歌。"③ P.3866《李翔涉道詩》有《馮雙禮珠彈雲璈以答歌》一章。

　　通過以上文獻可知，"三元夫人"即"馮雙禮珠"，是一人而非三人，敦煌本、《道藏》本皆有訛誤。敦煌本作"憑"者乃"馮"之形誤字④；《無上秘要》作"馮雙禮珠紫陽"者，乃不知"三元夫人"爲一人，也可能受到上文"三元夫人馮雙禮朱紫陽左仙公石路成"影響而致誤衍。另外，四字爲名較三字爲名少見，亦可能有影響。確定了"三元夫人"及"紫陽左仙公"的名字、身份，我們就可以知道一些相關文獻引用、點校的不當之處。

　　《古今圖書集成·博物彙編·神異典》卷二十三《南岳衡山之神部外編》及《方輿彙編·山川典》卷一百六十八《衡山部外編》兩引《魏夫人碑》皆誤作"三元夫人馮雙禮朱紫陽"⑤。《方輿彙編·山川典》卷八十三《茅山部外編》作"王母及三元夫人紫陽左公太極仙伯、清靈王君"，此處編者或抄者已分不清"三元夫人"、"左仙公"、"太極仙伯"的關係了。

　　《中華道藏》本《無上秘要》卷二十作"三元夫人馮雙、禮朱、紫陽、

---

①周作明點校《無上秘要》，第 1062 頁。
②《顏魯公文集》卷九，《四部叢刊》本，上海：上海書店，1989 年，第 4 頁。按："名命侍女"不通，"名"當爲"各"之誤字。
③《錦繡萬花谷前集》，《景印文淵閣四庫全書》第 924 冊，第 389 頁。
④敦煌寫卷中可以見到"憑"寫作"馮"，參黃征、張涌泉《敦煌變文校注》，第 148、293 頁；但沒有見到"馮"寫作"憑"，且作爲姓氏不當以他字借之，若非，則只能定爲訛字。
⑤此句中的《魏夫人碑》即《顏魯公文集》卷九之《晉紫虛元君領上真司命南嶽夫人魏夫人仙壇碑銘》。

左仙公石路成"、"三元夫人馮雙、禮珠、紫陽彈雲璈而答歌曰……"（28/54c）。標點既誤，"禮朱"、"禮珠"前後不一，敦煌本有異文，亦皆未出注説明。再舉一個有意思的例子：清玉泉樵子《茯苓仙傳奇》第十一出："（正旦）我乃三元夫人<u>馮元禮</u>。"① 這裏"三元夫人"竟變作了"馮元禮"，由於是文學作品，無法分清是作者認識的錯誤、有意的改動，抑或是文獻的訛誤了。問題並沒有就此而結束，我們再看《諸真歌頌》、《雲笈七籤》及《古今圖書集成》中的相關内容。

　　《諸真歌頌》："雙禮珠彈雲璈而答歌。"（19/853b）北宋張君房《雲笈七籤》卷九十六："夫人既白日昇晨，在王屋山時，九微元君、龜山王母、三元夫人雙禮珠、紫陽左仙石路成、太極高仙伯延蓋公子、西成真人王方平、太虚真人南嶽赤松子、桐栢真人王子喬等，並降夫人小有清虚上宮絳房之中。"卷一百一十四："是時三元夫人馮雙禮、紫陽左仙公石路成、太極高仙伯延蓋公子、西成真人王方平、太虚真人南嶽赤松子、桐栢真人王子喬等三十餘真，各歌太極陰歌陽歌之曲。"②

　　"三元夫人馮雙禮、紫陽左仙公石路成"，《古今圖書集成·方輿彙編·山川典》卷八十三及《博物彙編·神異典》卷二百二十七所引皆作"三元夫人馮雙珠紫陽左仙公石路成"。

　　這些文獻中，"三元夫人"又被稱作"雙禮珠"、"馮雙禮"、"馮雙珠"等，是不是可以直接説這是編者或抄者的訛誤呢？問題恐怕不是那麽簡單，道書中有與此相類似的現象，如"石路虚成"在上述的各種文獻中皆被稱作"石路成"，BD07384《太玄真一本際經卷十》中"太極真人徐來勒，字洪元甫"，下文不稱他爲"洪元甫"而稱"元甫"。出現這種情況的原因大致有二：一是四字之名比較長，爲求簡便原則，省去一字作三字之名，尤其是"太極真人徐來勒"之例比較典型，各本《太玄真一本際經》卷十如散 0104、上圖 166、S.2999、P.2666 都没有異文；二是文獻有訛誤，或爲有意刪改，或爲無意致奪。

　　"雙禮珠"爲"三元夫人"之名，如此稱呼是可以的，《諸真歌頌》乃摘録道書詩歌而成的詩集，不能分辨它是爲追求簡便而作的改動，還是

①《茯苓仙傳奇》，《香豔叢書》第 5 册，上海：上海書店，1991 年，第 189 頁。
②二例見李永晟點校本《雲笈七籤》，第 2095、2537 頁。

訛誤。其他抄集這句話的一些類書,如《雲笈七籤》卷九十六《贊頌歌》等,亦皆無異文。作"馮雙禮"、"馮雙珠"者,可能是抄集者簡稱所致。在敦煌、新疆出土文書中,常見唐人雙名簡稱單名者,如著名的《唐建中五年(784)〈孔目司帖〉》"趙秦璧"即簡稱"趙璧",可作比勘。

由於材料較少,我們似乎可以認爲"石路成"是"石路虛成"的簡稱,也可以認爲最初由於文獻訛誤,而相沿成習。故爲審慎計,在點校時可以引用《無上秘要》卷八十四的材料出注説明。

《太上三天正法經》亦有"三元夫人",其號爲"太素三元君"。按:此"三元夫人"乃"三素元君"(白素元君、黄素元君、紫素元君)之母,《上清三元玉檢三元布經》:"(太素三元君)厥諱正薔條,字雲淳嬰。"(6/224a)她與本條所考釋的"三元夫人"非同一仙人。故道教辭典要收"三元夫人"這一詞條的話,當分兩義列目。胡孚琛主編《中華道教大辭典》没有收録這一詞條,可補;《道教大辭典》收録"馮夫人"條,作"三元馮夫人,姓馮名雙禮珠"[1]是對的,但没有收録另一義,而且以"馮夫人"列目似乎也不完全恰當。應當分作"三元夫人"、"馮雙禮珠"兩條,"馮雙禮珠"條下注明即"三元夫人";"三元夫人"再分"馮雙禮珠"、"太素三元君"兩義列目。

2. 涌泉治,上應虛宿……上有泉水,治萬民疾病,无不<u>際愈</u>,時世之人遂傳爲呪水,治在遂寧郡界。[2](《無上秘要》卷二十三)

"際愈",《三洞珠囊》卷七、《雲笈七籤》卷二十八皆作"差愈"。

按:"際愈"不通,"際"當爲"除"之形近訛字。"除愈",乃病愈之義[3],義同於"差愈",此或是傳抄者以"際愈"不通而改。此詞習見於道經,《大詞典》亦已收,可參,不再舉例。"際愈",《中華道藏》徑録,非;周作明録爲"除愈",是,然未出注説明。

3. 第四,二十字召阡陌亭長、<u>游激</u>。有忤道中卒得病者,書此法著道

---

①中國道教協會、蘇州道教協會編《道教大辭典》,第 404 頁。
②周作明點校《無上秘要》,第 297 頁。
③參王雲路、方一新《中古漢語語詞例釋》,長春:吉林教育出版社,1992 年,第 97 頁。

中,亭長、游激來問意,即吉矣。①(《無上秘要》卷二十五)

按："激",當作"徼",涉"游"類化而訛。《漢書·百官公卿表》:"大率十里一亭,亭有長;十亭一鄉,鄉有三老、有秩、嗇夫、游徼。三老掌教化;嗇夫職聽訟,收賦稅;游徼徼循禁賊盜。"②"游徼"負責巡查、緝捕盜賊,爲地方治安的鄉官。例中"亭長"、"游徼"相連屬,正與《漢書》相參。《大詞典》已收此詞,可參,兹不再舉例。"游激",《中華道藏》本、周作明點校本皆未校出,當補正。

4. 仰宗高上道,修邈无行蹤。③(《無上秘要》卷六十六)

"修邈",《上清天關三圖經》、《洞真上清開天三圖七星移度經》卷下皆作"眇邈"。

"修",周作明點校本改作"眇"。

按："修",當讀爲"悠"。二者上古本皆從攸得聲,語音本相近,可得通用④;中古前者屬心紐尤韻,後者屬以紐尤韻,語音有了一定差距,但在道經中仍通用。⑤"悠邈"即悠遠、渺茫,義同"眇邈",故周作明所校非。《大詞典》已收該詞,可參。此詞道經數見,兹舉數例:北宋張君房《雲笈七籤》卷九十八引《雲林右英夫人噯楊真人許長史詩二十六首》:"前途悠邈,此比非一,漏緒多端,當恒戢密。"⑥南宋鮑雲龍《天原發微》卷十六:"無懷前天皇,後年紀悠邈。"(27/709a)《廬山太平興國宮採訪真君事實》卷六:"若誘曰天道遠,不可致詰,付之悠邈,以爲自然,焉惡可?"(32/693c)

5. 晝夜三年,真神見形,皓華反根,朽齒牙生,五藏結絡,内補充盈。⑦(《無上秘要》卷九十七)

①周作明點校《無上秘要》,第 334 頁。

②[東漢]班固《漢書》,第 742 頁。

③周作明點校《無上秘要》,第 932 頁。

④可參林鉴碩《昭明文選通叚字考》,臺北:嘉新水泥公司文化基會,1964 年,第 240 頁;黃靈庚《楚辭異文辨證》,鄭州:中州古籍出版社,2000 年,第 715 頁。

⑤參牛尚鵬、聶中慶《〈中華道藏〉録敦煌本道經獻疑——以〈太上洞淵神咒經〉敦煌本爲例》(下)"修修"條,《上海高校圖書情報工作研究》2014 年第 4 期。

⑥李永晟點校《雲笈七籤》,第 2129 頁。

⑦周作明點校《無上秘要》,第 1221 頁。

按："牙生"不通，"朽齒某生"的形式，道經習見。《黃庭內景玉經注》："血髓充溢，腸胃虛盈，五藏結華，耳目聰明，白髮還黑，<u>朽齒更生</u>。"（6/515a）"更生"，《黃庭內景五臟六腑圖》卷五十五作"再生"。北宋張君房《雲笈七籤》卷十一："五臟結華，耳目聰明；朽齒白髮，還黑<u>更生</u>。"①《太上除三尸九蟲保生經》："一粒、三粒、七粒，眉鬚旋生，瘡痍乾落，鬢髮光膩，朽齒<u>重生</u>，肌膚瑩滑，百病全驅。"（18/699a）依此來看，"牙"當爲"更"或"再"之訛字，亦或受"齒"字影響。道經中，又有訛作"方生"者，《洞真太上紫度炎光神元變經》："是故其時咽而服之，將來三年，面生玉澤，光變童顏，雲華固根，朽齒<u>方生</u>。"（33/563b）"選刊"本、《中華道藏》本《無上秘要》皆作"牙生"，當正。

6. 至都，勅主書計林子宣旨，令住後堂，先生不樂，權住驃騎航扈客子精舍，勞問相望，朝野<u>欣屬</u>。（唐·王懸河《三洞珠囊》卷二，25/305c）

按："欣屬"義不通。"屬"當作"慶"，形近而訛。"欣慶"即歡慶喜悅之義，此詞道經習見，茲舉數例。南朝梁陶弘景《周氏冥通記》卷三："七月十一日夜，見桐柏徐、鄧二人來，衣服皆如前。徐至，便言曰：'名已果上東華，定爲保晨司，甚助<u>欣慶</u>。'"②《道典論》卷三：《老君威儀令經》云：君子飲酒以<u>欣慶</u>，小人飲酒以興爭。"（24/846b）《無上內秘真藏經》卷十："衆仙等衆乘空而來，到靈解山，一時稽首，瞻視天尊，<u>欣慶</u>無已。"（1/493a）《大詞典》已收此詞，可參。"欣屬"，《中華道藏》徑錄，非，可正。

第27册

1. 兆常行之，五兵自辟，凶惡自亡，以擊四夷，<u>捐攝</u>電光。（《太上老君中經》卷下，27/153a）

按："捐攝"不通，"捐"當作"指"，形近而訛。"指攝"即"指揮"，操縱之義。《大詞典》已收該詞，可參，不另舉例。"捐攝"，《中華道藏》徑錄，非，可正。

---

① 李永晟點校《雲笈七籤》，第192頁。
② [日] 麥谷邦夫、吉川忠夫編，劉雄峰譯《〈周氏冥通記〉研究》（譯注篇），第158頁。

第28册

1. 縛汝置水，煑汝鑊湯，三日一笞，五日一榜，門丞捉縛，玉女㤞掠。（《太上正一咒鬼經》，28/367c）

按："㤞"未見字書收録，字海網言臺灣地區人名用字[①]，《中華道藏》徑録。實則"㤞"當爲"拷"之訛俗字。扌旁之"一"筆稍斜，即作忄矣。文獻中有忄、扌二旁互混之例，《集韻·未韻》："懪，用力極也。或从手。"[②] 唐賈嵩《華陽陶隱居内傳》："《本起録》云：'乙丑夜凝雲灑雨，朝廷深慮致疑。詰朝遲明，登壇焚燎，受終禮畢，鑾駕還宫，百司陪慶。冥夕之間，雨復滂沛。朝廷怩腕，莫不謂天命矣。'"（5/505a）"怩"爲"扼"之訛俗字。[③]P.2366《太上洞淵神呪經》卷十："若有欺辱道士，罵詈打慢、啚謀偷盜者，一一收此人等魂魄。""慢"當作"摱"或"挬"，亦擊打之義。[④] 故"㤞"即"拷"。"拷掠"又作"考掠"，拷打之義，道經及其他四部文獻皆習見，《大詞典》已收此詞，兹不再舉例。"㤞"，《中華道藏》徑録，非，可正。

2. 此經功德，聖力難量，於是諸祭酒㞧等，仰歎靈文，欽承法訓，志願奉持，稽首而退。（《太上正一咒鬼經》，28/370b）

按："㞧"字書未載，未知何字，《中華道藏》徑録。依義當爲"衆"之形近俗訛字。[⑤] "衆等"，道經及其他典籍習見，乃衆人之義。

3. 第八，覔粮逐路饑死。（《無上三天法師説蔭育衆生妙經》，28/375c）

按："逐路"不可通，"逐"當作"遂"，形近而訛。"遂"有道路之義，"遂路"爲同義並列結構。此經上文有照應："第一，經求遂路被人殺死。"（28/375c）"覓糧逐路饑死"即餓死在了尋找糧食的道路上。《大詞典》已收該詞，可參，不另舉例。"逐路"，《中華道藏》徑録，非，可正。

---

①網址見：http://yedict.com/zscontent.asp?uni=2AAED。

②趙振鐸《集韻校本》（中册），第1009頁。

③此字未見字書收載，字海網有收，見於日本所修《大正藏》之《三論玄疏文義要》卷六"莫不怩悏"。實則"怩悏"本作"扼腕"，《大正藏》誤排而造訛字。

④此説參牛尚鵬《破假借札考九則——以道教文獻詞語爲例》"打慢"條，《勵耘語言學刊》2014年第2期。

⑤此説蒙張小豔教授指點，謹致謝忱！

4. 當爲設靈寶清齋一日一夜,遂家各於庭中造立壇場,依法條禳。(《無上三天法師説蔭育衆生妙經》,28/376c)

按:"遂"當作"逐",形近而訛。"遂家",《中華道藏》徑録,非,當正。

5. 欲得免災難,涿家讀此經。見錢三百文,遞家須表慶。(《無上三天法師説蔭育衆生妙經》,28/376a)

按:"涿"當作"逐",二者形近而訛。二字道經中有相混之例,南朝梁陶弘景《真誥》卷四:"三苗丹野,逐鹿絳草。"注曰:"謂應作'涿'字。"[1]"逐家"義同"遞家",此經中又作"家家"、"闔家",語義皆相近,即家家之義。"涿家",《中華道藏》徑録,非,當正。

6. 恐人家親將一切無籍之鬼、世間魍魎男女之殃,頭羅丁勒、南陽葉公、石母大子、雲中李子傲、三天捺無著之鬼,千兆億來入人宅,取人小口、老嫗、男子。(《道要靈祇神鬼品經》,28/388a)

"石母大子",BD14841M《道要靈祇神鬼品經》作"石母犬子",《道藏》本作《太上洞淵神呪經》卷十作"石母太子",P.2366《太上洞淵神呪經》卷十作"名母太子"。

按:"犬子"乃道書中一鬼,又名"犬子鬼"、"犬子小鬼"、"石下犬子"、"石下犬子鬼"、"石下犬子之鬼"、"石下犬子小鬼"等,種種不一。

作"犬子鬼"者,杜光庭《太上宣慈助化章》卷三題爲《收犬子鬼章》。

作"犬子小鬼"者,《太上宣慈助化章》卷三:"所請一十二部天官君將吏兵,逕入某身,圍繞前後,嚴加備伺,必使擒獲犬子小鬼,五瘟疫毒,寒瘧外殃,客死兵獵,新死故亡,破射之鬼,張羅布網,次第收剪,立令除殄。"(11/324b)

作"石下犬子"者,《太上宣慈助化章》卷三:"自某月某日以來,男女某染疾,四支沉重,瘡腫啼叫,晝夜痛楚,乳哺不下,醫藥不愈,尋其疾由,恐是某家所養石下犬子、水官乳母、牀前洗浣新婦等鬼,伏人房室,取人兒女,尅害殺之。"(11/323c)《太上金書玉諜寶章儀》:"今爲某息兒

---

①趙益點校《真誥》,第72頁。

某受生已來，災厄不息，又恐六天縱逸鬼魔，尅傷三官，不拘三凶，竊逼枉遭外殃內鬼及石下犬子，乳母猫鼠，兵獵氣鬼，頻爲祟害，無方投措。"（18/321a）

作"石下犬子鬼"者，《太上宣慈助化章》卷三："上請天官君將吏兵，收捕石下犬子鬼，天官名號，件列如左。"（11/323b）"勑某年太歲某某月某日某辰，祭酒臣謹移告抱壁州丘石郡太守，孔里縣令，封亭鄉石葉里，案前件官所領境界山石下犬子鬼、不淨小鬼侵入異土，病害某家某身，晝夜啼叫，瘡痛痢瘕，瘦疒不絶，尋看疾狀，正是犬子小鬼、水官乳母等爲害，各有州郡，由其所管太守檢録不勤，致令放逸，傷害天人。"（11/323c）

作"石下犬子之鬼"者，《太上宣慈助化章》卷三："右件一十二部天官君將吏兵一合降下，天充地墜，盡來徑到某家身中，收捕某家所養石下大子之鬼、水官乳母雜神便斬殺之，以明大道之威，急急如律令。"（11/323b）按："石下大子"當作"石下犬子"。"犬"作"大"者，乃影印抹滅"丶"筆所致，1923—1926年上海商務印書館所印涵芬樓《道藏》作"犬"清晰無誤。

《太上三五傍救醮五帝斷殟儀》："次收無名脱籍之鬼，次收樹下犬子之鬼，次收夜行凶逆之鬼。"（18/336b）按："樹下"，當作"石下"。道書中不見有"樹下犬子之鬼"，只有"石下犬子之鬼"。觀本書所引道書文獻，都是"石下犬子之鬼"作惡，需要"收捕"。

作"石下犬子小鬼"者，《太上宣慈助化章》卷三："五方虎軍同時來下，收食石下犬子小鬼，水官乳母，五瘟疫毒，兵獵注殺，形禱呪詛，新死故亡，邪魅魍魎，雜神惡鬼。"（11/324a）"恩惟太上無極大道太上師尊上官典者垂慈省理，操臣謹爲某請天官吏兵一十二部，收剪石下犬子小鬼，拜奏大章一通，上詣某曹，伏須告報。"（11/324b）

由以上文獻的記載，我們知道"石下犬子"乃道書中的鬼怪之一，敦煌本作"石母犬子"、《道藏》本作"石母大子"皆誤，《太上洞淵神呪經》作"石母太子"亦誤。"石下犬子"因與"乳母"或"水官乳母"常連用，抄校者雜糅二名誤爲一，亦或不知"石下犬子"之義，而改"石下"爲"石母"，以與"犬子"相對（母與子相對）。而作"大子"、"太子"者又皆爲形近而訛。

或者作“乳母犬子”，亦可通。如果是這樣，那就應該斷作“乳母、犬子”，分作兩條。“乳母”亦爲道書中之一鬼。《太上宣慈助化章》卷三：“抄狼黃頭黑口，耳白手白，足大者長一丈五尺，小者長一丈二尺，自稱天牢乳母，洗浣新婦，流行上下，傷害小兒。”（11/324a）

《赤松子章曆》卷四：“臣職叨典治，謹爲伏地拜章一通，乞太上老君、太上丈人垂恩料省，原赦某身，恐是山丘壟泉、三河五河乳母等鬼作此妨害。”（11/202c）“某與妻無功可記，有罪斯多，深恐一旦受此冤苦，無所任持，向臣求乞保胎，收却河邪乳母產婦懷胎後傷亡容闇鬼賊。”（11/206b）“某夙生慶幸，得奉大道，從來荷恩，實爲無量，但某信敬多違，男女若干歲，今在童兒，未有所識，即日憂惶，恐爲故氣邪精、蠱尸暗穢、乳母化神、天地河伯、鉤星血没之鬼，承暗構禍，侵斥某身。”（11/207b）

按：從上述“傷害小兒”、“今在童兒”、“產婦懷胎”等相關詞語可以看出，“乳母”是傷害甚至使胎兒、嬰幼兒、產婦死亡的一種鬼。

還有一個相關的問題，需要説明。在道書文獻中，我們又可以看到“石下犬子君”這樣的記載。如《太上宣慈助化章》卷四：“上請保護君一人，官將百二十人；上請延命君一人，官將百二十人……上請分解新死後亡君一人，官將百二十人；上請水官乳母石下大子君一人，官將百二十人；上請好生度厄君一人，官將百二十人；上請收斷注祟君一人，官將百二十人。右狀請前條諸部天官君將吏兵，各一合下，主爲弟子某削除死籍，定上生名，上壽百二十歲，增年益壽，永保無窮，急急一如太上老君律令。”（11/328c）

按：“大子”當作“犬子”。依照上下文義，這裏的“石下犬子君”非鬼名，乃爲神名，是比較明顯的。在道教中，我們可以看到鬼神同名、兼表善惡的現象，如與“石下犬子”相關的“乳母”。《赤松子章曆》卷四：“謹爲請天門子户君二人，速生君、乳母君、導生君、生母君、天醫助生君、催生君各二人。”（11/206c）南宋王契真《上清靈寶大法》卷六十四：“右牒請九天主監生產仙官將吏，速生君、助生君、監生童子、送生童子、天門子户君、乳母君、道生君、生母君，分形脱胎、斷胎解結功曹。”（31/315c）《道法會元》卷二十一：“九天衛房三十六聖母、注生君、催生君、乳母君、導生君、生母君、三天都禁司命君、衛房靈妃、天門紫户速生君、衛房夫

人、救生玉女、抱送衛房仙女、三師夫人……"（28/795b）

　　這些文獻中提到的"乳母君"亦非鬼名，乃爲主管與生育相關事情的神仙。也就是説"石下犬子君"這樣的稱呼，從道理上講是可能存在的；但通過前文的論述可以得知，"水官乳母"與"石下犬子"確非一鬼，而杜光庭却將其合二爲一，稱"水官乳母石下犬子君"，這在道書中僅此一見，不能不讓人生疑。一種可能是文獻存在訛誤，即"水官乳母"、"石下犬子"經常連用，所以抄校者誤衍了。如果是這樣，那"石下犬子"誤衍的可能更大，文獻中是可以看到"乳母君"這樣的稱呼的。材料所限，這個問題只能論述至此。

　　7. 術人精神悸悸，驚怕憧憧，遍身毛竪，體中寒熱，悚惚不安。（《洞神八帝元變經》，28/402c）

　　按："悚"即懼，施之於"悚惚"不通。"悚"當作"怳"，形近而訛。此經上下文又作："神術已驗，令人百日以來，神志怳怳，不能自安。"（28/403b）"或令人飲酒過度，猖狂狁厥，精彩昏錯，怳然不安。唯可堅忍，勿爲彰露，須臾之間，還自安静。"（28/404b）其中的"怳怳"、"怳然不安"皆與此相應。"怳惚"即"恍惚"，心神不寧。道經習見此詞，《大詞典》亦已收，不另舉例。"悚惚"，《中華道藏》徑録，非，可正。

　　8. 逮至黄帝置立生民。注曰："黄帝結土爲象，放於廣野，三百年中，五色變化，能言能語，各在一方，故有傖秦、互夷、蠻差之類也。"（《太上三天正法經》，28/407a）

　　按："互"當作"氐"，前者乃後者之形近訛俗字。《干禄字書·平聲》："互、氐，上通下正，諸從氐者，竝準此。"[1]"氐"爲少數民族族名，與"夷"同類。"互夷"，《中華道藏》録作"氐夷"，是。

　　"差"又當作"羌"。"差"俗字作"羌"[2]，與"羌（羗）"字形極近。"羌"爲少數民族族名，與"蠻"同類。"蠻差"，《中華道藏》徑録，非，可正。

---

①［唐］顔真卿書，施安昌編《顔真卿書干禄字書》，第20頁。亦可參曾良《俗字及古籍文字通例研究》"'互'、'氐'不別例"，第75頁。
②可參張涌泉《敦煌俗字研究》（第2版），第345頁。

9. 白玄宅炁君五人，官將一百二十人，治太真室，主治女子十歲落病<u>連漆</u>收骨，治之差。（《正一法文經章官品》卷二，28/545c）

按："漆"原作"添"，俗字。然"連漆"義不可通，竊以爲"漆"當作"添"，形近而訛。"連添"即不斷增加之義。唐徐彥伯《夜宴安樂公主新宅應制》："鳳樓開闔引明光，花酎<u>連添</u>醉益香。"[1] "連漆"，《中華道藏》徑錄，非，可正。

10. 天官陰陽狄君官將一百二十人，速炁吏左右七十一人，主治<u>嬴病</u>。（《正一法文經章官品》卷二，28/547c）

按："嬴"當作"羸"。"羸病"，衰弱生病。該詞道經數見，《大詞典》亦已收，可參，茲不再舉例。

11. 抱朴子曰："玄者，自然之始祖，而萬殊之大宗也。<u>眇昧</u>乎其深也，故稱微焉。"[2]（晉・葛洪《抱朴子內篇・暢玄》）

按："眇眛"不通，"眛"當作"昧"。"眇昧"即"眇昧"，此詞見於葛洪其他著作，《抱朴子外篇・任命》："居泠先生應曰：'蓋聞靈機冥緬，混芒眇眛（昧）。禍福交錯乎倚伏之閒，興亡纏綿乎盈虛之會。"[3]《大詞典》引此例釋爲"幽遠、深微"，可從。

第31册

1. 願以是捻香功德，上祝當今皇帝，龍圖鳳紀，克保遐長，<u>玄頃</u>黃軒，允齊英睿。（五代・杜光庭《道門科範大全》卷五，31/769a）

按："玄頃"義不可通，竊以爲當作"玄勛（勳）"。"頃"、"勛"形略近而訛。"玄勛"即"元勛"[4]，大功之義。"玄"與"黃"相對，"玄勛黃軒"與"龍圖鳳紀"相對，指是黃帝軒轅氏之大功。

"玄勛"數見於道經等典籍，《唐玄宗御製道德真經疏》卷二："《道德經》：'將欲取天下而爲之。'注曰：'積<u>玄勛</u>而黃軒受命，稟前功而顓頊

---

①［清］彭定求等編《全唐詩》，第826頁。
②王明《抱朴子內篇校釋》（增訂本），第1頁。
③楊明照《抱朴子外篇校箋》（上册），第476頁。
④"玄"、"元"因避諱、回改等，多有互混的情況。

叶符,黄帝十七世而祚有殷,后稷十三世而興西伯,此皆積世累功也.'"
(11/825a)唐吳筠《宗玄先生玄綱論》:"降氣分光,聿生人中,賢明愽達,
周濟爲功,爲君爲長,俾物咸通,爰歷世紀,玄勳允充,德揆天壞,名書帝
宫。"(23/675a)南宋王契真《上清靈寶大法》卷三十:"伏望森森隊仗,
咸來顧以來歆。濟濟威儀,享既蠲而既潔。恢弘教法,懋積玄勳,神鑑在
兹,謹陳初酌。"(30/933b)

　　例中"積玄勳而黄軒受命"即"玄頊(勳)黄軒"。"元勳"亦見於其
他四部典籍,《大詞典》已收録,可參。"玄頊",《中華道藏》徑録,非,
當正。

　　2.臣今静夜,燒香行道,謹有某州某,伏爲當境自届陽春,久愆膏雨,
夏云自届長贏,久愆甘雨。秋云自届商秋,久愆嘉雨。請臣等於某處,開建靈寶
太一祈雨道場,罷散設醮一十二分,仰祈真造,俯察愚衷,施甘澤以霈流,
副黎元之涸望。(五代·杜光庭《道門科範大全》卷十,31/781b)

　　按:"長贏"當作"長贏"或"長嬴",乃夏天之别稱,亦稱"長陽"、"常
陽"。此經卷十一:"臣今設醮行事,謹有某州某,伏爲當境,自届陽春,
久愆膏雨,夏云自届長贏久愆甘雨。秋云自届商秋,久愆嘉雨。請臣等於某處,
開建靈寶太一祈雨道場,罷散設醮一十二分位。"(31/783a)《劉子·履
信》:"夏之得炎,炎不信,則卉木不長。卉木不長,則長嬴之德廢。"[1]《宋
真宗御製玉京集》卷三:"今以方屬長嬴,深傷繆繋。將仰祈於錫羨,敢
俯議於在寬。"(5/803a)《大詞典》已收此詞,可參。

　　3.以時愆潤澤,民困焦枯,祇被琳宫,芈嚴挂席。按真科於三洞,下
真馭於九清,昭俟真休,冀諧精感,謝云昭荷靈休,亟諧精感。(五代·杜
光庭《道門科範大全》卷十八,31/798b)

　　按:《集韻·鐘韻》:"芈、芊、丰,《説文》:'艸盛芈芈也,从生,上下達
也。'或作芊、丰。"[2]"芈"乃"芈"之訛俗字,即茂盛、衆多之義。此義施
之於"芈嚴",似不可通。竊以爲"芈"乃"聿"之形近訛字,"聿嚴"之

---

[1] 傅亞庶《劉子校釋》,第88頁。
[2] 趙振鐸《集韻校本》(上册),第36頁。

"聿"爲句首發語詞,無實義;"嚴"爲整飾、乾净之義。①

此語習見於道經,如《道門科範大全》卷十四:"今某爰自臨民千里,治政六條,偶節候之爽和,致膏霖之未需,祥異之未兆。聿嚴齊袚,黍露懇悰,冀甘澤之周覃,慶大田之豐稔。"(31/791a)卷十五:"竊惟衆教,具有真科,聿嚴省悔之修,夙露祈禳之請。"(31/793b)南宋林靈真《靈寶領教濟度金書》卷二百二:"今齋主某聿嚴圭華,虔扣宸楓,慮從無始以來,逮至有生之後,天和塵漲,人欲波流。逐逐昏衢,縱牛奔而弗牧。悠悠業徑,任猿躍以誰覊。"(8/30b)卷二百四十八:"爰潔茅庭,聿嚴芝座,降三華之寶輦,來十極之瓊輪。"(8/212c)《萃善録》卷上:"皇天后土,既全付於丕圖。名山大川,庸聿嚴於外祀。"(19/888a)"莘嚴",《中華道藏》徑録,非,當正。

4. 以時愆潤澤,民困焦枯,祇袚琳宫,莘嚴挂席。按真科於三洞,下真馭於九清,昭俟真休,冀諧精感。(五代·杜光庭《道門科範大全》卷十八,31/798b)

按:"挂席",《大詞典》已收,釋爲"挂帆"。此義施之於上例,自不可通。竊以爲"挂"乃"圭"之訛字。《説文·土部》:"珪,古文圭从玉。"②"圭"異體作"珪",又訛爲形近之"挂"。"圭"者,圭玉之稱,又引申有清潔、鮮明之義。道經中"圭某"的詞語數見,此經卷五十三:"俯臨圭潔之場,曲副翹勤之請。"(31/879b)南宋林靈真《靈寶領教濟度金書》卷四十七:"聿嚴圭宇,肆啓瑶壇,流梵唱於諸天,降靈輝於十極。"(7/239c)卷一百五十三:"臣等躅潔圭簪,敷張瑶陛,象圓方於巽乾之室,法陰陽於坤艮之宫。"(7/680c)卷二百二:"今齋主某,聿嚴圭華,虔扣宸楓,慮從無始以來,逮至有生之後,天和塵漲,人欲波流,逐逐昏衢,縱牛奔而弗牧,悠悠業徑,任猿躍以誰覊。"(8/30b)"挂席",《中華道藏》徑録,非,可正。③

---

① 該書及其他道經又有"式嚴"一語,"式"亦爲句首發語詞,可以比勘。
② [清]段玉裁《説文解字注》(第2版),第694頁。
③ 周志鋒教授教示:"'挂'當作'桂'之訛字,'桂席'乃盛宴之義。"按:扌、木二旁相混,古籍、敦煌文獻常見,字理可通;"桂席"意義亦可通,故此説頗有理致。然"桂席"不見於道經,"桂某"的説法亦不見於《道門科範大全》,故本書堅持原觀點不變。對周志鋒教授的指點,謹致謝忱!

5. 仰冀某億曾上祖，遠近先魂。永離幽途，陟九霄之仙品；長垂密蔭，傳百葉之榮光。（五代·杜光庭《道門科範大全》卷二十四，31/812a）

按："上祖"道書屢見，指的是祖先，然"億曾"意義不明。道書中又有"億萬曾祖"的説法：BD14841H《太上洞玄靈寶業報因緣經》卷五："黄録者，開度億萬曾祖，先後亡人，處在三塗，沉淪萬劫，超陵地獄，離苦生天，救拔幽魂，最爲第一。""開度億萬曾祖"，《道藏》本作"開度萬民，億曾萬祖"。①《太上金櫃玉鏡延生洞玄燭幽懺·虛一真人序》："至孝之士，報先化根宗，遵奉禮誦，雖億曾之遠、萬祖之衆，黿繫幽苦者，承是功德，皆即受度，上登朱陵。"（18/341c）《元始無量度人上品妙經》："凡誦是經十過，諸天齊到，億曾萬祖，幽黿苦爽，皆即受度，上昇朱宮。"青元真人注曰："億曾萬祖者，自无始已來，捨身受身、所育父母、乃祖乃先也。凡人誦經，則諸天帝君齊到其前，應億曾以來幽滯黿靈、久拘若爽②，悉獲受度上昇朱宮也。"（2/258a）依此，"億曾"者，時間久遠之謂也；"億曾萬祖"者，言極爲悠遠時間中之千萬祖先。二説看似可通，然並未解釋"曾"義。道書有"三曾五祖"、"九祖七玄"等類似結構，亦無法解釋。

實則"億曾上祖"、"億萬曾祖"皆當作"億曾萬祖"。以"萬"俗寫又作"万"，與"上"略近，故訛。"億曾"、"萬祖"爲並列結構，"曾"亦祖之義，道書中習見之"三曾五祖"、"九祖七玄"或"九世七玄"，"曾"、"玄"，皆祖也③。"億曾萬祖"屢見於《道門科範大全》及其他道書，其逆序又作"萬祖億曾"。《道門科範大全》卷二："弟子某家九世七玄，億曾萬祖，克辭幽夜，咸覩光明。"（31/762a）《太上洞玄靈寶業報因緣經》卷三："己身所犯一切惡業，及過徃亡人億曾萬祖，見前父母、妻子、眷屬，無量劫來捨身受身、所在託生，至於今生轉無量身，所有罪咎，發心懺悔，即得滅除，身心清净，滅罪無量。"（6/93a）卷九："復有道士，常勸男女爲億曾萬祖、人民品物、國主人王，採諸華果、百味飲食、名衣上服、珍奇寶貨、玩弄卧具、旛華幢蓋，作玄都大獻七寶山盤，於其元日供養天尊及諸聖衆，

---

①黄録解救的是祖先及先後親屬之幽魂，非關萬民；下文之洞神"度脱衆生，最爲第一"，乃解救萬民所用。故《道藏》本之"萬民"實爲誤衍。

②按："若爽"，當作"苦爽"。"苦爽"者，受苦之精魂；作"若爽"義不可通，形近而誤，觀正文可知。

③參牛尚鵬《道教科儀經籍疑難語詞考釋》"七玄"條，第55頁。

禮拜懺悔,散華燒香。”(6/122c)南宋王契真《上清靈寶大法》卷九:“又恐<u>萬祖億曾</u>,昔亡往逝,暨臣千生累刧,宿世今身,稔積愆辜,深如河海。”(30/727c)南宋金允中《上清靈寶大法》卷十一:“所慮<u>萬祖億曾</u>,昔亡往逝,暨臣千生累劫,宿命先因,爰至今身,謀用之間,舉室親姻之衆,造諸元惡,成彼深愆,無量無邊,難名難述。”(31/405b)“億曾上祖”,《中華道藏》徑録,非,可正。

6. 炳蘭炷於夜分,振<u>雲鏊</u>於天表,駐九龍之寶駕,舞三疊之胎仙。(五代·杜光庭《道門科範大全》卷二十八,31/823b)

按:“鏊”即“鏊”,乃烙餅之平底鍋,此義自不諧於上例。“鏊”當作“璈”,《集韻·豪韻》:“璈,樂器。”[①] “雲璈”乃道教神仙之樂器。北宋陳景元《上清大洞真經玉訣音義》:“雲璈,音遨。史崇云:大琴也。”(2/706c)亦稱“雲林之璈”、“雲鈞之璈/琴”等。南朝梁陶弘景《真誥》卷三:“西庭命長歌,<u>雲璈</u>乘虛彈。八風纏綠宇,蕖煙豁然散。”[②]《洞玄靈寶玉京山步虛經》:“虛皇撫<u>雲璈</u>,衆真誦洞經。高儒拱手讚,彌刧保利貞。”(34/626c)《洞真太上八素真經占候入定妙訣》:“急存耳神,交手掩耳,二七按之,畢拱静聽,思聞太上<u>雲璈</u>之音,天鈞之樂,延集師友,察講誦之聲,首謝罪愆,則无患矣。”(33/492c)《漢武帝内傳》:“於是帝迺知朔非世俗之徒也,時酒酣周宴言請粗畢,上元夫人自彈雲林之璈,鳴絃駭調,清音靈朗,玄風四發,迺歌步玄之曲。”(5/55c)《無上秘要》卷二十:“高聖玉帝命上宮玉女徐法容、蕭惠忠、田四非、李雲門等彈雲鈞之璈,合聲齊唱,歌大洞高清玄誠之章,三塗五苦之詩。”[③]“雲鏊”,《中華道藏》徑録,非,可正。

7. 伏願下哀<u>凡請</u>,俯降道場,天光一臨,萬生抃悦。(五代·杜光庭《道門科範大全》卷四十七,31/864c)

按:“凡請”不通,“請”當作“情”。“情”者,誠也;“凡情”即凡人之真誠情感。“凡情”屢見於該書,卷九:“伏惟天象高明,報應猶如於影

①趙振鐸《集韻校本》(上册),第403頁。
②趙益點校《真誥》,第59頁。
③周作明點校《無上秘要》,第216頁。

響;凡情懇切,祈禳莫若於純誠。"(31/779a)卷二十六:"早符吉兆,下慰凡情,上明天尊大慈之澤,下副臣等歸命之誠,謹啓以聞。"(31/818c)卷八十四:"但緣有衆之愚蒙,罪皆自取;每循凡情之愛惡,欲固無窮。"(31/956a)可與之比勘的是"凡懇"、"凡悃"、"凡誠","懇"、"悃"、"誠"與"情"皆義近,玆不再舉例。"凡請",《中華道藏》徑録,非,當正。

8. 故使今生,動罹世患,或遇寇攘之劫害,或逢魔鬼之喪亡……並是六天之鬼,五嶽之神,乘罪釁以侵凌,作災衰而助虐,八難隨及,三厄騈臻,致使考禁祖先,褄剔名字,無能逃者,可勝痛哉。(五代·杜光庭《道門科範大全》卷五十六,31/888b)

按:"褄"字字書不載[1],未知何義。《中華道藏》徑録,亦未作校注。實則"褄"乃"搜"之訛俗字,衤、扌形近而混[2]。"搜剔"乃搜尋之義,"剔"有挑選、甄別義。[3]"褄剔名字"是説犯下重罪,報應懲罰隨之而來,搜檢名字,一一不失。此詞見於道經及其他四部文獻[4],唐吕嵒《十六品經·至道極玄大乘度劫三品真經中卷》:"又有歷代諸大法師,通經律論,取大法藏,闡譯文字,搜剔妙藴。"杜牧《黄州准赦祭百神文》:"迴御丹鳳,大赦四海,改元會昌,减論有罪,紹功嗣德,搜剔幽昧。"[5]"褄",《中華道藏》徑録,當爲不識俗字,依其體例當正。

第 32 册

1. 羅天毒獸,備巨四門,吞沈割誓,山醜萬群,張喉獲天,猛馬高奔,毒龍奮爪,金頭橫吞。(《上清修身要事經》,32/572a)

按:"備巨"不通,"巨"當作"衛"。"備衛"乃防備衛護之義,道經習見,《大詞典》亦收。《無上秘要》卷四十一:"天丁前驅,金虎後奔。獲天猛獸,備衛四門。所呼立到,所召立前。"[6]《上清大洞真經》卷一:"次

---

①字海網(http://yedict.com/zscontent.asp?uni=2B306)收有與此字相像之"褄"字,注明來源韓國,未作釋義。

②參本附録第 32 册第 9 條。此詞《大詞典》已收,可參。

③此説曾蒙方一新教授指點,謹致謝忱!

④此義《大字典》、《大詞典》皆有收録,可參。

⑤[清]董誥等編《全唐文》,第 7849 頁。

⑥周作明點校《無上秘要》,第 603 頁。

祝曰：六天大魔王，受制幽寥無。白距獲獸，赤甲毒龍。鎮守四維，備衛九重。"（1/514a）北宋張君房《雲笈七籤》卷四十三："右四條，備衛身中。"① 然"衛"何以訛作"巨"，令人費解。"備巨"，《中華道藏》徑録。

2. 遺形忘體。注曰："今内無飢寒之切，外無纏縛之累，洞遂虐漠，故不知四大之所在也。"（南朝宋·陸脩静《洞玄靈寶五感文》，32/620a）

按："虐漠"不通。"虐"當作"虚"，形近而訛。"虚漠"者，虚寂玄遠。《太上洞玄靈寶智慧本願大戒上品經》："顧玄少好神仙白日飛騰之道，心想上聖，恒以髣髴，大經微遠，妙賾難通，將稟口訣，釋我冥津，洞暢虚漠，有無都盡矣。"（6/155b）《太上靈寶諸天内音自然玉字》卷三："曲爽澄虚漠，麗宛從空和。"（2/548c）北宋張君房《雲笈七籤》卷十六："良久，（天尊）忽然嘆曰：'上範虚漠，理微大幽，道達重玄，氣冠神霄，至極難言，妙亦難超。'"② "虐漠"，《中華道藏》徑録，非，可正。

3. 遊浪嵩嶽杪，苕苕戲玸松。零零高仙客，窈窕詠陽歌。（《太上洞神行道授度儀》，32/640c）

"玸松"，《洞神八帝妙精經》作"玄都"。

按："玸"各字書未見，不知何義。"玄都"即仙府，容易理解。這是一首詩歌，可以從押韻的角度進行分析。"松"爲鐘韻，"都"爲模韻，"歌"爲歌韻，"和"爲戈韻：漢魏六朝時，包括道經在内的各種文獻，歌戈模三韻有通押之例，但似未見與鐘韻通押的例子。③ 故作"玸松"乃文獻訛誤，"玸"殆本作"玄"，又受"苕"字類化或者誤合爲一字，又增一"松"字。"苕苕"者，乃修飾"玄都"之高。"玸"，《中華道藏》徑録，非，當正。

4. 觀詞審意，難可抑違，即與對齋露文，請乙應驗，人神交契，似合天科。（《太上洞神三皇傳授儀》，32/648a）

按："請乙"不通，"乙"當作"乞"，磨滅上半或字形相近而誤。"請

---

① 李永晟點校《雲笈七籤》，第 956 頁。
② 李永晟點校《雲笈七籤》，第 396 頁。
③ 參夏先忠《六朝上清經用韻研究》，第 39、40、236—238、267—279 頁；于安瀾《漢魏六朝韻譜》，第 41 頁。

乞"即"乞請",乃請求之義。《赤松子章曆》卷三："太上三師,乞丐應驗,不負効信。"（11/193a）此例可與之比勘。《大詞典》已收該詞,可參,例不再舉。"請乙",《中華道藏》徑録,非,可正。

5. 先世所犯,譴在三官,來耗害生人,致令居生轗軻事云云,皆恐某家七世父祖,昔日生在之時,違天負地,<u>王逆</u>不孝,誅君截位,殺害帝主。（《太上洞神洞淵神咒治病口章》,32/721a）

按："王逆"不通,"王"當作"五",形近而訛。"五逆"在道經中有專指,《道門經法相承次序》卷下："五逆:一怨天地,二穢辱日月星辰,三呵風罵雨,四爲臣不忠,五爲子不孝順。""不孝"實爲"五逆"之一,二者合稱"五逆不孝",與一般的"忤逆不孝"結構意義略有不同。此語道經習見,《赤松子中誡經》："爲七百惡,出<u>五逆</u>不孝犯法子孫。"（3/446b）《太上洞淵神咒經》卷八："輕師罵辱,<u>五逆</u>不孝,阿枉百姓,强取人財,教人作惡,言訟殺人。"（6/29c）《太上靈寶朝天謝罪大懺》卷一："見有男女殺害父母,<u>五逆</u>不孝,違天負地,不信罪福。"（3/464a）"王逆",《中華道藏》徑録作"五逆",而未出校,當正。

6. 黄帝五霸以來,壞軍死將,<u>脱鋒</u>之鬼,光怪集聚,合爲精祟。（《太上洞神洞淵神咒治病口章》,32/722b）

按："脱鋒"不可通,"鋒"當作"藉",亦即"籍"。"脱籍"即游魂野鬼,永遠沉淪下世,無法修仙成道。此經："解否無他攝鬼等,合共驅逐小鬼,時行疫癘,<u>脱籍</u>之鬼,一切收而邵之。"（32/722a）《太上洞淵神咒經》卷一："若一鬼不去,妄稱大神,山林社祀,世間廟主,壞軍死將,<u>脱籍</u>之鬼,來助邪王,病痛世人,不從大法者,十方殺神收而誅之。"（6/5a）《太上無極總真文昌大洞仙經》卷一："下以落名黑簡,<u>脱籍</u>鬼鄉,七祖昇仙,先亡證道。"（1/500b）"脱鋒",《中華道藏》徑録,非,可正。

7. 又一鬼王,姓<u>季</u>,名<u>子敖</u>。領萬鬼,令人生輒死。（《太上洞神洞淵神咒治病口章》,32/726a）

按："季子敖"疑當作"李子敖"。"李子敖"爲道教之惡神,專興癘疫,又作"李子傲"、"李子遨"。《太上洞神洞淵神咒治病口章》與《太上洞淵神呪經》有一定的關係，二者同爲洞淵派經書，所記載的鬼神應當是一致的。① 《太上洞淵神呪經》卷六："土公所害，自稱李子敖。子敖兄弟，千千億萬，爲侶來殺人，死不以理。"（6/21b）卷十一："又有客死刀兵，雲内李子敖等，來往海濱，東西南北，乘風駕雀，作恠行疫。"（6/40b）《道要靈祇神鬼品經》："恐人家親將一切無籍之鬼、世間魍魎男女之殃、頭羅丁勒，南陽葉公、石母大子、雲中李子敖，三天捺無著之鬼，千兆億來入人宅，取人小口、老嫗、男子，令天下人疾病死亡。"（28/388a）"李子敖"，BD14841M 作 "李子傲"。《太上三五傍救醮五帝斷殃儀》："及有四方隣里，忽被染剔，皆是天行疫鬼，雲中李子遨、張元伯、劉元達、烏丸鬼等病患人家。"（18/333c）"次收魯丁斑黃、轉筋、聲咳、吐逆之鬼，次收雲中李子遨、千精萬魅之鬼，次收搖鈴吹角呼唤之鬼。"（18/336b）

8. 若有三十六世亡人猶<u>執駐</u>不解者，願諸五方解禁君十二人，官將百二十人，一合下，主爲某家，分解上世以來呪詛厭禱之考，悉令和散，不得復來侵害生人。（《太上洞神洞淵神呪治病口章》，32/730b）

　　按："執駐"不通，其他典籍亦未見此語。② "駐"當作"著"，音近而訛。前者於《廣韻》爲知紐遇韻，後者列五韻，其二爲知紐語、御韻：二者雙聲，語、御、遇三韻同屬遇攝，可通押③，故語音相近。"執著"指邪心、禍事等纏綿不解，不消散之義。《太上一乘海空智藏經》卷四："智慧圓滿，一切天魔、異見、外道，邪心<u>執著</u>，障於大法，起見有心，破於大法。（1/644c）《太上三洞表文》卷中："臣謹爲上請石安君、都星君、誅殃君……一合來下，爲齋主某人化諭先亡，分解塚訟，除諸<u>執著</u>，斷絕復連。"（19/880b）《靈寶無量度人上經大法》五十四："或沉迷待替，<u>執着</u>尸坵，或遭毒藥兵刀，或遇焚溺墜陷……"（3/929b）

9. 次廻向申，上言甲申，扈文長道母闔揑尤戎拘，爲臣妾散地上八方八<u>搞</u>。（《上清黄書過度儀》，32/736c）

①二者關係可參蕭登福《正統道藏總目提要》，第 1254 頁；丁培仁《增注新修道藏目録》，第 318 頁；朱越利《道藏分類解題》，第 189 頁。
②《慧琳音義》卷七十有 "執駐" 條，然原經作 "所執駐衆生"，二字各屬上下，亦非一語。
③參王力《南北朝詩人用韻考》，第 12 頁；夏先忠《六朝上清經用韻研究》，第 37、231 頁。

按：《字海・扌部》："搞，同'剐'。"① 然"剐"義不諧於上例，"搞"當是"禍"之訛俗字，礻(衤)、扌二旁形近而訛。《正字通・示部》："裍，捆字之譌。"② P.2011《刊謬補缺切韻・虞韻》："袾，袍襦之類前襟，亦作扶。" P.2366《太上洞淵神呪經》卷十："羅縷拔罪捕代耳。""捕"當作"補"。③ 此經下文作："次向午，上言甲午，衛上卿師母，爲臣妾散地上八方之禍。"（32/736c）所謂"八方八搞"當即"八方之禍"，或者後"八"乃"之"之訛字。《道德經》："夫佳兵者，不祥之器。"唐玄宗注曰："武者，剋定禍亂，威伏八方。"（11/826a）"搞"，《中華道藏》録作"禍"，是。

10. 某有千罪萬過，併蒙赦貫臣妾及某身中，陰陽生氣，通利五藏六府，十二宮室，肌骨堅强，面目潤澤，横行天下，覆載成就。（《上清黃書過度儀》，32/743a）

按："赦貫"不可通，"貫"當作"貰"。"貰"俗作"貰"，與"貫"形近易混。"貰"者，赦也；故"赦貰"爲同義並列。道經習見該詞，兹舉數例。《正一法文太上外籙儀》："某以單衣一要爲信，乞未奉道之前千罪萬過，令悉赦貰。"（32/212c）五代杜光庭《太上黃籙齋儀》卷十九："八念赦貰前生今世罪對，立功補過。"（9/235a）北宋張君房《雲笈七籤》卷一百五："因密自陳己立身已來犯罪多少之狀，乞得赦貰，從今自後，改往修來之言。"④《大詞典》已收該詞，可參。"赦貫"，《中華道藏》逕録，非，可正。

11. 存金華雌一之精深，戒哭泣，令身多戚擾。⑤（北宋・李昉編《太平御覽》卷六百五十九引《玄母八門經》）

"戚擾"，《四庫》本作"戚憂"。

按："戚擾"不通，"擾"當作"憂"，《四庫》本是。"戚憂"，亦作"憂戚"，乃憂愁、憂傷之義，《大詞典》已收二形，可參，例不另舉。

---

①冷玉龍等主編《中華字海》，第 345 頁。
②[明]張自烈、[清]廖文英編，董琨整理《正字通》，第 763 頁。
③參牛尚鵬《道經文獻俗訛字札考》，《晉中學院學報》2014 年第 2 期。
④李永晟點校《雲笈七籤》，第 2274 頁。
⑤[北宋]李昉編《太平御覽》，第 2946 頁。

第 33 册

1. 爾時，諸戎見大國之王不受其獻，恐畏無福，災害不消，悲泣相顧而作是言：“大王不受我獻，或恐<u>爍薄</u>。”（《太上大道玉清經》卷七，33/343c）

按：《說文·火部》：“爍，火燥車網絶也。”[1]《集韻·沾韻》：“爍，火不絶也。”[2] 二義施之於上例，皆不通。“爍”當作“廉”，形略近而訛。“廉”有少、細小之義[3]，與“薄”近義並列。《大詞典》已收該詞，可參，茲不再舉例。或者“爍”當作“慊”，火、忄二旁有形近相混之例。[4]“慊”有不滿足、嫌棄之義，似亦可通。“爍薄”，《中華道藏》逕録，非，可正。

2. 慈宮洞真暉，<u>聭</u>晰掩朝陽。（《太上大道玉清經》卷十，33/374c）
“聭”，P.2385 作“昭”。
按：“聭”，乃“昭”之訛俗字。從耳、從目之字有相混之例，如“渺”作“眇”，“盼”作“盻”。日、目相混，則“昭”訛作“聭”矣。《說文·日部》：“晢，昭晰，明也。”[5]“晢”即“晰”字。此詞道經習見，《大詞典》亦已收，不再舉例。“聭”，《中華道藏》録作“昭”，是。

3. 此符是一符，或曰三真靈符，別有注訣，以綵繒爲地衣，四方各一丈，朱書彌滿其上，<u>捲方</u>大小隨意廣俠。常當内襦中，坐卧此符，而讀誦洞經，存思帝一，以行大洞之事。又一法，坐卧此符，辟方三尺，而容符文，不必拘一丈也。（《洞真高上玉帝大洞雌一玉檢五老寶經》，33/386a）

按：“捲”爲“卷”之後起區別字，然“捲方”似不易理解，上下文也不好斷句。筆者翻檢道經，發現有一處記載似與此相關。《上清洞真天寶大洞三景寶籙》卷上：“受符之日，皆當朱書白繒<u>卷辟</u>，大小隨意，盛於囊中，不經淹濁者，當可佩於形。”（34/103c）“卷辟”，又見於另一道經。南朝梁陶弘景《周氏冥通記》卷一：“先已裝束，内衣上止著眠衣，加以法

---

[1]［東漢］許慎《説文解字》，第 209 頁。
[2] 趙振鐸《集韻校本》（上册），第 614 頁。
[3] 從廉之字有少、不足之義，可參殷寄明《漢語同源字詞叢考》，第 482 頁。
[4] 參本書附録二“待質録”之“悵怏”條。
[5]［東漢］許慎《説文解字》，第 137 頁。

服，並堅結其帶，脫裙襦卷辟之。"①

　　《廣雅·釋詁》："襞，詘也。"王念孫《疏證》："《説文》：'詘，詰詘也。一曰屈襞。'又云：'襞，韏衣也。'徐鍇傳云：'韏，猶卷也。襞，摺疊衣也。'故禮注謂裙摺爲襞積也。《漢書·揚雄傳》注云：'襞，疊衣也。'司馬相如《子虛賦》云：'襞積褰縐，紆徐委曲。'襞字亦作辟，《士喪禮記》'裳不辟'鄭注云：'不辟積也。'《大射儀》注云：'爲冪蓋卷辟綴於篠橫之。'《莊子·田子方篇》'口辟焉而不能言'司馬彪注云：'辟，卷不開也。'皆詰屈之意也。屈與詘通。跛者，足屈而不伸，故亦謂之躄。《吳志·孫峻傳》注引《吳書》云：'留贊與吳桓戰，一足被創，遂屈不伸。曰我屈躄在閭巷之閒，存亡無以異是也。'"《釋言》："袧，襞也。"《疏證》："下襞詘與辟屈通。"'幼，擘也。'《疏證》："辟、擘竝與襞通。"②

　　依王注"辟"通"襞"③，乃屈曲之義，故"卷辟"爲同義並列結構④。故所引《上清洞真天寶大洞三景寶録》之例大意是：受符的時候，以朱筆書寫咒語於白繒之上，把它卷起來，大小隨意，放在囊中，不接觸不乾浄東西的人可以佩帶在身上。例3與之不同的是，用彩色的繒帛，方一丈之大，也是把它卷起來，大小隨意。之後不是放於囊中，因爲方一丈，所以是坐着或睡覺時，置於身下所用。

　　故《上清洞真天寶大洞三景寶録》之例應斷句爲"卷辟，大小隨意"，那麼例1應該點作"捲方，大小隨意廣俠"。其中"捲方"殆爲不明"卷辟"之義而訛⑤，且"大洞之事"有"辟方"，"捲方"很可能受到了"辟方"的影響。至於"廣俠"，即"廣狹"，或者爲倒文，本當作"大小廣俠隨意"；亦或可視爲衍文。《上清佩符文白券訣》："兆守雌一行大洞事者，常帶此符於心前，朱書，大小隨意，常坐卧之，亦可内著褥中，帶者令辟方四寸，坐者辟方三尺。"（6/574b）此經所載與例3類似，亦無"廣俠"之字，"大

①［日］麥谷邦夫、吉川忠夫編，劉雄峰譯《〈周氏冥通記〉研究》（譯注篇），第14頁。
②［清］王念孫《廣雅疏證》（第2版），第111、153、146頁。
③"襞"字見於道經，《周氏冥通記》卷一："子良仍起，襞紙疏之。"
④［日］麥谷邦夫、吉川忠夫將"脫裙襦卷辟之"譯爲"脫捲起其裙褲"，參［日］麥谷邦夫、吉川忠夫編，劉雄峰譯《〈周氏冥通記〉研究》（譯注篇），第14頁。陳祥明、亓鳳珍已言"'卷辟'同義連用，'辟'有'卷'義"，然未揭示"辟"卷曲義之源流，可參《〈《周氏冥通記》研究（譯注篇）〉匡正》，《泰山學院學報》2011年第1期。
⑤真大成認爲"辟方"指事物的周長或面積，參《釋"辟方"》，《辭書研究》2006年第2期。

小”已包之。“捲方”，《中華道藏》徑録，非，當正。

4. 二者，經案局腳各五，亦七亦九，梓栢隨宜，腳亦可鐵，<u>摽攜</u>釘鰾，漆素咸通。（《洞真太上太霄琅書》卷七，33/686c）

“摽攜”，《中華道藏》録作“標檷”。

按：《中華道藏》之録是。“摽”、“標”相混，“檷”又類化而訛。《淮南子·本經》“標林欂櫨”高誘注：“標林，柱類。”[1]《廣韻·禡韻》：“檷，牀頭橫木。”[2]故“標檷”是連接經案局腳的木頭，作用是固定結實，使不晃動。“局腳”即曲腳，與直腳相對，常帶有裝飾性。

5. 是以被衣步綱，七精下遊；齧缺步綱，上登天堂；王倪步綱，乘雲十天；黃帝步綱，精爲軒轅；許由步綱，鳳凰羣翔；巢父步綱，上朝天皇；支離步綱，栖集閬風……北人步綱，玉女來遊；<u>蒲</u>衣步綱，遂入北斗……（《洞真上清太微帝君步天綱飛地紀金簡玉字上經》，33/444b）

按：由以上來看“蒲衣”當是仙人，竊以爲當作“蒲衣”，即蒲衣子。“蒲”、“蒲”形音俱近：二者於《廣韻》皆爲並紐模韻，扌、氵二旁有相混之例[3]。《莊子·應帝王》：“齧缺問於王倪，四問而四不知。齧缺因躍而大喜，行以告蒲衣子。蒲衣子曰：‘而乃今知之乎？’”陸德明《釋文》：“《尸子》云：‘蒲衣八歲，舜讓以天下。’崔云：‘即被衣，王倪之師也。’《淮南子》曰：‘齧缺問道於被衣。’”[4]南宋林希逸《南華真經口義》卷十：“蒲衣，或曰即被衣也。《莊子》所言人物名字，多是虛言，即烏有、亡是公之類，不必致辨。”（15/738c）正如林説，《莊子》多用寓言、虛名，不能一一坐實。蒲衣、被衣，或是一人，亦或不是。故此經前面說“被衣”，而後面說“蒲衣”，則不認爲是一人。

6. 高上科曰：夫受星宿正治，及奉受三寶經法、洞真玄經之法、拜署

---

① 劉文典《淮南鴻烈集解》，第 313 頁。
② 蔡夢麒《廣韻校釋》，第 964 頁。
③ 參陳國符《中國外丹黃白法考》“搭”字條，第 328 頁；牛尚鵬《道經文化詞語分類詁註》“擢質”條，《楚雄師範學院學報》2014 年第 10 期。
④〔清〕郭慶藩《莊子集釋》（第 3 版），第 293 頁。

齋法之後,悉應受法難五戒,而不受此五戒者,不得糸同齋官繽録之例。并受真契三一、真一以上,又不受法難五戒者,不得列名上宮,又不得表奏星宿大章。(《洞真太上八素真經修習功業妙訣》,33/469a)

按:《集韻·真韻》:"繽,繽紛,亂也,一曰盛兒。"① 依此,"繽録"不通。"繽"應當是一個訛字,本當作"墨"。其致訛之由,或是"繽"當作"繼",爲"墨"之訛字。宋王希巢《洞玄靈寶自然九天生神玉章經解》卷上:"三元考官地獄之品,謂之墨録。"(6/433c)此經有一處可以照應,《洞真太上八素真經修習功業妙訣》:"高上科曰:道士、祭酒男女,受真至法,并受上法寶經,星宿正治,位次真一以上,并伏法受真好向之賢,亦不可不糸受法難五戒,及因緣大戒。既受至法,不受此五戒,名故不上仙都丹簡,墨録玉曆無名,三官白籍鬼名不除,滅度之後故爲下鬼,魂不得仙,考對无已,殃及子孫。"(33/470b)

"墨録"即"墨籙"。此經中還有"墨籙"的其他用例,《洞真太上八素真經修習功業妙訣》:"天曹一年三考墨籙,計功益筭紀,司命奏上,分別善惡,即度功德著左契,犯惡非度著右契,事有炳然。"(33/470c)

7. 制命合玄符,握節徵太微。妙覺無凝墽,廓然靈關開。(《上清太上玉清隱書滅魔神慧高玄真經》,33/749b)

按:《廣韻·鐸韻》:"墽,舍墽。亦塵墽。"② 故周作明等以此例之"墽"爲塵義。③ 然"凝墽"典籍似只一見,頗爲可疑。竊疑"墽"當作"漠",二者於《廣韻》皆爲明紐鐸韻,字形也有相近之處,因而致訛。"凝漠"乃虛寂之義,與"冥漠"、"溟漠"音義相近。《洞真太上神虎隱文》:"冥化纏玄根,把節攜紫童。圓塗無凝漠,綺藹復有重。"(33/567c)《上清太上開天龍蹻經》卷三:"遷聖入道,上昇大羅,至道之境,曠理凝漠也。"(33/738b)"圓塗無凝漠"與"妙覺無凝墽"非常類似。與例3"凝漠"可相比勘的是"虛漠"。《上清太上開天龍蹻經》卷一:"三乘漸頓,三根不同,三界天人,三寶接引,三清聖教,三洞玄階,上帝道鄉,曠理虛漠,通生妙有,諸天良梯。"(33/733b)以此來看,"虛漠"似即虛寂之義。

---

① 趙振鐸《集韻校本》(上冊),第 245 頁。
② 蔡夢麒《廣韻校釋》,第 1185 頁。
③ 參周作明、俞理明《東晉南北朝道經名物詞新質研究》,第 151 頁。

“凝堁”，《中華道藏》徑録，似非。

8. 東霞啓五暉，神元焕七靈。翳映<u>紀三燭</u>，流任自齊宾。（《洞真太一帝君太丹隱書洞真玄經》，33/528c）

“紀三燭”，《真誥》卷三、《上清道寶經》卷三、BD01017《洞真上清諸經抄·洞真太一帝君太丹隱書洞真玄經》皆作“汜三燭”，《上清金章十二篇》、《上清諸真章頌》皆作“三汜燭”，《墉城集仙録》卷五、《雲笈七籤》卷九十八、《衆仙讚頌靈章》皆作“汎三燭”，《上清諸真人授經時頌金真章》作“記三燭”。

按：“汜三燭”不通，“汜”當作“汎”。《説文·水部》：“汎，浮皃。”“泛，浮也。”“汜，濫也。”[1] 王力認爲：“汎、泛、汜，實同一詞。《説文》……是强生分别。”[2] 王説自是，三者所從聲符不同。典籍中已、己、巳不分，“紀”、“記”皆爲“汜（汎）”之形近訛字。“汎三燭”即明亮之義；“汎”即泛光，“三燭”即明。道經中，“汎”後加表示明亮色彩的詞語，都是此義。如“汎明”、“汎光”、“汎燭”等。“三汜（汎）燭”乃倒文，或爲不明詞義所致。

9. 呪讀再過，都畢，當和心下炁，勿令音啜而<u>蹇</u>也。（《洞真太一帝君太丹隱書洞真玄經》，33/542b）

“音啜而蹇”，《上清太上元始耀光金虎鳳文章寶經》作“音輟而蹇”。

按：“啜”當讀爲“輟”，止也。二者於《廣韻》皆有知紐祭、薛韻的讀法，聲韻相同，可得相通。“蹇”，當爲“謇”之俗訛字。“足”，俗寫作“𧾷”，與“言”極似，故“謇”即可變作“蹇”，《中華道藏》録作“謇”是。“謇”讀爲“謇”，説話不順利。《大詞典》已言二者通假關係，可參，兹不再舉例。

10. 伏獸攘袂，猛馬張喉，<u>猲嶽橫杅</u>，御劍攝邪，衆聲紛亂，百玃妖[3]。（《洞真太上神虎隱文》，33/566b）

“猲嶽橫杅”，《洞真太上説智慧消魔真經》卷二作“揭嶽橫林”。

---

①［東漢］許慎《説文解字》，第 230、233、230 頁。
②王力《同源字典》，第 622 頁。
③“百玃妖”奪一字，依《洞真太上説智慧消魔真經》當作“百狼玃妖”。

按："朴"各字書未收,字海網言義未詳①。實則"獦"當作"揭","朴"爲"林"之俗字,皆爲形近而訛。犭、扌略形近,故從二旁之字,或有相混、互爲異體之例。②《莊子·胠篋》"則負匱揭篋擔囊而趨"陸德明《釋文》引《三蒼》曰："揭,舉也,擔也,負也。"③故"揭岳"指高舉或擔負大山之義;而林木本直而向天,"橫林"指將林木橫倒:二詞語皆指神獸力量之大。"獦岳橫朴",《中華道藏》徑録,非,可正。

11. 爾乃集會,无極靈祇,至真大神,群仙衆聖,撫雲璈,奏天鈞,戲師子,遊素麟,惋儺白鵠,翱翔朱鳳。(《洞真太上紫書籙傳》,33/588a)

"惋儺",《上清道寶經》卷三引作"能宛"。

按："惋儺"、"能宛"皆不可通,竊以爲"惋"當作"宛","能"乃"舞(儺)"之訛字。"宛儺"乃宛轉而舞之義。《唐鴻臚卿越國公靈虛見素真人傳》:"神人所將鶴徘徊四顧,宛轉而舞。"(18/82b)

12. 我九口長牙,天坙四目首,吞虎平河食金柱。(《洞真太上上清内經》,33/634b)

"天坙",《太上求仙定籙尺素真訣玉文》、《洞真太微黃書九天八籙真文》皆作"天力"。

按："天坙"不通,當作"天力"。"天力"乃"天丁力士"縮略而來,指天兵仙吏。所以作"坙"者,可能受到"力士"之影響而誤合爲一字。《洞玄靈寶三洞奉道科戒營始》卷二:"天丁力士、龍虎左右、香官使者,並因氣化生,應緣而出,降魔召鬼,傳言驛行,護法之靈官也。"(24/748c)南宋林靈真《靈寶領教濟度金書》卷二百五:"四目老翁大將軍,天丁力士大將軍。"(8/36a)

也簡稱"天丁士"、"天丁"。五代杜光庭《太上洞淵三昧神咒齋懺謝儀》:"道言五濁世,有持三洞經,吾遣天丁士。"(9/827b)《靈寶無量

---

① 網址爲:http://yedict.com/zscontent.asp?uni=233E3。
② 如"於"作"扵",亦作"扤","把"與"犯"互訛,參曾良《俗字與古籍文字通例研究》,第204、137頁。"㨈"與"揮"相混,參真大成《中古文獻異文的語言學考察——以文字、詞語爲中心》,第291頁。
③ [唐]陸德明《經典釋文》,第375頁。

度人上品妙經》卷三十七："天丁九首，四目老翁，秉仗金鉞，息滅袄凶。"
（1/248b）

　　又作"丁史"，亦即"丁士"。《靈寶無量度人上品妙經》卷五十四：
"有知其音，能齋而誦之者，諸天皆遣護正斬邪之神，天毒八威，九首四
目之吏，導從丁史，下衛其身。"（1/369a）"史"於《廣韻》爲生紐止韻，
"士"爲崇紐止韻，宋代生紐入心、審二紐，崇紐入照穿二紐，止韻非精系
字入支齊韻，二者聲韻還是相近的。①

　　故從以上來看，"天丁力士"既可縮略作"天力"，也可縮略作"丁史
（士）"，可相互比勘。"天力"或言其九口，或言其九首，或言四目，亦不必
一。"天圶"，《中華道藏》徑録，殆不辨訛誤。

　　13. 九事之外，不須有語；九事之中，知與不知，犯與不犯，諦自思之。
知犯的謝，慊愨即洗；不知漫陳，亦自被原；不犯而謝，亦无慊也。（《洞
真太上太霄琅書·九真明科旨訣第四》，33/660b）

　　按："愨"上半原作"敄"，下半"心"殘損。"愨"有憂思、失意、啼極
無聲之義，但施之於上例，皆不可能。竊以爲"愨"即"愨"，乃"懇"之
訛字，亦即"款"字，"敄"與"款"形相近。"慊款"乃是一個同義並列結
構，"慊"、"款"皆誠義。此詞《大詞典》已收，道經亦數見，例不另舉。

　　14. 師已昇度，付洞及淵，所居所服，付物生資，約敕子孫，爰及弟
子，貨營齋請，五鍊鎮尸。（《洞真太上太霄琅書·自知昇過功德訣第
三十六》，33/692b）

　　按："貨營"不通，"貨"當作"脩"，形近而訛。"脩營"亦即"修營"，
"修"、"脩"二字常通用，乃營辦之義。此詞道經習見，兹舉數例。《洞
玄靈寶三洞奉道科戒營始》卷六："是知天上天下三界十方，巍巍最尊
惟吾大道，今日齋官某甲爲某事修營妙供，以薦微誠歸命十方，虔心三
寶。"（24/763c）唐朱法滿《要修科儀戒律鈔》卷十五："師有遺書，依書
處分，如無遺書，一一條録生資，與諸子弟有所知者，共議修營功德，及充

_____

①現存《度人經》共六十一卷，後六十卷爲北宋末期或以後增衍而成。可參任繼愈《道藏提要》
（第三次修訂本），第1頁；蕭登福《正統道藏總目提要》，第1頁。

殯葬。"（6/996b）宋謝守灝《混元聖記》卷九："而釋氏之徒修營佛事，妄以天帝次於鬼神之列，瀆神踰分，莫此之甚，其能克享上帝之心乎？"（17/881c）

15. 太微帝君。注曰："命太微上真，使羣靈戴上之幡，焕流金之火鈴。五靈陳曜，六度休明，八音同和，萬律齊聲，雲璈純蚎，天女羅筝。《金玄》。"（《上清道寶經》卷三，33/722c）

按："純蚎"不通，翻閲道經發現，道經多以"朗"、"激朗"、"激"來形容音樂、聲音之美妙。《無上秘要》卷二十四："五者，天發自然妓樂，百千萬種一時同作，激朗雲宫，上慶神真。"[1]五代杜光庭《墉城集仙録》卷一："於是王母命侍女王子登彈八球之璈，董雙成吹雲和之笙……法嬰歌玄靈之曲，衆聲激朗，靈音駭空。"（18/169c）《洞玄靈寶玉京山步虚經》："是時諸天奏樂，百千萬妓，雲璈朗徹，真妃齊唱而激節，仙童凛顔而清歌，玉女徐進而跰躚，放窈窕而流舞翩翩，詵詵而容裔也。"（34/625b）《洞真上清神州七轉七變舞天經》："神州玉章乃十四帝君洞野之曲，百神内名，玉天之玄象，三晨之精；誦其章，玉響激朗。"（33/548b）《洞真太上素靈洞元大有妙經》："諸天帝王、後靈九玄帝君、上相青童、太極真人稽首敢問太上天尊：'至真上法，高秀玄澄，彌絡萬宗，玄寂虚凝，妙趣激朗，法化三乘，彌綸億劫，量何可勝任，豈復稽於明科乎？'"[2]（33/415c）《洞真太上神虎隱文》："太上大道君爰乃自彈景龍雲璈，霄音千逸，萬響纏激，流徽欝勃，紫藹回陰，玄風八發。"（33/566b）

"激"、"朗"皆爲聲音高而亮，《大詞典》收此詞，釋爲"激切明朗"義，施之於上例，不够確切。"蚎"與"朗"形體相近，因而致訛的可能性很大。"激"、"純"雖然字形不是很相近，但氵、糸二旁有相混之例[3]。且"雲璈（聲音、樂器）"與"激朗"組合的例子非常多，筆者認爲"純蚎"本作"激朗"的可能性比作"絕玄"的可能性更大。"絕蚎"，《中華道藏》皆徑録，無校注説明，當正。

---

[1] 周作明點校《無上秘要》，第 324 頁。
[2] "何可"有衍文，當依《洞真太上道君元丹上經》删"可"字。
[3] 如《廣韻·吻韻》："薀，藏也……蕰，俗。"S.329《書儀鏡》："賢郎至，辱問，慰綏兼深。"趙和平校"綏"爲"沃"，張小艷從之，參張小艷《敦煌書儀語言研究》，第 104 頁。

16. 其下慾界萬劫<u>齊粉</u>，其中色界百迴劫壞，其上无色一廻普没。（《上清太上開天龍蹻經》卷一，33/734a）

按：“齊”，當作“齎”。《禮記·曲禮上》“獻執食者操醬齊”陸德明《釋文》：“齊，本又作齎。”[①]“齊粉”即“齎粉”，此詞見於道經，《洞真太上八道命籍經》卷下：“由是懼充齎粉，俯仰驚悲，雀鼠貪生，蜫蟲願活，不捒罪穢之餘，冒樂昇進之澤。”（33/507b）

17. 執詠洞經，三十九章，中有辟邪龍虎，<u>截嶽斬剛</u>，猛獸奔牛，御刀吞鑲，揭山鑮天，神雀毒龍，六領吐火……（《上清太極真人撰所施行秘要經》，33/795a）

“截嶽斬剛”，《洞真西王母寶神起居經》作“截兵斬塿”，《北帝伏魔經法建壇儀》作“威岡”，《太上元始天尊説北帝伏魔神咒妙經》卷二、卷四皆作“斬罡”，《道法會元》卷一百一十五、一百五十九、一百六十七、《太上三洞神咒》卷十一皆作“截罡”。

按：《説文·山部》：“岡，山骨也。从山网聲。”[②]“岡”，隸變作“岡”。從网之字，可作罒，如“羅”、“罵”等；山、止二旁相混，故“岡（岡）”字又作“罡”。止又變爲正，故又作“罡”。[③]“岡”可作“罡”，則“崗（嵼）”即可作“崑（嶇）”。山、土意義相關，則又換旁作“堽”矣。此字又作“塓”，《集韻·唐韻》：“塓，隴也。”[④]《龍龕·土部》：“塓、堽、坥，三俗；堽，正：音剛，壠也。”[⑤]“隴（壠）”皆爲凸起之義，指山則爲山脊，指田則爲田埂。故“塓”、“堽”既指山脊，亦指田壠，其核心義素是一樣的。作“剛”者乃訛字。“兵”乃“嶽（岳）”之訛字，“嶽”指山，與“岡”相對。“截嶽斬岡”是一個並列結構，也就是劈山斬嶽之義。作“威”者，乃“截”之形近訛字。“斬岡”、“截岡”者皆爲“截岳斬岡”之縮略。當然“中有辟邪龍虎，截岳斬堽”本如此斷句，“龍虎”屬上，而它經屬下，則變作“中有辟邪，龍虎 /

---

①［唐］孔穎達《禮記正義》，第 43 頁。

②［東漢］許慎《説文解字》，第 190 頁。

③可參《精嚴新集大藏音·罒部》“罡”字條、《字鑑·唐韻》“岡”字條。按：以上字形及分析，可參《異體字字典》“岡”字條曾榮汾解説，網址：http://dict2.variants.moe.edu.tw/variants/rbt/word_attribute.rbt。

④趙振鐸《集韻校本》（上册），第 475 頁。

⑤［遼］釋行均《龍龕手鏡》（高麗本），第 248 頁。

神虎＋斬埜／截罡"這樣的形式,而將其中的某兩個字省略掉了。"截岳斬剛",《中華道藏》逕録,非,可正。

18. 蒙如所請,銘鏤玄慈,干瀆岡極,犀忏威靈,俯仰慚惶,進退忏慄。(《上清河圖内玄經》卷上,33/823b)

　　周作明："忏栗,戰戰兢兢。"①

　　按："慄",當作"慄"。《説文・心部》："忏,極也。"②《玉篇・心部》："忏,擾也,抵也,善也。"③ 如此則"忏慄"無戰戰兢兢義,故周説當是根據文意臆測而來。然此數義施之於上例,亦不可通。竊以爲"忏"義不可通,當作"汗",受"慄"類化而訛。"汗慄"爲惶恐之義,與"慚惶"相對。《大詞典》已收該詞,可參,兹不再舉例。另外,"忏"也有可能是"悚"字之訛,二字形亦略近。"悚慄",又作"悚栗",道經中可以見到該詞,兹舉一例。五代杜光庭《神仙感遇傳》卷五："及出洞,見積水無窮,中有石徑,纔横尺餘,長且百里。撢子引之,躡石而去,頗加悚慄,不敢顧視。"④ "忏慄",《中華道藏》逕録,非,當正。

19. 飛精鬱玄蓋,羽節耀太清。澄景九齊際,遨邁戲風城。(《上清迴耀飛光日月精華上經》,33/835b)

　　"遨邁",《上清洞玄明燈上經》、《洞真太上紫度炎光神元變經》、《諸真歌頌》作"遨遊"。

　　周作明："遨邁,遨遊。"⑤

　　按："邁"無遊義,故周説非,竊以爲"邁"乃"遊"之訛字。"遊"因抄寫訛誤或缺損,訛作"边"或"迈";"万"是"萬"的簡化俗字,抄校者又類推,改寫成了"邁"字。"遨遊"是一個同義並列結構,有數義,《大詞典》有收,可參。"遨邁",《中華道藏》逕録,非,當正。

---

①周作明《中古上清經行爲詞新質研究》,第 249 頁。

②［東漢］許慎《説文解字》,第 219 頁。

③［南朝梁］顧野王著,［北宋］陳彭年等重修《大廣益會玉篇》,第 39 頁。

④羅争鳴《杜光庭記傳十種輯校》,北京：中華書局,2013 年,第 504 頁。

⑤周作明《中古上清經行爲詞新質研究》,第 222 頁。

第 34 册

1. 銜火戴火,手抱絳幡,旁魔八風,四掣景雲,逍遥天綱,化蕩七元,<u>弊匿</u>山河,顛廻五晨,日月塞暉,列宿失真。(《上清太上九真中經絳生神丹訣》,34/51a)

"弊匿",《上清河圖內玄經》卷下、《雲笈七籤》卷三十一皆作"蔽伏"。

按:"弊匿"不通,"弊"當作"蔽"①。"蔽匿"即隱藏、遮蔽之義,義近於"蔽伏"。此詞《大詞典》已收,可參,亦數見於道經,兹舉數例。《太平經·來善集三道文書訣一百二十七》:"又象比近下民、所屬長吏,共<u>蔽匿</u>天地災變,使不得上通,冥冥與民臣共欺其上,共爲姦之證也。"②《太上洞玄靈寶四方大願經》:"三者念悔過首罪,不敢有所蔽匿,叩頭自搏,禮拜盡心。"(6/154a)《太上上清禳災延壽寶懺》:"橫恣權勢,不務正理,欺公枉法,紊亂紀綱,<u>蔽匿</u>明賢,依附奸黨,上壅天聽,下遏民情。"(3/513a)

2. 五帝夫人,躡雲把風,靈帔鬱羅,佩瓊帶璫,羽裙<u>祎</u>霄,逸靈扇東。(《上清太上九真中經絳生神丹訣》,34/53b)

"祎霄",《太上玉晨鬱儀結璘奔日月圖》、《上清太上帝君九真中經》卷下皆作"拂霄"。

按:"祎"字字書未載,其義不詳,《中華道藏》録作"拂"。依二經異文來看,"祎"當爲"拂"之形訛字,礻(衤)、扌有相混之例③,林與弗亦略相似。當然,也可能受"裙"字類化影響。"拂霄"即觸及到天空,極言其高;"拂"有及至之義。與之可比勘的是"拂天"、"拂霓"④。"霓"即雲霓,與"天"、"霄"義通。此詞道經習見,《無上秘要》卷九十七:"金軒翼虚,玄暉<u>拂霄</u>。八青採蘭,散香玉朝。"⑤南朝梁陶弘景《華陽陶隱居集》卷上:"安期奉棗,王母送桃。錦旌麗日,羽衣拂霄。"(23/641c)五代杜光

---

① 亦有認爲二者通假者,參賈延柱《常用古今字通假字字典》,瀋陽:遼寧人民出版社,1988年,第244頁。
② 俞理明《〈太平經〉正讀》,第263頁。
③ 參本附録第32册第9條。
④ 前者《大詞典》已收,可參。後者如班固《東都賦》:"羽旄掃霓,旌旗拂天。"張衡《東京賦》:"龍輅充庭,雲旗拂霓。"
⑤ 周作明點校《無上秘要》,第1239頁。

庭《墉城集仙録》卷一："駕我八景輿，歘然入玉清。龍旐拂霄上，虎旂攝朱兵。"（18/171c）

3.《太洞真經》曰："太宴絶九玄，洞景寄神通。玉帝乘朱霄，緑霞煥金墉。上館雲珠内，仰投元刃峰。"（《上清僊府瓊林經》，34/293c）

"元刃"，《上清大洞真經》卷二作"無刃"，《太上無極總真文昌大洞仙經》卷三作"玄刃"。

按："元刃"，當作"无（無）刃"。《洞真太上説智慧消魔真經》卷二："上抱雲珠嶺，仰投无刃峰。"（33/604a）此句與例句類似，亦作"無（无）刃"。《玉清無極總真文昌大洞仙經》卷四"仰接无刃峰"注曰："玉京山之頂上，玄虛无有尖刃，此言人頭直上，亦接玄虛无刃空洞寥廓之景，西北崑崙山有金城玉樓，人頭是也。"（2/628c）《洞真太上素靈洞元大有妙經》："《大洞真經三十九章》：'太漠爲靈關之氣，无刃爲浩劫之年。'"（33/401a）從以上注釋來看，一説"無刃"爲無有尖刃之義，一説爲"浩劫"。"無"又作"无"，與"元"形近而訛，"元"又因避諱回改作"玄"[1]。故或作"元刃"，或作"玄刃"。"元刃"，《中華道藏》徑録，非，可正。

4. 三十六禽直日及本命属並不可食，棗、栗、芋子、麦芡不宜多食，發動邪炁。（《長生胎元神用經》，34/314b）

"麦"，《中華道藏》録作"麥"。

按：《廣韻·麥韻》："麥……俗作麦。"[2]"麦"似"麦"，故《中華道藏》録作"麥"。然"麥芡"二物語義不相屬，竊以爲"麦"乃"菱"之訛俗字，典籍中有此詞語。漢張衡《南都賦》："其草則蘪艼蘋莞，蔣蒲蒹葭，藻茆菱芡，芙蓉含華。"[3]

"菱芡"乃藕根、藕實之名，可入藥，治療數種疾痛。北宋張君房《雲笈七籤》卷七十七："藕實一名水丹芝，一名加實，一名芡實，一名蓮華，

---

[1] 宋代避其始祖趙玄朗諱，改"玄"爲"元"。真宗時，曾下令編定《大宋天宮寶藏》，徽宗時又編定《萬壽道藏》。現存明道藏又是搜集前代道經而成，故其中仍可見宋代避諱之例，如"匡"字缺筆作"匤"。
[2] 蔡夢麒《廣韻校釋》，第 1207 頁。
[3] [南朝梁] 蕭統編，[唐] 李善等注《六臣注文選》，第 85 頁。

一名芙蓉。其葉名荷，其小根名芋，大根名藕，其初根名菱，與雞頭爲陰陽。”①北宋寇宗奭《圖經衍義本草》卷三十五：“《唐本》注云：栗作粉勝於荾芡，嚼生者塗瘡上，療筋骨斷碎、疼痛、腫瘀血有效。其皮名扶，擣爲散，蜜和塗肉，令急縮毛殼，療火丹，療毒腫。實飼孩兒，令齒不生。樹白皮水煮汁主溪毒。”（17/712c）“雞頭實，味甘平，無毒，主濕痹、腰脊膝痛，補中除暴疾，益精氣强志，令耳目聰明。久服，輕身不饑，耐老神仙。一名鴈喙實，一名芡，生雷澤、池澤，八月採。”（17/714a）“麦”，《中華道藏》錄作“麥”，非，當正。

5.違師忽道，攻師伐道，嫉師妬道，個師欺道。（《玉清上宫科太真文》，34/353b）

“個”，《中華道藏》錄作“惆”。

按：“個”字書未見收載。“個”即“罔”之增旁俗字，或因“師”類化而誤。“罔師”即欺罔師父，與“欺”相應。此語數見於道書，《太上洞玄靈寶天尊説養蠶營種經》：“欺罔師恩，終身負病之報，許設齋不修，饑凍裸露之報。”（6/235a）舊題唐李淳風《金鎖流珠引》卷二十一：“後聖君曰：白衣不受金鎖流珠、七星六甲，引書等人並及罔師。”注曰：“言罔師者，口辭妄白師，借經圖書畢寫不受，或即受畢，如不令師押署，輕師稱己先有，及稱別師邊受得，如此之者，故罔之罪，不得其死。”（20/452a）《金鎖流珠引》卷二十一：“夫人曰：‘他有何罪？’使者曰：‘罔師盜道之罪。’”（20/452b）

或者“個”即“惆”字，亻、忄二旁多有互爲異體之字，從字理上倒是講得通。如“侗”即“恫”，又作“惆”（參《字海》）。即使如此，“惆”亦當作“罔”，論述已見上。《中華道藏》錄作“惆”，倒也不是全無道理。

6.閬臺發幽夜，神燭吐奇光。璀璨玉林華，煋熠爍瓊堂。（《太上九真明科》，34/368a）

“煋熠爍”，《洞真太上素靈洞元大有妙經》作“熠爍曜”，《洞真太上道君元丹上經》作“熠爍耀”。

①李永晟點校《雲笈七籤》，第1752頁。

按："燿"字書未載,當爲"燿"之訛俗字,與"曜"、"耀"本爲一詞①。"燿熠爍"三字平列義近,皆爲光明之義。《中華道藏》録作"熠爍耀",非。

7. 十則樗櫟雙陸,劫盜行非,恣意所爲,而不自戒。(《洞玄靈寶千真科》,34/370a)

"樗櫟",《要修科儀戒律鈔》卷十三作"摴蒲"。

按:作"摴蒲"是。"摴蒲"亦作"摴蒱",是古代的一種棋類游戲。"雙陸"亦是棋類游戲,故二者並列。"摴蒲"、"雙陸"經籍常見,《大詞典》亦收,兹不再舉例。《中華道藏》徑録,未作校注,非,當正。

8. 四則行莠净人,躬執稱稼;五則鬥亂大衆,與惡友交游。(《洞玄靈寶千真科》,34/370a)

"稱稼",《要修科儀戒律鈔》卷十三作"耕稼"。

按:"耕稼"是,"稱"乃"耕"之訛字。"耕"俗作"秆",與"稱"之左半及左下部字形相近。②"耕稼"即農事之謂,此詞典籍習見,不再舉例。《中華道藏》徑録,未作校注,非,當正。

9. 有十惡累:一則廣占荒野、別畜田宅……六則貪聚八珎,七則樂玩,八則銅餝帷帳,九則衣着奇異,十則財寶珎勤。(《洞玄靈寶千真科》,34/373b)

"珎勤",《要修科儀戒律鈔》卷十三作"彌勤"。

按:"珎"即"珍","珍勤"不通,當作"彌勤"。俗書彡、尔相混,故"珍"亦作"珎";爾、尔相混,故"彌"亦作"弥":"珎"、"弥"相近而混。二字在典籍中,或有混同。《太玄·文》:"測曰:大文彌樸,質有餘也。"注曰:"王本'彌'作'珍','樸'作'璞',今從諸家。"③《祖庭事苑》卷八:"其七曰:領得珍勤語,離鄉日日敷。移梁來近路,余氣脚下途。"注曰:"此讖馬祖也。珍勤,謂得讓師法寶,勤而受用。有本作彌勒語,非也。"④

---

① 參王力《同源字典》,第216頁。
② 通過"秆"字論證二者之間的關係,乃蒙張小豔教授指點,謹致謝忱!
③ [北宋]司馬光《太玄集注》,第98頁。
④《卍續藏經》第113册,第228頁。

所謂"財寶彌勤"即"彌勤財寶"。《太上妙法本相經》卷中:"金玉如山,
錢帛如原,不存其道,不志於真,何如日逾滅之,日福盡之,無所恃之,無
所怙之,雀羅其糞,無所尚之,蜿蜒擁丸,無所珍之,故寶珍不可貴,錢帛
不足尚,是以真人貴道而賤寶,尚德而去錢,終致太真之位也,何以故?
寶集則禍門,錢聚則盜臻,是故道人勤道不勤寶,修德不修帛,便使積錢
至天,不如坐進此道,故不爲寶,不爲帛。"(24/865c)道徒當勤於修道而
不是勤於積累財寶,故曰"勤道不勤寶"。"琁勤",《中華道藏》徑録,非,
可正。

　　10.科曰:若於道路,逢見得主及師知故,皆以下風避影,不隔越道
路而與共言,當以曲腰磬拆,有言則對,無言則退。(《洞玄靈寶千真科》,
34/378b)

　　"磬拆",《要修科儀戒律鈔》卷十三作"折身"。

　　按:"磬拆"義不可通,"拆"當作"折"。"磬折"即人屈身如磬,指謙
恭或卑屈,義同於"折身"。此詞數見於道經,南朝宋陸脩静《洞玄靈寶
五感文》:"其八法,太一之齋,以恭肅爲首。"注曰:"皆契同潔己,勵志施
爲,唯法不雜異學,跪拜揖讓,同法磬折盡節也。"(32/620c)南宋陳葆光
《三洞羣仙録》卷十八:"抱一嘯傲,盧鴻磬折。"(32/356a)《大詞典》已
收此詞,可參。《中華道藏》徑録作"磬拆",非,當正。

　　11.人不晄情欲之本,而强斷絶其末,如此,情欲絶不斷也,會復生如
故。(《太上老君虛無自然本起經》,34/621c)

　　"晄",《雲笈七籤》卷十作"曉"。

　　按:"晃"有明亮、日光義,然不諧於上例,實則"晄"爲"曉"之形近
訛字。此例上文作:"但曉知其本清净無欲,自然斷止,而不曉知其本,强
欲自斷,情欲終不能斷絶之。"(34/621c)下文作:"外道家不曉人神本清
净,而反入室,强塞耳目斷情欲,不知情欲本在扵心意,心意者神也,神無
形,往來無時,情欲從念中生出,生出無時,以無形故,不得斷絶,但當曉
知其本,自當斷止其意不復生,爲道當熟明此意。"(34/621c)皆可照應。

　　12.高上帝尊,元始大神,合真匡氣,形秀紫天,乘雲駕浮,絡景八煙,

廻輪曲降，道蔭我身，得乘霄軿，奉侍靈軨，今日八會，上願開陳，所求所乞，靡不如悬，長享元吉，與帝同存，策御八景，飛昇玉晨。（《上清元始變化寶真上經》，34/605a）

"悬"，《上清元始變化寶真上經九靈太妙龜山玄籙》卷上作"恩"[①]，《洞真上清青要紫書金根衆經》卷上作"言"。

按："悬"字書不載，字海網言疑同"恩"，臺灣人名用字[②]，《中華道藏》録作"恩"。實則"悬"爲"恩"之訛俗字。"因"俗作"曰"，故"恩"又作"悬"，進一步即訛作形近之"悬"。《上清元始變化寶真上經》用俗字，而《龜山玄籙》作正字。然"靡不如恩"義不可通，"恩"當作"言"。"靡不如言"道經習見，又作"莫不如言"等形式。它出現的背景是道徒在禱告、祝咒之後，希望所言成真，故曰"靡不如言"，兹舉二例。《上清大洞真經》卷一："祝曰：玉華散景，九炁含烟。香雲密羅，徑衝九天。侍香金童，傳言玉女，上聞帝前。令臣長生，世爲仙真。隨心所願，莫不如言。"（1/513b）北宋張君房《雲笈七籤》卷三十七："呪曰：高上太真，萬聖帝皇……於今永始，拔釋七玄，免脱火鄉，永離刀山，三塗五苦，不累我身，得同天地，長保帝晨，五願八會，靡不如言。"[③]

這些例子句意類似，而且都是韻文，"言"爲元韻，"存"爲魂韻，從晉朝以後元、痕二韻同屬一部，同用通押。[④]因此從語音上，也是講得通的。

敦煌部份[⑤]

1. 科曰：凡道士女冠履屨，或用草，或以木，或純漆布帛，紕絹漫飾，衣帔皆二儀，或山像，内外朴素，不得綵飾華綺。違，奪筭一千四百。（P.2337《洞玄靈寶三洞奉道科戒營始》卷五）

按："漫飾"不通，"漫"當作"縵"，形近而訛。《説文·系部》："縵，

---

①按：《上清元始變化寶真上經》實爲摘録《龜山玄籙》卷上而成，可參張繼禹主編《中華道藏》第 1 册，第 585 頁；蕭登福《正統道藏總目提要》，第 1392 頁。

②網址見：http://yedict.com/zscontent.asp?uni=2AAE9。

③李永晟點校《雲笈七籤》，第 817 頁。

④參王力《南北朝詩人用韻考》，第 36—41 頁；周祖謨《魏晉宋時期詩文韻部的演變》，見《漢魏晉南北朝韻部演變研究》，北京：中華書局，2007 年，第 330 頁；夏先忠《六朝上清經用韻研究》，第 240—267 頁。

⑤敦煌寫卷訛俗滿紙，兹僅選取筆者所見，且有一定難度者，其他條目不再一一著録。

繪無文也。"①引申指無文飾。

2. 海有瓊藥、珊瑚、馬腦,何緣得之? 及其採之,先利其罻,涉山伐木,分折道理,細剖補合,成其舩舫,純剛鐵列,張設關帆,摇魯擢捭,密安網候。暨其寶所,深安網候,乃取瓊藥寶貨,豐多足以濟世。(P.2429《太上妙法本相經》卷五)

按:"網候"不通,竊以爲"候"當作"羅",乃是一個形近訛字或壞字。南朝梁陶弘景《真誥》卷三:"靈王第三女名觀香,字粲愛,是宋姬子,於子喬爲別生妹,受子喬飛解脱網之道,得去入緱氏山中,後俱與子喬入陸渾。"注曰:"(緱)外書作維字。"②侯、隹相近,故二字易混。"網羅"即"羅網",乃網狀物,《大詞典》已收此詞,可參,例不另舉。

3. 生延假期,死受嬰苦,吞錐噉火,脩履劍樹,八達交風,聚散身形,千秋万歲,無有止息。(P.2429《太上妙法本相經》卷五)

按:"脩履"不通,"脩"當作"循",典籍中二字常常相混。《太上玄一真人説三途五苦勸戒經》:"窮魂號咷,流曳八難。吞火食炭,負石揵山。循履劍樹,風刀徃還。五體爛壞,無復形身。"(6/872a)"循履"者,踐踏也。

4. 人但食善,必成丈夫;蠶但食葉,必崇紋錦。或有外道聞桑出其紋錦,輒共柘野之中,折木而搜,釿斧盡鈍,乃至柯兀而不可得。(P.2429《太上妙法本相經》卷五)

按:"柯兀"不通,"兀"當作"兀"。"兀"者,禿也。

5. 所念既感,神心猛盛,神通教説,視之可効,愚俗競信,朋黨世界,姐或男女,不可記録。(P.2429《太上妙法本相經》卷五)

按:"姐"當作"沮","或"當作或讀作"惑"。《晉書·姚興載記上》:"緒、碩德威權日盛,興恐姦佞小人沮惑之,乃簡清正君子爲之輔佐。"③此

---

①[東漢]許慎《説文解字》,第273頁。
②趙益點校《真誥》,第44頁。
③[唐]房玄齡等《晉書》,第2980頁。

詞《大詞典》已收，釋爲“敗壞惑亂”。

6. 姓洪，諱那臺，厥年十四，容色絕眸，天人所愛。（P.3022V《太上洞玄靈寶真文度人本行妙經》）

按：“絕眸”不通，疑當作“絕倫”，“眸”、“倫”二字右半略相似，或者“眸”本作“侔”，乃“倫”之形近訛字。道經中有“絕倫”用例，《太上洞玄靈寶上品戒經》：“第四，勸施香油，然燈徧照，見世芳盛，清潔聰明，容眸絕倫，天姿高秀。”（6/867b）《大詞典》收此詞，釋爲“無與倫比”，可參。另外，從這句話來看，上例“容色絕眸”也可能是錯亂和臆增所致。

7. 皇后麗娥，庭而著範，鏡姒惺以揚芬，令德時新，柔風日暢。（P.4965《靈寶金録齋行道儀》）

按：“惺”字書未載，竊以爲乃“幄”之訛字，手書忄、巾不分，敦煌寫卷習見，兹不贅述。“姒幄”不通，“姒”當作“妣”，形近而訛。“妣幄”敦煌道經有用例，乃母親之帷帳之義。S.10605《靈寶金録齋行道儀》：“振柔風于妣幄，鳴環珪闈，式□持内□□□□□”

8. 或入寒夜，或入濩湯。（S.6659《太上洞玄靈寶妙經衆篇》）

按：《廣雅·釋詁》：“濩，漬也。”[1] 此義施之於上例不通。實際上“濩”是一個類化訛字，本當作“鑊”。《顏氏家訓·書證》：“（吳人）呼鑊字爲霍字，故以金傍作霍代鑊字。”王利器《集解》：“從蒦從霍之字，古以音近互注或叠用，故六朝俗別字以金傍作霍代鑊字也。”[2] “鑊湯”，《大詞典》釋爲：“佛經所説‘十八地獄’之一。用以烹罪人。”此詞佛經、敦煌變文常見，例不另舉。道經亦有用例，如 BD09871《太玄真一本際經》卷八：“處在地獄代衆生，能受鑊湯爐炭熱。”道經中亦有作“濩湯”者，“濩”爲“鑊”之類化形近訛字。BD01219《道教布施發願文》：“願我父母，不見刀山，不見劍樹，不見濩湯，不見虛炭，願不入磨坊地獄。行大道者之眼目也，煩焗重病之良藥也，生死苦海堅牢之舩舫也，斬慎惱樹之利

---

① [清] 王念孫《廣雅疏證》（第 2 版），第 64 頁。
② 王利器《顏氏家訓集解》（增補本），北京：中華書局，1993 年，第 491 頁。

斧也,不孝灌湯之甘露也,諸餓鬼衆生之上膳也。"

9.若其有受,重願分別,令諸弟子悉得惺悟之惠,各知因緣,所從而來。(津藝 184《太上本相經》卷十)

按:《集韻·靜韻》:"惺,憂也。"① 《廣韻·靜韻》:"惺,悵惺,意不盡也。"② 二義施之於上例,皆不通。"惺"當作"惺",形近而訛。"惺悟"即"醒悟",乃省悟、領會之義,"惺"當爲"醒"之後起分化字。晉葛洪《抱朴子内篇·極言》:"至於問安期以長生之事,安期答之允當,始皇惺悟,信世間之必有仙道。"③ 唐佚名《羅漢寺碑》:"知見彌論,莫知惺悟。"④《大詞典》已收此詞,可參。

①趙振鐸《集韻校本》(上册),第 880 頁。
②蔡夢麒《廣韻校釋》,第 703 頁。
③王明《抱朴子内篇校釋》(增訂本),第 242 頁。
④[清]陸心源《唐文拾遺》,《續修四庫全書》第 1652 册,第 94 頁。

附録二：宋前道經字詞待質録

【擽】

（1）於時子良擽屐横在牀前，又不著衣眠。師云："作道士，法不宜露眠，不宜横擽屐。横擽屐，則邪不畏人。"子良唯應爾。注曰："科戒云：'上牀脱履，令正背牀。'蓋爲如此。"① （南朝梁·陶弘景《周氏冥通記》卷一）

黄生："擽，洛官切，聚也，擇也。此似是脱屐之意。擽字不知何義，恐是二屐交搭，故爲聚意也。"②

"擽"，《譯注篇》譯爲："收起。"

按：《集韻·桓韻》："擽，聚也，擇也。"③ 此黄生訓釋之根據。言"脱屐"者，出陶注。未知"擽屐"究竟何義，檢索道經，亦未發現類似戒律，故存疑。

【庫】

（1）虎狼入，國郡邑凶。狼逐人，夷狄來庫，入國被屠。（唐·啓玄子《素問六氣玄珠密語》卷十六，21/579b）

按："庫"字書未收，不辨何字，《中華道藏》徑録。《大詞典》有"來顧"一詞，"庫"或當讀爲"顧"。

【魃】【魄】

（1）峯者、岑者、岡者、巖者，嵯峨巉峇疊乎山；濤者、波者、溢者、渦者，澎匐澶漫蕩乎水；僑者、魃者、魑者、魅者，慅窣魃魄欻乎鬼。（唐·張志和《玄真子外篇》卷中，21/721a）

按："魃"原作"魃"，未見載於字書，其義不詳，《中華道藏》徑録。從

①［日］麥谷邦夫、吉川忠夫編，劉雄峰譯《〈周氏冥通記〉研究》（譯注篇），第54頁。
②［清］黄生撰，黄承吉合按《字詁義府合按》，第254頁。
③趙振鐸《集韻校本》（上册），第315頁。

前後文句式來看,"魖"當與"儵"語義相近相類,或二者組合成一個詞語,然未知具體爲何字。

"槐",亦未見載於字書,《中華道藏》録爲"槐",意義不通,非。

【舶】

(1)右續令天三人即千舶治急病攻心欲絶主治之。(《正一法文經章官品》卷二,28/547c)

按:"舶"字書未收①,未知何字何義,《中華道藏》録作"船"。

【鬢】

(1)又不得高髻盤頭,長帶媚飭,悉應短帶促衣,小鬢下子,拔而垂之,正前勿邪,三分微鬢。(《洞真太上太霄琅書》卷四,33/665a)

按:"鬢"字書未見收載,字海網言臺灣人名用字。②《中華道藏》録作"鬢",或是。以"賓"作"賔",故"鬢"又可作"鬢","鬢"或其形近之訛體。

【謼】

(1)舌不得語,永啞喉中,盲目亡睛,口脣橫烈,以報説道出家人父母之罪;瘂聾少短,生死不分,或作夫妻,中道別離,以報疎隔耶孃謼聲之罪。(P.2433《天尊説隨願往生罪福報對次説預修科文妙經》)

按:"謼"字書未載,疑即"謼"字,前者增繁,而後者省減,所從偏旁略有差異。"謼"即"嗋",言、口二旁相通,從二旁之字多有互爲異體、同源關係。《玉篇·口部》:"嗋,聲也。"③《集韻·東韻》:"谼、吰、嗋,大聲。或作吰、嗋。"④爲什麽"謼/嗋"有大聲、大言之義?其實,是因爲從夅聲之字有大義:

《説文·水部》:"洚,水不遵道。"⑤"洚"即洪水之義。

---

①字海網收"砮"字、釋爲地名用字,網址爲:http://yedict.com/zscontent.asp?uni=184392。

②網址爲:http://yedict.com/zscontent.asp?uni=2CD2E。

③[南朝梁]顧野王著,[北宋]陳彭年等重修《大廣益會玉篇》,第27頁。

④趙振鐸《集韻校本》(上册),第18頁。

⑤[東漢]許慎《説文解字》,第229頁。

《説文·糸部》："絳，大赤也。"①

《玉篇·肉部》："脝，脝肛，脹大皃。"② 此字又寫作"脝"，夆、夅二形相近，從二旁之字多有混用或互爲異體。《廣雅·釋詁》："脝，腫也。"③《龍龕·肉部》："脝，脝脹，腹滿也。"④

【嶐】

（1）三茅山隱嶐相屬，皆句曲山一名耳。時人因事而諭，今故有枝條數十作别名，舊不爾也。⑤（南朝梁·陶弘景《真誥》卷十一）

按："嶐"疑爲"連"之俗字，表山相連之義，殆受句意影響而類化。陶注曰："今以在南最高者，爲大茅山；中央有三峯，連岑鼎立，以近後最高者，爲中茅山；近北一岑孤峯，上有聚石者爲小茅山。大茅、中茅間名長阿，東出通延陵，曲阿，西出通句容湖，就以爲連石。積金山馬嶺相帶，狀如埤形。其中茅、小茅間名小阿，東西出亦如此，有一小馬嶺相連。自小茅山後去，便有雷平、燕口、方嵎、大横、良常諸山，靡迤相屬，垂至破罡瀆。"其中的"連"可與例中之"嶐"相照應。

【劻】

（1）撞金折玉，拊鍾拍瓊，朱煙蔽勃，三素緑青，圓精寢曜，飛霞劻冥。（《上清高聖太上大道君洞真金元八景玉録》，34/148a）

按："劻"字書未收，不辨何字。《中華道藏》録作"晰"。

【鄙】

（1）故非師不訓，非匠不成，種樓倉限，以均則之，織女累系，以默度之，晝剠暮漏，以水數之，搏工妙麗，以手定之，故道雖廣入，非承師不得，水雖滋潤，非引不利，鄙崚嶮嶺百千迴，徒多寶而澧无矣。（S.2388《太上妙法本相經》卷二十二）

---

①［東漢］許慎《説文解字》，第 273 頁。

②［南朝梁］顧野王著，［北宋］陳彭年等重修《大廣益會玉篇》，第 36 頁。

③［清］王念孫《廣雅疏證》（第 2 版），第 57 頁。

④［遼］釋行均《龍龕手鏡》（高麗本），第 405 頁。

⑤趙益點校《真誥》，第 192 頁。

按："鄌"未知何字。

【㹗】

（1）車爲辇，攻盡而軸折；火爲燒，膏盡而光滅。㹗虫視酒則嘗，其醉必亡；貪美不節則熱，其滯必煞。此四事皆不可爲。（S.2388《太上妙法本相經》卷二十二）

按："㹗"字書不載，疑乃"蛚"之訛俗字，二字皆從列得聲。《集韻·薛韻》："蛚，蟲名。"[1]字書中又有"𧎮"字，殆此字之增旁俗字，《四聲篇海·虫部》引《搜真玉鏡》："𧎮，音例。"[2]《字彙補·蟲部》："𧎮，蟲名。"[3]

【埃圯】

（1）上監潛幽，下煥筌伏，玄範流秀，神覽頴速，道會无涯，希韻幽覺，飈炁延虛，埃圯積域，是以玄珠有悵怏之照，清鑒激閑寂之録。（《洞真太上説智慧消魔真經》卷一，33/598c）

"埃圯"，《上清九天上帝祝百神內名經》作"埃圮"。

按："圯"爲橋，"圮"即"圯"，乃毁壞、倒塌之義，二者似皆不通。"埃圯"，《中華道藏》徑録。

【哀遂】

（1）今賫法信，請受符籙，伏願明師賜垂哀遂，謹辭。（《正一法文太上外籙儀》，32/207a）

按："哀遂"道經僅一見，似亦不通，當有訛字。《上清黄庭五藏六府真人玉軸經》："黄帝稽首，再拜長跪而對曰：'幸哉幸哉！敢以不肖之軀伏待玄旨，願垂哀救，翹仰聖音。'"（34/289a）"遂"、"救"形略近，前者爲後者之訛字乎？

---

[1] 趙振鐸《集韻校本》（中册），第1468頁。
[2] ［金］韓孝彦、韓道昭《改併五音類聚四聲篇海》，第472頁。
[3] ［清］吳任臣《字彙補》，第193頁。

【藹眛　藹沫　靄沫　曖沫】

"藹眛"於道經一見：

（1）藹眛上清館，豈覺有餘滯。（唐·王懸河《上清道類事相》卷一，24/875c）

"藹眛"，《太上三天正法經》作"藹沫"。

"藹沫"，又作"靄沫"，見於其他道經：

（2）藹沫太虛館，靈風散奇香。（《洞真上清龍飛九道尺素隱訣》，24/876a）

（3）靈關太漠下，靄沫鏡中空。（《大洞玉經》卷上，1/559c）

"靄沫"，《上清大洞真經》卷二作"藹沫"。

除了"藹沫"，又有"藹朱"、"靄沫"二詞，似與此相關。

（4）金闕焕嵯峨，藹沫上清宫。（《皇天上清金闕帝君靈書紫文上經》，11/381b）

"沫"，原注："木蓋刀。"

（5）靈鏡耀紫館，藹沫暉冲空。（《洞真太上説智慧消魔真經》卷二，33/604a）

"藹沫"，《洞真太上神虎隱文》作"藹朱"。

《大洞玉經》注曰："靄即露電，沫即泡影，謂俯眄世塵，如靄沫也。"元衛琪注《大洞仙經》曰："真炁薰蒸上冲空洞之中，言人至大至剛之炁，充塞天地之外，无窮无極之所。靄沫者，皆祥煙慶雲之屬。冲者，和也。"（2/628c）北宋陳景元《上清大洞真經玉訣音義》："靄沫，莫佩切，微晦也。"[1]（2/707b）周作明："藹（靄）沫：高玄，渺茫。"[2]田啓濤考及"藹沫"、"靄沫"、"靄沫"三形，認爲"沫"通"眛"，微晦之義；"藹"、"靄"相通，與"眛"構成同義複合詞；又引《大詞典》"靄眛"爲證。[3]

按：以上詞語字形歧變，所列古今各注亦紛紛不一，未知該作何形，當取何義。但有一點可以注意，就是有兩個反切。一般來説，古書反切是爲疑難字、通假音變及其他易誤讀字注音，這爲考釋提供了綫索。上

---

①按：《上清大洞真經》又稱《大洞真經》，與《大洞玉經》、《大洞仙經》乃一書之不同傳本。

②周作明《東晉南朝道教上清派經典詞彙新詞新義研究》，第119頁。

③田啓濤《道經詞語"藹沫"、"乙密"語義考辨》，《寧波大學學報》（人文社科版）2015年第4期。

文"木蓋刀"之"刀",當爲"切"之壞字。"木"於《廣韻》爲明紐,"蓋"爲泰韻,二者相切正得"沫"音。陳景元之音切及釋義均採自《集韻·隊韻》:"沫,微晦。"① "沫"即屬妹小韻,莫佩切。

從以上分析來看,被切字與反切上下字一致,兩條反切結果一致,皆爲"沫"字,則知經文確作"沫"而沒有文獻訛誤。所作反切是爲避免與"沫"等相近字形或其他讀音相混。以此可知,道經及其注文中的"沬"、"沫"、"朱"當皆爲"沫"之形近訛字,衛琪注本《大洞仙經》正文作"靄沫"非,注文作"靄沫"是。作"昧"者,乃"沫"之音訛字,二者於《廣韻》皆有明母未韻之音;當然字形上也可能有影響。

從意義上看,"露電泡影"、"祥煙慶雲"驗之於以上所舉之例,是無法講得通的。之所以有這樣的解釋,前者大概受到偏旁雨、氵的影響,昧於字形,而"沫"即泡沫,釋者又牽合《金剛經》"一切有爲法,如夢幻泡影,如露亦如電"之説以作訓解。後者之説與前者有類似之處,亦爲臆測。周文、田文之解有相似之處,大體遵從陳景元之意而來。如田文認爲,"靄沫"是形容道教仙宫的神秘幽暗,"靈鏡耀紫館,靄沫暉冲空"是指"寶鏡照耀仙館,(使原本)幽微昏暗之處(紫館)光芒映天"。但一般來説,勾勒仙府的色彩是明麗的,宫殿金碧輝煌,日光和煦照耀,怎麼會是昏暗呢? 昏暗一般是九幽地獄等神秘可怕地方的描寫。如例4明明言"金闕焕",當然不會是黑暗。而且"靄沫"更可能是修飾"暉"或"暉中空"的,而不是指幽暗的紫館。

"靄"有映照義,《大詞典》已言之,"靄"爲"靄"之後起分別字,與"曖"皆爲影紐泰韻字,當爲同源②。陳後主《立春日泛舟玄圃》:"春光反禁苑,煖日曖源桃。"③ "曖日",《大詞典》釋爲"和煦的日光",是。除此之外,"明曖"、"暉曖"、"映曖(靄)"、"蔭靄"等詞,皆可參證,説明影紐字除了盛多、晦暗義外,還有光明義,詳本書"翳靄"條。

"沫"本爲洗面之義,見於《説文》。其他義項皆爲假借而來,於此實爲"昧"字之借,周文、田文皆已發之。"沫"、"昧"於《廣韻》皆有明紐泰

---

① 趙振鐸《集韻校本》(中册),第1073頁。
② 它們有共同的義項如晦暗、盛多、光明,語音又相近,當爲同源。又,上所舉田文認爲"靄"、"靄"相通,這種説法並不準確。
③ 逯欽立輯校《先秦漢魏晉南北朝詩》,北京:中華書局,1983年,第2514頁。

韻的讀法,故可相借。①《説文·日部》：“昧,爽旦明也,從日未聲。一曰闇也。”段注本改爲“昧爽,且朙也”,曰“且明者,將明未全明也”。②也就是説,“昧”是明而未全明,一定程度上也可以説是暗,即所謂“微晦”,它是一個相對的説法。如果施之於日光,就是和煦,不那麽强烈、刺眼,即温和明麗一種色彩。

故所謂“藹(靄)沬”,乃明義,指一種温潤、柔和的光或光澤。此詞在道經中又作“曖沬”,二者同源,可相互參證。

（6）又云：曖沬三黄,絳液易精,九琳吐芒,琅玕百變,碧映水陽,八瓊飛景,葰蕤緑漿。③（王懸河《三洞珠囊》卷三,25/314b）

“三黄”是用於燒練外丹之雌黄、雄黄、硫黄。此“曖沬”即明義,具體説來就是指色澤光好而不晦暗的雌黄、雄黄、硫黄,三物皆以明黄、明浄爲上。《金石簿五九數訣》：“雌黄,出武都,顔色黄明如金簿,破看如雲母光,無夾石者爲上。”（19/105a）《洞神八帝元變經》：“真丹砂五銖。”注曰：“此藥出雄黄中,然與雄黄少異。其形色黄明潤澤,勝於雄黄,不甚有熏黄之氣,然猶是雄黄之類。”（28/400a）《黄帝九鼎神丹經訣》卷十：“臣按：雄黄生武都山谷,燉煌山陽,採無時。好者作雞冠色,不虺而堅實也。若黯黑及虚者,不好也……雄黄曜日……”④《太清石壁記》卷中：“石硫黄一斤,明浄者。”（18/769a）

例1、2、4中,“藹(靄)沬+上清館/太虚館/上清宫”乃言上清宫（館）、太虚館等仙府富麗堂皇、光明煒燁。例3“中空”即空中,句意乃言光綫明亮如鏡,反照空中,天空一片光明。例5中“藹沬”與“耀”、“暉”相應,乃言光明煒燁。

【敖拂】

（1）若但應景下旋,迴靈塵埃,參輦弊宇,敖拂朝市,來成真才,訓我弟子,則玉振落響,琳鐘内抑,周目五濁,契闊恣室,神勞臭腥,填鼻斂氣,

---

①“沬”通“昧”,《大詞典》已收一例,可參看。
②［清］段玉裁《説文解字注》（第2版）,第302頁。
③“曖沬”,《上清高聖太上大道君洞真金元八景玉録》作“曖昧”,二者實爲同源。
④韓吉紹《黄帝九鼎神丹經訣校釋》,第203頁。

遂閉蘭音於中華之元,退案金聲之劣劣而發耳。[①]（南朝梁・陶弘景《真
誥》卷一）

按:未知"敖拂"何義。

【八球之璇】

（1）於是王母命侍女王子登彈八球之璇,董雙成吹雲和之笙,石公
子擊昆庭之玉,許飛瓊鼓震靈之簧……（五代・杜光庭《墉城集仙録》
卷一,18/169c）

"八球之璇",《雲笈七籤》卷一百一十四、《歷世真仙體道通鑑後集》
卷一皆作"八珍之璇"。

按:此段記述,實源於《漢武帝内傳》:"王母乃命侍女王子登彈八琅
之璇,又命侍女董雙成吹雲龢之笙,又命侍女石公子擊昆庭之鐘,又命侍
女許飛瓊鼓震靈之簧……"（5/48b）又見於《無上秘要》卷二十、《消摇
墟經》卷一。"琅"者,琅玕也,乃似玉之石。"璇"者,樂器也。其他道
經,亦有"八琅之璇"之説。"球"雖然亦是美玉之名,然"八球之璇"這
樣的説法道經僅一見,似爲訛字。而"八珍之璇"之"珍"字,又"球"字
之形近訛字。殆"珍"又作"琜",與"球"字形相近。當然道經中有"八
珍之味(甘、饌)"之語,抄者也可能受這種説法的影響。

（2）諸天妓樂。注曰:"侍女玉上華禪八琅之璇。"[②]（《上清道寶經》
卷三,33/722c）

（3）豈若王母爲九光聖媛,統三清上真,佩分景之玉劍,納去瓊之鳳
舄,八琅仙璇以節樂,九色斑驎而在馭,嘯詠則海神鼓舞,指顧則嶽靈奔
走。（《涇州回山重修王母宮記》,19/710c）

道經中亦有"八琅之筑"之的説法,《上清道寶經》卷三:"西華玉
妃。"注:"命侍女王賢擊八琅之筑。"（33/722c）"筑"亦是樂器,表面看
來可通。然翻檢道經,發現有類似記述,然具體情況不一。《無上秘要》
卷二十:"上清西華紫妃及西王母乃各命侍女王廷賢、于廣暉等彈雲琅之
璇,又命侍女安德音、范曲珠擊昆明之缶,又命侍女左抱容、韓龍賓吹鳳

鸞之簫,又命侍女趙運子、李慶玉拊流金之石。右出《大洞真經》。"①"西華玉妃"即"西華紫妃",此段記述與西王母宴樂之事,《無上秘要》所引《大洞真經》與《上清道寶經》不同。而北宋張君房《雲笈七籤》卷九十六所記另一事,與此大體相同,惟人物不同。該經:"於是二真乃各命侍女王延賢、于廣運等彈雲林琅玗之璈,侍女安德音、范四珠擊昆明之筑,侍女左抱容、韓能賓吹鳳鸞之簫,侍女趙運子、李慶玉拊流金之石,侍女辛白鵠、鄭辟方、燕婉來、田雙連等四人合歌。"②一作"昆明之筑",一作"昆明之缶",則似乎可以大體推斷,所謂"八琅之筑"是縮略"雲林琅玗之璈"、"昆明之筑"二事(語)而成。不同之處,當是作者或抄者弄混了"八琅"與"雲林琅玗(雲璈)"。

另外,其他典籍中引用《漢武帝内傳》,還有"八音之璈"的説法③,則又是另一種訛誤。"八音"是對樂器的統稱,對傳抄者造成了影響。《中華道藏》未作校注,徑録作"八球之璈"非,可正。

【逼齒】

(1)若有人問師名諱,三問不止,皆逼齒。④(《無上秘要》卷四十二)

按:唐朱法滿《要修科儀戒律鈔》卷三:"弟子不得犯觸名諱,若尊人問不已,宜須下聲答名也。"(6/934b)依此來看,"逼齒"似是小聲、低聲之義,然其未知其得義之由。

【鞁揣擊】

(1)能知行此,夷狄自伏,行之不已成真人。故聖人之教,非須鞁揣擊而成,因其自然性立教。⑤(《太平經·利尊上延命法第七》)

俞理明:"鞁揣擊,强制約束和責打。鞁,馬具,此指約束。揣,捶擊。"

楊寄林:"鞁揣擊,意爲將馬具打制得錚亮去進擊。指用武力征

①周作明點校《無上秘要》,第 234 頁。按:今本《上清大洞真經》無此段記述。北宋陳景元《上清大洞真經玉訣音義》:"雲璈,音遨。史崇云:大琴也。"
②李永晟點校《雲笈七籤》,第 2097 頁。
③見明顧起元《説略》(四庫本)卷十八《冥契》(上)、董斯張《廣博物志》(四庫本)卷三十四《聲樂二》、王世貞《弇州四部稿》卷一百七十四《説部·宛委餘編十九》。
④周作明點校《無上秘要》,第 626 頁。
⑤俞理明《〈太平經〉正讀》,第 11 頁。

服。靮，泛指駕馬的馬具。揣，捶擊。《老子·九章》謂：'揣而鋭之，不可長保。'"①

按：《説文·革部》："靮，車駕具也。"②"靮"爲馬具之統稱，不言具體何物，恐不能就此説可以引申出"約束"之義，且此義文獻無徵，故俞説難從。楊説迂曲，似亦難以信從。竊疑"靮揣擊"爲三字平列，"靮"或爲某字之訛，亦爲擊義；或釋爲某一捶擊之物亦可通：然不知此字爲何。

【襞習】

（1）余襞習未周，而觀想粗得，裁靈萬品，模擬一形。（唐·梁丘子《黄庭内景玉經注》，6/515c）

按："襞習"未知何義，疑"襞"當讀爲"癖"。"癖習"，《大詞典》已收，釋爲"猶癖性"。

【㩗然】

（1）凡俗之人，猶不宜懷妬善之心，況於道士，尤應以忠信快意爲生者也，云何當以此之㩗然函胸臆閒乎？③（晉·葛洪《抱朴子内篇·勤求》）

王明："㩗，音别。㩗然，盤旋貌。"

按：《集韻·屑韻》："㩗，㩗徶，衣服婆娑皃。或从人。"④此義施之於上例，顯然不通。未知"㩗然"何義，王氏釋爲"盤旋貌"似亦不愜於文意。

【薄鑠】

（1）然心氣既壯，水氣又盛，人體堅强，五味薄鑠，則氣與神不相當。⑤（北宋·張君房《雲笈七籤》卷八十八）

"薄鑠"，《佩文韻府》卷九十九作"薄爍"。

---

① 楊寄林《太平經全注全譯》，第 2441 頁。
② ［東漢］許慎《説文解字》，第 61 頁。
③ 王明《抱朴子内篇校釋》（增訂本），第 258 頁。
④ 趙振鐸《集韻校本》（中册），第 1459 頁。
⑤ 李永晟點校《雲笈七籤》，第 1962 頁。

按："薄鑠"、"薄爍"當爲一詞之變,典籍中有用例：

（2）熱傷皮毛。注曰："火有二別,故此再舉熱傷之形證也。火氣<u>薄爍</u>則物焦乾,故熱氣盛則皮毛傷。"（唐·王冰《黃帝内經素問補註釋文》卷三十九,21/258c）

（3）諸痿喘嘔,皆屬於上。注曰："上,謂上膲心肺氣也。炎熱<u>薄爍</u>,心之氣也；承熱分化,肺之氣也。熱鬱化上,故病屬上膲。"（《黃帝内經素問補註釋文》卷四十八,21/361a）

（4）昏霾而禽鳥欲絶,曦赫而<u>薄鑠</u>無措,易練不足以禦流汗,並燎不足以敵炎氛。[①]（唐·于邵《送李校書歸江西序》）

從這三例看,"薄爍（鑠）"似爲熱氣、火氣上騰之義,然施之於例1"五味薄鑠"似不通。

【不煥】

（1）其第一真人自稱主仙道君,指君而向西城真人言曰："彼悠悠者,將西城之室客,上宰之賓友耶！ 視此子心眸澄邈,神渟形凝,圓晨<u>不煥</u>,六景生華,殆真人之美者、小有之賢王也。未彼果何人哉？"[②]（北宋·張君房《雲笈七籤》卷一百六）

"不煥",《歷世真仙體道通鑑》卷十四作"丕涣",《廣博物志》（四庫本）卷二十八作"丕煥"。

李永晟校："'丕煥'原作'不煥',據《仙鑑》卷十四《王褒傳》改。"

按：依李意,"丕煥"似是大明之義。然此詞（語）並不見於道經,僅見於其他典籍。倒是"不煥"在道經及其他文獻有用例,乃不明之義,兹舉一例：

（2）第二天璇星,則陰精星之魂神。天璇星景而遠映,照而<u>不煥</u>,潛洞太虚,圍五百五十里,對陰精星之西門。……第五玉衡星,則丹元星之魂靈也。玉衡星大而默,踊而<u>不煥</u>,潛洞太虚,圍七百二十里,對丹元星東北門。……第六闓陽星,則北極星之魄靈也。闓陽星明而潛照,暉而<u>不煥</u>,洞徹太虚,圍七百七十里,對北極之下關、北洞之門。[③]（《無上秘

---

①［清］董誥等編《全唐文》,第4352頁。
②李永晟點校《雲笈七籤》,第2291頁。按：末句不通,"未"下或有奪字,或是"知"字。
③周作明點校《無上秘要》,第14頁。

要》卷三）

依例 2 "照 / 暉而不煥" 似是明而不耀眼之義,指光綫柔和。未知例 1 是否是此義。

【不効】

（1）夫情欲非有形質也,來化無時,<u>不効</u>有形之物可得斷截,使不復生。此神情欲思想出生無時,不可見知,不可預防遏,不能斷截。<u>不効</u>懸懸之緒可得寄絶,<u>不効</u>草木可得破碎,<u>不効</u>光明可得障蔽,<u>不効</u>水泉可得壅遏。（《太上老君虛無自然本起經》,34/621b）

按:"効" 即 "效","不效" 於《大詞典》列三義:"不明顯;失去常度;没有效果。" 此數義驗之上例,都講不通。"效",疑當讀爲 "肖"。前者於《廣韻》爲匣紐效韻,後者爲心紐笑韻:二音略近。"不肖" 即不似、不像之義,道經習見,《大詞典》亦已收,兹不再舉例。

【倉限】

（1）故非師不訓,非匠不成,種樓<u>倉限</u>,以均則之,織女累糸,以默度之,畫剋暮漏,以水數之,搏工妙麗,以手定之。（S.2388《太上妙法本相經》卷二十二）

按:未知 "倉限" 何指。

【惻慎】

（1）故樂但當以樂吉事、樂生事,不可以樂凶事、樂死事。自天格法如此,不可反也。真人<u>惻慎</u>吾文言。[1]（《太平經·音聲儛曲吉凶第二百六》）

俞理明:"惻慎,謹慎。"[2]

楊寄林:"惻慎,懇切審慎。"[3]

按:"惻" 無謹慎之義,故俞説非。《太平經·事死不得過生法第四十六》:"今見天師已言,廼惻然大覺。師幸原其勉勉慎事,開示其不

---

[1]俞理明《〈太平經〉正讀》,第 471 頁。

[2]又見俞理明、顧滿林《東漢佛道文獻詞彙新質研究》,第 315 頁。

[3]楊寄林《太平經全注全譯》,第 2070 頁。

達。今是過小微，何故廼致此乎哉？"①俞理明曰："惻然，真切，從心底裏。"此句中"惻"和"慎"同時出現。"惻"在"懇惻"、"惻惻"中有懇切之義；如此則楊説倒也有一定理據。但將"懇切審慎"之義施之於句例，似亦不十分通順，未知"惻"是否是一個訛誤字？

【惻然】

（1）"愚生大不及，有過。不也？今見天師已言，廼惻然大覺。師幸原其勉勉慎事，開示其不達。今是過小微，何故廼致此乎哉？②（《太平經·事死不得過生法第四十六》）

俞理明："惻然，真切，從心底裏。"

楊寄林："惻然，凄切悲傷的樣子。"③

（2）用是之故，益復悸動，惻然念天恩所施行，使得全完爲人，知好惡之義，人以此等念恩深厚，不知以何報之。④（《太平經·大功益年書出歲月戒第一百七十九》）

楊寄林將此句斷爲"益復悸動惻然，念天恩所施行"，譯"惻然"爲"凄惻"。⑤

按："惻然"無真切義，亦無從心底裏義，故俞説似難從。依句意，此詞似爲"翻（幡）然"義。

【差不】

（1）丞言曰："一日有期，差不爲疑。"⑥（南朝梁·陶弘景《周氏冥通記》卷二）

"差不"，《譯注篇》譯爲："請不要。"

王家葵："差不，幸無。"⑦

（2）近二卷欲少留，差不爲異紙卷，是出裝書，既須見前，所以付耳。

---

①俞理明《〈太平經〉正讀》，第56頁。
②俞理明《〈太平經〉正讀》，第56頁。
③楊寄林《太平經全注全譯》，第187頁。
④俞理明《〈太平經〉正讀》，第397頁。
⑤楊寄林《太平經全注全譯》，第1719頁。
⑥［日］麥谷邦夫、吉川忠夫編，劉雄峰譯《〈周氏冥通記〉研究》（譯注篇），第69頁。
⑦王家葵《周氏冥通記校釋》，第109頁。

（陶弘景《華陽陶隱居集》卷上，23/644a）

按：《譯注篇》所譯倒是合乎句意，然不知“差”取何義。

【悵怏】

（1）上監潛幽，下焕筌伏，玄範流秀，神覽頴速，道會无涯，希韻幽覺，飈炁延虛，埃圮積域，是以玄珠有<u>悵怏</u>之照，清鑒激閑寂之録。（《洞真太上説智慧消魔真經》卷一，33/598c）

“是以玄珠有悵怏之照，清鑒激閑寂之録”，《上清九天上帝祝百神内名經》作“玄映内照，清波鏡渌”。

按：“悵怏”，《大詞典》已收，釋爲“惆悵不樂”義。此義施之於上例，自不可通。依異文“玄映内照”，似光明之義①。翻檢道經發現有類似表達，唐吕嵒《純陽真人渾成集》卷上：“蒼生冗冗無由見，一顆玄珠灼世間。”（23/686b）金于道顯《離峰老人集》卷下：“皎潔玄珠映太陽，水晶宫裏發輝光。”（32/547a）南宋林靈真《靈寶領教濟度金書》卷九十六：“自本自根，非雕非琢，徹靈源而玄珠晃朗，參鼻觀而天關洞明。”（7/455c）

然“悵怏”何以有光明之義？疑爲假借或譌字②。“悵”似當作或讀作“餦”。《四聲篇海·火部》引《玉篇》：“餦，火久也。”③“怏”似當作“映”或“煐”，二者本同源。《玉篇·火部》：“煐，火光也。”④“火”即明。部分從央得聲之字，有明亮、火光義，可參本書“嬰嬰”條。故異文作“玄映”，“映”即明。

【掔縮】

（1）昔有古强者，服草木之方，又頗行容成玄素之法，年八十許，尚

---

① “玄映”爲照耀之義，道經習見此詞，亦作“元映”。周作明認爲有“暗中照耀”義，似不確，説見周作明《中古上清經行爲詞新質研究》，第306頁。

② 忄、火二旁形略近，有相混之例，如“煩”可作“憤”，參張文冠《近代漢語同形字研究》，第168頁；“惱”作“憽”，亦作“憽”，見郭在貽《訓詁學》（修訂本），第76頁；黄征《敦煌俗字典》（第2版），第562頁。道藏本《真誥》卷四“煐而替者”，明俞安期本作“恃”。“恃”即“恃”之俗譌字。

③ ［金］韓孝彦、韓道昭《改併五音類聚四聲篇海》，第474頁。

④ ［南朝梁］顧野王著，［北宋］陳彭年等重修《大廣益會玉篇》，第100頁。

聰明不大羸老,時人便謂之爲仙人,或謂之千載翁者。揚州稽使君聞而試迎之於宜都。既至,而咽鳴掣縮,似若所知實遠,而未皆吐盡者。① (晉・葛洪《抱朴子内篇・袪惑》)

　　按:《大詞典》:"掣縮,猶抽搭。哭泣貌。"此當是根據文意推測而來,未知確否。

【陳生】

　　(1)語定録云:"司命、紫陽正相遲,塵生今來,亦是其冥。"注曰:"意言見笑爲塵生,不言是陳生。"② (南朝梁・陶弘景《周氏冥通記》卷四)

　　(2)庶得遨遊海岸,追涓子之塵。馳騖霍山,共陳生爲侶。③ (南朝梁・庾肩吾《答陶隱居齎術煎啓》)

　　《譯注篇》以《抱朴子・金丹》之《陳生丹法》及例2爲注。

　　按:依例句,知"陳生"爲人,亦或是仙人。考道教典籍,有陳生者,未知與句例所言是否爲一人。《太平廣記》卷七十四引《逸史》:"茅山陳生者,休糧服氣,所居草堂數間。偶至延陵,到傭作坊,求人負擔藥物,却歸山居。以價賤,多不肯。有一夫壯力,然神少,頗若癡者,疥瘡滿身,前拜曰:'去得。'遂令挈囊而從行,其直多少,亦不問也。既至,因願留採薪,都不計其價。與陳生約,日五束。陳曰:'吾辟穀,無飯與飡。'答曰:'某是貧窮人,何處得食。但厭草根飡,亦可矣。'遂每日斫柴十束,五束留於房内自燒,五束供陳生。會山下有衣冠家妻患齒,詣陳生覓藥,其家日求之。又令小婢送梨果餅子之類。陳生休糧,果食亦不食也。每至,則被傭者接而食之,仍笑謂曰:'明日更送來,我當有藥。'如此者數四。一日,傭者並送柴十束,納陳生處,爲兩日用。夜後,遂扃門熾火,攜一小鍋入。陳生密窺之,見于葫蘆中瀉水銀數合,煎之。攪如稀餳,投一丸藥,乃爲金矣。傭者撚兩丸,以紙裹置懷中,餘作一金餅,密賫出門去。明日,日高起,求藥者已至,乃持丸者付之,令患齒者含之。一丸未半,乃平復矣。痛止,第出蟲數十。陳生伺傭者出,于房内搜而觀之,得書二

---

①王明《抱朴子内篇校釋》(增訂本),第347頁。

②[日]麥谷邦夫、吉川忠夫編,劉雄峰譯《〈周氏冥通記〉研究》(譯注篇),第187頁。

③[清]嚴可均輯《全上古三代秦漢三國六朝文》,第3342頁。

卷,不喻其旨,遂藏之。備者至,大怒,罵陳生。生不敢隱,却還之。曰：
'某今去矣。'遂出門,入水沐浴,乃變爲美少年,無復瘡疥也。拜訖,跳
入深澗中,遂不知所之。"①

【醜節】

（1）九天玄音,醜節秉和,總統幽張,開神百華,超滯無迹,三籃羅
波,迴素滿景,珠鬱惺沙。(《洞真太上金篇虎符真文經》,33/571c)

"醜節",《上清太上元始耀光金虎鳳文章寶經》作"降節"。

按：未知"醜節"何義,亦未知"醜節"、"降節"何者是。

【辭葉】

（1）"行,凡書文凡事,各自有本,按本共以衆文人辭葉,共因而説之
如此矣,俱合人心意者,即合神祇;不合人心意者,不合神祇。"②(《太平
經·拘校三古文法第一百三十二》)

俞理明："辭葉,分別陳述闡發的言辭。葉,與本相對。"

楊寄林："葉,同'協',相吻合,相一致。"③

俞理明等："辭葉：枝蔓的言辭。"④

按：未知"辭葉"何義。

【儻福】

（1）良德映靈暉,穎根粲華蔚。密言多儻福,沖浄尚真貴。⑤（南朝
梁·陶弘景《真誥》卷二）

"儻福",《雲笈七籤》卷九十八、《墉城集仙録》卷五、《衆仙讚頌靈
章》作"償福"。

按："償福"或"償福"不知何義。

---

①［北宋］李昉編《太平廣記》,第 464 頁。
②俞理明《〈太平經〉正讀》,第 292 頁。
③楊寄林《太平經全注全譯》,第 1205 頁。
④俞理明、顧滿林《東漢佛道文獻詞彙新質研究》,第 116 頁。
⑤趙益點校《真誥》,第 38 頁。

【導】【寶導】

（1）（大慧）即解上服寶導珠瓔，以奉天尊。（《太上一乘海空智藏經》卷一，1/612a）

（2）爾時天尊默然不受，即於此時化作三萬六千白玉導青珠瓔、三萬六千黄金導絳珠瓔、三萬六千瑠璃導白珠瓔、三萬六千碼碯導黑珠瓔、三萬六千琥珀導黄珠瓔，如是導瓔遍滿座下，不可稱數。即語大慧："汝見是中衆寶大導及瓔珞不？"答言："天尊，甚見甚見，此中何緣，遂生如此諸寶導瓔？咄哉神通，致此興盛；奇哉天尊，瑞相炳發。"（《太上一乘海空智藏經》卷一，1/612b）

（3）天尊答："大慧言我現於世，當爲一切闇冥衆生作大導主，決定能導无量衆生出生死海，何況如此寶導之珍，安足爲恠。即以神力收諸寶導，共作一導。如此一導，徧滿虛空，明相照曜，不可稱説。"（《太上一乘海空智藏經》卷一，1/612b）

按："導"、"寶導"未知何義。

【扺市】

（1）耕者不侵畔，漁者不争岸，扺市不預價，市不閉鄙，商旅之人，相讓以財，外户不閉，是謂大同。[1]（北宋・張君房《雲笈七籤》卷一百）

按："扺市"各版本、各書皆無異文，然其義難通。《淮南子・覽冥》："田者不侵畔，漁者不争隈，道不拾遺，市不預價，城郭不關，邑無盜賊，鄙旅之人相讓以財，狗彘吐菽粟於道路，而無忿争之心。"[2] 依此，"扺"或爲衍文。"市不閉鄙"又有訛文。

【洞洞】

（1）父母未生子之時，愚者或但投其施於野，便著土而生草木，亦不自知當爲人也；洞洞之施，亦安能言哉？遂成草木。及迺得陰陽相合，生，得成人，何於成草木乎哉？（《太平經・分解本末法第五十三》）

（2）一者，其元氣純純之時也。元氣合無理，若風無理也，故都合

①李永晟點校《雲笈七籤》，第2157頁。
②劉文典《淮南鴻烈集解》，第247頁。

名爲一也。一凝成天,天有上下八方,故爲十也。又有五方,各自有陰陽,故數十也。下因地也,一下因地者,數俱於十乃生,故人象天數,至十月乃生也。一者,正是其施和洞洞之時也,已愛施者,反當象天數,十月乃出,故數終於十,故一者乘十。(《太平經·國不可勝數訣第一百三十九》)

(3)若陰陽相持始共生,其施洞洞,亦不分別。已生出,然後頭足具,何知陰陽之初生之始如是矣。[①](《太平經·三者爲一家陽火數五訣第二百一十二》)

俞理明釋例1:"洞洞,混沌未定形。"釋例3:"洞洞,混沌合一。"

楊寄林釋例1:"洞洞之施,此謂元氣的施化情形。洞洞,形容幽深迷濛的狀態。"釋例2、3:"洞洞,形容幽深迷濛的狀態。"[②]

按:未知"洞洞"何義。

【防滿】

(1)是以初服者皆多防滿,但資少食,必在懃行。……初學之者,先覺胃中防滿,噫氣不休,但少食爲之,即覺通於生臟,後自覺到丹田,然始覺氣周行身中,身中調暢,即神明自然致矣。[③](北宋·張君房《雲笈七籤》卷五十八)

後一"防滿",《四部叢刊》本作"妨滿"。

按:"防滿"似即是滿義,然"防"不可通。"防滿"道經亦僅一見,頗爲可疑。其中,"煩滿"醫書倒是多見,北宋寇宗奭《圖經衍義本草》卷一:"玉屑:味甘平,無毒。主除胃中、喘息、煩滿,止渴。"(17/278b)卷十二:"蠡實:味甘,平、溫,無毒。主皮膚寒熱,胃中熱氣,風寒濕痹,堅筋骨,令人嗜食,止心煩滿,利大小便,長肌膚肥大。"(17/406b)元趙道一《歷世真仙體道通鑑》卷七:"是故腸輪煩滿,骨枯肉焦,志意不開,所思不固,失食則飢,悲愁感歎,精神昏怠,神爽雜錯,由血尸流噬魂胎之關也。"(5/146a)

---

①俞理明《〈太平經〉正讀》,第77、318、497頁。

②楊寄林《太平經全注全譯》,第276、1328、2221頁。

③李永晟點校《雲笈七籤》,第1288頁。

【放癡】

（1）蚘蟲又曰回蟲，一雌一雄，心上心下食人血。令人心痛氣急，肢節煩重，小便難澀，赤白不定，面無顏色，放癡慵懶，口吐清水。（《太上除三尸九蟲保生經》，18/700b）

（2）公行不軌，私侵忠良，輕易四大，汙穢三光，放癡卑賤，馳逐豪彊。（《太上洞玄靈寶宣戒首悔衆罪保護經》卷中，6/902c）

按："放癡"不知何義。《廣雅・釋言》："放，妄也。"[1] 或是此義。

【放猫】

（1）科曰：共入寶方，同開善趣，懷嗔動煞，咸乖大慈。養牛畜馬，不免鞭撻，獵狗放猫，專懷殺意。今入淨戒，此等並合戒之。（《洞玄靈寶千真科》，34/371b）

"獵狗放猫"，《要修科儀戒律鈔》卷十三作"藉狗放猫"。

按："放猫"未知何義。

【粉壤】

（1）余昔在粉壤，早逢圯上之術；今篹元良，屢禀浮丘之教。（唐・賈嵩《華陽陶隱居内傳》，5/512b）

按："粉壤"不知何義，豈塵世之謂歟？[2]

【封苞】

（1）是以固有地真上仙定録神君之號，衷有司三官保命仙君之位，各依紫素之命，封苞所任神宫上府，亦隨事而資給二君焉。[3]（北宋・李昉編《太平御覽》卷六百七十七引《太玄飛行羽書》）

按：未知"封苞"何義。

---

[1][清]王念孫《廣雅疏證》（第2版），第137頁。

[2]張小豔教授教示："'粉'義同'灰'，'粉壤'即'灰壤'，喻塵世。"按："灰壤"典籍數見，《大詞典》亦收，未見有喻指塵世之例。附此存疑。

[3][北宋]李昉編《太平御覽》，第3019頁。

【鋒蜶蚚召】

（1）廣老君一人，官將一百二十人，治倉室，主收天下鋒蜶蚚召之鬼，主治百精。（《正一法文經章官品》卷二，28/543a）

按：本篇小題爲《收萬精鬼》，句末言"百精"，似可知"鋒蜶蚚召"當皆爲物名。"鋒"殆爲衍文，或本爲"蜶"注文；"蜶"，殆爲"蜂"之訛俗字；"蚚"即"蚔"字；"召"似當作"蛁"。

【鋒通】

（1）所施行不得人意，過多難除。故人來悔易勢，當時鋒通，以爲命可再得也，不意天遣大神，占之尤惡，先入土。[①]（《太平經·大功益年書出歲月戒第一百七十九》）

俞理明："鋒通，十分順利。"

蕭旭："鋒，讀爲逢、豐，大也。"[②]

"當時鋒通"，楊寄林譯爲："當時刀子刺下去。"[③]

按：未知三家孰是。

【複袘】

（1）小掾又曰："方山大有侯叔草，異佳，葉乃大，昨乃大取。近乃失去布複袘，欲就先生乞此衣。"注曰："既採南燭，又乞複袘，則在洞中者猶須衣食，故云‘杜廣平亦伐薪貿糧’，而況今洞上之士乎！"[④]（南朝梁·陶弘景《真誥》卷十八）

按：《四聲篇海·衣部》引《龍龕》："袘，音識。裝也。"[⑤]未知此義施之於上例確否？

【溉食】

（1）受南奉君官將一百二十人，治天倉室，主令師出來不用衣粮，萬

---

①俞理明《〈太平經〉正讀》，第396頁。

②蕭旭《群書校補》，第602頁。

③楊寄林《太平經全注全譯》，第1715頁。

④趙益點校《真誥》，第315頁。

⑤［金］韓孝彥、韓道昭《改併五音類聚四聲篇海》，第489頁。

民自來溉食之。(《正一法文經章官品》卷四,28/554c)

　　按:"溉食"不通,疑"溉"當讀爲"丐"。"丐"者,既是求取義,也是施與,此例當取後一義。"溉"於《廣韻》列二韻,其一爲見紐代韻,"丐"爲見紐泰韻,二者音近。句例乃言部隊出行的時候,不用帶衣服糧食,萬民自發來送喫的東西,所以是"受"。

【絚聘】

　　(1)遂肥遯長林,栖景名山,咀嚼和氣,漱濯清川,欲遠此惡迹,自求多福,超豁絚聘,保全至素者也。[①](南朝梁·陶弘景《真誥》卷二)

　　"絚聘",《侍帝晨東華上佐司命楊君傳記》作"纏躬"。

　　周作明:"絚聘,世俗官禄的羈絆。"[②]

　　按:"絚"當是"纏"之訛字,"纏"有纏縛義,但未知"纏躬/聘"何義。

【供往供來】

　　(1)辯與辯相爲親屬兄弟者,今日已成大辯矣,凡有辯之人悉來歸之。辯辯相與,無有終窮,一言爲百言,百言爲千言,千言爲萬言,供往供來,口舌云亂,無有真實。[③](《太平經·九事親屬兄弟決第二百二十》)

　　俞理明:"供往供來,共往共來,來來往往紛亂錯雜。供,當作共。"

　　"供往供來",楊寄林譯爲:"任憑你來,更有我往。"[④]

　　按:"供"疑當讀爲"哄",《集韻·送韻》:"嗊,衆聲。或作哄。"[⑤]"哄"者,喧嚻也。

【顧疇】

　　(1)自因宿命相與,乃有墨會定名,素契玉鄉,齊理二慶,攜鴈而行,匏爵分味,醮粢結裳,顧疇中饋,内藏真方也。[⑥](南朝梁·陶弘景《真誥》卷二)

---

①趙益點校《真誥》,第29頁。

②周作明、俞理明《東晉南北朝道經名物詞新質研究》,第233頁。

③俞理明《〈太平經〉正讀》,第511頁。

④楊寄林《太平經全注全譯》,第2270頁。

⑤趙振鐸《集韻校本》(中冊),第948頁。

⑥趙益點校《真誥》,第17頁。

“顧疇”，《侍帝晨東華上佐司命楊君傳記》作“顧儔”。

（2）交交黃鳥，顧儔弄音。①（三國魏·稽康《贈兄秀才入軍詩》）

（3）往有好事者，深閑呪術，顧儔命侶，十有四人，約契同志，入此巖岫。②（唐·釋玄奘等《大唐西域記》卷九）

按：“疇”、“儔”相通，經籍習見。未知以上數例，是否同義。例1上文又有：“我是元君之少女，太虛李夫人愛子也……非不能採擇上室，訪搜紫童，求玉宮之良儔，偶高靈而爲雙，接玄引奇，友於帝鄉矣。直是我推機任會，應度歷數，俯景塵沫，參龍下邁。招冥求之雄，追得匹之黨耳。”③

【詿注】

（1）又恐往世罪瑕，幽關詿注，或住宅有龍神犯觸，或鄉關有塋壟損傷，流逮於身，致兹危厄。④（五代·杜光庭《廣成集》卷十六）

“詿注”，《全唐文》卷九百四十三作“絓注”。

按：《大詞典》收此詞，釋爲：“錯誤地記載。”此説恐不通，竊疑“詿”乃“訟”之訛字。“訟注”即“注訟”，乃施加災害、禍患之義。此書習見於道經，兹舉杜光庭作品二例：

（2）酆山地獄，岱嶽泉關。注訟不興，福嗣安泰。（杜光庭《太上黃籙齋儀》卷八，9/203c）

（3）超辭地壤，昇翥天衢。息注訟於冥關，流福祥於後胤。（《太上黃籙齋儀》卷三十一，9/267c）

“息注訟於冥關”，似可與“幽關訟注”相比勘。

【關帆】

（1）海有瓊藥、珊瑚、馬腦，何緣得之？及其採之，先利其噐，涉山伐木，分折道理，細剖補合，成其舩舫，純剛鐵列，張設關帆，搖魯擢掉，密安網候。暨其寶所，深安網候，乃取瓊藥寶貨，豐多足以濟世。（P.2429《太上妙法本相經》卷五）

---

①［三國魏］稽康《稽中散集》卷一，《四部叢刊》本，上海：商務印書館，1922年，第1頁。

②季羨林等《大唐西域記校注》，北京：中華書局，1985年，第716頁。

③趙益點校《真誥》，第17頁。

④董恩林點校《廣成集》，第219頁。

按："關帆"不通,疑"關"當作"開"。"關"又可寫作"開",與"開"形極近,容易訛混。"開帆",《大詞典》已收,釋爲"猶開船"。

【關胃】

（1）劉徹好道,適來視之見徹了了,似可成進,然形慢神穢,腦血淫濁,五臟不淳,關胃空索,骨無津液,脉浮反升,肉多精少。（五代·杜光庭《墉城集仙録》卷二,18/172a）

"關胃空索",《漢武帝内傳》作"關胃彭勃"。

按："關胃"不知何義,疑"關"當作"脘",道經中亦作"管"。"脘（管）胃",即胃脘,兹各舉一例。

（2）三年,胃管通明,真暉充溢,填靈玉户,面生日光。[①]（《無上秘要》卷八十八）

（3）次思青炁從兆泥丸中入,兆乃口吸神雲,咽津四過,結作四神,青衣冠,下布胃脘之户,膏膜之下,神與司命丈人爲侍立,左三右二,順時吐息。（《上清大洞真經》卷三,1/532c）

【規規】

（1）自今以後,勿復如是,明師者,明扵法度,妙經至宗,依科教訓,不殊規規,暨其契報,不死之果,清净之鄉,至真之土。若不如師法教者,皆魔之伴侶,非其至真之徒也。（P.2429《太上妙法本相經》卷五）

按："規規",《大詞典》列三義："淺陋拘泥貌；圓貌；驚恐自失貌。"然此數義施之於上例,似皆不通。不知句例何義。

【嗥旅】

（1）擲輪靈津,飛獸嗥旅,神童翼蓋,西華宴石。（《上清高聖太上大道君洞真金元八景玉録》,34/146c）

按："嗥旅"未知何義。

---

①周作明點校《無上秘要》,第1105頁。

【豪缺】

（1）南排朱皐户,西踰豪缺窻。（《洞真太上説智慧消魔真經》卷二,33/604a）

按:"豪缺"似難知何義。竊疑"豪缺"讀爲"蠔殼",即牡蠣之殼。《大詞典》:"蠔殼窗,用牡蠣殼加工成薄片和竹片編成借以透光的窗子。也稱蠣殼窗。"引例爲許地山《東野先生》(五)。若本條所釋不誤,則可知古人早已知可以牡蠣殼作爲制窗的原料。"豪"讀爲"蠔"自可以講得通,然"缺"於《廣韻》爲溪紐薛韻、屑韻,而"殼"溪紐覺韻,二者聲雖近,然韻並不相近,未知是方音否?

【何苟】

（1）余少眈玄味,志愛經書,積累錙銖,冀其萬一。若信有可崇,何苟明言,坐取風刀乎?[1]（北宋·張君房《雲笈七籤》卷四）

按:"何苟"未知何義,其他典籍中亦有此詞(語),未知是否意義一致。

（2）（刁）遼欲模長干像,寺主固執不許。夜夢人長數丈,告曰:"像貴宣導,何苟吝也。"[2]（唐·釋道世《法苑珠林》卷五十三》）

【揮瑩】

（1）故許氏九人,雖道慶自先,數至神發,如塵鑒凝照,揮瑩之功,並歸于君矣。[3]（北宋·張君房《雲笈七籤》卷五）

按:"揮瑩"似不通,疑"揮"當作"輝"。"輝"、"瑩"皆有明亮之義,此處用爲動詞。又或者"揮"當作"拂",乃磨義。"輝瑩",道經有用例。

（2）月照澄輝瑩,星臨静皎然。（金·侯善淵《上清太玄集》卷五,23/788b）

【焕裂】

（1）仰擲火鈴,躍空晃流,流金逆激,焕裂八嶠,威風洞源,扶林拔

---

①李永晟點校《雲笈七籤》,第53頁。
②周叔迦、蘇晉仁《法苑珠林校注》,第1271頁。
③李永晟點校《雲笈七籤》,第71頁。

株。(《上清高聖太上大道君洞真金元八景玉録》,34/150a)

按："焕裂"意義不甚明了,翻檢道經,發現有類似表述,《無上秘要》卷二十:"紫蓋重霄嶺,玄精明八嵎。"① 北宋張君房《雲笈七籤》卷二十:"皇華中妃,上元所居,九斗吐暉,精焕八嵎。"②《靈寶無量度人上品妙經》卷十八:"洞章下玉京,靈光焕八隅。"(1/121c)依此,則"焕裂"似是明亮之義。然"焕裂"於道經及其他典籍僅一見,頗爲可疑,殆有訛字。竊疑"焕裂"當作"焕落",亦作"焕洛"。"裂"可能爲"落(洛)"之音訛字。③ "焕落(絡)"道經習見,乃明亮之義④,兹各舉一例。《上清黃氣陽精三道順行經》:"金精凝化,結元七靈,紫曜焕落,朱景洞明。"(1/830c)《高上太霄琅書瓊文帝章經》:"五宿改度,七元運靈,九色晃曜,焕絡玉清。"(1/887a)

【鍠赤】

(1)向得摩鏡人云:藥用鎦鋌,邊有鐵鍠赤者好。打鐵人燒鎦鋌,打之即出。鏉鐵亦有之,名赤柤,是取之於鐵臼中。熟擣細篩,用帛子籬過。又用蛇黄,亦擣細篩,用生油和此二物,即是藥也。(《洞玄靈寶道士明鏡法》,32/226c)

按:《説文·金部》:"鍠,鐘聲也。"⑤ "鍠"又爲兵器之義,二義施之於上例似乎講不通。"鎦"即"銹",乃金屬表面的氧化物,呈紅黄色或紅褐色。從藥理上講,鐵鏽可以入藥。根據這些綫索,"鍠"似爲黄色之義,"鍠赤"疑即明黄赤紅。《枕中記》:"色青黄煌煌而多赤者,名雲珠,宜以夏服之,令人身輕,耐寒暑,增壽三千年。"(18/470c)此例中之"黄煌煌而多赤者"與"鍠赤者"意義相當。從皇之字,有明或黄之義,二義相關。《爾雅·釋畜》:"(驈)黄白,騜。"⑥《集韻·唐韻》:"癀,疸病也。或从皇。"⑦ 黄膽病患者身體及體液呈黄色。《類篇·火部》:"熿,火

①周作明點校《無上秘要》,第213頁。
②李永晟點校《雲笈七籤》,第463頁。
③前者於《廣韻》爲來紐薛韻字,後二者爲來紐鐸韻字:二者同爲來紐入聲字,略相近。
④可參周作明《中古上清經行爲詞新質研究》,第257頁。
⑤[東漢]許慎《説文解字》,第297頁。
⑥《爾雅》,第100頁。
⑦趙振鐸《集韻校本》(上册),第479頁。

光。"① "蝗"爲蝗蟲,乃身體有青黃之色而得名。所以"鍠"當是一個訛字,或者因語音相近而訛,或者受"鐵"類化影響而訛。

【沌沌　混沌　混混沌沌　混混】

（1）玉佩以九天魂精,九天之上名曰晨燈,一曰太上隱玄洞飛寶章。處於玉清之館太霄之中,結青陽之氣,虛映九天,青光沌沌,洞照三元之臺,色如青玉,形如月圓。（《太上玉佩金璫太極金書上經》,1/897b）

（2）秋三月,化形爲白黑二色之光,光色沌沌如玉之精,此則反玄虛之氣,更受鍊元洞融之精,思之還反真形。（《上清元始變化寶真上經九靈太妙龜山玄錄》卷上,34/187c）

（3）春三月,化形爲紫黃綠三色之光,更相纏繞,三氣混沌,在上清之中,此則紫皇反太素之氣,更受鍊明晨之精,思之還反真形。（《上清元始變化寶真上經九靈太妙龜山玄錄》卷上,34/188c）

（4）秋三月,化形爲黃綠紫三色之光,混沌上清,如日之暉,此則反真靈之氣,更受鍊洞浩之精,思之還反真形。（《上清元始變化寶真上經九靈太妙龜山玄錄》卷上,34/190c）

（5）夏三月,大道元景君則變形爲赤青二色之光,混混沌沌,更相纏繞,在紫虛之上,此則反太極之氣,更受鍊元上融之精,思之還反真形。（《上清元始變化寶真上經九靈太妙龜山玄錄》卷上,34/194a）

（6）夏三月,上元禁君則變形爲三月之狀,光色相沓,混混沌沌,乍合乍離,在紫雲之中,思之還反真形。（《上清元始變化寶真上經九靈太妙龜山玄錄》卷下,34/218b）

（7）三光混混,白雪飄飄,七政功成,黃芽内長,九宮貫串萬象,乃合天道。（《陰符經三皇玉訣》卷上,2/794c）

按:"混混"、"沌沌"、"混沌"、"混混沌沌"似皆表示某種光色,然未知其得義之由。

【混茸】

（1）石矸爲細末,甘鍋一箇,用銅半斤,入炒煉三便如桃花色。甘鍋

---

①［北宋］司馬光《類篇》,第 368 頁。

一箇,下銅二兩,於在爐内,炭火燒之,用風匣搧,一瓦蓋之下,山澤五錢,硇砂半錢混茸,再下前藥二錢半,住火,出爐,走滑池三,便再入甘鍋,消成至寶,任意使用。(《神仙養生秘術》,19/382a)

(2)次下前藥二兩,山澤一兩,再搧,混茸一處,住火,青如滑池,内冷定,成至寶也,任意細軟使用。(《神仙養生秘術》,19/382a)

按:依句意"混茸"似即混義,然不知"茸"取何義,或爲訛字?"茸"或爲"茸"之形訛,而"茸"又讀同"融","混茸"即"混融"。[①]"混融"道經習見,《大詞典》亦已收,乃混合之義。

【混潤】

(1)每屈伸者益快意,心中忻忻,有混潤之意,鼻中通風,口中生甘,是其候也。[②](《太平經·合陰陽順道法第十八》)

俞理明:"混潤,混一和潤。"[③]

楊寄林:"混潤:混濛爽潤。"[④]

按:"混潤"道經僅一見,十分可疑,且俞、楊二説似皆不通。疑"混"當作"濕",乃形近而訛。

【火嶜】

(1)是以土水均匠,擁循扶立,方付埏埏,火嶜煙色,青了封閉,冷熟開之,則見瓦器之功。所以者何? 土者瓦之因,水者瓦之緣。埏埴瓦支體,平均文教扇。工匠世之範,火嶜真丞專。(《太上妙法本相經》卷中,24/866b)

按:未知"火嶜"何義。

【機美】

(1)至臣主職任機美,法氣宣揚,不勝所見肉人災厄,謹爲某冒罪伏地,拜口奏章一通,上詣天曹,并奉醮五帝。(《太上洞神洞淵神咒治病口

---

①此説蒙張小豔教授指點,謹致謝忱!
②俞理明《〈太平經〉正讀》,第21頁。
③又見俞理明、顧滿林《東漢佛道文獻詞彙新質研究》,第328頁。
④楊寄林《太平經全注全譯》,第40頁。

章》,32/728c）

按："機美"僅此一見,意義不詳。南北朝時有"機任"、"清美"之類説法,皆指清貴顯要之職,疑與"機美"同義。二詞《大詞典》皆收,可參。

【戜地】

（1）夫誠惶誠恐者,即握簡低身,<u>戜地</u>兩過,捧簡長跪當心,少時復下,<u>戜地又兩過</u>止。若言頓首者,便以頭頓也。[①]（北宋·張君房《雲笈七籤》卷四十五）

"戜地",《道法會元》卷二百四十五作"控地",《玄壇刊誤論》作"跼地"。

按："戜地"似不通。"跼地"或爲窘迫貌,同"跼天蹐地",此義施於上例亦不通。"控地",《大詞典》釋爲:"以頭叩地。"然從此句後半所言"頓首"來看,"戜地"亦非以頭叩地之義,故"控地"當是不明詞義而臆改。竊疑"戜"當作"揖",乃拱手行禮之義。此書卷四十一:"常以月三日、九日、十六日平旦,向日九拜九揖,亦可心拜,仰頭,叩齒二十四通。"卷一百一:"年八歲,執心肅操,超拔俗倫,常朝則謁日,暮則揖月。"[②]

【間伏】

（1）若人夢寤不真,魄協百氣以校其心,欲伺我神之<u>間伏</u>也。[③]（北宋·張君房《雲笈七籤》卷四十六）

按:道經中有類似説法,《女青鬼律》卷六:"右三十六鬼,皆遊行世間,乘人衰隙,伺候有惡,助佐凶殃,造作禍害,改形易象,隨便陵人。"（18/252a）《太上玄靈北斗本命延生經》:"或上天譴責,或下鬼訴誣。"傅洞真注曰:"人之積罪造業,不知改悔,以致上天降罰,下鬼因得乘間,所謂鬼伺災衰之隙者是也。"（17/75a）《太上感應篇》卷二十四:"呪詛求直"。注曰:"乃至一切凶惡之鬼,皆得乘間伺隙,行其禍害。"（27/115a）南宋林靈真《靈寶領教濟度金書》卷一百二十三:"六隆伺間,人久瘁於

---

① 李永晟點校《雲笈七籤》,第 908、2200 頁。
② 李永晟點校《雲笈七籤》,第 1017 頁。
③ 李永晟點校《雲笈七籤》,第 1040 頁。

沉痼。五鑿乘危,形遂凋於戾證。"（7/568c）"乘 / 伺間"等,都與句例相關,然不知"間伏"何義。

【檢撲】

（1）昔之道,非今道也,靈覺苟殊,百陳其如予何！章聞之,亦足以檢撲矣。[1]（南朝梁・陶弘景《真誥》卷六）

按:未知"檢撲"何義。

【交泮】

（1）諸葛武侯昔建碑,銘德於季主墓前,碑讚末曰："玄漠太寂,混合陰陽,天地交泮,萬品滋彰,先生理薯,分別柔剛,鬼神以觀,六度顯明。"[2]（南朝梁・陶弘景《真誥》卷十四）

按:"交泮"未知何義,疑當作"分判",乃分之義。天地分判之義,經籍常見。前文"玄盼"條已言之,可參。

【教無】

（1）夫爲大虛無之道,得無象無聲,教無思想,都無識念之欲,守時亦法教道,不得取景夢候效也,或時神相見,尚不得與神共語言。（《太上老君虛無自然本起經》,34/625a）

按:"教"或當作"都",形近而訛。與後句之"都無"同,乃全無之義。[3]然後文又言"教道",疑不能定。

【結溢】

（1）又有五色,五色氣宛轉自生,結溢黃外,須臾乃滿心口中,名曰三五七九之氣、玄根之精也。[4]（《無上秘要》卷七十六）

按:"結溢",《上清九天上帝祝百神内名經》、《雲笈七籤》卷二十三皆同,未知何義。

---

[1]趙益點校《真誥》,第 106 頁。
[2]趙益點校《真誥》,第 255 頁。
[3]可參白維國主編《近代漢語詞典》,第 399 頁。
[4]周作明點校《無上秘要》,第 990 頁。

【徑略】

（1）未測亦並有事如六七月而不存録，爲當不復備記，止徑略如此邪？[①]（南朝梁・陶弘景《周氏冥通記》卷一）

“徑略”，《譯注篇》譯爲：“簡略。”

按：《譯注篇》未知何據。[②]道經中有類似用例，未知是否相關：

（2）玄洲上卿蘇君傳訣。注曰：“傳中有守一，曲碎☒穿。經中有飛步徑，畧斷絶。”[③]（陶弘景《登真隱訣》卷上）

（3）其明堂、洞房、丹田、流珠四宮之經，皆神仙爲真人之道，道傳於世。注曰：“按：今明堂止有存想徑，畧無祝説之法，疑爲未備。”[④]（陶弘景《登真隱訣》卷上）

按：周作明認爲“徑略”連讀，乃方法之義[⑤]，此説似非。一、“徑略”方法之義，不見諸典籍，例1亦非方法之義。二、例3之“略無”與“都無”相對，乃毫無、一點也没有之義。此書：“忌房室甚於守一，守一之忌在於節之耳。”注曰：“守一既許有兒，故不爲都斷也。”[⑥]“都斷”即“略斷絶”，二者相似。

【拘省】

（1）其後逮三皇之世，演八會之文，爲龍鳳之章，拘省雲篆之迹，以爲順形梵書，分破二道，壞真從易，配別本支，乃爲六十四種之書也，遂播之于三十六天十方上下也。[⑦]（南朝梁・陶弘景《真誥》卷一）

周作明：“拘省：改寫；删訂（字形）。……‘拘’乃約束、限制義，‘拘省’即改寫‘雲篆’字形。”[⑧]

按：“拘”固有約束、限制義，然與“改寫、删訂”義似差別較遠。實則“拘”當讀爲“勾”或“鉤”，乃考求之義。如《太平經》中多次出現“拘

---

①［日］麥谷邦夫、吉川忠夫編，劉雄峰譯《〈周氏冥通記〉研究》（譯注篇），第17頁。

②張小豔教授教示：“‘徑’謂直接、徑直，不繞彎子，故‘簡’，‘徑略’即直接簡略。”按：此説或是。如此，則以下二例與本條並不相關。

③王家葵《登真隱訣輯校》，第5頁。

④王家葵《登真隱訣輯校》，第11頁。

⑤周作明《〈登真隱訣輯校〉與早期道經整理》，《宗教學研究》2014年第1期。

⑥王家葵《登真隱訣輯校》，第53頁。

⑦趙益點校《真誥》，第11頁。

⑧周作明《中古上清經行爲詞新質研究》，第89頁。

校”一詞，即“勾校”、“鉤校”①，是一個近義並列結構。“省”似爲查義。如此則“拘省”是一個近義並列結構。

【沮觸】

（1）致重慎所言，以善爲談首。書意有信相與，要不負有心善進之人言也，天自日夜使神將護之，餘無所疑。相命沮觸之書，必先人承負自辭，勿用爲憂。②（《太平經·天報信成神訣第一百九十七》）

俞理明：“沮觸，詆毀冒犯。”③

楊寄林：“沮觸，阻隔，抵觸。”④

按：無論是將“沮觸”解釋爲“詆毀冒犯”，還是“阻隔、抵觸”，都和“相命”及“先人承負”這些意象及句意協調統一不起來。竊疑“沮觸”當作或讀作“詛祝”，“觸”於《廣韻》爲尺玉切，屬昌紐燭韻；“祝”列二韻，其一爲之六切，屬章紐屋韻：章、昌二紐同系，屋、燭二韻同爲入聲屬通攝，故二者語音相近，可得通假。“詛祝”亦即《太平經》中的“呪詛”，“呪”爲“祝”之後起分化字⑤。《衣履欲好誡第一百八十九》：“輕口罵詈，呪詛不道，詐僞誹謗；盜人婦女，日夜司候，邀取便者，賣以自食。”《不承天書言病當解謫誡第二百二》：“無所事作，端仰成事，口罵呪詛，以地無神，更相案舉，自可而行……令歸家言呪詛通負。被過行作，無有休止，故遣病人。”⑥

【決駭】

（1）不能檢身立善，疑或生虺，不信經教，呰毀神真，決駭縱心，煞罰非度，罵詈天地，攻繫真人，輕慢孤寡，蹢躅老病，借貸不還，爲玄司衆鬼所奏，聞撤太空。（P.2474《太上洞玄靈寶昇玄內教經》卷八）

按：依句意，“決駭”似與“縱心”義近。抑“駭”爲“駴”之訛字耶？《大詞典》：“決驟：比喻放縱不羈。”存疑。

---

①此説參劉昭瑞《考古發現與早期道教研究》，北京：文物出版社，2007 年，第 81 頁。

②俞理明《〈太平經〉正讀》，第 449 頁。

③又見俞理明、顧滿林《東漢佛道文獻詞彙新質研究》，第 251 頁。

④楊寄林《太平經全注全譯》，第 1976 頁。

⑤參本書“吐鬼”條。

⑥俞理明《〈太平經〉正讀》，第 429、462 頁。

【考福】

（1）三願玄母與我俱保於九天之間，乃凝真圓曜，夷心內練，氣溢靈堂，感神萬千，身昇九霄，<u>考福</u>重玄，散帶空洞，撫輪累天，吉亨七世，更生爲人，我保太真，與日同年。①（《無上秘要》卷七十四）

按："考福"於道經一見，意義似不易理解。筆者檢索道經，發現有類似記載，《上清大洞真經》卷五："七世絕災，玄葉無愆，種福空同，散結旣根。"（1/541a）"種福九天外，拔尸地門下。七玄解滯積，斷樹除憂苦。"（1/545c）"七玄"亦即"七世"，泛指宗祖。"玄葉"即"重玄"，亦爲宗祖之義。②兩個句子有比較明顯的關係，表達的意思基本一致。例 1 之"考福"當義同於"種福"。在道經中"考"表示懲罰、災禍等義，如"考罰"、"考責"、"考謫"等。"考"、"種"音形亦並不相近，似無由相混。

再檢《無上秘要》，發現有"介福"及"大福"一詞，《無上秘要》卷七十四："空无九氣，與我黃裳。七考<u>介福</u>，受仙南宮。""五願玄母與我……飲漱東蒙，高揖霞晨，寄樂滄浪，七考得仙，<u>介福</u>洋洋，體誓九河，所向咸康。""七願玄母與我俱寢於仙堂之間，幽眇靈房，玄華四陳，朱宇鳳構，明光映軒，金床玉榻，紫帷龍門，上座玄皇，中席天真，我處其右，攜帶纏綿，<u>大福</u>七考，受書更仙。"③此詞亦見於其他道經，五代杜光庭《廣成集》卷十五："釋往債前冤，赦深瑕重過。九玄<u>介福</u>，舉族安貞。"④

"介福"亦作"介爾景福"，是一個典故詞，表達的是乞求、祝願之義。《易・晉》："受兹介福于其王母。"⑤《詩・小雅・楚茨》："報以介福，萬壽無疆。"《大雅・旣醉》："君子萬年，介爾景福。"⑥《荀子・勸學》："靖共爾位，好是正直，神之聽之，介爾景福。"⑦"介"之詞義各家訓釋不一，有賜予、大、助、善諸説。《大詞典》收此詞，從"大福"之説。故"介福"義同於"大福"。又因"介"又作"夼"，與"大"亦形近，亦不能排除訛誤之

---

①周作明點校《無上秘要》，第 957 頁。
②"玄"、"世"於道經中皆有祖宗之義，參周作明、俞理明《東晉南北朝道經名物詞新質研究》，第 49—50 頁。
③分別見周作明點校《無上秘要》，第 955、957、958 頁。
④董恩林點校《廣成集》，第 206 頁。
⑤〔唐〕孔穎達《周易正義》，第 87 頁。
⑥程俊英、蔣見元《詩經注析》，第 658、813 頁。
⑦〔清〕王先謙《荀子集解》，第 3 頁。

可能。①

依以上分析，竊疑"考"當作"介"。因爲"七考介福"、"七考得仙，介福洋洋"、"大福七考"這樣常見的説法，使抄者因習而誤寫"介"爲"考"。再者，"考"作"孝"，"介"作"夵"，草書作"ㄎ"（見王羲之《苟侯帖》），二者字形之下部略相近。或曰《尚書·洪範》："五福：一曰壽，二曰富，三曰康寧，四曰攸好德，五曰考終命。"②依此，則"考福"爲典故詞語，在此用爲動詞，使獲得長壽之福。又或者説，"考福"即爲"七考介福"等短語之縮略，乃祖先賜福之義，"福"用爲動詞。種種説法，疑不能定，附此存疑。

【磕捒】

（1）長牙奮耳以逆躍，電父激盃以雙趺，揭齒斂足，雷公磕捒，六眗營瞻，五虎呴沸，銜刀逐邪，猛獸驅穢，奔盃雷精，保生莫墜。（《洞真太上説智慧消魔真經·真藥玄英高靈品》，33/599a）

按：不知"磕捒"何義。

【孔孔】

（1）當時各自言所爲是也，孔孔以爲真真也，而俱反失天地之心，故常有餘災毒，或大或小，相流而不絶，是其明效也。③（《太平經·拘校三古文法第一百三十二》）

俞理明："孔孔，深深地。"④

楊寄林："孔孔，猶言深深。"⑤

按：《淮南子·精神》："孔乎莫知其所終極，滔乎莫知其所止息。"高誘注："孔，深貌。"⑥然未知此説確否。

---

① 道經中"大福＋祖先"這種結構僅一見，比較可疑。
② ［唐］孔穎達《尚書正義》，第178頁。
③ 俞理明《〈太平經〉正讀》，第292頁。
④ 又見俞理明、顧滿林《東漢佛道文獻詞彙新質研究》，第380頁。
⑤ 楊寄林《太平經全注全譯》，第1201頁。
⑥ 劉文典《淮南鴻烈集解》，第262頁。

【仉仉】

（1）子良乃起，整衫未答。注曰："云於時自覺，起對分明，而人見身猶臥，仉仉不自解。"① （南朝梁・陶弘景《周氏冥通記》卷一）

"仉仉"，《秘册匯函》本作"忊忊"，《古今圖書集成・博物彙編・神異典》卷二百三十九《神仙部・列傳十六》作"恍惚"。

黃生："字書無忊字，疑當音哄，胡孔切，夢魘鼻中作聲也。"②

"忊忊"，《譯注篇》譯爲："迷迷糊糊。"

按：黃生之訓一出，字書、辭書如《字海》、《大字典》、《大詞典》等皆從之。然黃説也是根據文意推測之言，故言"疑"，並無實質性的證據。故而《古今圖書集成》、《譯注篇》皆未從其説，或以意改，或以意另譯。

竊疑"忊"當讀爲"悾"，其或前者是後者之換旁俗字。《説文・穴部》："空，竅也。"段注："今俗語所謂孔也。"③ 故"孔"實即"空"，二字本同源。④ 二者於《廣韻》分屬溪紐東、董、送韻，語音極近。《六書故》卷十三："悾，中無所有也。"⑤《朱子語類》卷三十五："悾者，空也，空而又空，無一長實之謂。"⑥ 其疊音作"悾悾"，亦作"空空"。《論語・子罕》："有鄙夫問於我，空空如也。"陸德明《釋文》："空空，鄭或作悾悾。"⑦《太平廣記》卷四百引《博異志・蘇遏》："有扶風蘇遏，悾悾遽苦貧窮。"⑧ "悾悾"者，無也。施之於此例，當是無意識之義。即《譯注篇》所謂迷迷糊糊、不完全清醒，也近於所謂"恍惚"。此書後文："凡此三條，皆髣髴夢耳，不正分明。"⑨ "髣髴"即不真切、模模糊糊，似可與此比勘。

【蜫蓽】

（1）由是懼充齏粉，俯仰驚悲，雀鼠貪生，蜫蓽願活，不揆罪穢之餘，冒樂昇進之澤。（《洞真太上八道命籍經》卷下，33/507b）

---

① [日] 麥谷邦夫、吉川忠夫編，劉雄峰譯《〈周氏冥通記〉研究》（譯注篇），第 34 頁。

② [清] 黃生撰，黃承吉合按《字詁義府合按》，第 253 頁。

③ [清] 段玉裁《説文解字注》（第 2 版），第 344 頁。

④ 王力《同源字典》，第 377 頁。

⑤ [元] 戴侗《六書故》，第 313 頁。

⑥《朱子全書》第 15 册，合肥、上海：安徽教育出版社、上海古籍出版社，2002 年，第 1311 頁。

⑦ [唐] 陸德明《經典釋文》，第 349 頁。

⑧ [北宋] 李昉編《太平廣記》，第 3218 頁。

⑨ [日] 麥谷邦夫、吉川忠夫編，劉雄峰譯《〈周氏冥通記〉研究》（譯注篇），第 64 頁。

按：《玉篇·蚰部》：“蚰，蟲之總名。亦作蚰。”① 由此來看，“蚰”、
“葦”似不類，不知“葦”作何解？

【來悔易勢】

（1）所施行不得人意，過多難除。故人來悔易勢，當時鋒通，以爲命
可再得也，不意天遣大神，占之尤惡，先入土。②（《太平經·大功益年書
出歲月戒第一百七十九》）

俞理明：“來悔易勢，投機取巧，反覆無常。”

蕭旭：“悔讀爲悔，易勢猶言易位。”③

楊寄林：“易勢，蓋謂割去睪丸，變成閹人。”將“來悔易勢”譯爲：
“來悔過，割去睪丸變成閹人。”④

按：這兩句話不好理解，未知三家之解孰是。

【摯揖】

（1）恭柏榮。注曰：“九絕獸，神禽也，罔起此在乎群麗，摯揖乎激奇
之際。”⑤（南朝梁·陶弘景《真誥》卷十七）

按：未知“摯揖”何義。

【勞計】

（1）《玄鏡章》云：“（華胥國）人無少長，衣食自然，不知煙焰勞計之
勤，不識耕桑農養之苦。”⑥（北宋·張君房《雲笈七籤》卷十三）

按：“勞計”殆是勞作、生活之義，似可比堪的是“活計”、“生計”。依
此，“計”似是計算、籌劃之義。⑦

---

①［南朝梁］顧野王著，［北宋］陳彭年等重修《大廣益會玉篇》，第 119 頁。

②俞理明《〈太平經〉正讀》，第 396 頁。

③蕭旭《群書校補》，第 602 頁。

④楊寄林《太平經全注全譯》，第 1715 頁。

⑤趙益點校《真誥》，第 295 頁。

⑥李永晟點校《雲笈七籤》，第 325 頁。

⑦此説蒙方一新教授指點，謹致謝忱！

【雷摩】

（1）又法，摩手令熱，<u>雷摩</u>身體，從上至下，名曰乾浴，令人勝風寒時氣、寒熱頭痛，百病皆除。[1]（南朝梁·陶弘景《養性延命録》卷下）

"雷摩"，《雲笈七籤》卷三十二作"摩"。

周作明："'雷'當通'擂'……'擂摩'即捶摸。"[2]

按：周説恐不確。從《養性延命録》全書來看，通篇皆言"摩"，或"揩摩"、"摩搦"，而非捶打。《服氣療病篇第四》："彭祖曰：常閉氣納息，從平旦至日中，乃跪坐拭目，摩搦身體，舐脣咽唾，服氣數十，乃起行言笑。"《導引按摩篇第五》："夜欲卧時，常以兩手揩摩身體，名曰乾浴，辟風邪。"[3]"揩"、"搦"皆摩之義，故"雷摩"不當解作"擂摩"。通過對"乾浴"的記載，兩相對照，竊疑"雷"是"皆"之訛字，乃"揩"之壞字。

【累天】

（1）三願玄母與我俱保於九天之間，乃凝真圓曜，夷心内練，氣溢靈堂，感神萬千，身昇九霄，考福重玄，散帶空洞，撫輪<u>累天</u>，吉亨七世，更生爲人，我保太真，與日同年。[4]（《無上秘要》七十四）

"累天"，《洞真高上玉帝大洞雌一玉檢五老寶經》作"晨天"。

按："累天"、"晨天"皆不知何義。

【理舍】

（1）至如蒙莊《逍遥》之篇，王仲任《論衡》之説，《山海經》考其<u>理舍</u>，列禦寇書其清濁，漢武王黄道，張衡銅儀，《周髀》之書，宣夜之學，昕天、安天之旨，晁崇、姚信之流，義趣不同，師資各異。[5]（北宋·張君房《雲笈七籤》卷二）

按：《山海經》爲神話、地理之書，"理"乃地理之義？"舍"，有三十里、星次等義：皆不知確否。

①王家葵《養性延命録校注》，第172頁。
②周作明《中古上清經行爲詞新質研究》，第95頁。
③王家葵《養性延命録校注》，第147、172頁。
④周作明點校《無上秘要》，第957頁。
⑤李永晟點校《雲笈七籤》，第16頁。

【連藉】

（1）計天君官將一百二十人，治六丁室，主收連藉傷寒，思炁歷亂。（《正一法文經章官品》卷一，28/542a）

田啓濤：“連藉，整個家族。”①

按：此卷：“北闕九夷君五人，官將一百二十人，治大苗室，主收里中傷寒狼藉，吏民被狂惑。”（28/542a）依此，則“連藉”似即“狼藉”。“狼藉”有多義，則“傷寒狼藉”乃傷寒頻發之義耶？

【連歷】

（1）天倉君一人，官將一百二十人，治天溜室，主天師連歷當下此神，兆民病不欲者醫治之。（《正一法文經章官品》卷二，28/549b）

（2）於是而日月可咀嚼，於此而心府開通，肺庭端正，紫炁右回，與斗連歷，而腎之元本立矣。（舊題晉·許遜《太上靈寶净明飛仙度人經法釋例》，10/600c）

按：玩味例2，“連歷（歷）”似是連接之義。

【戀行】

（1）乙未年七月十五日，保命君授《三天龍文》，並令：“但且混人世，勿爲異。應行來動静，營爲出入任意，但勿違犯正法耳。修真法時，但默行，莫令人知。神明不以萬里爲遥，不以山海爲難，戀行應動任所趣，勿以吾等爲礙。”云云。②（南朝梁·陶弘景《周氏冥通記》卷四）

“戀行應動”，《譯注篇》譯爲：“該行動時。”

按：“戀行”不知何義。此書卷三：“依別記目録，此月十五日，保命授《三天龍文》。並令且混人，勿異迹，行來動静任意。云：‘此一條不顯出。’恐是與《龍文》別封也。”③此記述與例句相應。“應行”、“戀行”、“迹行”紛然不一，或有訛誤。

---

①田啓濤《早期天師道文獻詞彙描寫研究》，杭州：浙江大學出版社，2021年，第157頁。

②［日］麥谷邦夫、吉川忠夫編，劉雄峰譯《〈周氏冥通記〉研究》（譯注篇），第178頁。

③［日］麥谷邦夫、吉川忠夫編，劉雄峰譯《〈周氏冥通記〉研究》（譯注篇），第159頁。

【寥籠】

（1）神嶽排霄起，飛峰鬱千尋。寥籠靈谷虛，瓊林蔚蕭森。①（南朝梁·陶弘景《真誥》卷一）

（2）蔚矣名山，亭亭洪秀。並基二儀，巍巇雲搆。嵯峨積岨，寥籠虛岫。②（唐·歐陽詢《藝文類聚》卷七引戴逵《山贊》）

按：依句例"寥籠"似是盛義，然未知其得義之由。

【料】【料付】

（1）至二十六日，密封題東西館，諸户閤廨處磨洗，以文簿器物料付何文幸。③（南朝梁·陶弘景《周氏冥通記》卷一）

（2）右十卷，授經之日，師料付之。受經之時，勿妄請問。（《傳授經戒儀注訣》，32/171a）

王家葵："料付：清點交付義，《鬼谷子》'揣之者，料其情也'句，陶弘景注：'料謂撿擇。'"④

按：《鬼谷子》中的"料"和陶注"撿擇"均非清點義，故王說不可從。竊疑"料"乃分義。《上清後聖道君列記》："然後聖君當復料其麤妙，擢以補官僚者，或位爲仙伯，或拜爲諸侯，助聖教民，理氣布德，或封掌一邑，委政一國。"（6/745b）"料其麤妙"即分別好差之義。《正一天師告趙昇口訣》："今出太玄九光，萬稱生符，以簡料真一，甄別種人。"（32/593c）"簡料"爲選擇、別擇，與"甄別"相對義近，都含區分、分別之義。故而六朝道經中的"料別"一詞，乃同義複用結構，與"簡料"、"甄別"義近。《無上秘要》卷九："校筭大劫小劫、大小百六、天地運度，料別善惡，學道應得神仙人名。"⑤《靈寶自然九天生神三寶大有金書》："三官鼓筆，料別種人，考筭功過，善惡當分。"（5/844c）

"料別"與"分料"相比勘，二者似乎結構相同，都應該是同義並列，意義也有一定關聯，都應該是"分"。差別是前者是分別之"分"，後者應

---

①趙益點校《真誥》，第3頁。
②［唐］歐陽詢撰，汪紹楹校《藝文類聚》（新1版），上海：上海古籍出版社，1982年，第127頁。
③［日］麥谷邦夫、吉川忠夫編，劉雄峰譯《〈周氏冥通記〉研究》（譯注篇），第9頁。
④王家葵《周氏冥通記校釋》，第21頁。
⑤周作明點校《無上秘要》，第124頁。

該是分得之"分"。由分別之"分"引申出分給、分付之"分"，是很自然的。兩個詞義有共同的内在特徵，都是一變二或多。"料付"即是授付、交與之義。"付"是付與，"料"是分付、分授，二者也是同義並列。"料付"爲"分付"，同於"料別"即"分別"。所以"分料(了)"疑即分，義爲分得或分得之物，指的是被授付、被分發，二者是同一詞義的兩個方面。

敦煌文獻中，有"分料"一詞，乃同義並列結構。S.4489v《雍熙二年(985)六月兹惠鄉百姓張再通乞判分割祖産訴狀》："况再通已經年歲，至到甘州，迴來收贖本身，諍論父祖地水屋舍。其養男賀通子不肯割与再通分料舍地。"P.3257《開運二年寡婦阿龍等口分地案牒》："□□□□(義成瓜州)去時，地水分料分付兄懷義佃種。"P.3501v(《後周顯德元年押衙安員進等牒稿》)："其他去後債負仍追撮，員定分料舍壹口子、城外園舍地三畝，更不殘寸壠。"S.4654v《慈惠鄉百姓王盈君請公憑取亡弟舍地填還債負訴狀》："其亡弟盈進分了：城外有地十畝，有舍壹，城内有舍□子。"張小豔："'了'當讀爲'料'，'分了'即'分料'。""'料'似指人們必須的生活資料…… '分料'即按人口分配的田地或房舍等必須的生活資料。"[1] 按：張書讀"了"爲"料"極是，然將"料"解釋爲"生活資料"似無相關證據。

那麽"料"爲什麽會有"分"義？《説文・斗部》："料，量也。"段注："量者，稱輕重也。稱其輕重曰量，稱其多少曰料。"[2] 區別多少、輕重這一義，本身即有分別之義，所以《大詞典》"料"字收有"別擇"義，選擇也是以包含區別在内的。另外，"量"也有"分限、限界"義，爲《大詞典》收録，可參。除以上述幾例外，字書、文獻中"料"之分付、分得義似很少見。我們發現一些綫索，或有一定啓發。

《説文・手部》："撩，理之也。"段注："今多作料量之料。"[3] 也就是説，"料"、"撩"本各有義，不相混淆；但後世用字將"料"用作"撩"，代替了"撩"字的部分意義，二字的職能有了交叉。《玄應音義》卷一"石撩"條："撩，擲也。"《慧琳音義》卷十九："撩擲，謂遥擲也。"[4] 抛擲就是扔、

---

①張小豔《敦煌社會經濟文獻詞語論考》，第365頁。
②[清]段玉裁《説文解字注》(第2版)，第718頁。
③[清]段玉裁《説文解字注》(第2版)，第599頁。
④徐時儀《一切經音義三種校本合刊》(修訂版)，第18、837頁。

扔給，它和分發、授付義有一定相通之處。它們的運動方向都是從一端到另一端，結果都是一方減少而另一方增加，只是方式略有差異。此義後來寫作“撂”。從另一方面來説，授付義是受、授的兩個方面，而“撩”有取義，相對的一面有分發、授付義，似也合乎邏輯。另外，有“撩撥”一詞是同義或近義複用；“撥”有分發、撥付義，那“撩”有此義，亦證明是合乎邏輯的。二者似乎不僅在撩逗義上是相近的，而且在撥付義上也是相近的。料”本義爲量，引申爲衡量，也就是有區别地看待，再引申出分别、選擇義，然後再引申爲分發、授付、抛擲義來，“料”、“撩”意義交互，“抛擲”義寫作了“撩”。[1]

【六眴】

（1）長牙奮耳以逆躍，電父激炁以雙趺，揭齒斂足，雷公磕搽，六眴瞽贍，五虎呴沸，銜刀逐邪，猛獸驅穢，奔炁雷精，保生莫墜。（《洞真太上説智慧消魔真經》卷一，33/599a）

“六眴”，《上清九天上帝祝百神内名經》作“六朐”。

按：“朐”當是“眴”之形近訛字，然不知“六眴”何指。

【羅洿】

（1）已聞高勝而故由豫，屢覩明科而未釋疑，遂羅洿上章，使臭染隱書，四極擊鼓，三官尋舒。[2]（南朝梁・陶弘景《真誥》卷七）

按：未知“羅洿”何義。

【怒嗟】

（1）不恤國政，貪榮高貴，自大爲强，弃公就私，遠近乖絶，日惡日甚，白骨不埋，男女怒嗟，日從五霸，害連六國，欲道之過，昊天罔極。（P.2792-2《太上濟衆經》卷二十四）

按：“怒嗟”憤怒、哀嘆之義？

---

①張小豔教授教示：“‘治理’、‘整理’、‘料理’等處理事務的過程中，本身就包含有分别揀擇、區别對待的意味。”按：此説或是。

②趙益點校《真誥》，第108頁。

【泡濟】

（1）《真誥》云瓊林者，即清虛小有之別天也。其下即生泡濟之水，中有水芝，人得服者長生耳。（五代·杜光庭《天壇王屋山聖跡記》，19/702a）

翻檢《真誥》，卷五有類似記述：“君曰：‘王屋山，仙之別天，所謂陽臺是也。諸始得道者，皆詣陽臺。陽臺是清虛之宮也。欲入山者，此山難尚也。下生鮑濟之水，水中有石精，得而服之，可長生。’”注曰：“此山在河內泌水縣，即濟水所出之源也。”[1]［日］吉川忠夫等引《水經注》卷七曰：“濟水出河東垣縣東王屋山，爲沇水。”[2]

按：二書之記述，有“泡”、“鮑”之別；從陶弘景僅爲“濟”字作注來看，似乎他也不知道“鮑”字何義。吉川忠夫、趙益等整理點校者均未曾對“鮑”作出解釋，甚至都没校出異文。從句意及陶注來看，“鮑（泡）濟”似當是二水。竊疑“鮑”、“泡”當作“匏”，作“鮑”乃通假字，“泡”乃受“濟”類化而訛。“鮑”、“匏”皆從包得聲，前者於《廣韻》爲並紐巧韻，後者爲並紐肴韻：肴、巧二韻僅有聲調平上之別，故二音極近。“匏”即“匏河”，又稱“瓠瓜河”，本書附録一“校勘記”第23册第2條有論，可參。

然“匏河”乃天上之仙河，實際不存在，而“濟水”是真實存在的，這樣講得通嗎？竊以爲宗教之事跡、傳説本就真真假假，不可視爲事實完全憑信。就《真誥》來説，它是楊羲等人筆録神仙授受事跡的文本。“真”即神仙，“誥”即告授。此書本來就是僞託、造作而來，是宗教式想象、幻想的結果，具有濃厚的瑰麗奇幻、浪漫色彩。以道教之仙府“王屋山”來説，它是以現實中的王屋山爲基礎，加以部分想象，改造而成爲宗教中的仙府。在道經中，並非確指現實之中的王屋山。與此相似的是“昆侖山”，它既是道教之仙府，又在現實中確實存在。但文獻中的“昆侖”，則並不都是現實之昆侖山。因此，在想象中安排仙水“匏河”源於仙府“王屋山”，似亦不無可能。

【飄潷】

（1）或倏爍而景逝，或飄潷而星流，或滉漾於淵澄，或雰霏而雲浮。[3]

---

[1] 趙益點校《真誥》，第91頁。
[2] ［日］吉川忠夫、麥谷邦夫著，朱越利譯《真誥校註》，第191頁。
[3] 王明《抱朴子內篇校釋》（增訂本），第1頁。

（晉·葛洪《抱朴子内篇·暢玄》）

　　王明：“孫星衍校：‘渾’，一本作‘飇’。”

　　按：“飄飇”可通，但“渾”、“飇”形音俱不近，何由致訛？作“飇”者恐是抄校者依意所作校改。

【平鐐】

　　（1）作土爲泥，非水不成，埏埴爲器，非均不平，是以水爲和均之始，均爲平鐐之本。故匠加其功，得有瓦器之名，無加之則埋不和，無均平之則埏[1]。（《太上妙法本相經》卷中，24/866b）

　　按：未知“平鐐”何義。

【蹌辟】

　　（1）但見是念故便止，前所見白更冥，神便來還形中。不如此者，神便入道中。散形與道合，便爲天下骨肉，形便蹌辟。（《太上老君虛無自然本起經》，34/623b）

　　“蹌辟”，《雲笈七籤》卷十作“蹌踔”[2]。

　　按：“蹌辟（踔）”不知何義。此經又有：“又爲神君，故曰黃神，來入骨肉形中，成爲人也。”（34/620b）“便能散形與道合能變化，聽視無方，所在作爲。”（34/623c）均與例句相關，然亦不知“蹌辟（踔）”何義。

【墩澗】

　　（1）漢時其山下有屈氏家大富，財有巨億，埋銅器於此，于今在也。亦有錢，錢在西北小山上向也。注曰：“尋視此山，明地高下墩澗，不似經墟村住處。恐歲代久遠，勢迹乖異故也。”[3]（南朝梁·陶弘景《真誥》卷十一）

　　按：未知“墩澗”何義。

---

①“無均平之則埏”，當作“無均之則埏不平”。
②蔣力生校注本錄作“蹌猝”。
③趙益點校《真誥》，第204頁。

【曲夾】

（1）咀嚼玄句，柔音蔚暢。<u>曲夾</u>適宣，辭喻摽朗。欽欽之詠，有由然也。玄宗以安，我其會矣。（南朝梁·陶弘景《真誥》卷三）

（2）洞室四面皆有青白石，亦以自然光明，如絲張形，下正平，自有石牀石塌，<u>曲夾</u>長短，障隔分別，有如刻成，亦整盛也。[①]（《真誥》卷十四）

按："曲夾"未知何義，亦未知二例中"曲夾"是否同義。

【弽】

（1）絶想止念既定，然待出息盡，便閉玄牝，氣鼓滿，牙齒勿得相近。欲嚥之時，齒牙微相近，仍須收息縮氣，<u>弽</u>腹嚥下，以嚥得爲度，嚥得飽以爲期，亦無時限。此法與諸家嚥氣不同。若不收息縮氣，取<u>弽</u>嚥下，則不入大腹中，又不入食脉中。夫喉嚨中嚥入之氣，自有三道：一入腸胃中脉，二入五臟中脉，三入食脉。若不依前法縮氣<u>弽</u>腹，但空咽得其炁，只得獨入腸中，不入食脉，即無所成益也。……若但依此法，候氣滿口，食久畜取，<u>弽</u>腹嚥下，自當分入食脉及五藏，内息以此爲都契。[②]（北宋·張君房《雲笈七籤》卷六十）

"弽"，原注曰："音攝。"

按："弽"乃古代射箭用具，又借爲"渫"，乃疏通之義，皆不合上例。此書卷三十四《彭祖導引法》："二、挽兩足指，五息止，引腹中氣，去疝瘕，利九竅。三、仰兩足指，五息止，引腹脊痺、偏枯，令人耳聰。"又有："左手據腰，右手極上引，復以右手據腰，左手極上引，五息止，引腹中氣。"[③] 以此來看，"弽"似是引導義，原注"音攝"，即讀爲"攝"字耶？"攝"有引義。[④]

【壞真】

（1）其後逮三皇之世，演八會之文，爲龍鳳之章，拘省雲篆之迹，以

---

① 趙益點校《真誥》，第 56、246 頁。
② 李永晟點校《雲笈七籤》，第 1329 頁。
③ 李永晟點校《雲笈七籤》，第 760、753 頁。
④ 張小豔教授教示："'弽'疑通'攝'，指收斂，與'收息'、'縮氣'中'收、縮'義近。"按：此説有理，附此存疑。

爲順形梵書,分破二道,壞真從易,配別本支,乃爲六十四種之書也,遂播之于三十六天十方上下也。① (南朝梁·陶弘景《真誥》卷一)

按:未知"壞真"何義,趙益校"壞"爲"壞",然亦不知"壞真從易"何義。

【柔澳】

(1)若欲窮其精理,當用竹炭。又以銅錫柔澳,如此用歲月功夫殊多,所以古人作劍,三年然後成也。② (北宋·李昉編《太平御覽》卷六百六十五)

按:忻麗麗認爲道經中"澳"有灌注義③,"柔澳"亦取此義乎?

【審沮】

(1)"子慎之,無懈忽;審沮懈忽,大命絶矣。"④ (《太平經·天咎四人辱道誡第二百八》)

俞理明:"沮,阻止,敗壞。"

楊寄林:"沮,阻止。"⑤

按:俞、楊二説似不通,竊疑"沮"當作或讀爲"怚",《説文·心部》: "怚,驕也。"⑥《集韻·模韻》:"怚,心不精也。通作粗。"⑦驕傲或粗心與"懈忽"義類,而"阻止"不通。"審"似乎爲確實、果真義;如此,則句意謂果真驕傲懈怠,那麼命就沒有了。

【胚胚】

(1)民困於役不農耕,種植失時花無榮。胚卵半傷結死名,穀如金玉斷之糧。(《老君變化無極經》,28/373c)

---

①趙益點校《真誥》,第 11 頁。
②[北宋]李昉編《太平御覽》,第 2968 頁。
③忻麗麗《中古靈寶經詞語考釋》,第 102 頁。
④俞理明《〈太平經〉正讀》,第 485 頁。
⑤楊寄林《太平經全注全譯》,第 2161 頁。
⑥[東漢]許慎《説文解字》,第 220 頁。
⑦趙振鐸《集韻校本》(上冊),第 179 頁。

田啓濤：“胜卵，孕育中的生命。”①

按：“胜”何字何義，田文未有説明。《集韻·軫韻》：“袗，《説文》：‘社肉，盛以蜃，故謂之袗。天子所以親遺同姓。’引《春秋傳》‘石尚來歸袗’。或作脈、胜。”②依《集韻》則可知，“胜”乃“脈”之換旁俗字，臣、辰音近，二者於中古皆屬禪母真韻；“脈”又是“袗”之異體，以社肉故，故從肉（月）旁。但社肉之義施之於上例，却不通。竊以爲“胜”乃“娠”之俗字，《説文·女部》：“娠，女妊身動也。”③《慧琳音義》卷八十六“娠微”條：“娠，鄭箋毛詩云：娠，懷孕也。”④懷胎爲孕育於母體之中，故可從肉旁，如“胞”等字；臣、辰音近，上文已言，故“娠”可換聲旁而新造異體作“胜”。“卵”亦爲生育之用，故與“娠”義近連用。

【鼠妳】

（1）爲人皮膚瘡疥、惡癬頭上、白屑甲虱，并陰疽、濕痒、痔漏、鼠妳、白癜等風，無所不作。（《太上除三尸九蟲保生經》，18/701b）

按：“鼠妳”當是病名，作“妳”不通，當有誤字。與“鼠”組合的，醫籍中常見“鼠瘻”，又作“鼠漏”，亦名“鼠瘡”，然與“妳（嬭）”字形、語音皆不近，附此存疑。“鼠妳”，《中華道藏》徑録。

【四壖】

（1）一十三年晝夜不寐，兩膝上忽有印，似小於人閒官印，四壖若朱，有古篆六字，粲如白玉。⑤（北宋·李昉編《太平御覽》卷六百六十二引《三洞珠囊》）

按：今本《三洞珠囊》已佚此文，從句意推測“四壖”似是四邊之義。《史記·河渠書》：“五千頃故盡河壖弃地，民茭牧其中耳，今漑田之，度可得穀二百萬石以上。”裴駰《集解》引韋昭曰：“壖，謂緣河邊地也。”⑥由此義引申出“邊”義耶？存疑。

①田啓濤《早期天師道文獻詞彙描寫研究》，第159頁。
②趙振鐸《集韻校本》（上册），第738頁。
③［東漢］許慎《説文解字》，第259頁。
④徐時儀《一切經音義三種校本合刊》（修訂版），第2017頁。
⑤［北宋］李昉編《太平御覽》，第2958頁。
⑥［西漢］司馬遷《史記》（修訂版），第1693頁。

【談首】

（1）及治生，天知少智，故爲施善惡救命之文，以戒前後。勿輕惡言，以爲談首，動作進退，輒有殃咎。（《太平經·七十二色死尸誡第一百八十六》）

俞理明：“談首，話題，談話的内容。”劉祖國同[1]。

（2）宜復明所知，必爲有報信，心謝懇惻而已，必使諸神相護，不令邪神干之也。致重慎所言，以善爲談首。書意有信相與，要不負有心善進之人言也，天自日夜使神將護之，餘無所疑。[2]（《太平經·天報信成神訣第一百九十七》）

按：未知“談首”何義，俞、劉二家亦未説明其釋義之由。

【儻然】

（1）聖人言：“已得被報，雖生録籍，會當有教導不及。”大神言：“是生之語儻然謙者，是其宜也。”[3]（《太平經·大功益年書出歲月戒第一百七十九》）

俞理明：“儻然，虚心的樣子。”

楊寄林：“儻然，悵然自失的樣子。”[4]

按：“儻然”似無虚心之義，不知俞説何據，恐是根據文意推測而來。《大詞典》“儻然”列爲兩個詞目，分爲五個義項：“悵然自失貌；漠然，無思慮貌；恍忽貌；倘若；偶然、僥倖。”將這五個義項施之於上例，似皆不通。

【桃檔】

（1）世人之食桃檔以補身，不知桃皮之勝也。桃皮別自有方。[5]（南朝梁·陶弘景《真誥》卷五）

（2）桃皮有膠，成於神仙，餌桃檔更遲，後於散屑也。（《神仙服餌丹

---

[1]劉祖國《〈太平經〉複音詞研究與〈漢語大詞典〉》，第 59 頁。
[2]俞理明《〈太平經〉正讀》，第 420、449 頁。
[3]俞理明《〈太平經〉正讀》，第 394 頁。
[4]楊寄林《太平經全注全譯》，第 1704 頁。
[5]趙益點校《真誥》，第 90 頁。

石行藥法》,6/602b）

　　按：皮與肉或仁相對,如此則"桃檔"爲桃肉或桃仁之義？然爲何有此義,甚費解。

【陶巫】

　　（1）土德星君呪：高穹符戊己,藏陸起重霄。五行尊暗曜,九土見光昭。甘石推留伏,陶巫箅沉寥。上仙垂雨露,伏地禮空謡。（五代·杜光庭《道門科範大全》卷四十八,31/868a）

　　按："甘石"爲戰國齊人甘公和魏人石申之合稱,二人皆精通天文之學。依此來看,"陶巫"亦當是二人或兩類人。竊疑"陶"即皋陶,傳説中乃舜禹時期之司法官,掌刑獄。"沉寥"出於《楚辭·九辯》"沉寥兮天高而氣清",王逸注："沉寥,曠蕩空虚也。或曰：沉寥猶蕭條。蕭條,無雲貌。"[1]此詞乃言秋日天空之高曠廣遠之貌。"留"指卯宿,乃西方白虎七宿之一,於五行西方屬秋。[2]依《周禮·秋官》之義,秋主刑殺,即皋陶之職,實與天象相關。

　　"巫"即巫覡,乃上帝、天神與人間之媒介。上古有神巫巫咸,亦見於《楚辭》。《離騷》"巫咸將夕降兮"王逸注："巫咸,古神巫也。"[3]《吕氏春秋·勿躬》："巫彭作醫,巫咸作筮。"[4]巫咸有卜筮之術,自然與天象相關。故《雲笈七籤》卷八十七："若巫咸之星經,度無遺箅。季咸之神占,貌無失揣。"[5]"沉寥"乃某種天氣狀態,即天象,而"陶巫"分別指皋陶、巫覡（巫咸）二人或兩種人,從事與天象相關的兩種職業。

　　或者認爲"陶"乃制陶之人,以土埏埴,與"土德星君"相應。而"巫"指巫類。《廣韻·虞韻》："巫,巫覡。《周禮·春官》曰：'司巫掌羣巫之政令,若國大旱,則帥巫而舞雩。'亦山名。又姓,《風俗通》云'氏於事,巫、卜、陶、匠'是也。"[6]如此,"陶巫箅沉寥"似乎不好解釋,暫存疑。

---

①［南宋］洪興祖《楚辭補注》,第183頁。
②土德於五行爲季夏,乃夏季最後一個月,由夏轉秋。
③［南宋］洪興祖《楚辭補注》,第36頁。
④許維遹《吕氏春秋集釋》,第450頁。
⑤李永晟點校《雲笈七籤》,第1941頁。
⑥蔡夢麒《廣韻校釋》,第118頁。

【貼式】

（1）《太玄都四極明科》曰：凡受上清寶經，不得增損天文，破壞道經，貼式字體，虧忽聖文。（《太真玉帝四極明科經》卷一，3/420c）

"貼式"，《洞真太上太霄琅書》卷三三作"貼拭"。

按："拭"乃揩、擦之義，"式"當爲其訛字。"貼"，黏貼？

【徒魔】

（1）大鳥掃穢於靈嶽，水母受事於九河，五龍吐氣於北元，天馬匡彎以徒魔，赤鎖伏精於辰門，歲星滅王於金羅。（唐·王懸河《三洞珠囊》卷九，25/353a）

按："徒魔"不知何義，道經中有類似記述，《上清修行經訣》："九天有命，普告萬靈，三代相推，五氣交并，玉帝顯駕，匡彎霄庭，施布正法，收魔束精，翦戮元妖，萬道齊平。"（6/664a）"收魔"、"束魔"這類詞語及意義，道經倒是常見。"徒魔"或有訛字。

【窩旋】

（1）（蟯蟲）蝕人牙齒蚰落，無故出血，髇氣衝人，及脚下窩旋，頑痺大風，癩瘡遍身，膿血尸髇，眉毛墜落。（《太上除三尸九蟲保生經》，18/701b）

按：不知"窩旋"何義不，疑"窩（窊）"當讀爲"踒"，足骨折也。

【寤響　竊響】

（1）訣曰：當青書黃繪，佩之，存呼九元内諱名字，鎮我左耳之下，使兆聰明八達，寤響萬里，太真保生，震靈鎮死。（《上清大洞真經》卷四，1/536c）

"寤響"未知何義，道經中有"竊響"一詞：

（2）耳神。注曰："耳神聰惠，竊響萬里，入無際宮宅。欝欝仙皇，位教兆度，命合符契。"（《上清道寶經》卷三，33/717a）

按：比較二例，當是記述了同一事。《洞真上清青要紫書金根衆經》卷上："有宿分者，或於景響中遇而悟之，得接真形，便能飛行。"

（33/427c）依此之載，則"竊"似當作"寤"，"寤"即"悟"①。"寤響"即悟於音響之中，未知確否。

【篙壪】

（1）或殺黿鼉、龜鼈、螺蚌、鼇蟹、甲蟲之屬，乾河篙壪，下竹竿砂，摠捗網罟，筌罩鱗鬣，烹斳洲島，累骨成山，揚風臭惡，殺命極多，意猶未已。（舊題漢・葛玄《太上慈悲道場消災九幽懺》卷六，10/55a）

按：《方言》卷五："所以注斛，陳、魏、宋、楚之間謂之篙，自關而西謂之注箕，陳、魏、宋、楚之間謂之籅。"郭璞注："盛米穀寫斛中者也……篙亦籅屬也，形小而高，無耳。"②此義施之於上例，顯然不通。竊疑"篙"乃栅欄之屬，竹乃用料，而從鬲之字有阻攔之義。

《説文・𨸏部》："隔，障也。"③

《玉篇・肉部》："膈，胷膈。"④《釋名・釋形體》："膈，塞也，隔塞上下，使氣與穀不相亂也。"⑤

《説文・酉部》："䣜，酻也。"⑥殷寄明："'䣜'即酒糟受阻隔、酒汁滲出之意。"⑦

《説文・裘部》："鬳，裘裏也。"段注："表其毛而爲之裏，附于革也。"⑧《正字通・鬲部》："鬳，裘裏，與皮相隔，故從鬲，取其溫厚也。"⑨

《正字通・言部》："謌，或曰語不相入，故從鬲，義通。"⑩殷寄明："'謌'即語言相阻隔不投機意，與'格格不入'之'格'同意。"⑪

《正字通・木部》："槅，網户曰槅。"⑫趙翼："隔，窗户之有疏櫺可取

---

①二者同源，可參王力《同源字典》，第136頁。

②華學誠《揚雄方言校釋匯證》，第364頁。

③［東漢］許慎《説文解字》，第305頁。

④［南朝梁］顧野王著，［北宋］陳彭年等重修《大廣益會玉篇》，第37頁。

⑤［清］王先謙《釋名疏證補》，第73頁。

⑥［東漢］許慎《説文解字》，第312頁。

⑦殷寄明《漢語同源字詞叢考》，第453頁。

⑧［清］段玉裁《説文解字注》（第2版），第398頁。

⑨［明］張自烈、［清］廖文英編，董琨整理《正字通》，第1335頁。

⑩［明］張自烈、［清］廖文英編，董琨整理《正字通》，第1076頁。

⑪殷寄明《漢語同源字詞叢考》，第452頁。

⑫［明］張自烈、［清］廖文英編，董琨整理《正字通》，第526頁。

明者,古曰綺疏,今曰槅子。按:'槅'當作'隔',謂隔内外也。"①

於此義亦可寫作"格"。"鬲"於《廣韻》列二切,其一爲古核切,屬見紐麥韻;"格"亦列二韻,其一爲古伯切,屬見紐陌韻:麥、陌二韻皆屬梗攝,故二字聲同韻近。《小爾雅·廣詁》:"格,止也。"②《字彙·木部》:"格,沮隔不行。"③又引申爲木栅欄之義。杜甫《潼關吏》:"連雲列戰格,飛鳥不能踰。"仇兆鰲注:"戰格,即戰栅,所以捍敵者。"④

"壍"即"塹",乃溝坎之義,與栅欄義類,皆爲攔截所用。

【繫怒】

(1)既無清潔之志,心嫉意妬,隱切争訟,更相憎忌。呵男罵女,打屬奴婢,咄賓叱客,絶交鄰里,鄉黨不信,骨肉不睦,六親不和,九族不篤,繫怒六畜,瞋疑妻妾。(《太上洞玄靈寶宣戒首悔衆罪保護經》卷中,6/902b）

按:從文意上看,"繫怒"應即是怒義,然"繫"不知何義。

【校沸】

(1)義前所得分者即服,日日爲常,不正聞有他異。唯覺初時作,六七日間,頭腦中熱,腹中校沸耳。其餘無他,想或漸有理。⑤（南朝梁·陶弘景《真誥》卷十七）

按:"校沸"不通,疑"校"當讀爲"絞"。

【恊搆】

(1)￣￣￣通而顯大,蓬丘恊搆,齊￣￣￣（S.10605《靈寶金録齋行道儀》）

按:未知"恊搆"何義。

---

①［清］趙翼《陔餘叢考》,第445頁。
②遲鐸《小爾雅集釋》,第51頁。
③［明］梅膺祚《字彙》,第212頁。
④［清］仇兆鰲《杜詩詳注》,第526頁。
⑤趙益點校《真誥》,第308頁。

【屑跡】

（1）我太上聖祖，屑跡下降，與地皇爲師，分配剛柔，制定寒暑，地增博厚，天益高明。（唐・樂朋龜《四川青羊宮碑銘》，19/680c）

按："屑跡"一詞的意義，不易確定。筆者檢索道經，發現一處似可比勘。《真誥》卷七："漁陽田豫曰：'人以老馳車輪者，譬猶鐘鳴漏盡，而夜行不休，是罪人也。'以此喻老嗜好行來屑屑，與年少爲黨耳。"[①]"行來屑屑"似略同於"屑跡"，行則有跡也。"屑屑"爲勞瘁奔波貌；"屑跡"乃言老子（即"太上聖祖"）屢屢降跡人間，爲"分配剛柔，制定寒暑"造化民衆之事而奔波不休耶？

【緒帥】

（1）中央天兵士十萬人，赤幘君主收捕緒帥行刑及返逆不正者。（《正一法文經章官品》卷二，28/547c）

按："緒帥"不通，竊疑"緒"當讀爲"渠"。前者於《廣韻》爲邪紐語韻，後者爲羣紐魚韻，二者音略近。"返"即"反"或"叛"，指叛亂。"渠帥"即首領，句例之意爲赤積君收捕叛逆的頭領及徒衆。《大詞典》已收該詞，例不另舉。

【畜損】

（1）今之學其氣也，或得古方，或授自非道，皆閉口縮鼻，但貴息長，而不知五藏壅閉，畜損正氣，殊非自然之息。（桑榆子《延陵先生集新舊服氣經》，18/429b）

（2）若抑塞口鼻，擬習胎息，殊無此理也。口鼻氣既不通，即畜損藏府，有何益哉！凡餌内氣者，用力寡而見功多，唯在安神静慮，不煩不擾，即氣道疏暢，關節開通，内含元和，終日不散，膚體潤澤，手足汗出，長生之道，訣在此矣。（《延陵先生集新舊服氣經》，18/429b）

按："壅閉"、"不通"即積累而多，壅而不通，則損傷正氣、臟府。"畜損"爲積畜多（即"壅閉"）而損之義？

[①]趙益點校《真誥》，第 124 頁。

【玄英】

（1）撫九華之鳴鐘，打碧鼓之玄英，撞金折玉，叩璇拍瓊。（《上清高上滅魔洞景金元玉清隱書經》，33/769c）

按：“玄英”不知何義。《洞真太上説智慧消魔真經》卷二：“打碧鼓之滂浪，叩瓊鍾之硍硍。”（33/603b）“滂浪”爲模擬聲音，“玄英”似亦相關。“英”疑爲“音”之音訛字，《玉篇·音部》：“韽，帝嚳樂名六韽，亦作英。”[1] “韽”近於“音”。“玄音”道經習見，乃天音仙樂之義。

（2）於焉騁逸松期，回輪紫清，靈觀四響，玄音合唱，玉振雲奏，不謀而和。[2]（南朝梁·陶弘景《真誥》卷十二）

（3）十絶奇曜爍，玄音靡不齊。清香奇雅樂，保固萬齡開。（《上清無上金元玉清金真飛元步虛玉章》，34/31b）

（4）爾時，説頌既畢，天樂玄音，空中自振，飛花散香。（《太上洞淵北帝天蓬護命消災神咒妙經》，1/885c）

然亦有“玄英”似非此義者，《太微帝君二十四神回元經》：“常當安身静心，正氣夷行，閉目内視，忘體念神，燒香盥練，存神守真，髣髴三入，藹暉玄英。”（34/774a）

【牙板】

（1）又有八侍女。注曰：“四人各執一牙板，板上字極細，不可識，並皆縹綾衣，紫絳爲腰帶也。”[3]（南朝梁·陶弘景《周氏冥通記》卷二）

汪維輝：“從上可寫字來看，作用可能類似於‘笏’……‘牙板’和‘手版’應該是同一類東西……‘牙板’‘牙箱’可能都是因其用象牙製成或裝飾而得名。”[4]

“牙板”，《譯注篇》譯爲：“象牙板。”

按：“牙板”，《大詞典》已收，然與此意義不同，汪説亦已及之。竊疑“牙板”爲“手板“之誤，“手”、“牙”二字形略近。[5] “手板”即“手版”，此

---

①［南朝梁］顧野王著，［北宋］陳彭年等重修《大廣益會玉篇》，第44頁。

②趙益點校《真誥》，第211頁。

③［日］麥谷邦夫、吉川忠夫編，劉雄峰譯《〈周氏冥通記〉研究》（譯注篇），第106頁。

④汪維輝《〈周氏冥通記〉詞匯研究》，第173頁。

⑤按：笏是古代臣子朝見君主時所執的狹長板子，用玉、象牙、竹木制成，也叫手板。

書及其他道經數見：

（2）六月二十一日夜，夢一人，年可三十許，白布袴褶，平上幘，執手版，版黑色。(《周氏冥通記》卷二）

（3）乙未年七月三日夜，有九女人來……手並執板，板白色，似玉。[①]（《周氏冥通記》卷三）

（4）貧未悉具，浣濯中延要服所須，大略如左：葛巾，單衣，被，履，手板。(《傳授經戒儀注訣》卷四，32/173a）

【牙版裙】

（1）科曰：凡講經座，高九尺，方一丈，四脚，安牙版裙，朱漆，或木素，皆畫金剛神王，或十座、百座，並須有偶。(《洞玄靈寶三洞奉道科戒營始》卷三，24/753c）

按：講經座上施裙，似不可通。“裙”似當作“褥”，形近而訛。“褥”爲坐臥墊具，道經及其他四部典籍皆習見。然何爲“牙版褥”，尚不得知。

【煙礦　煙臨　煙曠】

（1）光玄曰：“又見世人多取竈突中煙，云是木之至精，配在青龍之位，便引《元陽子歌》曰：‘要識丹砂是木精，移來西位與金并。迷人何處尋龍虎，恍惚之間是否冥。’言是此也。”（李光玄《金液還丹百問訣》，4/900a）

“煙”，《海客論》作“煙礦”。

（2）且煙臨、玄精之類者，是世間之死物，與瓦礫之無殊。燒之則血脉不生，鍊之則精神轉竭，將何變化，得成大丹。理在目前，時人不見。故《元陽子歌》曰：真龍真虎是真親。所占百木精西位，顯陰陽互養之靈，豈言煙曠之徒也。(《金液還丹百問訣》，4/900b）

“煙臨”，《海客論》作“煙礦”。

（3）神丹龍虎有靈，豈以煙曠之徒、玄精之類比之，得同至藥也。(《金液還丹百問訣》，4/900c）

（4）元陽子歌言真龍真虎之道，豈煙礦之徒。(《海客論》，23/610b）

---

①二例見［日］麥谷邦夫、吉川忠夫編，劉雄峰譯《〈周氏冥通記〉研究》（譯注篇），第116、140頁。

（5）又李栖蟾云：太陰在南宅，太陽在北宅。火之木曰汞，水之金曰鉛。制在中宮，氣以類助。並是發揚龍虎，證驗神丹。言以<u>煙礦</u>之徒，元精之類，豈得同此耶。（《海客論》，23/610b）

按：“煙臨”似當作“煙曠（礦）”，然不知其何義。

【巖牙】

（1）長生之文，莫不被榮，萬物<u>巖牙</u>，部甲而生，垂枝布葉，以當衣裳；霧露霜雪時雨，以當飲食；生長自成，覆葉實，令給人。[1]（《太平經·大功益年書出歲月戒第一百七十九》）

俞理明：“巖牙，縫隙，裂縫。”

楊寄林：“巖牙，挺芽。巖謂如同巖石般挺出。牙，通‘芽’。”[2]

俞理明等：“巖牙：萌芽。”[3]

按：楊説迂曲不可從，“巖”亦無縫隙之義，故俞説亦難從。竊疑“巖”當是一個訛誤字，似當作“蘖”或“蘖”。“蘖／蘖牙”即“牙蘖／蘖”，是漢代形成的一個新詞。《淮南子·俶真》：“所謂有始者，繁憤未發，萌兆牙蘖，未有形埒垠堮。”[4]東漢魏伯陽《參同契》：“薺麥芽蘖，因冒以生。”（20/83b）《漢書·五行志中之上》：“凡草物之類謂之妖。妖猶夭胎，言尚微。蟲豸之類謂之蘖。蘖則牙蘖矣。”[5]此例中的“牙蘖”《大詞典》釋爲“妖蘖；邪惡”。

【宴石】

（1）將有静詠瓊堂，憯瓺大有，靈風散景，六雲生牏，從容霄杪，俯盱崇皋，蕭條萬谷，總轡空猷，擲輪靈津，飛獸嗥旅，神童翼盖，西華宴石，芬霧繞襟，芳煙生乎，寥寥岳器，金藏玉藪，五象八廓，澄景合偶，遊觀隱奧，是以永久也。（《上清高聖太上大道君洞真金元八景玉録》，34/146c）

按：“宴石”不通，此段爲韻文，亦可爲證。“有”、“牏”、“皋”、“猷”、

---

①俞理明《〈太平經〉正讀》，第 401 頁。

②楊寄林《太平經全注全譯》，第 1732 頁。

③俞理明、顧滿林《東漢佛道文獻詞彙新質研究》，第 76 頁。

④劉文典《淮南鴻烈集解》，第 52 頁。

⑤［東漢］班固《漢書》，第 1353 頁。

"藪"、"偶"、"久"皆爲流攝字，"旅"、"乎"皆爲遇攝字，而"石"爲入聲昔韻梗攝字，差距頗遠。然未知"石"當作何字。道經又有"西華宴禮"、"東華宴景"之語，"禮"爲薺韻蟹攝字，"景"亦爲梗韻字，亦難通。

【壹仕】

（1）跂行萬物並治者，視其臣子若狗、若草木，不知復詳擇臣而仕之，但遇官壹仕，名爲象人無知也。[①]（《太平經·分別四治法第七十九》）

俞理明："壹仕，全都任用。"

楊寄林："壹仕，意謂一古腦兒悉予任用。"[②]

按："壹仕"似乎和"遇官"並列，若如此則"壹"當是一個動詞，或是某字之訛乎？暫存疑。

【奕震】

（1）千真傾輪，五皇命征。披朱巾羽，森列帝庭。左佩神虎，右策金兵。九天征伐，焕擲火鈴。滅魔破妖，剪邪校精。風火奕震，六天摧傾。豁落北酆，九魔塞靈。（《上清高上滅魔玉帝神慧玉清隱書》，33/768b）

按：未知"奕震"何義。

【頤頤】

（1）良久間，體中休休納納，頤頤挹挹，即三童子護身之力。極念爲之，思存三宮心充門開，三童子忽飛還上天，門登閉矣。（《太上靈寶五符序》卷上，6/322c）

按：《大詞典》："頤頤，咀嚼食物貌。"此義不合乎上例，未知其義。

【挹挹】

（1）良久間，體中休休納納，頤頤挹挹，即三童子護身之力。極念爲之，思存三宮心充門開，三童子忽飛還上天，門登閉矣。（《太上靈寶五符序》卷上，6/322c）

---

①俞理明《〈太平經〉正讀》，第 166 頁。
②楊寄林《太平經全注全譯》，第 685 頁。

按：未知“挹挹”何義。

【唈唈】

（1）董卓壞之，魏武帝更作，廣三丈，今橋是也。注曰：“夫鍾，瑞物也。當金氏之世有六鍾，將必見乎晉朝。五霸諸侯，厥德過之，故六鍾嘉瑞耳。非復耳，事誤子孫也，預告，寧無唈唈乎。”[1]（南朝梁·陶弘景《真誥》卷十七）

按：“唈唈”似當讀爲“悒悒”，《大詞典》：“悒悒：憂鬱；愁悶。”

【悒遲】

（1）靈宗垂念，便以爲造金門而登玉房也。但存遲速之間，不敢悒遲。注曰：“有如此教示，而不速求游闕，一何可恨！”[2]（南朝梁·陶弘景《真誥》卷十一）

按：佛經屢見此詞，李維琦釋爲“憂愁”。[3]然此義施之於上例似不通。

【隱適】

（1）司命東卿君曰：“夫尸解者，形之化也，本真之練蛻也，軀質之遁變也，五屬之隱適也。”[4]（《無上秘要》卷八十七引《洞真藏景録形神經》）

（2）張姜子等，先在第二等中，亦始得入易遷耳。鬼帥之位次亦如此矣。注曰：“主者之位，亦不限男女。按此年限，得棺中之骨，便得出生。世中亦往往有此，改變隱適，難已意量，殆入不可思議之境耳。”[5]（南朝梁·陶弘景《真誥》卷十三）

按：未知“隱適”何義。

---

①趙益點校《真誥》，第296頁。
②趙益點校《真誥》，第207頁。
③李維琦《佛經詞語匯釋》，長沙：湖南大學出版社，2004年，第354頁。
④周作明點校《無上秘要》，第1064頁。
⑤趙益點校《真誥》，第225頁。

【營覽】

（1）洞者，虚通不滯，豁達無爲，營覽清遥，顯暢遐徹。（唐·張萬福《洞玄靈寶無量度人經訣音義》，2/527b）

按："營覽"疑爲典故詞語，乃截取"營魄"、"玄覽"拈合而成。二語皆本於《老子》第十章："載營魄抱一，能無離乎？……滌除玄覽，能無疵乎？"河上公注曰："營魄，魂魄也。"范應元引《内觀經》曰："動以營身之謂魂，静以鎮形之謂魄。"[1] 王弼注曰："營魄，人之常居處也。"[2]

"覽"，《老子》帛書乙本作"鑒"，高亨："'覽'讀爲'鑑'，'覽'、'鑒'古通用。……玄鑒者，内心之光明，爲形而上之鏡，能照察事物，故謂之玄鑒。《淮南子·修務篇》：'執玄鑒於心，照物明白'。《太玄·童》：'修其玄鑒。''玄鑒'之名，皆本於《老子》。《莊子·天道篇》：'聖人之心，静乎天地之鑑，萬物之鏡也。亦以心譬鏡'。"[3] 按：高説甚是。"營覽"即指魂魄、心靈而言。

【顋顋】

（1）十月飛霜雪又濃，黄芽内熟色顋顋。（《諸真論還丹訣》，24/156b）

（2）一池秋水色顋顋，九轉陰陽降復昇。（唐·谷神子《龍虎還丹訣頌》，24/167b）

原注："顋顋，靈丹凝瑩貌。"

按："凝瑩貌"是講得通的，《大丹記》："衆子皆長成，顔色悦澤好。"注曰："其母黄芽制汞，已成至藥，顔色轉加鮮明，呼爲衆子皆長成，顔色光澤好。"（19/56b）宋石泰《雜著指玄篇》卷五："犁鋤不廢力，大地皆黄金。"注曰："大地皆黄芽自土中而迸出也，以黄金言之，取其黄芽之色如金也。"（4/622b）《大丹篇》："黄芽歌曰：'黑龍變兮赤龍生，黄神膠裏水泓澄。仙人名爲立制石，百鍊始得歸蛇形。陰功光晶耀鮮色，擊觸幽幽作磬聲。'"（19/349b）以上數例皆言光色悦好，表示丹藥即"凝瑩貌"，

---

①陳鼓應《老子注譯及評介》，第 96 頁。
②樓宇烈《老子道德經注校釋》，第 22 頁。
③陳鼓應《老子注譯及評介》，第 98 頁。

然未知其得義之由。①

【右弼王】

（1）桐柏真人右弼王領五嶽司侍帝晨王子喬。（南朝梁·陶弘景《真誥》卷一）

（2）（夏馥）少好道，服木餌和雲母，後入吳山，從赤須先生受鍊魂法。又遇桐柏真人，授之以黃水雲漿法，得道，今在洞中。注曰："桐柏即右弼王。"②（《真誥》卷十二）

（3）復云有金庭洞宮，自所見者非其限，乃衆仙之遊憩典司之所治耳，非王真人所居。注云："桐栢右弼王所治之處，亦云山內外並有宮府。"③（陶弘景《周氏冥通記》卷四）

按：由以上可知"右弼王"即王子喬，又被稱作桐柏真人。但爲什麼稱"右弼王"，讓人不免疑惑。《尚書大傳》卷二："古者天子必有四鄰，前曰疑，後曰承，左曰輔，右曰弼。"④這應該是右弼的最早記載了，它是帝王身邊的大臣，大概和三太、三少（太師、太傅、太保，少師、少傅、少保）類似。道經中，沿用了這樣一種説法，將其用於天文星象和仙人職位的設置。

（4）後聖君。注曰："太素真君上宰西城官，總真王君，一師四輔。輔者，左輔、右弼、前疑、後丞，四五占候，總與輔師。"（《上清道寶經》卷三，33/718a）

（5）祖師答曰："是北斗七元星、左輔、右弼二星，名九星。"（金·王喆《重陽真人授丹陽二十四訣》，25/808a）

也就是説在道經確有"右弼星"，也有"右弼"這樣的仙府職位，這些都比類於人間，但是沒有"右弼王"。而且"右弼"與"左輔"總是相對的，在道經中也沒有"左輔王"、"左弼王"這樣的説法。筆者認爲"右弼王"本作"右弼"，與"左輔"相對，但由於人們的認知習慣或者文化因

---

① 黃笑山教授教示，"顓"組合成複音詞時，有端正、嚴敬之義，是氣正、神正；若用於顏色，似可表示色正之義，即是凝瑩。按：此説有一定道理，附録於此。

② 二例見趙益點校《真誥》，第5、219頁。

③ ［日］麥谷邦夫、吉川忠夫編，劉雄峰譯《〈周氏冥通記〉研究》（譯注篇），第187頁。

④ 舊題［西漢］伏生《尚書大傳》，第15頁。

素，造成了錯誤認識，而久訛成俗，遂致如此，並不是文獻意義上的訛誤。關於王子喬的記載，最早見於《逸周書》《國語》，乃周靈王太子，至《列仙傳》時神化爲仙人。"王子喬者，周靈王太子晉也。好吹笙，作鳳凰鳴。遊伊、洛之間，道士浮邱公接以上嵩高山。三十餘年後，求之於山上，見桓良，曰：'告我家，七月七日待我於緱氏山巔。'至時，果乘白鶴駐山頭。望之不得到，舉手謝時人，數日而去。"①

而道經中的王子喬在仙府的職位實爲"右弼"。陶弘景《洞玄靈寶真靈位業圖》："右輔侍帝晨、領五嶽司命、右弼、桐栢真人金庭宮王君，諱晉，靈王太子，下教。"（3/274a）唐司馬承禎《上清侍帝晨桐栢真人真圖讚》："上清侍帝晨、領五嶽司、右弼、桐栢真人王仙君真圖讚。"（11/158a）宋沈庭瑞《華蓋山浮丘王郭三真君事實》卷一："子晉今爲右弼，司侍帝宸，主領五嶽。"（18/47a）除此之外，宋謝守灝《混元聖記》卷九、元劉大彬《茅山志》卷六、趙道一《歷世真仙體道通鑑》卷三以及《天臺山志·桐栢觀碑》都有記載，不再一一列舉。

將其職位、人名結合起來就是，右弼王子喬（子晉）或右弼王真人，如《無上秘要》卷二十二："金庭宮，右在桐栢棲山，右弼王真人所居。"②由於這樣習慣性的稱呼，再加上王子晉亦可稱子晉，人們便將"王"屬前與"右弼"相連，久而久之，造成了"右弼王"這樣的稱呼，而且"右弼王"也比較像一個"王"，似乎符合邏輯，於是也就有了如下文獻的記載：

（6）由我帶近洞臺之幽門，恃此而彷佯耳。注曰："右弼王王真人嘤，令密示許侯。此即桐栢帝晨所説，言吳越之境，唯此兩金最爲福地者也。"③（《真誥》卷十一）

（7）又傳侍帝晨、領五嶽司、右弼王、桐栢真人王君佐後聖君。（舊題唐·李淳風《金鎖流珠引序》，20/354c）

（8）以晉穆帝聘永和五年己酉，夫人與西王母、南極元君……南嶽赤松子、桐栢真人右弼王王子喬會於小有清虛上官絳房之内。（五代·杜光庭《墉城集仙録》卷二，18/176c）

傳統文化講究和諧對稱，在道經中也是如此，左輔與右弼總是相對

---

① 王叔岷《列仙傳校箋》，北京：中華書局，2007年，第65頁。
② 周作明點校《無上秘要》，第271頁。
③ 趙益點校《真誥》，第194頁。

的,但没有左輔王這樣的説法,也從反面説明了右弼王這樣的稱呼,本是靠不住的。如果桐柏真人不是王子喬,而稱爲姬子喬或其他不以王開頭的名字,如右弼姬子喬、右弼張某某,就很難造成右弼王這種似是而非的稱呼了。①

　　還有一種可能就是,本來"右弼王"指的就是"右弼王子喬",之所以把"子喬"省略,乃是道經中的一種避諱方法,不直呼仙人尊者之名而只稱姓,以示尊敬,也就是説"右弼王"本就是右弼王某某的意思。《真誥》卷一:"蓬萊右仙公賈寶安。(原注:鄭人。自此後皆是稱諸真人之字,非其人名也。氏族亦見世道經傳中也。)清虛小有天王王子登。(原注:案青童高尊,乃可不敢稱諱字。此青虛是南嶽之師,尚稱字,獨不顯茅司命字,亦爲難詳也。)"② 稱字尊於稱名,而有時連字也不敢稱呼,就更尊敬了。道經中可以見到稱人時只稱姓的,現在還有這種説法,這就不僅限於尊敬之意了。後來由於人們的習慣或認知誤差,將"右弼/王"這樣的兩分的結構,改作了"右弼王"這樣統一的結構。

　　兩種原因都可能造成"右弼王"的説法,也有可能交織在一起共同作用,無法分辨清楚。但不是文獻版本流傳訛誤,應該是能確定的。

　　綜上所述,我們似乎可以這樣認爲:右弼王,本作右弼,與左輔相對,乃桐柏真人王子喬(子晉)。由於右弼與王子喬(王真人)經常連用而使王與右弼連屬成一詞,或者人們不瞭解道經避諱方法,造成了訛誤,久訛而成俗,遂由右弼變爲了右弼王。

【踰地】

　　(1)張捧箭射之,仍踰地三過,叱叱凶惡賊即倒。(舊題唐·李淳風《金鎖流珠引》卷十,20/405c)

　　按:未知"踰地"何義。

【預軫】

　　(1)(梁武帝)因問享國之期,曰:"吾曆數奢促如何?"先生啓云:

────────────

①這裏只是舉例性質,實際上先秦名前通常不冠以姓。
②趙益點校《真誥》,第4頁。

"再環辰。"次又云："光武一去四八,今則直上七七,然後乘彼白雲。"帝在祚四十九年,其預軫來兆,皆此類也。（唐·賈嵩《華陽陶隱居内傳》卷中,5/505b）

（2）眷眷吏人,預軫去思之戀。依依故老,每哥來晚之謡。[①]（唐·于知微《明堂令于大猷碑》）

（3）然則持旌節、執金鼓者,所以問不賓、誅首惡,而比夫不誠,復迷則凶。俾存開網之仁,預軫焚舟之歎。[②]（唐·蘇頲《命吕休璟等北伐制》）

按："預軫"未知何義。[③]

【元嬦金】

（1）元嬦金爲簡,刻玉篇,授葛玄。[④]（北宋·李昉編《太平御覽》卷六百七十九引《玄羽經》）

按：未知"元嬦金"爲何物。

【約尺】

（1）於時筆及約尺悉在按上,便自捉内格中,移格置北頭。注曰："一方五尺安窻下,施書桉,東向。硯本在桉北頭,筆格在南頭,故移就硯而隱桉也。"[⑤]（南朝梁·陶弘景《周氏冥通記》卷一）

黄生："約尺,壓書尺也。"[⑥]

"約尺",《譯注篇》譯爲："厭尺。"

按："約尺"不知何物,或爲壓書尺,然其理據不可得而知。或曰爲"硯"之訛字,陶注似有提示,然二者形音俱不近,頗費解。

---

① [清] 董誥等編《全唐文》,第 2396 頁。
② [清] 董誥等編《全唐文》,第 2563 頁。
③ 張小豔教授教示："'預'謂'預先','軫'指隱憂、憫念,'預軫'爲狀中結構,非詞。"按：此説或是,附此存疑。
④ [北宋] 李昉編《太平御覽》,第 3029 頁。
⑤ [日] 麥谷邦夫、吉川忠夫編,劉雄峰譯《〈周氏冥通記〉研究》（譯注篇）,第 31 頁。
⑥ [清] 黄生撰,黄承吉合按《字詁義府合按》,第 253 頁。

【招藏】

（1）時以行客，賃作富家，爲其奴使。一歲數千，衣出其中，餘少可視，積十餘歲，可得自用還故鄉。招藏我父，晨夜啼吟，更無依止，甚哉痛乎！父時爲惡，使子無所依止，淚下如行，自無乾時。天大哀傷，常使彊健，治生有利，使取妻婦，復有子孫，心乃小安耳。復爲其子説之：“我父行惡，遠在他鄉不還，時往人去者，卜工問之，殊死生，不知所安所在，招藏之有歲數。”①（《太平經·大壽誡第二百》）

俞理明：“招藏，找尋。”

劉祖國、俞理明等：“招藏，尋找。”②

按：從文意來看，俞、劉二家之説自是。“招”有訪求、尋找義，《大字典》《大詞典》皆已收；“藏”並無此義，疑其爲一個音訛或形訛字。

【貞虛】

（1）紫陽乃戲言：“大族貞虛，其中凌雲者，理非一人。”定録曰：“此蓋見由耳。”③（南朝梁·陶弘景《周氏冥通記》卷二）

“貞虛”，《譯注篇》譯爲：“盛大。”

王家葵：“貞虛，清冷虛静貌。”④

這句話斷句亦頗費心思，似亦可斷作“大族貞虛其中，凌雲者理非一人”。《大詞典》即如此斷句，並釋爲：“貞虛道教語，指修道。”按：此説似是而非，訓爲“修道”的理據何在？王説似亦非，“貞”無清冷義。抑或“貞”爲訛字歟？

典籍有“虛貞”一詞，乃其逆序形式，似是淡泊、有貞節之義，未知與例1之“貞虛”意義是否相同。

（2）離離鳳食幹，縣互亘修巒。君子懷静儀，虛貞媚蒼寒。⑤（元·丁復《檜亭集》卷二）

---

①俞理明《〈太平經〉正讀》，第457頁。

②劉祖國《〈太平經〉複音詞研究與〈漢語大詞典〉》，第64頁；俞理明、顧滿林《東漢佛道文獻詞彙新質研究》，第211頁。

③［日］麥谷邦夫、吉川忠夫，劉雄峰譯《〈周氏冥通記〉研究》（譯注篇），第69頁。

④王家葵《周氏冥通記校釋》，第110頁。

⑤《景印文淵閣四庫全書》第1208册，第342頁。

【指歷】

（1）常行上爲大神輔相,如國有公卿,心知大神之<u>指歷</u>,文書相通,上章各有薦舉,宜得其人使可保。①（《太平經·大聖上章訣第一百八十》）

俞理明：“指歷,意旨。”②

蕭旭：“指讀爲恉,《説文》：‘恉,意也。’歷同慄,《集韻》：‘慄,心所營也。’”③

楊寄林：“指歷,謂行事準則及程序。”④

（2）不有失小信,而不奉承天地,隨四時五行之<u>指歷</u>,助其生成,不敢有不成之意,而自危身令不安。⑤（《太平經·有功天君勑進訣第一百九十八》）

俞理明：“指歷,運行。”

劉祖國：“指歷,意旨。指,旨意；意向。”⑥

楊寄林：“指歷,謂在全年内交替置換和流轉的過程。”⑦

按：二例中的“指歷”意義確似不同,未知究竟何指。“指意”一詞,《太平經》多見。《守三實法第四十四》：“久久離神道遠,小小失其指意,後生者不得復知,真道空虛,日流就僞,更生飢渴,不飢不食便死,是一大急也。”《校文邪正法第七十八》：“故使賢明共疑迷惑,不知何從何信,遂失天至心,因而各從其忤是也,使與天道指意微言大相遠,皆爲邪言邪文書。”《學者得失訣第一百六》：“讀書見其意,而守師求見訣示解者,是也；讀書不師訣,反自言深獨知之者,非也,内失大道指意也。學已得道,固事衆師衆賢不懈者是也。”⑧

【獮猓狑猪】

（1）隸首不能計其多少,離朱不能察其髣髴,吴札、晉野竭聰,不

---

①俞理明《〈太平經〉正讀》,第 403 頁。

②又見俞理明、顧滿林《東漢佛道文獻詞彙新質研究》,第 139 頁。

③蕭旭《群書校補》,第 603 頁。

④楊寄林《太平經全注全譯》,第 1740 頁。

⑤俞理明《〈太平經〉正讀》,第 451 頁。

⑥劉祖國《〈太平經〉複音詞研究與〈漢語大詞典〉》,第 58 頁。

⑦楊寄林《太平經全注全譯》,第 1984 頁。

⑧俞理明《〈太平經〉正讀》,第 52、158、230 頁。

能尋其音聲乎窈冥之内，獨猅、狉猪疾走，不能迹其兆朕乎宇宙之外。^①（晉・葛洪《抱朴子内篇・道意》）

"狉猪"，《道藏》本作"涉褚"。

按：從前後文來看，"獨猅、狉猪"似皆是人名，乃古代善於疾走者。

【纂】

（1）《下元黄籙簡文靈仙品》曰：拔度罪根威儀，當於中庭開壇，四面四隅上下方合十門，中央縱廣令長二丈四尺，四面標纂，榜題門位，上下整飭。^②（《無上秘要》卷五十四）

（2）建王之日，於靈嶽作高壇，四方簡纂，東西南北王上，開五門，安五牓。（《太上洞玄靈寶赤書玉訣妙經》卷下，6/200c）

（3）一香鑪、一油燈，不得使人從燈間中過，欲聽過，立纂門。（《太上三皇寶齋神仙上録經》，18/561a）

（4）一笥明其胤嗣，三節獲乎嬰兒，榮燈纂以感孝，茂窻樞以表奇。（唐・吳筠《宗玄先生文集》卷上，23/654c）

"纂"，《博物彙編・草木典》卷一百九十《竹部・藝文一》作"纘"。

（5）壇高二丈四寸，闊一丈二尺有餘，纂二十四莖，左繩三匝繞之，開天門地户，安人門鬼門，於壇内列十一方香座，或五方香几，嚴飾壇場，敷陳幡幢。（《太上洞淵神呪經》卷十七，6/62b）

（6）纂高丈二，門廣五尺，散纂九尺，門榜書處，地方三寸三分。（五代・杜光庭《太上洞神太元河圖三元仰謝儀》，18/314b）

（7）時既畢黄籙道場，未撤門纂。有神人見曰："靈山齋醮，必命神祇主張。某即近廟之神，差衛壇靖，齋功既畢，門纂未移，某不敢輒還本廟。"^③（北宋・張君房《雲笈七籤》卷一百二十二）

（8）供用竹纂四枚，枚長一丈二尺。（《正一醮墓儀》，18/299c）

（9）蛇蜃之毒，傷害於民，滋潭之上，鑄鐵纂以封蜃穴，夜使鬼神鑄二鐵柱，暗鎖豫章。（舊題晉・許旌陽《靈劍子》，10/667a）

按：依以上引例來看，"纂（纘）"似是柱杖之義。如例5"纂二十四

---

①王明《抱朴子内篇校釋》（增訂本），第170頁。
②周作明點校《無上秘要》，第845頁。
③李永晟點校《雲笈七籤》，第2693頁。

莖",例 9 此句前言"鑄鐵鑹",後言"鑄二鐵柱",則可知"鑹"即柱。"鑹"、"瓚"皆無柱杖之義,當是一個假借字,考其本字殆是"欑"。《説文·木部》："欑,積竹杖也。"① "積竹"即攢竹,指削竹膠合;"積竹杖",即削竹膠合成的棒、柄,由此而引申出柱杖之義。

（10）于時以竹爲燈瓚照夜,此瓚宿昔枝葉大茂,母病亦愈,咸以爲孝感所致。②（《南史·齊武帝諸子傳》）

"瓚",《事類賦·草部·竹》（清康熙劍光閣藏版）作"鑹"。

袁英光："燈瓚,以乾篾編成的照明用品。'瓚'同'鑹',編集。"③

按：袁説後半部份似非。文中曰"此鑹宿昔枝葉大茂",可知"瓚"爲名詞,非編集義。"燈瓚"即例 4 之"燈鑹",即燈柱。

【坐俟】

（1）所舉人不能理職,佞僞日欺,久久坐俟不安,不得保其天年,或天地鬼神害之,或爲人所賊殺,辱及其父母,惡流及妻子後生已下,世類遂見知過失爲惡人,是二大凶也。④（《太平經·四吉四凶訣第一百七十八》）

俞理明："俟,行,行動。"

蕭旭："本字爲駛。《説文》：'駛,馬行仡仡也。'"⑤

按：《廣韻·止韻》："駛,趨行兒。"⑥ 無論是《説文》,還是《廣韻》的釋義都是形容詞,而"坐俟"當是一個動詞詞組,故蕭説似不確。"俟"或當讀作"逓",《玉篇·辵部》："逓,進也。"⑦

①［東漢］許慎《説文解字》,第 123 頁。
②［唐］李延壽《南史》,北京：中華書局,1975 年,第 1114 頁。
③袁英光《南朝五史辭典》,濟南：山東教育出版社,2005 年,第 1059 頁。
④俞理明《〈太平經〉正讀》,第 387 頁。
⑤蕭旭《群書校補》,第 602 頁。
⑥蔡夢麒《廣韻校釋》,第 544 頁。
⑦［南朝梁］顧野王著,［北宋］陳彭年等重修《大廣益會玉篇》,第 50 頁。

附録三：宋前道經目録

　　以下所列諸書爲本書考察對象，需説明的是，有些道經雖然在列，但並無疑難字詞可考，故在正文中没有涉及。括號之内爲三家本《道藏》册數、頁碼；冒號之後爲五種道藏提要的頁碼。其中，任繼愈主編《道藏提要》（第三次修訂本），簡稱"任"；張繼禹主編《中華道藏》，簡稱"張"；施舟人、傅飛嵐《道藏通考》，簡稱"施"；丁培仁《增注新修道藏目録》，簡稱"丁"；蕭登福《正統道藏總目提要》，簡稱"蕭"。五種提要之後，列道經在道教類書、敦煌寫本中的引用、存佚情況。其中，北周武帝宇文邕編《無上秘要》，簡稱《秘要》；唐朱法滿《三洞珠囊》，簡稱《珠囊》；王懸河《上清道類事相》，簡稱《事相》；孟安排《道教義樞》，簡稱《義樞》；北宋張君房《雲笈七籤》，簡稱《雲笈》。寫本存佚情況參考的是王卡《敦煌道教文獻研究——綜述·目録·索引》，後亦附列其頁碼。

　　《白羽黑翩靈飛玉符》（2/167）：任 37；張 1/495；施 170；丁 297；蕭 90；《珠囊》、《事相》有引

　　《保生銘》（18/459）：任 363；張 23/668；施 353；丁 534；蕭 805

　　《保生要録》（18/519）：任 371；張 23/709；施 358；丁 539；蕭 816

　　《抱朴子内篇》（28/171）：任 573；張 25/1；施 70；丁 162；蕭 1154

　　《抱朴子神仙金汋經》（19/204）：任 413；張 18/158；施 106；丁 397；蕭 882

　　《抱朴子外篇》（28/171）：任 574；張 25/91；施 71；丁 697；蕭 1156

　　《抱朴子養生論》（18/492）：任 367；張 23/655；施 357；丁 531；蕭 811

　　《北帝七元紫庭延生秘訣》（32/549）：任 613；張 30/241；施 485；丁 303；蕭 1229；《雲笈》有引

　　《長生胎元神用經》（34/309）：任 683；張 23/203；施 361；丁 504；蕭 1362

《秤星靈臺秘要經》（5/29）：任 129；張 32/313；施 337；丁 359；蕭 290

《赤松子章曆》（11/173）：任 268；張 8/620；施 134；丁 273；蕭 597

《赤松子中誡經》（3/444）：任 81；張 42/655；施 319；丁 205；蕭 187

《傳授經戒儀注訣》（32/169）：任 600；張 8/301；施 495；丁 263；蕭 1207；《珠囊》有引

《傳授三洞經戒法籙略説》（32/184）：任 602；張 42/110；施 456；丁 264；蕭 1209

《純陽真人渾成集》（23/685）：任 489；張 26/459；施 936；丁 627；蕭 1018

《存神煉氣銘》（18/458）：任 362；張 23/146；施 375；丁 502；蕭 804

《大乘妙林經》（34/254）：任 1109；張 5/464；施 530；丁 119；蕭 1356；《雲笈》有引

《大丹記》（19/54）：任 402；張 18/546；施 856；丁 405；蕭 895

《大丹鉛汞論》（19/288）：任 418；張 18/549；施 852；丁 416；蕭 887

《大洞金華玉經》（4/551）：任 111；張 1/97；施 186；丁 489；蕭 254

《大洞煉真寶經九還金丹妙訣》（19/22）：任 397；張 18/298；施 383；丁 405；蕭 861；《雲笈》有引

《大洞煉真寶經修伏靈砂妙訣》（19/13）：任 397；張 18/298；施 383；丁 405；蕭 859；《雲笈》有引

《大還丹金虎白龍論》（19/347）：任 427；張 19/109；施 410；丁 417；蕭 901

《大還心鑒》（19/345）：任 427；張 19/196；施 409；丁 417；蕭 900

《大還丹照鑑》（19/304）：任 420；張 19/111；施 962；丁 431；蕭 890

《丹方鑒源》（19/298）：任 419；張 18/281；施 389；丁 405；蕭 889

《道典論》（24/837）：任 879；張 28/346；施 445；丁 172、659；蕭 1095；敦煌寫本存 224

《道教靈驗記》（10/801）：任 257；張 45/68；施 419；丁 618、646；蕭 577

《道教義樞》（24/803）：任 537；張 5/541；施 442；丁 193、658；蕭 1094

《道門經法相承次序》（24/782）：任 536；張 5/580；施 454；丁 659；

蕭 1093

《道門科範大全集》（31/758）：任 592；張 42/266；施 306；丁 229；蕭 1196

《道體論》（22/280）：任 778；張 26/16；施 306；丁 170；蕭 998

《道要靈祇神鬼品經》（28/384）：任 580；張 28/371；施 487；丁 663；蕭 1168；敦煌寫本存 225

《登真隱訣》（6/606）：任 187；張 2/245；施 201；丁 373；蕭 423

《洞神八帝妙精經》（11/385）：任 278；張 4/479；施 266；丁 106；蕭 629

《洞神八帝元變經》（28/393）：任 580；張 4/490；施 502；丁 106；蕭 1169

《洞神三皇七十二君齋方懺儀》（18/305）：任 348；張 529；施 505；丁 268；蕭 780

《洞天福地岳瀆名山記》（11/55）：任 260；張 48/80；施 423；丁 549；蕭 586

《洞玄靈寶本相運度劫期經》（5/849）：任 144；張 5/53；施 247；丁 89；蕭 320

《洞玄靈寶長夜之府九幽玉匱明真科》（34/379）：任 686；張 3/283；施 223；丁 212；蕭 1370；《秘要》有引

《洞玄靈寶丹水飛術運度小劫經》（5/854）：任 144；張 3/52；施 248；丁 90；蕭 321

《洞玄靈寶道士受三洞經戒法籙擇日歷》（32/184）：任 601；張 42/125；施 457；丁 264；蕭 1209

《洞玄靈寶道學科儀》（24/766）：任 535；張 42/42；施 464；丁 213、263；蕭 1092

《洞玄靈寶道要經》（6/303）：任 171；張 31/389；施 552；丁 102；蕭 391

《洞玄靈寶定觀經注》（6/497）：任 179；張 6/90；施 332；丁 105、521；蕭 408

《洞玄靈寶二十四生圖經》（34/337）：任 684；張 4/10；施 231；丁 346、492；蕭 1364；《秘要》、《珠囊》、《事相》、《雲笈》有引

《洞玄靈寶九真人五復三歸行道觀門經》（19/930）：任 449；張 4/178；施 550；丁 519；蕭 948

《洞玄靈寶千真科》（34/369）：任 1119；張 42/57；施 576；丁 214；蕭 1369；戒律鈔有引

《洞玄靈寶三洞奉道科戒營始》（24/741）：任 533；張 42/28；施 451；丁 213、264；蕭 1091；敦煌寫本存 137

《洞玄靈寶三師記》（6/751）：任 328；張 46/272；施 417；丁 609；蕭 446

《洞玄靈寶三師名諱形狀居觀方所文》（6/754）：任 199；張 42/128；施 459；丁 242；蕭 446

《洞玄靈寶上師説救護身命經》（6/227）：任 163；張 4/747；施 246；丁 127；蕭 366

《洞玄靈寶升玄步虚章序疏》（11/168）：任 267；張 3/74；施 257；丁 277；蕭 596

《洞玄靈寶太上六齋十直聖紀經》（28/381）：任 579；張 4/185；施 551；丁 235；蕭 1166

《洞玄靈寶太上真人問疾經》（24/674）：任 528；張 5/207；施 541；丁 94；蕭 1079

《洞玄靈寶五感文》（32/618）：任 619；張 560；施 253；丁 234；蕭 1242

《洞玄靈寶五岳古本真形圖》（6/735）：任 197；張 4/348；施 1236；丁 285、389；蕭 442

《洞玄靈寶無量度人經訣音義》（2/527）：任 43；張 3/349；施 331；丁 84；蕭 105

《洞玄靈寶玄門大義》（24/734）：任 532；張 5/29；施 439；丁 192、658；蕭 1086；敦煌寫本存 178

《洞玄靈寶玄一真人説生死輪轉因緣經》（24/692）：任 529；張 5/150；施 242；丁 89；蕭 1081

《洞玄靈寶玉京山步虚經》（34/625）：任 697；張 3/70；施 219；丁 277；蕭 1395；《雲笈》有引

《洞玄靈寶玉籙簡文三元威儀自然真經》（9/861）：任 233；張 3/268；

施 220；丁 232；蕭 517

《洞玄靈寶齋説光燭戒罰燈祝願儀》（9/821）：任 230；張 4/408；施 254；丁 266；蕭 512

《洞玄靈寶真靈位業圖》（3/272）：任 73；張 2/721；施 109；丁 570；蕭 168

《洞玄靈寶鐘磬威儀經》（9/864）：任 233；張 42/80；施 550；丁 234；蕭 521

《洞玄靈寶諸天世界造化經》（5/861）：任 144；張 4/145；施 534；丁 90；蕭 321

《洞玄靈寶左玄論》（24/920）：任 542；張 5/491；施 446；丁 104；蕭 1100；《珠囊》有引

《洞真八景玉籙晨圖隱符》（33/580）：任 648；張 2/563；施 182；丁 302；蕭 1300

《洞真高上玉帝大洞雌一玉檢五老寶經》（33/381）：任 633；張 1/76；施 588；丁 485；蕭 1272；《秘要》、《珠囊》、《事相》有引，敦煌寫本存 84

《洞真黃書》（33/591）：任 650；張 8/518；施 129；丁 515；蕭 1303

《洞真金房度命録字回年三華寶曜内真上經》（33/627）：任 652；張 2/405；施 194；丁 489；蕭 1306；《秘要》有引

《洞真三天秘諱》（33/638）：任 653；張 8/533；施 491；丁 303；蕭 1309

《洞真上清開天三圖七星移度經》（33/448）：任 637；張 1/404；施 163；丁 487；蕭 1277

《洞真上清龍飛九道尺素隱訣》（33/493）：任 641；張 1/525；施 171；丁 314；蕭 1287；《珠囊》有引

《洞真上清青要紫書金根衆經》（33/423）：任 636；張 1/323；施 155；丁 373；蕭 1275；《珠囊》、《雲笈》有引

《洞真上清神州七轉七變舞天經》（33/544）：任 644；張 1/367；施 158；丁 75、488；蕭 1293

《洞真上清太微帝君步天綱飛地紀金簡玉字上經》（33/438）：任 636；張 1/212；施 143；丁 236、314；蕭 1276

《洞真太上八道命籍經》（33/502）：任 642；張 2/335；施 592；丁 76；蕭 1288；《雲笈》有引

《洞真太上八素真經登壇符札妙訣》（33/485）：任 640；張 1/203；施 623；丁 236；蕭 1285

《洞真太上八素真經服食日月皇華訣》（33/477）：任 640；張 1/181；施 142；丁 488；蕭 1283

《洞真太上八素真經精耀三景妙訣》（33/466）：任 638；張 1/190；施 620；丁 488；蕭 1281

《洞真太上八素真經三五行化妙訣》（33/473）：任 639；張 1/198；施 621；丁 482；蕭 1282

《洞真太上八素真經修習功業妙訣》（33/468）：任 639；張 1/193；施 621；丁 202；蕭 1281

《洞真太上八素真經占候入定妙訣》（33/490）：任 641；張 1/208；施 622；丁 314；蕭 1286

《洞真太上倉元上錄》（33/583）：任 648；張 2/783；施 599；丁 373；蕭 1301；《秘要》《雲笈》有引

《洞真太上丹景道精經》（33/635）：任 652；張 2/487；施 193；丁 302；蕭 1307

《洞真太上飛行羽九真升玄上記》（33/641）：任 653；張 2/1；施 169；丁 487；蕭 1309

《洞真太上青牙始生經》（33/637）：任 653；張 2/486；施 194；丁 490；蕭 1308

《洞真太上三九素語玉精真訣》（33/497）：任 641；張 1/339；施 156；丁 314；蕭 1287

《洞真太上三元流珠經》（33/458）：任 638；張 2/409；施 589；丁 76；蕭 1279

《洞真太上上皇民籍定真玉籙》（33/585）：任 1060；張 2/786；施 208；丁 302、519；蕭 1302；《雲笈》有引

《洞真太上上清內經》（33/631）：任 652；張 2/459；施 623；丁 300、302；蕭 1307

《洞真太上神虎隱文》（33/566）：任 646；張 1/465；施 167；丁 298；蕭 1297

《洞真太上神虎玉經》（33/564）：任 645；張 1/463；施 184；丁 298；

蕭 1296 ;《秘要》有引

　　《洞真太上説智慧消魔真經》(33/597)：任 650 ;張 2/468 ;施 590 ;丁 75、373 ;蕭 1303 ;敦煌寫本存 89

　　《洞真太上素靈洞元大有妙經》(33/400)：任 634 ;張 1/106 ;施 187 ;丁 483 ;蕭 1273 ;《秘要》、《珠囊》有引

　　《洞真太上太素玉籙》(33/578)：任 647 ;張 2/455 ;施 599 ;丁 303 ;蕭 1300

　　《洞真太上太霄琅書》(33/645)：任 654 ;張 1/646 ;施 623 ;丁 76 ;蕭 1310

　　《洞真太上紫度炎光神元變經》(33/553)：任 645 ;張 1/310 ;施 153 ;丁 324 ;蕭 1294 ;《雲笈》有引

　　《洞真太上紫書籙傳》(33/587)：任 649 ;張 2/463 ;施 598 ;丁 76 ;蕭 1302

　　《洞真太上紫文丹章》(33/568)：任 646 ;張 1/743 ;施 182 ;丁 302 ;蕭 1298

　　《洞真太微黄書九天八籙真文》(4/561)：任 112 ;張 2/452 ;施 192 ;丁 297 ;蕭 256

　　《洞真太微黄書天帝君石景金陽素經》(2/162)：任 36 ;張 2/447 ;施 191 ;丁 298 ;蕭 89

　　《洞真太微金虎真符》(33/572)：任 647 ;張 1/454 ;施 183 ;丁 302 ;蕭 1209

　　《洞真太一帝君太丹隱書洞真玄經》(33/528)：任 643 ;張 1/378 ;施 159 ;丁 488 ;蕭 1291 ;《雲笈》有引

　　《洞真西王母寶神起居經》(33/460)：任 638 ;張 2/299 ;施 589 ;丁 531 ;蕭 1280

　　《服氣精義論》(18/447)：任 360 ;張 23/163 ;施 373 ;丁 503 ;蕭 800

　　《福壽論》(34/466)：任 691 ;張 42/660 ;施 743 ;丁 169 ;蕭 1383

　　《高上玉宸憂樂章》(34/777)：任 705 ;張 2/497 ;施 167 ;丁 275 ;蕭 1417

　　《廣成集》(11/231)：任 268 ;張 44/437 ;施 438 ;丁 279、627 ;蕭

598

《廣黃帝本行記》（5/32）：任 129；張 45/565；施 427；丁 592；蕭 291

《還丹歌訣》（4/885）：任 118；張 18/657；施 853；丁 407；蕭 263

《還丹金液歌注》（4/359）：任 102；張 18/667；施 412；丁 407；蕭 236

《還金述》（19/285）：任 417；張 18/695；施 406；丁 417；蕭 886

《華陽陶隱居集》（23/640）：任 486；張 46/225；施 117；丁 626；蕭 1014

《華陽陶隱居內傳》（5/499）：任 134；張 46/210；施 427；丁 611；蕭 302

《化書》（23/589）：任 481、716；張 26/98；施 309、311；丁 175、176；蕭 1008

《幻真先生服內元炁訣》（18/440）：任 593；張 23/189；施 371；丁 503；蕭 798

《皇天上清金闕帝君靈書紫文上經》（11/380）：任 277；張 1/299；施 150；丁 485；蕭 627；敦煌寫本存 86

《黃帝九鼎神丹經訣》（18/795）：任 393；張 18/76；施 378；丁 394；蕭 852

《黃帝龍首經》（4/985）：任 126；張 32/153；施 84；丁 355；蕭 283

《黃帝陰符經》（1/821）：任 17；張 15/695；施 319；丁 143；蕭 42

《黃帝宅經》（4/979）：任 126；張 32/184；施 334；丁 357；蕭 282

《黃庭內景五臟六府補瀉圖》（6/686）：任 192；張 23/108；施 348；丁 344、499；蕭 434

《醮三洞真文五法正一盟威籙立成儀》（28/492）：任 585；張 42/130；施 460；丁 265；蕭 1180

《金丹真一論》（24/153）：任 505；張 18/726；施 790；丁 417；蕭 1044

《金籙齋懺方儀》（9/83）：任 217；張 43/11；施 998；丁 245；蕭 480

《金籙齋啓壇儀》（9/67）：任 215；張 43/7；施 579；丁 245；蕭 477

《金闕帝君三元真一經》（4/548）：任 110；張 2/89；施 595；丁 486；蕭 252

《金石簿五九數訣》（19/103）：任 407；張 18/270；施 386；丁 410；

蕭 873

《金液還丹百問訣》（4/893）：任 118；張 18/702；施 404；丁 428；蕭 264

《九轉流珠神仙九丹經》（19/427）：任 435；張 18/147；施 399；丁 397；蕭 912

《老君變化無極經》（28/371）：任 577；張 8/183；施 122；丁 59、574；蕭 1163

《老君音誦誡經》（18/210）：任 341；張 8/563；施 125；丁 196；蕭 760

《老子説五厨經注》（17/213）：任 331；張 23/155；施 351；丁 503、525；蕭 737

《老子西升經》（11/489）：任 287；張 8/227；施 686；丁 61、63；蕭 657

《老子像名經》（11/452）：任 285；張 133；施 568；丁 129；蕭 654；敦煌寫本存 192

《歷代崇道記》（11/1）：任 258；張 45/61；施 415；丁 617；蕭 580

《靈寶煉度五仙安靈鎮神黄繒章法》（32/732）：任 625；張 3/763；施 581；丁 335；蕭 1255

《靈寶衆真丹訣》（6/591）：任 187；張 18/62；施 380；丁 399；蕭 422

《靈寶自然九天生神章經》（5/843）：任 143；張 3/79；施 220；丁 87、276；蕭 317；敦煌寫本存 93

《靈飛散傳信録》（19/363）：任 430；張 18/195；施 392；丁 416；蕭 904；《雲笈》有引

《靈棋本章正經》（23/455）：任 479；張 32/1；施 84；丁 355；蕭 1004

《龍虎還丹訣》（19/107）：任 408；張 18/567；施 387；丁 410；蕭 875

《龍虎元旨》（24/171）：任 507；張 18/595；施 411；丁 409；蕭 1047

《陸先生道門科略》（24/779）：任 535；張 8/556；施 126；丁 213、259；蕭 1093

《録異記》（10/856）：任 257；張 45/133；施 420；丁 646；蕭 578

《南統大君内丹九章經》（23/683）：任 489；張 23/141；施 365；丁 494；蕭 1017

《南岳小録》（6/861）：任203；張46/622；施436；丁554；蕭453

《女青鬼律》（18/239）：任344；張8/599；施127；丁209；蕭765

《蓬萊山西竈還丹歌》（19/185）：任413；張18/210；施397；丁416；蕭881

《七域修真證品圖》（6/693）：任193；張2/732；施618；丁374；蕭435

《三洞法服科戒文》（18/228）：任343；張42/146；施458；丁204、242；蕭763

《三洞衆戒文》（3/396）：任78；張42/139；施456；丁204；蕭182

《三洞珠囊》（25/296）：任545；張28/405；施440；丁663；蕭1103

《三十六水法》（19/323）：任423；張18/247；施101；丁394；蕭895

《三天内解經》（28/413）：任581；張8/544；施124；丁69；蕭1172

《上清長生寶鑒圖》（6/679）：任191；張2/535；施618；丁304、341；蕭432

《上清大洞九微八道大經妙籙》（34/243）：任677；張1/624；施602；丁303；蕭1354

《上清大洞三景玉清隱書訣籙》（34/126）：任673；張2/591；施606；丁303；蕭1346

《上清大洞真經》（1/512）：任4；張1/1；施1043；丁481；蕭10

《上清丹景道精隱地八術經》（33/782）：任658；張1/360；施157；丁324；蕭1318；《秘要》、《雲笈》有引

《上清道類事相》（24/874）：任539；張28/381；施627；丁663；蕭1096

《上清洞天三五金剛玄籙儀經》（34/151）：任674；張8/462；施591；丁303；蕭1349

《上清洞真解過訣》（6/633）：任189；張2/329；施615；丁237；蕭425

《上清洞真天寶大洞三景寶籙》（34/101）：任672；張2/566；施604；丁302；蕭1345

《上清洞真元經五籍符》（2/166）：任36；張1/395；施160；丁299；蕭89

《上清洞真智慧觀身大戒文》（33/797）：任 660；張 2/735；施 210；丁 202；蕭 1323；《秘要》有引

《上清高上金元羽章玉清隱書經》（33/773）：任 658；張 1/707；施 181；丁 297；蕭 1316

《上清高上滅魔洞景金元玉清隱書經》（33/769）：任 657；張 1/707；施 180；丁 75、297；蕭 1316

《上清高上滅魔玉帝神慧玉清隱書》（33/762）：任 657；張 1/707；施 181；丁 297；蕭 1316

《上清高上玉晨鳳臺曲素上經》（34/1）：任 664；張 1/447；施 167；丁 297；蕭 1329；《秘要》、《雲笈》有引

《上清高上玉真衆道綜監寶諱》（6/748）：任 198；張 2/708；施 585；丁 570；蕭 445

《上清高聖太上大道君洞真金元八景玉籙》（34/145）：任 674；張 2/556；施 140；丁 303、347、570；蕭 1348

《上清含象劍鑒圖》（6/683）：任 192；張 2/537；施 617；丁 305、341；蕭 433

《上清河圖內玄經》（33/819）：任 661；張 2/49；施 595；丁 303、489；蕭 1325

《上清後聖道君列紀》（6/744）：任 197；張 2/106；施 152；丁 573；蕭 444；《珠囊》有引

《上清華晨三奔玉訣》（6/561）：任 183；張 2/428；施 611；丁 490；蕭 415

《上清化形隱景登升保仙上經》（33/832）：任 662；張 2/422；施 593；丁 489；蕭 1327

《上清黃氣陽精三道順行經》（1/822）：任 17；張 1/267；施 148；丁 486；蕭 44

《上清黃書過度儀》（32/735）：任 625；張 8/524；施 130；丁 237、515；蕭 1256

《上清黃庭五藏六府真人玉軸經》（34/289）：任 681；張 23/103；施 350；丁 499；蕭 1359；《雲笈》有引

《上清黃庭養神經》（34/281）：任 680；張 23/95；施 349；丁 314；

蕭 1357 ;《雲笈》有引

《上清回神飛霄登空招五星上法經》(33/830) : 任 662 ; 張 2/419 ; 施 154 ; 丁 489 ; 蕭 1326

《上清回耀飛光日月精華上經》(33/834) : 任 663 ; 張 2/521 ; 施 594 ; 丁 75 ; 蕭 1328

《上清豁落七元符》(6/374) : 任 175 ; 張 2/554 ; 施 604 ; 丁 297 ; 蕭 402

《上清金母求仙上法》(6/366) : 任 175 ; 張 4/375 ; 施 610 ; 丁 305 ; 蕭 400

《上清金闕帝君五斗三一圖訣》(17/218) : 任 332 ; 張 2/92 ; 施 189 ; 丁 341、490 ; 蕭 741 ;《雲笈》有引

《上清金書玉字上經》(18/743) : 任 389 ; 張 2/65 ; 施 191 ; 丁 488 ; 蕭 844

《上清金章十二篇》(34/780) : 任 706 ; 張 2/501 ; 施 627 ; 丁 275 ; 蕭 1418

《上清金真玉光八景飛經》(34/54) : 任 669 ; 張 1/161 ; 施 141 ; 丁 486 ; 蕭 1337,《秘要》、《雲笈》有引, 敦煌寫本存 85

《上清金真玉皇上元九天真靈三百六十五部元錄》(34/137) : 任 673 ; 張 2/647 ; 施 600 ; 丁 303、347 ; 蕭 1348

《上清經秘訣》(32/731) : 任 624 ; 張 2/440 ; 施 465 ; 丁 522 ; 蕭 1255

《上清九丹上化胎精中記經》(34/82) : 任 670 ; 張 1/427 ; 施 164 ; 丁 373 ; 蕭 1342 ;《秘要》、《雲笈》有引

《上清九天上帝祝百神內名經》(33/788) : 任 659 ; 張 1/102 ; 施 139 ; 丁 314 ; 蕭 1319

《上清九真中經內訣》(19/105) : 任 407 ; 張 18/57 ; 施 102 ; 丁 398 ; 蕭 874

《上清明鑒要經》(28/418) : 任 582 ; 張 2/526 ; 施 343 ; 丁 326 ; 蕭 1173

《上清明堂元真經訣》(6/638) : 任 189 ; 張 2/325 ; 施 206 ; 丁 489 ; 蕭 426

《上清七聖玄紀經》（33/791）：任 659；張 2/111；施 179；丁 569；蕭 1320

《上清瓊宮飛六甲左右上符》（2/169）：任 37；張 1/502；施 174；丁 299；蕭 91

《上清曲素訣辭錄》（34/169）：任 675；張 1/487；施 607；丁 297；蕭 1350

《上清三元玉檢三元布經》（6/211）：任 162；張 1/344；施 157；丁 487；蕭 365；敦煌寫本存 86

《上清三真旨要玉訣》（6/626）：任 188；張 2/269；施 615；丁 376、533；蕭 424；敦煌寫本存 88

《上清三尊譜錄》（3/262）：任 71；張 2/634；施 417；丁 570；蕭 166

《上清侍帝晨桐柏真人真圖讚》（11/157）：任 266；張 46/203；施 424；丁 587；蕭 595

《上清司命茅真君修行指迷訣》（18/455）：任 361；張 23/259；施 375；丁 498；蕭 802；《雲笈》有引

《上清太極隱注玉經寶訣》（6/642）：任 189；張 4/84；施 234；丁 261；蕭 428

《上清太極真人神仙經》（34/301）：任 682；張 2/315；施 612；丁 373；蕭 1361

《上清太極真人撰所施行秘要經》（33/794）：任 660；張 2/307；施 594；丁 531；蕭 1322

《上清太上八素真經》（6/648）：任 190；張 1/171；施 141；丁 482；蕭 430

《上清太上帝君九真中經》（34/33）：任 666；張 1/222；施 144；丁 483；蕭 1333；《秘要》有引

《上清太上黃素四十四方經》（34/73）：任 670；張 1/628；施 179；丁 236；蕭 1341；《秘要》、《珠囊》、《雲笈》有引

《上清太上開天龍蹻經》（33/731）：任 655；張 2/789；施 1047；丁 76；蕭 1312

《上清太上玉清隱書滅魔神慧高玄真經》（33/748）：任 656；張 1/707；施 139；丁 75；蕭 1314

《上清太上元始耀光金虎鳳文章寶經》（34/91）：任 671；張 1/472；施 195；丁 302；蕭 1343

《上清太微帝君結帶真文法》（32/734）：任 625；張 2/458；施 209；丁 314；蕭 1256

《上清太一金闕玉璽金真記》（6/377）：任 176；張 32/658；施 613；丁 303；蕭 403

《上清外國放品青童内文》（34/8）：任 665；張 1/278；施 149；丁 302；蕭 1331；《秘要》、《義樞》、《珠囊》、《事相》有引

《上清握中訣》（2/897）：任 61；張 2/281；施 628；丁 374；蕭 374

《上清無上金元玉清金真飛元步虚玉章》（34/31）：任 666；張 2/505；施 627；丁 274；蕭 1333

《上清五常變通萬化鬱冥經》（5/872）：任 145；張 2/32；施 172；丁 76；蕭 326

《上清仙府瓊林經》（34/293）：任 682；張 2/392；施 611；丁 76；蕭 1360

《上清修行經訣》（6/658）：任 190；張 2/381；施 616；丁 374；蕭 431

《上清修身要事經》（32/562）：任 614；張 2/370；施 616；丁 374；蕭 1234

《上清玉帝七聖玄紀回天九霄經》（34/62）：任 669；張 1/616；施 178；丁 485；蕭 1339；《秘要》、《珠囊》、《事相》、《雲笈》有引

《上清元始高上變化寶真上經九靈太妙龜山玄籙》（34/177）：任 676；張 1/533；施 177；丁 299；蕭 1352

《上清元始高上玉皇九天譜録》（34/132）：任 673；張 2/619；施 600；丁 299、569；蕭 1347

《上清元始譜録太真玉訣》（33/805）：任 661；張 2/615；施 211；丁 297、569；蕭 1323

《上清衆經諸真聖秘》（6/755）：任 200；張 2/656；施 603；丁 570；蕭 447

《上清諸真人授時頌金真章》（34/29）：任 665；張 2/503；施 626；丁 274；蕭 1332

《上清紫精君皇初紫靈道君洞房上經》（6/546）：任181；張2/70；施147；丁484；蕭411

《上玄高真延壽赤書》（18/731）：任387；張23/669；施620；丁494；蕭843

《攝生纂録》（10/707）：任252；張23/676；施356；丁535；蕭566

《神氣養形論》（18/457）：任362；張23/161；施375；丁506；蕭803；《雲笈》有引

《神仙服餌丹石行藥法》（6/596）：任187；張18/170；施100；丁408；蕭423

《神仙服食靈草菖蒲丸方傳》（18/502）：任368；張206；施341；丁537；蕭812

《神仙感遇傳》（10/881）：任258；張45/161；施904；丁593；蕭579；《雲笈》有引

《神仙煉丹點鑄三元寶照法》（18/649）：任379；張18/291；施380；丁417；蕭830

《神仙食炁金匱妙録》（18/459）：任363；張23/262；施355；丁504；蕭805

《神仙養生秘術》（19/381）：任432；張18/15；施860；丁398；蕭907

《石藥爾雅》（19/61）：任403；張18/274；施385；丁416；蕭867

《四氣攝生圖》（17/224）：任332；張23/687；施352；丁344、538；蕭742

《嵩山太無先生氣經》（18/418）：任357；張23/195；施370；丁503；蕭795

《素問六氣玄珠密語》（21/508）：任464；張531；施340；丁527；蕭975

《孫真人攝養論》（18/491）：任367；張23/657；施356；丁534；蕭810

《胎息精微論》（18/445a）：任360；張23/158；施372；丁505；蕭800；《雲笈》有引

《太白經》（19/337）：任425；張18/647；施706；丁407；蕭898

《太古土兌經》（19/387）：任 433；張 18/349；施 394；丁 39；蕭 908

《太極真人敷靈寶齋戒威儀諸經要訣》（9/867）：任 234；張 4/102；施 237；丁 233；蕭 522

《太極真人九轉還丹經要訣》（19/10）：任 397；張 18/68；施 102；丁 398；蕭 859

《太極真人説二十四門戒經》（3/412）：任 182；張 4/190；施 545；丁 203；蕭 186

《太極真人雜丹藥方》（19/369）：任 431；張 18/71；施 399；丁 416；蕭 906

《太極左仙公説神符經》（24/684）：任 528；張 18/777；施 565；丁 399；蕭 1080

《太清導引養生經》（18/394）：任 352；張 23/235；施 95；丁 496；蕭 496；《雲笈》有引

《太清金液神丹經》（18/746）：任 389；張 18/1；施 104；丁 397；蕭 845；《雲笈》有引

《太清金液神氣經》（18/776）：任 392；張 18/19；施 200；丁 397；蕭 849；敦煌寫本存 214

《太清經斷穀法》（18/506）：任 369；張 18/37；施 99；丁 525；蕭 813

《太清經天師口訣》（18/787）：任 393；張 18/31；施 103；丁 398；蕭 850

《太清石壁記》（18/763）：任 391；張 18/42；施 381；丁 409；蕭 849

《太清元道真經》（34/459）：任 690；張 23/132；施 376；丁 521；蕭 1380

《太清真人絡命訣》（2/871）：任 59；張 2/401；施 94；丁 490；蕭 135

《太清中黃真經》（18/383）：任 352；張 23/120；施 353；丁 495；蕭 789；《雲笈》有引

《太上赤文洞神三籙》（10/793）：任 256；張 32/510；施 979；丁

309；蕭 576

《太上除三尸九蟲保生經》（18/697）：任 384；張 32/612；施 364；丁 525；蕭 838

《太上慈悲道場消災九幽懺》（10/18）：任 238；張 44/116；施 566；丁 269；蕭 535

《太上大道三元品誡謝罪上法》（6/581）：任 186；張 3/779；施 252；丁 199；蕭 421

《太上大道玉清經》（33/281）：任 633；張 543；施 525；丁 113；蕭 1271；《秘要》、《雲笈》有引

《太上導引三光寶真妙經》（1/858）：任 21；張 4/5；施 597；丁 492；蕭 52

《太上導引三光九變妙經》（1/855）：任 20；張 4/5；施 597；丁 492；蕭 50

《太上洞房内經注》（2/874）：任 59；張 2/84；施 185；丁 185；蕭 490

《太上洞神洞淵神咒治病口章》（32/719）：任 624；張 30/129；施 272；丁 318；蕭 1253

《太上洞神行道授度儀》（32/639）：任 621；張 4/504；施 507；丁 262；蕭 1246

《太上洞神三皇傳授儀》（32/644）：任 622；張 4/515；施 507；丁 262；蕭 1247

《太上洞神三皇儀》（18/301）：任 347；張 4/510；施 506；丁 239；蕭 776

《太上洞神太元河圖三元仰謝儀》（18/308）：任 348；張 4/532；施 505；丁 268；蕭 780

《太上洞玄寶元上經》（6/252）：任 166；張 8/173；施 745；丁 103；蕭 375；《珠囊》、《雲笈》有引

《太上洞玄濟衆經》（34/781）：任 706；張 5/80；施 564；丁 101；蕭 1419

《太上洞玄靈寶八威召龍妙經》（6/237）：任 164；張 3/239；施 249；丁 294；蕭 369；《珠囊》有引

《太上洞玄靈寶本行宿緣經》（24/666）：任 527；張 4/119；施 239；

丁 92；蕭 1076；敦煌寫本存 105

　　《太上洞玄靈寶本行因緣經》（24/671）：任 527；張 4/131；施 240；丁 78、93；蕭 1078

　　《太上洞玄靈寶赤書玉訣妙經》（6/184）：任 161；張 3/26；施 216；丁 293；蕭 362；敦煌寫本存 92

　　《太上洞玄靈寶出家因緣經》（6/136）：任 155；張 4/262；施 536；丁 97；蕭 348

　　《太上洞玄靈寶大綱抄》（6/376）：任 176；張 4/442；施 331；丁 660；蕭 402

　　《太上洞玄靈寶二部傳授儀》（32/743）：任 626；張 4/438；施 258；丁 262；蕭 1258

　　《太上洞玄靈寶法身制論》（6/921）：任 208；張 42/78；施 299；丁 242；蕭 462

　　《太上洞玄靈寶法燭經》（6/178）：任 160；張 4/415；施 253；丁 94；蕭 357

　　《太上洞玄靈寶飛行三界通微內思妙經》（24/686）：任 529；張 4/25；施 243；丁 94、493；蕭 1081

　　《太上洞玄靈寶福日妙經》（6/226）：任 162；張 4/189；施 560；丁 102；蕭 366

　　《太上洞玄靈寶觀妙經》（5/896）：任 147；張 6/89；施 558；丁 104、521；蕭 330

　　《太上洞玄靈寶國王行道經》（24/662）：任 527；張 5/277；施 540；丁 102；蕭 1075

　　《太上洞玄靈寶誡業本行上品妙經》（6/161）：任 158；張 4/152；施 242；丁 88、199；蕭 354

　　《太上洞玄靈寶淨供妙經》（6/285）：任 170；張 4/181；施 549；丁 101；蕭 387

　　《太上洞玄靈寶開演秘密藏經》（5/898）：任 148；張 5/275；施 522；丁 103；蕭 331

　　《太上洞玄靈寶滅度五煉生尸妙經》（6/259）：任 167；張 3/753；施 230；丁 91、316；蕭 375

　　《太上洞玄靈寶三十二天尊應號經》（24/698）：任 530；張 4/221；

施 570；丁 100；蕭 1083；敦煌寫本存 128

《太上洞玄靈寶三塗五苦拔度生死妙經》（6/275）：任 168；張 4/295；施 547；丁 101；蕭 382

《太上洞玄靈寶三元品戒功德輕重經》（6/873）：任 205；張 3/766；施 230；丁 198；蕭 455；敦煌寫本存 103

《太上洞玄靈寶三元無量壽經》（5/867）：任 145；張 4/162；施 534；丁 100；蕭 326

《太上洞玄靈寶三元玉京玄都大獻經》（6/266）：任 168；張 4/167；施 251；丁 104；蕭 378；敦煌寫本存 107

《太上洞玄靈寶上品戒經》（6/866）：任 204；張 3/265；施 575；丁 198；蕭 454

《太上洞玄靈寶升玄内教經中和品述議疏》（24/706）：任 530；張 5/125；施 276；丁 110；蕭 1084；《秘要》有引，敦煌本存 120

《太上洞玄靈寶十號功德因緣妙經》（6/129）：任 154；張 4/218；施 535；丁 100；蕭 347

《太上洞玄靈寶授度儀》（9/839）：任 232；張 4/419；施 255；丁 261；蕭 515

《太上洞玄靈寶四方大願經》（6/153）：任 157；張 4/290；施 559；丁 102、218；蕭 352

《太上洞玄靈寶素靈真符》（6/343）：任 174；張 32/582；施 482；丁 295；蕭 399

《太上洞玄靈寶天關經》（19/925）：任 448；張 4/150；施 539；丁 102；蕭 945

《太上洞玄靈寶天尊説濟苦經》（6/284）：任 170；張 4/310；施 561；丁 127；蕭 387

《太上洞玄靈寶天尊説十戒經》（6/899）：任 206；張 42/649；施 575；丁 200；蕭 459

《太上洞玄靈寶投簡符文要訣》（6/379）：任 176；張 4/388；施 259；丁 293；蕭 404

《太上洞玄靈寶往生救苦妙經》（6/278）：任 169；張 4/298；施 548；丁 101；蕭 384

《太上洞玄靈寶無量度人上品妙經》（1/1）：任 1；張 3/325；施 214；丁 81；蕭 1；敦煌寫本存 99

《太上洞玄靈寶五岳神符》（6/361）：任 175；張 6/370；施 584；丁 286；蕭 400；《雲笈》有引

《太上洞玄靈寶宿命因緣明經》（6/132）：任 154；張 4/1；施 536；丁 94；蕭 347

《太上洞玄靈寶宣戒首悔眾罪保護經》（6/900）：任 207；張 5/116；施 515；丁 110、203；蕭 460

《太上洞玄靈寶業報因緣經》（6/81）：任 153；張 5/153；施 518；丁 95；蕭 345；敦煌寫本存 124

《太上洞玄靈寶真文要解上經》（5/903）：任 148；張 4/91；施 235；丁 293；蕭 331

《太上洞玄靈寶真一勸戒法輪妙經》（6/170）：任 158；張 3/313；施 227；丁 89、199；蕭 355；《秘要》有引

《太上洞玄靈寶智慧本願大戒上品經》（6/155）：任 157；張 4/111；施 238；丁 199；蕭 353；敦煌寫本存 104

《太上洞玄靈寶智慧定志通微經》（5/888）：任 146；張 3/299；施 226；丁 88；蕭 328；《秘要》有引，敦煌寫本存 96

《太上洞玄靈寶智慧罪根上品大戒經》（6/885）：任 205；張 3/248；施 223；丁 198；蕭 457；《秘要》、《事相》有引

《太上洞玄靈寶中和經》（24/694）：任 529；張 5/141；施 275；丁 110；蕭 1082

《太上洞玄靈寶眾簡文》（6/563）：任 409；張 5/383；施 255；丁 315；蕭 415

《太上洞淵三昧神咒齋懺謝儀》（9/827）：任 231；張 30/146；施 510；丁 267；蕭 513

《太上洞淵三昧神咒齋清旦行道儀》（9/833）：任 231；張 30/157；施 512；丁 241；蕭 514

《太上洞淵三昧神咒齋十方懺儀》（9/836）：任 232；張 30/153；施 512；丁 267；蕭 515

《太上洞淵神呪經》（6/1）：任 152；張 30/84；施 269；丁 111、317；

蕭 341 ；敦煌寫本存 141

《太上洞真徊玄章》（34/779）：任 706 ；張 2/500 ；施 627 ；丁 275 ；蕭 1418 ；《雲笈》有引

《太上洞真智慧上品大誡》（3/391）：任 78 ；張 3/258 ；施 223 ；丁 198 ；蕭 181 ；敦煌寫本存 94

《太上飛行九晨玉經》（6/667）：任 191 ；張 2/6 ；施 170 ；丁 489 ；蕭 431

《太上黄籙齋儀》（9/181）：任 224 ；張 43/139 ；施 578 ；丁 247 ；蕭 495

《太上黄庭内景玉經》（5/908）：任 149 ；張 23/1 ；施 184 ；丁 480 ；蕭 333

《太上黄庭外景玉經》（5/913）：任 150 ；張 23/7 ；施 96 ；丁 371、481 ；蕭 334

《太上黄庭中景經》（34/284）：任 681 ；張 23/85 ；施 350 ；丁 481 ；蕭 1358

《太上混元真録》（19/507）：任 436 ；張 46/1 ；施 414 ；丁 577 ；蕭 914

《太上金書玉牒寶章儀》（18/319）：任 348 ；張 8/492 ；施 481 ；丁 238 ；蕭 781

《太上經戒》（18/222）：任 342 ；張 8/587 ；施 463 ；丁 198 ；蕭 763 ；《雲笈》有引

《太上九赤斑符五帝内真經》（33/518）：任 643 ；張 1/442 ；施 166 ；丁 487 ；蕭 1289

《太上九真妙戒金籙度命拔罪妙經》（3/406）：任 79 ；張 6/181 ；施 543 ；丁 203、245 ；蕭 184 ；敦煌寫本存 140

《太上老君大存思圖注訣》（18/715）：任 386 ；張 8/292 ；施 497 ；丁 479 ；蕭 841 ；《雲笈》有引

《太上老君戒經》（18/201）：任 565 ；張 8/571 ；施 501 ；丁 196 ；蕭 759 ；《珠囊》、《雲笈》有引

《太上老君經律》（18/218）：任 342 ；張 8/581 ；施 131 ；丁 207 ；蕭 762

《太上老君開天經》（34/618）：任 696；張 8/160；施 108；丁 56、572；蕭 1393 ;《雲笈》有引

《太上老君內觀經》（11/396）：任 278；張 6/79；施 500；丁 131、521；蕭 630 ;《雲笈》有引

《太上老君説報父母恩重經》（11/470）：任 278；張 6/79；施 500；丁 129；蕭 654 ;《雲笈》有引

《太上老君説長生益算妙經》（11/410）：任 281；張 6/161；施 538；丁 128；蕭 638

《太上老君説常清靜經》（11/344）：任 271；張 6/1；施 562；丁 129、519；蕭 603

《太上老君説益算神符妙經》（11/642）：任 291；張 6/159；施 539；丁 308；蕭 668

《太上老君太素經》（34/462）：任 690；張 8/169；施 1245；丁 56；蕭 1381

《太上老君虛無自然本起經》（34/620）：任 696；張 8/163；施 532；丁 60、575；蕭 1395；《雲笈》有引

《太上老君玄妙枕中內德神咒經》（18/705）：任 384；張 6/171；施 500；丁 313；蕭 839

《太上老君中經》（27/142）：任 565；張 8/211；施 92；丁 477；蕭 1135；敦煌寫本存 191

《太上靈寶天地運度自然妙經》（5/865）：任 145；張 3/60；施 241；丁 91；蕭 323

《太上靈寶五符序》（6/315）：任 288；張 4/54；施 231；丁 289；蕭 396

《太上靈寶玉匱明真大齋懺方儀》（9/808）：任 229；張 43/698；施 582；丁 268；蕭 510

《太上靈寶玉匱明真大齋言功儀》（9/811）：任 229；張 43/701；施 582；丁 248；蕭 510

《太上靈寶玉匱明真齋懺方儀》（9/805）：任 229；張 43/695；施 582；丁 268；蕭 509

《太上靈寶元陽妙經》（5/916）：任 152；張 4/655；施 244；丁 103；

蕭 340 ；敦煌寫本存 340

《太上靈寶芝草品》（34/316）：任 683 ；張 4/31 ；施 770 ；丁 404 ；蕭 1363

《太上靈寶智慧觀身經》（6/181）：任 160 ；張 6/88 ；施 559 ；丁 519 ；蕭 358 ；《義樞》有引

《太上靈寶諸天内音自然玉字》（2/532）：任 43 ；張 3/206 ；施 222 ；丁 294 ；蕭 106 ；《秘要》、《珠囊》有引，敦煌寫本存 94

《太上妙法本相經》（24/857）：任 538 ；張 5/1 ；施 523 ；丁 117 ；蕭 1095 ；敦煌寫本存 117

《太上妙始經》（（11/341））：任 286 ；張 6/155 ；施 538 ；丁 129 ；蕭 654

《太上明鑒真經》（28/422）：任 583 ；張 2/531 ；施 97 ；丁 326 ；蕭 1174

《太上求仙定録尺素真訣玉文》（2/855）：任 57 ；張 2/711 ；施 209 ；丁 302 ；蕭 132

《太上三洞傳授道德經紫虚籙拜表儀》（18/327）：任 349 ；張 8/308 ；施 496 ；丁 263 ；蕭 782

《太上三皇寶齋神仙上録經》（18/560）：任 373 ；張 4/526 ；施 504 ；丁 107 ；蕭 819

《太上三天正法經》（28/406）：任 580 ；張 1/259 ；施 587 ；丁 74 ；蕭 1170

《太上三五正一盟威籙》（28/426）：任 584 ；張 8/393 ；施 971 ；丁 306 ；蕭 1176

《太上三五正一盟威閱籙醮儀》（18/281）：任 346 ；張 8/476 ；施 478 ；丁 238 ；蕭 770

《太上升玄三一融神變化妙經》（1/851）：任 19 ；張 5/145 ；施 596 ；丁 110 ；蕭 49

《太上升玄消災護命妙經》（1/772）：任 12 ；張 6/96 ；施 554 ；丁 111 ；蕭 28 ；《雲笈》有引，敦煌寫本存 139

《太上升玄消災護命妙經頌》（5/775）：任 141 ；張 6/97 ；施 727 ；丁 279 ；蕭 313

《太上十二品飛天法輪勸戒妙經》（3/409）：任 80 ；張 4/193 ；施 545 ；丁 203 ；蕭 185

《太上説轉輪五道宿命因緣經》（11/401）：任 280；張 6/150；施 537；丁 138；蕭 634

《太上通靈八史聖文真形圖》（17/234）：任 333；張 43/600；施 261；丁 347；蕭 743

《太上衛靈神化九轉丹砂法 19/27）：任 398；張 18/314；施 384；丁 404；蕭 861

《太上無極大道自然真一五稱符上經》（11/632）：任 290；張 3/193；施 221；丁 293；蕭 665；《秘要》、《雲笈》有引

《太上五星七元空常訣》（18/723）：任 386；張 2/23；施 172；丁 327；蕭 842；《雲笈》有引

《太上宣慈助化章》（11/310）：任 269；張 8/681；施 481；丁 279；蕭 601

《太上玄都妙本清静身心經》（1/833）：任 18；張 6/83；施 542；丁 520；蕭 46

《太上玄一真人説妙通轉神入定經》（6/172）：任 159；張 3/313；施 229；丁 89、200；蕭 357

《太上玄一真人説勸戒法輪妙經》（6/175）：任 159；張 3/313；施 228；丁 89、200；蕭 357

《太上玄一真人説三途五苦勸戒經》（6/869）：任 204；張 3/313；施 228；丁 89、200；蕭 455

《太上一乘海空智藏經》（1/608）：任 6；張 5/281；施 527；丁 118；蕭 18；敦煌寫本存 211

《太上玉佩金璫太極金書上經》（1/896）：任 26；張 1/518；施 176；丁 488；蕭 67；《秘要》有引

《太上正一法文經》（28/410）：任 581；張 8/314；施 488；丁 69；蕭 1171

《太上正一盟威法籙》（28/466）：任 584；張 8/431；施 475；丁 307；蕭 1179

《太上正一閲籙儀》（18/286）：任 346；張 8/481；施 478；丁 265；蕭 771

《太上正一咒鬼經》（28/367）：任 576；張 8/540；施 488；丁 313；

蕭 1161

《太上肘後玉經方》（18/510）：任 612；張 18/208；施 341；丁 537；蕭 814

《太上諸天靈書度命妙經》（1/799）：任 13；張 3/740；施 229；丁 86、276；蕭 34

《太平經》（24/382）：任 517；張 7/14；施 277；丁 65；蕭 1062

《太平御覽》（32/128）：任 595；張 28/564；施 943；丁 665；蕭 1201

《太微帝君二十四神回元經》（34/774）：任 704；張 2/81；施 593；丁 484；蕭 1416

《太微靈書紫文琅玕華丹神真上經》（4/555）：任 111；張 1/206；施 151；丁 398；蕭 254

《太微靈書紫文仙忌真記上經》（3/402）：任 79；張 204；施 252；丁 202；蕭 183

《太玄八景籙》（4/563）：任 112；張 2/601；施 586；丁 302；蕭 257

《太玄真一本際經》（24/653）：任 525；張 5/207；施 520；丁 115；蕭 1073；敦煌寫本存 193

《太真玉帝四極明科經》（3/415）：任 80；張 2/752；施 192；丁 210；蕭 186；《雲笈》有引

《唐嵩高山啓母廟碑銘》（19/708）：任 442；張 48/630；施 433；丁 563；蕭 933

《唐王屋山中巖臺正一先生廟碣》（19/706）：任 442；張 48/556；施 434；丁 563；蕭 933

《陶真人內丹賦》（4/578）：任 113；張 18/671；施 404；丁 426；蕭 258

《天壇王屋山聖跡記》（19/700）：任 442；張 48/549；施 435；丁 552；蕭 932

《天隱子》（21/699）：任 466；張 26/35；施 303；丁 522；蕭 979

《通玄秘術》（19/356）：任 429；張 18/187；施 392；丁 416；蕭 904

《通幽訣》（19/150）：任 411；張 18/605；施 388；丁 407；蕭 878

《魏伯陽七返丹砂訣》（19/8）：任 396；張 18/295；施 406；丁 408；

蕭 856

《無上大乘要訣妙經》（2/1）：任 27；張 5/487；施 532；丁 377；蕭 72

《無上秘要》（25/1）：任 543；張 28/1；施 118；丁 662；蕭 1101；敦煌寫本存 222

《無上內秘真藏經》（1/452）：任 3；張 5/412；施 529；丁 119；蕭 8；《戒律鈔》有引

《無上三天法師説蔭育眾生妙經》（28/375）：任 578；張 536；施 489；丁 71；蕭 1164

《無上三元鎮宅靈籙》（11/676）：任 291；張 2/639；施 468；丁 311；蕭 670

《五岳真形圖序論》（32/628）：任 620；張 4/358；施 265；丁 286；蕭 1244

《西川青羊宮碑銘》（39/679）：任 440；張 48/633；施 433；丁 563；蕭 960

《顯道經》（18/644）：任 379；張 23/178；施 95；丁 504；蕭 829

《孝道吳許二真君傳》（6/841）：任 201；張 46/389；施 428；丁 591；蕭 450

《心目論》（22/906）：任 477；張 26/69；施 308；丁 171、522；蕭 1030

《修真精義雜論》（4/953）：任 123；張 23/168；施 368；丁 502；蕭 276

《修真歷驗抄圖》（3/110）：任 67；張 18/792；施 401；丁 428；蕭 153

《續仙傳》（5/77）：任 132；張 45/409；施 429；丁 593；蕭 298

《玄都律文》（3/456）：任 82；張 8/612；施 469；丁 208；蕭 192

《玄覽人鳥山經圖》（6/696）：任 193；張 4/367；施 421；丁 340；蕭 436；《雲笈》有引

《玄壇刊誤論》（32/623）：任 620；張 42/251；施 466；丁 230；蕭 1243

《玄真子外篇》（21/718）：任 468；張 26/89；施 304；丁 173；蕭 982

《玄珠歌》（10/679）：任 250；張 19/146；施 300；丁 427；蕭 562

《玄珠錄》（23/619）：任 484；張 26/1；施 273；丁 169；蕭 1012

《懸解録》（19/315）：任 421 ；張 18/199 ；施 395 ；丁 410 ；蕭 892 ；
《雲笈》有引

《延陵先生新舊服氣經》（18/424）：任 357 ；張 23/210 ；施 372 ；丁
503 ；蕭 796

《養生辨疑訣》（18/559）：任 373 ；張 23/629 ；施 362 ；丁 538 ；蕭
819

《養性延命録》（18/474）：任 365 ；張 23/642 ；施 345 ；丁 531 ；蕭
807 ;《雲笈》有引

《要修科儀戒律鈔》（6/922）：任 208 ；張 42/159 ；施 455 ；丁 204、
229 ；蕭 463

《一切經音義妙門由起》（24/720）：任 531 ；張 5/602 ；施 442 ；丁
659 ；蕭 1084

《陰真君金石五相類》（19/88）：任 407 ；張 18/504 ；施 396 ；丁 410 ；
蕭 872

《墉城集仙録》（18/165）：任 341 ；張 193 ；施 431 ；丁 593 ；蕭 759

《玉景九天金霄威神王祝太元上經》（4/557）：任 111 ；張 1/468 ；施
506 ；丁 314 ；蕭 255 ;《事相》有引

《玉清内書》（19/374）：任 432 ；張 18/619 ；施 393 ；丁 416 ；蕭 907

《玉清上宫科太真文》（34/353）：任 684 ；張 2/743 ；施 1242 ；丁
212 ；蕭 1368

《元始洞真慈善孝子報恩成道經》（2/31）：任 31 ；張 31/383 ；施 551 ；
丁 123 ；蕭 77 ；敦煌寫本存 133

《元始高上玉檢大録》（3/282）：任 73 ；張 2/596 ；施 603 ；丁 570 ；
蕭 170

《元始上真衆仙記》（3/269）：任 72 ；張 2/630 ；施 107 ；丁 573 ；蕭
167

《元始天王歡樂經》（2/24）：任 29 ；張 6/186 ；施 533 ；丁 123 ；蕭 75

《元始天尊説變化空洞妙經》（1/845）：任 19 ；張 4/48 ；施 250 ；丁
92 ；蕭 49 ；敦煌寫本存 103

《元始五老赤書玉篇真文天書經》（1/774）：任 13 ；張 3/1 ；施 215 ；
丁 292 ；蕭 29 ；敦煌寫本存 92

《元陽子金液集》（4/354）：任102；張18/651；施411；丁407；蕭235

《雲笈七籤》（22/1）：任469；張29/1；施943；丁664；蕭994

《齋戒錄》（6/1002）：任209；張42/245；施465；丁204、242；蕭464；《雲笈》有引

《張真人金石靈砂論》（19/5）：任395；張18/345；施382；丁410；蕭855

《真誥》（20/490）：任459；張2/112；施198；丁73；蕭968

《真龍虎九仙經》（4/317）：任98；張19/70；施403；丁423；蕭227

《真氣還元銘》（4/879）：任117；張23/148；施368；丁507；蕭262

《真元妙道要略》（19/291）：任418；張18/784；施407；丁418；蕭888

《枕中記》（18/465）：任364；張23/659；施346；丁534；蕭806

《正一敕壇儀》（18/295）：任347；張8/508；施479；丁238；蕭774

《正一法文傳都功版儀》（28/481）：任584；張8/371；施471；丁259；蕭1179

《正一法文法籙部儀》（32/198）：任602；張8/373；施471；丁265；蕭1210

《正一法文經護國醮海品》（32/702）：任623；張9/351；施476；丁237；蕭1250

《正一法文經章官品》（28/534）：任587；張8/326；施133；丁272；蕭1185

《正一法文太上外籙儀》（32/206）：任603；張8/382；施132；丁265；蕭1211

《正一法文天師教戒科經》（18/232）：任343；張8/317；施120；丁195；蕭764

《正一法文修真旨要》（32/572）：任615；張8/355；施488；丁377；蕭1236

《正一解厄醮儀》（18/271）：任 345；張 8/511；施 476；丁 238；蕭 769

《正一論》（32/125）：任 594；張 8/553；施 486；丁 165；蕭 1200

《正一天師告趙昇口訣》（32/593）：任 617；張 8/538；施 123；丁 313；蕭 1238

《正一修真略儀》（32/175）：任 601；張 42/103；施 473；丁 259；蕭 1207；《雲笈》有引

《正一指教齋清旦行道儀》（18/293）：任 347；張 8/506；施 478；丁 238；蕭 774

《正一指教齋儀》（18/291）：任 346；張 8/504；施 478；丁 238；蕭 771

《至言總》（22/850）：任 474；張 23/269；施 446；丁 377；蕭 995；《雲笈》有引

《種芝草法》（19/335）：任 424；張 18/235；施 342；丁 404；蕭 898

《周氏冥通記》（5/518）：任 135；張 46/245；施 205；丁 606；蕭 304

《諸天靈書度命妙經義疏》（2/564）：任 44；張 3/747；施 333；丁 86、276；蕭 108

《諸真歌頌》（19/851）：任 446；張 2/507；施 626；丁 279、626；蕭 939

《紫庭内秘訣修行法》（18/710）：任 385；張 2/364；施 620；丁 493；蕭 840

《紫陽真人内傳》（5/542）：任 136；張 46/190；施 197；丁 585；蕭 305；《雲笈》有引

《宗玄先生文集》（23/653）：任 487；張 26/37；施 437；丁 626；蕭 1015

《宗玄先生玄綱論》（23/673）：任 488；張 26/59；施 373；丁 170；蕭 1016

《坐忘論》（22/891）：任 475；張 26/28；施 306；丁 522；蕭 999

詞目索引

主要徵引及參考文獻

（一）古代典籍

《愛日齋叢抄》，宋·葉寘，《景印文淵閣四庫全書》第 854 册，臺北：商務印書館，1986 年。

《北史》，唐·李延壽，北京：中華書局，1974 年。

《本草綱目》，明·李時珍，北京：人民衛生出版社，1975 年。

《長短經》，唐·趙蕤，《叢書集成初編》本，上海：商務印書館，1936 年。

《陳書》，唐·姚思廉，北京：中華書局，1972 年。

《摘文堂集》，北宋·慕容彦逢，《景印文淵閣四庫全書》第 1123 册，臺北：商務印書館，1986 年。

《初學記》，唐·徐堅，北京：中華書局，1962 年。

《楚辭補注》，北宋·洪興祖，北京：中華書局，1983 年。

《大廣益會玉篇》，南朝梁·顧野王著，北宋·陳彭年等重修，北京：中華書局，1987 年。

《大正新脩大藏經》，〔日〕高楠順次郎等，東京：大正新脩大藏經刊行会，1924—1934 年。

《道藏》，北京、上海、天津：文物出版社、上海書店、天津古籍出版社，1988 年。

《讀書雜志》，清·王念孫撰，徐煒君等點校，上海：上海古籍出版社，2015 年。

《杜詩詳注》，清·仇兆鰲，北京：中華書局，1979 年。

《爾雅》，晉·郭璞注，北京：中華書局，2016 年。

《爾雅義疏》，清·郝懿行，《續修四庫全書》第 187 册，上海：上海古籍出版社，2002 年。

《茯苓仙傳奇》，清·玉泉樵子，《香豔叢書》第 5 册，上海：上海書店，1991 年。

《附釋文互註禮部韻略》,《中華再造善本》本,北京：北京圖書館出版社,
　　2003 年。

《改併五音類聚四聲篇海》,金・韓孝彥、韓道昭,《續修四庫全書》第 229
　　冊,上海：上海古籍出版社,2002 年。

《貢父詩話》,宋・劉攽,《叢書集成初編》本,上海：商務印書館,1936 年。

《古今畫鑑宋畫》,元・湯垕,《景印文淵閣四庫全書》第 814 冊,臺北：商
　　務印書館,1986 年。

《古今圖書集成》,清・陳夢雷,上海：中華書局,1934 年。

《觀林詩話》,宋・吳聿,《叢書集成初編》本,上海：商務印書館,1936 年。

《廣成集》,五代・杜光庭著,董恩林點校,北京：中華書局,2011 年。

《廣雅疏證》(第 2 版),清・王念孫,北京：中華書局,2004 年。

《漢書》,東漢・班固撰,唐・顏師古注,北京：中華書局,1962 年。

《橫塘集》,南宋・許景衡,《景印文淵閣四庫全書》第 1127 冊,臺北：商
　　務印書館,1986 年。

《後漢書》,南朝宋・范曄撰,唐・李賢注,北京：中華書局,1965 年。

《化書》,五代・譚峭著,丁禎彥、李似珍點校,北京：中華書局,1996 年。

《檜亭集》,元・丁復,《景印文淵閣四庫全書》第 1208 冊,臺北：商務印
　　書館,1986 年。

《嵇中散集》,三國魏・嵇康,《四部叢刊》本,上海：商務印書館,1922 年。

《濟南集》,北宋・李廌,《景印文淵閣四庫全書》第 111 冊,臺北：商務印
　　書館,1986 年。

《金石萃編》,清・王昶,《歷代碑志叢書》第 7 冊,南京：江蘇古籍出版
　　社,1998 年。

《錦繡萬花谷前集》,《景印文淵閣四庫全書》第 924 冊,臺北：商務印書
　　館,1986 年。

《晉書》,唐・房玄齡等,北京：中華書局,1974 年。

《經典釋文》,唐・陸德明,北京：中華書局,1983 年。

《經義述聞》,清・王引之撰,虞思徵等點校,上海：上海古籍出版社,2016 年。

《康熙字典》(增訂版),清・張玉書等,北京：社會科學文獻出版社,2015 年。

《客座贅語》,明・顧起元,北京：中華書局,1987 年。

《浪語集》,南宋・薛季宣,《景印文淵閣四庫全書》第 1159 冊,臺北：商

務印書館，1986 年。

《類篇》，北宋·司馬光等，北京：中華書局，1984 年。

《禮記正義》，唐·孔穎達，《十三經注疏》第 5 冊，臺北：藝文印書館，2001 年。

《隸釋　隸續》，南宋·洪适，北京：中華書局，1985 年。

《臨川文集》，北宋·王安石，《景印文淵閣四庫全書》第 1105 冊，臺北：
　　商務印書館，1986 年。

《柳宗元集》，唐·柳宗元，北京：中華書局，1979 年。

《六臣注文選》，南朝梁·蕭統編，唐·李善等注，北京：中華書局，2012 年。

《六書故》，南宋·戴侗，上海：上海社會科學院出版社，2006 年。

《六書統》，元·楊桓，《景印文淵閣四庫全書》第 227 冊，臺北：商務印書
　　館，1986 年。

《龍龕手鏡》（高麗本），遼·釋行均，北京：中華書局，1985 年。

《毛詩正義》，唐·孔穎達，《十三經注疏》第 2 冊，臺北：藝文印書館，2001 年。

《孟子正義》，清·焦循，北京：中華書局，1987 年。

《夢澤集》，明·王廷陳，《景印文淵閣四庫全書》第 1159 冊，臺北：商務
　　印書館，1986 年。

《墨子閒詁》，清·孫詒讓，北京：中華書局，2001 年。

《南齊書》，南朝梁·蕭子顯，北京：中華書局，1972 年。

《南史》，唐·李延壽，北京：中華書局，1975 年。

《廿二史考異》，清·錢大昕，上海：上海古籍出版社，2004 年。

《農書》，元·王禎，《景印文淵閣四庫全書》第 730 冊，臺北：商務印書館，
　　1986 年。

《埤雅》，北宋·陸佃，北京：中華書局，1985 年。

《篇海類編》，舊題明·宋濂撰，屠隆訂正，《續修四庫全書》第 230 冊，上
　　海：上海古籍出版社，2002 年。

《禽經》，舊題春秋·師曠，《景印文淵閣四庫全書》第 847 冊，臺北：商務
　　印書館，1986 年。

《秋澗集》，元·王惲，《景印文淵閣四庫全書》第 1201 冊，臺北：商務印
　　書館，1986 年。

《全上古三代秦漢三國六朝文》，清·嚴可均輯，北京：中華書局，1958 年。

《全唐詩》，清·彭定求等編，北京：中華書局，1960 年。

《全唐文》,清・董誥等編,北京:中華書局,1983 年。

《羣經平議》,清・俞樾,《春在堂全書》第 1 冊,南京:鳳凰出版社,2010 年。

《山右石刻叢編》,清・胡聘之,《歷代碑志叢書》第 15 冊,南京:江蘇古籍
　　出版社,1998 年。

《尚書大傳》,舊題西漢・伏勝,上海:商務印書館,1937 年。

《尚書正義》,唐・孔穎達,《十三經注疏》第 1 冊,臺北:藝文印書館,2001 年。

《詩集傳》,南宋・朱熹,北京:中華書局,1958 年。

《史記》(修訂版),西漢・司馬遷,北京:中華書局,2013 年。

《釋名疏證補》,清・王先謙,北京:中華書局,2008 年。

《説文解字》,東漢・許慎,北京:中華書局,1963 年。

《説文解字繫傳》,南唐・徐鍇,北京:中華書局,1987 年。

《説文解字義證》,清・桂馥,北京:中華書局,1987 年。

《説文解字注》(第 2 版),清・段玉裁,上海:上海古籍出版社,1988 年。

《説文解字注箋》,清・徐灝,《續修四庫全書》第 225—226 冊,上海:上
　　海古籍出版社,2002 年。

《説文句讀》,清・王筠,上海:上海古籍書店,1983 年。

《説文通訓定聲》,清・朱駿聲,北京:中華書局,1984 年。

《俗言》,明・楊慎,《叢書集成初編》本,上海:商務印書館,1936 年。

《宋會要輯稿》,清・徐松輯,北京:中華書局,1957 年。

《宋史》,元・脱脱等,北京:中華書局,1977 年。

《宋文鑒》,南宋・呂祖謙,《摛藻堂四庫全書薈要》第 477 冊,臺北:世界
　　書局,1985 年。

《宋元學案》,清・黄宗羲,《萬有文庫》本,上海:商務印書館,1929 年。

《蘇軾文集》,北宋・蘇軾,北京:中華書局,1986 年。

《太平廣記》,北宋・李昉編,北京:中華書局,1961 年。

《太平御覽》,北宋・李昉編,北京:中華書局,1960 年。

《太玄集注》,北宋・司馬光,北京:中華書局,1998 年。

《唐文拾遺》,清・陸心源輯,《續修四庫全書》第 1652 冊,上海:上海古
　　籍出版社,2002 年。

《鐵崖古樂府補》,元・楊維楨,《摛藻堂四庫全書薈要》第 407 冊,臺北:
　　世界書局,1985 年。

《通俗編》,清·翟灝,上海:商務印書館,1958 年。

《通雅》,明·方以智,《方以智全書》第 1 册,上海:上海古籍出版社, 1988 年。

《卍續藏經》,藏經書院,臺北:新文豐出版公司,1993 年。

《魏書》(修訂版),北齊·魏收,北京:中華書局,2017 年。

《文苑英華》,北宋·李昉等,北京:中華書局,1966 年。

《無上秘要》,周作明點校,北京:中華書局,2016 年。

《先秦漢魏晉南北朝詩》,逯欽立輯校,北京:中華書局,1983 年。

《先哲醫話》,〔日〕淺田惟常,《中國醫學大成》第 39 册,上海:上海科技 出版社,1990 年。

《新集藏經音義隨函錄》,五代·釋可洪,《高麗大藏經》(再雕本)第 62、 63 册,北京:綫裝書局,2004 年。

《新唐書》,北宋·宋祁等,北京:中華書局,1975 年。

《續資治通鑑長編》,南宋·李燾,北京:中華書局,1995 年。

《學林》,南宋·王觀國,北京:中華書局,1988 年。

《荀子集解》,清·王先謙,北京:中華書局,1988 年。

《顏魯公文集》,唐·顏真卿,《四部叢刊》本,上海:上海書店,1989 年。

《顏真卿書干禄字書》,唐·顏真卿著,施安昌編,北京:紫禁城出版社,1990 年。

《演繁露》,宋·程大昌,《景印文淵閣四庫全書》第 852 册,臺北:商務印 書館,1986 年。

《醫宗金鑑》,清·吳謙,《景印文淵閣四庫全書》第 781 册,臺北:商務印 書館,1986 年。

《藝文類聚》(新 1 版),唐·歐陽詢撰,汪紹楹校,上海:上海古籍出版 社,1982 年。

《幼幼集成》,清·陳復正,《中國醫學大成》第 33 册,上海:上海科技出 版社,1990 年。

《元詩選初集》,清·顧嗣立,北京:中華書局,1985 年。

《元史》,明·宋濂等,北京:中華書局,1976 年。

《樂府詩集》,北宋·郭茂倩編,北京:中華書局,1979 年。

《雲笈七籤》,北宋·張君房編,李永晟點校,北京:中華書局,2003 年。

《韻略易通》,明·蘭廷秀,《續修四庫全書》第 259 册,臺北:商務印書館，1986 年。

《戰國策》，上海：上海古籍出版社，1985 年。

《真誥》，南朝梁·陶弘景著，趙益點校，北京：中華書局，2011 年。

《正字通》，明·張自烈、清·廖文英編，董琨整理，北京：中國工人出版社，
　　1996 年。

《症因脈治》，明·秦景明，《中國醫學大成》第 20 册，上海：上海科技出
　　版社，1990 年。

《中華大藏經》，北京：中華書局，1984—1996 年。

《中州樂府》，金·元好問，《文淵閣四庫全書》第 1365 册，臺北：商務印
　　書館，1986 年。

《周禮正義》，清·孫詒讓，北京：中華書局，1987 年。

《周禮注疏》，唐·賈公彦，《十三經注疏》第 3 册，臺北：藝文印書館，
　　2001 年。

《周易正義》，唐·孔穎達，《十三經注疏》第 15 册，臺北：藝文印書館，2001 年。

《朱子語類》，南宋·朱熹，《朱子全書》第 15 册，合肥、上海：安徽教育出
　　版社、上海古籍出版社，2002 年。

《諸子平議》，清·俞樾，北京：中華書局，1954 年。

《莊子集解》，清·王先謙，北京：中華書局，1987 年。

《莊子集釋》（第 3 版），清·郭慶藩，北京：中華書局，2012 年。

《資治通鑑》，北宋·司馬光編，北京：中華書局，2011 年。

《字詁義府合按》，清·黃生撰，黃承吉合按，北京：中華書局，1984 年。

《字彙　字彙補》，明·梅膺祚、清·吳任臣，上海：上海辭書出版社，
　　1991 年。

《纂圖增新類聚事林廣記續集》（元至順建安椿莊書院刻本），北宋·陳元
　　靚，北京：中華書局，1963 年。

《左傳正義》，唐·孔穎達，《十三經注疏》第 6 册，臺北：藝文印書館，2001 年。

（二）現代著作

B

《抱朴子内篇校釋》（增訂本），王明，北京：中華書局，1985 年。

《抱朴子内篇全譯》，顧久，貴陽：貴州人民出版社，1995 年。

《抱朴子外篇校箋》（上册），楊明照，北京：中華書局，1991 年。

《抱朴子外篇校箋》（下册），楊明照，北京：中華書局，1997 年。

《北山録校注》，富世平，北京：中華書局，2013 年。

《碑别字新編》，秦公輯，北京：文物出版社，1985 年。

C

《常用古今字通假字字典》，賈延柱，瀋陽：遼寧人民出版社，1988 年。

《楚簡帛通假彙釋》，劉信芳，北京：高等教育出版社，2011 年。

《楚辭異文辨證》，黄靈庚，鄭州：中州古籍出版社，2000 年。

《春秋左傳注》（修訂本），楊伯峻，北京：中華書局，1990 年。

D

《大詞典論稿》，周掌勝，長春：吉林人民出版社，2006 年。

《大唐西域記校注》，季羡林等，北京：中華書局，1985 年。

《道教大辭典》，中國道教協會、蘇州道教協會，北京：華夏出版社，1994 年。

《道教齋醮科儀研究》，張澤洪，成都：巴蜀書社，1999 年。

《道經字詞考釋》，牛尚鵬，北京：中國社會科學出版社，2017 年。

《道藏分類解題》，朱越利，北京：華夏出版社，1996 年。

《道藏書目提要》，潘雨廷，上海：上海古籍出版社，2003 年。

《道藏提要》（第三次修訂本），任繼愈主編，北京：中國社會科學出版社，
　　2005 年。

《道藏通考》，［瑞典］施舟人、［澳大利亞］傅飛嵐，芝加哥：芝加哥大
　　學出版社，2005 年。

《道藏源流考》（新修訂版），陳國符，北京：中華書局，2014 年。

《道藏源流續考》，陳國符，臺北：明文書局，1983 年。

《登真隱訣輯校》，王家葵，北京：中華書局，2011 年。

《東漢佛道文獻詞彙新質研究》，俞理明、顧滿林，北京：商務印書館，
　　2013 年。

《東漢魏晉南北朝史書詞語箋釋》，方一新，合肥：黄山書社，1997 年。

《東晉南北朝道經名物詞新質研究》，周作明、俞理明，北京：中國社會科
　　學出版社，2015 年。

《杜光庭記傳十種輯校》,羅爭鳴,北京:中華書局,2013 年。

《敦煌本〈太玄真一本際經〉輯校》,葉貴良,成都:巴蜀書社,2010 年。

《敦煌變文校注》,黃征、張涌泉,北京:中華書局,1997 年。

《敦煌變文字義通釋》(增補定本),蔣禮鴻,上海:上海古籍出版社,
　　1997 年。

《敦煌道教文獻研究——綜述·目録·索引》,王卡,北京:中國社會科學
　　出版社,2004 年。

《敦煌道經詞語考釋》,葉貴良,成都:巴蜀書社,2009 年。

《敦煌道經寫本與詞彙研究》,葉貴良,成都:巴蜀書社,2007 年。

《敦煌佛經字詞與校勘研究》,曾良,廈門:廈門大學出版社,2010 年。

《敦煌經部文獻合集》,張涌泉主編,北京:中華書局,2008 年。

《敦煌社會經濟文獻詞語論考》,張小豔,上海:上海人民出版社,2013 年。

《敦煌書儀語言研究》,張小豔,北京:商務印書館,2007 年。

《敦煌俗字典》(第 2 版),黃征,上海:上海教育出版社,2019 年。

《敦煌俗字研究》(第 2 版),張涌泉,上海:上海教育出版社,2015 年。

《敦煌文獻叢考》,許建平,北京:中華書局,2005 年。

《敦煌文獻字義通釋》,曾良,廈門:廈門大學出版社,2001 年。

《敦煌寫本文獻學》,張涌泉,蘭州:甘肅教育出版社,2013 年。

《敦煌資料(第一輯)詞釋》,蔣禮鴻,杭州:浙江古籍出版社,1994 年。

　　　　　　F

《法苑珠林校注》,周叔迦、蘇晉仁,北京:中華書局,2003 年。

《佛經詞語匯釋》,李維琦,長沙:湖南大學出版社,2004 年。

　　　　　　G

《古辭辨》(修訂本),王鳳陽,北京:中華書局,2011 年。

《古代文化詞義集類辨考》(新一版),黃金貴,北京:商務印書館,2016 年。

《古典文獻及其利用》(第 3 版),楊琳,北京:北京大學出版社,2014 年。

《古今字字典》,洪成玉,北京:商務印書館,2013 年。

《古史音釋》,趙帆聲,鄭州:河南大學出版社,1995 年。

《古書疑義舉例五種》(第 2 版),俞樾等,北京:中華書局,2005 年。

《古文字詁林》,李圃主編,上海：上海教育出版社,1999 年。

《古文字通假釋例》,王輝,臺北：藝文印書館,1993 年。

《古文字通假字典》,王輝,北京：中華書局,2008 年。

《古字通假會典》,高亨著,董治安整理,濟南：齊魯書社,1989 年。

《故訓匯纂》,宗福邦等主編,北京：商務印書館,2003 年。

《管子集校》,郭沫若等,北京：科學出版社,1956 年。

《管子校注》,黎翔鳳著,梁運華整理,北京：中華書局,2004 年。

《〈廣韻〉反切今讀手冊》,曹先擢、李青梅,北京：商務印書館,2013 年。

《廣韻校釋》,蔡夢麒,長沙：岳麓書社,2007 年。

《廣韻聲系》,沈兼士,北京：中華書局,1985 年。

《廣韻疏證》,趙少咸,成都：巴蜀書社,2010 年。

《郭在貽文集》,郭在貽,北京：中華書局,2002 年。

H

《漢書窺管》,楊樹達,上海：上海古籍出版社,1981 年。

《漢魏六朝韻譜》,于安瀾,鄭州：河南大學出版社,2012 年。

《漢魏晉南北朝韻部演變研究》（第一分冊）,羅常培、周祖謨,北京：中華
　　書局,2007 年。

《漢語詞彙核心義研究》,王雲路、王誠,北京：北京大學出版社,2014 年。

《漢語詞族叢考》,張希峰,成都：巴蜀書社,1999 年。

《漢語詞族續考》,張希峰,成都：巴蜀書社,2000 年。

《漢語大字典》（第 2 版）,武漢、成都：崇文書局、四川辭書出版社,2010 年。

《漢語大詞典》,上海：上海辭書出版社、漢語大詞典出版社,1986—1993 年。

《漢語方言大詞典》,許寶華、[日] 宮田一郎,北京：中華書局,1999 年。

《漢語俗字叢考》,張涌泉,北京：中華書局,2000 年。

《漢語俗字研究》（增訂本）,張涌泉,北京：商務印書館,2010 年。

《漢語同源詞大典》,殷寄明,上海：復旦大學出版社,2018 年。

《漢語同源字詞叢考》,殷寄明,上海：東方出版中心,2007 年。

《漢語語音史》,王力,北京：中華書局,2014 年。

《漢字古音手冊》（增訂本）,郭錫良,北京：商務印書館,2010 年。

《漢字通用聲素研究》,張儒、劉毓慶,太原：山西古籍出版社,2002 年。

《鶡冠子彙校集注》，黃懷信，北京：中華書局，2004 年。

《淮南鴻烈集解》（第 2 版），劉文典，北京：中華書局，2013 年。

《黃帝九鼎神丹經訣校釋》，韓吉紹，北京：中華書局，2015 年。

《黃帝内經大詞典》，周海平等主編，北京：中醫古籍出版社，2008 年。

J

《積微居小學金石論叢》（增訂本），楊樹達，北京：科學出版社，1955 年。

《積微居小學述林》，楊樹達，北京：中華書局，1983 年。

《集韻校本》，趙振鐸，上海：上海辭書出版社，2012 年。

《集韻音系簡論》，邵榮芬，北京：商務印書館，2011 年。

《簡帛典籍異文研究》，吳辛丑，廣州：中山大學出版社，2002 年。

《金樓子校箋》，許逸民，北京：中華書局，2011 年。

《近代漢語研究概要》，蔣紹愚，北京：北京大學出版社，2005 年。

《近代漢語詞典》，白維國主編，上海：上海辭書出版社，2015 年。

《近代漢語詞彙研究》（增訂本），蔣冀騁，北京：商務印書館，2019 年。

《景岳全書譯注》，王大淳主編，北京：中國人民大學出版社，2009 年。

K

《考古發現與早期道教研究》，劉昭瑞，北京：文物出版社，2007 年。

《匡謬正俗平議》，劉曉東，濟南：齊魯書社，2016 年。

L

《來母字及相關聲母字的上古音研究》，李建強，北京：中國社會科學出版社，2015 年。

《聯綿詞大詞典》，徐振邦，北京：商務印書館，2013 年。

《聯綿詞族叢考》，蘭佳麗，上海：學林出版社，2012 年。

《老子道德經注校釋》，樓宇烈，北京：中華書局，2008 年。

《老子校釋》，朱謙之，北京：中華書局，1984 年。

《老子正詁》，高亨，《高亨著作集林》第 5 卷，北京：清華大學出版社，2004 年。

《老子注譯及評介》，陳鼓應，北京：中華書局，1984 年。

《列仙傳校箋》，王叔岷，北京：中華書局，2007 年。

《列子集釋》，楊伯峻，北京：中華書局，1979 年。

《劉子校釋》，傅亞庶，北京：中華書局，1998 年。

《六朝上清經用韻研究》，夏先忠，成都：西南交通大學出版社，2010 年。

《呂氏春秋集釋》，許維遹，北京：中華書局，2009 年。

《呂氏春秋新校釋》，陳奇猷，上海：上海古籍出版社，2002 年。

《論語集釋》，程樹德，北京：中華書局，1990 年。

《論衡校釋》，黃暉，北京：中華書局，1990 年。

N

《南北朝詩人用韻考》，王力，太原：山西人民出版社，2015 年。

《南朝五史辭典》，袁英光主編，濟南：山東教育出版社，2005 年。

Q

《齊民要術校釋》（第 2 版），繆啓愉，北京：中國農業出版社，1998 年。

《潛夫論箋校正》，彭鐸，北京：中華書局，2014 年。

《秦文字通假集釋》，劉鈺、袁仲一，西安：陝西人民教育出版社，1999 年。

《全宋詞》，唐圭璋編，北京：中華書局，1965 年。

《全元散曲》，隋樹森編，北京：中華書局，1964 年。

《群書校補》，蕭旭，揚州：廣陵書社，2011 年。

R

《阮籍集校注》，陳伯君，北京：中華書局，1987 年。

S

《山海經校注》（最終修訂版），袁珂，北京：北京聯合出版公司，2014 年。

《神仙傳校釋》，胡守爲，北京：中華書局，2010 年。

《尸子譯注》，李守奎、李軼，哈爾濱：黑龍江人民出版社，2003 年。

《詩詞曲語辭例釋》（第二次增訂本），王鍈，北京：中華書局，2005 年。

《詩經注析》，程俊英、蔣見元，北京：中華書局，1991 年。

《史諱舉例》，陳垣，北京：中華書局，2012 年。

《世説新語詞典》，張萬起，北京：商務印書館，1993 年。

《世説新語辭典》,張永言,成都:四川人民出版社,1992 年。

《世説新語大辭典》,蔣宗許等,上海:上海古籍出版社,2015 年。

《世説新語校箋》,徐震堮,北京:中華書局,1984 年。

《説文解字詁林》,丁福保輯,北京:中華書局,1988 年。

《説苑校證》,向宗魯,北京:中華書局,1987 年。

《宋遼金用韻研究》,劉曉南、張令吾主編,香港:香港文化教育出版社,
　　2002 年。

《宋前文獻引〈春秋〉研究》,郜同麟,北京:中國社會科學出版社,2015 年。

《宋語言詞典》,袁賓,上海:上海教育出版社,1997 年。

《宋元以來俗字譜》,劉復、李家瑞,臺北:文海出版社,1978 年。

《俗字及古籍文字通例研究》,曾良,南昌:百花洲文藝出版社,2006 年。

《隋唐出土墓誌文字研究及整理》,曾良,濟南:齊魯書社,2007 年。

　　　　T

《太平經合校》,王明,北京:中華書局,1960 年。

《太平經全注全譯》,楊寄林,北京:中華書局,2013 年。

《〈太平經〉正讀》,俞理明,成都:巴蜀書社,2001 年。

《唐代墓誌彙編》,周紹良,上海:上海古籍出版社,1992 年。

《唐五代西北方音》,羅常培,北京:商務印書館,2012 年。

《唐五代語言詞典》,江藍生、曹廣順,上海:上海辭書出版社,1997 年。

《唐五代韻書集存》,周祖謨,北京:中華書局,1983 年。

《唐寫本王仁昫刊謬補缺切韻校箋》,龍宇純,香港:香港中文大學出版社,
　　1968 年。

《通假字彙釋》,馮其庸、鄭安生,北京:北京大學出版社,2006 年。

《同源字典》,王力,北京:商務印書館,1982 年。

《同源字典補》,劉鈞杰,北京:商務印書館,1999 年。

《同源字典再補》,劉鈞杰,北京:語文出版社,1999 年。

《吐魯番出土文獻詞典》,王啓濤,成都:巴蜀書社,2012 年。

　　　　W

《王梵志詩釋詞》,項楚,上海:上海古籍出版社,2011 年。

《魏晉南北朝碑别字研究》，衛明君，北京：文化藝術出版社，2009 年。

《魏晉南北朝道教文獻詞彙研究》，劉祖國，濟南：山東大學出版社，2018 年。

《文心雕龍註》，范文瀾，北京：人民文學出版社，1958 年。

《文字學概要》（修訂本），裘錫圭，北京：商務印書館，2016 年。

《問學集》，周祖謨，北京：中華書局，1966 年。

《无能子校注》，王明，北京：中華書局，1981 年。

X

《小爾雅集釋》，遲鐸，北京：中華書局，2008 年。

《新編聯綿詞典》，高文達，鄭州：河南人民出版社，2001 年。

《新校互注宋本廣韻》（定稿本），余廼永，上海：上海人民出版社，2008 年。

《新書校注》（第 2 版），閻振益、鍾夏，北京：中華書局，2000 年。

《新語校注》（第 2 版），王利器，北京：中華書局，2012 年。

《訓詁方法論》，陸宗達、王寧，北京：中華書局，2018 年。

《訓詁方法新探》，楊琳，北京：商務印書館，2011 年。

《訓詁學》（修訂本），郭在貽，北京：中華書局，2005 年。

Y

《顏氏家訓集解》（增補本），王利器，北京：中華書局，1993 年。

《揚雄方言校釋匯證》，華學誠，北京：中華書局，2006 年。

《養性延命録校注》，王家葵，北京：中華書局，2014 年。

《一切經音義三種校本合刊》（修訂版），徐時儀，上海：上海古籍出版社，
　2012 年。

《疑難字三考》，楊寶忠，北京：中華書局，2018 年。

《疑難字續考》，楊寶忠，北京：中華書局，2011 年。

《義府續貂》，蔣禮鴻，杭州：浙江教育出版社，2001 年。

《逸周書彙校集注》，黄懷信等，上海：上海古籍出版社，1995 年。

《殷周金文集成引得》，張亞初，北京：中華書局，2001 年。

《玉篇校釋》，胡吉宣，上海：上海古籍出版社，1989 年。

《元語言詞典》，李崇興等，上海：上海教育出版社，1998 年。

《閲微草堂筆記全注全譯》，韓希明，北京：中華書局，2014 年。

《雲笈七籤》,蔣力生等校注,北京:華夏出版社,1996 年。

Z

《早期天師道文獻詞彙描寫研究》,田啓濤,杭州:浙江大學出版社,2021 年。

《增注新修道藏目録》,丁培仁,成都:巴蜀書社,2008 年。

《戰國秦漢簡帛古書通假字彙纂》,白於藍,福州:福建人民出版社,2012 年。

《昭明文選通叚字考》,林鎣碩,臺北:嘉新水泥公司文化基金會,1964 年。

《真誥校註》,〔日〕吉川忠夫、麥谷邦夫編,朱越利譯,北京:中國社會科
　　學出版社,2006 年。

《真靈位業圖校理》,王家葵,北京:中華書局,2013 年。

《正統道藏總目提要》,蕭登福,臺北:文津出版社,2011 年。

《中古道書語言研究》,馮利華,成都:巴蜀書社,2010 年。

《中古漢語詞彙史》,王雲路,北京:商務印書館,2010 年。

《中古漢語語詞例釋》,王雲路、方一新,長春:吉林教育出版社,1992 年。

《中古上清經行爲詞新質研究》,周作明,北京:中國社會科學出版社,2013 年。

《中古文獻異文的語言學考察——以文字、詞語爲中心》,真大成,上海:
　　上海教育出版社,2020 年。

《中國道教史》(修訂本),卿希泰主編,成都:巴蜀書社,1996 年。

《中國外丹黄白法考》,陳國符,上海:上海古籍出版社,1997 年。

《中華道教大辭典》,胡孚琛主編,北京:中國社會科學出版社,1995 年。

《中華道藏》,張繼禹主編,北京:華夏出版社,2004 年。

《中華字海》,冷玉龍等主編,北京:中華書局、中國友誼出版公司,1994 年。

《中説校注》,張沛,北京:中華書局,2013 年。

《周氏冥通記校釋》,王家葵,北京:中華書局,2020 年。

《〈周氏冥通記〉研究》(譯注篇),〔日〕麥谷邦夫、吉川忠夫編,劉雄峰
　　譯,濟南:齊魯書社,2010 年。

《〈諸病源候論〉詞語研究》,郭穎,上海:上海人民出版社,2010 年。

《諸病源候論校釋》,南京中醫學院,北京:人民衛生出版社,1980 年。

《莊子今注今譯》,陳鼓應,北京:中華書局,1983 年。

《字源》,李學勤主編,天津、瀋陽:天津古籍出版社、遼寧人民出版社,
　　2012 年。

（三）學位論文

曹静《〈太平經〉中的同義連文》,四川大學 2006 年碩士學位論文。

鄧巖妍《道教内丹學隱語研究》,遼寧師範大學 2004 年碩士學位論文。

馮利華《中古道書語言研究》,浙江大學 2003 年博士學位論文。

龔元華《〈英藏敦煌社會歷史文獻釋録〉語言文字研究》,廣西大學 2012
　　年碩士學位論文。

黄建寧《〈太平經〉複音詞初探》,四川師範大學 1997 年碩士學位論文。

孔珍《〈真誥〉詞彙研究》,南京師範大學 2010 年碩士學位論文。

李振東《〈太平經〉與東漢佛典複音詞比較研究》,吉林大學 2016 年博士
　　學位論文。

林金强《〈太平經〉雙音詞研究》,華南師範大學 2003 年碩士學位論文。

林静《隋唐咒語的話語分析》,福建師範大學 2010 年碩士學位論文。

劉吉寧《敦煌本〈太上洞玄靈寶無量度人上品妙經〉文字研究》,廣西大
　　學 2011 年碩士學位論文。

劉曉然《雙音短語的詞彙化——以〈太平經〉爲例》,四川大學 2007 年博
　　士學位論文。

劉豔娟《〈真誥〉複音詞研究》,湖南師範大學 2014 年碩士學位論文。

劉祖國《〈太平經〉詞彙研究》,華東師範大學 2009 年博士學位論文。

劉祖國《〈太平經〉複音詞研究與〈漢語大詞典〉》,華東師範大學 2006 年
　　碩士學位論文。

孟燕静《〈周氏冥通記〉道教類詞彙研究》,陝西師範大學 2015 年碩士學
　　位論文。

牛尚鵬《道法類經書疑難詞語考釋》,南開大學 2012 年博士學位論文。

唐武嘉《敦煌道經佛源詞研究》,浙江財經大學 2013 年碩士學位論文。

武曉麗《〈石藥爾雅〉卷上校注》,西南大學 2006 年碩士學位論文。

忻麗麗《中古靈寶經詞語考釋》,南開大學 2012 年博士學位論文。

楊静《敦煌本〈太上業報因緣經〉文字與詞彙研究》,浙江財經學院 2012
　　年碩士學位論文。

葉貴良《敦煌道經詞彙研究》,浙江大學 2004 年博士學位論文。

張文冠《近代漢語同形字研究》,浙江大學 2014 年博士學位論文。

張元治《〈太平經〉單音節同義詞研究》,湖南師範大學 2013 年碩士學位論文。

周學峰《道教科儀經籍疑難語詞考釋》,南開大學 2013 年博士學位論文。

周作明《東晉南朝道教上清派經典詞彙新詞新義研究》,四川大學 2004年碩士學位論文。

周作明《東晉南朝道教上清派經典行爲詞新質研究》,四川大學 2007 年博士學位論文。

（四）期刊論文

B

［美］柏夷《道教與文學："碧落"考》,《華中師範大學學報（人文社會科學版）》2014 年第 3 期。

C

陳昊《漢唐間墓葬文書中的注（疰）病書寫》,《唐研究》第 12 卷,北京：北京大學出版社,2006 年。

陳祥明、亓鳳珍《〈《周氏冥通記》研究(譯注篇)〉匡正》,《泰山學院學報》2011 年第 1 期。

陳增岳《〈太平經合校〉補記》,《文獻》1994 年第 4 期。

陳增岳《〈太平經合校〉拾遺》,《中國道教》1994 年第 4 期。

D

鄧慧紅《〈《周氏冥通記》研究（譯注篇)〉獻疑》,《湖南科技學院學報》2012 年第 7 期。

杜曉莉《道教"古靈寶經"中的佛教詞語》,《西昌學院學報（社會科學版）》2013 年第 4 期。

F

馮利華《道教文獻詞義札記》,《宗教學研究》2006 年第 4 期。

馮利華《道書俗字與〈漢語大字典〉補訂》,《古漢語研究》2008 年第 2 期。

馮利華《道書音注的語料價值》,《古籍整理研究學刊》2007 年第 5 期。

馮利華《道書隱語芻議》,《中國文化研究》2006 年夏之卷。

馮利華《讀〈中國外丹黃白法考〉札記》,《宗教學研究》2012 年第 2 期。

馮利華《敦煌寫本道經〈金真玉光八景飛經〉校讀》,《西域研究》2003 年第 2 期。

馮利華《兩件敦煌道經補校——〈洞淵神咒經斬鬼品第七〉和〈太上靈寶洞玄滅度五練生尸經〉爲例》,《西域研究》2002 年第 4 期。

馮利華《六朝道經詞語發微——以古上清經爲中心》,《唐都學刊》2006 年第 3 期。

馮利華《陶弘景〈真誥〉的語料價值》,《中國典籍與文化》2003 年第 3 期。

馮利華《〈真誥〉詞語輯釋》,《古漢語研究》2002 年第 4 期。

馮利華《〈真誥〉詞語校釋三則》,《中國道教》2002 年第 3 期。

馮利華《中古道書詞語輯釋》,《宗教學研究》2010 年第 2 期。

馮雪冬《"蛆姑"非"嫉妒"考》,《語言科學》2014 年第 2 期。

　　　G

高明《簡論〈太平經〉在中古漢語詞彙研究中的價值》,《古漢語研究》2000 年第 1 期。

高朋《"冢訟"的内涵及其流變——一種影響到喪葬習俗的道教觀念》,《文化遺産》2008 年第 4 期。

邰同麟《〈老子化胡經·玄歌〉用韻考》,《敦煌與絲綢之路——浙江甘肅兩省敦煌學研究會聯合研討會論文集》,杭州：浙江大學出版社,2015 年。

葛佳才《漢代典籍中副詞刊訂校注例》,《古漢語研究》2005 年第 3 期。

葛佳才《〈太平經〉副詞拾詁》,《北方論叢》2006 年第 2 期。

葛兆光《道教與唐代詩歌語言》,《清華大學學報(哲學社會科學版)》1995 年第 4 期。

葛兆光《關於道教研究的歷史和方法》,《中國典籍與文化》2003 年第 1 期。

顧久《道教典籍詞語三則》,《辭書研究》1996 年第 6 期。

顧滿林、俞理明《東漢佛道文獻詞彙新質的概貌》,《漢語史研究集刊》第 14 輯,成都：巴蜀書社,2011 年。

郭琴琴、劉祖國《中古道教文獻異文研究——以〈大有妙經〉、〈元丹上經〉爲例》,《柳州師專學報》2014 年第 3 期。

郭在貽《唐代白話釋詞》,《中國語文》1983 年第 6 期。

郭在貽《魏晉南北朝史書語詞瑣記》,《古漢語研究》1990 年第 3 期。

H

何江濤《道教"注鬼"論釋義》,《宗教學研究》2011 年第 4 期。

何亮《〈真誥校註〉指瑕》,《古籍研究》2009 年上下合卷。

何茂活《〈漢語大字典〉"音義未詳字考釋(之二)"》,《辭書研究》2019 年第 3 期。

何青《敦煌寫本〈本際經〉異文舉隅》,《文教資料》2010 年 11 月中旬刊。

黃建寧《〈太平經〉中的同素異序詞》,《四川師範大學學報(社會科學版)》2001 年第 1 期。

黃平之《〈太平經〉——東漢語言研究的重要典籍》,《文史知識》2000 年第 3 期。

J

姜守誠《漢晉道經中所見"玉女"考》,《湖南科技學院學報》2012 年第 10 期。

姜守誠《"命樹"考》,《哲學動態》2007 年第 1 期。

姜守誠《試論〈太平經〉的解除術》,《魯東大學學報(哲學社會科學版)》2008 年第 4 期。

姜守誠《"冢訟"考》,《東方論壇》2010 年第 5 期。

金文明、王濤、斯英琦《談談〈辭通〉》,《辭書研究》1980 年第 3 期。

L

雷漢卿、周作明《〈真誥〉詞語補釋》,《宗教學研究》2010 年第 3 期。

李振東《八十年來道教典籍〈太平經〉研究的歷史與現狀》,《華夏論壇》第 8 輯,長春:吉林文史出版社,2012 年。

連登崗《釋〈太平經〉"平言"、"平道"、"行言"、"行道"、"平行"——兼與王雲路、俞理明先生商榷》,《青海師專學報(教育科學)》2008 年第

4 期。

連登崗《釋〈太平經〉之 "賢柔"、"賢渁"、"大渁"、"大渁師"》,《宗教學研究》2005 年第 2 期。

連登崗《釋〈太平經〉之 "賢儒"、"善儒"、"乙密"》,《中國語文》1998 年第 3 期。

連登崗《〈太平經〉詞義辨析》(三),《甘肅高師學報》2000 年第 1 期。

連登崗《〈太平經〉詞語別義辨釋》,《西北師範大學學報》1998 年第 12 期。

連登崗《〈太平經〉生詞試釋》,《蘭州大學學報》1998 年第 3 期。

連登崗《〈太平經〉語詞別義辨釋》,《慶陽師專學報》1997 年第 2 期。

連登崗《〈太平經〉語詞再釋》,《南通師範學院學報(哲學社會科學版)》2004 年第 1 期。

連登崗、張秀峰《釋〈太平經〉之 "貞男"、"貞"、"貞人"、"壯"、"大壯"》,《青海師專學報》(教育科學)2007 年第 3 期。

劉彩虹《敦煌本〈太上洞淵神咒經〉卷一一字多形現象》,《語言藝術》2011 年 8 月刊。

劉傳鴻《論中古漢語詞尾 "當"》,《古漢語研究》2004 年第 2 期。

劉泓文《百年敦煌道教研究論著目録》,《2014 年敦煌學國際聯絡委員會通訊》。

劉陶《略論〈老君音誦誡經〉中的 "劉舉"》,《宗教學研究》2015 年第 4 期。

劉湘濤《〈太平經〉新生程度副詞補苴〈漢語大詞典〉六則》,《時代文學》2009 年第 15 期。

劉曉然《〈太平經〉的詞彙研究》,《社會科學家》2006 年第 1 期。

劉揚《〈真誥校注〉商補二則》,《西南民族大學學報(人文社科版)》2009 年第 9 期。

劉祖國《從幾个道教術語看〈太平經〉語言研究的價值》,《中國文字研究》2007 年第 2 輯。

劉祖國《道教文獻語言研究的困境與出路》,《中國道教》2012 年第 5 期。

劉祖國《道教文獻語言研究與訓詁學——以〈《周氏冥通記》研究(譯注篇)〉爲例》,《安徽理工大學學報(社會科學版)》2013 年第 1 期。

劉祖國《漢語學界道經語言研究的回顧與展望》,《漢學研究通訊》2013
　　年第 3 期。

劉祖國《論〈太平經〉的詞典學價值》,《大理學院學報》2008 年第 11 期。

劉祖國《論〈太平經〉的詞典學價值》,《山東青年管理幹部學院學報》
　　2008 年第 6 期。

劉祖國《試論道經語言學》,《船山學刊》2010 年第 3 期。

劉祖國《〈太平經〉詞語拾詁》,《中文自學指導》2008 年第 3 期。

劉祖國《〈太平經〉校點辨正》,《古籍研究》2013 年第 1 期。

劉祖國《〈太平經〉校注箋疑》,《漢字文化》2010 年第 3 期。

劉祖國《〈太平經〉校注辨正》,《中南大學學報（社會科學版）》2010 年第
　　4 期。

劉祖國《〈太平經〉所見東漢時期的新詞新義》,《商丘師範學院學報》
　　2008 年第 8 期。

劉祖國《〈太平經〉研究述評》,《漢語史研究集刊》第 8 輯,成都：巴蜀書
　　社,2005 年。

劉祖國《〈太平經〉疑難語詞例釋》,《中南大學學報（社會科學版）》2008
　　年第 5 期。

劉祖國《〈太平經〉與漢代社會文化》,《蘭州學刊》2010 年第 6 期。

劉祖國《〈太平經〉語詞釋讀獻疑》,《宗教學研究》2010 年第 1 期。

劉祖國《〈太平經〉語詞札記》,《漢語史研究集刊》第 12 輯,成都：巴蜀
　　書社,2009 年。

劉祖國《〈太平經〉注釋商兌一則》,《江海學刊》2011 年第 2 期。

劉祖國《〈太平經〉注釋指瑕》,《圖書館理論與實踐》2010 年第 12 期。

劉祖國《早期道經詞彙在佛典初譯中的橋梁作用——以〈太平經〉爲
　　例》,《鄭州師範教育》2013 年第 1 期。

劉祖國《〈真誥校註〉訂補》,《上海高校圖書情報工作研究》2013 年第
　　4 期。

劉祖國《〈真誥校註〉勘誤記》,《安徽理工大學學報（社會科學版）》2015
　　年第 3 期。

劉祖國《〈真誥校註〉考疑》,《鄭州師範教育》2015 年第 1 期。

劉祖國《〈中華道藏〉訂誤》,《新疆大學學報（人文社會科學版）》2015 年

第 3 期。

劉祖國《〈中華道藏〉校點商榷》,《四川圖書館學報》2013 年第 5 期。

劉祖國《〈中華道藏〉校點疏誤例釋》,《中南大學學報(社會科學版)》
2014 年第 3 期。

劉祖國《〈《周氏冥通記》研究(譯注篇)〉補苴》,《殷都學刊》2012 年第
2 期。

劉祖國《〈《周氏冥通記》研究(譯注篇)〉補闕》,《海南師範大學學報(社
會科學版)》2014 年第 12 期。

劉祖國《〈《周氏冥通記》研究(譯注篇)〉商補》,《圖書館理論與實踐》
2012 年第 10 期。

劉祖國《〈《周氏冥通記》研究(譯注篇)〉注釋拾補》,《宗教學研究》2012
年第 2 期。

劉祖國《〈周氏冥通記〉注釋商兑》,《殷都學刊》2011 年第 3 期。

劉祖國《〈周氏冥通記〉注釋獻疑》,《圖書館理論與實踐》2014 年第
1 期。

劉祖國《〈周氏冥通記〉注譯獻疑》,《武陵學刊》2011 年第 5 期。

劉祖國、李翠《道教典籍〈太平經〉語言的再解讀》,《唐都學刊》2010 年
第 6 期。

劉祖國、李翠《〈太平經〉注釋辨誤》,《西南交通大學學報(哲學社會科學
版)》2011 年第 1 期。

劉祖國、魏向昕《〈《周氏冥通記》研究(譯注篇)〉札記二則》,《商丘師範
學院學報》2015 年第 10 期。

蘆笛《道教文獻中 "芝" 之涵義考論》,《宗教學研究》2015 年第 2 期。

羅福頤《臨沂漢簡通假字表》,《古文字研究》第 11 輯,北京 : 中華書局,
1985 年。

羅業愷《近二十年道教語言研究綜述(1998—2008)》,《宗教學研究》2009 年
第 3 期。

　　N

牛尚鵬《詞例求義法在詞義考釋中的運用例釋》,《河北工業大學學報
(社會科學版)》2014 年第 4 期。

牛尚鵬《從道經語料看〈漢語大詞典訂補〉仍存在的問題》,《寧夏大學學報(人文社會科學版)》2015 年第 2 期。

牛尚鵬《道經文本梳理與俗訛字例釋》,《南開語言學刊》2014 年第 2 期。

牛尚鵬《道經文化詞語分類解詁》,《楚雄師範學院學報》2014 年第 10 期。

牛尚鵬《道經文化詞語分類札考》,《濱州學院學報》2014 年第 4 期。

牛尚鵬《道教文獻詞語正詁二則》,《語言研究》2015 年第 2 期。

牛尚鵬《道經文獻俗字札考》,《晉中學院學報》2014 年第 2 期。

牛尚鵬《道經疑難白話詞語札考》,《中國語言文學研究》2015 年秋之卷。

牛尚鵬《道經疑難詞語解詁》,《運城學院學報》2014 年第 3 期。

牛尚鵬《道經疑難詞語拾詁》,《語言研究集刊》第 13 輯,上海：上海辭書出版社,2014 年。

牛尚鵬《道經語詞詞義的文化闡釋舉隅——以〈太上洞淵神咒經〉爲例》,《電子科技大學學報(社科版)》2012 年第 2 期。

牛尚鵬《敦煌道經文本校理與俗訛字校考》,《華夏文化論壇》2014 年第 2 期。

牛尚鵬《〈漢語大詞典訂補〉義項缺漏商補》,《寧夏師範學院學報(社會科學)》2015 年第 1 期。

牛尚鵬《論詞例求義法在詞彙研究中的價值及運用——以道經文獻爲例》,《海南師範大學學報(社會科學版)》2014 年第 4 期。

牛尚鵬《破假借方法在詞義研究中的運用例釋》,《河北科技師範學院學報(社會科學版)》2014 年第 2 期。

牛尚鵬《破假借札考九則——以道教文獻詞語爲例》,《勵耘語言學刊》2014 年第 2 輯。

牛尚鵬《淺析道法諸經詞彙研究現狀及其語料價值》,《中國城市經濟》2011 年第 18 期。

牛尚鵬《〈太上洞淵神咒經〉詞語札記》,《蘭州教育學院學報》2011 年第 5 期。

牛尚鵬《〈太上洞淵神咒經〉異文考辨》,《長江師範學院學報》2016 年第 1 期。

牛尚鵬《唐五代道經白話詞語箋釋》,《長春大學學報》2015 年第 1 期。

牛尚鵬《唐五代道經白話詞語考釋》,《三江高教》2015 年第 2 期。

牛尚鵬《因聲求義法在疑難語詞考釋中的運用舉隅——以道經文獻爲例》,《晉中學院學報》2011 年第 6 期。

牛尚鵬《〈中華道藏〉錄校指瑕——以敦煌本〈太上洞淵神咒經〉爲例》,《古籍研究》2015 年第 1 期。

牛尚鵬、姜雲鵬《道經白話詞語例釋》,《漢語史學報》第 15 輯,上海:上海教育出版社,2015 年。

牛尚鵬、姜雲鵬《道經〈太上洞淵神咒經〉字詞雜考》,《漢語史學報》第 14 輯,上海:上海教育出版社,2014 年。

牛尚鵬、李珊珊《道教經典俗誤字考釋舉隅》,《唐山學院學報》2014 年第 2 期。

牛尚鵬、聶中慶《〈中華道藏〉錄敦煌本道經獻疑——以〈太上洞淵神咒經〉敦煌本爲例》(上),《上海高校圖書情報工作研究》2014 年第 3 期。

牛尚鵬、聶中慶《〈中華道藏〉錄敦煌本道經獻疑——以〈太上洞淵神咒經〉敦煌本爲例》(下),《上海高校圖書情報工作研究》2014 年第 4 期。

牛尚鵬、楊緑穎《〈太上洞淵神咒經〉敦煌本訛誤辨正》,《晉中學院學報》2015 年第 2 期。

牛尚鵬、張海月《道藏道經文化詞語分類箋釋》,《渭南師範學院學報》2014 年第 17 期。

牛尚鵬、張智文《道教典籍俗訛字考釋》,《商丘師範學院學報》2014 年第 8 期。

牛尚鵬、鄭璐璐《唐五代道經白話詞語例析》,《集寧師範學院學報》2015 年第 3 期。

Q

錢毅《宋代江浙詩人不同韻尾陽聲韻部通押現象考察》,《廣西師範大學學報(哲學社會科學版)》2010 年第 2 期。

S

史光輝《"乙密"補釋》,《貴州文史叢刊》2011 年第 4 期。

T

唐武嘉《敦煌寫本〈老子化胡經〉俗字輯考》,《現代交際》2013 年 2 月刊。

田啓濤《搏頰:一種已消失的道教儀式》,《中國宗教》2011 年第 5 期。

田啓濤《道教文化影響下的道經用語》,《現代語文(語言研究版)》2014
年第 5 期。

田啓濤《道教文獻詞語拾零》,《現代語文(語言研究版)》2013 年第 9 期。

田啓濤《道經詞語"藹沫"、"乙密"語義考辨》,《寧波大學學報(人文科
學版)》2015 年第 4 期。

田啓濤《道經詞語考辨》,《中國俗文化研究》第 11 輯,成都:巴蜀書社,
2015 年。

田啓濤《敦煌道經詞語例釋》,《敦煌研究》2013 年第 5 期。

田啓濤《漢語詞彙複音化再認識——以魏晉時期天師道文獻爲例》,《寧
波大學學報》(人文科學版)2013 年第 6 期。

田啓濤《魏晉南北朝天師道典籍中的"縣官"》,《宗教學研究》2010 年第
4 期。

田啓濤《也談道經中的"搏頰"》,《敦煌研究》2012 年第 4 期。

田啓濤《再談道經中的"搏頰"》,《現代語文(語言研究版)》2012 年第
10 期。

田啓濤《早期道經詞語札記》,《綿陽師範學院學報》2011 年第 6 期。

田啓濤《早期天師道文獻詞語拾詁》,《漢語史研究集刊》第 13 輯,成都:
巴蜀書社,2010 年。

田啓濤、俞理明《漢語詞彙複音化的觀察視點和方法——以早期魏晉天
師道文獻爲例》,《中國語文》2016 年第 3 期。

W

汪維輝《〈周氏冥通記〉詞匯研究》,《中古近代漢語研究》第 1 輯,上海:
上海教育出版社,2000 年。

王繼如《中古白話語詞釋義獻疑》,《文史》第 42 輯。

王柯《〈太平經〉語詞選釋》,《中國語文》2007 年第 2 期。

王磊《〈真誥〉詞語拾零》,《漢語史研究集刊》第 6 輯,成都:巴蜀書社,
2003 年。

王敏紅《從〈太平經〉看三字連文》,《寧夏大學學報(人文社會科學版)》2004 年第 1 期。

王敏紅《〈太平經〉補釋》,《紹興文理學院學報》2001 年第 4 期。

王敏紅《〈太平經〉詞語拾零》,《語言研究》2002 年第 1 期。

王敏紅《〈雲笈七籤〉詞語零札》,《古籍整理研究學刊》2002 年第 3 期。

王敏紅《〈雲笈七籤〉詞語零札》,《杭州教育學院學報》2002 年第 2 期。

王敏紅《〈雲笈七籤〉“臨目”釋義》,《四川師範大學學報(社會科學版)》2001 年第 5 期。

王敏紅《〈雲笈七籤〉“養”、“迫”釋義》,《四川師範大學學報(社會科學版)》2002 年第 4 期。

王耀東、敏春芳《〈義府·冥通記〉“道義”條辨誤》,《中南大學學報(社會科學版)》2010 年第 6 期。

王雲路《〈太平經〉釋詞》,《古漢語研究》1995 年第 1 期。

王雲路《〈太平經〉語詞詮釋》,《語言研究》1995 年第 1 期。

王用源《道經〈太平經〉“向”、“嚮”、“鄉”字研究》,《蘭州教育學院學報》2013 年第 10 期。

　　　X

夏先忠《六朝道典用語佛源考求舉例》,《西南民族大學學報(人文社科版)》2008 年第 11 期。

夏先忠、周作明《從六朝上清經看文化對文獻用語的影響》,《宗教學研究》2009 年第 1 期。

夏先忠、周作明《試論宗教文化對詞語意義及構造的影響》,《雲南師範大學學報(哲學社會科學版)》2008 年第 6 期。

夏雨晴《〈太平經〉中的三音節同義並列複用現象研究》,《樂山師範學院學報》2003 年第 5 期。

蕭紅、袁媛《百年中國道教文獻語言研究綜述》,《武漢大學學報(人文科學版)》2013 年第 4 期。

忻麗麗《逮戾》,《南開語言學刊》2014 年第 2 期。

忻麗麗《道經詞彙特點概說》,《南開學報》2012 年第 3 期。

忻麗麗《道經詞語“離羅”考釋》,《古漢語研究》2011 年第 4 期。

忻麗麗《"餌"之語源義考證》,《漢語史研究集刊》第 16 輯,成都:巴蜀
書社,2013 年。

忻麗麗《"葩"有分散義考證》,《南開語言學刊》2012 年第 2 期。

忻麗麗《中古靈寶經俗字誤字考辨》,《文字學論叢》第 6 輯,北京:綫裝
書局,2012 年。

忻麗麗《〈中華道藏〉訛誤例析》,《中國城市經濟》2012 年第 2 期。

許嘉璐《論同步引申》,《中國語文》1987 年第 1 期。

許蔚《〈歷世真仙體道通鑑〉所見〈真誥〉校讀記》,《宗教學研究》2011
年第 1 期。

Y

閆豔《釋"青精飯"》,《廣播電視大學學報(哲學社會科學版)》2003 年第
2 期。

楊寄林《〈太平經合校〉識誤》,《語文研究》2003 年第 3 期。

楊静《敦煌本〈太上業報因緣經〉佛源詞例釋》,《現代語文(語言研究
版)》2009 年第 9 期。

葉貴良《從北都羅酆等詞看晉唐道教的地獄世界》,《宗教學研究》2012
年第 3 期。

葉貴良《從語言看靈寶經由傳說到史實的演變》,《宗教學研究》2015 年
第 2 期。

葉貴良《敦煌社邑文書詞語選釋》,《敦煌研究》2004 年第 5 期。

葉貴良《敦煌道經形誤字例釋》,《敦煌研究》2009 年第 3 期。

葉貴良《釋"寒池"、"寒庭"與"寒夜"》,《台州學院學報》2011 年第 4 期。

葉貴良《説"真"》,《古漢語研究》2008 年第 4 期。

葉貴良《〈英藏敦煌社會歷史文獻釋録〉斯 63 號〈太上洞玄靈寶無量度
人上品妙經〉校正》,《敦煌學輯刊》2002 年第 2 期。

葉貴良《"殍"字考辨》,《語言研究》2004 年第 3 期。

于淑健《〈大正藏〉第 85 卷詞語輯釋》,《敦煌研究》2004 年第 6 期。

俞理明《從〈太平經〉看道教稱謂對佛教稱謂的影響》,《四川大學學報
(哲學社會科學版)》1994 年第 2 期。

俞理明《道教典籍〈太平經〉中的漢代字例和字義》,《宗教學研究》1997

年第 1 期。

俞理明《東漢佛道文獻詞彙研究的構想》,《漢語史研究集刊》第 8 輯,成都:巴蜀書社,2005 年。

俞理明《〈太平經〉通用字研究》,《宗教學研究》1998 年第 1 期。

俞理明《〈太平經〉文字校讀》,《古籍研究》1996 年第 1 期。

俞理明《〈太平經〉文字勘定偶拾》,《古籍整理研究學刊》2000 年第 5 期。

俞理明《〈太平經〉中的漢代熟語》,《西南民族學院學報(哲學社會科學版)》2001 年專輯。

俞理明《〈太平經〉中的"平"和"行"——答連登崗教授》,《青海民族大學學報(教育科學版)》2011 年第 2 期。

俞理明《〈太平經〉中的形近字正誤》,《宗教學研究》1999 年第 4 期。

俞理明《〈玄都律文〉的用詞和〈漢語大詞典〉的釋義》,《漢語史研究集刊》第 13 輯,成都:巴蜀書社,2010 年。

俞理明、顧滿林《東漢佛道文獻詞彙新質的表義分析》,《漢語史研究集刊》第 15 輯,成都:巴蜀書社,2012 年。

俞理明、田啓濤《早期天師道文獻高新生率詞彙部分考察》,《合肥師範學院學報》2014 年第 2 期。

俞理明、周作明《論道教典籍語料在漢語詞彙歷史研究中的價值》,《綿陽師範學院學報》2005 年第 4 期。

Z

張婷、曾昭聰、曹小雲《十年來道教典籍詞彙研究》,《滁州學院學報》2005 年第 4 期。

張文冠《〈太平經〉字詞校釋四則》,《漢語史研究集刊》第 20 輯,成都:巴蜀書社,2015 年。

張雁勇《〈真靈位業圖〉校勘舉要》,《南京曉莊學院學報》2011 年第 1 期。

張涌泉《俗語詞研究與敦煌文獻的整理》,《文史》第 45 輯。

趙静《道教隱喻研究的内涵與價值》,《宗教學研究》2016 年第 1 期。

真大成《釋"辟方"》,《辭書研究》2006 年第 2 期。

真大成《再釋"乙密"》,《漢語史研究集刊》第 13 輯,成都 : 巴蜀書社,
　　2010 年。

鄭琳《〈抱朴子〉語言研究綜述》,《柳州職業技術學院學報》2016 年第
　　1 期。

周波《秦、西漢前期出土文字資料中的六國古文遺跡》,《出土文獻與古
　　文字研究》第 2 輯,上海 : 復旦大學出版社,2008 年。

周作明《從概念場看文獻中新舊詞語的語用地位》,《西南民族大學學報
　　(人文社科版)》2009 年第 9 期。

周作明《道典中一段札文的兩个語詞解讀》,《宗教學研究》2005 年第
　　2 期。

周作明《"道教典籍選刊" 與道教古籍整理》,《中國道教》2012 年第
　　5 期。

周作明《〈登真隱訣輯校〉商補》,《嘉興學院學報》2013 年第 1 期。

周作明《〈登真隱訣輯校〉與早期道經整理》,《宗教學研究》2014 年第
　　1 期。

周作明《點校本〈雲笈七籤〉商補三則》,《圖書館雜志》2005 年第 10 期。

周作明《點校本〈雲笈七籤〉商補續——兼論道教典籍的整理》,《圖書館
　　雜志》2007 年第 2 期。

周作明《點校本〈真誥〉商補》,《湛江師範學院學報》2012 年第 5 期。

周作明《點校本〈真誥〉述評——兼論魏晉南北朝道經的整理》,《古典文
　　獻研究》第 15 輯,南京 : 鳳凰出版社,2012 年。

周作明《東晉南朝道典中的 "脆"》,《懷化學院學報》2009 年第 3 期。

周作明《東晉南朝上清經中的幾個道教用詞》,《漢語史研究集刊》第 6
　　輯,成都 : 巴蜀書社,2003 年。

周作明《東晉南朝上清經中的 "兆"》,《宗教學研究》2004 年第 4 期。

周作明《敦煌道經語詞札記》,《懷化學院學報》2006 年第 12 期。

周作明《利用早期道經從事漢語史研究的問題及對策》,《漢語史學報》
　　第 13 輯,上海 : 上海教育出版社,2013 年。

周作明《論早期道經與大型辭書編纂》,《廣西社會科學》2013 年第 6 期。

周作明《試論道典與中古漢語詞彙研究》,《南開語言學刊》2015 年第
　　2 期。

周作明《〈真誥校註〉補闕》,《圖書館雜志》2010 年第 6 期。

周作明《〈真誥〉中三君信劄輯釋》,《漢語史研究集刊》第 19 輯,成都：巴蜀書社,2015 年。

周作明《中古道經與近代漢語語詞溯源》,《海南師範大學學報(社會科學版)》2013 年第 12 期。

周作明《中古道經中的口語成分及口語詞舉例》,《漢語史研究集刊》第 15 輯,成都：巴蜀書社,2012 年。

周作明、夏先忠《從六朝上清經看佛教對道教用語的影響》,《宗教學研究》2008 年第 3 期。

周作明、夏先忠《"旁行敷落"乃"佛道"二教別稱》,《現代語文(語言研究版)》2008 年第 11 期。

周作明、俞理明《東晉南朝上清經中的動詞"宴"、"晏"》,《漢語史研究集刊》第 9 輯,成都：巴蜀書社,2006 年。

後　記

　　本書是在我博士論文《宋前道書疑難字詞考釋》基礎上修改而成，主要包括：擴大研究範圍，將敦煌道經和《太平經》納入研究之列；删去難度不大及證據不夠充分的一些詞目；調整章節目録，以使之看起來更像一本書。本書是對我博士三年的一個總結，之後我的道教訓詁研究要暫告一段落。

　　本書的出版首先要感謝我的導師許建平教授。2012 年我考入浙江大學古籍所，有幸拜入老師門下。第一學期末，老師了解了我的興趣和考博打算後，建議我以道教文獻學和訓詁學爲研究方向，早早確立了碩士、博士期間的選題。後來我寫成 20 萬字的《國圖敦煌道經文獻校録研究》（因碩轉博，未參加正式答辯）和近 30 萬字的《宋前道書疑難字詞考釋》，又在幾種專業期刊上發表文章，比較順利地畢業，都得益於老師的盡心指導和提前謀劃。來到寧波大學以後，爲幫助我通過三年的首聘期考核，從論文寫作、投稿，到課題選題、標書寫作、結題與出版的各個環節，老師一一給出可行的建議，讓我少走了很多彎路，没有二次就業。這幾年我又轉換研究方向，由訓詁學進入《莊子》文獻學研究，寫的大大小小的論文老師都仔細看過，感覺像跟着老師做了一個博後一般。不論是在學術上，還是生活中，老師都是我的引路人：在我迷茫時，指引我方向；在我遇到難題時，幫助我解決困難。一個學長不止一次地跟我説"跟着許老師是你的福氣"，没有老師在各方面的幫助，自己這一路不知要經歷多少曲折。

　　感謝一直給我各種幫助的前輩、老師。王雲路老師對我有諸多的幫助、鼓勵，没有王老師，我的學術之路會有坎坷，恩情銘記在心！論文答辯中，王老師又提出了不少好的意見。汪維輝老師、方一新老師、黃笑山老師在參加我論文答辯，給予我肯定的同時，也指出了文章中的許多不足和錯誤，提升了我論文的質量。汪老師還爲我工作寫了推薦信，有不少鼓勵，令人感動。復旦大學張小艷老師通讀了我的論文，提出了很多寶貴的意見，補充了不少很好的材料。

碩士期間，老師不在校，很多事情都是師兄寶懷永代爲打理，添了很多麻煩。中國社會科學院郜同麟師兄和老師共同定下了我的博士論文方向，郜師兄又多次指出我論文中存在的問題，匡我不及。師妹陳兵兵辦事細心周到，助我解決很多問題。各位同學、同門、朋友也一直關心、幫助我。

華中師範大學劉濤老師、浙江大學張文冠學長、山東大學劉祖國老師一直關心我的考核、工作，多次提供幫助、給出建議。

來到學院以後，學院、系裏的各位領導、同事都曾給我各種各樣的鼓勵、幫助。入職之初，王曉輝、楊懿、孫宗英等幾位老師事無巨細、不厭其煩地給予幫助，讓人十分感動！

本書部分内容曾發表於幾種期刊，得到編輯部老師及外審專家的指正，書稿在申報國家社科基金後期資助項目時，評審專家又提供了不少好的建議。在此基礎上，本書又進行了不少修改。

中華書局編輯白愛虎兄細心負責本書的編校工作，令本書增色不少！